SPANISH NOW! Level 1

Seventh Edition

Ruth J. Silverstein
Former Chairman, Department of
Foreign Languages
Richmond Hill High School, New York City

Heywood Wald, Ph.D.
Former Chairman, Department of Foreign Languages
Martin Van Buren High School, New York City

Allen Pomerantz, Ph.D.
Professor Emeritus, Modern Language Department
Bronx Community College, CUNY

General Editor
Nathan Quiñones
Former Chancellor, New York City Board of Education

BARRON'S

All inquiries should be addressed to:
Barron's Educational Series, Inc.
250 Wireless Boulevard
Hauppauge, New York 11788
http://www.barronseduc.com

Library of Congress Control Card 2004050169

ISBN-13: 978-0-7641-2933-9 (book)
ISBN-10: 0-7641-2933-3 (book)
ISBN-13: 978-0-7641-7774-3 (book/audio CD package)
ISBN-10: 0-7641-7774-5 (book/audio CD package)

Library of Congress Cataloging-in-Publication Data

Silverstein, Ruth J.
  Spanish now. Level 1 / Ruth J. Silverstein, Allen Pomerantz, Heywood Wald ; general
editor, Nathan Quiñones.—7th ed.
    p. cm.
  ISBN 0-7641-2933-3 (textbook : alk. paper)—ISBN 0-7641-7774-5 (textbook, 4 CDs,
teacher's manual)
    1. Spanish language—Grammar. 2. Spanish language—Textbooks for foreign
speakers—English.   I. Pomerantz, Allen. II. Wald, Heywood. III. Quiñones, Nathan. IV.
Title.

PC4112.S5 2005
468.2'421—dc22

                                                                    2004050169

PRINTED IN THE UNITED STATES OF AMERICA
20 19 18 17 16 15

Table of Contents

Note to the Student and to the Teacher

This worktext presents the Spanish language in a stimulating context. Humor, oral proficiency, interaction, and personalization are stressed for listening, speaking, reading, and writing, and for the acquisition of practical, useful vocabulary and expressions. The reading material consists of humorous stories, playlets, skits, and dialogues dealing with everyday situations relevant to the experiences of today's students. S*panish Now! Level One* contains a wealth of exercises, drills, puzzles, and activities designed to make learning the Spanish language a truly enjoyable experience. Visual stimuli abound. Many exercises provide functional response and rejoinder practice for answers in complete sentences. Each lesson or work unit builds all the language skills. The graded and varied exercises—in situational settings—are illustrated by models and sample answers designed to increase understanding and assurance.

Spanish Now! Level One begins with a practical **Pronunciation Guide** and six **Preparatory Lessons.** Part One presents the **basic elements of the Spanish language** with five distinctive **Culture Units** that stress the influence of Hispanic culture in the Americas. Parts Two and Three present **topically arranged level-one vocabulary** and short **self-explanatory practical idiomatic dialogues.** Parts Four, Five, and Six are separately devoted to focused, varied, and graded **practice in listening, reading, and writing.** The skills sections provide visual stimuli, synonym and antonym work, and dictations, as well as sentences and paragraphs for listening and reading comprehension and for imitative writing. The final portion of the book provides a handy **Verb Reference Chart,** and **Spanish-English, English-Spanish glossaries.** In contrast to other workbooks, this worktext stresses conceptualization, inductive reasoning, and the discovery approach to develop insight before the student is directed to respond. Speaking opportunities and oral proficiency practice are provided in each of the thirty-one work units and throughout the rest of the book.

A Teacher's Manual is included. It contains **auditory comprehension** and **dictation** materials to be used with the corresponding exercises in Part Four—listening comprehension—of the worktext. The Teacher's Manual contains **Suggestions to the Teacher, How to Help Your Students Achieve Oral Proficiency,** and an **Answer Key** which is useful to students in self-instruction programs.

A Word About Oral Proficiency

"What is oral proficiency?"  **"It's speaking Spanish easily."**

Your ability to speak the beautiful Spanish language is easy to develop. The following are some suggestions that show you how to take advantage of the many opportunities that *Spanish Now! Level One* offers.

- Practice the Pronunciation Guide aloud. Use your new ability to pronounce Spanish by reading aloud the Lecciones Preparatorias that follow.
- Dramatize with friends and with other students dialogue material in exercises, in stories, and in Part Three's conversations or dialogues. Memorize those short dialogues that interest you.
- Practice listening to Spanish at every opportunity—listening to friends, the radio, television, and films.
- Speak Spanish with friends and family—even to yourself.

About the Authors

Ruth J. Silverstein is the former Chairperson of the Department of Foreign Languages at the Richmond Hill High School, New York City, and an early vigorous proponent of a foreign language study requirement for the high school diploma, which is today embodied in the New York City diploma. A specialist in Spanish and its teaching, she has been Assistant Professor of Applied Linguistics, NDEA; Assistant Professor of Spanish (Adjunct), New York University; and Lecturer of Foreign Language Methodology at Hunter College and of Spanish at Queens College, City University of New York. She has also taught secondary-school students of Spanish from beginners to Advanced Placement in both the Junior High School and Senior High School Divisions. Her postgraduate course work was taken at Teachers College, Columbia University, and at the University of Mexico, Mexico. She has lived and traveled in Mexico, Puerto Rico, and Spain; and has participated in innovative programs for teaching Spanish, and in writing foreign language syllabi for the New York City Board of Education.

Heywood Wald, Ph.D., is the former Chairman of the Department of Foreign Languages and Bilingual Programs at the Martin Van Buren High School, New York City. He has served as center director of the Intensive Spanish Language Development Program of the New York City Board of Education to teach members of the teaching and administrative staff basic, functional Spanish. A foreign language specialist, Dr. Wald has taught Spanish, French, and Italian in both junior and senior high schools and is co-author of *Aventuras en la ciudad*, an extremely popular supplementary reader currently in use throughout the United States and abroad, and of several other popular foreign language textbooks. Dr. Wald has done graduate work at the National University of Mexico and has studied at the universities of Madrid, Barcelona, and Havana.

In Memoriam, Prof. Allen Pomerantz, Ph.D., was Professor Emeritus of the Modern Language Department at the Bronx Community College (CUNY). Professor Pomerantz completed graduate studies at New York University, and while teaching at the University of Wisconsin and working for the U.S. Armed Forces Institute. He studied at the Universidad de Valladolid, Spain, as a Fulbright-Hayes recipient, taught several years in local high schools, and served as translator-recorder for Region II, H.E.W., and as Special Examiner in Spanish for the New York City Department of Personnel. Dr. Pomerantz was a valued co-author of *Spanish the Easy Way* and of *Spanish Now! Level One*.

General Editor

Nathan Quiñones is the former Chancellor of the New York City Board of Education. He was a member of the Board of Examiners in New York City. He served as Chairman of the Foreign Language Department at Benjamin N. Cardozo High School, New York City. He has also taught Spanish and Puerto Rican Orientation as Adjunct Professor at York College. He has served as consultant for textbooks and materials for secondary schools and college courses in the areas of foreign languages and bilingual education.

Pronunciation Guide

Read aloud both the English and the Spanish examples, pronouncing them carefully. The similarity between the English and the Spanish pronunciations is shown in bold type. (NOTE: English examples are the closest approximations possible.)

	English Example	*Spanish Example*
VOWELS		
a	m**a**ma, y**a**cht	c**a**ma, m**a**sa, **A**na
e	t**e**n, d**e**sk	t**e**le, m**e**te, n**e**ne
i	tr**i**o, ch**i**c, el**i**te	s**í**, m**i**tin, d**i**
o	**o**bey	s**o**lo, m**o**to, **o**so
u	l**u**nar	**u**so, **u**na, p**u**ro
y (alone)	man**y**, penn**y**	**y**
COMMON DIPHTHONGS		
ai, ay	**i**ce	bail**áis**, **iay**
ei, ey	v**ei**n	v**ei**nte, l**ey**, r**ey**
oi, oy	**oi**l, j**oy**	**oi**go, s**oy**, d**oy**
au	c**ow**, h**ow**	**au**to, **au**la, **au**sente
CONSONANTS		
b and **v**	**b**at at beginning of a breath group, and after *m* and *n*	**b**amba, **v**amos, **v**emos un **b**eso un **v**als, en**v**iar
	between vowels form a V with *both lips.*	e**v**itar, i**b**a, u**v**a
c before *a, o, u*	**c**at (*c* but without a puff of air)	**c**asa, **c**osa, **c**una
c before *e, i*	**c**ent, **c**ity (in most of Spanish America)	**c**elos, **c**inco, **c**esto
	theater, **th**in (in a large part of Spain, especially in central and northern Spain)	**c**elos, **c**inco, **c**esto
ch	**ch**eck	**ch**ico, o**ch**o, lu**ch**a
d	**d**o (at beginning of a breath group and after *l* and *n*— tongue touches back of upper teeth)	**d**onde, al**d**ea, an**d**a
	though (between vowels— with tongue between upper and lower teeth)	i**d**a, o**d**a, pu**d**e
f	**f**ame	**f**ama, **f**e, **f**oto
g before *a, o, u*	**g**as, **g**o, **g**un	**g**ala, **g**oma, **g**ustar
g before *e, i*	**h**ot (heavy aspirant *h*)	**g**esto, **G**il, **g**ime
h	silent as in **h**our, **h**onest, **h**onor	**h**asta, **h**ora, **h**ola
j before all vowels	**h**ot (heavily aspirated *h*)	**j**ota, **j**efe, o**j**o
k	**k**it (not used in words of Spanish origin)	**k**ios**k**o
l	similar to English	**l**ento, a**l**a, o**l**a
ll	mi**lli**on or **y**es (most Spanish-speaking areas)	**ll**ama, e**ll**a, o**ll**a
m	similar to English	**m**i, **m**as
n	similar in most articulations	**n**o, **n**ota
ñ	o**ni**on, u**ni**on	u**ñ**a, a**ñ**o, ni**ñ**o

	English Example	Spanish Example
CONSONANTS (continued)		
p	similar to English, but without puff of air	**p**an, **p**eso, so**p**a
qu used only before *e* or *i*	cli**qu**e (similar to English **k**, but without puff of air)	**que**, **qui**en, **que**so
r	"th**rr**ee"—trilled **r** (tongue tip flutters against bony ridge behind upper teeth)	a**r**oma, e**r**a, i**r**a
rr and **R** at beginning of a breath group	doubly trilled **r**	a**rr**oz, **R**osa, ho**rr**or
s	similar, although often not identical to English	**s**in, **s**on, e**s**a
t	similar but more dental than in English	**t**u, **t**e, **t**i, **t**os
w	not used in words of Spanish origin	
x	similar, although not identical to English	e**x**cepto, e**x**celente, e**x**tra
z	**s** sound in most of Spanish America	**z**ona, **z**eta, **z**apato
	th as in **th**in in a large part of Spain, especially in central and northern Spain	**z**ona, **z**eta, **z**apato
COMMON SEMI-CONSONANTS		
i before *e, a, o*	**y**es	b**i**en, t**i**enes, h**i**elo
u before *a, e, i, o*	**w**as, **w**ent, **w**ind	ag**u**a, b**u**eno, h**u**ir, c**u**ota
y before *a, o, e, u*	**y**am, **y**olk	**y**a, **y**o, **y**eso, **Y**unque
y (and)	el**i**te	**y**

Rules:

1. Spanish speakers normally emphasize the last syllable of the word when the word ends in a consonant, provided that it is not an **n** or an **s**. *Example:* alrede**dor**, pa**pel**, ac**triz**.

2. When the last syllable ends in **n, s,** or a vowel, the *next to the last syllable* receives the stress or emphasis. *Example:* re**su**men, **ro**sas, **ca**sa.

    The Accent Mark: Some Spanish words do not follow Rule One or Rule Two. These words show us where to place the stress or emphasis by using a **mark over the vowel** in the **stressed** syllable. That mark is called an **accent mark;** it looks like this ´ . *Examples:* **lám**para, **lá**piz, de**trás**, reu**nión**.

    The accent mark has other uses. It distinguishes meanings between words that otherwise have the same spelling, for example, **el** (the) and **él** (he). The accent mark also causes **i** and **u** to be pronounced apart from the vowel near them, breaking the diphthong or semi-consonant, for example, pa**ís**, poli**cía**, a**ún.** Finally, the accent mark appears on the stressed vowel of every question word (interrogative), for example, ¿**dó**nde? (where), ¿**có**mo? (how), ¿qui**én**? (who), ¿qu**é**? (what), ¿cu**án**do? (when), ¿cu**ál**? (which).

LECCIONES PREPARATORIAS

I. La casa   The House (Home)   [El; la: The]

La sala   The living room

PREGUNTAS

Modelo:

*¿Es el televisor?

No, señor (señorita, señora), no es el televisor.
Es el gato.

1. ¿Es la puerta?   **2.** ¿ Es la radio?

1._____

2._____

3. ¿Es la lámpara? **4.** ¿Es el padre? **5.** ¿Es la madre? **6.** ¿Es el disco compacto?

3. _____

4. _____

5. _____

6. _____

7. ¿Es la ventana? **8.** ¿Es el teléfono? **9.** ¿Es la cocina? **10.** ¿Es la sala?

7. _____

8. _____

9. _____

10. _____

Draw pictures of as many items and people in your living room as you know how to label in Spanish. Label them in Spanish.

Remember these words in order to answer questions in the lessons that follow:

¿Qué? What?	**¿Quién?** Who?	**¿Dónde?** Where?	**¿Cómo es . . . ?** What is . . . like?

II. Una escuela   A School   [Un; una: A; an]

Un salón de clase   A classroom

PREGUNTAS

Modelo:

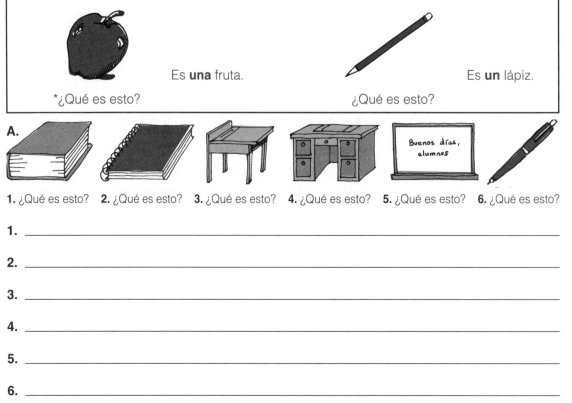

Es **una** fruta.   Es **un** lápiz.

*¿Qué es esto?   ¿Qué es esto?

A.

1. ¿Qué es esto?   **2.** ¿Qué es esto?   **3.** ¿Qué es esto?   **4.** ¿Qué es esto?   **5.** ¿Qué es esto?   **6.** ¿Qué es esto?

1. _____

2. _____

3. _____

4. _____

5. _____

6. _____

*¿**Qué es esto?** What is this?

Modelo:

¿Es un CD?

Sí, señor (señorita, señora), es un CD.

B.

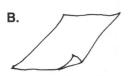   

1. ¿Es un papel? **2.** ¿Es un cuaderno? **3.** ¿Es un pupitre? **4.** ¿Es un lápiz?

1. _____

2. _____

3. _____

4. _____

C. Write an answer to the following question for each of the pictures seen below.

Modelo: ¿Qué es esto? Es un libro.

1.   **2.**  **3.**  **4.**

5.  **6.**   **7.**   **8.**

1. _____

2. _____

3. _____

4. _____

5. _____

6. _____

7. _____

8. _____

D. Draw a picture of the following in your notebook, and label the picture in Spanish.

1. una lámpara **2.** un libro **3.** un lápiz **4.** el profesor **5.** un disco compacto **6.** una flor

III. La ciudad   The City

[El; la: The]
[Un; una: A; an]

En el centro   Downtown

PREGUNTAS

Modelo:

*¿Quién es?

Es un hombre.

A.

1. ¿Qué es?   **2.** ¿Quién es?   **3.** ¿Qué es?   **4.** ¿Qué es?   **5.** ¿Quién es?

1. _____

2. _____

3. _____

4. _____

5. _____

*¿Quién es? Who is he (she)?

Modelo:

No es un policía. Es un ladrón.

¿Es un policía?

B.

1. ¿Es una revista?   **2.** ¿Es un hombre?   **3.** ¿Es un coche?   **4.** ¿Es el cine?   **5.** ¿Es un profesor?

1. _____

2. _____

3. _____

4. _____

5. _____

Modelo:

La mujer está en el banco.

*¿Dónde está la mujer?

C.

1. ¿Dónde está el muchacho?   **2.** ¿Dónde está el policía?   **3.** ¿Dónde está la madre?   **4.** ¿Dónde está la radio?   **5.** ¿Dónde está el hombre?

1. _____

2. _____

3. _____

4. _____

5. _____

*¿**Dónde?** Where?   **está** is (location)   **en** in, on, at

IV. Los alimentos Foods [Los; las: The]

El supermercado The supermarket

PREGUNTAS

Modelo:

*¿Qué compra usted?

Comp**ro** alimentos.

A.

1. ¿Qué compra usted?   **2.** ¿Qué compra usted?   **3.** ¿Qué compra usted?

1. _____

2. _____

3. _____

*What **are you buying? I am buying** food.

4. ¿Qué compra usted?   **5.** ¿Qué compra usted?

4. _____

5. _____

Modelo:

¿Compra usted café?

*No compro café. Compro frutas.

B.

1. ¿Compra usted helado?   **2.** ¿Compra usted naranjas?   **3.** ¿Compra usted dulces?   **4.** ¿Compra usted flores?   **5.** ¿Compra usted una Coca-Cola?

1. _____

2. _____

3. _____

4. _____

5. _____

C. Draw pictures of as many foods in your house as you know how to label in Spanish. Label them in Spanish.

*No compro . . .   I do not buy . . .   I am not buying . . .   **xxi**

V. Acciones

El alumno <u>estudia</u> la lección.

El padre <u>mira</u> la televisión.

La muchacha <u>escribe</u> la frase.

La alumna <u>lee</u> la revista.

El policía <u>ve</u> el accidente.

El hombre <u>corre</u> en la calle.

La mujer <u>come</u> helado.

El hermano <u>bebe</u> leche.

El profesor <u>pregunta</u>.

El alumno <u>contesta</u> mucho.

La señorita <u>canta</u>.

El señor <u>escucha</u> la radio.

La hermana <u>baila</u>.

El padre <u>trabaja</u>.

Las mujeres <u>van</u> a la tienda.

La madre <u>compra</u> alimentos.

María <u>camina</u> a la escuela.

Carlos <u>descansa</u> en casa.

Francisco <u>sale</u> de la casa.

Antonio <u>pone</u> la televisión.

PREGUNTAS

A.

1. ¿Quién escribe en la pizarra?

2. ¿Quién come el pan?

3. ¿Quién sale de la escuela?

4. ¿Quién bebe la Coca-Cola?

5. ¿Quién lee el periódico?

1. _____

2. _____

3. _____

4. _____

xxii **5.** _____

B.

1. ¿Mira la mujer la televisión? **2.** ¿Canta la hermana? **3.** ¿Corre el policía? **4.** ¿Estudia Carlos? **5.** ¿Come María el queso?

1. _____

2. _____

3. _____

4. _____

5. _____

VI. Descripciones

fácil

difícil

grande

pequeño (a)

mucho (a)

poco

trabajador (a)

perezoso (a)

allí

aquí

tonto (a)

inteligente

bonito (a)

feo (a)

viejo (a)

joven

PREGUNTAS

Modelo:

*¿Cómo es Fifí?

Fifí es bonita.

A.

1. ¿Cómo es el hombre?
2. ¿Cómo es la lección?
3. ¿Cómo es el profesor?
4. ¿Cómo es el alumno?
5. ¿Cómo es la madre?

1. _____

2. _____

3. _____

4. _____

5. _____

B.

  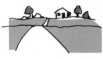 

1. ¿Es pequeño el elefante?
2. ¿Hay pocos alumnos en la clase?
3. ¿Está aquí la casa?
4. ¿Está deliciosa la manzana?
5. ¿Come mucho el hombre?

1. _____

2. _____

3. _____

4. _____

5. _____

*¿**Cómo es . . . ?** What is . . . like?   ¿**Hay?** Are there?   **Hay** There are   **Está** Is (tastes)

VII. El cuerpo humano The Human Body

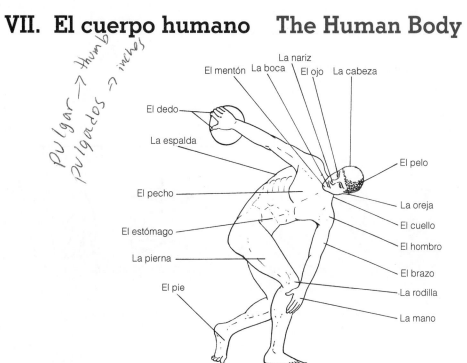

Pulgar → thumb
Pulgadas → inches

El mentón   La boca   La nariz   El ojo   La cabeza
El dedo
La espalda
El pecho
El estómago
La pierna
El pie
El pelo
La oreja
El cuello
El hombro
El brazo
La rodilla
La mano

PREGUNTAS

Modelo:

Es un ojo.

¿Qué es?

A. ¿Qué es?

   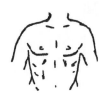 

1.   2.   3.   4.   5.

1. las rodilla
2. el brazo
3. la boca
4. el pecho
5. le cuello

Modelo:

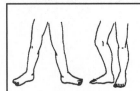 No son ojos, son piernas.

¿Son ojos?

B. ¿Qué son?

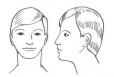   

1. ¿Son orejas?   **2.** ¿Son bocas?   **3.** ¿Son narices?   **4.** ¿Son mentones? **5.** ¿Son cuellos?

1. _____

2. _____

3. _____

4. _____

5. _____

C. In the space below, in Spanish, name the part or parts of the body most important to complete the action seen in each of the pictures.

1. _____   **2.** _____   **3.** _____

4. _____   **5.** _____   **6.** _____

Part One
STRUCTURES AND VERBS

Carlos, el hermano de Pepita,
pone la televisión.

Work Unit One

What's more important, TV or homework?
Let's see what Pepita does.

¡La televisión es muy importante!

Pepita Gómez es estudiosa. Ella estudia en la escuela y en casa. Esta noche Pepita estudia la lección de español en la sala. Estudia con el libro de gramática, el diccionario y el papel de vocabulario. Con su lápiz Pepita copia palabras y frases en su cuaderno.

El padre de Pepita lee el periódico en la sala. La madre escucha la radio en la cocina. Carlos, el hermano de Pepita, entra en la sala y pone la televisión.

Carlos:	Esta noche hay programas interesantes.
Pepita:	¡Ay, no, Carlos! Yo necesito estudiar. Mi examen de español es mañana.
Carlos:	¡Es posible estudiar mañana, muchacha!
Pepita:	¡Por favor, Carlos! El examen de español es muy importante. Yo necesito estudiar esta noche.
Carlos:	No es necesario estudiar el español. Es muy fácil. Yo quiero mirar la televisión.
El Padre:	¡No, Carlos! ¡La televisión no es importante! Es posible mirar la televisión mañana también.
Habla la televisión:	Y ahora el programa: **El amor y la pasión.**
Pepita:	¡Ay, es mi programa favorito! ¡Ay, papá! ¡Sí, es posible estudiar mañana!

Palabras Nuevas

SUSTANTIVOS *(NOUNS)*

el amor   *love*
Carlos   *Charles*
la casa   *the house*
  en casa   *at home*
la cocina   *the kitchen, the cooking*
el cuaderno   *the notebook*
el diccionario   *the dictionary*
la escuela   *the school*
el español   *the Spanish language, Spanish*
el examen   *the test*
  mi examen de español   *my Spanish test*
la frase   *the sentence*
la gramática   *the grammar*
el hermano   *the brother*
el hermano de Pepita   *Josie's brother*
el lápiz   *the pencil*
la lección   *the lesson*

la lección de español   *the Spanish lesson*
el libro   *the book*
  el libro de gramática   *the grammar textbook*
la madre   *the mother*
la muchacha   *the girl*
la noche   *the night, the evening*
  esta noche   *tonight, this evening*
el padre   *the father*
  el padre de Pepita   *Josie's father*
el papel   *the paper*
  el papel de vocabulario   *the vocabulary paper*
la pasión   *the passion*
Pepita   *Josie*
el periódico   *the newspaper*
el programa   *the program*
  mi programa favorito   *my favorite program*

la radio   *the radio*
la sala   *the living room*
la televisión   *the television*
la voz   *the voice*

ADJETIVOS *(ADJECTIVES)*

estudioso,a   *studious*
fácil   *easy*
favorito,a   *favorite*
importante   *important*
interesante   *interesting*
mi   *my*
necesario,a   *necessary*
posible   *possible*
su   *her/his*

VERBOS *(VERBS)*

copia   *(she) copies*
entra   *(he) enters*
es   *(it) is, (she) is*
no es   *(it) is not*

*Adjectives that end in **"o"** describe masculine nouns.
 Adjectives that end in **"o"** change from **"o"** to **"a"** when describing feminine nouns.

escucha *(she) listens to, is listening to*
estudia *(she) studies, is studying*
estudiar *to study*
habla *speaks*
hay *there are; there is*
lee *(he) reads, is reading*
mirar *to look at; to watch*
necesito *I need*
pone la televisión *(he) turns on the television program*
quiero *I want*

OTRAS PALABRAS
(OTHER WORDS)

¡ay, papá! *Oh, Daddy!*
con *with*
de *of, in, from*
ella *she*
en *in, into*
mañana *tomorrow*
muy *very*
no *not, no*
por favor *please*
sí *yes; yes, indeed!*

también *also, too*
y *and*
yo *I*

Ella es estudiosa.

EJERCICIOS

I. A. Complete the sentence according to the story.

1. Pepita es muy _estudiso_.
2. Ella estudia la _leccion_ de español.
3. Ella copia palabras y frases en su _cuanderno_.
4. El padre lee el _____ en la _Sala_.
5. La madre escucha la _radio_ en la _Cocina_.
6. El _hermano_ pone la televisión.
7. El examen de español es muy _Fracil_.
8. Carlos quiere _mirar_ la televisión.
9. Es posible mirar la televisión _mañana_.
10. El programa es "El _amor_ y la _pasion_."

B. Restate the sentence replacing the underlined word with a word that will make the sentence true.

1. Pepita estudia con el libro y el periódico.
2. Ella estudia el amor en la clase de español.
3. Pepita copia palabras con su voz.
4. No es posible estudiar y también mirar la radio.
5. Es necesario estudiar la lección de cocina.

1. _Diccionario_
2. _espanol_
3. _lapiz_
4. _televisión_
5. _espanol_

II. ¿Cómo se dice en español? Can you find these expressions in the story?

1. I need to study. _Neccito es'_
2. Tonight there are interesting programs. _____

3. It's my favorite program. _____

_____

4. It is not necessary to study Spanish. *No* _____

_____

5. It is very easy. *es muy facil* _____

III. Word Hunt: Find these 15 words in Spanish in the squares. *Buscapalabras*

Crucigrama crossword puzzle

1. pencil
2. living room
3. book
4. notebook
5. sentence
6. brother
7. also
8. with *con*
9. ~~easy~~
10. ~~now~~
11. there is *hay*
12. he looks at
13. night
14. he reads *lee*
15. this (f.) *esta*

C	A	A	F	B	S	C	N	L	L
U	H	E	R	M	A	N	O	A	I
A	O	H	A	Y	L	E	C	P	B
D	R	E	S	D	A	I	H	I	R
E	A	L	E	E	F	B	E	Z	O
R	G	H	I	J	K	M	I	R	A
N	L	M	N	O	F	A	C	I	L
O	R	T	S	E	S	T	A	P	Q

IV. Picture Match: Choose and write the sentence(s) suggested by each sketch. Then tell something more about each one.

1.

DICCIONARIO =

2.

3.

4.

a. Ella estudia en casa. 1
b. Carlos pone la televisión. 3
c. El programa es "El amor y la pasión." 4

d. El padre lee el periódico. 2
e. ¡Es mi programa favorito! 4
f. Estudia con el diccionario. 1

5

1. _____

   _____

2. _____

3. _____

4. _____

   _____

Estimado
Apreciado

V. Compositions: Oral and written.
 A. Look at the picture at the beginning of the Work Unit. Tell what is happening and how it ends.
 B. Tell a friend about your evening at home with your family. Write a note.

   Querido,a_____, No es fácil estudiar en mi casa.

1. What you want to study.
2. Which brother or sister talks a lot or turns on the television.
3. Whether you also need to watch the program.
4. What your father or mother reads and also listens to.
5. Which is more **(más)** important, to study or to watch.

ESTRUCTURAS DE LA LENGUA

The Noun (Persons, Things, Places, Ideas) and **the Definite Article** (Singular)

A. In Spanish, things as well as persons are of either masculine or feminine gender.

Masculine Nouns

1. **El chico** es grande.
   The boy is big.

2. **El cuaderno** es grande.
   The notebook is large.

Feminine Nouns

3. **La chica** es grande.
   The girl is big.

4. **La pluma** es grande.
   The pen is large.

¿Es el señor Gómez o la señorita Gómez?

Rules:

1. **El** means *the* before a masculine noun and is the masculine definite article.

2. **La** means *the* before a feminine noun and is the feminine definite article.

3. Masculine nouns often end in **o**. Feminine nouns often end in **a**. Feminine nouns also end in **-dad, -ción, -sión.** Learn: **la ciudad** (the city); **la canción** (the song); **la lección** (the lesson); **la nación** (the nation); **la televisión** (the television).

B. El and **la** indicate the gender of nouns that do not have the typical masculine ending **-o,** or the typical feminine endings: **-a, -dad, -ción, -sión.**

Masculine Nouns	Feminine Nouns
El hombre usa **el lápiz y el papel.**	**La mujer** mira **la flor** en **la clase.**
The man uses the pencil and paper.	The woman looks at the flower in the class.

Rules:

1. Nouns should be memorized *with* their articles: **el** or **la.**

2. Learn these masculine nouns: **el avión** (the plane), **el coche** (the car), **el examen** (the test), **el hombre** (the man), **el hotel** (the hotel), **el lápiz** (the pencil), **el padre** (the father), **el papel** (the paper), **el profesor** (the teacher), **el reloj** (the clock, watch), **el tren** (the train), **el idioma** (the language), **el mapa** (the map), **el programa** (the program).

3. Learn these feminine nouns: **la calle** (the street), **la clase** (the class), **la frase** (the sentence), **la madre** (the mother), **la mujer** (the woman), **la noche** (the night).

4. The appropriate definite article must be used before *each* noun in a series: **el padre y la madre** (the father and mother); **el hombre y la mujer** (the man and woman).

C. Special uses of **el** and **la**   Special omissions of **el** and **la**

Indirect Address (Narrative)	Direct Address (Talking to the person)
1. **El señor Gómez** escucha *el programa.* Mr. Gomez listens to the program.	1. **Señor Gómez,** ¿escucha usted *la radio* todo *el día*? Mr. Gomez, do you listen to the radio all day?
2. **La señorita Molina** estudia *el idioma y el mapa.* Miss Molina studies the language and the map.	2. **Señorita Molina,** ¿estudia usted *el idioma y el mapa* de España? Miss Molina, do you study the language and the map of Spain?

Rules:

1. **El** or **la** is used *before a title* when talking *about* the person, but is *omitted* when talking *directly* to the "titled" person, in direct address.

2. A small number of masculine nouns end in **a** or **ma** and must be memorized with their articles: **el día** (the day), **el mapa** (the map), **el idioma** (the language), **el programa** (the program). But **la mano** (the hand) and **la radio** (the radio) are feminine.

D. More uses of **el** and **la**   More special omissions of **el** and **la**

1. **La escuela** está entre **la Avenida Arcos** y **la Calle Diez.** The school is between Arcos Avenue and Tenth Street.	1. En **la escuela** Pepita estudia **la lección de español** para hablar español bien. In school Pepita studies the Spanish lesson in order to speak Spanish well.
2. En **la clase** Pepita escucha **el español** y **el inglés.** In class Pepita listens to Spanish and English.	2. Ella lee **en español** en **la clase de español.** She reads in Spanish in the Spanish class.

Rules:

1. Use **la** before **avenida** and **calle** when identifying them by name or number.

2. Use **el** before all languages except when they directly follow **hablar, de, en.**

3. **De** indicates *concerned with* in expressions such as the following: **la clase de español** (the Spanish class), **la lección de español** (the Spanish lesson), **el profesor (la profesora) de inglés** (the English teacher), **el maestro (la maestra) de música** (the music teacher).

STUDY THE RULES, EXAMPLES, AND MODELS BEFORE BEGINNING THE EXERCISES!

EJERCICIOS

I. La señorita Mendoza wants you to tell what is interesting in school and who studies a lot. Use the word in parentheses and its correct article, **el** or **la.** Include **también.** Role-play.

Model: La *profesora* es interesante.   (libro) El libro también es interesante.
　　　　The teacher is interesting.　　　　　　　　The book also is interesting.

A. La *revista* es interesante.   The magazine is interesting.

1. (escuela) _la escuela_
2. (libro) _el libro_
3. (alumna) _la alumna_
4. (maestra) _la maestra_
5. (español) _el español_

B. El *profesor* estudia mucho.   The teacher studies a great deal.

1. (alumno) _el_
2. (estudiante, Ana) _la_
3. (hermano) _el_
4. (muchacha) _la_
5. (señor profesor) _el_

II. What do you answer when your Spanish teacher points to objects in pictures and asks, "What is it?" Use the word in parentheses with **Es el _____** or **Es la _____** as seen in the model. Role-play.

Model: Sra. Mendoza—¿Qué es? (libro)   — **Es el libro.**
　　　　What is it?　　　　　　　　　　　　　　It is the book.

1. (examen) _es el_
2. (papel) _es el un papel_
3. (lápiz) _es el_
4. (palabra) _el la palabra_

5. (cuaderno) _es el_

6. (hombre) _es el_

7. (mujer) _Es la_

8. (ciudad) _Es el_

9. (frase) _Es el_

10. (mapa) _Es la_

III. You interview five people. Then you talk *about* each of them in a simple statement. Use **el** or **la.** Omit **usted** and question marks. Role-play.

Model:——Señor Smith, ¿estudia usted　　　　**——El señor Smith** estudia el español.
　　　　el español?
　　　　Mr. Smith, do you study Spanish?　　　　Mr. Smith studies Spanish.

1. Señor Moreno, ¿mira usted el programa de televisión esta noche?

   _____

2. Profesora Mendoza, ¿necesita usted el mapa de México?

   _____

3. Presidente Guzmán, ¿entra usted en la ciudad capital de la nación mañana?

   _____

4. Señorita Gómez, ¿estudia usted el idioma toda la noche?

   _____

5. Señorita Molina, ¿escucha usted el programa español en la radio todo el día?

   _____

IV. You introduce the members of your travel club. Tell what they speak and how well they pronounce their language given in *italics.* Begin the first sentence with **Habla**….Begin the second sentence with **Pronuncia bien….** Role-play.

¡Habla español!

Model: El chico es de España. The boy is from Spain.
　　　　el español **Habla español. Pronuncia bien el español.**
　　　　　　　He speaks Spanish. He pronounces Spanish well.

1. El profesor es de México.

   el español _____

2. La alumna es de Francia.

   el francés _____

3. El muchacho es de Italia.

   el italiano _____

4. Luis es de Inglaterra.

   el inglés _____

5. La muchacha es de Alemania.

   el alemán _____

V. Pepe and Pepita know that in their new land there is a lot to study, to listen to, to look at. Answer using the noun in parentheses and the definite article, **el** or **la.** Role-play.

A. Model: **¿Dónde estudia Pepe el inglés?**   Where does Joe study English?
(clase) Pepe estudia el   Joe studies English in the
inglés en la clase.   class.

Tell where else Pepe, the foreign student, studies.

1. (avión) _____

2. (clase de inglés) _____

3. (tren) _____

4. (sala) _____

5. (escuela) _____

B. Model: La alumna escucha *la frase* en inglés.   The pupil listens to the sentence in English.

Tell what else Pepita, Pepe's sister, listens to.

1. (canción) _____

2. (disco) _____

3. (televisión) _____

4. (calle) _____

5. (radio) _____

C. Model: Su hermano mira el inglés en *el diccionario*   Her brother looks at English in the
español-inglés.   Spanish-English dictionary.

Tell where else her brother, Pepe, looks at English.

1. (periódico) _____

2. (avenida) _____

3. (cuaderno) _____

4. (diccionario) _____

5. (libro) _____

6. (ciudad) _____

7. (gramática) _____

8. (programa) _____

VI. Recombinación. Tell the story with an appropriate selection: **el** or **la.** Omit **el** or **la** if no article may be used.

_____ muchacha entra en _____ escuela en _____ Avenida de Las Américas de _____
  1   2   3   4

ciudad de Nueva York. Su profesor, _____ señor Valdés, habla _____ español muy bien.
                                          5   6

_____ clase estudia _____ lección de _____ español y escucha _____ idioma en _____ radio
  7   8   9   10   11

y en _____ televisión. Su clase practica _____ inglés también: — _____ Profesor Valdés, ¿lee
     12   13   14

usted _____ periódico en _____ inglés? Sí, _____ profesor Valdés lee mucho en _____ tren
       15   16   17   18

también, y en _____ casa por _____ noche.
              19   20

VII. Oral Proficiency: Act your part **(Yo),** or role play. _Later_ write your part. [Review PALABRAS NUEVAS and ESTRUCTURAS of this WORK UNIT One]

A. Situation: You began your first Spanish class. Your friend, Carlos, wants to know your impression. You tell him _two complete Spanish sentences._

        Carlos: ¿Cómo es el español?
        Yo:. . .
        Clues: _Interesante y fácil; importante y necesario._

B. Situation: He also wants to know what you need for the class. You tell him what kinds of books and other items you need in _two complete sentences._

        Carlos: ¿Qué es necesario?
        Yo:. . .
        Clues: _Yo necesito. . . . También es importante . . ._

C. Situation: There is one television set. Your older brother or sister does not want to watch your favorite program tonight, and tells you to study. You give reasons for not studying tonight and for watching television.

        Hermano (a): El examen de español es mañana.
        Yo:. . .   (Tell whether the Spanish test is/is not, important or easy.)

        Hermano (a): Es necesario estudiar ahora.
        Yo:. . .   (Suggest that tomorrow is possible.)

        Hermano (a): Es posible estudiar con la música de la radio.
        Yo:. . .   (Tell what you want to do tonight.)

        Hermano (a): Yo no quiero mirar "El amor y la pasión."
        Yo:. . .   (Tell the name of another television program it is also possible to watch tonight.)

———

María mira cómo los hombres y las
mujeres van de prisa.

Work Unit Two

*What a life! Work, work, work. And what does
it all lead to?*

Todo es rápido en la ciudad.

María visita la ciudad grande de Nueva York. Su primo, Francisco, es de esta ciudad. Ella es de la pequeña aldea de Miraflores, y desea ver todas las cosas importantes en Nueva York. Francisco y María visitan los teatros, los museos y los parques. Los primos van por muchas calles y avenidas y miran los edificios altos y las tiendas grandes. En las calles María mira cómo los hombres y las mujeres van de prisa a los cines, a los restaurantes, a las oficinas y a sus casas. Para María, esta experiencia es interesante y nueva pero es extraña también.

María: ¡Mira, Paco! Aquí en la ciudad todo es muy rápido. ¿Por qué? ¿Por qué hay tanta prisa?

Francisco: Pues, María, todas las ciudades grandes son así. Es necesario comer de prisa, trabajar de prisa y vivir de prisa. Así ganamos mucho dinero, y después de veinte o treinta años es posible descansar en una pequeña aldea, mirar las flores y respirar el aire fresco.

María: ¡Ay, Paco! Eso es tonto. En Miraflores, ¡yo hago todas estas cosas ahora!

Palabras Nuevas

SUSTANTIVOS *(NOUNS)*

el aire   *the air*
la aldea   *the town*
el año   *the year*
la avenida   *the avenue*
la calle   *the street*
el cine   *the movie theater*
la ciudad   *the city*
la cosa   *the thing*
el dinero   *the money*
el edificio   *the building*
la experiencia   *the experience*
la flor   *the flower*
Francisco   *Frank*
   Paco   *Frankie*
el hombre   *the man*
María   *Mary, Marie*
la mujer   *the woman*
el museo   *the museum*
Nueva York   *New York*
la oficina   *the office*
el parque   *the park*
el primo   *the cousin*
la prisa   *the hurry*
   de prisa   *in a hurry, in a rush*
el restaurante   *the restaurant*

el teatro   *the theater*
la tienda   *the store*

ADJETIVOS *(ADJECTIVES)*

alto,a   *tall, high*
estos,as   *these*
extraño,a   *strange*
fresco,a   *fresh*
grande   *big, large*
mucho,a   *a great deal of, much*
muchos,as   *many, a great many*
nuevo,a   *new*
pequeño,a   *small, little*
rápido,a   *fast, rapid*
sus   *their*
tanto,a   *so much*
todos,as   *every, all*
tonto,a   *foolish*

VERBOS *(VERBS)*

comer   *to eat*
descansar   *to rest*
desea   *(she) wishes, wants*
hago   *I do*
ir   *to go*

ganamos   *we earn*
¡mira!   *look!*
mira   *(she) looks at, watches*
miran   *they look at, watch*
respirar   *to breathe*
son   *they are*
trabajar   *to work*
van   *they go, walk*
ver   *to see*
visita   *(she) visits*
visitan   *they visit*
vivir   *to live*

OTRAS PALABRAS
(OTHER WORDS)

a   *to*
aquí   *here*
así   *so, (in) this way, thus*
cómo   *how*
después de   *after*
eso   *that*
las (fem. pl.)   *the*
los (masc. pl.)   *the*
o   *or*
para   *for, in order to*
pero   *but*
por   *along, through*

13

¿por qué hay . . . ?	*Why is there . . . ?*	sus	*their*	una	*a*
pues	*well, then*	todo	*everything, all*	veinte	*twenty*
		treinta	*thirty*		

EJERCICIOS

I. A. Restate the sentence, using the expression that best completes it.

1. El primo de María es de (a) Los Ángeles (b) San Antonio (c) Nueva York (d) Miami.

   Nueva York

2. La aldea de María es (a) grande (b) alta (c) interesante (d) pequeña.

   pequeña

3. Los primos van por (a) las aldeas (b) las calles (c) las escuelas (d) las casas.

   las calles

4. En la ciudad todo es (a) fresco (b) estudioso (c) necesario (d) rápido.

   rápido

B. Restate the sentence, substituting a correct word for the underlined word.

1. Nueva York es una ciudad pequeña.

   Nueva York es una ciudad grande

2. Los parques son muy altos.

   Los edificia son muy altos

3. Los hombres y las mujeres van de prisa por las aldeas.

   Los hombres y las mujeres von prisa por las calles

4. Es posible descansar en las calles.

   Es posible descansar en las aldeas

5. Para María es posible mirar las flores en su aldea mañana. *hoy a hora*

II. Match the following:

1. María visita *su primo*   a. interesante y nueva.

2. Ella desea ver *todas las cosas interesantes* b. de prisa.

3. Su experiencia es *interesante y nueva*   c. en las aldeas.

4. Hay aire fresco _en las aldeas_ d. a su primo, Paco.

5. Los hombres y las mujeres van _de prisa_ e. todas las cosas interesantes.

III. Juego de palabras: Translate these words to fill in the boxes of the puzzle below.

1. pencil
2. love
3. movies
4. important
5. a *(f)*.
6. money
7. now
8. to rest

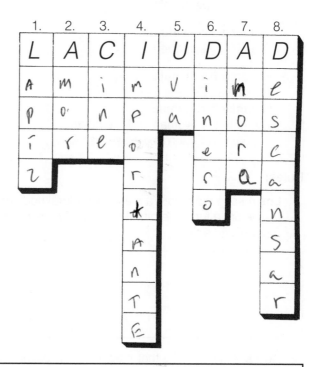

	1.	2.	3.	4.	5.	6.	7.	8.
	L	A	C	I	U	D	A	D
	A	m	i	m	v	i	m	e
	P	o'	n	P	a	n	o	s
	í	r	e	o		e	r	c
	z			r		r	a	a
				k		o		n
				A				s
				n				a
				T				r
				E				

IV. Compositions: Oral and written.
   A. Describe what is happening in the picture at the beginning of the Work Unit. Tell more about the story and how it ends.
   B. Tell a friend about *your* city.

   Querido,a ____, Mi ciudad es ____

   1. What buildings there are.
   2. What is interesting to see.
   3. Where it is possible to work.
   4. Whether you earn money.
   5. Where you want to live.

ESTRUCTURAS DE LA LENGUA

The Noun and the Definite Article (Plural). Comparisons between singular and plural forms.

El libro

Los libros

15

Singular (one)	Plural (more than one)
1. **El chico** usa **el libro.** The boy uses the book.	**Los chicos** usan **los libros.** The boys use the books.
2. **La chica** usa **la pluma.** The girl uses the pen.	**Las chicas** usan **las plumas.** The girls use the pens.
3. **El hombre** y **la mujer** visitan **el hotel** en España y escuchan **la canción española.** The man and woman visit the hotel in Spain and listen to the Spanish song.	**Los hombres** y **las mujeres** visitan **los hoteles** en España y escuchan **las canciones españolas.** The men and women visit the hotels in Spain and listen to the Spanish songs.

Rules:

1. **Los** means *the* before a masculine plural noun and is the masculine plural article. **Las** means *the* before a feminine plural noun and is the feminine plural article. In summary, Spanish uses *four* definite articles:

	Masculine	Feminine
Singular	**el**	**la**
Plural	**los**	**las**

2. Add **s** to a noun of either masculine or feminine gender that ends in a *vowel:* **a, e, i, o, u,** in order to form the plural, *e.g.* **el uso, los usos** (the uses); **la uva, las uvas** (the grapes).

3. Add **es** to a noun of either gender that ends in a *consonant* in order to form the plural, *e.g.* **el papel, los papeles** (the papers); **la flor, las flores** (the flowers).

4. Omit the accent mark from the final syllable when adding **es** to nouns ending in **ión,** *e.g.* **la lección, las lecciones** (the lessons); **la canción, las canciones** (the songs).

5. Change final **z** to **c** before adding **es,** *e.g.* **el lápiz, los lápices** (the pencils).

Other Uses of the Definite Articles

A. Generalizing

Singular	Plural
La familia es importante. Family is important.	**Los amigos** también son importantes. Friends are also important.

Rules:

1. Spanish insists on using **el, la, los** or **las** before nouns used to make generalizations.
2. English omits the definite article *the* in making a generalizing statement.

B. The Inclusive Masculine Plural

1.—¿Miran todo el chico y la chica? Do the boy and the girl look at everything?	—Sí, **los chicos** miran todo. Yes, **the boy and the girl** look at everything.
2.—¿Visitan museos el primo Juan y la prima Ana? Do Cousin John and Cousin Ana visit museums?	—Sí, **los primos** Juan y Ana visitan museos. Yes, **Cousin John and Cousin Ana** visit museums.

Rules:

1. The masculine plural article and noun may refer to both feminine and masculine persons when they are grouped together.

2. The context alone tells whether the reference is to a group consisting of feminine and masculine persons or only of masculine persons.

STUDY THE RULES, EXAMPLES, AND MODELS BEFORE BEGINNING THE EXERCISES!

EJERCICIOS

I. Describe the people and things in your neighborhood, home, or school. Complete the sentence with the *plural* of the article and noun in *italics,* e.g., *el uso* **los usos.**

1. *el chico* _los chicos_ son estudiosos.

2. *la muchacha* _las muchachas_ son inteligentes.

3. *el hombre* _los hombres_ son atletas.

4. *la madre* _las madres_ son importantes.

5. *la lección* _las lecciones_ son interesantes.

6. *el lápiz* _las lápiz_ son necesarios.

7. *el papel* _los papeles_ son muchos.

8. *la mujer* _las mujeras_ son elegantes.

9. *el profesor* _los profeses_ son fáciles.

10. *el tren* _los trenes_ son nuevos.

II. "Gordito" Gil (at the travel agency) is greedy. When offered "*some,*" he answers that he wants "*all.*" Tell his response using **Sí, todos los_____** or **Sí, todas las _____** according to the gender of the noun in the question.

Model: —¿Desea usted dulces? —Sí, **todos los dulces.**
    Do you want candy? Yes, all the candy.

1. ¿Desea usted libros sobre España? _Sí todos los libros sobre España_

2. ¿Necesita usted papeles? _Sí necesita todos los papeles_

3. ¿Usa usted gramáticas? _Sí, todas las gramáticas_

4. ¿Escucha usted canciones? _Sí todas las escuchas canciones_

5. ¿Lee usted periódicos? _Sí todos los peridicos_

6. ¿Escucha usted el idioma? _Sí todas las idiomas_

7. ¿Visita usted universidades? _Sí todas las visitas universidades_

8. ¿Necesita usted mapas? *Si todas las mapas*

9. ¿Estudia usted lecciones de español? *Si todos los lecciones de españo*

10. ¿Mira usted programas de televisión? *Si todas las programas de televisión*

III. Your uncle Leo expresses his opinions in sweeping generalizations. You play Leo. Generalize using the appropriate article, and **es** or **son** as needed.

Model: a. /trabajo no/difícil   b. pero/horas/muchas
         El trabajo no *es* difícil.   Pero las horas *son* muchas.
         Work is not hard.   But hours *are* long.

1. a. (/ amor / todo) _____
   b. (Pero / experiencia / profesora) _____

2. a. (/ televisión / importante) _____
   b. (Pero / aire fresco / necesario) _____

3. a. (/ ciudades / grandes) _____
   b. (Pero / parques / pequeños) _____

4. a. (/ programas de T.V. / tontos) _____
   b. (Pero / museos / interesantes) _____

5. a. (/ universidades / excelentes) _____
   b. (Pero / dinero no / fácil para pagarles) _____

IV. You are arranging a family cruise. Tell us who are going, using the masculine plural to include the feminine members. Role-play.

Model: —¿Van el hijo y la hija?   —Sí, *los hijos* van.
         Are the son and the daughter going?   Yes, the son and daughter are going.

1. ¿Van el padre y la madre? _____

2. ¿Y el hermano y la hermana? _____

3. ¿También el abuelo y la abuela? _____

4. ¿Y el tío Manolo y la tía Clara? _____

5. ¿También el hijo Juan y las hijas Ana y Sonia? _____

V. Directed Dialogue: You talk about cities with your friend who is from a small town.

1. María: ¿Cómo es la ciudad?

   Tú (you): _____
              (Tell her that it is interesting and large.)

2. María: ¿Qué es interesante para ver?

Tú: _____
(Tell her that there are museums, theaters, and restaurants.)

3. María: ¿Por qué van los hombres y las mujeres de prisa a las oficinas?

Tú: _____
(Say that it is necessary to work a lot in order to live in the cities.)

4. María: ¿No es posible descansar un poco?

Tú: _____
(Say yes, it is possible to rest in the parks.)

5. María: ¡En mi aldea es posible *ahora* descansar y mirar las flores!

Tú: _____
(Tell her we earn money here in order to live in the towns after thirty years. Money is important.)

VI. Oral Proficiency: Act your part **(Yo),** or role play. Later write your part. [Review PALABRAS NUEVAS and ESTRUCTURAS of this WORK UNIT Two]

Situation: Your cousin asks your opinion about whether it is good to live in a large city or in a small town. You explain the advantages of each. [Three sentences are good; four very good; five or more are excellent.]

 Primo (a): ¿Es bueno vivir en la ciudad o en la aldea?
Yo: . . .

Clues: *Tell what it is possible to do in the **aldea;** what there is for children **(los niños)** in the city; what there is for the men and the women in the city; where we earn more (más) money; why it is necessary to work and to live fast. Other ideas?*

Joselito está contento.
¡Es una torta grande!

Work Unit Three

It's Joselito's birthday, but why is he so unhappy?

El cumpleaños de Joselito

Hoy es un día muy importante en la casa de la familia Hernández. ¿Pregunta usted por qué? Es importante porque es el cumpleaños de Joselito, el nene de la familia. Hoy el niño cumple cuatro años.

Todo el mundo está ocupado en las preparaciones para este día. Los padres compran la magnífica piñata típica en forma de pájaro. La piñata está llena de dulces y regalitos. Los hermanos de José preparan los juegos y las actividades para la fiesta. Sarita, la hermana que estudia música en la escuela, practica ahora porque ella va a bailar y cantar. La abuela prepara los refrescos y una torta deliciosa muy grande.

Joselito escucha y mira a todos. El pobre niño está triste porque todo el mundo trabaja y él también desea trabajar y ayudar.

Los padres invitan a todo el mundo. Todos los vecinos caminan a la casa de la familia Hernández. Cuando llegan a la casa y entran en la sala ellos preguntan:—¿Pero, qué pasa? ¿Dónde está Joselito? ¿Por qué no está aquí?

El pobre niño está solo en su cuarto. No está contento. Desea llorar.

Entonces el abuelo busca a Joselito y explica:—Joselito, hoy es tu día. Tú no necesitas trabajar. El día de tu cumpleaños tú ayudas con las cosas más importantes—soplar las velas, cortar la torta y tomar el pedazo más grande.

Joselito baja a la sala con el abuelo. En ese momento los padres entran en la sala. Ellos llevan una torta grande de chocolate con cuatro velas, y los amiguitos de Joselito llevan regalos para el niño.

Todo el mundo grita:—¡Felicidades, Joselito! ¡Feliz cumpleaños!

Ahora sí, Joselito está contento. Va a ayudar en la fiesta. Él también grita:—¡Vamos a gozar!

Palabras Nuevas

SUSTANTIVOS

la abuela   *the grandmother*
el abuelo   *the grandfather*
la actividad   *the activity*
el amiguito   *the little friend*
el año   *the year*
la casa Hernández   *the Hernandez home*
el cuarto   *the room*
el cumpleaños   *the birthday*
el día   *the day*
los dulces   *the candy*
la familia   *the family*
la forma   *the shape, form*
la hermana   *the sister*
José   *Joseph*
Joselito   *Joey*

el juego   *the game*
la música   *the music*
el nene   *the baby, a very young child*
el niño   *the child, the little boy*
los padres   *the parents*
el pájaro   *the bird*
el pedazo   *the piece*
la piñata   *the piñata (papier mâché figure filled with candies, etc.)*
los refrescos   *the refreshments*
el regalito   *the little present*
el regalo   *the present*
Sarita   *little Sarah*
todo el mundo   *everyone*
todos   *everybody, all*

la torta de chocolate   *the chocolate cake*
el vecino   *the neighbor*
la vela   *the candle*

VERBOS

ayudar   *to help*
bailar   *to dance*
bajar   *to go down*
buscar   *to look for*
caminar   *to walk, to stroll*
cantar   *to sing*
comprar   *to buy*
cortar   *to cut*
desear   *to wish, to want*
entrar (en)   *to enter*
escuchar   *to listen*

21

está *he (she) is [location, mood]*
explicar *to explain*
gozar *to enjoy*
gritar *to shout*
invitar *to invite*
llegar *to arrive*
llevar *to carry*
llorar *to cry*
necesitar *to need*
practicar *to practice*
preguntar *to ask*
preparar *to prepare*
soplar *to blow (out)*
sopla las velas *he blows out the candles*
tomar *to take*
va (a) *he (she) is going*
¡vamos! (a) *let's*

ADJETIVOS

contento,a *happy*
delicioso,a *delicious*
ese *that (masc.)*
este *this (masc.)*
feliz *happy*
lleno,a (de) *filled (with)*
magnífico,a *magnificent*
ocupado,a *busy*
pobre *poor*
su *his, her, your (formal)*
típico,a *typical*
triste *sad*
tu *your (familiar)*

OTRAS PALABRAS

cuando *when*
cuatro *four*

¿dónde? *where?*
él *he*
ella *she*
ellos *they*
entonces *then*
hoy *today*
hoy cumple cuatro años *today he is four years old*
más *more, most*
que *who*
¿qué? *what?*
solo,a *alone*
tú *you (familiar)*
un (masc.) *a*
una (fem.) *a*
usted *you (formal)*

EJERCICIOS

I. A. Complete the sentences according to the story.

1. Hoy es el _____ de Joselito. Él cumple cuatro _años_____.

2. Todo el _mundo_____ está muy _____.

3. Él está triste porque desea _trabar_____ y_____.

4. Su hermana va a _____ y _____ en la fiesta.

5. La abuela prepara los _____ y la _torta_____.

B. Preguntas. Answer in a complete Spanish sentence.

1. ¿Dónde está solo Joselito?   in his room
2. ¿Qué compran los padres?   pinata
3. ¿Qué llevan los amiguitos?   in even Hevm
4. ¿Adónde caminan los vecinos?
5. ¿Por qué está contento Joselito?

1. _____.

2. _____.

3. _____.

4. _____.

5. _____.

apply to me

C. Preguntas generales. Answer in a complete Spanish sentence.

1. En su fiesta, ¿qué sopla un niño?
2. ¿De qué está llena una piñata?
3. ¿Qué quieres para tu compleaños?

4. ¿Está todo el mundo triste o contento en una fiesta?
5. ¿Qué gritan todos?

1. _____.
2. _____.
3. _____.
4. _____.
5. _____.

II. Match the following.

1. Hoy es un día _muy importante_ a. a todo el mundo.
2. La piñata está _llen de dulces_ b. llorar.
3. Los padres invitan _a todo el mundo_ c. ¡vamos a gozar!
4. El pobre niño desea _llorar_ d. muy importante.
5. Joselito grita _Vamos a gear_ e. llena de dulces.

III. Acróstico. Translate the words to fill in the boxes of the puzzle.

1. happy
2. to listen
3. to arrive
4. to invite in
5. birthday
6. important
7. candy
8. grandmother
9. to wish, want
10. school
11. to blow out

1. F e
2. E
3. L
4. I
5. C
6. I
7. D U l c e s
8. A
9. D
10. E
11. S o P l a r

IV. Compositions: Oral and written.

A. Tell us *what is happening* in the *picture* at the beginning of the Work Unit. Then tell something more about the story and how it ends.

B. Tell a friend about your birthday party. Write a note.

Querido,a _____, Hoy es mi cumpleaños.

1. Who is going **(va a)** to carry in the piñata.
2. What it is very important to prepare.
3. Who wants to help with the refreshments.
4. Who are going **(van a)** to arrive with presents.
5. What everybody is going to shout.

V. Picture Match: Choose and write the sentence(s) suggested by each sketch. Then tell something more about each one.

1.

2.

3.

4.

a. Llevan regalos para el niño.
b. No está contento. Desea llorar.
c. Llevan una torta grande con cuatro velas.

d. Los padres compran la piñata.
e. ¡Feliz cumpleaños! dice ella.
f. El pobre niño está triste.

1. _____

2. _____

   _____

3. _____

   _____

4. _____

ESTRUCTURAS DE LA LENGUA

The Present Indicative Tense: Regular AR Conjugation

A. The endings of the present tense tell who is doing the action; they change as the subject or "doer" changes. Subject pronouns are often unnecessary. Learn the set of personal endings for the **ar** infinitive.

		AR conjugation (I)
Infinitive:		**cantar** to sing
		I sing; do sing; am singing well.
Subject pronouns for emphasis		
Singular:	1. **Yo** *I*	Cant**o** bien.
	2. **Tú** *You* (fam.)	cant**as**
	3. **Él** *He;* **Ella** *She* **Usted** *You* (formal)	cant**a**
Plural:	1. **Nosotros-as** *We*	cant**amos**
	2. **Vosotros-as** *You* (fam.)	cant**áis**
	3. **Ellos-as** *They* **Ustedes** *You* (formal)	cant**an**

Rules:

1. A Spanish verb has one of the following infinitive group endings: **ar, er,** or **ir.** These endings represent the English *to.* Examples: *cantar* to sing; *comer* to eat; *escribir* to write.

2. This unit deals with **ar** infinitives. When a subject is given, the infinitive group ending **ar** drops and is replaced by *personal endings* according to the subject.

   After removing the infinitive group ending **ar,** add the correct personal ending **o, as, a, amos, áis,** or **an,** according to the subject given.

3. The endings of the present tense tell us that an act or a state of being is taking place at present or that it occurs as a general rule. **Am, is, are, do, does** are included in the Spanish verb form of the present tense. Examples: *I am singing* **yo canto;** *she does sing* **ella canta.**

B. Subject pronouns (See above box for the list of subject pronouns.)

1. The subject pronoun is used *to stress* or *to emphasize* the subject. The subject pronoun *precedes* the verb in a statement. The subject pronoun must be used when no verb is given.

2. Excepting **usted** and **ustedes,** subject pronouns are *normally omitted* because the verb *ending identifies the subject,* provided that no emphasis is intended.

Normal unstressed subject.	*Stressed subject.*	*Without a verb.*
Cant**a.** He sings (is singing).	***Él** canta y yo canto, también.	***¿Él?** Sí, **él** y **yo.**
Cant**o.** I sing (am singing).	*He* sings, and *I* am singing, too.	*He?* Yes, *he* and *I.*

3. Spanish subject pronouns show gender not only in **él** *he,* **ella** *she,* but also in **nosotros** *we* masculine, **nosotras** *we* feminine, and in **ellos** *they* masculine, **ellas** *they* feminine. ***Él** *he* commonly appears in print as **El** *without an accent mark when capitalized.*

4. Spanish has *four* subject pronouns meaning *you.* **Tú** addresses one person with familiarity, e.g., an intimate friend or someone younger. **Usted** (abbreviation: **Ud.** or **Vd.**) addresses one person with formality, e.g., a teacher, the president, someone older than the speaker. **Ustedes** (abbreviation **Uds.** or **Vds.**) you *plural,* generally addresses two or more persons

with either formality or familiarity in Latin America. In Spain **ustedes (Uds.)** addresses two or more persons only with formality. **Vosotros-as** is used chiefly in Spain to address two or more persons with familiarity. Since **vosotros-as** is *not* in general use in Latin America, it will receive limited treatment in this book.

C. Formation of yes-no questions:

Statement	*Question*
1. **Juan** canta aquí. John sings here.	¿Canta **Juan** aquí? *Does John* sing here?
2. **Ud.** canta también. You sing, too.	¿Canta **Ud.** también? *Do you* sing, too?

Rules:

1. The subject is generally placed *after* the verb to form a question.

2. An inverted question mark at the beginning of each written question informs the reader that a question is about to be asked. A final question mark punctuates the end of each question, like an English question.

STUDY THE RULES, EXAMPLES, AND MODELS BEFORE BEGINNING THE EXERCISES!

EJERCICIOS

I. Learn these **ar** verbs in order to understand questions and answers.

AR: andar *to walk;* **bailar** *to dance;* **caminar** *to stroll, to walk;* **cantar** *to sing;* **comprar** *to buy;* **contestar** *to answer;* **desear** *to want;* **entrar** *to enter;* **escuchar** *to listen;* **estudiar** *to study;* **hablar** *to speak;* **invitar** *to invite;* **llegar** *to arrive;* **llevar** *to carry;* **necesitar** *to need;* **practicar** *to practice;* **preguntar** *to ask;* **preparar** *to prepare;* **regresar** *to return;* **tocar** *to play* (instrument); **tomar** *to take;* **trabajar** *to work;* **visitar** *to visit.*

A. Agree with the statements and restate the sentence, substituting ONE appropriate pronoun for the subject(s) in *italics*. Role-play.

Model:—*Juanita y yo* hablamos español.   —Sí. **Nosotros** hablamos español.
        Joan and I speak Spanish.   Yes. We speak Spanish.

1. *Roberto* toca bien. _____

2. *María* necesita papel. _____

3. *Alberto y Tomás* caminan mucho. _____

4. *Ana y Clara* buscan la casa. _____

5. *Ella y yo* entramos ahora. _____

B. Tell who dances and sings at the party! Substitute the subject in parentheses for the word(s) in *italics*. Make the necessary change in the verbs.

Model: *Pedro y yo* bailamos y cantamos. (Vosotros) **Vosotros bailáis y cantáis.**
Peter and I are dancing and singing. You (*fam., pl.*) are dancing and singing.

1. (Yo) _bailo   canto_   6. (Tú y yo) _bail   cant_

2. (El) _bailan   cantan_   7. (Ella) _bailan   cantan_

3. (Ud.) _baila   canta_   8. (Ellas) _bail   cant_

4. (Tú) _bailas   cantas_   9. (Ellos) _bail   cant_

5. (Uds.) _bailan   cantan_   10. (Nosotros) _bailamos   cantamos_

C. Tell Francisca, an exchange student from Chile, what you and your friends do in the United States in and out of the classroom. Follow the model. Role-play.

Model: a. ¿Bailas *tú* en la fiesta?   a. **Sí, yo bailo** en la fiesta.
  ¿Baila *Ud.* en la fiesta?   Yes, I dance at the party.
  Do you dance at the party?

  b. ¿Y *Uds.*?   b. **Nosotros también bailamos.**
  And do you (pl.)?   We dance, too.

1. a. ¿Trabaja la profesora en la escuela? _____

   b. ¿Y tú y Andrés? _____

2. a. ¿Preguntan ellos en la clase? _____

   b. ¿Y Pedro? _____

3. a. ¿Escuchan los amigos música? _____

   b. ¿Tú y la familia? _____

4. a. ¿Contestas tú cartas de Chile? _____

   b. ¿Juanita y Pablo? _____

5. a. ¿Caminan ellos mucho? _____

   b. ¿Y tú? _____

D. About the trip. Answer in a complete Spanish sentence according to the model. Role-play.

Model: ¿Toma *Ud.* café?   **Sí, yo tomo** café.
  ¿Tomas *tú* café?   Yes, I take coffee.
  Do you take coffee?

1. ¿Compra Ud. flores, señorita? _____

2. ¿Llegas tú a la fiesta tempano? _____

27

3. ¿Estudian Uds. allí? _____

4. ¿Llevamos Juan y yo regalos? _____

5. ¿Preparo yo los refrescos? _____

E. Rewrite each of the following sentences as a question.

Model: **Yo hablo mal.**   **¿Hablo yo mal?**
       I speak poorly.   Do I speak poorly?

1. Yo practico la frase. _____

2. Carlitos visita a su madre. _____

3. Los niños desean la invitación. _____

4. Él y yo regresamos a las clases. _____

5. Pedro y yo tomamos café. _____

II. Directed Dialogue: Sarita tries to understand why you are so sad. You are her little brother and you explain in complete sentences. Act it out and write your script.

1. Sarita: ¿Por qué lloras, niño?

   Tú: _____
      (Tell her you cry because **(porque)** nobody listens when you want to explain.)

2. Sarita: ¿Qué deseas explicar, hermanito?

   Tú: _____
      (Tell her you want to help with the party.)

3. Sarita: ¿Cómo deseas ayudar?

   Tú: _____
      (Tell her you need to look for a piñata for **(para)** the party and to buy candy for the piñata.)

4. Sarita: ¿Qué más deseas?

   Tú: _____
      (Tell her you want to cut the chocolate cake and to blow out the candles.)

5. Sarita: ¡Está bien! Ahora, niño, ¿estás triste o contento?

   Tú: _____

      _____
      (Tell her "Happy." Tomorrow everybody arrives. They carry presents and shout "Happy Birthday.")

III. Oral Proficiency: Act your part (Yo), or role play. *Later* write your part. [Review PALABRAS NUEVAS and ESTRUCTURAS of this WORK UNIT Three]

Situation: You and Luisa plan a Saturday night party. Luisa offers her house. You tell Luisa how everyone will help. [Three sentences are good; four very good; five or more are excellent.]

 Luisa: La fiesta es en mi casa.
Yo: . . .

Clues: *Tell whom we invite; what Luisa (tú) prepares; what you (Yo) buy; with what Carlos and Anita help; what music María sings; how well everybody dances.*

BOLAS DE NIEVE

PEANUTS © 1995 United Features Syndicate. Reprinted by permission.

Vocabulario: bolas de nieve *snowballs;* **listo** *ready.*

¡Que horror!
Un fantasma abre la puerta.

Work Unit Four

*Did you ever get a letter and not know where
it was from? Juanita did and she's scared.*

La carta misteriosa

Cuando Juanita Pacheco recibe esta carta, está muy sorprendida. Ella abre la carta y lee:

Invitación a una reunión
el 31 de octubre a las once
de la noche en la calle
35, número 99.

Srta. Juanita Pacheco
Av. Las magnolias 355
Ponce, Puerto Rico

Pero Juanita no comprende. ¿De quién es esta invitación? Y ¿por qué a las once de la noche? Juanita está loca de curiosidad.

Es el treinta y uno de octubre. Juanita sale de la casa. Es muy tarde. Nadie camina por las calles. Juanita corre hasta la Calle Trienta y Cinco. Busca los números en las puertas de las casas.—¡Aquí está el número noventa y nueve! Es esta casa.

—Mmmmm. Es extraño. En la casa no hay luz. ¿Qué pasa aquí?—Juanita está nerviosa pero loca de curiosidad. Ella desea entrar. Toca a la puerta, y. . . . ¡Qué horror! ¡Un fantasma abre la puerta!

¡Ay, no! ¡Qué sorpresa! No es un fantasma. Es su amigo, Paco, con una máscara. Paco vive en esta casa. Y los otros amigos están aquí también. En la casa hay fiesta. Claro, es la Víspera de Todos Los Santos. En las mesas hay muchas cosas buenas para comer y para beber. Hay música y los amigos cantan, bailan y comen.

Palabras Nuevas

SUSTANTIVOS

el amigo   *the friend*
la Calle Treinta y
    Cinco   *Thirty-fifth Street*
la carta   *the letter*
el fantasma   *the ghost*
la fiesta   *the party*
el helado   *the ice cream*
el horror   *the horror*
la invitación   *the invitation*
Juanita   *Janie, Jeannie*
la luz   *the light*
la máscara   *the mask*
la mesa   *the table*
la música   *the music*
el número   *the number*

la puerta   *the door*
la reunión   *the meeting*
la sorpresa   *the surprise*
el treinta y uno de
    octubre   *the thirty-first of
    October*
la Víspera de Todos Los
    Santos   *Halloween*

ADJETIVOS

bueno,a   *good*
loco,a   *crazy*
loco,a de curiosidad   *crazy
    with curiosity*
misterioso,a   *mysterious*
nervioso,a   *nervous*

otro,a   *other*
sorprendido,a   *surprised*

VERBOS

abre   *(she) opens*
bailan   *they dance*
beber   *to drink*
busca   *(she) looks for*
camina   *walks*
    (nadie) camina   *(nobody)
    walks*
cantan   *they sing*
comen   *they eat*
comer   *to eat*
no comprende   *(she) does
    not understand*

corre *(she) runs*	**OTRAS PALABRAS**	pero *but*
entrar *to enter*		¿por qué? *why?*
está *(she) is (with certain*	a las *once* de la noche *at*	¿qué? *what?*
adjectives and locations)	*eleven p.m.*	¿Qué pasa? *What is*
están *they are*	claro *of course*	*happening?*
recibe *(she) receives*	cuando *when*	¡qué! *what a . . . !*
sale (de) *goes out, leaves*	¿de quién? *from whom?*	¡Qué horror! *What a*
toca a la puerta *(she)*	en *on*	*horror!*
knocks at the door	hasta *to, until*	¡Qué sopresa! *What a*
vive *(he) lives*	nadie *nobody, no one*	*surprise!*
	no hay *there is no, there*	tarde *late*
	isn't any	un (masc.) *a*
	noventa y nueve *ninety-nine*	una (fem.) *a*

EJERCICIOS

I. Preguntas. Complete the answer according to the story.

1. ¿Qué recibe Juanita? Juanita recibe una carta (invitación)

2. ¿Para cuándo es la invitación? La invitación es para el sabado a las once de la noche

3. ¿Qué número busca Juanita? Juanita busca el numero noventa y nueve

4. ¿Qué no hay en la casa? No hay luz

5. ¿Cómo está Juanita? Juanita está nerviosa por loca de curiosidad

6. ¿De quién es la invitación? La invitación es de su amigo Paco

7. ¿Por qué no es un fantasma? Es Paco con una mascara

8. ¿Para qué es la fiesta? La fiesta es para la Víspora do Todos los Santos

9. ¿Qué hay en las mesas? En las mesas hay cosas buenas para comer y beber

10. ¿Por qué cantan y bailan los amigos? Hay musica en la fiesta

II. Restate the sentence, using the correct word in place of the underlined word.

1. Juanita copia la carta. recibe

2. Pero Juanita no mira la invitación. comprende

3. Nadie corre por las calles. Camina

4. Juanita <u>camina</u> por las calles. _corre_

5. Juanita desea <u>beber</u> en la casa. _entra_

6. Ella <u>abre</u> la puerta. _toca_

7. Un fantasma <u>toca</u> a la puerta. _abre_

8. Paco <u>visita</u> en esta casa. _vive_

9. En las mesas están muchas cosas buenas para <u>mirar y estudiar</u>. _come y beber_

10. Los amigos <u>caminan</u> y <u>corren</u> con la música. _bailan y cantan_

III. Acróstico: Complete the story by filling in the boxes of the puzzle.

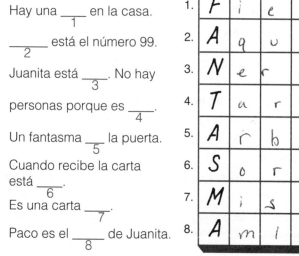

Hay una ___ en la casa.
    1

___ está el número 99.
 2

Juanita está ___. No hay
       3

personas porque es ___.
         4

Un fantasma __ la puerta.
       5

Cuando recibe la carta
está ___.
   6
Es una carta ___.
       7

Paco es el ___ de Juanita.
        8

1. F i e s t a
2. A q u i
3. N e r v i o s a
4. T a r d e
5. A r b e
6. S o r p r e n d i d a
7. M i s t e r i o s a
8. A m i g o

IV. Compositions: Oral and written.
  A. Describe what is happening in the picture at the beginning of the Work Unit. Tell how the story ends.
  B. Write a note or telephone a classmate who sent you a mysterious invitation. Ask what you need to know about the invitation in *five* or more sentences.

    Begin with: **Tu invitación es misteriosa.**

    You may use the following ideas:
    1. Why is the meeting mysterious?
    2. Why is it at 11 P.M.?
    3. What is happening?
    4. Is it a party?
    5. Are there good things to eat?
    6. Is it necessary to enter late?
    7. What a surprise it is!

  C. Tell your family the answers you receive.

ESTRUCTURAS DE LA LENGUA

The Present Indicative Tense: Regular ER and IR Conjugations

Just as the verbs of the **ar** conjugation change their endings to indicate the subject or "doer" of the action, so do these verbs of the **er** conjugation and **ir** conjugation. Learn the sets of personal endings for each of the **er** and **ir** infinitives.

	ER conjugation (II)	IR conjugation (III)
Infinitives:	**comer** *to eat*	**escribir** *to write*
	I eat; do eat; am eating well.	I write; do write; am writing well.
Subject pronouns for emphasis		
Singular: 1. **Yo** *I*	Com**o** bien.	Escrib**o** bien.
2. **Tú** *You* (fam.)	com**es**	escrib**es**
3. **Él** *He;* **Ella** *She* **Usted** *You* (formal)	com**e**	escrib**e**
Plural: *1. **Nosotros-as** *We*	*com**emos**	*escrib**imos**
*2. **Vosotros-as** *You* (fam.)	*com**éis**	*escrib**ís**
*3. **Ellos-as** *They* **Ustedes** *You* (formal)	com**en**	escrib**en**

Rules:

1. When a subject is given, the infinitive group ending, **ar, er,** or **ir,** drops and is replaced by personal endings according to the subject. This unit deals with **er** and **ir** infinitives.

    a. **ER** verbs: Remove the infinitive group ending **er.** Add the correct personal ending **o, es, e, emos, éis, en,** according to the subject given.

    b. **IR** verbs: Remove the infinitive group ending **ir.** Add the correct personal ending **o, es, e, imos, ís, en,** according to the subject given.

*2. Notice that the personal endings of verbs of the **er** conjugation and of the **ir** conjugation show a *difference only when the subject is* **nosotros-as** or **vosotros-as.**

STUDY THE RULES, EXAMPLES, AND MODELS BEFORE BEGINNING THE EXERCISES

EJERCICIOS

I. ER verbs

ER: aprender *to learn;* **beber** *to drink;* **comer** *to eat;* **comprender** *to understand;* **correr** *to run;* **creer** *to believe;* **leer** *to read;* **responder** *to answer;* **vender** *to sell.*

A. Agree. Restate the sentence, substituting ONE *appropriate pronoun* for the subject in *italics.*

Model:—*Juanita* lee la carta.   —Sí, **ella** lee la carta.
             Jeannie reads the letter.   Yes, she reads the letter.

1. *La muchacha* aprende esto. _ella_____

2. *Mi primo* comprende el libro. _él_____

3. *Ana y Laura* corren de prisa. _ellas_

4. *Él y yo* bebemos mucho. _Nostros_

5. *Luis y Elena* comen bien. _ellos_

B. We are all invited. Tell when we answer the invitations. Make the necessary change in the verb. Use: **ahora, hoy, mañana, después, esta noche, a las once, a las cuatro, [muy] tarde.**

Model: *Alicia y yo* respondemos tarde.   (Ella) Ella **responde** muy tarde.
Alice and I answer late.   She answers very late.

1. Yo _respondo_   6. Ud. y yo _respondemos_

2. Ud. _respond_   7. Ellos _responden_

3. Tú _respondes_   8. Él _responde_

4. Ella _responde_   9. Nosotras _respondemos_

5. Uds. _responden_   10. Él y ella _responden_

C. Answer in complete Spanish sentences. In answer (a) use **Sí.** In answer (b) use **también.** Role-play.

Models: a. *¿Crees tú esto?*   a. **Sí, yo creo** esto.
¿Cree *Ud.* esto?   Yes, I believe this.
Do you believe this?

    b. *¿Y ellos?*   b. **Ellos también creen** esto.
And do they?   They believe this, too.

1. a. ¿Comemos rápido tú y yo? _Si Nostras Comemos_

   b. ¿Y la niña? _La niña tambien come_

2. a. ¿Respondes tú bien? _Si, yo respoden_

   b. ¿Y María? _Maria tambien responde_

3. a. ¿Aprenden ellos el español? _Si ellos Aprenden_

   b. ¿Y Uds.? _Nostros tambien Apredemos_

4. a. ¿Lee José la gramática? _Si José lee_

   b. ¿Y Ud.? _Yo tambien leo_

5. a. ¿Comprenden Uds. la frase? _Si nosotros comprendemos_
   b. ¿Y los muchachos? _los muchachos tambien comprenden_

D. Answer in a complete Spanish sentence. Begin your answer with **Sí.** Role-play.

1. ¿Corres tú en la calle? _Si yo corro_

2. ¿Venden Uds. limonada? _Si vendemos limonada_

3. ¿Creemos María y yo en el programa? _Sí Creen_

4. ¿Ponen las primas la televisión? _Sí._

5. ¿Come Ud. bien aquí? _Sí. Como bien aquí_

II. IR verbs

IR: abrir to open; **asistir** to attend; **cubrir** to cover; **describir** to describe; **escribir** to write; **omitir** to omit; **partir** to leave; **recibir** to receive; **subir** to go up, to get into; **vivir** to live.

A. Agree. Restate the sentence, substituting ONE *appropriate pronoun* for the subject in *italics.*

Model: *Mi amigo* abre la puerta.   Sí. **Él** abre la puerta.
My friend opens the door.   Yes. He opens the door.

1. *Mi madre* parte hoy. _Ella_

2. *Juanita y Ud.* reciben la invitación. _usted_

3. *Isabel y Gloria* escriben la carta. _____

4. *El padre y la madre* viven aquí. _____

5. *Ud. y yo* abrimos el cuaderno. _____

B. We are busy these days. Tell what each of us attends. Make the necessary changes in the verb. Clues: **los teatros, los conciertos, la clase, la escuela, la reunión, la fiesta, los cines.**

Model: *Carlos y yo* asistimos a los cines.   (Ellas) **Ellas asisten a la fiesta.**
Charles and I attend the movies.   They attend the party.

1. Tú _asistes_
2. Ud. _asiste_
3. Ellos _asisten_
4. Uds. _asisten_
5. Ella y yo _asistemos_
6. Ellas _asisten_
7. Yo _asisto_
8. Él _asiste_
9. Ella _asiste_
10. Nosotras _asistemos_

C. Answer in complete sentences. In answer (a) use **Sí.** In answer (b) use **también.** Role-play.

Models: a. ¿*Describes tú* la ciudad?   a. **Sí, yo describo** la ciudad.
¿*Describe Ud.* la ciudad?   Yes, I describe the city.
Do you describe the city?

b. ¿*Y nosotros?*   b. **Uds. también describen** la ciudad.
And do we?   You too describe the city.

1. a. ¿Recibe Carlos dinero? _Sí Carlos recibe_
   b. ¿Y las hermanas? _las hermanas tambien reciben_
2. a. ¿Escriben los amigos cartas? _Sí los amigos escriben_
   b. ¿Y nosotros? _Nostros los amigos Escribemos_

3. a. ¿Vives tú en esta aldea? *Sí yo vivo*

   b. ¿Y los primos? *los primos tambien viven*

4. a. ¿Cubro yo el error? *Si ust cubre*

   b. ¿Y Uds. ? *Nostros tambien cubrimos*

5. a. ¿Suben Uds. la montaña? *Si nostros subimos*

   b. ¿Y Luis? *Luis tambien sube*

D. Answer in a complete Spanish sentence. Begin your answer with **Sí**. Role-play.

1. ¿Abrimos Ana y yo los periódicos? *Sí Ana y Ud. abren los periodicos*

2. ¿Cubres tú la mesa? *Sí yo cubro*

3. ¿Parten Uds. ahora? *Si nosotros partimos*

4. ¿Describe Ud. la clase? *Sí yo describo*

5. ¿Omite el profesor la palabra? *Si el profesor omite*

6. ¿Asistes a la fiesta? *Si ellos asisto*

7. ¿Recibe Juanita la carta? *Si Juanita recibe*

8. ¿Vives en un apartamento? *Si yo vivo*

9. ¿Escribimos en español? *Si Uds escriben*

10. ¿Suben ellos al automóvil? *Si ellos suben*

Summary Diagram for AR, ER, and IR Conjugations

	AR conjugation (I)	**ER** conjugation (II)	**IR** conjugation (III)
Infinitives:	**cantar** *to sing*	**comer** *to eat*	**escribir** *to write*
	I sing; do sing; am singing well.	I eat; do eat; am eating well.	I write; do write; am writing well.
Subject pronouns for emphasis			
Singular: 1. **Yo** *I*	Cant**o** bien.	Com**o** bien.	Escrib**o** bien.
2. **Tú** *You* (familiar)	cant**as**	com**es**	escrib**es**
3. **Él** *He;* **Ella** *She* **Usted** *You* (formal)	cant**a**	com**e**	escrib**e**
Plural: 1. **Nosotros-as** *We*	cant**amos**	com**emos**	escrib**imos**
✱ **Vosotros-as** *You* (familiar)	cant**áis**	com**éis**	escrib**ís**
3. **Ellos-as** *They* **Ustedes** *You* (formal)	cant**an**	com**en**	escrib**en**

Remember:

1. All three conjugations use the ending **o** for the first person singular (*yo*).

2. **Ir** verbs show the letter **i** in the personal endings of *only* **nosotros-as** and **vosotros-as.**

3. Subject pronouns are needed only for emphasis or clarification.

4. In the English translation, helping words like **am, is, are, do, does** are included in the Spanish verb form of the present tense.

III. AR, ER, IR verbs

A. You spoke to a familiar person. Now talk to someone you know slightly. Restate the sentence, using the name in parentheses and the formal address **Ud.** in place of the familiar **tú.**

Model:—Juan, tú comes poco.   (Señor Ortiz)—**Señor Ortiz, Ud.** come poco.

Juan, you (fam.) eat little.   Mr. Ortiz, you (formal) eat little.

1. Tú entras en la sala. (Señor López) _Señor López entra_

2. Tú crees el libro. (Señora Gómez) _Señora Gómez cree_

3. Tú vives aquí. (Profesor Ruiz) _Profesor ~~escribe~~ vive_

4. Tú tocas bien. (Señorita Marín) _~~trabajas~~ toca_

5. Tú escribes el inglés. (Doctor Muñoz) _escribe_

B. You spoke to someone you knew slightly. Now talk to someone you know well. Restate the sentence, using the name in parentheses and the familiar address **tú** in place of **Ud.**

Model:—*Ud.* aprende bien.   (Felipe)—**Felipe, tú** aprend**es** bien.

You (formal) learn well.   Philip, you (fam.) learn well.

1. Ud. trabaja mucho. (Pepe) _trabajas_

2. Ud. contesta poco. (Ana) _contestas_

3. Ud. aprende mal. (Carlos) _aprendes_

4. Ud. corre rápido. (niño) _corres_

5. Ud. lo describe bien. (niña) _describes_

C. First, you state your thought. Then, you wonder whether it is truly so, in a question, e.g., **Yo como mal.** *I eat poorly.* **¿Como yo mal?** *Do I eat poorly?*

1. Yo comprendo toda la frase. _¿Comprendo yo?_

2. Carlitos corre rápido a su madre. _¿Corre Carlitos?_

3. Los niños desean recibir la invitación. _¿Desean los niños?_

4. Él y yo asistimos siempre a las clases. _¿Asistimos él y yo?_

5. Pedro y yo tomamos mucho café. _¿Tomamos Pedro y yo?_

IV. **Directed Dialogue:** You are on a dark street late at night looking for a house of a friend. Act it out and write the script.

1. Policía: ¿Por qué está Ud. en la calle ahora?

Tú: _____

(Tell him you are looking for the house of a friend.)

2. Policía: Pero es muy tarde. ¿Qué pasa en la casa?

Tú: _____

(Tell him that you are running to a meeting at the house.)

3. Policía: Es extraño a esta hora.

Tú: _____

(Tell him that the invitation says a meeting on October 31 at eleven P.M.)

4. Policía: Te acompaño a la casa. ¿Cuál es el número?

Tú: _____

(Tell him that nobody knows who lives in the house. The number is ninety-nine.)

5. Policía: ¡Qué misterioso es! ¡Mira, un fantasma abre la puerta!

Tú: _____

(Tell him the ghost is. . . . . There is a party there. Everyone attends, eats, and dances. What a surprise!)

V. **Oral Proficiency:** Act your part **(Yo),** or role play. *Later* write your part. [Review PALABRAS NUEVAS and ESTRUCTURAS of this WORK UNIT Four]

Situation: Your parent thinks you have been going to too many parties. Give as many reasons as you can to persuade your parent to let you go tonight.

Padre o madre: Esta noche no asistes a la fiesta.
Yo: . . .

Clues: *Why the party is interesting or important; which friends attend the party tonight; what the friends do at the party; at what time we leave; whether we write all the homework now and we learn more in **(la)** class tomorrow. Other ideas?*

¿Quién es el presidente de los Estados Unidos?

Work Unit Five

Do you like quiz shows? Here's one which might be embarrassing.

¿Conoce usted historia?

Para hacer interesante la clase de historia, el Profesor Fajardo decide usar otros métodos hoy. Todos los alumnos de la clase van a participar en un concurso. Luis, el muchacho más inteligente y más aplicado, va a ser el maestro de ceremonias. Otro muchacho, Jaimito, es perezoso. No estudia y no aprende mucho. Jaimito va a contestar primero.

Luis:	Bueno, Jaimito. ¿Sabes mucho de la historia de los Estados Unidos?
Jaimito:	Claro. Ya estoy en esta clase de historia tres años.
Luis:	Pues bien, ¿quién es el presidente de los Estados Unidos?
Jaimito:	Mmmmm. . . . No estoy seguro. Creo que es. . . . Creo que es Jorge Wáshington.
Luis:	¿Jorge Wáshington? ¡Ay, qué tonto! ¿No sabes que Wáshington está muerto? Otra pregunta: ¿Dónde vive el presidente?
Jaimito:	Creo que vive en una casa blanca.
Luis:	Si, claro. Vive en la Casa Blanca. Pero, ¿en qué ciudad?
Jaimito:	¿En Los Ángeles?
Luis:	No, tonto, en Wáshington.
Jaimito:	Pero, ¿cómo es posible? Wáshington está muerto. ¿No es verdad?
Luis:	¡Ay, tonto! ¿Cuándo vas a aprender? ¿Para qué vas a la escuela? ¿Por qué no conoces la historia de los Estados Unidos?
Jaimito:	Pero, Luis, ésas ya son tres preguntas. ¿Cuántas debo contestar?
El profesor:	¡Ninguna! ¡Ninguna! Ya estoy enfermo. ¡Mañana hay una lección normal!

Palabras Nuevas

SUSTANTIVOS

el alumno   *the pupil (masc.),*
   the student
la Casa Blanca   *the White*
   House
el concurso   *the contest*
los Estados Unidos   *the*
   United States
la historia   *history*
   la clase de historia   *the*
   history class
Jaimito   *Jamie (little James)*
Jorge Wáshington   *George*
   Washington
Luis   *Louis*
el maestro de
   ceremonias   *the master*
   of ceremonies

el método   *the method*
el muchacho   *the boy*
la pregunta   *the question*
el presidente   *the president*
el profesor   *the teacher*
   (masc.)
el tonto   *the fool, the "dummy"*

ADJETIVOS

aplicado,a   *studious*
   más aplicado,a   *most*
   (more) studious
blanco,a   *white*
enfermo,a   *sick*
inteligente   *intelligent, smart*
   más inteligente   *most*
   (more) intelligent,
   smarter, smartest

muerto,a   *dead*
normal   *normal*
otro,a   *another, other*
perezoso,a   *lazy*
seguro,a   *sure*
tres   *three*

VERBOS

aprender   *to learn*
¿Conoce . . . ?   *Are you*
   acquainted with . . . ?
contestar   *to answer*
creer   *to believe*
deber   *should, must, to*
   have to
decidir   *to decide*
estoy   *I am*
no estoy   *I am not*

41

	PALABRAS	OTRAS PALABRAS
hacer *to make*	INTERROGATIVAS	
participar *to participate*		ésas *those*
saber *to know*	¿Cómo? *How*	hoy *today*
¿No sabe Ud. ? *Don't you know?*	¿Cuándo? *When?*	más *most, more*
	¿Cuántos,as? *How many?*	ninguna *none*
ser *to be*	¿Dónde? *Where?*	¿No es verdad? *Isn't it true? Right?*
usar *to use*	¿Para qué? *For what purpose? Why?*	
van a . . . *they are going to . . . you* (pl.) *are going to . . .*	¿Por qué? *Why?*	primero *first*
¿vas a . . . ? *are you* (fam.) *going to…?*	¿Quién? *Who?*	pues bien *well, then*
		que *that*
		ya *already, now*

EJERCICIOS

I. A. Complete.

1. El señor Fajardo es profesor de _____

2. Luis es un muchacho _____ y _____

3. Jaimito no _____ y no_____

4. Jaimito no sabe que Jorge Wáshington está _____

5. El profesor ya está _____

B. Preguntas personales y generales. Answer in a complete Spanish sentence.

1. ¿Quién es el presidente de los Estados Unidos?
2. ¿Cómo está una persona que va al hospital?
3. ¿Para qué debe Ud. ir a la escuela?
4. ¿Cuántos alumnos perezosos están en la clase de español?
5. ¿En qué clase aprende Ud. mucho de los Estados Unidos?

1. _____

2. _____

3. _____

4. _____

5. _____

II. Mixed-up sentences. Can you put the words in the correct order to form complete sentences?

1. el usar métodos otros decide profesor.
2. primero a va contestar Jaimito.
3. en estoy esta historia clase de tres años.
4. ¿vive presidente el dónde?
5. ¿es presidente los Unidos quién el Estados de?

1. _____

2. _____

3. _____

4. _____

5. _____

III. Picture Match: Choose and write the sentence(s) suggested by each sketch. Then tell something more about each one.

1.

2.

3.

4.

a. El otro muchacho es perezoso.
b. Es un muchacho aplicado y también inteligente.
c. Ya estoy enfermo.

d. Es un profesor de historia.
e. No estudia y no aprende mucho.
f. ¿Dónde vive el presidente?

1. _Es un muchacho aplicado y también inteligente_

2. _No estudia y no aprende mucho_

   El otro muchacho es perezoso

3. _Es un professor de historia_

   Ya estoy enfermo

4. _¿Donde vive el presidente_

IV. Compositions: Oral and written.
  A. Look at the picture at the beginning of the Work Unit. Describe what is happening. Tell how it ends.
  B. Tell about your favorite class. Write about it to a friend.

Mi clase favorita

1. Which is your favorite class, and whether it is a smart class.
2. Whether anyone is lazy, and which student is very studious.
3. Whether the teacher is nice (**simpático,a**) and whether he or she uses interesting methods.
4. Whether you receive good marks (**notas**).
5. Where you study, and when.

ESTRUCTURAS DE LA LENGUA

Simple Negative; Interrogative Words

A. To form the simple negative place **no** before the verb.

Affirmative	Negative
1. Ellos cantan hoy. They are singing today.	Ellos **no** cantan hoy. They are not singing today.
2. ¿Cantas tú? Do you sing?	¿**No** cantas tú? Don't you sing?

Rule:

Place **no** before the verb in *both* statements and questions to form the negative.

B. Interrogative words request specific information. They begin the question.

¿**Cómo** come Juan? *How* does John eat?	¿**Cuál es** su plato favorito? What (which) is his favorite dish?
¿**Cuándo** come Juan? *When* does John eat?	¿**Cuáles son** ...? What (which) are ...?
¿**Cuánto** come Juan? *How much* does John eat?	¿**Quién** come? *Who* (sing. subject) *is eating?*
¿**Dónde** come Juan? *Where* does John eat?	¿**Quiénes** comen? *Who* (pl. subject) *are eating?*
¿**Para qué** come Juan? *For what purpose* does John eat?	¿**A quiénes** ve él? *Whom* does he see?
¿**Por qué** come Juan? *Why* does John eat?	¿**A quiénes** corre él? *To whom* does he run?
¿**Qué** come Juan? *What* does John eat?	

Rules:

1. Interrogative words bear an accent mark on the stressed vowel.

2. **¿Qué?** is the usual word for *what* or *which*. **¿Cuál?** (singular) and **¿Cuáles?** (plural) are the words for *what* and *which* before forms of **es** and **son: ¿Cuál es la fecha?** *What is the date?* But use **¿Qué?** for *what* when seeking to identify an object: **¿Qué es esto?** *What is this?*

3. **¿Cuánto?, ¿cuánta?** *how much,* and **¿cuántos?, ¿cuántas?** *how many,* when followed by a noun, are adjectives and must agree with the noun in gender and number.

4. **¿Quién?** *who* (singular) is followed by a third person *singular* verb. **¿Quiénes?** *who* (plural) is followed by a third person *plural* verb.

¿Cuán**to** dinero recibes?	How much money do you receive?
¿Cuán**ta** fruta comes?	How much fruit do you eat?
¿Cuán**tos** niños leen?	How many children read?
¿Cuán**tas** chicas estudian?	How many girls study?

STUDY THE RULES, EXAMPLES, AND MODELS BEFORE BEGINNING THE EXERCISES! ALSO REVIEW LESSON WORK UNITS 3 AND 4, pp. 24, 34—AR, ER, and IR Verbs

EJERCICIOS

I. Jaimito is in a very negative mood today. He constantly disagrees with his teacher, Miss Ruiz, who then questions what he said. Write (a) Jaimito's negative sentence and (b) the teacher's negative question, following the model. Role-play.

Model: *La señorita Ruiz:* Ana estudia.
Ann studies.

    a. *Jaimito:* Ana **no** estudia.   b. *La señorita Ruiz:* **¿No estudia Ana?**
       Ann doesn't study.   Doesn't Ann study?

1. Ellos hablan de la chica. a. _____

   b._____

2. Ud. canta en la fiesta. a._____

   b._____

3. Tú escribes mucho. a. _____

   b._____

4. Nosotros vendemos periódicos. a._____

   b._____

5. Yo vivo en la ciudad. a. _____

   b._____

II. You meet your nosey neighbor on your way to the park. You decide to answer all questions negatively. Give us your NEGATIVE answers in complete Spanish sentences according to the models.

Model: a. —¿Corre Ud. al parque?   Do you run to the park?
       —**Yo no corro** al parque.   I do not run to the park.

       b. —¿Y Juan?   And John?
       —**Juan no corre** al parque.   John does not run to the park.

1. a. ¿Come Ud. mucho en el café? _____

   b. ¿Y los amigos? _____

2. a. ¿Estudias tú por la noche? _____

   b. ¿Y Luis? _____

3. a. ¿Comprenden Uds. todo? _____

   b. ¿Y las amigas? _____

4. a. ¿Asisten Rosa y tú a la clase? _____

   b. ¿Y Jorge y Elisa? _____

5. a. ¿Abren Juan y José los libros? _____

   b. ¿Y Uds. ? _____

III. While waiting for the bus, you exchange information with friends about friends. **a.** Restate the sentence as a QUESTION (¿ ?) using the interrogative in parentheses **b.** ANSWER the question you formed using the word in parentheses after **b.** Role-play.

Model: Estudia el español.   a. (Quién)   a. —¿**Quién** estudia el español?
     He studies Spanish.   Who studies Spanish?

                   b. (Pablo)   b. —**Pablo** estudia el español.
                                        Paul studies Spanish.

1. Ana escribe la lección.   a. (Cómo)   b. (de prisa)

     a. _____

     b. _____

2. Luis toma el tren.   a. (Cuándo)   b. (ahora)

     a. _____

     b. _____

3. Leen la pregunta.   a. (Cuántos alumnos)   b. (tres alumnos)

     a. _____

     b. _____

4. La niña y su madre escuchan al Doctor Soler.   a. (Dónde)   b. (en el hospital)

     a. _____

     b. _____

5. Mi amigo y yo leemos.   a. (Qué)   b. (la pregunta)

    a._____

    b._____

6. Recibe la invitación.   a. (Quién)   b. (El chico)

    a._____

    b._____

7. Preguntan mucho.   a. (Quiénes)   b. (Las chicas)

    a._____

    b._____

8. Marta y yo escribimos.   a. (A quién)   b. (al padre)

    a._____

    b._____

9. La alumna aprende muchas cosas.   a. (Por qué)   b. (porque escucha bien)

    a._____

    b._____

10. Luis compra fruta.   a. (Para qué)   b. (para la fiesta de Ana)

    a._____

    b._____

IV. Recombinación. Restate the QUESTION substituting the subject in parentheses and making the necessary change in the verb. (Review PRESENT TENSE, WORK UNITS 3 and 4, pp. 24 and 34.)

Model: ¿Por qué **canta** ella "La Paloma"? (yo)　　　　¿Por qué **canto yo** "La Paloma"?
       Why does she sing "La Paloma"?　　　　　　Why do I sing "La Paloma"?

A. ¿Cómo **prepara** ella la lección?

    1. (tú) _____

    2. (Ud.)_____

    3. (ellos) _____

    4. (nosotros) _____

B. ¿Qué **canta** Ud.?

    1. (yo) _____

    2. (Uds.)_____

    3. (Juan y yo)_____

¿Cuántas papas fritas comes?

C. ¿Dónde **beben** los animales?

1. (el animal) _____

2. (nosotros) _____

3. (tú) _____

4. (Ud.) _____

D. ¿Cuántas papas fritas **comes** tú?

1. (Ana) _____

2. (ellos) _____

3. (tú y yo) _____

E. ¿A quién **escriben** ellos?

1. (Pepe) _____

2. (Ud. y yo) _____

3. (las niñas) _____

4. (Ud.) _____

F. ¿No **vive** Ud. en Los Ángeles?

    1. (nosotros) _____

    2. (¿Quién?) _____

    3. (¿Quiénes?) _____

G. ¿Cuándo **toman** Uds. el tren?

    1. (ella) _____

    2. (su familia) _____

    3. (nosotras) _____

H. ¿Para qué **aprende** Ud. el español?

    1. (nosotros) _____

    2. (yo) _____

    3. (él y ella) _____

I. ¿Por qué **parte** Luisa?

    1. (Ud. y yo) _____

    2. (tú) _____

    3. (Uds.) _____

V. A. Give us the Spanish equivalent following the word order of the Spanish model.

1. **Ellos no andan a la escuela.**

    a. He is not walking to school. _____

    b. We are not walking to class. _____

    c. Who is not walking to class? _____

2. **¿Cuándo corre ella a casa?**

    a. When do I run home? _____

    b. Juanito, when do you (tú) run home? _____

    c. When does Mr. Torres run well? _____

3. **¿A quién escribo yo?**

    a. To whom (sing.) is she writing? _____

    b. To whom (pl.) are we writing? _____

    c. To whom (pl.) are they writing? _____

B. State the Spanish equivalent following the word order of the Spanish model. Use the appropriate form of the verb cue given in parentheses.

1. **Aquí no venden periódicos.**

   a. Here they do not buy newspapers _____

   (comprar)

   b. Here we do not read newspapers. _____

   (leer)

   c. Here you (tú) do not receive newspapers. _____

   (recibir)

2. **¿Cómo bailan Juan y tú?**

   a. How do you (tú) answer, John? _____

   (contestar)

   b. How does Mary understand? _____

   (comprender)

   c. How do we leave? _____

   (partir)

3. **¿Dónde cantas tú?**

   a. Where do we listen? _____

   (escuchar)

   b. Where do you (tú) learn, Anne? _____

   (aprender)

   c. Where do they attend? _____

   (asistir)

4. **¿Por qué describen ellos la ventana?**

   a. Why do you (Ud.) open the window? _____

   (abrir)

   b. Why do we cover the window? _____

   (cubrir)

5. **¿Cuánto dinero deseo yo?**

   a. How much money do we want? _____

   (desear)

   b. How much fruit (fruta) do we sell? _____

   (vender)

   c. How many books do they need? _____

   (necesitar)

6. **¿Quién no come en casa?**

   a. Who (sing.) is not living at home? _____

   (vivir)

b. Who (pl.) are not working at home? _____

(trabajar)

c. Who (pl.) are not answering at home? _____

(responder)

7. **¿Qué no preguntan ellos?**

a. What don't I ask? _____

(preguntar)

b. What don't we write? _____

(escribir)

c. What doesn't she practice? _____

(practicar)

VI. **Directed Dialogue:** Anita is excited to hear about her friend's wedding (**la boda**). Act it out and write your script.

1. Amiga: ¡Anita, te invito a mi boda!

Anita: _____
(Ask when is **(es)** the wedding and where.)

2. Amiga: Es en junio en la casa de mis padres.

Anita: _____
(Ask why it is in June.)

3. Amiga: Tú sabes. Junio es el mes favorito para las bodas.

Anita: _____
(Ask what is the date—**la fecha.**)

4. Amiga: La boda es el treinta de junio.

Anita: _____
(Ask how many are attending and who they are.)

5. Amiga: Asisten las dos familias y las buenas amigas como tú.

Anita: _____
(Exclaim: How is it possible . . . the wedding of my best friend, and so soon!)

VII. **Oral Proficiency:** Act your part **(Yo),** or role play. *Later* write your part. [Review PALABRAS NUEVAS and ESTRUCTURAS of this WORK UNIT Five]

Situation: Your lazy friend Jaimito suggests you participate in the history contest with him. Whichever one wins the prize **(gana el premio)** will divide it with the other. You ask questions about his bad idea. [Three sentences are good; four very good; five or more are excellent.]

 Jaimito: Si yo gano o si tú ganas ¿dividimos el premio?
Yo: . . .

Clues: *Ask how much the prize (el premio) is; how much history he (tú) knows; why you should (debo) divide a prize with a lazy student; how is he going to win if he does not learn; when is the contest and where. Now tell Jaime's answers.*

*Bueno, aquí tiene una docena
de huevos, una botella de leche,
un pan y una libra de mantequilla.*

Work Unit Six

Antonio thinks it's easy to be a housewife.
Do you agree with him?

El trabajo de la mujer es fácil

Esta mañana Alicia no está bien. Ella siempre compra las cosas para la casa. Pero hoy es imposible.

Alicia:	Antonio, necesito unas cosas de la tienda de comestibles. ¡Por favor, mi amor! Ésta es una lista de las cosas necesarias.
Antonio:	Mi amor, yo no necesito lista. Yo también compro cosas para la casa. Un tonto necesita una lista. Yo no.

Antonio va a la tienda de comestibles. Entra en la tienda y…no sabe qué comprar. Sin la lista no sabe qué cosas necesitan en casa.

Dependiente:	Buenos días, señor. ¿Qué desea?
Antonio:	Mmmmm… La verdad es que no sé. Mi mujer está enferma y necesitamos unas cosas muy importantes en casa.
Dependiente:	Sí, sí…unas cosas importantes como…una docena de huevos, medio galón de leche, un pan y una libra de mantequilla.
Antonio:	Ah, muy bien. Está bien.
Dependiente:	Y…un poco de queso, jugo de naranja, y unas frutas como estas manzanas. Todo esto es bueno para la casa.
Antonio:	Muy bien. Y ¿cuánto es todo esto?
Dependiente:	Quince dólares, cincuenta centavos.
Antonio:	Gracias. Adiós.

Antonio paga y regresa a casa. Entra en la casa con los comestibles.

Alicia:	Oh, Antonio… ¡Exactamente las cosas que necesitamos! ¡Qué inteligente, mi amor!
Antonio:	Oh, eso no es nada. ¡El trabajo de la mujer es tan fácil!

Palabras Nuevas

SUSTANTIVOS

Alicia   *Alice*
Antonio   *Anthony*
el centavo   *the cent*
los comestibles   *the groceries*
  la tienda de comestibles
    the grocery store
el dependiente   *the clerk*
la docena   *the dozen*
  la docena de huevos   *the dozen eggs*
el dólar   *the dollar*
la fruta   *the fruit*
el galón   *the gallon*

el huevo   *the egg*
el jugo   *the juice*
  el jugo de naranja   *the orange juice*
la leche   *the milk*
la libra   *the pound*
la lista   *the list*
la mantequilla   *the butter*
la manzana   *the apple*
la mañana   *the morning*
el medio, la medio   *the half*
la mujer   *the wife, the woman*
el pan   *the bread*
un poco de   *a bit of, a little*

el queso   *the cheese*
el señor   *sir, mister*
el trabajo   *the work*
la verdad   *the truth*

VERBOS

comprar   *to buy*
desear   *to wish, to want*
necesitar   *to need*
pagar   *to pay, to pay for*
regresar   *to return*
(yo) sé   *I know*
va   *he (she) goes; you (formal sing.) go*

53

OTRAS PALABRAS

adiós *good-bye*
bien *well*
  está bien! *it's all right,
    fine*
buenos días *hello, good day*
cincuenta *fifty*

como *like*
¿cuánto,a? *how much?*
doce *twelve*
exactamente *exactly*
gracias *thanks*
nada *nothing, not . . .
  anything*
quince *fifteen*

siempre *always*
sin *without*
tan *so*
un, una *a, one*
unos,as *some*
yo no *not I*

EJERCICIOS

I. A. Preguntas. Answer in a complete Spanish sentence.

1. ¿Por qué no va Alicia de compras hoy? _____

2. ¿Qué necesita Alicia? _____

3. ¿Adónde va Antonio? _____

4. ¿Qué compra Antonio en la tienda? _____

5. ¿Cuánto es todo eso? _____

6. ¿Es Antonio tonto o inteligente? ¿Por qué? _____

B. Preguntas personales y generales. Answer in a complete Spanish sentence.

1. ¿Quién compra comestibles en su familia?
2. ¿Sabe Ud. qué compar sin lista?
3. ¿Qué compra Ud. en la tienda de comestibles?
4. ¿Cuánto paga Ud. por los comestibles?
5. ¿Es siempre tan fácil el trabajo de la mujer? ¿Por qué?

1. _____

2. _____

3. _____

4. _____

5. _____

II. Word Hunt: Find and circle these words in Spanish.

1. dozen
2. eggs
3. cheese
4. dollars
5. cents
6. juice
7. milk
8. fruit
9. bread
10. three
11. pound
12. how much?
13. things
14. he leaves
15. I know

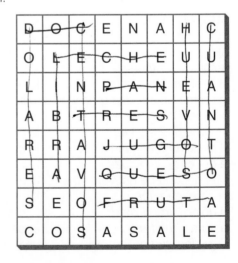

D	O	C	E	N	A	H	C
O	L	E	C	H	E	U	U
L	I	N	P	A	N	E	A
A	B	T	R	E	S	V	N
R	R	A	J	U	G	O	T
E	A	V	Q	U	E	S	O
S	E	O	F	R	U	T	A
C	O	S	A	S	A	L	E

III. Compositions: Oral and written.
  A. Look at the picture at the beginning of this Work Unit.
    Tell what is happening and how it ends.
  B. Tell what Emilio says.
    Emilio goes into a store to buy some groceries. Role-play the following dialogue.

Dependiente: Buenos días, ¿qué desea usted?

Emilio: _____
          (Mention two items.)

Dependiente: Aquí está, ¿Quiere algo más?

Emilio: _____
          (Mention one more item.)

Dependiente: Bueno, son cinco dólares cincuenta.

Emilio: _____
          (Tell whether it is little or much.)

Dependiente: Muchas gracias, señor. Adiós. El trabajo de la mujer no es muy difícil, ¿verdad?

Emilio: _____
          (Tell whether you agree before saying goodbye.)

ESTRUCTURAS DE LA LENGUA

The Indefinite Articles: Un, Una, Unos, Unas

Un chico canta.

Unos chicos cantan.

A. Uses of **Un** and **Una**

Un	**Una**
1. ¿Quiénes son los chicos? Who are the boys?	2. ¿Quiénes son las chicas? Who are the girls?
Un chico es mi primo. *One* boy is my cousin.	**Una chica** es mi prima. *One* girl is my cousin.
El otro es **un alumno** de mi clase. The other is *a* pupil in my class.	La otra es **una alumna** de mi clase. The other is *a* pupil in my class.

55

B. Uses of **Unos** and **Unas**

Unos	Unas
1. **Unos chicos** hablan español; otros hablan inglés. *Some (a few) boys* speak Spanish; others speak English.	2. **Unas chicas** estudian el español; otras estudian el inglés. *Some (a few) girls* study Spanish; others study English.

Rules:

1. **Un** and **una** single out *one* out of two or more.
   The English equivalents are *a, an, one.*
   Un precedes a masculine noun. **Una** precedes a feminine noun.

2. **Unos** and **unas** denote some samples of a class or a group.
   The English equivalents are *some, a few.*
   Unos precedes masculine nouns. **Unas** precedes feminine nouns.

C.   **Alguno** and **Ninguno**: Forms and Uses

Alguno *affirmative*	Ninguno *negative*
1. ¿Pasa **alguno** por aquí? Is someone passing by here?	**Ninguno** pasa ahora. *No one* is passing now.
2. ¿Fuma **algún** chico aquí? Is anybody smoking here?	**Ningún** chico fuma aquí. *No* boy is smoking here.
3. ¿Llora **alguna** niña aquí? Is some little girl crying here?	**Ninguna** niña llora ahora. *No* little girl is crying now.
4. ¿Gritan **algunos** muchachos? Are some boys shouting?	**Ningunos** muchachos gritan. *No* boys are shouting.
5. ¿Corren **algunas** muchachas aquí? Are any girls running here?	**Ningunas** muchachas corren ahora. *No* girls are running now.

Rules:

1. See **uno** in the words **alguno** and **ninguno. Uno, alguno,** and **ninguno** drop their final **o** before a *masculine singular* noun. Place an accent mark over **algún** and **ningún** to show where the stress remains.

2. Like **uno, alguno** and **ninguno** *each* have *three* more forms that agree with the nouns they describe. **Algunos, alguna** and **algunas; ningunos, ninguna,** and **ningunas.**

3. **Alguno-a** without a noun can mean *someone, somebody.* **Ninguno-a** without a noun can mean *no one, nobody,* or *none.*

4. *Before a noun* **ninguno** and its forms mean *no.*

STUDY THE RULES, EXAMPLES, AND MODELS BEFORE BEGINNING THE EXERCISES!

EJERCICIOS

I. Tell us about your food shopping in complete sentences, using **uno, un, una, unos,** or **unas** before each cue given in parentheses. Role-play.

Model: —¿Cuánta harina necesita Ud.?   —Necesito **unas** libras.
                    How much flour do you need?   I need a few pounds.

1. ¿Qué necesita Ud.? (pan) _____

2. ¿Dónde busca Ud. más comestibles? (tienda grande)_____

3. ¿Quiénes ayudan en la tienda? (dependientes) _____

4. ¿Cuáles son las frutas que compra Ud.? (manzanas) _____

5. ¿Cuánto paga Ud. en total? (dólares) _____

II. Tell your grocer that you are interested in "only some." Use **solamente** and the appropiate form of **alguno** to agree with the nouns in italics. Role-play.

Model: —¿Deseas todos estos tomates?   —No. Solamente algunos.
        Do you want all these tomatoes?   No. Only some.

1. ¿Conoce Ud. nuestros *productos* gourmets? _____

2. ¿Necesita Ud. mucha *ayuda* personal? _____

3. ¿Prefiere Ud. todos los *quesos* de la caja? _____

4. ¿Desea Ud. todas estas *frutas* frescas? _____

5. No va a costar demasiado *dinero*. _____

III. On your cell phone, tell your family that the festival is called off. Use the appropriate form of **ninguno** *at the beginning* of your statement. Role-play.

Model: —¿Alguno canta?   —**Ninguno** canta.
        Is anyone (someone) singing?   No one (nobody) is singing.

1. ¿Toca salsa algún músico? _____

2. ¿Venden alguna buena comida? _____

3. ¿Cantan algunos artistas? _____

4. ¿Andan algunas amigas por la Calle Ocho? _____

5. ¿Está alguna feliz? _____

IV. You need a car (**carro**), or a pickup truck (**camioneta**) in good condition. Role-play your conversation with the car dealer. Use *only* appropriate forms of **alguno** and **ninguno** after reading the whole sentence.

Usted: ¿Hay (1) _____carros nuevos aquí?

Vendedor: ¿No, señor (a), ¡(2)_____carros son nuevos aquí!

Usted: Entonces, busco ¡(3)_____carro usado en buenas condiciones!

Vendedor: Señor (a) ¡(4)_____carro aquí está en malas condiciones!

Usted: ¿Es posible comprar aquí (5)_____camioneta barata? (inexpensive)

Vendedor: Perdón. ¡(6)_____camioneta es muy barata!

Usted: Pues, ¿hay (7)_____camionetas menos caras (expensive) que otras?

Vendedor: Sí, señor (a), pero (8)_____camionetas buenas son menos caras que veinte mil.

Usted: ¡Adiós!

Vendedor: (a los otros): ¡Ha! ¡Ha! (9)_____ desea comprar una camioneta barata. Hoy día es imposible. (10)_____va a vender camionetas baratas.

V. Oral Proficiency: Act your part (Yo), or role play. *Later* write your part. [Review PALABRAS NUEVAS and ESTRUCTURAS of this WORK UNIT Six]

Situation: You work in a grocery store after school. Your friend enters. He left his shopping list at home. You suggest some necessary grocery items. [Three sentences are good; four very good; five or more are excellent.]

 Amigo(a): ¡Ay! No tengo mi lista.
Yo:...

Clues: *Suggesting some **(unos, as)** grocery items, ask whether he wants **(¿quieres?)** ... ; needs **(¿necesitas?)**...; wishes **(¿deseas?)**... ; what it is always important to buy ... ; whether there are (is)... at home. Other ideas?*

CONTRASTES DE AMÉRICA LATINA

Colombian rain forest

Venezuelan oil refinery

Machu Picchu, Peru

Panama Canal

Open market in Paraguay

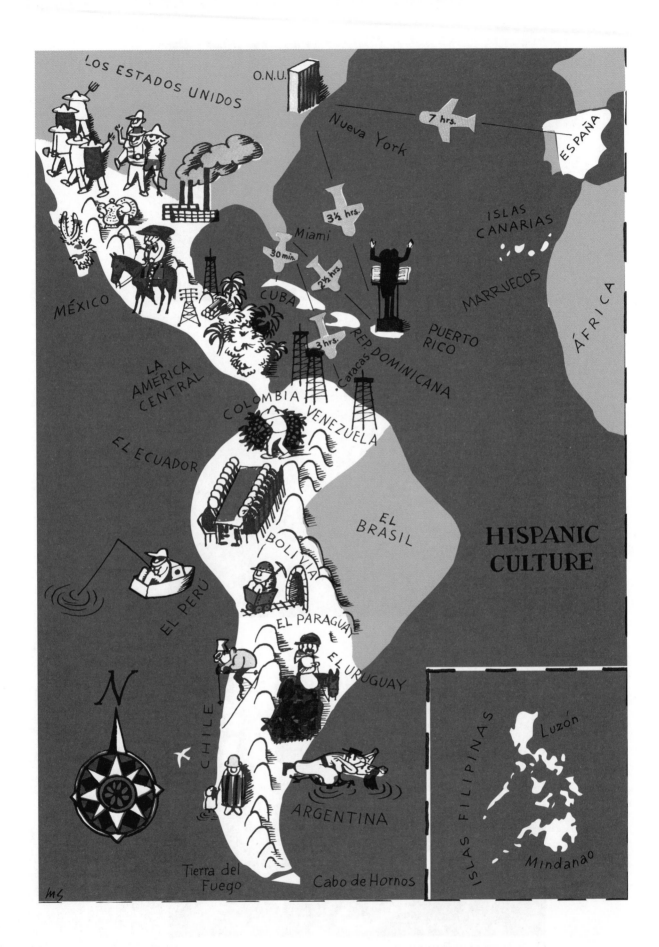

Culture Unit One

Sí, señor. Yo hablo español.

An Introduction to Hispanic Culture in America

A. Spanish is among the most widely spoken languages in the world. Its more than 390 million speakers live in Spain, Latin America, and the United States.

1. Boards of Education in many cities, especially in New York City, conduct bilingual programs in the public schools chiefly for the benefit of Puerto Rican, Cuban, Mexican-American, and other Latin-American children.

2. Our Spanish-speaking Puerto Rican neighbors are citizens of the United States, and are qualified to vote on the mainland of the United States simply by meeting state residence requirements.

3. A national High School Equivalency Test in Spanish enables Spanish-speaking adults to receive a High School Equivalency Diploma.

4. There are more than 27 million Spanish-speaking people in the United States, the fastest growing minority.

5. Approximately one-fourth of the population of New York City speaks Spanish. Other cities in the United States have even greater proportions of Hispanic residents, e.g., Miami, Florida, and San Antonio, Texas.

Geographic Relations

B. The Spanish-speaking countries of the Caribbean, Central America, and northern South America are close neighbors of the United States. The distance from our country to some of our Latin-American neighbors can be measured in minutes or just a few hours of flight time.

1. Cuba is less than 90 miles from Florida, only minutes away by jet.

2. Puerto Rico is less than 3$\frac{1}{2}$ hours from New York City and only 2$\frac{1}{2}$ hours from Miami.

3. Mexico and the United States have a common border touching Texas, New Mexico, Arizona, and California.

4. Panama, Colombia, and Venezuela are just 3 hours away by jet from Florida.

Political, Economic, and Cultural Relations

C. The physical closeness of the United States and Latin America has produced a series of political ties and a need for harmonious interdependence.

1. **The Organization of American States** (O.A.S.), formerly the Pan American Union, is made up of all the countries in the Americas that have pledged to seek peaceful and progressive solutions to common problems.

2. **The Association between Puerto Rico and the United States:** After the War of 1898 Spain gave Puerto Rico as a colonial possession to the United States. Puerto Rico has developed from a United States possession to the position of an associated state of the United States. The inhabitants of Puerto Rico are citizens of the United States and have their representative in the United States Congress, but they do not have complete statehood in the United States or a vote in Congress.

3. **Operation Bootstrap** (*Fomento*): Puerto Rico's program to create employment, industry, and tourism has greatly increased North American investment throughout the island.

61

4. All 18 Spanish-speaking countries in Latin America are members of the **United Nations,** the headquarters of which are in New York City.

D. One of the most important goals of the Organization of American States (O.A.S.) has been to encourage the economic development of all member nations through programs of economic assistance such as these:

1. **The Alliance for Progress** (*La Alianza para el Progreso*): A program of modernization whose purpose is to foster economic and agricultural progress in Latin America.

2. **Peace Corps** (*Cuerpo de Paz*): A program in which young Americans from the United States work closely with the people of the villages of Latin America to raise their standard of living.

3. **Intercontinental Trade:** Latin America uses the machinery and the capital of North American investors, while the United States, in turn, receives fruit from Central America, coffee from Colombia, tin from Bolivia, oil and silver from Mexico, and meat from Argentina, to name just a few Latin American exports.

E. Films, records, books, and intercontinental television represent a part of the cultural exchange among the Americas. More than 27 million Spanish-speaking people live in the United States, and an equally impressive number of travelers from the United States spend their vacations and conduct business in Latin America.

Popular and Fine Arts

1. a. Many Latin-American dances have had a lasting effect in the United States.
   Cuba: **Rumba, Conga** (Afro-Cuban origin), **Cha-cha-cha, Mambo**
   Argentina: **Tango**   Dominican Republic: **Merengue**

   b. North American bands that play Latin-American music use these instruments:

| **la guitarra** | **las claves** | **el bongó** | **las maracas** |

2. a. The great Mexican murals and paintings of **Diego Rivera, Orozco,** and **Siqueiros** have influenced many artists in the United States.

   b. The annual Casals Festival of Music, inspired by the world's greatest cellist, Spanish-born **Pablo Casals,** who lived in Puerto Rico, attracts musicians and classical music fans from the whole world to Casals' adopted home.

   c. The folktunes of Mexico are the basis of **Aaron Copland's** (U.S.A.) orchestral work, **El Salón México,** and influenced **A Latin-American Symphonette,** composed by **Morton Gould** (U.S.A.).

Some Prominent Hispanic American Men and Women in Our Times

F. The following people represent a partial selection of prominent Latin or Spanish Americans. Many accomplished men and women have provided us with the benefit of their special talents. New students of Spanish may already be familiar with some of their names.

1. **Performing Artists**

   - *Alicia Alonso* (Cuba) was among the finest ballerinas to come out of Latin America. Her balletic technique is still studied throughout the world.

- *Claudio Arrau* (Chile) was a world-famous pianist and interpreter of Beethoven.

- *Carlos Chávez* (Mexico), a great musician and composer, was conductor of the National Symphony Orchestra of Mexico.

- *José Carreras* (Spain) and *Plácido Domingo* (Spain; raised in Mexico) sing regularly with the world's best orchestras and opera companies.

- *Isaac Albéniz* (Spain) and *Manuel de Falla* (Spain) have created orchestral themes and visions of Spain, and rank among the world's best modern composers.

- *Raúl Julia* (Puerto Rico) performed in New York City's Shakespearean productions in Central Park and in Broadway theaters. He was a major actor in American films.

- *Edward James Olmos* (United States) was an actor in the theater, in television, and in films. He played the inspiring teacher in *Stand And Deliver.*

2. **Writers and Poets**

- *Miguel Angel Asturias* (Guatemala) is one of several Nobel Prize winners in Latin America; his novels deal with dictatorships in Central America and their exploitation of the people.

- *Jorge Luis Borges'* (Argentina) short stories in *Ficciones* have won him the praise of the world's readers.

- *Juan Ramón Jiménez* (Spain) was also a Nobel Prize winner and one of the Spanish writers who lived in Latin America after Franco's rise to power in Spain.

- *Gabriel García Márquez* (Colombia) won the Nobel Prize for Literature (1982). His novel, *Cien años de soledad* (*One Hundred Years of Solitude*), has become a modern classic; its brilliant storytelling technique and use of the imagination attracts readers everywhere.

- *Pablo Neruda's* (Chile) Nobel Prize for Poetry in 1971 was long awaited by both poets and readers. His award recalls the same award won by Chile's *Gabriela Mistral* in 1945.

- *Octavio Paz* (Mexico) was an essayist and poet, and winner of the 1990 Nobel Prize for Literature.

3. **Public Figures**

- *Carlos Gutiérrez*, of Cuban birth, is the newly appointed Secretary of Commerce. *Alberto Gonzales* is the newly appointed U.S. Attorney General.

- *Javier Pérez de Cuéllar* (Peru) was the Secretary General of the United Nations.

- *Franklin Chang-Díaz* (Costa Rica) flew with the crew of the spaceship *Columbia. Sidney Gutiérrez* (United States) is another distinguished astronaut.

- *César Chávez* (United States) devoted his energy and his courage to help found the United Farm Workers of America.

- *Adolfo Pérez Esquivel* (Argentina) received the Nobel Prize for Peace in 1980. *Alfonso García Robles* (Mexico) received it in 1982.

- *William Richardson* is the governor of New Mexico, and a former ambassador to the United Nations. (Mexican heritage.)

4. **Sport Figures**

- *Roberto Cabañas* (Uruguay) was the Hispanic world's leading soccer player.

- *Roberto Clemente* (Puerto Rico) was not only a great baseball player but is remembered as a hero who lost his life during an airflight to aid the victims of an earthquake in Central America.

- *Lee Treviño* and *Nancy López* (United States) and *Seve Ballesteros* (Spain) continue to rank among the world's best golfers.

- *Arantxa Sánchez Vicario* (Spain) has been a world-class women's singles tennis champion, as is her friendly rival *Conchita Martínez* (Spain) who was a Wimbledon finalist and winner.

- *Rafael Santana* (Dominican Republic) and *José Canseco* (Cuba) have been among the major league baseball players who work to help young people.

5. **Entertainers**

- *Rubén Blades* (Panama) is an actor, singer, and political activist.

- *Gloria Estefan* (Cuba) has impressed the Hispanic world with her singing.

- *Los lobos* (Mexico and the United States) is a rock group that turned a traditional Mexican song, "La bamba," into a national rock craze in the United States.

- *Julio Iglesias* (Spain) is the best-known singer of popular international songs. He performs regularly in the United States and abroad to SRO audiences.

- *Jimmy Smits* (Puerto Rico) has had his photograph on the covers of magazines all over the United States. His acting has helped popularize several television series and films.

6. **Media**

- Telemundo and Univisión are now Hispanic television chains.

EJERCICIOS

I. Write the letter of the correct answer on the *line* in the right column.

1. There are more than . . . . . . speakers of Spanish in the world.
   a. 100 million   b. 225 million   c. 375 million   d. 450 million   _____

2. Cuba is less than . . . . . . miles from the coast of Florida.
   a. 100   b. 90   c. 80   d. 70   _____

3. Puerto Rico is only . . . . . hours by jet from New York.
   a. 4½   b. 3½   c. 2½   d. 1½   _____

4. Texas, New Mexico, Arizona, and . . . . . . border on Mexico.
   a. California   b. Florida   c. Colorado   d. Mississippi   _____

5. There are more than . . . . . Spanish-speaking people in the United States.
   a. 6 million   b. 10 million   c. 14 million   d. 20 million   _____

6. In the United States, Spanish-speaking citizens like all others qualify to vote without tests in
   a. Spanish and English   b. Spanish only   c. Portuguese   d. any language   _____

II. Match the following items:

1. ____ Fomento   a. Bolivia

2. ____ Colombia   b. Operation Bootstrap

3. ____ ballet   c. 18

4. _____ countries   d. Alicia Alonso

5. _____ tin   e. coffee

6. _____ Central America   f. Mexico

7. _____ Organization of the Americas   g. 1898

8. _____ War with Spain   h. fruit

9. _____ oil and silver   i. O.A.S.

10. _____ instrument   j. claves

III. Write the letter of the word best associated with the *italicized* word.

1. _____ *tango*   a. drink   b. dance   c. instrument   d. food

2. _____ *García Márquez*   a. novelist   b. play   c. politician   d. dancer

3. _____ *William Richardson* a. song   b. Chicago   c. author   d. governor

4. _____ *cello*   a. Treviño   b. Casals   c. Vilas   d. Rivera

5. _____ *Secretary General* a. Julia   b. Mistral   c. Albéniz   d. Pérez de
                                                                               Cuéllar

6. _____ *Neruda*   a. instrument b. dancer   c. poet   d. cello

7. _____ *merengue*   a. dance   b. food   c. instrument   d. drink

8. _____ *López*   a. baseball   b. racing   c. golf   d. dance

9. _____ *Borges*   a. pitcher   b. dancer   c. singer   d. writer

10. _____ *Plácido Domingo*   a. dance   b. opera   c. Ferrer   d. Casals

IV. Complete the following statements from the selection below.

1. A world-famous pianist from Chile is _____

2. Copland used Mexican folktunes in his orchestral work, _____

3. The music festival in Puerto Rico is called Festival _____

4. Clemente and Santana are famous names in _____

5. The labor organizer of farm workers was _____

6. Gould used Latin-American rhythms in his music, _____

7. Drums of varying sizes, beaten with the hands, are _____

8. Raúl Julia was a famous Puerto Rican _____

9. Puerto Rico is just 2¹/₂ hours by jet from _____

10. Cuba is famous for its dance called la _____

11. Octavio Paz won a Nobel Prize in _____

12. Julio Iglesias is a world famous _____

Selection: baseball, El Salón México, rumba, Casals, bongós, A Latin-American Symphonette, Miami, Claudio Arrau, César Chávez, actor, singer, literature

V. Hispanic Who's Who Today

A. What do they have in common? Complete from the selection below.

1. Carlos Gutiérrez is a distinguished member of President Bush's cabinet, and so is

   _____

2. Seve Ballesteros is an internationally known golfer, as is _____

3. Franklin Chang-Díaz is an astronaut for the United States, and so is _____

4. Conchita Martínez plays great tennis and _____ is another champion.

5. Jimmy Smits is a well-known actor, as is _____

   Selection: José Canseco, Sánchez Vicario, Lee Treviño, Edward James Olmos, Sidney Gutiérrez, Alberto Gonzales

B. How are these people different from one another? Complete from the selection below.

1. Arantxa Sánchez Vicario was a _____ champion.

2. Felisa Rincón was a distinguished _____

3. Gloria Estefan is the rage as a "latin" _____

4. Roberto Cabañas is the internationally known _____ star.

5. Rafael Santana is one of the leading _____ players.

   Selection: singer, mayor, tennis, president of his country, soccer, baseball.

SALUDO

Vocabulario: **Te deseo una feliz primavera.**
I wish you a happy spring.

¿Qué más se le puede decir . . . ?
What else can one say . . . ?

Los esposos, Marta y Miguel,
hacen sus planes de verano.

Work Unit Seven

Where would you like to go on your vacation?
Miguel thinks he's going to a tropical paradise.

Vamos a un país tropical.

Es el mes de mayo. Los esposos Marta y Miguel hacen planes para las vacaciones de verano.

Marta: Ay, Miguelito, este verano quiero descansar en una playa bonita, y mirar el mar y un sol brillante.

Miguel: Bueno, mi amor. Yo prefiero tomar las vacaciones en el otoño o en la prima-vera cuando no hace calor. Pero si tú quieres, vamos a un país tropical. Allí nadamos y tomamos el sol.

Marta: Muy bien. Entonces mañana vamos a la agencia de viajes. Así, en junio pasamos cuatro semanas de vacaciones en una playa bonita.

Al día siguiente, a las nueve de la mañana, Miguel y su esposa están en la agencia de viajes. Hablan con el empleado.

Empleado: Bueno. ¿Cuándo y adónde desean Uds. ir?

Miguel: A Sudamérica y en junio. Deseamos pasar un mes en Chile, en la famosa playa de Viña del Mar, para nadar y tomar el sol. ¿Qué tiempo hace allí? Hace buen tiempo. ¿Verdad?

Empleado: Pero . . . señores. . . . Chile no es el Caribe. ¿Mucho sol y calor en junio en Chile? Señores, en junio es el invierno allí. ¿No saben Uds. que en muchos países de Sudamérica las estaciones son diferentes? Cuando hace calor aquí, hace frío allí. Pero, si Uds. desean *esquiar* en Chile, en junio es posible.

Palabras Nuevas

SUSTANTIVOS

la agencia de viajes   *the travel agency*
el calor   *the heat*
el empleado   *the clerk, the employee*
la esposa   *the wife*
los esposos   *the couple (husband and wife)*
la estación   *the season*
el invierno   *the winter*
junio   *June*
el mar   *the sea*
Marta   *Martha*
mayo   *May*
el mes   *the month*
Miguel   *Michael*
   Miguelito   *Mike*
el otoño   *the autumn*
el plan   *the plan*
la playa   *the beach*
la primavera   *the spring*

la semana   *the week*
señores   *sir and madam*
el sol   *the sun*
las vacaciones   *the vacation*
el verano   *the summer*
   las vacaciones de verano   *the summer vacation*

ADJETIVOS

bonito,a   *pretty*
brillante   *brilliant, shiny*
cuatro   *four*
diferente   *different*
este (m. sing.)   *this*
famoso,a   *famous*

VERBOS

esquiar   *to ski*
hace calor   *it is hot*
hace frío   *it is cold*
nadar   *to swim*

pasar   *to spend (time)*
prefiero   *I prefer*
quieres   *you (fam. sing.) want*
tomar   *to take*
tomar el sol   *to sunbathe*
vamos   *we are going*
viajar   *to travel*

OTRAS PALABRAS

a las nueve de la mañana   *at 9 A.M.*
al día siguiente   *on the following day*
allí   *there*
entonces   *then*
Hace buen tiempo   *it is good weather*
¿Qué tiempo hace?   *What is the weather like?*
si   *if*

EJERCICIOS

I. A. Preguntas. Answer in a complete Spanish sentence.

   1. ¿Dónde desea Marta descansar?
   2. ¿Quién prefiere pasar las vacaciones donde no hace calor?
   3. ¿En qué país quieren nadar y tomar el sol en junio?
   4. ¿Cuál es la estación en Chile en junio?
   5. ¿Cuándo es posible esquiar en Chile?

   1. _____

   2. _____

   3. _____

   4. _____

   5. _____

B. Preguntas personales y generales. Answer in a complete Spanish sentence.

   1. ¿Qué tiempo hace hoy?
   2. ¿Adónde quiere Ud. ir para pasar sus vacaciones?
   3. ¿En qué país hace siempre sol y calor?
   4. ¿Adónde va todo el mundo para nadar?
   5. ¿En qué estación hace mucho frío?

   1. _____

   2. _____

   3. _____

   4. _____

   5. _____

II. Unscramble the following words and place them in the proper boxes.

   1. PRIAVREAM

   2. SEM

   3. ROMA

   4. YOMA

   5. INOVERIN

   6. LOS

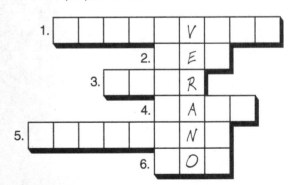

III. Rewrite the following sentences in the order in which they occurred in the story.

   1. Miguel prefiere el otoño.
   2. Quieren pasar un mes en Chile.
   3. Marta y Miguel hacen sus planes.

4. Los esposos van a una agencia de viajes.
5. Marta quiere ir a un país tropical.

1. _____

2. _____

3. _____

4. _____

5. _____

IV. **Picture Match:** Choose and write the sentence(s) suggested by each sketch. Then tell something more about each one.

1.

2.

3.

4.

a. Allí nadamos y tomamos el sol.
b. Están en la agencia de viajes.
c. En la primavera no hace calor.

d. Es el invierno en junio en Chile.
e. Hace frío y buen tiempo para esquiar.
f. —Vamos a un país tropical.

1. _____

2. _____

3. _____

_____

4. _____

_____

IV. Compositions: Oral and written.
- **A.** Look at the picture at the beginning of the Work Unit. Tell what is happening and how it ends.
- **B.** Tell us about your plans for a winter vacation in the mountains.

Mis vacaciones en las montañas

1. Where you always want to spend your winter vacation.
2. In what month it is good to go there.
3. What the weather is like.
4. How much time you spend there and with whom.
5. What you do there.

ESTRUCTURAS DE LA LENGUA

Cardinal Numbers 1–31, Time, Days, Months, Dates, Seasons

1. uno (un, una)	11. once	21. veintiuno (a, ún)
2. dos	12. doce	22. veintidós
3. tres	13. trece	23. veintitrés
4. cuatro	14. catorce	24. veinticuatro
5. cinco	15. quince	25. veinticinco
6. seis	16. dieciséis	26. veintiséis
7. siete	17. diecisiete	27. veintisiete
8. ocho	18. dieciocho	28. veintiocho
9. nueve	19. diecinueve	29. veintinueve
10. diez	20. veinte	30. treinta
		31. treinta y uno (un, una)

A. Arithmetic Examples. **Aritmética.**

1. **Quince y diez son veinticinco.**	15 plus 10 equals 25.
2. **Treinta menos diez son veinte.**	30 minus 10 equals 20.
3. **Seis por dos son doce.**	6 times 2 equals 12.
4. **Veinte dividido por cinco son cuatro.**	20 divided by 5 equals 4.

B. One. **Un, uno, a.**

1. **Un libro** está en la mesa.	*One* book is on the table.
2. Hay **veintiún alumnos.**	There are *21* pupils.
3. El cuaderno tiene **treinta y una páginas.**	The notebook has *31* pages.

Rules:

1. **Uno,** indicating *one*, shortens to **un** before a masculine singular noun and changes to **una** before a feminine singular noun, whether alone or after **veinte** and **treinta.**

2. The numbers 16–19 are combinations of **diez.** Current forms are **dieciséis, diecisiete, dieci-ocho, diecinueve,** written as one word.

3. The numbers 21–29 are written as **veintiuno,** etc. Note the accent mark on **veintidós, vein-titrés,** and **veintiséis. Veintiún** is used before a masculine noun only.

Son las dos menos veinticinco.

C. Telling Time. **¿Qué hora es?**

1. **¿Qué hora es?**	What time is it?
2. **Es la una.**	It is 1:00 o'clock.
3. **Es la una y** diez (y cuart**o;** y medi**a**)	It is 10 minutes after 1:00 (a quarter past; half past).
4. **Son las** dos.	It is 2:00 o'clock.
5. **Son las** dos **menos** veinticinco.	It is 25 minutes to 2:00 o'clock *or* 1:35.
6. **Son las** dos **menos** quince.	It is 15 minutes to 2:00 o'clock *or* 1:45.

Rules:

1. One o'clock is feminine *singular;* 2 through 12 o'clock are feminine *plural.* **La** or **las** precede each hour. Use **es la** before **una,** and **son las** before **dos** through **doce** to express *it is.*

2. The hour is generally expressed *before* the minutes. Use **y** to *add* the minutes past the hour.

3. *After half past the hour,* the time is generally expressed in terms of *the next hour less the appropriate number of minutes.* Use **menos** to *subtract* the minutes.

4. Two forms of *P.M.* are used: For the afternoon and early evening until dinner, **de la tarde;** for the late evening, **de la noche.** *A.M.* is only **de la mañana.**

D. At What Time? **¿A qué hora?**

HORARIO	*SCHEDULE*
1. ¿A qué hora toma Ud. las comidas?	At what time do you take meals?
2. Tomo el desayuno a las siete de la mañana.	I eat breakfast at 7 A.M.
3. Tomo el almuerzo a las doce (al mediodía).	I eat lunch at 12 o'clock (at noon).
4. Llego a casa a las tres de la tarde y tomo café o leche.	I arrive home at 3 P.M. and take coffee or milk.
5. En casa tomamos la comida a las seis de la tarde.	At home we eat dinner at 6 P.M.
6. Vamos a la cama y dormimos a las diez de la noche.	We go to bed and sleep at 10 P.M.

Rule:

Use **a** to express *at* in telling time followed by **la** or **las** and the number.

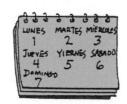

E. Days of the Week. **Los días de la semana.**

1.	Hoy es **sábado.** Mañana es **domingo.**	Today is Saturday. Tomorrow is Sunday.
2.	Los días de la semana son: **domingo, lunes, martes, miércoles, jueves, viernes, sábado.**	The days of the week are: Sunday, Monday, Tuesday, Wednesday, Thursday, Friday, Saturday.
3.	**Los sábados** son para las tiendas. **Los domingos** son para descansar.	Saturdays are for shopping. Sundays are for resting.
4.	**El domingo** voy al cine.	On Sunday I am going to the movies.

Rules:

1. Days are written entirely in small letters. Their first letters are capitalized only when the entire day is capitalized as on signs, calendars, etc.

2. The definite article precedes the day and can mean *on.* For example, **Voy el lunes.** I *am* going *on Monday.* **No trabajo los lunes.** I do not work *on Mondays.*

3. Omit the definite articles when the days are stated in a series or list, and after the verb **ser.** For example, **Hoy es lunes.** Today *is Monday.*

F. Months and Dates. **Los meses y la fecha.**

1.	Los meses del año son: **enero, febrero, marzo, abril, mayo, junio, julio, agosto, septiembre, octubre, noviembre, diciembre.** The months of the year are: January, February, March, April, May, June, July, August, September, October, November, December.	
2.	**¿Cuál es la fecha de hoy?** Hoy es **lunes el primero de mayo.** Mañana es **martes el dos de mayo.**	What is today's date? Today is Monday, May 1. Tomorrow is Tuesday, May 2.

Rules:

1. Months are written entirely in small letters. Their first letters are capitalized only when the entire month is capitalized as on signs, calendars, etc.

2. To tell the date use **el** and the *number* followed by **de** and the *month.*

3. The first day of the month is expressed as **el primero de. . . .** The rest of the days are expressed in cardinal numbers: **el dos de . . . , el tres de . . . ,** etc.

G. Seasons. **Las estaciones.**

1.	¿En su país hace buen tiempo o mal tiempo en las cuatro estaciones: **el invierno, la primavera, el verano y el otoño?**	In your country, is the weather good or bad in the four seasons: *winter, spring, summer, and fall?*
2.	En **el invierno** nieva y hace frío, y en **el verano** hace calor y sol.	In the *winter* it snows and it is cold, and in the *summer* it is hot and sunny.
3.	En **la primavera** y en **el otoño** está fresco o llueve mucho.	In the *spring* and the *fall* it is cool or it rains a great deal.

Rules:

1. The seasons are generally preceded by their article **el** or **la.**

2. **Hace** is the verb that is generally used in discussing the weather, except for **nieva,** *it snows,* and **llueve,** *it rains.* **Está** is generally used with **fresco.**

STUDY THE RULES, EXAMPLES, AND MODELS BEFORE BEGINNING THE EXERCISES!

EJERCICIOS

I. Elena is tutoring Luisito, her little brother, in arithmetic. You are Luisito. Read the example aloud. Write the examples with their answers in Spanish words.

1. Cuatro y cinco son _____

2. Nueve y catorce son _____

3. Tres y siete son _____

4. Once y uno son _____

5. Trece y ocho son _____

6. Diecisiete y trece son _____

7. Ocho por dos son _____

8. Cuatro por dos son _____

9. Treinta y uno menos dieciséis son _____

10. Veintinueve menos dos son _____

11. Diecinueve menos dos son _____

12. Veinte menos seis son _____

13. Dieciocho dividido por tres son _____

14. Veinte dividido por cinco son _____

15. Quince por dos son _____

II. And now a word about the seasons. Role-play.

1. ¿Qué estación produce las primeras flores? _____

2. ¿Cuándo hace mucho frío? _____

3. ¿Cuál es la estación cuando hace mucho calor? _____

4. ¿En qué estación celebra Ud. su cumpleaños? _____

5. ¿Cuál es su estación favorita? ¿Por qué? _____

III. Tell us the months and some holidays.

Los meses de primavera son marzo, _____ y _____. Los meses de
　　　　　　　　　　　　　　　　　　　1　　　　　　　　　　2

verano son _____, julio y _____. Los meses de otoño son
　　　　　　　　　3　　　　　　　　　　　4

_____, _____ y noviembre. Los meses de invierno son
　　5　　　　　　　　　6

_____, _____ y febrero. Celebramos la Navidad (Christmas) en el mes
　　7　　　　　　　　8

de _____. El Día de Año Nuevo (New Year's Day) es el _____ de
　　　9　　　　　　　　　　　　　　　　　　　　　　　　　　　　　　10

enero.

IV. Tell us the time using the appropriate equivalent of *it is* to tell the time in Spanish: **Es la** or **Son las.** Then write the time in numbers within the parentheses.

Model: _____ **ocho menos diez.** (_____)
　　　　　Son las ocho menos diez.　　　　　　　　　　　　　　　　**(7:50)**

1. _____ una y quince. (_____)

2. _____ dos y media. (_____)

3. _____ doce y cuarto. (_____)

4. _____ una menos veinticinco.(_____)

5. _____ once menos cuarto. (_____)

V. You worry. Your brother is late in returning from his late evening job.

1. Son las_____ (half-past three P.M.)

2. Regresa generalmente a la _____ (quarter to one A.M.)

3. Sale a las _____ (3:40 P.M.)

4. ¿Qué _____ (time is it?)

5. Llega ya_____ (at 1:15)

VI. Role-play using the time given in *italics* and the appropriate expression for A.M. **(de la mañana)** or for P.M. **(de la tarde** or **de la noche).**

Model: —¿Estudiamos por la tarde?　　　(*a las tres*)　　Do we study in the afternoon?
　　　　—Sí, estudiamos a las tres **de la tarde.**　　Yes, we study at 3 P.M.

1. ¿Estudiamos por la tarde?　　　　　　*a las cinco*

　　_____

2. ¿Tomamos el almuerzo por la tarde?　*a la una*

　　_____

3. ¿Dormimos por la noche?　　　　　　*a las once menos veinte*

　　_____

4. ¿Toman el desayuno por la mañana?　*a las nueve y media*

　　_____

5. ¿Estudian por la tarde?　　　　　　　*a la una menos cuarto*

　　_____

VII. a. Give us a *negative* response in a complete Spanish sentence.

b. Then state the *next* day, hour, month, or season for each expression in *italics*. Role-play.

Model: ¿Es hoy *martes el treinta y uno de enero?*
Is today Tuesday, the 31st of January?

a. Hoy **no es martes el treinta y uno de enero.**
Today is not Tuesday, the 31st of January.

b. Hoy **es miércoles el primero de febrero.**
Today is Wednesday, the 1st of February.

1. ¿Es hoy *miércoles el treinta y uno* de *diciembre?*

a. _____

b. _____

2. ¿Es todavía (still) *la primavera* en el mes de *julio?*

a. _____

b. _____

3. ¿Son *las doce del mediodía* (noon)?

a. _____

b. _____

4. ¿Regresamos a casa el *miércoles* el *treinta* de *septiembre?*

a. _____

b. _____

5. ¿Celebramos el día de la Navidad el *veinticuatro* de *noviembre?*

a. _____

b. _____

VIII. Directed Dialogue: Grandma quizzes little Sarita. Act it out and write the script.

1. Abuelita: ¿Cuáles son los días de la escuela?

Sarita: Son _____ (Monday
                                                          through
       _____ Friday)

2. Abuelita: ¿Qué día es para las tiendas?

Sarita: _____ es para las tiendas. (Saturday)

3. Abuelita: ¿Qué día es para descansar?

Sarita: _____ es para descansar. (Sunday)

4. Abuelita: ¿Cuántos días hay en la semana?

Sarita: Hay _____ días en la semana. (seven)

5. Abuelita: ¿Cuántos días hay en el mes de agosto?

   Sarita: En agosto hay _____ días. (thirty-one)

6. Abuelita: ¿Cuántas horas hay en un día?

   Sarita: En un día hay _____ horas. (twenty-four)

7. Abuelita: ¿A qué hora entramos en la escuela?

   Sarita: Entramos _____ (at half-past 8 A.M.)

8. Abuelita: ¿Cuántas alumnas hay en la clase?

   Sarita: Hay _____ alumnas. (twenty-one)

9. Abuelita: ¿A qué hora regresamos a casa?

   Sarita: Regresamos _____ (3:25 P.M.)

10. Abuelita: ¿A qué hora vamos a la cama?

    Sarita: Vamos _____ (8:40 P.M.)

IX. Oral Proficiency: Act your part **(Yo),** or role play. *Later* write your part. [Review PALABRAS NUEVAS and ESTRUCTURAS of this WORK UNIT Seven]

Situation: You and your friend, Luis(a), have saved to travel in May on your vacation. Your friend hesitates now. You persuade Luis(a) to go with you. [Three sentences are good; four very good; five or more are excellent.]

 Luis(a): *Prefiero no viajar este año.*

Yo: . . .

Clues: *Tell how little it costs; in which season it is not hot and not cold; what it is possible to do at the beach at Acapulco; on what date you want to travel. Ask at what time Luis(a) now wants to leave* **(salir)**. *Other ideas?*

¿QUÉ ROPA USAS TÚ?

1. Invierno

1. a. ¿Qué usa el hombre en el invierno? _____

   _____

   b. ¿Qué usa la mujer? _____

   _____

c. ¿ Qué usas tú cuando hace frío? _____

_____

2. Primavera

2. a. ¿ Qué usa la chica en la primavera? _____

_____

b. ¿Qué usa el chico para correr? _____

_____

c. ¿Qué usas tú cuando hace buen tiempo? _____

_____

Vocabulario: **usar** *to wear*

¿QUÉ ROPA USAS TÚ?

3. Verano

3. a. ¿Qué usan las chicas en la piscina? _____

_____

b. ¿Qué usa el salvavidas? _____

_____

c. ¿Qué usas tú cuando hace calor? _____

_____

4. Otoño

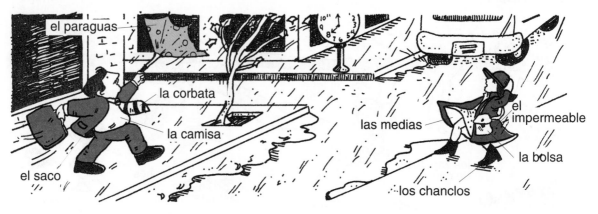

4. a. ¿Qué usa el hombre para la oficina y cuando llueve?_____

_____

b. ¿Qué usa la mujer? _____

_____

c. ¿Qué usas tú en el otoño cuando llueve?_____

_____

ESPAÑA HISTÓRICA

Courtesy Ministerio de Cultura y Turismo, Spain.

Mendoza Castle, Madrid

Jaen Cathedral, Andalusia

81

¿Estás ocupada esta noche,
o quieres ir al cine?

Work Unit Eight

Do girls really go for football players? Paco is going to find out.

Así es la vida.

Paco Pérez sale de la clase de inglés, y allí, delante de él, ve a Josefina Jiménez, la muchacha más bella de la escuela. Ésta es la perfecta oportunidad para hacer una cita con ella. En este momento, el libro que Josefina trae, cae al suelo. ¡Perfecto! Paco pone el libro en la mano de Josefina y dice:

Paco: Perdone, señorita. ¿Es éste su libro?

Josefina: Ah, sí. Gracias, muchas gracias.

Paco: Ud. no me conoce. Soy Paco . . . Paco Pérez. ¿Tiene Ud. unos minutos para conversar?

Josefina: Gracias, no. Voy ahora a mi clase de álgebra.

Paco: Entonces, ¿después de las clases? ¿Tiene Ud. tiempo libre para tomar una Coca Cola?

Josefina: Gracias, pero tengo mucho trabajo esta tarde.

Paco: Pues, este sábado dan una película muy buena. Vengo en mi coche a las siete, si Ud. quiere.

Josefina: No, gracias. Voy a estudiar todo este fin de semana. Tengo muchos exámenes. Quizás la semana próxima. Ésta es mi clase. Hasta luego.

Una hora más tarde, Alejandro Hombrón, capitán del equipo de fútbol, ve a Josefina en la cafetería.

Alejandro: ¡Hola, Josefina! ¿Qué tal? Oye ¿estás ocupada esta noche o quieres ir al cine?

Josefina: Sí, por supuesto, Alejandro, con mucho gusto. ¡Tú eres tan amable!

Palabras Nuevas

SUSTANTIVOS

Alejandro   *Alexander*
la cafetería   *the cafeteria*
el capitán   *the captain*
el cine   *the movie theater, the "movies"*
la cita   *the appointment, the date*
la clase de álgebra   *the algebra class*
la clase de inglés   *the English class*
el coche   *the car*
el equipo   *the team*
los exámenes   *the tests*

el fin de semana   *the weekend*
el hombrón   *the large man*
la hora   *the hour, the time*
Josefina   *Josephine*
el minuto   *the minute*
la oportunidad   *the opportunity*
la película   *the film, the movie*
el sábado   *(on) Saturday*
la tarde   *the afternoon*
el tiempo   *the time (period of time)*
la vida   *the life*

ADJETIVOS

amable   *kind*
bello,a   *beautiful*
libre   *free*
ocupado,a   *busy*
perfecto,a   *perfect*

VERBOS

caer   *to fall*
conocer   *to be acquainted with*
   Ud. no me conoce.   *You don't know me.*
conversar   *to converse, to chat*

83

dar   *to give*
dice   *he (she) says; you (formal sing.) say*
eres   *you (fam. sing.) are*
estás   *you (fam. sing.) are*
¡oye!   *listen!, hear! (fam. sing.)*
¡perdone!   *pardon (formal sing.)*
poner   *to place, to put*
quiere   *you (formal sing.) want; he (she) wants*
quieres   *you (fam. sing.) want*
salir   *to go out*
soy   *I am*
tengo   *I have*

tiene   *you (formal sing.) have; he (she) has*
tomar   *to drink*
traer   *to carry, to bring*
vengo   *I come*
ver   *to see*
voy   *I am going, I go*

OTRAS PALABRAS

ahora   *now*
a las siete   *at seven*
al   *to the (masc. sing.)*
   al suelo   *to the floor*
Así es la vida.   *That's life!*
con ella   *with her*

con mucho gusto   *with great pleasure*
del   *of the (masc. sing.)*
delante de él   *in front of him*
en este momento   *at this moment*
en la mano de   *in the hand of*
esta tarde   *this afternoon*
¡hola!   *hi!*
más tarde   *later*
muchas gracias   *many thanks*
por supuesto   *of course*
¿qué tal?   *how are things?*
quizás la semana próxima   *maybe next week*

EJERCICIOS

I. A. Retell this story.

1. Paco _____ de la clase de inglés. 2. Él _____ a Josefina, la muchacha más bonita de la escuela, y él desea una _____ con ella. 3. El libro de Josefina _____ al suelo, y Paco _____ el libro entre las manos de Josefina. 4. Paco invita a Josefina al _____ pero ella dice que está ocupada todo el _____ de _____ 5. Josefina sale con Alejandro porque él es el capitán del _____ de _____.

B. Preguntas personales y generales. Answer in a complete Spanish sentence.

1. ¿Adónde va Ud. este sábado?
2. ¿Está Ud. ocupado(a) esta tarde o no?
3. ¿Qué películas dan en el cine?
4. ¿Adónde va Ud. después de su clase de español?
5. ¿Qué hace Ud. cuando tiene unos momentos libres?

1. _____
2. _____
3. _____
4. _____
5. _____

II. Each of the following sets of boxes contains a scrambled sentence. Can you figure out the sentences?

1.

Perdone	¿es	libro?
señorita	éste	su

2.

clase	de	a
voy	mi	álgebra

3.	Josefina	a	de
	él	delante	ve

4.	película	dan	buena
	este	una	sábado

1. _____

2. _____

3. _____

4. _____

III. Write a summary of the story. Make complete sentences using the following words. You may change the verbs from the infinitive and add any other words you wish.

Model: Paco Pérez/salir/clase/inglés.   Paco Pérez sale de la clase de inglés.

1. Paco/invitar/a Josefina/cine _____

2. Josefina no/tener/tiempo libre _____

3. Alejandro/invitar/a Josefina a ver/película _____

4. Josefina no/estar/ocupada y/salir _____

5. Alejandro/ser/capitán/equipo/fútbol _____

V. Compositions: Oral and written.
  A. Look at the picture at the beginning of this Work Unit. Tell what is happening and how it ends.
  B. Tell about a date or an appointment. Include the following:

Una cita

1. With whom you have the date or appointment.
2. At what time and for what day you have the appointment.
3. Where you are going.
4. Where you are going after that.
5. Why you are not going home late.

ESTRUCTURAS DE LA LENGUA

Irregular Verbs of the Present Indicative Tense

A. Verbs that are *irregular* in *one person:* the first person singular, **yo.**

(1) The irregularity is **go.**

hacer *to do, make*	**poner** *to put, place*	**salir** *to leave*
I do the homework.	I put the book here.	I'm leaving now.
Hago la tarea.	**Pongo** el libro aquí.	**Salgo** ahora.
haces	pones	sales
hace	pone	sale
Hacemos la tarea.	Ponemos el libro aquí.	Salimos ahora.
hacéis	ponéis	salís
hacen	ponen	salen

85

(2) The irregularity is **igo.**

caer *to fall*

I fall into the water.	
Caigo al agua.	
caes	
cae	
Caemos al agua.	
caéis	
caen	

traer *to bring*

I bring money.	
Traigo dinero.	
traes	
trae	
Traemos dinero.	
traéis	
traen	

(3) The irregularity is **oy.**

dar *to give*

I give thanks.	
Doy las gracias.	
das	
da	
Damos las gracias.	
dais	
dan	

***ir** *to go*

I go there.	
Voy allá.	
vas	
va	
Vamos allá.	
vais	
van	

***ir,** *to go,* acquires the letter **v** at the beginning of each verb form. To the letter **v** are added endings like those of **dar: oy, as, a, amos, ais, an.**

***ir** is, therefore, irregular in all persons; and its forms in the present tense rhyme with those of the **ar** verb **dar.**

(4) The irregularity is **eo.** (5) The irregularity is **é.** (6) The irregularity is **zco.**

ver *to see*   **saber** *to know* (facts)   **conocer** *to know* (persons, places)

I see everything.	I know a great deal.	I know John.
Veo todo.	**Sé** mucho.	**Conozco** a Juan.
ves	sabes	conoces
ve	sabe	conoce
Vemos todo.	Sabemos mucho.	Conocemos a Juan.
veis	sabéis	conocéis
ven	saben	conocen

B. Verbs that are *irregular* in *four persons.*

(1) The irregularities are **go** and **ie.**

tener *to have*

I have time.	
Tengo tiempo.	
tienes	
tiene	
Tenemos tiempo.	
tenéis	
tienen	

venir *to come*

I come home.	
Vengo a casa.	
vienes	
viene	
Venimos a casa.	
venís	
vienen	

Rules for **tener** and **venir**:

1. **Tener** and **venir** have similar *stems*.

2. The *irregular* verb forms are in the first, second, and third persons singular, and in the third person plural: **yo, tú, él, ella, Ud.** and **ellos-as, Uds.**

3. Regular verb forms are in the first person plural and in the second person plural: **nosotros-as** and **vosotros-as**

C. Verbs that have *special irregularities* in *four persons*.

decir *to tell*　　　　　　　　　　　　　　　**oír** *to hear*

I tell the truth.	I hear the song.
Digo la verdad.	**Oigo** la canción.
dices	**oyes**
dice	**oye**
Decimos la verdad.	Oímos la canción.
decís	oís
dicen	**oyen**

Rules for **decir** and **oír**:

1. The *irregular* verb forms are in the first, second, and third persons singular, and in the third person plural: **yo, tú, él, ella, Ud., ellos-as, Uds.**

2. The only regular verb forms are those for **nosotros-as** and **vosotros-as.**

STUDY THE RULES, EXAMPLES, AND MODELS BEFORE BEGINNING THE EXERCISES!

EJERCICIOS

I. Your classmates want to know you better. Role-play affirmative answers to their questions.

Model:—¿Escribes a la amiga?　　　　　　**—Yo escribo a la amiga.**
　　　　Do you write to your friend?　　　　I write to my friend.

1. ¿Ves películas? _____

2. ¿Traes dinero? _____

3. ¿Tienes secretos? _____

4. ¿Haces tareas? _____

5. ¿Dices chistes? _____

6. ¿Sabes bailar? _____

II. Manuel and I are best friends. I spend the day with him. Role-play my affirmative answer in a complete Spanish sentence using **yo.**

Model: —¿Quién habla mucho?　　　　　　**—Yo hablo mucho.**
　　　　Who speaks a great deal?　　　　　I speak a great deal.

87

1. ¿Quién sale ahora? _____

2. ¿Quién conoce a Manuel? _____

3. ¿Quién viene a su casa? _____

4. ¿Quién le trae dinero? _____

5. ¿Quién cae en la calle? _____

6. ¿Quién hace excusas? _____

7. ¿Quién pone el dinero en la mesa? _____

8. ¿Quién va al cine con Manuel? _____

9. ¿Quién oye la música allí? _____

10. ¿Quién le da las gracias? _____

Él habla mucho.

III. It's Father's Day. We greet him in the morning; later we learn a song for him. Rewrite the model sentence, substituting the subject suggested in parentheses and making the necessary changes in each verb.

A. Model: Yo **vengo** a papá, le **digo** hola   (Uds.) Uds. **vienen** a papá, le
y le **doy** un beso.   **dicen** hola y le **dan** un beso.

I come to father, say hello   You come to father, say hello
and give him a kiss.   and give him a kiss.

1. (tú) _____

2. (él) _____

    3. (ellos) _____

    4. (nosotros) _____

    5. (Ud.)_____

    6. (yo) _____

B. Yo **voy** a la clase y **oigo** la canción que **tengo que** aprender. I go to class and hear the song that I have to learn.

    1. (tú) _____

    2. (el chico) _____

    3. (las chicas) _____

    4. (tú y yo) _____

    5. (Uds.)_____

    6. (yo) _____

IV. We finished our exams and have an invitation for the weekend. Role-play our affirmative answer in a complete Spanish sentence. In **(a)** use **Sí.** In **(b)** use **también.**

Model: a. —¿Toman ellos una Coca-Cola?   **—Sí. Ellos toman una Coca-Cola.**
          Do they drink a Coke?   Yes, they do drink a Coke.

       b. —¿Y Ud. ?   **—Yo también tomo una Coca-Cola.**
           And do you?   I also drink a Coke.

  1. a. ¿Va Ud. a la casa de Inés? _____

     b. ¿Y los amigos? _____

  2. a. ¿Oyen ellos llegar el coche? _____

     b. ¿Y tú?_____

     c. ¿Y nosotros? _____

  3. a. ¿Dices la verdad? _____

     b. ¿Y Uds.? _____

     c. ¿Y Luisa? _____

  4. a. ¿Viene María más tarde? _____

     b. ¿Y Ud.? _____

     c. ¿Y nosotros?_____

  5. a. ¿Tenemos allí mucho tiempo libre? _____

     b. ¿Y tú?_____

     c. ¿Y ellos?_____

89

6. a. ¿Ve Ud. allí una película? _____

   b. ¿Y ellos? _____

7. a. ¿Da Ud. las gracias a Inés? _____

   b. ¿Y yo? _____

8. a. ¿Trae Juan al equipo? _____

   b. ¿Y tú? _____

9. a. ¿Conoce Ud. al capitán? _____

   b. ¿Juan y tú? _____

10. a. ¿Sabe Ud. la hora de regresar? _____

    b. ¿Y ellas? _____

11. a. ¿Sale Ud. esta tarde? _____

    b. ¿Y nosotros? _____

12. a. ¿Pones tú los regalos en la mesa? _____

    b. ¿Y tú y yo? _____

13. a. ¿Hace Ud. otra cita? _____

    b. ¿Y Ud. y Lola? _____

V. ¿Cómo pasas el día en la escuela? your telephone friend asks. Tell her. Use **yo** with the appropriate form of the verb, and the vocabulary in parentheses.

1. (salir de la casa a las ocho) _____

2. (traer dos libros a la escuela) _____

3. (venir a la clase a las nueve) _____

4. (ver a mis amigos) _____

5. (poner mi tarea en la mesa) _____

6. (dar el examen al profesor) _____

7. (hacer los ejercicios) _____

8. (decir el vocabulario) _____

9. (saber bien las palabras) _____

10. (tener tiempo para conversar) _____

11. (conocer a un nuevo amigo) _____

12. (oír la música) _____

13. (ir a la cafetería) _____

14. (caer en el corredor) _____

15. (decir:—¡Ay!) _____

VI. Directed Dialogue: You try to get a date with Josefina. Act it out and write the script.

1. Josefina: No puedo salir. Tengo que estudiar.

   Tú: _____
   (Say that you do your homework in the cafeteria.)

2. Josefina: El cine está muy lejos.

   Tú: _____
   (Say that you are coming in your car at seven.)

3. Josefina: No conozco la película.

   Tú: _____
   (Tell her they say that the film is interesting.)

4. Josefina: Cuesta mucho ir al cine los sábados.

   Tú: _____
   (Say that you are bringing lots of money.)

5. Josefina: Quizás la semana próxima.

   Tú: _____
   (Tell her "I don't know," or "I hear the other telephone," or "I am going out with your best friend.")

VII. Oral Proficiency: Act your part **(Yo),** or role play. *Later* write your part. [Review PALABRAS NUEVAS and ESTRUCTURAS of this WORK UNIT Eight]

Situation: Your friend tells you to meet him or her in front of the new movie theater. You need more information about this date. [Three sentences are good; four very good; five or more are excellent.]

 Amigo(a): Te veo frente al nuevo cine.
Yo:. . .

Clues: *Ask to which new movie theater you are going (use **Yo**); what film you are seeing; at what time you leave **(de)** the house; when you come home **(a casa);** what you do if the friend **(tú)** does not come. Now tell your friend's answers.*

*Aquí tengo dos billetes para
una excursión esta noche para
visitar todos los cabarets.*

Work Unit Nine

Who says you get to rest on vacation? Ask Diego.

Una excursión por la ciudad

Diego y su mujer, Hortensia, visitan a los Estados Unidos por primera vez. Deciden tomar un autobús turístico para conocer una de las ciudades grandes. El primer autobús sale a las doce en punto. Diego y Hortensia toman asientos al frente para oír bien al guía. Escuchan con atención la voz del guía quien habla por micrófono.

Guía: Señoras y señores, bienvenidos a esta excursión. Esta tarde vamos a visitar varios sitios interesantes de esta gran ciudad. Primero, vamos al centro para conocer el barrio comercial, los hoteles y los grandes almacenes.

Hortensia: ¡Qué edificios tan altos! ¡Mira, Diego! Tienen al menos veinte pisos.

Diego: ¡Al menos! Ésta es una ciudad famosa por sus rascacielos.

Guía: Y ahora pasamos por el barrio cultural. A la derecha están la Biblioteca Central y el Museo de Arte. A la izquierda...los edificios de la Universidad y varios teatros famosos.

Hortensia: ¡Cuánta gente! ¿Adónde va todo el mundo? ¡Mira! ¡Van debajo de la tierra!

Diego: ¡Claro! Van a tomar los trenes subterráneos. La entrada a la estación está allí.

Guía: Entramos ahora en el parque zoológico. Vamos a estar aquí media hora. Es posible caminar por el parque, mirar los animales, sacar fotografías y tomar un helado.

Después de cuatro horas en el autobús, marido y mujer regresan cansados al hotel.

Diego: Estas excursiones son muy interesantes. Pero estoy cansado. Gracias a Dios, podemos descansar un poco.

Hortensia: ¿Descansar? ¡Mira! Aquí tengo dos billetes para otra excursión esta noche. Vamos a visitar todos los cabarets.

Palabras Nuevas

SUSTANTIVOS

el almacén   *the department store*
el animal   *the animal*
el autobús turístico   *the tour bus*
el barrio   *the district (of a city)*
la biblioteca   *the library*
el billete   *the ticket*
el centro   *downtown; the shopping center*
Diego   *James*
la entrada   *the entrance*

la estación   *the station*
los Estados Unidos   *the United States*
la excursión   *the short trip, the excursion*
la gente   *the people*
¡Gracias a Dios!   *Thank heaven! Thank God!*
el guía   *the guide*
Hortensia   *Hortense*
el marido   *the husband*
la mujer   *the wife*
el parque zoológico   *the zoo*
el piso   *the floor*

un poco   *a little*
el rascacielos   *the skyscraper*
señoras y señores   *ladies and gentlemen*
el sitio   *the place*
la tierra   *the ground*
el tren subterráneo   *the subway (train)*

ADJETIVOS

bienvenido,a   *welcome*
cansado,a   *tired*

central *central*
comercial *commercial*
cultural *cultural*
famoso,a *famous*
gran *great*
varios,as *various*

poder *to be able to, can*
sacar fotografías *to take pictures*
tomar asiento *to take a seat*
tomar un helado *to eat (an) ice cream*

al frente *in the front*
al menos *at least*
con atención *attentively*
¡Cuánta gente! *How many people!*
debajo de *under, beneath*
hasta *even*
media hora *a half hour*
por primera vez *for the first time*
quien *who*
todo el mundo *everybody*

VERBOS

conocer *to become acquainted with, to know*
hablar por micrófono *to talk over the microphone*
oír *to hear*

OTRAS PALABRAS

a la derecha *at the right*
a la izquierda *at the left*
¿adónde? *where?*
a las doce en punto *at twelve sharp*

EJERCICIOS

I. A. Preguntas. Give us your answer in a complete Spanish sentence.

1. ¿Qué país visitan Diego y Hortensia?
2. ¿Cuándo sale el primer autobús?
3. ¿Cuántos pisos tienen los edificios?
4. ¿Dónde es posible mirar los animales, caminar y sacar fotografías?
5. ¿Para qué tiene Hortensia billetes esta noche?

1. _____

2. _____

3. _____

4. _____

5. _____

B. Preguntas personales y generales. Give us your answer in a complete Spanish sentence.

1. ¿Qué hay en el centro de una ciudad?
2. ¿Dónde corre el tren subterráneo?
3. ¿En qué parte de la ciudad hay muchos rascacielos?
4. Para ver bien una ciudad ¿qué es bueno tomar—un autobús turístico o un tren subterráneo?
5. ¿Dónde es bueno descansar cuando Ud. está cansado?

1. _____

2. _____

3. _____

4. _____

5. _____

II. ¿Cómo se dice en español?

1. Welcome to this trip. _____

2. To the left…the buildings of the university _____

_____

3. To the right…the Central Library _____

_____

4. This is a city famous for its skyscrapers. _____

_____

5. It is possible to walk and to have an ice cream. _____

_____

III. Match with their definitions. Write the correct letter.

A	*B*
1. el rascacielos_____	a. tienda muy grande
2. el barrio _____	b. sitio donde hay muchos libros
3. la universidad _____	c. edificio muy alto
4. el almacén _____	d. sitio para aprender
5. la biblioteca _____	e. sección de la ciudad

IV. Compositions: Oral and written.

A. Look at the picture at the beginning of this Work Unit. Tell what is happening and how it ends.

B. Tell about a trip you are taking. Include the following:

Mi viaje

1. Where and when you are going.
2. Why you are going to take a bus or a train.
3. Where you buy the tickets.
4. How much they cost **(cuestan).**
5. What you want to see or do there.

V. Picture Match: Choose and write the sentence(s) suggested by each sketch. Then tell something more about each one.

1.

2.

3.

4.

a. Deciden tomar un autobús turístico.
b. ¡Van debajo de la tierra!
c. —Entramos en el parque zoológico.

d. El primer autobús sale a las doce.
e. —¡Qué edificios tan altos!
f. Van a tomar los trenes subterráneos.

1._____

_____

2._____

3._____

_____

4._____

ESTRUCTURAS DE LA LENGUA

Uses of the Preposition *a*

A. A indicates direction *toward* or *to.*

To	To the
1. Corre **a Pedro.** He runs *to* (toward) Peter.	1. Corre **al chico.** He runs *to* (toward) *the* boy.
2. Corre **a mi amiga.** He runs *to* (toward) my friend.	2. Corre **a la chica.** He runs *to* (toward) *the* girl.
3. Viaja **a España** y **a Francia.** He travels *to* Spain and France.	3. Viaja **a los países.** He travels *to the* countries.
4. Viaja **a Madrid** y **a París.** He travels *to* Madrid and Paris.	4. Viaja **a las ciudades.** He travels *to the* cities.

Rules:

1. **Al** *to the:* **a** followed by **el** always combines as **al.**

2. **A la, a los, a las** *to the:* never combine.

3. **A** is repeated before each object noun in a series.

B. Personal **a** (Untranslated)

A indicates which person is the direct object of the verb.

Personal object nouns	*Places and things as object nouns*
1. José **visita a mi amiga.** Joe visits *my friend.*	1. José **visita mi casa.** Joe visits *my house.*
2. José **necesita al amigo.** Joe needs *the friend.*	2. José **necesita el libro.** Joe needs *the book.*

Rules:

1. Untranslated **a** precedes and dignifies object nouns that are *persons,* but **a** is never used before object nouns that are *things.*

2. *Personal* **a** does *not* mean *to.* It has *no* meaning in Spanish or in English here other than to introduce personal nouns as objects of the verb.

C. Omission of **a** after **escuchar** *to listen to,* **mirar** *to look at,* and **tener** *to have*

Things:	1. Escucha **el disco.** He listens to the record.	3. Mira **el reloj.** He looks at the clock.
Persons:	2. Escucha **al maestro.** He listens to the teacher.	4. Mira **al chico.** He looks at the boy.
	5. Tiene **un** hermano. He has a brother.	

Rules:

1. **Escuchar** *to listen to* and **mirar** *to look at* include *to* and *at* and do not require **a** when things or places follow. **A** will follow **escuchar** and **mirar** only to introduce a personal object noun.

2. **Tener** *to have* never takes a personal **a** after it.

D. A is used **after** certain verbs and **before** the following infinitive that completes the thought.

1. **Corro a comprar** la nueva novela. *I am running to buy* the new novel.	5. **Ayudo** al niño **a leer** bien. *I am helping* the child *read* well.
2. **Voy a leer** con mucho interés. *I am going to read* with great interest.	6. El niño **aprende a leer** todo. The child *learns how to read* everything.
3. **Principio (Comienzo, Empiezo) a leer al volver** a casa. *I begin to read on returning* home.	7. **Invito** a los amigos **a leer** mi novela. I *invite* friends to *read* my novel.
4. **Enseño a leer** a los niños. *I teach* the children to *read.*	

Rules:

1. The following kinds of verbs require **a** before a thought-completing infinitive: (1) *movement* from one place to another, e.g., **correr, ir, salir, volver;** (2) *beginning*, e.g., **principiar, comenzar,** and **empezar;** (3) *teaching* or *showing*, e.g., **enseñar, mostrar;** (4) *helping,* e.g., **ayudar;** (5) *learning*, e.g., **aprender,** (6) *inviting,* e.g., **invitar.**
2. **Al** before an infinitive, means *upon* (on), e.g., **al entrar** *upon* (*on*) *entering.*

STUDY THE RULES, EXAMPLES, AND MODELS BEFORE BEGINNING THE EXERCISES!

EJERCICIOS

I. His grandfather is visiting him. He wants to know everything Carlitos does. Answer in a complete affirmative sentence, according to the model. Role-play.

Model: Abuelo: ¿Caminas al parque?   Tú: **Sí, camino** al parque.
       Grandfather: Do you walk to the park?   You: Yes, I walk to the park.

1. ¿Caminas a las clases con amigos? _____

2. ¿O corres al autobús? _____

3. ¿Escuchas a la maestra? _____

4. ¿Vas al centro después? _____

5. ¿O regresan Uds. a las casas? _____

II. Simón wants to know where in the city he can jog. Tell him where you run. Use the word in parentheses in a complete sentence. Make necessary changes in the use of **a** and the definite article **el, la, los,** or **las.**

Model: Corro *al parque.*   (ciudad) Corro **a la ciudad.**   (Anita) Corro **a Anita.**
      I run to the park.   I run to the city.   I run to Anita.

1. (oficina) _____

2. (subterráneo) _____

3. (escuelas) _____

4. (parques) _____

5. (casa) _____

6. (biblioteca) _____

7. (centro) _____

8. (autobús) _____

9. (museo) _____

10. (mi amigo Pedro) _____

III. You are a great listener. Tell what or whom you always listen to. Use the model sentence, substituting the words in parentheses for the words in *italics.* If **a** is appropriate, use **a** with the definite article. (Note: **escuchar** means *to listen to.*)

Model: **Escucho** *al maestro* **con atención.**   (la canción) Escucho **la canción** con atención.
I listen to the teacher attentively.   I listen to the song attentively.

1. (el español) _____

2. (el padre) _____

3. (las guitarras) _____

4. (las amigas) _____

5. (los discos) _____

6. (Luis) _____

IV. Give two responses in complete Spanish sentences. Use cues where given.

Model: a. —¿Prefieres el helado?   —**Sí. Prefiero el helado.**
        Do you prefer the ice cream?   Yes, I prefer the ice cream.

       b. —¿A quién prefieres?   (el actor) —**Prefiero al actor.**
          Whom do you prefer?   I prefer the actor.

1. a. ¿Necesitas el lápiz? _____

   b. ¿A quién necesitas? (el amigo) _____

2. a. ¿Visitas los países? _____

   b. ¿A quiénes visitas? (los primos) _____

3. a. ¿Escuchas la radio? _____

   b. ¿A quién escuchas? (la madre) _____

4. a. ¿Prefieres las melodías? _____

   b. ¿A quiénes prefieres? (las niñas) _____

5. a. ¿Miras el programa? _____

   b. ¿A quién miras? (el chico) _____

V. We are tourists, and we look at everything. Role-play using the cues and the appropriate form of **al, a los , a la,** or **a las** *where needed.*

Model: ¿Miras/capitán y/reloj?   Miro **al** capitán y el reloj.
                                         I look at the captain and at the clock.

1. *En el teatro*, ¿miras/drama y/actor favorito? _____

2. *En el museo*, ¿miran Uds./artista y/pinturas? _____

3. *En la calle*, ¿miramos /autobús y/señor guía? _____

4. *En el centro*, ¿miras/gente y/rascacielos? _____

5. *En el zoológico*, ¿tú (Ud.) mira(s)/animales y/niñas? _____

VI. Your vote counts. Role-play using the cues in parentheses.

1. ¿Vienes a oír al presidente? (esta noche) _____

2. ¿Debes escuchar la TV o la radio? (no quiero) _____

3. ¿Principias a comprender su política? (más) _____

4. ¿Aprendes a votar bien? (Claro) _____

5. ¿A quién enseñas a comprender también? (a mi hermano) _____

6. ¿A quién ayudas a decidir? (al amigo) _____

7. ¿Cuándo va él a votar? (mañana) _____

8. ¿Invitas a otros a decidir? (Sí) _____

9. ¿Cuándo das gracias por la democracia? (al votar) _____

VII. Directed Dialogue: You are on a tourist bus. You respond to your guide in complete sentences. Act it out and write your script.

1. Guía: Bienvenidos a esta ciudad. ¡Miren el edificio a la derecha!

   Tú: _____
        (Ask whether it is the famous museum or the great library.)

2. Guía: Es el museo. ¡Ahora miren a la izquierda!

   Tú: _____
        (Tell him you know the famous department store.)

3. Gúia: Señoras y señores ¿desean visitarlo ahora?

   Tú: _____
        (Tell him you are tired and want to go to the park **(para)** to take pictures and to rest.)

4. Gúia: ¿Qué sitio desean visitar mañana?

Tú: _____

(Tell him you want to ask your husband [or wife] where he [she] wants to go.)

5. Gúia: Podemos asistir al teatro o ir al centro.

Tú: _____

(Tell him everybody wants to go downtown **(centro)** now, to buy tickets to the theater.)

VIII. Oral Proficiency: Act your part **(Yo),** or role play. *Later* write your part. [Review PALABRAS NUEVAS and ESTRUCTURAS of this WORK UNIT Nine]

Situation: You are a tourist in a beautiful Mexican city. You need information about it. You ask the guide in the hotel. [Three sentences are good; four very good; five or more are excellent.]

Guía: ¿Qué desea Ud. saber?
Yo: . . .

Clues: *Ask whether it is necessary to speak Spanish to the people; where there is a place to **(para)** have ice cream and to take pictures; whether the bus on the right or the subway on the left goes to the museum and to the department stores; where it is possible to buy a ticket; in what section everybody lives. Tell your guide's answers.*

¿De quién es éste?

Work Unit Ten

Everyone looks forward to Christmas. But
sometimes we don't get the presents we expect.

¿De quién es este hueso?

Comedia en un acto

Escena: La sala de la familia Fandango. Es la mañana del Día de Navidad. Debajo del árbol de Navidad están los regalos para cada uno de la familia. Toda la familia está en la sala, lista para abrir los paquetes.

Personajes: El abuelo—un anciano de ochenta años
La abuela—una anciana de setenta años
El padre, Ambrosio—padre de la familia
La madre, Berta—madre de la familia
El hijo, Esteban—un joven de dieciséis años
La hija, Rosalía—una muchacha de trece años
El nene, Gualterio—un nene de nueve meses que sólo dice:—Gu, gu, ga, ga.
El perro, Capitán—perro norteamericano que no habla español

Rosalía: ¡Feliz Navidad a todos! ¿Podemos abrir los regalos ahora?

Todos: ¡Feliz Navidad! Sí, sí, sí.

Madre: Pero, Ambrosio, ¿qué pasa aquí? No veo las etiquetas con los nombres de las personas.

Padre: ¡Mira, Berta! El nene, Gualterio, tiene todas las etiquetas entre las manos.

Gualterio: Gu, gu, ga, ga.

Esteban: ¿Qué vamos a hacer? No sabemos para quién es cada regalo.

Abuela: Tengo una idea. Cada uno va a tomar un paquete sin saber para quién es.

Abuelo: Muy bien, y la persona que abra el paquete va a usar el regalo por un día. Así tenemos una buena sorpresa hoy, y mañana vamos a cambiar los regalos.

Todos: ¡Buena idea! ¡Buena idea!

Gualterio: ¡Gu, gu, ga, ga!

Cada uno toma y abre un paquete.

Abuelo: ¡Ay, Dios mío! Tengo una falda blanca de lana.

Abuela: ¡Y yo un guante de béisbol!

Ambrosio: ¡Yo tengo una blusa roja de algodón!

Madre: ¿Y yo? ¿Qué hago con esta navaja?

Esteban: ¡Oh, no! ¡Una muñeca de México!

Rosalía: ¡Ay! ¡Un cuchillo de explorador!

Abuelo: Pero, aquí hay un regalo más. ¿De quién es? (Abre el paquete.) ¡Es un hueso!

Capitán: Guao, guao. (Esto significa: ¡Ese hueso es mío, tonto!)

Palabras Nuevas

SUSTANTIVOS

la abuela   *the grandmother*
el abuelo   *the grandfather*
Ambrosio   *Ambrose*
la anciana   *the elderly lady*
el anciano   *the elderly gentleman*
el árbol   *the tree*
Berta   *Bertha*
la blusa   *the blouse*
el cuchillo   *the knife*
  el cuchillo de explorador   *the boy scout knife*
la escena   *the scene*
la etiqueta   *the label*
la falda   *the skirt*
la familia Fandango   *the Fandango family*
el fandango   *the disorder*
Gualterio   *Walter*
el guante   *the glove*
  el guante de béisbol   *the baseball glove*
la hija   *the daughter*
el hijo   *the son*
el hueso   *the bone*
la idea   *the idea*

el joven   *the young man, the youth*
la muñeca   *the doll*
la navaja   *the razor*
la Navidad   *Christmas*
  el Día de Navidad   *Christmas Day*
  ¡Feliz Navidad!   *Merry Christmas*
el nene   *the baby*
el nombre   *the name*
el paquete   *the package*
el perro   *the dog*
el personaje   *the character (in a play)*
el regalo   *the gift, the present*
Rosalía   *Rosalie*
todos   *everybody, everyone, all*
el tonto   *the fool*

ADJETIVOS

blanco,a   *white*
cada   *each*
de algodón   *(of) cotton*
de lana   *(of) wool, woolen*
esa   *that (fem.)*

ese   *that (masc.)*
este,a   *this (m.), (f.)*
esto   *this (neuter)*
listo,a   *ready*
mío,a   *mine*
norteamericano,a   *North American (from the U.S.A.)*
rojo,a   *red*
viejo,a   *old*

VERBOS

cambiar   *to change, to exchange*
significar   *to mean*

OTRAS PALABRAS

¿de quién? ¿de quiénes   *whose? from whom?*
¡Dios mío!   *My God!*
¿para quién? ¿para quiénes?   *for whom?*
por   *for*
sólo   *only*
toda la familia   *the whole family*

EJERCICIOS

I. A. Use the correct word(s) in place of the underlined expression to make the statement true.

1. Los <u>personajes</u> de la familia Fandango están debajo del árbol. _____

2. Los paquetes van a ser una sorpresa porque no tienen <u>regalos</u>. _____

3. Cada uno va a usar el regalo del paquete por <u>una semana</u>. _____

4. Mañana la familia va a <u>abrir</u> los regalos. _____

5. El perro, Capitán, recibe <u>un cuchillo de explorador</u>. _____

B. Preguntas personales y generales. State your answer in a complete Spanish sentence.

1. ¿Qué expresión usa Ud. el Día de Navidad?
2. ¿Cuál es un buen regalo para un abuelo? ¿Una blusa roja de algodón?
3. ¿Para quién es la muñeca de México?
4. ¿Cuál es un buen regalo para una madre? ¿Una falda blanca de lana?
5. ¿Qué quiere Ud. recibir esta Navidad? ¿Un hueso?

1. _____

2. _____

   _____

3. _____

4. _____

5. _____

II. Crucigrama

Horizontales

1. Christmas
6. to the (m.)
8. he goes
9. baby
12. the (m. sing)
14. I
15. surprises
16. old
17. there is

Verticales

1. razors
2. he sees
3. to give
4. same as 6 horizontal
5. grandparents
7. he reads
10. dog
11. to go
13. to him
14. already

III. Match columns *A* and *B* to form complete sentences.

A

1. En la sala
2. Todo el mundo está listo
3. El nene tiene
4. Mañana vamos a
5. ¿Qué voy a hacer con

B

a. todas las etiquetas
   con los nombres.
b. cambiar los paquetes.
c. para abrir los paquetes.
d. está el arbol de Navidad.
e. una falda de lana?

1. _____

2. _____

3. _____

4. _____

5. _____

IV. Compositions: Oral and written.

A. Look at the picture at the beginning of this Work Unit. Tell what is happening and how it ends.

B. Tell us about Christmas. Include the following:

La Navidad

1. What the weather is like when Christmas comes.
2. In your city, how you spend the vacation.
3. To what store(s) you go in order to buy gifts.
4. What gifts you buy and for whom.
5. To whom you wish love and a Merry Christmas.

ESTRUCTURAS DE LA LENGUA

Uses of the Preposition *de*

A. De indicates the place *from:* origin; the topic *of* or *about*

Origin: from	*Topic: of, about*
1. **¿De dónde** son Uds.? Where are you from?	1. **¿De qué** hablan Uds.? What are you speaking of (about)?
2. **Somos de** México. We are from Mexico.	2. **Hablamos de** Nueva York. We are speaking of (about) New York.

B. Del: *from the; of the; about the.* **De** followed by **el** is always combined as **del.**

1. **Son del** sur. They are from the south.	3. **Hablan de** la patria. They speak about the motherland.
2. No **son de los** Estados Unidos. They are not from the United States.	4. Hablan **de las** casas y **de las** comidas. They speak about the houses and meals.

Rules:

1. Although **de** followed by **el** must combine to form **del,** the following never combine: **de los, de la, de las.**

2. The preposition **de** in a series of nouns must be repeated before each noun.

> Hablamos **del** chico y **de la** chica.
> We speak of the boy and girl.

C. De indicates the owner (possessor) in Spanish just as **'s** indicates the owner in English.

de	del, de la, de los, de las
1. **Es de** Juan. No es **de Ana.** It's John's. It isn't Anna's.	4. **Es del** chico. No es **de la chica.** It's the boy's. It isn't the girl's.
2. **Es de** mi hermano. It is my brother's.	5. **Es de los** chicos. It is the boys'.
3. No **es de** su hermana. It isn't your sister's.	6. No **es de las** chicas. It isn't the girls'.

Rules:

1. **De** *precedes* the owner where English adds **'s** to the owner.

2. **De** is used instead of **'s** (single owner) or **s'** (most plural owners).

3. **Del, de la, de los, de las** are used when *the* precedes the owner.

D. Ownership word order:

> The "possession"—the thing owned—stands *before* **de** and the owner, unlike English.

la **chaqueta del chico** the boy's jacket	el **reloj de la chica** the girl's watch

Single owner	*Plural owners*
1. ¿**De quién** es el reloj? Whose (sing.) watch is it? Whose is the watch?	1. ¿**De quiénes es** la casa? Whose (pl.) house is it? Whose is the house?
2. Es el **reloj de Juan.** It is John's watch.	2. Es la **casa de los vecinos.** It is the neighbors' house.
3. El **reloj de la profesora** es **nuevo.*** The teacher's watch is new.	3. La **casa de los vecinos** es **nueva.*** The neighbors' house is new.

Rules:

1. ¿**De quién?** ¿**De quiénes?** *whose?* are followed by the Spanish *verb.* ¿**De quiénes?** anticipates more than one owner.

*2. The adjective describes and *agrees with the thing owned; not with the owner.* See *Chart D* above, #3 **nuevo, nueva.**

E. **De** indicates material (composition).

1. ¿**De qué** es el reloj? What is the watch made of?	1. ¿**De qué** son los abrigos? What are the coats made of?
2. El reloj **es de plata.** The watch is silver.	2. Los abrigos **son de lana** y **de algodón.** The coats are woolen and cotton.
3. **No es de oro.** It is not (of) gold.	3. **No son de cuero o de seda.** They are not (of) leather or silk.

Rules:

1. ¿**De qué?** begins each question that asks *what a thing is made of.*

2. **De** (*of*) must precede each material. No article follows **de.**

3. The material does *not* agree in gender or in number with the noun it describes.

4. Learn these materials:

de algodón	cotton	**de nilón**	nylon
de cuero	leather	**de oro**	gold(en)
de hierro	iron	**de piedra**	stone(y)
de lana	woolen	**de plata**	silver(y)
de madera	wooden	**de seda**	silk(en)

F. **De** in special expressions:

1. ¿Va Ud. a **la clase de historia?** Are you going to the history class?	2. No. Voy a hablar al **profesor de español.** No. I'm going to speak to the Spanish teacher.

Rule:

De *about* indicates that the class, the teacher, etc., deal with a subject or with an organized body of knowledge. No article follows **de** in this use.

G. De after certain verbs:

1.—¿**Tratas de** hablar con tu profesor?	*Are* you *trying* to speak with your teacher?
2.—Sí. **Acabo de** recibir una mala nota.	Yes. I *have just* received a bad mark.
3.—¿No **gozas de** aprender y **dejas de** estudiar?	Don't you *enjoy* learning and do you *stop* studying?

Rules:

1. Certain verbs require **de** *before* the following infinitive that completes the thought.
2. Learn **acabar de** *to have just*, **dejar de, cesar de** *to stop*; **gozar de** *to enjoy*; **tratar de** *to try to*, **terminar de** *to finish*, *to end*. This use of **de** is not translatable.

STUDY THE RULES, EXAMPLES, AND MODELS BEFORE BEGINNING THE EXERCISES!

EJERCICIOS

I. Gustavo borrows things from everybody, and later cannot remember whose they are. Remind Gustavo of who owns what, using the words in parentheses according to the model.

Model: (Los sombreros/mi hermano)
   Los sombreros son de mi hermano.   The hats are my brother's.

1. (los lápices/el chico) _____

2. (los libros/la abuela) _____

3. (las plumas/el abuelo)_____

4. (los cuadernos/Juan) _____

5. (los 5 dólares/mi padre) _____

6. (los relojes/los hermanos) _____

7. (las bicicletas/María y Pedro) _____

8. (los guantes/sus amigos) _____

9. (los discos/las primas) _____

10. (las revistas/el hermano y la hermana) _____

II. Restate the sentence changing each *owner* to the *singular*. Make all other necessary changes.

Model: Los guantes son de los **nenes.**   The gloves are *the babies'*.
   Los guantes son **del nene.**   The gloves are *the baby's*.

1. Las casas son de los profesores. _____

2. Ella es la madre de las muchachas. _____

3. Somos los profesores de los chicos. _____

4. Es el padre de las alumnas. _____

5. Es la clase de los alumnos de español. _____

III. Your friend is curious to know to whom everything belongs. Tell her in a complete Spanish sentence, using the words in parentheses. Role-play.

Model: a. —¿De quién es el lápiz?   b.—¿De quiénes son los zapatos?
          Whose pencil is it?   Whose are the shoes?

(el chico) —**Es el lápiz del chico.**   (los chicos)—**Son los zapatos de los chicos.**
          It's the boy's pencil.   They are the boys' shoes.

1. ¿De quién es el libro? (la prima) _____

2. ¿De quiénes son las flores? (los muchachos) _____

3. ¿De quién son los cuadernos? (el chico) _____

4. ¿De quiénes es la casa? (mis padres) _____

5. ¿De quién es la navaja? (el primo) _____

6. ¿De quiénes son las bicicletas? (Juan/Luisa) _____

7. ¿De quién son los papeles? (el hombre) _____

8. ¿De quiénes es la muñeca? (las hermanas) _____

9. ¿De quiénes es el regalo? (los chicos) _____

10. ¿De quién son los libros? (el muchacho) _____

IV. Carlota is curious about everything and everybody in your home. Answer her in a complete Spanish sentence, using the words in parentheses. Role-play.

Model: —¿De qué es su sombrero?   (lana/cuero)—Mi sombrero es **de lana y de cuero.**
          What is your hat made of?   My hat is *woolen* and *(of) leather*.

1. ¿De dónde es Ud.? (los Estados Unidos) _____

2. ¿En qué clase está Ud.? (historia) _____

3. ¿De qué es su casa? (piedra/madera) _____

4. ¿De qué son las cortinas? (algodón/nilón) _____

5. ¿De dónde es su abuelo? (el otro país) _____

6. ¿De qué es su reloj? (plata/oro) _____

7. ¿De qué habla su hermanito? (el parque) _____

8. ¿A qué clase va su hermanita? (inglés) _____

9. ¿De qué son su blusa y su falda? (lana/seda) _____

10. ¿Qué profesora enseña aquí? (piano) _____

V. After a soccer match: Use **de** where needed, **a** where needed. First, complete the question. Then answer in complete sentences using the cues in parentheses. Role-play. (Review Work Unit 9 for the use of **a**.)

1. ¿De dónde *acabas*/llegar? (el partido de fútbol) _____

   _____

2. *¿Gozas* más/jugar al fútbol o/mirar jugar? (jugar) _____

   _____

3. *¿Sabes* jugar o *tratas*/aprender/jugar? (no) _____

   _____

4. ¿Quién *enseña/jugar*? (un amigo del equipo) _____

   _____

5. ¿Debes *pagarle* al amigo? (no mucho) _____

   _____

6. ¿Ayudan los amigos al equipo/ganar? (Sí, claro.) _____

   _____

7. ¿A qué hora *comienzas/practicar*? (a las cuatro) _____

   _____

8. ¿Cuándo *terminas/practicar*? (antes de las seis) _____

   _____

9. ¿No *dejas/practicar* ni un día? (ni un día) _____

   _____

10. ¿No prefieres jugar a otro deporte? (béisbol) _____

VI. Directed Dialogue. You are the doctor. Give this overweight lady advice. Use **de** as needed, **a** as needed, and neither when not needed. Role-play.

1. Mujer: ¿Cómo voy a perder (to lose) cincuenta libras?
   Médico: You need to go out to play (**jugar al tenis**) tennis.

   _____

2. Mujer: No sé jugar.
   Médico: You should try to learn.

   _____

3. Mujer: No puedo correr.
   Médico: But, you have just weighed 200 pounds. (**pesar doscientas libras**) _____

   _____

4. Mujer: Voy a comer menos. ¡Es todo!
   Médico: You are going to enjoy playing tennis. _____

5. Mujer: ¡Es imposible!
   Médico: Well! You have to stop eating so much (**tanto**) and to walk a lot. _____

VII. Oral Proficiency: Act your part **(Yo),** or role play. *Later* write your part. [Review PALABRAS NUEVAS and ESTRUCTURAS of this WORK UNIT Ten]

Situation: Your Cuban cousin calls to find out from whom in your family each Christmas gift is, as they arrived without cards. You tell from whom each gift is. [Three sentences are good; four very good; five or more are excellent.]

 Primo(a): ¿De quién son la falda, la blusa, el bate, la muñeca y el hueso?
Yo: . . .

Clues: *Repeat each gift and tell which member of your family it is from;... the grand-mother;... the grandfather; ... the cousins;... the aunts* **(las tías);** *... the dog.*

MÉXICO HISTÓRICO

Metropolitan Cathedral, Mexico City.

Mayan Palace at Monte Albán

PAISAJES DE ESPAÑA

Olive groves in Andalusia

Windmills of La Mancha

Cuando la profesora habla, Virgilio siempre lee algo debajo del pupitre.

Work Unit Eleven

Let's play "Who am I?"
In Spanish it's not that easy.

¿Quién soy yo?

Virgilio Chupadedos es un alumno que no presta atención y no aprende mucho. Cuando la profesora habla, Virgilio siempre lee su libro de adivinanzas que él tiene abierto debajo del pupitre. Virgilio tiene talento para las adivinanzas y sabe muchas.

Aquí tiene Ud. unas adivinanzas que Virgilio lee en su libro. Las respuestas están más abajo.

1. Soy un hombre o una mujer. Siempre hago preguntas. Soy amigo de los alumnos aplicados. Generalmente soy inteligente. ¿Quién soy yo?

2. Estoy en todos los edificios. Soy de madera o de otros materiales. Soy útil para entrar y salir. Soy para abrir y cerrar. ¿Qué soy yo?

3. Yo también soy para abrir y cerrar. Tengo mucha información y muchas frases. Estoy en las casas, en las bibliotecas y en las escuelas. Soy de papel. ¿Qué soy yo?

4. Yo no soy muy grande. Soy negro, amarillo, azul, y de otros colores también. Soy útil para escribir en los cuadernos. ¿Qué soy yo?

5. Yo soy una parte de todas las personas. Tengo muchos unos: hablo, como, bebo. Tengo labios y dientes. ¿Qué soy yo?

6. Soy de madera. Estoy en todas las salas de clase. Hay uno para cada alumno. Los alumnos me usan para poner sus libros y para poner su papel para escribir. ¿Qué soy yo?

7. Yo soy muy grande. Estoy delante de la clase. El profesor escribe en mí. Así los alumnos pueden leer las frases importantes de la lección. ¿Qué soy yo?

8. Soy un animal. Soy grande o soy pequeño. Soy de varios colores. Dicen que soy el mejor amigo del hombre. No soy amigo de los gatos. ¿Qué soy yo?

9. Soy un edificio. Tengo varios cuartos. Los alumnos entran para aprender. Aquí todo el mundo trabaja y aprende. ¿Qué soy yo?

10. Soy para abrir y cerrar. Estoy en todos los cuartos. Soy necesaria para el aire y la luz. Soy de vidrio. ¿Qué soy yo?

11. Soy de un país grande donde hablamos inglés y aprendemos mucho español. ¿Qué soy yo?

1. el profesor o la profesora	4. la pluma, el lápiz	8. el perro
2. la puerta	5. la boca	9. la escuela
3. el libro	6. el pupitre	10. la ventana
	7. la pizarra	11. el norteamericano

Palabras Nuevas

SUSTANTIVOS

la adivinanza *the riddle*	el cuarto *the room*	el labio *the lip*
la boca *the mouth*	el diente *the tooth*	el material *the material*
el color *the color*	el gato *the cat*	la página *the page*
	la información *the information*	la parte *the part*
		la pizarra *the blackboard*

la pluma   *the pen*
el pupitre   *the (student's) desk*
la respuesta   *the answer*
la sala de clase   *the classroom*
el talento   *the talent*
la ventana   *the window*

ADJETIVOS

abierto,a   *open*
amarillo,a   *yellow*
azul   *blue*

mejor   *better*
el mejor   *the best*
negro,a   *black*
útil   *useful*

VERBOS

prestar atención   *to pay attention*
pueden   *they can; you (formal pl.) can*
soy   *I am*
trabajar   *to work*

OTRAS PALABRAS

al pie de   *at the bottom of*
de madera   *wooden, of wood*
de papel   *of paper*
de vidrio   *of glass*
delante de   *in front of*
en mí   *on me*
generalmente   *generally*
me   *me*
que   *which, that*

EJERCICIOS

I. Preguntas. State your answer in a complete Spanish sentence.

1. ¿A quién no presta atención Virgilio?
2. ¿Qué lee Virgilio debajo del pupitre?
3. ¿Qué deja entrar aire en la clase? ¿De qué es?
4. ¿Qué usa Ud. para escribir en la pizarra? ¿En el cuaderno?
5. ¿Para qué es útil una puerta? ¿De qué es?
6. ¿Para qué son útiles la boca y los dientes?

1. _____

2. _____

3. _____

4. _____

5. _____

6. _____

II. Compositions: Oral and written.
   A. Look at the picture at the beginning of this Work Unit. Tell what is happening and how it ends.
   B. Tell us about a boring class in which you pay little attention.

Una clase aburrida

1. In which class you pay little attention.
2. Why you pay little attention.
3. What you do in the class.
4. Why it is useful to study, but not easy.
5. When you are going to study and to listen.

III. Acróstico español

1. pupil
2. tooth
3. intelligent
4. window
5. information
6. black
7. attention
8. North American
9. blackboard
10. to open

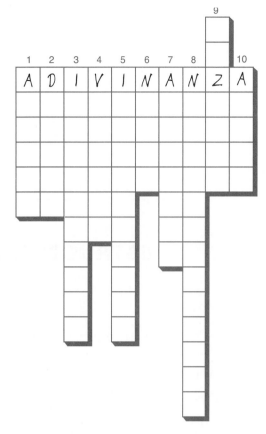

	1	2	3	4	5	6	7	8		10
	A	D	I	V	I	N	A	N	Z	A

IV. Picture Match: Choose and write the sentence(s) suggested by each sketch. Then tell something more about each one.

1.

2.

3.

4.

a. —Soy el mejor amigo del hombre.
b. —Tiene su libro abierto debajo del pupitre.
c. —Soy un animal.

d. —Siempre hago preguntas.
e. —Es un alumno que no presta atención.
f. —Aquí todo el mundo trabaja y aprende.

117

1. _____

_____

2. _____

3. _____

_____

4. _____

ESTRUCTURAS DE LA LENGUA

Ser *to be*

A. Ser is irregular in all persons of the present tense.

I am intelligent.	We are intelligent.
Yo **soy** inteligente.	Nosotros-as **somos** inteligentes.
Tú **eres**	Vosotros-as **sois**
Ud., él, ella **es**	Uds., ellos-as **son**

Rules:

1. *Are* is the English equivalent for (tú) **eres;** (Ud.) **es;** (nosotros) **somos;** (vosotros) **sois;** (ellos-as) **son;** (Uds.) **son.**

2. **Es** means *is* in **él es** (he is); **ella es** (she is); but **es** means *are* in **Ud. es** (you are).

B. Ser is used to describe the *nature of* persons and things as in A above. Other uses follow.

   1. Identifications. Relationships.

a. —¿Quién eres tú? Who are you?	—Soy un chico norteamericano. I am an American boy.
b. —¿Es el hombre tu padre? Is the man your father?	—No. Es mi tío. Sus hijos son mis primos. —No. He is my uncle. His children are my cousins.

   2. *Profession.

a. —¿Qué es tu padre? What is your father?	**—Es piloto.** He is a pilot.
b. —¿Qué deseas ser? What do you want to be?	—Yo deseo **ser actor.** I want to be an actor.
c. —¿Es tu padre **un buen** piloto? Is your father a good pilot?	—Es **un** piloto **excelente.** He is an excellent pilot.

Rule: *omit the articles *un* and *una* when describing profession. Use *un* or *una* only when the profession is accompanied by an adjective.

3. Origin and *nationality.

a. —¿De dónde es tu amigo? 　　Where is your friend from?	—Es de Puerto Rico; es puertorriqueño. 　　He is from Puerto Rico; he is (a) 　　Puerto Rican.
b. —¿Eres tú español? 　　Are you a Spaniard?	—Soy **un** español **sincero.** 　　I am a sincere Spaniard.

Rule: *omit the articles *un* and *una* when describing profession or nationality. Use **un** or **una** only when the profession or nationality is accompanied by an adjective.

4. Personality, nature, and characteristics.

—¿Cómo son Uds.?	—Somos buenos, alegres, amables y 　　generosos.
What are you like?	We are good, cheerful, kind and 　　generous.

5. Characteristic appearance.

a. —¿Cómo es su amigo? 　　What is your friend like?	—Es alto, moreno y guapo. 　　He is tall, dark and handsome.
b. —¿De qué color son sus ojos? 　　What color are his eyes?	—Sus ojos son negros. 　　His eyes are black.

6. Possession and material.

a. —¿De quién es ese reloj? 　　Whose watch is that?	—Es mi reloj. No es de María. 　　It is my watch. It isn't Mary's.
b. —¿De qué es su reloj? 　　What is your watch made of?	—Es de oro y de plata. No es de acero. 　　It's (of) gold and silver. It isn't (of) steel.

7. Date and time.

a. —¿Qué día es? 　　What day is it?	—Hoy es martes el dos de mayo. 　　Today is Tuesday, May 2.
b. —¿Qué hora es? 　　What time is it?	—Son las dos. No es la una. 　　It is two o'clock. It isn't one o'clock.

8. Takes place, occurs

a. —¿Dónde es el festival? 　　Where is the festival?	—Es en la Calle Ocho de Miami. 　　It is on Calle Ocho in Miami.
b. —¿Son las fiestas siempre allí? 　　Are the parties always there?	—Muchas son allí. 　　Many take place there.

STUDY THE RULES, EXAMPLES, AND MODELS BEFORE BEGINNING THE EXERCISES!

EJERCICIOS

I. The immigration officer at Barajas Airport, Madrid, Spain, is inquiring about a group of Hispanic students who have just arrived. The tour guide supplies information about each student's national origin. Give us the guide's replies, using the words in parentheses and the correct form of the verb.

Model: *Oficial:* ¿De dónde es el muchacho?   *Guía:* El muchacho es de Costa Rica.
                 Where is the boy from?   The boy is from Costa Rica.
                 (el muchacho/Costa Rica)

1. (La chica/los Estados Unidos) _____

2. (Yo/Cuba) _____

3. (Tú/México) _____

4. (Ud./El Salvador) _____

5. (Ella/Puerto Rico) _____

6. (Roberto/Colombia) _____

7. (Nosotros/Chile) _____

8. (Tú y yo/El Canadá) _____

9. (Uds./Bolivia) _____

10. (Eduardo y Pablo/España) _____

¿Es alto el chico?

II. Restate the sentence in the *singular* using the subject given in parentheses. Make all necessary changes.

Model: ¿Son altos los chicos?   (el chico) **¿Es alto el chico?**
 Are the boys tall?   Is the boy tall?

1. Nosotros somos bonitos. (yo) _____

2. Uds. son actores. (Ud.) _____

3. Uds. son unos chicos. (tú) _____

4. ¿Son los relojes de oro? (el reloj) _____

5. Ellos no son de San Juan. (él) _____

III. a. Pepe's father tests Pepe's logic. Tell Pepe's factual answers in complete Spanish sentences. **b.** Write a factual answer to the *second* question, adding **también.**

Model: a. —¿Eres de <u>aquí</u> o de <u>Rusia</u>?   b.—¿Y tu padre?
            Are you from here or from Russia?   And your father?
            —**Soy de aquí.**   —**Mi padre es de aquí también.**
            I am from here.   My father is from here, too.

1. a. ¿Es Ud. de <u>los Estados Unidos</u> o de <u>Oz</u>?_____

   b. *¿Y el chico?*_____

2. a. ¿Son Uds. <u>americanos</u> o <u>españoles</u>? _____

   b. *¿Y ellos?* _____

3. a. ¿Somos tú y yo <u>personas</u> o <u>cosas</u>? _____

   b. *¿Y los hermanos?* _____

4. a. ¿Eres <u>profesor</u>-a o <u>alumno</u>-a? _____

   b. *¿Y la chica?* _____

5. a. ¿Somos yo y el Sr. Delibes <u>maestros</u> o <u>alumnos</u>? _____

   _____

   b. *¿Y la señora?*_____

IV. You are making a date for dinner and the theater. Ask when and where things are taking place using the appropriate form of **ser** or **estar**. Your friend answers in complete sentences using the cue in parentheses. Role-play.

Model: a. ¿Dónde/el drama?   ¿Dónde es el drama?   Where does the drama take place?
        b. (Roma)   El drama es en Roma.   The play is in Rome.

1. a. ¿A qué hora/la comida? _____

    b. (a las seis) _____

2. a. ¿Dónde/el restaurante? _____

    b. (en el centro) _____

3. a. ¿Dónde/la comedia? _____

   b. (La Habana) _____

4. a. ¿/todas las escenas en la Habana? _____

   b. (también en la Florida) _____

5. a. Al regresar a casa, ¿/muchos accidentes aquí? _____

   b. (siempre/en las calles sin luces) _____

V. Your friend shows off his knowledge of some famous people. You restate the information adding the adjective in parentheses to show you are even better acquainted with them. Role-play.

Model: a. Juárez / mexicano   Juárez es mexicano.   Juárez is a Mexican.
         b. (Célebre)   Sí, Juárez es un mexicano   Yes, Juárez is a famous
                                 célebre.   Mexican.

1. a. Simón Bolívar/sudamericano _____

   b. (heroico) _____

2. a. George Washington/norteamericano _____

   b. (noble) _____

3. a. José Martí/cubano _____

   b. (patriótico) _____

4. a. Frida Kahló/artista _____

   b. (mexicana) _____

5. a. Gabriela Mistral/poetisa _____

   b. (chilena) _____

VI. Your host, Diego, introduces everyone by nationality or profession adding an exaggerating adjective. You repeat his statements using **también,** but modestly *omit* the adjective. What else must you omit?

Model: Diego: Yo soy un artista conocido.   Tú: **Yo también soy artista.**
               I am a well-known artist.   I too am an artist.

1. Yo soy un médico especialista. _____

2. Mi amigo es un actor famoso. _____

3. Mi hermano es un mecánico experto. _____

4. Mis primas son unas hispanas famosas. _____

5. Mi amiga es una norteamericana importante. _____

VII. Susana is curious about you. Answer in a complete Spanish sentence using the cue words given in italics.

Model: —¿Qué eres? *español* —**Soy español.**
What are you? I am Spanish.

1. ¿Quién eres tú? *alumno-a* _____

2. ¿Eres norteamericano-a? *sí* _____

3. ¿De qué color son tus ojos? *negros* _____

4. ¿Cómo eres? *inteligente y hermoso-a* _____

5. ¿De dónde son tus padres? *los Estados Unidos* _____

6. ¿Qué es su padre? *capitán* _____

7. ¿De qué color es tu cuarto? *azul* _____

8. ¿De quién son Juan y tú alumnos? *del Sr. López* _____

9. ¿De qué son tu mesa y tu silla? *de madera* _____

10. ¿Qué deseas ser? *profesor-a* _____

VIII. Directed Dialogue: After lunch in the cafeteria, the students try to stump you at riddles. Tell the answers in complete Spanish sentences. Act it out and write the script.

1. Ana: Soy de acero o de oro. Indico la hora.

   Tú: _____
   (Tell what I am.)

2. Inés: Somos dos partes que forman la boca.

   Tú: _____
   (Tell what we are.)

3. Luis: Los libros tienen muchas y son de papel.

   Tú: _____
   (Tell what they are.)

4. Rita: El cielo claro está de este color.

   Tú: _____
   (Tell what color it is.)

5. Iñigo: Es la acción cuando escuchamos al profesor.

   Tú: _____
   (Tell who we are and what we do.)

IX. Oral Proficiency: Act your part **(Yo),** or role play. *Later* write your part. [Review PALABRAS NUEVAS and ESTRUCTURAS of this WORK UNIT Eleven]

Situation: You call a blind date to introduce yourself before you meet. Your date asks you to describe yourself. You tell your date about yourself. [Three sentences are good; four very good: five or more are excellent.]

   Amigo(a): ¿Cómo es Ud. (eres tú)?
Yo: . . .

Clues: *Tell whether or not you are a good person, cheerful, good-looking (**guapo[a]**), American, Spanish, and so on; what you want to be and what you are now. Ask when it is possible to have the date. Other ideas?*

Plaza de España, Madrid

ARTE ESPAÑOL

Esteban Bartolomé Murillo. The Pastry Eaters.

¡Mamá, estoy mejor!

Work Unit Twelve

*It's no fun to be stuck in bed all day. Would
you prefer that to going to school?*

Una enfermedad imaginaria

Hoy Ramón Tramposo no va a la escuela. Dice que es imposible bajar de la cama porque él está enfermo. Su madre está muy triste y preocupada por la salud de su hijo. Cuando llega el doctor Humberto Matasanos, la madre va con el médico al cuarto de Ramón. El muchacho está sentado en la cama. Todas las ventanas están cerradas.

Médico: ¡Ah! Aquí está el enfermo. ¿Qué tiene el chico?

Madre: Oh, doctor, mi hijo no quiere comer. No quiere beber. Sólo quiere guardar cama todo el día.

Ramón: Ay, ay, ay. Estoy enfermo. Tengo dolor de cabeza, dolor de estómago, dolor de garganta. Es horrible.

Madre: ¡Ay, mi pobre Ramoncito!

Médico: Bueno, bueno joven. (El médico examina al chico). Mmmmm…. El pulso está normal. Ramón, ¡abre la boca y saca la lengua!

Ramón: Aaaaaaaaah.

Madre: Mi pobre hijo. ¡Cómo sufre!

Médico: Yo no veo nada. La temperatura está normal. No tiene fiebre.

Ramón: Ay, tengo tanto dolor. Es terrible.

En ese momento suena el teléfono. Es Enrique, el amigo de Ramón.

Ramón: Hola, Enrique. ¿Qué hay?… ¿Cómo?… ¿No hay examen de matemáticas? (Ramón salta de la cama.) ¡Mamá, mamá, estoy mejor! ¡Quiero comer! ¡Tengo hambre, mucha hambre!

Palabras Nuevas

SUSTANTIVOS

la cabeza *the head*
la cama *the bed*
el chico *the boy*
la clase de matemáticas *the mathematics class*
el doctor Humberto Matasanos *Dr. Humbert Quack*
el dolor *the pain, the ache*
  el dolor de cabeza *the headache*
  el dolor de estómago *the stomachache*
  el dolor de garganta *the sore throat*
la enfermedad *the sickness*
el enfermo *the patient, the sick person*

Enrique *Henry*
la fiebre *the fever*
el hambre (fem.) *the hunger*
la lengua *the tongue*
el médico *the doctor*
el pulso *the pulse*
Ramón *Raymond*
Ramoncito *little Ray*
la salud *the health*
el teléfono *the telephone*
la temperatura *the temperature*

ADJETIVOS

cerrado,a *closed*
imaginario,a *imaginary*
normal *normal*

pobre *poor*
preocupado,a por *worried about*
sentado,a *seated*
tramposo,a *tricky*
triste *sad*

VERBOS

bajar de *to get off*
guardar cama *to stay in bed*
llegar *to arrive*
sacar *to stick out, to take out*
saltar *to jump*
suena *it rings*
sufrir *to suffer*
tener hambre *to be hungry*

127

OTRAS PALABRAS

porque *because*
¿Qué hay? *What's up? What's new? What's the matter?*

¿Cómo? *What do you mean?*
nada *nothing*

¿Qué tiene el chico? *What is the matter with the boy?*
sólo *only*
todo el día *the whole day*

EJERCICIOS

I. A. Preguntas. Give us your answer in a complete Spanish sentence.

1. ¿Por qué no sale Ramón?
2. ¿Cómo está su madre?
3. ¿Dónde está sentado el muchacho cuando entra el médico?
4. ¿Qué dolor tiene Ramón?
5. ¿Por qué salta de la cama y desea comer?

1. _____
2. _____
3. _____
4. _____
5. _____

B. Preguntas personales y generales. Give us your answer in a complete Spanish sentence.

1. ¿Quién está preocupado por su salud?
2. ¿Cuándo guarda Ud. cama?
3. ¿Qué dice Ud. cuando saca la lengua?
4. ¿En qué clase sufre Ud. mucho?
5. ¿Qué toma Ud. cuando tiene mucha hambre?

1. _____
2. _____
3. _____
4. _____
5. _____

II. Unscramble the sentences in the boxes.

1.
su	y	triste
está	preocupada	madre

2.
hambre	comer	tengo
quiero	estoy	mejor

3.
mi	cómo	hijo
ay	pobre	sufre

4.
suena	teléfono	en
ese	momento	el

1. _____

2. _____

3. _____

4. _____

III. Compositions: Oral and written.
   A. Look at the picture at the beginning of this Work Unit. Tell what is happening and how it ends.
   B. Complete the dialogue about a visit to your doctor, and act it out with another student:

Una visita al médico

1. Médico: ¿Qué tiene Ud.?

   Ud.: _____
   (Tell where you have pain.)

2. Médico: ¿Tiene Ud. otro dolor?

   Ud.: _____
   (Tell what else is the matter with you.)

3. Médico: Ud. debe guardar cama y no debe comer hoy.

   Ud.: _____
   (Say whether you want to stay in bed all day.)

4. Médico: ¿Tiene Ud. apetito?

   Ud.: _____
   (Tell everything you want to eat and to drink.)

5. Médico: Mañana su mamá le da una hamburguesa.

   Ud.: _____
   (Say whether you are better NOW or hungry NOW.)

ESTRUCTURAS DE LA LENGUA

Estar *to be;* Contrasting Uses of **Estar** and **Ser.**

A. Forms of **estar**—used to tell health, etc.—contrasted with forms of **ser.**

Estar *to be*	**Ser** *to be*
¿Cómo **está** Ud.? How are you?	¿Cómo **es** Ud.? What are you like?
Yo **estoy** bien. I am well.	Yo **soy** bueno. I am good.
Tú **estás**. . . .	Tú **eres**. . . .
Ud., él **está**. . . .	Ud.,él **es**. . . .
ella	ella
Nosotros-as **estamos**. . . . We are well.	Nosotros-as **somos** buenos. We are good.
Vosotros-as **estáis**. . . .	Vosotros-as **sois**. . . .
Uds., ellos-as **están**. . . .	Uds., ellos-as **son**. . . .

Rules:

1. **Estar** is used for greetings. For the uses of **ser** see Work Unit Ten.

2. **Estar** is irregular in four verb forms: **estoy, estás, está, están.** An accent mark is written on each **a** except **estamos**.

3. **Está** means *is* in the following: **él está** (he is); **ella está** (she is); but **está** means *are* in **Ud. está** (you are).

B. Estar *to be* is also used to describe 1) location, 2) health, mood 3) impressions, and 4) results of actions.

1. Location: with **¿dónde?** *where*; **aquí** *here*; **allí** *there*; **en** *on, in*; **ausente** *absent*; **presente** *present.*

—¿Dónde está Juan?	—Juan está aquí en casa; no está en la escuela.
Where is John?	John is here at home; he is not in school.

2. State of health: with **bien, bueno**—*well*; **enfermo, *mal, malo**—*sick.*
   Mood: with **feliz, contento-a, alegre**—*happy*, *cheerful*; **triste**—*sad.*

—¿Cómo está Juan, bien o enfermo?	—Está bien (bueno); no está enfermo (*mal)
How is John, well or ill?	He is well; he is not sick.
—¿Está triste?	—No. Está contento y alegre.
Is he (does he feel) sad?	No. He is happy and cheerful.

*Mal *is preferred to indicate "sick" in several Hispanic countries.*

3. Impressions: **tastes, looks, feels.**

—¡Qué guapa **está** la moza!	—¡Y qué buena (rica) **está** la sopa!
How pretty the waitress *is* (looks)!	How good (delicious) the soup *is* (tastes)!
—El té **está** algo frío.	—No. El té **está** caliente.
The tea *is* (looks, tastes, feels) a bit cold.	No. The tea *is* (feels, tastes) hot.

4. Results of actions: with past participles, e.g., **abierto-a** *open*, **cansado-a** *tired*, **cerrado-a** *closed*, **descansado-a** *rested*, **ocupado-a** *busy*, **sentado-a** *seated.*

—¿Está sentado?	—Si. Está cansado y ocupado en leer.
Is he seated?	Yes. He is tired and busy reading.
—¿Está cerrado su libro?	—No. Su libro está abierto.
Is his book closed?	No. His book is open.

C. Agreement:

Only the adjectives that end in **o** change **o** to **a** when they describe a feminine noun. Adjectives ending in **o, a,** or **e** add **s** when describing plural nouns.

1. Juan está content**o** pero Maria no está content**a**.
   John is happy but Mary is not happy.

2. El está alegr**e** pero ella está trist**e**.
   He is cheerful but she is sad.

3. Están present**es** y sentad**os**.
   They are present and seated.

D. Review: Contrasted uses of **ESTAR**— *to be*; and **SER**—*to be* [Work Unit Eleven].

1. Juan **está en** Puerto Rico. John is in Puerto Rico. *Location*	Juan **es de** Puerto Rico. John is from Puerto Rico. *Place of origin*
2. Juan **está bueno** (*or* **bien**). John is well. *Health* Juan **está malo** (**mal** *or* **enfermo**). John is sick (*or* ill).	Juan **es bueno.** John is good (a good person). *Character* (or identification) Juan **es malo.** John is bad (a bad person).
3. Juan **está alegre** (*or* **contento**). John is cheerful (*or* happy). *Mood*	Juan **es alegre. Es feliz.** John is jolly. He is a happy person. *Personality type* (identification)
4. Él **está sentado** y **está cansado.** He is seated and he is tired. *Results of actions*	Él **es alto** y **joven.** He is tall and young. *Characteristics*
5. El café **está frío.** The coffee is cold. *Tastes, feels.*	El hielo **es frío.** Ice is cold. *Characteristic nature*
6. **El teatro está cerca.** The theatre is nearby. *Location*	**El drama es en la China.** The drama is in China. *Something taking place, unfolding*
7. **El cielo está negro.** The sky is black. *Looks*	**El carbón es negro.** Coal is black. *Characteristic color*
8. **¡Qué joven está la abuela!** How young the grandmother seems! *Looks, acts, appearance*	**La chica es joven.** The girl is young. *Characteristic*

STUDY THE RULES, EXAMPLES, AND MODELS BEFORE BEGINNING THE EXERCISES!

I. Tell your great aunt Sara on the phone how everyone in your family is today. Use the cues: **así, así; regular (es); (muy) mal; (muy) bien; (muy) enfermo,a,s.**

Model: —¿Y ellos? —Ellos están bien hoy.   They are well today.

1. (Yo) _____

2. (Maria) _____

3. (Los padres) _____

4. (Tú también) _____

5. (Nosotros todos) _____

II. Restate the sentence, substituting the cue words in parentheses for the expression in *italics*. Make the necessary changes in the *verb* and the *adjective*.

Model: *El libro* está abierto.   (las revistas) **Las revistas están abiertas.**
      The book is open.   The magazines are open.

1. *Los libros* están abiertos. (la puerta)

_____

2. *Las tiendas* están cerradas. (el museo)

_____

3. *Manuela* está cansada hoy. (Felipe y Pedro)

_____

4. *Mi primo* está sentado. (Elisa y su prima)

_____

5. *Yo* no estoy ocupado. (Tú y yo)

_____

III. Tell the result of each action in two complete sentences using the cues. *Pay attention to the agreement of the past participle with the noun it describes!*

Model: Cerramos la puerta.   a. (La puerta ya) La puerta ya *está cerrada.*
         We close the door.   The door is now closed.
         (¿Y las ventanas también?)   b. Las ventanas también *están cerradas.*
         And the windows too?   The windows are also closed.

1.   Mi padre abre el periódico. a. (El periódico ya) _____

     b. (¿Y las revistas también?) _____

2.   El profesor aburre al alumno. a. (El alumno ya) _____

     b. (¿Y toda la clase también?) _____

3.   Los hijos cansan a la madre. a. (La madre ya) _____

     b. (¿Y el padre también?) _____

4.   Sentamos a Joselito a la mesa. a. (Joselito ya) _____

     b. (¿Y los otros niños también?) _____

5.   El terapista (therapist) ocupa a los pacientes a. (Los pacientes) _____

     b. (¿Y las otras clientas también?) _____

IV. The game you two play requires the players to tell the truth. It is your turn. Give a factual answer in *two* complete sentences according to the model. Give the NEGATIVE sentence *first*.

Model: —¿Está Ud. en América o en Europa?   **—No estoy en Europa. Estoy en América.**

         Are you in America or in Europe?   I'm not in Europe. I'm in America.

1. ¿Está Ud. en la <u>tierra</u> o en <u>la luna</u>? _____

_____

2. ¿Estás <u>triste</u> o <u>alegre</u> cuando recibes dinero? _____

_____

3. ¿Están tú y los amigos <u>ausentes</u> o <u>presentes</u> en la clase los sábados? _____

_____

4. ¿Están los alumnos <u>sentados</u> o <u>de pie</u> cuando escriben en los cuadernos? _____

_____

5. ¿Están las escuelas <u>abiertas</u> o <u>cerradas</u> los domingos? _____

_____

6. ¿Están los profesores <u>ocupados</u> o <u>sentados</u> todo el día? _____

_____

7. ¿Está la gente en el hospital <u>enferma</u> o <u>bien</u>? _____

_____

8. ¿Está la gente allí <u>cansada</u> o <u>descansada</u> al fin del día? _____

_____

9. ¿Estás <u>contenta</u> o <u>triste</u> en el hospital? _____

_____

10. ¿Deseas estar en <u>casa</u> o en <u>el hospital</u>? _____

_____

V. Chucho calls you from a phone booth to interest you in going to the mall. Answer in complete Spanish sentences. Use the cue words in *italics*.

1. ¿Cómo estás? *bien* _____

2. ¿Por qué estás en casa y sentado-a? *porque estoy al teléfono* _____

_____

3. ¿Dónde estoy yo ahora? *en la calle* _____

_____

4. ¿Cuándo están abiertas las tiendas? *ahora* _____

_____

5. ¿Están tú y los amigos contentos de salir a las tiendas ahora? *sí*_____

_____

VI. Give us the "news," supplying the appropriate form of **ser** or **estar** in complete sentences.

1. Vamos al cine que / en la Avenida Bolívar. _____

2. La comedia / en Nueva York. _____

3. Luego tomamos una Coca-Cola que / caliente. _____

4. Usamos hielo, que / frío. _____

5. La mesera (waitress) / muy bonita. _____

6. Sale del salón de belleza. ¡Qué bonita / Sonia! _____

7. El amigo, Felipe, / una persona alegre. _____

8. Pero hoy / triste. _____

9. No dice chistes (jokes) porque / enfermo. _____

10. Otros amigos / bien, y / simpáticos. _____

VII. Oral Proficiency: Act your part **(Yo),** or role play. *Later* write your part. [Review PALABRAS NUEVAS and ESTRUCTURAS of this WORK UNIT Twelve]

Situation: Your friend Ana is sick and is absent from school or from work. You call to ask Ana how she is and to socialize. [Three sentences are good; four very good; five or more are excellent.]

Ana: ¿Por qué estás preocupado(a)?
Yo: . . .

Clues: *Ask how she is; what is the matter; whether she is happy or sad at home; is busy or tired of **(la)** television; when she is going to be better and is going to return to **(la)** school or to **(al)** work. Now tell Ana's answers.*

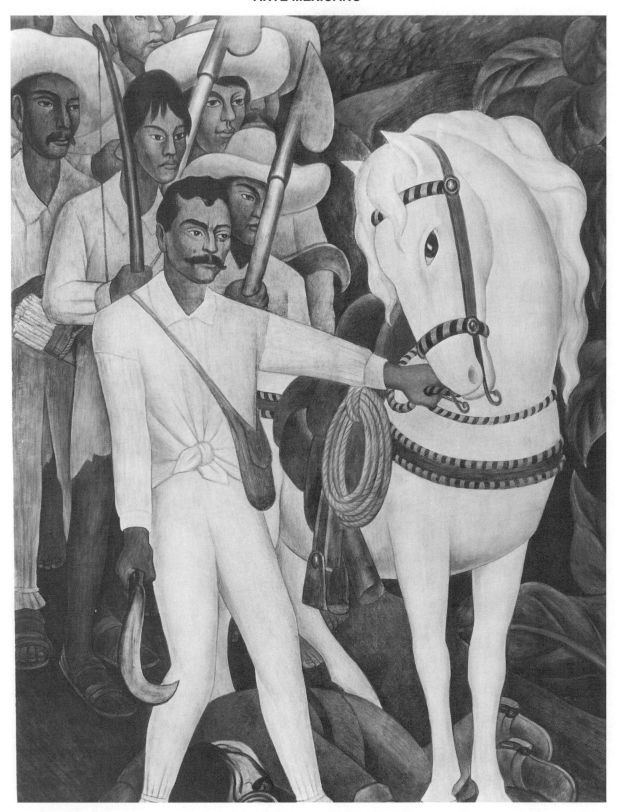

Diego Rivera. Agrarian Leader Zapata.

Culture Unit Two

Mi Borinquen querida

Puerto Rico, Free Associated State of the United States

"¡Borinquen! nombre al pensamiento grato
como el recuerdo de un amor profundo;"

Borinquen! a name sweet to the thought
like deep love's memory. [J. Gautier Benítez]

A. Puerto Rico, a beautiful Caribbean island, about as large as Delaware and Rhode Island combined, is one of the three Spanish-speaking islands of the Greater Antilles, Cuba and Hispaniola being the other two. English-speaking Jamaica is also part of this group of islands. The island of Hispaniola contains both the Spanish-speaking República Dominicana and French-speaking Haiti.

Called *Borinquen* by its native TAINO Indians, Puerto Rico was named San Juan Bautista when Columbus discovered it for Spain in 1493 on the second of his four voyages to America. In 1508, the Spanish explorer, Ponce de León, gave the city he established on the coast the name of Puerto Rico ("rich port"). Later the city and the island exchanged names. The *island* is now called Puerto Rico, and its *capital city* is known as San Juan. Puerto Rico, with its Central Mountains (*Cordillera Central*), northern lowlands, and sunny coasts, is beloved by its people.

B. The Puerto Rican program "Operation Bootstrap" (*Fomento*), begun in 1947, encouraged new industry, created new jobs, and made Puerto Rico a vacation paradise. Now, investors in industries, in hotel and factory construction, and thousands of international tourists contribute to Puerto Rico's economy.

1. *San Juan,* Puerto Rico's capital, supplies electric power to its textile and chemical industries. Tourists flock to San Juan's beaches, luxury hotels, and to Old San Juan, a sixteenth century Spanish colonial city. A tourist might drive from San Juan to modern *Universidad de Puerto Rico* at Río Piedras one afternoon, and drive to *El Yunque*, the prehistoric rainforest, the next day.

2. *Ponce,* the second largest city, processes Puerto Rico's chief agricultural products: coffee (*café*), rum (*ron*), and sugar (*azúcar*).

3. Puerto Rico also grows rice (*arroz*), vegetables (*legumbres*), and tobacco (*tabaco*).

C. Puerto Rico has developed from a colony of Spain to a Free Associated State (*Estado Libre Asociado*) of the United States. Puerto Ricans are, therefore, citizens of the United States.

1. Spain's Ponce de León founded the first colony called Puerto Rico, in 1508. As its first governor, he established Spain's language, traditions, and religious institutions in the colony.

2. The United States fought alongside the Puerto Ricans in the Spanish-American War against Spain (1898). When it lost the war, Spain gave Puerto Rico to the United States.

3. Puerto Rico was granted limited self-rule with a governor appointed by the President of the United States in 1900. Puerto Ricans became United States citizens in 1917.

4. Puerto Rico became a Free Associated State of the United States in 1951 by vote, and in 1952 by proclamation.

5. Puerto Rico now manages its own internal affairs and elects its governor. Puerto Ricans living in the United States may vote in all American elections simply by proving literacy either in Spanish or in English in states that require such proof.

6. Puerto Rico's social progress can be seen in its rising literacy level that grew as its cities developed and produced more schools and industry.

7. Puerto Rico's political future is at the crossroads. *Independistas* wish it to become an independent nation. Other Puerto Ricans want it to continue as a Free Associated State of the United States. Still others would like Puerto Rico to become the fifty-first state, like any other state of the United States.

D. Puerto Rico's long colonial relationship with Spain (1493–1898) created a Spanish cultural setting in which were blended some early Indian and some African influences of the seventeenth and eighteenth centuries. Today, twenty-first century United States and international influences coexist with many traditional island customs.

1. **Amusements and Sports**

   a. Puerto Rico has adopted several sports that are popular in the United States: *el béisbol* (baseball), *el baloncesto* (basketball), and *el boxeo* (boxing). *Jonrón* (homerun) and *lanzador* (pitcher) are Spanish words that Puerto Rican fans use daily.

   b. The Puerto Rican enjoys the traditional Spanish game of *dominó* (dominos) or takes his chances in *la lotería* (government lottery), at *la carrera de caballos* (horse racing), or in *la pelea de gallos* (cockfights).

2. **Music and Dance**

   a. *La danza puertorriqueña* is one of the most typical of the many Puerto Rican dances. It is characterized by a *paseo*, or promenade, as the couples begin to dance.

   b. *La bomba*, African in origin, and *la plena*, a mixture of Spanish and African influences, are two other typical dance rhythms.

   c. *Rafael Hernández*, composer of *Lamento Borincano*, was Puerto Rico's most popular song writer of this era.

   d. Visitors from all parts of the world come to the famous *Festival Casals*, a series of classical concerts begun in Puerto Rico under the internationally famous Spanish-born conductor and cellist, *Pablo Casals*, who made Puerto Rico his home.

3. **Musical Instruments**

   a. *Cuatro* and *triple* are guitar-like instruments derived from the Spanish guitar.

   b. *Güiro* and *maracas*, derived from dried gourds, are rhythm instruments that were played by the TAINO Indians.

   c. The *timbales, bongó*, and *marímbolas* are drums of African origin.

4. **Fiestas and Holidays**

   a. Puerto Ricans celebrate November 19, *Discovery Day*, July 25, *Constitution Day*, as well as July 4, *Independence Day* for the United States.

   b. The island celebrates in the tradition brought from Spain, *Las Navidades*, Christmas; *La Pascua Florida*, Easter; and *El Día de San Juan Bautista*, Puerto Rico's patron saint's day, June 24. On *El Día de los Tres Reyes*, January 6, Puerto Rican youngsters look forward to the presents left under their beds by *Los Tres Reyes Magos* (the Three Wise Men). The children also receive gifts on December 25 and enjoy a Christmas tree.

c. The birthdays of great Puerto Rican statesmen and writers are important holidays: *Eugenio María de Hostos*, educator, essayist, and fighter against slavery, January 11; *Luis Muñoz Rivera*, writer, poet, and champion of Puerto Rican rights, father of *Luis Muñoz Marín*, a former governor of Puerto Rico, July 17.

5. **Foods:** Cereal or bacon and eggs are not uncommon breakfasts in Puerto Rico. Lunch and dinner, however, reflect the heartier dishes, some of which originated in Spain:

   a. *arroz con pollo*, a dish of chicken, rice, and saffron (*azafrán*);

   b. *lechón asado*, barbecued pork and *habichuelas* (beans);

   c. *arroz con gandules*, rice, pork, and pigeon peas;

   d. *pasteles*, mashed green bananas, olives, and raisins in banana leaves;

   e. *asopao*, a thick chicken soup with rice or potatoes.

6. **Literature and the arts:** Many Puerto Rican writers use elements of Puerto Rican folklore, customs, and history. But most present-day writers deal with problems of city living, with problems of migration to and from the United States, and with the individual's search for his identity. **Prose and poetry:** In *El jíbaro (The Farmer)*, Manuel Alonso's prose and poetry, offer a memorable portrait of *el jíbaro* in 1849. **Novel:** In *La charca*, Manuel Zeno Gandía symbolizes his view of oppressive plantation life in the mountains of Puerto Rico through the title, "The Stagnant Pool." In *El laberinto*, Enrique Laguerre places his Puerto Rican men and women in the conflict of unaccepting urban life in New York. **Theater:** *El grito de lares* (1914) by Luis Llórens Torres recalls Puerto Rico's historic moment of the cry for freedom. *Esta noche juega el jóker* of Fernando Sierra Berdecía (1940) uses the "game of life" in "el barrio latino." *La carreta*, René Marqués' fine play about migrating to and from the United States, is often produced in the *Tapia Theater* in Old San Juan. **Poetry:** Julia de Burgos' love of nature and sense of humanism is praised for such poems as "Río Grande de Loíza." Luis Palés Matos blends African words and rhythms in his Spanish poetry, *Danza negra* and *Majestad negra*. **Painting:** The varied work of José Campeche is an impressive expression of knowledge and art during the second half of the eighteenth century. Francisco Oller (*El estudiante*, on view at Paris's Louvre Museum) is an outstanding impressionistic painter.

E. There are more Puerto Ricans in New York City, close to one million, than in all of San Juan, and more in Connecticut than in inland cities of Puerto Rico. While the Puerto Rican in the United States learns English to share in North American life, he guards his right to maintain his Puerto Rican identity.

1. The strong feeling among Puerto Rican citizens living in the United States that their children should be taught Spanish has caused bilingual teaching programs to be instituted in several American elementary schools and in some high schools. Puerto Rican or Latin-American Studies are taught in some high schools; American universities have offered programs in Latin-American Studies for decades.

2. Various bilingual and Spanish theaters are firmly established in New York. Spanish language broadcasts on radio and television stations U.H.F. 41 and 47 in New York, and newspapers like New York's *El Diario-La Prensa* and *El Tiempo* are enjoyed by thousands of Puerto Ricans.

3. Typical food products for Puerto Rican dishes are available in the local *bodega*, the grocery in the *barrio* (Hispanic neighborhood), and in the supermarkets in large cities of the United States.

F. Puerto Rico has made many important contributions to the United States.

1. Puerto Ricans, like other immigrants, migrate to the United States mainland in search of greater economic opportunity. Like European immigrants before them, they work on farms

and in factories; they demonstrate their talents in sports and the arts and contribute to the social, cultural, and political life of the United States. *José Feliciano*, entertainer; *Hernán La Fontaine,* pioneer in bilingual education and founder of the first bilingual school in New York; *José Ferrer,* the actor; and *Herman Badillo*, the former congressional representative—these are just some of the Puerto Ricans who have made America a better place in which to live.

2. Puerto Rico also contributes to the growth of United States' industry by importing large numbers of cars, trucks, buses; a great deal of clothing, shoes, canned foods; and materials for the construction of hotels, schools, homes, and factories. Puerto Rico exports some textiles to the United States for the manufacture of wearing apparel in New York.

G. **Language:** Ask someone from Puerto Rico what language he or she speaks, and like most Latin Americans, he or she will answer, **español,** which is also the language of Spain. Yet, his or her speech would indicate certain regional differences in pronunciation such as 1. **el seseo:** the pronunciation as **s** of the **c** before **e** and **i** (**c**entavo, **c**iudad) and of the **z** (**z**apato), rather than as in the interdental **th** heard in Central Spain. 2. **aspiration:** the substitution of a light **h** sound for the letter **s,** as in *¿Cómo ehtá uhted?* Puerto Rican speech also contains hundreds of interesting regional equivalents for generally accepted Castillian words. Here are some examples: 1. el aguinaldo—el villancico (Christmas carol); 2. Borinquen—Puerto Rico; 3. borinqueño—puertorriqueño (Puerto Rican); 4. color café—pardo (brown); 5. los chavos—el dinero (money); 6. un chischís—un poco (a little bit); 7. la doña—la mujer (woman, wife); 8. la guagua—el ómnibus (bus); 9. el guineo—el plátano maduro (yellow banana); 10. la pachanga—la fiesta (party); 11. las papas—las patatas (potatoes); 12. trigueño—moreno (brunette, dark-skinned).

EJERCICIOS

I. Write the letter of the word that best identifies the *italicized* word.

1. *el barrio*	a. drum	b. neighborhood	c. play	d. dance _____
2. *el baloncesto*	a. swimming	b. golf	c. tennis	d. basketball _____
3. *Discovery Day*	a. Jan. 6th	b. Nov. 19	c. Dec. 25	d. July 25 _____
4. *timbales*	a. drums	b. trumpets	c. guitars	d. apparel _____
5. *Julia de Burgos*	a. poet	b. songwriter	c. musician	d. sport _____
6. *Tapia*	a. food	b. theater	c. school	d. poem _____
7. *la bodega*	a. grocery	b. movie	c. street	d. home _____
8. *Benítez*	a. La charca	b. Fomento	c. "Borinquen"	d. El Yunque _____
9. *El Diario*	a. instrument	b. news	c. drama	d. vacation _____
10. *Alonso*	a. *El jíbaro*	b. Hispaniola	c. Indian	d. ron _____

II. Match the following words.

a. Rafael Hernández Colón

b. Borinquen

c. San Juan

1. _____ drum

2. _____ capital

3. _____ mountains

d. marímbola

4. _____ governor

e. Cordillera Central

5. _____ name for Puerto Rico

III. Match the following words.

a. universidad

1. _____ constitution

b. pelea de gallos

2. _____ governor

c. July 25

3. _____ Rio Piedras

d. Ponce de León

4. _____ food

e. lechón asado

5. _____ betting sport

IV. Write the letter of the word(s) that best complete(s) the statement.

1. Cuba, Puerto Rico, Hispaniola, and Jamaica make up the
   a. Borinquen   b. El Yunque   c. Fomento   d. Greater Antilles   _____

2. The second largest city in Puerto Rico is
   a. Old San Juan   b. Ponce   c. Río Piedras   d. Hispaniola   _____

3. Puerto Rico's chief agricultural products include coffee, rum, and
   a. corn   b. wheat   c. cereal   d. sugar   _____

4. A Puerto Rican-sponsored program to improve Puerto Rico's economy is
   a. lanzador   b. El Diario   c. Fomento   d. la plena   _____

5. The original Indians of Puerto Rico are called
   a. Jíbaros   b. TAINOS   c. Timbales   d. Castellanos   _____

6. A Puerto Rican dish made with rice as a main ingredient is
   a. asopao   b. lechón asado   c. pasteles   d. habichuelas   _____

7. Puerto Rican children often receive gifts December 25 and
   a. July 25   b. November 19   c. June 24   d. January 6   _____

8. Instruments derived from native gourds are called
   a. maracas   b. marímbolas   c. timbales   d. cuatros   _____

9. Luis Muñoz Marín was a former Puerto Rican
   a. congressman   b. governor   c. president   d. mayor   _____

10. Manual Zeno Gandía's novel of plantation life is
    a. *El laberinto* b. *La charca* c. *El grito de Lares* d. *Esta noche juega el jóker*

V. Rearrange the following facts in the order of their occurrence by writing the *letter* of the appropriate statement in the space provided.

a. Puerto Rico becomes a "Free Associated State."

1. _____

b. Puerto Ricans become citizens of the United States.

2. _____

c. Spain gives Puerto Rico to the United States.

3. _____

d. Ponce de León becomes governor of Puerto Rico.

4. _____

e. Puerto Rico is granted self-rule.

5. _____   **141**

VI. Complete the statements using the selection below.

1. On January 6 youngsters expect gifts from _____.

2. The Puerto Rican poet who uses African words and rhythms is _____.

3. In Paris' Louvre Museum one can see Francisco Oller's _____.

4. The patron saint of Puerto Rico is _____.

5. _____ is a leader in bilingual education.

6. Puerto Rico exports _____ to the United States for clothing.

7. _____ was a Puerto Rican fighter against slavery.

8. An instrument derived from the Spanish guitar is _____.

9. Puerto Rico is located in the _____ Sea.

10. A composer of Puerto Rican songs is _____.

11. A Puerto Rican dance which is African in origin is _____.

12. Many fine Puerto Rican musicians may be heard at el Festival _____.

13. Tourists often visit a prehistoric rainforest called _____.

14. A popular dance with a *paseo* is _____.

15. _____ is a former United States congressman.

Selection: Eugenio María de Hostos; Herman Badillo; Rafael Hernández; Hernán La Fontaine; la danza; los Reyes Magos; Casals; Caribbean; textiles; El Yunque; Luis Palés Matos; *El estudiante;* el cuatro; San Juan Bautista; la bomba.

VII. Match the following equivalents.

a. pachanga	1. ____ mujer (woman)
b. guagua	2. ____ moreno (brunette)
c. aguinaldo	3. ____ patatas (potatoes)
d. chavos	4. ____ pardo (brown)
e. papas	5. ____ poco (little bit)
f. trigueño	6. ____ ómnibus (bus)
g. la doña	7. ____ Puerto Rico
h. chischís	8. ____ dinero (money)
i. color café	9. ____ fiesta (party)
j. Borinquen	10. ____ villancico (Christmas carol)

Diego Rodríguez de Silva y Velázquez, Juan de Pareja.

*Estoy enamorado de una
chica alta y flaca.*

Work Unit Thirteen

*Every newspaper has an advice to the lovelorn
column. What would you advise this
heartbroken young man?*

El consultorio sentimental

¿Tiene Ud. un problema romántico? Gertrudis ayuda a muchas personas, y puede ayudarlo a Ud. Si Ud. le escribe su problema al consultorio de Gertrudis, Gertrudis le responde con una solución.

Querida Gertrudis,
Quiero a una muchacha alta y delgada. Es una muchacha española muy interesante y simpática. Tiene el pelo negro y los ojos verdes. Es una chica alegre y yo quiero salir con ella. Tengo un coche nuevo y soy muy generoso y trabajador. Pero ella dice que no quiere salir conmigo porque soy bajito y muy gordo. Además, dice que tengo mucho pelo como un mono. Pero yo no deseo ir a la barbería. ¿Qué voy a hacer? No puedo dormir. No puedo comer. Necesito su ayuda.

Desesperado

Querido "Desesperado,"
La solución no es difícil. Es muy fácil. Vd. dice que no tiene apetito y que no come. Bueno. Así, tarde o temprano Ud. va a estar tan flaco como ella. Luego, si Ud. lleva un sombrero alto, Ud. puede parecer alto, y además, va a cubrir todo su pelo.

Buena suerte,

Gertrudis

Palabras Nuevas

SUSTANTIVOS

el apetito   *the appetite*
la ayuda   *the aid, the help*
la barbería   *the barbershop*
el consultorio   *the clinic*
  el consultorio
    sentimental   *advice to
    the lovelorn*
Gertrudis   *Gertrude*
el mono   *the monkey*
el ojo   *the eye*
el pelo   *the hair*
el problema   *the problem*
la solución   *the solution*
el sombrero   *the hat*
la suerte   *the luck*
  ¡Buena suerte!   *Good
    Luck!*

ADJETIVOS

alegre   *lively, happy,
    cheerful*
alto,a   *tall*
bajo,a   *short*
  bajito,a   *quite short*
delgado,a   *slender*
desesperado,a   *desperate*
difícil   *difficult*
español,a   *Spanish*
flaco,a   *skinny, thin*
generoso,a   *generous*
gordo,a   *fat*
querido,a   *dear*
romántico,a   *romantic*
simpático,a   *nice, pleasant
    (persons)*
su   *your*

trabajador,a   *hard-working*
verde   *green*

VERBOS

ayudar   *to aid, to help*
cubrir   *to cover*
dormir   *to sleep*
escribir   *to write*
estar   *to be (health, location)*
llevar   *to wear*
parecer   *to seem*
puede   *he (she) can, is able
    to; you (formal sing.) can,
    are able to*
puedo   *I can, am able*
querer a   *to love*
responder   *to answer*

145

OTRAS PALABRAS

conmigo   *with me*
le   *(indirect object of verb)*
   you, to you
luego   *then*

tan...como   *as...as*
tarde o temprano   *sooner or later*

además   *besides*
así   *in this way, so*

EJERCICIOS

I. A. Preguntas. Give us your answer in a complete Spanish sentence.

1. ¿Cómo es la chica española?
2. ¿Cómo es el "querido desesperado"?
3. ¿Para qué va a llevar un sombrero alto?
4. Si él no come ¿cómo va a estar?

1. _____

2. _____

3. _____

4. _____

B. Preguntas personales y generales. Answer in a complete sentence.

1. ¿Cómo es la persona a quien Ud. quiere mucho?
2. ¿Cómo es Ud.?
3. ¿Puede Ud. comer y dormir cuando tiene un problema romántico?
4. Si no tiene suerte ¿con quién habla Ud.?

1. _____

2. _____

3. _____

4. _____

II. Word Hunt: Find the following words in Spanish.

1. dear
2. skinny
3. tall
4. fat
5. eyes
6. besides
7. hair
8. monkey
9. barber shop
10. to eat
11. all
12. a *(m.)*
13. your *(pl.)*
14. (he) says
15. if

Q	U	E	R	I	D	O	F
G	C	O	M	E	R	J	L
O	D	S	T	E	P	O	A
R	I	U	O	S	E	S	C
D	C	S	D	A	L	T	O
O	E	M	O	N	O	U	N
A	D	E	M	A	S	S	I
B	A	R	B	E	R	I	A

III. Construct sentences, using the three words given. You may change the form of the verb.

1. querer   alta   chica _____

146   2. tener   pelo   ojos _____

3. decir   querer   salir _____

4. desear   ir   barbería _____

5. tener   apetito comer   _____

IV. Picture Match: Choose and write the sentence(s) suggested by each sketch. Then tell something more about each one.

1.

2.

3.

4.

a. —Quiero a una muchacha alta y delgada.
b. —Soy bajito y muy gordo.
c. Escribe su problema al consultorio.

d. Va a cubrir todo su pelo si lleva un sombrero alto.
e. —Tengo un coche nuevo.
f. Tiene el pelo negro y los ojos verdes.

1. _____

2. _____
   _____

3. _____
   _____

4. _____   **147**

V. Compositions: Oral and written.
   A. Look at the picture at the beginning of this Work Unit. Tell what is happening and how it ends.
   B. Tell how you feel about a person you love. Include the following:

Mi amor

1. Who this person is.
2. Why you love him or her (appearance, character, and personality traits).
3. Whether you eat more or less now.
4. Describe yourself.
5. When you want to speak to this person about a date and what you are going to say.

ESTRUCTURAS DE LA LENGUA

Adjectives

A. *Descriptive adjectives* generally *follow* the person, or thing described, *unlike* English.

Limiting adjectives tell *how many;* they appear *before* the person, or the thing limited, as in English.

Descriptive (What kind?)	Limiting (How many?)
1. Juan es un **chico alto, inteligente y popular.** John is a *tall, intelligent, and popular* boy.	1. **Muchos otros chicos** son altos, inteligentes y populares. *Many other* boys are tall, intelligent, and popular.
2. Es **una revista bonita, interesante y fácil.** It is a *nice, interesting, and easy* magazine.	2. **Varias revistas** son bonitas, interesantes y fáciles. *Several* magazines are nice, interesting, and easy.

Rules:

1. In a series, **y** *and* is placed before the last adjective.

2. Limiting adjectives *showing quantity* and *preceding* the noun are: **bastante(s)** *enough;* **mismo-a-s,** *same;* **muchos-as** *many;* **otros-as,** *other;* **pocos-as,** *few;* **todos los; todas las,** *all;* **varios-as,** *several.* They agree with their nouns in gender and number.

Pocos chicos estudian. Few *boys* study.	**Todas las chicas** estudian. All the *girls* study.

B. Descriptive adjectives, like limiting adjectives, *agree* with their nouns (person, place, or thing) in *gender* (masculine or feminine) and in *number* (singular or plural).

   1. To form the *feminine adjective*, substitute feminine **a** for the masculine **o** ending.

Pedro es **rico.** Tiene **un coche nuevo.** Peter is rich. He has a new car.	Ana también es **rica.** Tiene **una casa nueva.** Anna also is rich. She has a new house.

2. Adjectives that do *not* end in **o** are the *same* in both masculine and feminine forms.

Masculine	Feminine
Es **un joven interesante** y **popular.** He is an interesting and popular young man.	Es **una joven interesante** y **popular.** She is an interesting and popular young woman.

3. To form the *plural* of an adjective that ends in a vowel—**a, e,** or **o**—add the letter **s: alto—altos; alta—altas; amable—amables.**

Los habitantes de Nueva York son **generosos** y **amables.**	Sus avenidas son **anchas** y **agradables.**
The inhabitants of New York are generous and kind.	Its avenues are wide and pleasant.

4. To form the *plural* of an adjective that ends in a consonant—a letter that is not **a, e, i, o,** or **u**—add **es: azul—azules; gris—grises; popular—populares.**

Prefiero un cielo **azul** a un cielo **gris.** I prefer a blue sky to a gray sky.	Los cielos están **azules** y no **grises.** The skies are blue and not gray.

C. Adjectives of nationality are made feminine by changing final masculine **o** to feminine **a,** e.g., **italiano—italiana.** But adjectives of nationality that end in consonants need to *add* **a: alemán—alemana; español—española; francés—francesa; inglés—inglesa.**

1. Juan es **un alumno español.** John is a Spanish (native) pupil.	3. Pedro es **un amigo inglés.** Peter is an English friend.
2. Juana es **una alumna española.** Joan is a Spanish (native) pupil.	4. Ana es **una amiga inglesa.** Anna is an English friend.

D. Adjectives of nationality form their plurals like all other adjectives.

1. En la clase hay **chicos españoles, ingleses** y **norteamericanos.** In class there are Spanish, English, and American boys.	2. También hay **chicas españolas, inglesas** y **norteamericanas.** There are also Spanish, English, and American girls.

Rules:

1. Adjectives of nationality, like other descriptive adjectives, *follow* their nouns.

2. Adjectives of nationality form their plurals by adding **s** to vowels and **es** to consonants.

3. **Alemán, francés, inglés** drop the accent mark for the feminine singular, and for both masculine and feminine plural forms.

E. Adjectives that bear accent marks on *other than* the final syllable *keep the accent mark* on all singular and plural forms.

difícil	difíciles	(difficult)	práctico-a	prácticos-as	(practical)
fácil	fáciles	(easy)	rápido-a	rápidos-as	(fast)

149

Comparisons of equality

1. Quiero ser **tan** famoso **como** el presidente.
   I want to be *as* famous *as* the president.

2. ¿Deseas tener **tanto** dinero **como** él?
   Do you want to have *as much* money *as* he?

3. Sí, **con tantos** millones **como** él, y **tanta** fama. Yes, *with as many* millions *as* he, and *as much* fame.

4. Pero, sin **tantas** responsabilidades **como** él. But without *as many* responsibilities *as* he.

Rules:

1. **Tan...como** (as ...as)... compare *adjectives* and *adverbs.*

2. **Tanto(a)** ...**como** (as ...as)...compare and agree with the *singular noun* that follows.

3. **Tantos(as)**... **como** (as ...as)... compare and agree with the *plural noun* that follows.

STUDY THE RULES, EXAMPLES, AND MODELS BEFORE BEGINNING THE EXERCISES!

EJERCICIOS

I. Compare the cousins using **tan...como**. Make the adjectives agree with the nouns. Role-play.

Model: Francisco es alegre y simpático. ¿Y Francisca?
Frank is cheerful and likeable. And Frances?

Francisca es tan alegre y simpática como él.
Frances is *as* cheerful and likeable *as* he.

Ella es alegre.

1. Juan es alto y elegante. ¿Y Juana? _____

2. Luis es inglés y rubio. ¿Y Luisa? _____

3. José es español y moreno. ¿Y Josefa? _____

4. Angel es sincero y agradable. ¿Y Angela? _____

5. Carlos es alemán y práctico. ¿Y Carla? _____

II. Seeing double: If one is good, two are better. Write each sentence in the *plural.* Make all necessary changes. (Omit **un** and **una.**)

Model: El niño es un alumno cubano.   **Los niños son alumnos cubanos.**
The child is a Cuban pupil.   The children are Cuban pupils.

1. El niño es un alumno aplicado. _____

2. El primo es un chico inglés. _____

3. La ciencia es un estudio fácil. _____

4. La cosa es una tiza azul. _____

5. La abuela es una señora española. _____

6. La madre es una mujer inteligente. _____

7. La tía es una persona liberal. _____

8. El señor es un profesor alemán. _____

9. La muchacha es una chica francesa. _____

10. El tío es un hombre español. _____

III. Try for *one* now! Write each sentence in the singular. Make all necessary changes for agreement. (Add **un** or **una.**)

Model: Son chicas alegres.   Es **una** chica alegre.
          They are happy girls.   She is a happy girl.

1. Son hombres inteligentes. _____

2. Son mujeres tristes. _____

3. Son maestros españoles. _____

4. Son cines alemanes. _____

5. Son periódicos franceses. _____

IV. You can write long sentences now. Build the sentence in four steps. Write it, each time adding the word in parentheses in its proper position in the sentence.

Model: **Trabajan hoy.** They work today.

a. (muchos) _____
Muchos trabajan hoy.
Many work today.

c. (buenos) _____
Muchos alumnos **buenos** trabajan hoy.
Many good students work today.

b. (alumnos) _____
Muchos **alumnos** trabajan hoy.
Many students work today.

d. (alegres) _____
Muchos alumnos buenos y **alegres** trabajan hoy.
Many good and happy students work today.

1. **Contestan bien.**

a. (muchas) _____

b. (alumnas) _____

c. (lindas) _____

d. (amables) _____

2. **Hablan hoy.**

   a. (los muchachos) _____

   b. (todos) _____

   c. (españoles) _____

   d. (inglés) _____

   e. (bastante) _____

3. **Lee aquí.**

   a. (mi amiga) _____

   b. (revistas) _____

   c. (varias) _____

   d. (interesantes) _____

   e. (cómicas) _____

4. **Escribe ahora.**

   a. (el muchacho) _____

   b. (mismo) _____

   c. (bueno) _____

   d. (aplicado) _____

   e. (en ruso) _____

   f. (bastante)_____

V. Let's talk abut these people. Using **tanto(a) como** and **tantos(as) como** show comparisons of *equality* regarding the following people.

Model: La chica simpática: Tiene _____ amigos _____ amigas.
Tiene **tantos** amigos **como** amigas.

The sweet girl: Has *as many* boyfriends *as* girlfriends.

1. De un bebé: Tiene_____años _____dientes

2. De un viejo calvo (bald):   Tiene _____pelo_____una pelota de golf

3. De una mujer rica y gorda: Tiene_____libras (pounds)_____millones

4. De un pobre desconocido (unknown):   Tiene_____fama_____dinero

5. De las vecinas: Dicen_____mentiras (*lies*)_____chismes (*gossip*)

VI. Directed Dialogue: Gertrudis speaks with **la muchacha española, Reina,** in favor of **"Desesperado,"** the young man, with whom Reina does not want to go out. You are Gertrudis. Act it out and write the script.

1. Reina: Él parece un mono con su pelo largo. No quiero salir con él.

   Gertrudis: _____
   (Tell her he has a car, and is hardworking.)

2. Reina: Es muy bajo. Yo soy alta.

   Gertrudis: _____
   (Tell her, if he wears a tall hat he seems tall, and it covers his hair.)

3. Reina: Además es gordo y yo soy delgada.

   Gertrudis: _____
   (Tell her he cannot eat. Sooner or later he is going to be skinny)

4. Reina: Pero yo ahora soy alta y delgada. No quiero parecer ridícula con él.

   Gertrudis: _____
   (Tell her you can get lucky and be (estar) happy with him.)

5. Reina: La situación es ahora muy difícil.

   Gertrudis: _____
   (Tell her it is not difficult if she loves the "monkey.")

VII. Oral Proficiency: Act your part **(Yo),** or role play. *Later* write your part. [Review PALABRAS NUEVAS and ESTRUCTURAS of this WORK UNIT Thirteen]

Situation: Your friend, Elena, wants to know all about the new family, your new neighbors. You describe each one. [Three sentences are good; four very good; five or more are excellent.]

 Elena: ¿Cómo son los nuevos vecinos?
Yo: . . .

Clues: *Tell whether the family seems nice; which one is going to be your best friend; who has black hair and green eyes; who is tall or short; slender or fat; whether the children are cheerful or difficult; who is hardworking and generous. Other ideas?*

*Es un gran honor y placer
poder hablar con Ud.*

Work Unit Fourteen

*How would you like to live more than a
thousand years? It might be interesting.*

El hombre más viejo del mundo

Ahora, queridos amigos de este programa, el canal cincuenta y cinco tiene el gran privilegio de presentar una entrevista con el hombre más viejo del mundo. Tiene cuatro mil años.

Locutor: Bienvenido, señor. Es un gran honor hablar con Ud.

Viejo: Bueno. ¿Quiere Ud. hacer unas preguntas? Tengo prisa.

Locutor: Sí, sí. Claro . . . Ud. no parece tan viejo. ¿Cuál es su secreto?

Viejo: Pues, duermo mucho, como poco y no miro la televisión.

Locutor: Ah, ya comprendo. ¿Hay una gran diferencia entre el presente y el pasado?

Viejo: No hay mucha. Muchos chicos de hoy llevan el pelo largo como los hombres prehistóricos, y la música de hoy es similar a la música de las cavernas.

Locutor: ¿Qué come Ud.?

Viejo: En el pasado . . . carne cruda . . . de tigre o de elefante.

Locutor: ¡Ay! ¡Es muy diferente de la comida de hoy! ¿Verdad?

Viejo: No. Es muy similar a las comidas congeladas que las familias de hoy comen en sus casas.

Locutor: Y, ¿quién es el hombre más famoso que Ud. ha conocido?

Viejo: Es el primer profesor de español en América. Lo conocí en el año mil cuatrocientos noventa y dos.

Locutor: ¡Su nombre, por favor!

Viejo: Cristóbal Colón.

Locutor: ¿Cristóbal Colón, un profesor de español?

Viejo: Claro, un profesor de español para los indios del Nuevo Mundo. Bueno. Me voy. Tengo una cita con una joven.

Locutor: ¿Una joven? ¿Cuántos años tiene ella?

Viejo: Solamente cuatrocientos, si ella dice la verdad. Adiós.

Locutor: Adiós, señor. Buena suerte en su cita.

Palabras Nuevas

SUSTANTIVOS

el canal   *the channel*
la carne   *the meat*
  la carne de elefante   *the elephant meat*
  la carne de tigre   *the tiger meat*
la caverna   *the cave*
la comida   *the food*
  la comida congelada   *frozen food*

Cristóbal Colón   *Christopher Columbus*
la diferencia   *the difference*
la entrevista   *the interview*
el honor   *the honor*
el locutor   *the commentator, the announcer*
el mundo   *the world*
  el Nuevo Mundo   *the New World*
la música   *the music*
el pasado   *the past*

el presente   *the present (time)*
el privilegio   *the privilege*
el profesor de español   *the Spanish teacher*
el secreto   *the secret*
la verdad   *the truth*

ADJETIVOS

crudo,a   *raw*
largo,a   *long*

155

poco,a   *little (small amount)*
prehistórico,a   *prehistoric*
primer(o),a   *first*
similar   *similar, same*

VERBOS

conocer *to know, to be*
    aquainted with
  ha conocido   *you (formal*
    sing.) have known; he
    (she) has known

lo conocí   *I met him*
duermo   *I sleep*
hacer una pregunta   *to ask a*
    question
presentar   *to present*
tener . . . años   *to be . . .*
    years old
tener prisa   *to be in a hurry*

OTRAS PALABRAS

cincuenta y cinco   *fifty-five*

¿Cuál es . . . ?   *What is . . ?*
cuatro mil   *four thousand*
cuatrocientos   *four hundred*
el hombre más viejo del
    mundo   *the oldest man*
    in the world
mil   *one thousand*
mil cuatrocientos noventa y
    dos   *1492*
solamente   *only*
¿verdad?   *right?*

EJERCICIOS

I. A. Complete.

1. El canal 55 presenta una _____ con el hombre más viejo.

2. Este hombre tiene _____.

3. El secreto del hombre es que _____ poco, _____ mucho y no

    _____ la televisión.

4. Muchos chicos de hoy llevan el _____.

5. Las familias de hoy comen _____.

B. Preguntas personales y generales. Give us your answer in a complete Spanish sentence.

1. ¿Quién es la persona más famosa del mundo?
2. ¿Cuál es una diferencia entre el pasado y el presente?
3. ¿Cuál es su comida favorita?
4. ¿Cuántos años tiene Ud.?
5. ¿Con quién tiene Ud. una cita este sábado?

1. _____

2. _____

3. _____

4. _____

5. _____

II. Write the letter of the expression that best completes the sentence.

A		*B*
1. Tenemos el gran privilegio	_____	a) que ha conocido.
2. Hay mucha diferencia	_____	b) no es similar.
3. Es el hombre más famoso	_____	c) de presentar una entrevista.

4. Me voy porque   _____   d) tengo una cita.

5. La comida   _____   e) entre el pasado y el presente.

III. Compositions: Oral and written.

> **A.** Look at the picture at the beginning of this Work Unit. Tell what is happening and how it ends.
>
> **B.** You are being interviewed by a T.V. announcer because you are over 100 years old. What would you say? Role-play.
>
> *Locutor* — Bienvenido a nuestro programa. Es un privilegio hablar con Ud.
>
> *Usted* — _____
> (Tell how old you are, and whether this is an honor.)
>
> *Locutor* — ¿Quiere usted decirnos el secreto de su larga vida?
>
> *Usted* — _____
> (Tell how much or little you eat and how many hours you sleep.)
>
> *Locutor* — Muy interesante. ¿Come usted algo especial?
>
> *Usted* — _____
> (Tell what you eat.)
>
> *Locutor* — Muy bien. Usted es una inspiración para nosotros. ¡Buena suerte!
>
> *Usted* — _____
> (Say that you are in a hurry to go to your date.)

ESTRUCTURAS DE LA LENGUA

Cardinal Numbers: 31–1000

A. Learn these paired sets of numbers:

One ending only for the decades 20–100	*Masculine or feminine endings* for 200–900
20 veinte	200 doscientos, -as
30 treinta	300 trescientos, -as
40 cuarenta	400 cuatrocientos, -as
50 cincuenta	500 quinientos, -as
60 sesenta	600 seiscientos, -as
70 setenta	700 setecientos, -as
80 ochenta	800 ochocientos, -as
90 noventa	900 novecientos, -as
100 ciento (cien)	1000 mil
101 ciento uno (un, una)	1001 mil y uno (un, una)

Rules:

1. **Y** is placed after the decades *30 through 90* before adding *one through nine*, e.g., **treinta y dos** (32); **cuarenta y tres** (43); **cincuenta y cuatro** (54); **sesenta y cinco** (65); **setenta y seis**

157

I. STRUCTURES AND VERBS

(76); **ochenta y siete** (87); **noventa y ocho** (98). Only 16–29 are more often written as *one word*, e.g., **veintiuno.** See Work Unit SEVEN.

2. **Uno** (1) in compound numbers shortens to **un** before a masculine noun, and becomes **una** before a feminine noun. See the examples below.

Hay **treinta y un chicos** y **veintiuna chicas** en el club.
There are thirty-one boys and twenty-one girls in the club.

---

3. **Ciento** (100) shortens to **cien** before *both masculine and feminine nouns,* but remains **ciento** directly before a smaller number and a noun of either gender. *One* is *not* expressed before **cien(to). Y** *never* follows **cien(to)** or any hundreds**.**

Pago **cien dólares** por **cien revistas . . .**
I pay one hundred dollars for one hundred magazines . . .

y ciento noventa dólares por **ciento noventa revistas.**
and one hundred (and) ninety dollars for one hundred (and) ninety magazines.

---

4. **Doscientos** through **novecientos** (200–900) change their endings to **as** when describing feminine nouns, e.g.,

---

Hay **doscientas tres chicas** y **quinientas mujeres** en las clases de aeróbicos.
There are two hundred and three girls, and five hundred women in aerobics classes.

---

5. **Quin**ientos, -as (500), **sete**cientos, -as (700), **nove**cientos, -as (900) have special stems.

6. **Un** before millón and billón.

---

1. Las escuelas cuestan **un** millón **de** dólares o muchos **millones.**
Schools cost *one million* dollars or many *millions.*

2. La guerra cuesta más de **un billón de** dólares. **¡Billones!**
War costs more than *one billion* dollars. *Billions!*

Rules:

1. *Unlike* **ciento** and **mil, millón** and **billón** require **un** before them, and **de** *before* the following noun.

2. **Millones** and **billones** do not bear accent marks.

B. La fecha (The date).—Two ways.

What is today's date?   Today is April 1st (2nd), ninety-seven.

---

1. —¿**A cuántos estamos?**   — **Estamos a primero (dos) de abril de dos mil siete.**

2. —¿**Cuál es la fecha de hoy?**   — **Hoy es el primero (dos) de abril, dos mil siete.**

Rules:

1. **Estamos a** and **Hoy es el** represent *today is; el* never follows **estamos a.**

2. **De** or a comma appear between the month and the year.

C. Study the following models that *contrast the numbers below one hundred* with numbers from *200* to *900.*

Preguntas	Respuestas
1. ¿Cuántos chicos hay en las clases de gimnasia?	1. **Sesenta y uno.** Tenemos clases de **sesenta y un chicos** o de **sesenta y una chicas.**
How many pupils are there in the gym classes?	*Sixty-one.* We have classes of *sixty-one* boys or *sixty-one* girls.
2. ¿Cuántos alumnos hay en su escuela?	2. Hay **mil doscientos: seiscientos chicos y seiscientas** chicas.
How many pupils are there in your school?	There are *twelve hundred.* There are *six hundred* boys and *six hundred* girls.
3. a. ¿Hay **cincuenta** o **quinientos** maestros en el sistema?	3. a. Hay **quinientas** maestras y **quinientos** maestros.
Are there *fifty* or *five hundred* teachers there?	There are *five hundred* teachers(f) and *five hundred* teachers(m).
b. ¿Hay **setenta** o **setecientas** escuelas?	b. Hay **setecientas** escuelas.
Are there *seventy* or *seven hundred* schools?	There are *seven hundred* schools.
c. ¿Hay **noventa** o **novecientas** clases?	c. Hay **novecientas** clases.
Are there *ninety* or *nine hundred* classes?	There are *nine hundred* classes.
4. ¿Cuánto quiere Ud. por su coche viejo? **¿Cien** dólares?	4. No quiero **cien** dólares. Quiero **cien dólares** ahora y **cinco mil ciento cincuenta dólares** después.
How much do you want for your old car? One hundred dollars.	I don't want *one hundred* dollars. I want *one hundred dollars* now and *five thousand one hundred fifty* later.

STUDY THE RULES, EXAMPLES, AND MODELS BEFORE BEGINNING THE EXERCISES!

EJERCICIOS

I. Your friend, Javier, quizzes you on the numbers. He reads the question. You tell and write the answer in a Spanish sentence, according to the model. Role-play.

Model: Javier—¿Es **once** o **uno**? (11)   Is it eleven or one?
           Es **once.**   It is eleven.

    1. ¿Es **setenta** o **setecientos?** (700) _____

    2. ¿Es **cincuenta** o **quinientos?** (500) _____

159

3. ¿Es **noventa** o **novecientos?** (900)_____

4. ¿Es **sesenta y siete** o **setenta y seis?** (67) _____

5. ¿Es **mil quinientos** o **ciento cincuenta?** (150)_____

6. ¿Es **ciento quince** o **mil quinientos?** (1,500) _____

7. ¿Es **ochocientos nueve** o **novecientos ocho?** (908) _____

8. ¿Es **trescientos treinta** o **mil trescientos?** (330) _____

9. ¿Es **quinientos once** o **ciento quince?** (115) _____

10. ¿Es **quinientos cinco** o **cincuenta y cinco?** (505) _____

II. Show how good your arithmetic is. In Spanish, say and write the example and its answer according to the model. Use **y** for +; **menos** for −; **por** for ×; **dividido por** for ÷.

Model: (20 + 10 son)   Veinte y diez son treinta.

1. (30 + 10 son) _____

2. (80 − 20 son) _____

3. (100 × 2 son) _____

4. (1,000 ÷ 2 son) _____

5. (35 + 36 son) _____

6. (300 − 150 son) _____

7. (600 ÷ 3 son) _____

8. (444 – 40 son) _____

9. (700 – 200 son) _____

10. (700 + 200 son) _____

III. Tell us the number in Spanish with the noun. Make the number agree with the noun as needed.

Model: 31 diccionarios **treinta y un** diccionarios 101 novelas **ciento una** novelas

1. (41 periódicos) _____

2. (51 sillas) _____

3. (101 mesas) _____

4. (100 estantes) _____

5. (115 papeles) _____

6. (691 tarjetas) _____

7. (200 lecciones) _____

8. (261 alumnos) _____

9. (371 chicos) _____

10. (481 alumnas) _____

IV. Tell how many people the Census Takers count in some towns, cities, and states. Write the number out in Spanish using **Cuentan _____ personas** according to the model.

Model: **(601)** Cuentan **seiscientas una personas.** They count *601 people.*

1. (555) _____

2. (777) _____

3. (991) _____

4. (1,000) _____

5. (1,000,000) _____

6. (2,000,000) _____

V. Tell us some important dates in complete sentences. Role-play.

1. ¿A cuántos estamos hoy? _____

2. ¿Cuál es la fecha de mañana? _____

3. ¿El descubrimiento de América? (October 12, 1492) _____

4. ¿El Día de la Independencia Estadounidense? (July 4, 1776) _____

     5. ¿El Día de la Navidad? (December 25, 2004) _____

     6. ¿El Día del Año Nuevo? (January 1, 2005) _____

     7. ¿El Día de los Enamorados? (February 14, 2006) _____

     8. ¿El Día de los Inocentes? (April 1, 2007) _____

VI. Free Dialogue: Role-play the job interview at the bank.

     1. ¿Qué edad tiene Ud.? _____

     2. ¿Cuál es la fecha de su nacimiento? _____

     3. ¿Cuál es su dirección? (calle, casa, ciudad) _____

     4. ¿Cuánto dinero quiere Ud. ganar al año? ¿Y en la vida? _____

     5. ¿Cuánto dinero tiene Ud. en este banco? ¿Y en la vida? _____

     6. ¿Le llamo? ¿Cuál es su número de teléfono? _____

VII. Oral Proficiency: Act your part **(Yo),** or role play. *Later* write your part. [Review PALABRAS NUEVAS and ESTRUCTURAS of this WORK UNIT Fourteen]

Situation: You and your friend have just bought a million dollar lottery ticket. He says he is in a hurry to spend all his part of the prize. You advise him. [Three sentences are good; four very good; five or more are excellent.]

Gaspar: Tengo prisa para gastar toda mi parte del premio.

Yo: . . .

Clues: *Tell him whether you are in a hurry to spend all the money; how much it is necessary to save for college* **(ahorrar para la universidad);** *how much would you spend on your family now; how much you need to buy a new house for everybody; how much you want to pay for a new car or a trip to another part of the world to visit prehistoric caves, etc. Other ideas?*

Vocabulario: **está bebiendo** *are drinking;* **mejorar** *to improve;* **está hecho** *is made;* **pues** *well…;* **esto** *this.*

He comido tres helados y
tengo dolor de estómago.

Work Unit Fifteen

It's nice to be able to get away for the summer.
What happens to Federico after a week?

Queridos mamá y papá

Federico Caracoles es un muchacho de nueve años. No tiene hermanos y está muy aburrido en el verano. Todos sus buenos amigos pasan las vacaciones lejos de la ciudad. Pobre Federico está solo los veranos. Este año, los padres de Federico deciden enviar al chico a un buen campamento de verano. Así Federico va a pasar un mes al aire libre con otros muchachos de su edad. Es una nueva experiencia. Federico escribe una carta a sus padres todos los días con una descripción de sus actividades.

Primer día:

> ¡Este campamento es una maravilla! Hay árboles, flores y hierba por todas partes. Hay un lago en el centro con muchos botes. Hugo, el consejero, dice que vamos a hacer algo nuevo todos los días. Podemos jugar al béisbol, al fútbol y al básquetbol. Hay mucho que hacer, pero por la noche pienso en Uds.

Segundo día:

> Hay cinco muchachos en nuestro grupo—Jaime, Adelberto, Arnaldo, Inocencio y yo. Adelberto es mi mejor amigo. Es muy gordo y siempre come de día y de noche. Hoy Adelberto ha comido tres platos de macarrones. El dice que tiene mucha hambre.

Tercer día:

> Hoy todo el grupo va a tener una fiesta. Hay muchos problemas porque no hay mesas y es necesario poner la comida en la hierba. Adelberto ha comido tres hormigas con la ensalada de papas y dice que la ensalada está buena.

Cuarto día:

> Hoy vamos al lago para nadar. Hay una isla en el lago. Vamos allá en botes. Regresamos con sólo cuatro muchachos. Hugo, el consejero, está muy enojado porque Inocencio está todavía en la isla.

Quinto día:

> Hoy es el cumpleaños de Arnaldo y tenemos una buena fiesta. Hay dulces, helado y otros refrescos. Adelberto está muy contento, porque dice que el helado es una de sus cosas favoritas. Yo he comido tres helados y tengo dolor de estómago.

Sexto día:

> Es sábado y vemos una película. Todo el mundo grita y tira cosas por el aire. Nadie escucha cuando los actores hablan. Adelberto recibe un golpe en la cabeza. Hugo, el consejero, dice que nunca vamos a ver otra película.

Séptimo día:

> ¡Una semana aquí! El campamento es una maravilla. Tengo muchos amigos, hago muchas cosas . . . pero . . . ¡Quiero regresar a casa!

165

Palabras Nuevas

SUSTANTIVOS

la actividad   *the activity*
Adelberto   *Albert*
Arnaldo   *Arnold*
el bote   *the boat*
el campamento (de verano)   *the (summer) camp*
el caracol   *the snail*
el consejero   *the counselor*
el cumpleaños   *the birthday*
la descripción   *the description*
el dolor de estómago   *the stomachache*
la edad   *the age*
la ensalada de papas   *the potato salad*
Federico   *Frederick*
el golpe en la cabeza   *the blow to the head*
el grupo   *the group*
la hierba   *the grass*

la hormiga   *the ant*
Inocencio   *Innocent*
la isla   *the island*
el lago   *the lake*
la maravilla   *the marvel, the wonder*
los padres   *the parents*
el plato de macarrones   *the dish of macaroni*
el refresco   *the refreshment, the snack*

ADJETIVOS

aburrido,a   *bored*
contento,a   *happy*
enojado,a   *angry*
solo,a   *alone*

VERBOS

enviar   *to send*
estar bueno   *to taste good*
gritar   *to shout*

ha comido   *he (she) has eaten; you (formal sing.) have eaten*
he comido   *I have eaten*
jugar (ue) al básquetbol (al béisbol, al fútbol)   *to play basketball (baseball, football)*
tener mucha hambre   *to be very hungry*
tirar   *to throw*

OTRAS PALABRAS

al aire libre   *in the open air*
de día y de noche   *night and day*
lejos (de)   *far (from)*
nunca   *never*
sólo   *only*
todavía   *still*
todos los días   *every day*

EJERCICIOS

I. A. Preguntas. Role-play your answer in a complete Spanish sentence.

1. ¿Por qué está aburrido Federico? _____

_____

2. ¿Adónde va Federico este año? _____

_____

3. ¿Qué hace el muchacho todos los días? _____

_____

4. ¿Qué quiere hacer Federico después de una semana en el campo? _____

_____

B. Preguntas personales y generales. Answer in a complete Spanish sentence. Role-play.

1. ¿Estás aburrido(a) en el campamento? _____

_____

2. ¿Nunca estás enojado(a) y solo(a) allí? _____

_____

3. ¿A qué prefieres jugar? _____

_____

4. ¿Deseas jugar al aire libre? _____

_____

5. ¿Para qué tienes mucha hambre? _____

_____

II. ¿Cómo se dice en español?

1. They're going to spend their vacation far from the city.
2. We're going to do new things every day.
3. He's always eating, day and night.
4. Everybody shouts and throws things.

1. _____

2. _____

3. _____

4. _____

III. El mensaje secreto—Inocencio has written a secret message to Federico by leaving out all the letters *o* and *a* from the words. Can you put back these vowels and decipher the code?

Querid__ Federic__,

V __ m__s __l l__g__ est__ n__che. P__dem__s ir __ l__ isl__ c__n un__ de l__s b__tes. Si el c__nsejer__ s__be, v__ __ est_r muy en__j__d__.   Tu __mig__,

In__cenci__

IV. Picture Match: Choose and write the sentence(s) suggested by each sketch. Then tell something more about each one.

1.   2.   3.

4.

5.

a. Es muy gordo; come de día y
de noche.
b. Hay dulces, helado y otros refrescos.
c. Vamos a nadar.
d. Vemos una película.

e. Vamos en botes.
f. Tenemos una buena fiesta.
g. Hay árboles y flores por todas
partes, y un lago.
h. Todo el mundo grita.

1. _____

2. _____

3. _____

   _____

4. _____

   _____

5. _____

   _____

V. Composition: Oral and written.

   A. Tell us *what is happening* in the picture at the beginning of this Work Unit. Then tell
something more about the story and how it ends.

   B. Tell a friend what you are doing this summer. Write a note.

   Querido (a)..., Mis vacaciones este verano son una maravilla.

   1. Whether you go to camp, or to work in the city.
   2. Where you swim or play baseball.
   3. What your favorite summer refreshment is.
   4. What you do in the evenings.
   5. Why you are happy this summer.

ESTRUCTURAS DE LA LENGUA

Ordinal Numbers; Shortening Adjectives *bueno* and *malo*.

A. *Ordinal* numbers tell the order or place of any item within a series:

1st **primero -a**	first	6th **sexto -a**	sixth
2nd **segundo -a**	second	7th **séptimo -a**	seventh
3rd **tercero -a**	third	8th **octavo -a**	eighth
4th **cuarto -a**	fourth	9th **noveno -a**	ninth
5th **quinto -a**	fifth	10th **décimo -a**	tenth

B. *Ordinal* numbers identify the noun by its place in a series.

Cardinal numbers tell "how many."

1. —¿Estamos en la **Quinta** Avenida? Are we on **Fifth** Avenue?	—Sí. Y tenemos **cinco** días para la visita. Yes. And we have **five** days for the visit.
2. —Es nuestro **primer** viaje. It is our **first** trip.	—Hicimos **un** viaje antes. We made **one** trip before.
3. —El **tercer** edificio es muy alto. The **third** building is very tall.	—Hay **tres** edificios y **un** parque allí. There are **three** buildings and **a** park there.

Rules:

1. The ordinal numbers from **first** through **tenth** are widely used. They agree in number and gender with the nouns they precede.

2. **Primero** and **tercero** are special ordinal numbers that drop their final **o** and become **primer** and **tercer** before a *masculine singular noun only. Feminine singular and all plural forms never shorten.*

C. Bueno and **malo. Bueno** *good,* **malo** *bad* are also special adjectives that drop their **o** *before* a masculine singular noun in unemphatic common use.

Unemphatic Common Use	*Emphatic Use*
1. —¿Es un **buen** chico? Is he a good boy?	—Sí, es un chico muy **bueno.** Yes, he's a very *good* boy.
2. —Entonces no es un **mal** alumno. Then he's not a bad pupil.	—No es un alumno **malo.** He is not a *bad* pupil.

Rules:

1. **Bueno** and **malo,** being common adjectives, are usually unemphatically placed *before* the noun, unlike most descriptive Spanish adjectives. In that position **bueno** shortens to **buen; malo** shortens to **mal.** Shortening occurs *only before the masculine singular* forms.

2. For *emphasis* only **bueno** and **malo** may be placed *after* the noun. In that position **bueno** and **malo** never lose the **o.**

3. Buen**a,** buen**os,** buen**as;** mal**a,** mal**os,** mal**as** never shorten, being feminine or plural forms.

D. Regular Comparisons of *Inequality.*

1. José es **más amable que** Lola. Joseph is *kinder than* Lola.	Pero es **menos** inteligente **que** ella. But, he is *less* intelligent *than* she.
2. Los hijos son **los más amables de** la familia. The sons are *the kindest in* the family.	Las hijas son **las menos amables de** la familia. The daughters are the *least kind in* the family.

Rules:

1. **Más** *more, most* and **menos** *less, least* create regular comparisons. **Que** means *than* in a comparison.

2. **De** is used to mean *in* or *on* after a superlative, e.g., Es el libro más interesante **de** la biblioteca. It is the most interesting book *in* the library.

3. **De** also replaces **que** *than* before a number in an *affirmative* sentence; e.g., Él tiene más **de** un millón. He has more *than* one million. **No** tiene menos **que** un millón.

E. *Irregular Comparatives* and *Superlatives*

1. Él es mi **mejor** amigo. Ella también es mi **mejor** amiga.	He is my *best* friend. She is also my *best* friend.
2. Tengo los **mejores** amigos del mundo.	I have the *best* friends in the world.
3. Mi hermana es **mayor** que yo.	My sister is *older* than I.
4. Soy la **menor** de la familia.	I am the *youngest* in the family.
5. Tú y yo somos los **peores** del equipo.	You and I are the *worst* on (in) the team.

Rules:

1. **Mejor(es)** and **peor(es)** normally *precede* the noun, as do **bueno(a)** and **malo(s).**
2. **Mejor(es)** *better* or *best;* **peor(es)** *worse* or *worst;* **mayor(es),** *older* or *oldest;* and **menor(es),** *younger* or *youngest* are the same in the *feminine* and the *masculine.*
3. **Más joven** is heard, but it stresses youthfulness; **más viejo** is heard, but it stresses agedness.

STUDY THE RULES, EXAMPLES, AND MODELS BEFORE BEGINNING THE EXERCISES!

EJERCICIOS

I. Perico's friends make good behavior resolutions for summer camp. Perico isn't going. He repeats their resolutions sarcastically but changes the plurals in *italics* to the singular to tease them. Tell what Perico says.

Remember the four <u>special</u> adjectives *bueno, malo, primero, tercero*, which drop their final *o* only before a masculine singular noun.

Model: Amigo—Leo los buenos libros. I'll read the good books.
Perico—Leo el buen libro. I'll read the good book.

1. Siempre como *los buenos platos* de macarrones. _____

_____

2. Miro *las buenas películas.* _____

3. Nunca tiro *las malas ensaladas.* _____

4. No grito *los malos insultos.* _____

5. Nunca doy *los primeros golpes.* _____

6. Escribo *las primeras cartas* en seguida. _____

_____

7. Escribo a casa *los terceros días* de cada mes. _____

_____

8. Participo en *las terceras actividades* de la tarde. _____

_____

II. Place the forms of **bueno** and **malo** *before* the nouns, making the comments *unemphatic*. Role-play.

Model:　—Tu hermano siempre dice　　　　—Siempre dice **buenas** cosas.
　　　　　cosas **buenas.**　　　　　　　　He always says *good* things.
　　　　　Your brother always says
　　　　　good things.

1. Es un chico bueno. _____

2. No hace cosas malas. _____

3. No tiene un pensamiento malo. _____

4. Siempre tiene una idea buena. _____

5. No comete errores malos. _____

III. You and your friends participated in a Spanish contest. Each one comments on the prize (premio) he or she won. Write two Spanish sentences according to the model, using the cardinal number in the first one and its corresponding ordinal number in the second.

Model:　(dos)　Soy el número **dos.**　　　　Gano el **segundo** premio.
　　　　　　　　I'm number *two.*　　　　　　I win *second* prize.

1. (uno) _____

2. (tres) _____

3. (cuatro) _____

4. (cinco) _____

5. (siete) _____

IV. You are taking Anita to a concert. Answer her questions about the concert in a complete Spanish sentence using the *next higher ordinal* number. Make the ordinal number agree with the noun. Use **No. Es____** according to the model.

Model:　—¿Es el **segundo** concierto?　　　—No. Es el **tercer** concierto.
　　　　　Is it the *second* concert?　　　　No. It's the *third* concert.

1. ¿Es la novena sinfonía? _____

2. ¿Es el quinto programa? _____

3. ¿Es la séptima composición? _____

4. ¿Es el segundo balcón? _____

5. ¿Es la cuarta sección? _____ **171**

V. Marta counts everything. Agree with Marta, but use the *ordinal* number according to the model. Make the ordinal number agree with the noun in the *singular*. Begin with **Sí, es su _____**.

Model: Marta: —Escribe **tres** cartas.   Tú: —Sí, es su **tercera** carta.
          He writes *three* letters.   Yes, it's his *third* letter.

1. Hace cuatro visitas. _____

2. Compra dos blusas. _____

3. Hace siete viajes. _____

4. Comete tres faltas. _____

5. Come un helado hoy. _____

VI. Your uncle, el Tío Pepe, wants to know how logical you are. Make the best choice in a complete Spanish sentence. Use cue words.

1. ¿Deseas *el primer dólar* o *el segundo centavo*? (Deseo) _____

   _____

2. ¿Quieres ver *una mala pelicula* o *un buen drama*? (Quiero) _____

   _____

3. ¿Deseas *un buen examen fácil* o *un mal examen difícil*? (Deseo) _____

   _____

4. ¿Es más fácil *la tercera hora* o *la décima hora del trabajo*? (Es más fácil) _____

   _____

5. ¿Escribes ahora *la sexta frase* o *la quinta frase*? (Escribo) _____

   _____

VII. Role-play, making a comparison of *inequality*.

Model: —¿Quién es más joven, la madre   —La hija es más joven que la
           o la hija?   madre.
           Who is younger, the mother or the   The daughter is younger than the
           daughter?   mother.

1. ¿Quién es más bonito, la heroína o el monstruo? _____

2. ¿Cuál cura más, la medicina o el amor? _____

3. ¿Cuál cuesta menos, un yate o un coche? _____

4. ¿Cuesta una casa menos de o más de mil dólares? _____

VIII. Compare the person(s) in each group. Use the comparative in **b** and the superlative in **c**.

Model: **a.** Tomás es malo. Thomas is bad.
      b. ¿Y cómo es su hermano? Su hermano es **peor** que Tomás.
      (peor) His brother is *worse* than Thomas.
      c. ¿Y cómo son sus amigos? Sus amigos son **los peores** del grupo.
                                   His friends are the *worst* in the group.

1. a. **Esteban es un *buen* vecino.**

   b. ¿Y cómo es Simón? (mejor) _____

   c. ¿Y cómo es Tomás? _____

2. a. **Las primeras noticias son *malas.***

   b. ¿Y cómo son las segundas? (peores) _____

   c. ¿Y cómo son las últimas noticias? _____

3. a. **Laura tiene *quince* años.**

   b. ¿Y cómo es Lola con catorce años? (menor) _____

   c. ¿Y cómo es Linda con trece años? _____

4. a. **Los hijos tienen *veinte* años.**

   b. ¿Y cómo son los padres que tienen cuarenta y cinco años? (mayores) _____

   c. ¿Y cómo son los abuelos que tienen setenta años? _____

5. a. **Yo soy rico con mil dólares.**

   b. ¿Y cómo es su padre con un millón? _____

   c. ¿Y cómo es su abuelo con tres millones? _____

IX. Directed Dialogue: Your first day at summer camp, the counselor speaks to you. Give him the information he seeks. Act it out and write your script.

1. Consejero: ¿Es este campamento tu primero?

   Tú: _____
      (Tell him whether it is your first camp.)

2. Consejero: Tenemos mucho tenis, béisbol y vólibol. ¿Cuáles son tus actividades favoritas?

   Tú: _____
      (Tell him which activity is your first favorite, your second and third.)

3. Consejero: Esta tarde salimos al lago en botes. ¿Nadas bien?

   Tú: _____
      (Tell him that you need a good boat because your don't swim well.)

4. Consejero: En la cuarta o la octava semana invitamos a los padres a visitar.

    Tú: _____
    (Tell him in which of the weeks you want to receive a visit.)

5. Consejero: Tenemos una fiesta cerca del lago para los padres. ¿Cuál es su primera comida favorita, una ensalada de papas con hormigas o un plato de macarrones con caracoles?

    Tú: _____
    (Tell him your parents are not hungry for the first dish of ants and the second dish of snails.)

X. Oral Proficiency: Act your part **(Yo),** or role play. *Later* write your part. [Review PALABRAS NUEVAS and ESTRUCTURAS of this WORK UNIT Fifteen]

Situation: Ten friends and you plan a picnic at the lake. You are in charge. Tell what each one brings. [Three sentences are good; four very good; five or more are excellent.]

Amigos(as): ¿Qué traemos al lago?
Yo: . . .

Clues: *Use the ordinal numbers first through tenth* before *the name. Name the person and what he or she brings—some refreshments, hamburgers, ice cream, salads, macaroni, other meat, candy, bread, the baseball, the glove, etc. Other ideas?*

ARTE ESPAÑOL

The Metropolitan Museum of Art, Wolfe Fund, 1909, Catharine Lorillard Wolfe Collection. (09.71.2)

Joaquín Sorolla y Bastida, The Bath

The Metropolitan Museum of Art, Gift of Esther Slater, 1928. (28.199)

Ignacio Zuloaga, Victims of the Fiesta

175

¡Vaya Ud. allá, y doble Ud. a la izquierda en la esquina!

Work Unit Sixteen

If you were lost in the city, what would you do?

Si está perdido, ¡llame a un policía!

—¿Qué voy a hacer ahora?, piensa Santiago Santurce. Tengo una cita a las ocho con mi jefe. Ya son las ocho menos cuarto y estoy completamente perdido.

En este momento pasa un coche con un policía sentado adentro. Santiago recuerda las palabras de su madre:—Si estás perdido, ¡llama a un policía!

—¡Qué suerte!, piensa, y comienza a gritar:

—¡Oiga, espere Ud. un momento!

—Sí señor, a sus órdenes.

—¿Puede Ud. ayudarme? Busco la avenida Cortés, número 58.

—Creo que está en esa dirección. ¡Siga derecho tres o cuatro cuadras!

—Pero eso es imposible. Vengo de allí, y no hay avenida Cortés.

—Ah, sí, ¿la avenida, dice Ud.? ¡Venga conmigo! ¿Ve Ud. aquel edificio alto? ¡Vaya Ud. allá, y doble Ud. a la izquierda en la esquina! Allí puede Ud. tomar el tren que va hacia el norte.

—¡Hombre, yo no voy al norte! La avenida Cortés está muy cerca.

—Bueno, en ese caso, ¡pregunte a ese hombre que vende periódicos! El debe saberlo.

—Gracias, pero dígame ¿cómo es posible? ¿Ud., un policía, no sabe absolutamente nada? Generalmente Uds. saben las direcciones.

—Claro, pero yo no soy policía de esta ciudad. Estoy aquí sólo para asistir a una reunión de policías.

Palabras Nuevas

SUSTANTIVOS

el coche   *the car*
la cuadra   *the block*
la dirección   *the direction*
la esquina   *the street corner*
el jefe   *the chief, the boss*
el norte   *the north*
el policía   *the policeman*
Santiago   *James*
Santurce   *city in Puerto Rico*

ADJETIVOS

aquel, aquella   *that*
perdido,a   *lost*

VERBOS

asistir (a)   *to attend*
ayudarme   *to help me*

comienza (a)   *he (she) begins; you (formal sing.) begin*
creer   *to believe*
deber   *should, ought*
  debe saberlo   *he (she) should know it; you (formal sing.) should know it*
¡dígame!   *tell me (formal sing.)*
¡doble!   *turn (formal sing.)*
¡espere!   *wait (formal sing.)*
¡llama!   *call (fam. sing.)*
¡llame!   *call (formal sing.)*
¡oiga!   *listen, hear (formal sing.)*
¡pregunte!   *ask (formal sing.)*
piensa   *he (she) thinks; you (formal sing.) think*
recuerda   *he (she) remembers; you (formal sing.) remember*

¡siga derecho!   *continue straight ahead (formal sing.)*
¡vaya allá!   *go there (formal sing.)*
vender   *to sell*
¡venga!   *come (formal sing.)*

OTRAS PALABRAS

a la izquierda   *to the left*
a sus órdenes   *at your service*
absolutamente   *absolutely*
adentro   *inside*
allí   *there*
cerca   *nearby*
completamente   *completely*
generalmente   *generally*
hacia   *toward*
¡hombre!   *(exclamation) man!*
ya   *already*

177

EJERCICIOS

I. A. Complete.

1. Santiago tiene una cita _____ a con su _____ .

2. El policía está _____ dentro del _____ .

3. El policía dice: ¡Siga _____ , tres o cuatro _____ !

4. Puede tomar el _____ en la _____ que va al _____ .

5. El policía asiste a una _____ en esta _____ .

B. Preguntas personales y generales. Write your answer in a complete Spanish sentence.

1. Si está perdido ¿a quién, llama Ud.?
2. ¿Cuántas cuadras hay entre su escuela y su casa?
3. ¿Qué diferencia hay entre una calle y una avenida?
4. ¿Qué hay en la esquina de su escuela?
5. ¿Quién es el alumno (la alumna) a su izquierda en la clase de español?

1. _____

2. _____

3. _____

4. _____

5. _____

II. Create complete sentences according to the story, using the following sets of words.

1. tener   cita   jefe _____

2. momento   pasar   policía _____

3. si   perdido   llamar _____

4. tomar   tren   esquina _____

5. preguntar   hombre   periódico _____

_____

III. Compositions: Oral and written.
  A. Tell us *what is happening* in the picture at the beginning of this Work Unit. Then tell something more about the story and how it ends.
  B. Tell a friend about a dream of being lost. Write a note.

Querido (a) . . ., Anoche en un sueño estoy perdido (a).

1. Where you look for a policeman.
2. Whom you call at home or ask on the street.
3. What directions each one gives.
4. What place or street you look for.
5. Where you are in the morning.

ESTRUCTURAS DE LA LENGUA

Formation and Use of the Direct Commands.

A. Regular direct commands are formed from the *stem* of the first person singular of the present tense but have special command *endings.*

cant**ar**
Canto bien.
I sing well.

¡Cant**e** Ud. bien!	¡Cant**en** Uds. bien!	¡Cant**emos** bien!
Sing well!	Sing well!	Let's sing well!
¡Vend**a** Ud. esto!	¡Vend**an** Uds. esto!	¡Vend**amos** esto!
Sell this!	Sell this!	Let's sell this!
¡Viv**a** Ud. aquí!	¡Viv**an** Uds. aquí!	¡Viv**amos** aquí!
Live here!	Live here!	Let's live here!

vend**er**
Vendo esto.
I sell this.

viv**ir**
Vivo aquí.
I live here.

Rules:

1. Direct commands are orders addressed to the persons who are expected to carry them out: **Ud., Uds.,** and **nosotros.**

2. Remove the **o** from the first person singular of the present tense. Add **e, en, emos,** to stems which come from **ar** verbs. Add **a, an, amos,** to stems which come from **er** and **ir** verbs. In this way, **ar, er,** and **ir** verbs exchange their usual present tense endings to form commands.

3. **Ud.** and **Uds.** follow the command, but **nosotros** is not expressed.

4. Commands usually bear exclamation points before and after them.

B. See the following direct command forms of verbs that are irregular in the first person singular of the present tense.

decir *to say, to tell*
Digo más.
I say more.

¡Diga Ud. más!	¡Digan Uds. más!	¡Digamos más!
Say more!	Say more!	Let's say more!

hacer *to do, to make*
Hago la tarea.
I do the chore.

¡Haga Ud. la tarea!	¡Hagan Uds. la tarea!	¡Hagamos la tarea!
Do the chore!	Do the chore!	Let's do the chore!

oír *to hear*
Oigo la música.
I hear the music.

¡Oiga Ud. la música!	¡Oigan Uds. la música!	¡Oigamos la música!
Hear the music!	Hear the music!	Let's hear the music!

poner *to put*
Pongo eso aquí.
I put that here.

¡Ponga Ud. eso aquí!	¡Pongan Uds. eso aquí!	¡Pongamos eso aquí!
Put that here!	Put that here!	Let's put that here!

salir *to leave*
Salgo pronto.
I leave soon.

¡Salga Ud. pronto!	¡Salgan Uds. pronto!	¡Salgamos pronto!
Leave soon!	Leave soon!	Let's leave soon!

tener *to have*
Tengo paciencia.
I have patience.

¡Tenga Ud. paciencia!	¡Tengan Uds. paciencia!	¡Tengamos paciencia!
Have patience!	Have patience!	Let's have patience!

traer *to bring*
Traigo dinero.
I bring money.

¡Traiga Ud. dinero!	¡Traigan Uds. dinero!	¡Traigamos dinero!
Bring money!	Bring money!	Let's bring money!

venir *to come*
Vengo a casa.
I come home.

¡Venga Ud. a casa!	¡Vengan Uds. a casa!	¡Vengamos a casa!
Come home!	Come home!	Let's come home!

ver *to see*
Veo el mapa.
I see the map.

¡Vea Ud. el mapa!	¡Vean Uds. el mapa!	¡Veamos el mapa!
See the map!	See the map!	Let's see the map!

Rule:

Form the **Ud., Uds.,** and **nosotros** commands for the verbs above, in the same way as the regular verbs in A. Remove the **o** from the first person singular of the present tense. Add **e, en, emos,** to **ar** verbs. Add **a, an, amos,** to **er** and **ir** verbs.

C. Irregular direct commands

dar *to give*
Doy gracias.
I give thanks.

¡Dé Ud. gracias!	¡Den Uds. gracias!	¡Demos gracias!
Give thanks!	Give thanks!	Let's give thanks!

estar *to be*
Estoy aquí.
I am here.

(location, health, result of action)		
¡Esté Ud. aquí!	¡Estén Uds. aquí!	¡Estemos aquí!
Be here!	Be here!	Let's be here!

ir *to go*
Voy ahora.
I go now.

¡Vaya Ud. ahora!	¡Vayan Uds. ahora!	¡Vamos ahora!
Go now!	Go now!	Let's go now!

saber *to know*
Sé esto.
I know this.

¡Sepa Ud. esto!	¡Sepan Uds. esto!	¡Sepamos esto!
Know this!	Know this!	Let's know this!

ser *to be*
Soy bueno.
I am good.

¡Sea Ud. bueno!	¡Sean Uds. buenos!	¡Seamos buenos!
Be good!	Be good!	Let's be good!

Rules:

1. The **Ud., Uds.,** and **nosotros** commands of **dar, estar, ir, saber, ser,** are irregular and must be *memorized* because the first person singular of their present tense does not end in **o.**

2. *Let's go* or *let us go* uses **¡vamos!** instead of the **vay** stem of the **vaya Ud.** and **vayan Uds.** commands.

STUDY THE RULES, EXAMPLES, AND MODELS BEFORE BEGINNING THE EXERCISES!

EJERCICIOS

I. You are the parent in a family that always uses **usted.** Give your helpful youngsters permission, using the appropriate affirmative command according to each model. Role-play.

    A. Model: —¿Bailo ahora?   **—Sí, ¡baile Ud. ahora!**
                Shall I dance now?   Yes, dance now!

    1. ¿Preparo la comida? _____

    2. ¿Respondo al teléfono? _____

    3. ¿Escribo la lista de compras? _____

    4. ¿Compro ahora? _____

    5. ¿Leo la lista antes? _____

    B. Model: —¿Bailamos ahora?   **—Sí, ¡bailen Uds. ahora!**
                Shall we dance now?   Yes, dance now!

    1. ¿Hablamos ahora? _____

    2. ¿Subimos a comer? _____

    3. ¿Comemos pronto? _____

    4. ¿Andamos al parque después? _____

    5. ¿Corremos allí? _____

    C. Model: —¿Vamos a **bailar** pronto?   **—¡Bailemos ahora mismo!**
                Are we going to dance soon?   Let's dance right now!

    1. ¿Vamos a **estudiar** esta noche? _____

    2. ¿Vamos a **beber** algo? _____

    3. ¿Vamos a **asistir** a la fiesta? _____

    4. ¿Vamos a **entrar** pronto? _____

    5. ¿Vamos a **leer** más tarde? _____

II. A. Isabel is receiving advice from her doctor. Tell her the *Ud.* command for each expression in parentheses.

    Model: (Escuchar bien.)   ¡Escuche Ud. bien!
                                  Listen well!

    1. (Comer bien.) _____

    2. (Caminar mucho.) _____

3. (Tener paciencia.) _____

4. (Venir a visitarme/mucho.) _____

5. (Estar bien.) _____

B. Isabel leaves, and her two brothers also get advice from the doctor. Use the *Uds.* command for each expression in parentheses.

Model: (Escuchar bien.)   ¡Escuchen Uds. bien!
                                      Listen well!

1. (Tomar asiento.) _____

2. (No fumar.) _____

3. (Hacer ejercicio.) _____

4. (Ir al gimnasio.) _____

5. (No ser perezosos.) _____

C. When the brothers arrive home they make decisions. Use the *nosotros* command for each expression in parentheses.

Model: (Comer bien.)   ¡Comamos bien!
                                      Let's eat well!

1. (Salir al aire libre.) _____

2. (No traer alcohol a casa.) _____

3. (Poner atención a la salud.) _____

4. (Ir más al médico.) _____

5. (Dar las gracias al médico.) _____

III. Role-play using the appropriate affirmative command according to each model.

A. Model: —Deseo **salir temprano.**   —**Bueno, ¡salga Ud. temprano!**
               I want to leave early.   Fine, leave early!

1. Tengo que **dar una fiesta.** _____

2. Quiero **estar listo(a).** _____

3. Deseo **oír la música.** _____

4. Necesito **conocer a todos.** _____

5. Debo **hacer el trabajo.** _____

6. Voy a **poner las sillas aquí.** _____

¡Baile Ud. ahora!

7. No puedo **ser perezoso.** _____

B. Model: —Deseamos **salir hoy.**   —**Bueno, ¡salgan Uds. hoy!**

1. Queremos **saber la dirección.** _____

2. No podemos **decir palabra.** _____

3. Pensamos **traer flores.** _____

4. Tenemos que **venir a la una.** _____

5. Debemos **tener paciencia.** _____

6. Deseamos **ver esa película familiar.** _____

7. Vamos a **salir pronto.** _____

8. Necesitamos **oír sus gracias.** _____

IV. Directed Dialogue: You are the teacher. You give advice to a new student. Use the appropriate command of the infinitive given in parentheses in a complete sentence. Act it out and write the script.

    1. Juan:—¿Es necesario estudiar mucho?

       La maestra:—¡ _____ todos los días! (estudiar / Ud.)   **183**

2. Juan:—¿Cuándo hago la tarea?

   La maestra:—¡ _____ la tarea por la tarde! (hacer / Ud.)

3. Juan:—¿Tengo clases todos los días?

   La maestra:—¡ _____ a las clases cinco días! (asistir / Ud.)

4. Juan:—¿Y en la clase?

   La maestra:—¡ _____ un buen alumno! (ser / Ud.)

5. Juan:—¿Y los libros?

   La maestra:—¡ _____ siempre los libros! (traer / Ud.)

6. Juan:—¿Son difíciles las lecciones?

   La maestra:—¡ _____ las lecciones muy bien! (saber / Ud.)

7. Juan:—¿Y por la tarde?

   La maestra:—¡ _____ a hablarme un poco! (venir / Ud.)

8. Juan:—¿No es posible mirar la televisión por la noche?

   La maestra:—¡ _____ a la cama a las diez! (ir / Ud.)

9. Juan:—¿Y los domingos por la tarde?

   La maestra:—¡ _____ a muchos amigos! (conocer / Ud.)

10. La maestra:—¡ _____ paseos con ellos! (dar / Ud.) ¡Buena suerte!

V. Oral Proficiency: Act your part **(Yo),** or role play. *Later* write your part. [Review PALABRAS NUEVAS and ESTRUCTURAS of this WORK UNIT Sixteen]

Situation: Señor Lorca, a new neighbor, asks you for walking directions to the post office. You direct him. [Three sentences are good; four very good; five or more are excellent.]

Señor Lorca: ¿Dígame cómo puedo llegar al correo?
Yo: . . .

Clues: *Using command forms for **Ud.** tell him how many blocks to continue straight ahead; at which street to turn to the right; to what avenue to walk; at which corner to turn to the left; what he should **(debe)** do if he is lost.*

ARTE ESPAÑOL

Courtesy of the Hispanic Society of America, New York.

Francisco de Goya y Lucientes. The Duchess of Alba

Pero Señora López,
su hija no es así.

Work Unit Seventeen

Did you ever forget someone's name? Think what a job it must be for a teacher with so many pupils.

Su hija es una alumna excelente.

Es el día de entrevistas entre padres y maestros. Una vez al año los padres vienen a la escuela para hablar con los profesores acerca del progreso de sus hijos. El profesor Yerbaverde es un joven en su primer año de enseñanza. El espera nerviosamente la visita de los padres. Pero, ¡atención! ahí viene una madre.

Profesor: Buenos días, señora. ¿En qué puedo servirla?

Madre: Buenos días. Yo soy la señora de López. Ud. tiene mi hija, Sonia, en su clase de biología.

Profesor: (Piensa un momento porque tiene muchas alumnas en sus clases.) Ah, sí. Sonia López. Es una alumna excelente. Siempre sale bien en los exámenes. Va a sacar una nota buena en mi clase.

Madre: ¡Ay, qué bueno! ¿Hace siempre mi hija su tarea?

Profesor: Sí, sí. Claro. En la escuela no hay muchas como ella. Siempre prepara sus lecciones y contesta mis preguntas. Trae sus libros y su pluma todos los días. Su trabajo es excelente.

Madre: ¡Oh, gracias a Dios! Ud. es el primer profesor que me dice eso. Todos los otros profesores dicen que mi hija es una tonta, que Sonia nunca quiere hacer nada, que ella pasa todo el día sin estudiar y que sólo piensa en los muchachos.

Profesor: No, señora, su hija no es así. Los otros profesores están equivocados.

Madre: Gracias, señor profesor. Muchísimas gracias. Adiós. (Ella se va.)

Profesor: Después de cinco minutos, entra otra madre.

Madre: Buenos días, señor. Yo soy la señora de Gómez. Mi hija, Sonia, está en su clase de biología.

Profesor: (completamente sorprendido) ¡Sonia Gómez! Ay, ¡Dios mío! ¡Es su Sonia la alumna excelente! El equivocado soy yo. ¡Hay dos Sonias en mis clases!

Palabras Nuevas

SUSTANTIVOS

la clase de biología   *the biology class*
el día de entrevistas entre padres y maestros   *Open School Day*
la enseñanza   *the teaching*
el equivocado   *the one who made a mistake*
los hijos   *the sons and daughters, the children*
el joven   *the young man*

el progreso   *the progress*
la sala de clase   *the classroom*
la Sra. de López   *Mrs. López*
la tarea   *the homework*
la tonta   *the fool*
la visita   *the visit*

VERBOS

estar equivocado   *to be wrong*
esperar   *to wait for*

sacar una nota   *to get a mark*
salir bien en los exámenes   *to pass tests*
se va   *he (she) leaves; you (formal sing.) leave*
traer   *to bring*

ADJETIVOS

excelente   *excellent*
sorprendido,a   *surprised*

187

OTRAS PALABRAS

¡atención!   *attention*
como   *like*
acerca de   *about*
¡Dios mío!   *Heavens!*
ahí viene una madre
here comes a mother
¿En qué puedo servirle?
What can I do for you?

nerviosamente   *nervously*
¡qué bueno!   *how good!*
   great!
una vez al año   *once a year*

EJERCICIOS

I. A. Complete.

1. Una _____ al año, los padres vienen a _____ con los _____.

2. El profesor es un joven en su _____ año de _____ .

3. La hija de la señora de López está en la clase de _____ .

4. El profesor dice que Sonia va a sacar una _____ _____ .

5. La señora de Gómez tiene una hija que se llama _____ también.

B. Preguntas personales y generales. Role-play your answer in a complete Spanish sentence.

1. ¿Qué nota va Ud. a sacar en la clase de español?
2. ¿Qué dicen todos los profesores de Ud.?
3. ¿Cuántas veces al año viene su padre a la escuela?
4. ¿Quién siempre sale bien en los exámenes?
5. ¿Por qué debe Ud. hacer siempre su tarea?

1. _____

2. _____

3. _____

4. _____

5. _____

II. Acróstico

1. teach
2. mark
3. homework
4. thanks
5. test
6. time
7. always
8. to get (a mark)
9. so many
10. to appear

1. E
2. N
3. T
4. R
5. E
6. V
7. I
8. S
9. T
10. A

III. Picture Match: Choose and write the sentence(s) suggested by each sketch. Then tell something more about each one.

1.

2.

3.

4.

a. Es el día de entrevistas entre padres y maestros.
b. —Yo soy la señora de Gómez.
c. Él espera nerviosamente.

d. —Buenos días, señora. ¡Su hija Sonia es excelente!
e. —¡Hay dos Sonias en mis clases!
f. Los padres vienen a la escuela.

1. _____

_____

2. _____

3. _____

_____

4. _____ **189**

IV. **Compositions:** Oral and written.
   A. Describe what is happening in the picture at the beginning of this Work Unit. Tell how the story ends.
   B. **Write a note** and call a friend who is often absent. You want to be helpful. You ask your friend about the reasons for his absences.

   Begin with: **¿Por qué no asistes a las clases?**

   You may use the following ideas:
   1. Is he bored in the classes or too busy at home day and night?
   2. Is he sad because he receives bad marks?
   3. Is he happy alone at home?
   4. Is he sick?

ESTRUCTURAS DE LA LENGUA

Possessive Adjectives. The five possessive adjectives below tell who the owner is.

A. Agreement with masculine singular nouns:

Mi cuarto es bonito.	*My room* is pretty.
Tu cuarto es bonito.	*Your room* (fam. sing. address)
Su cuarto es bonito.	*His room (her, its, their room).* *Your room* (formal sing. & pl. address)
Nuestro cuarto es bonito.	*Our room* is pretty.
Vuestro cuarto es bonito.	*Your room* (fam. pl. address—used in Spain)

Rules:

1. Possessive adjectives precede the noun.

2. **Su** has five meanings: *his, her, its, their, your.* **Su** meaning *your* is used when speaking to one or more persons in a formal way.

3. **Tu** *your* is distinguished from **tú** *you* by dropping the accent mark. **Tu(s)** is used when speaking to *one person* in a familiar way.

4. **Vuestro(s)** *your* is used largely in Spain when speaking to *more than one person* in a familiar way.

B. Agreement with masculine plural nouns:

Mis cuartos son bonitos.	*My rooms* are pretty.
Tus cuartos son bonitos.	*Your rooms* (fam. sing. address)
Sus cuartos son bonitos.	*His rooms (her, its, their rooms)* *Your rooms* (formal sing. & pl. address)
Nuestros cuartos son bonitos.	*Our rooms* are pretty.
Vuestros cuartos son bonitos.	*Your rooms* (fam. pl. address—used in Spain)

Rules:

1. Add **s** to each possessive adjective when the following noun is plural.

2. Adding **s** does not change the meaning of the possessive adjective; **su amigo** may mean *their friend*, **sus amigos** may mean *his friends*.

C. Agreement with feminine singular nouns: **nuestra** and **vuestra**

Nuestra casa es bonita.	*Our house* is pretty.
Vuestra casa es bonita.	*Your house* (fam. pl.—in Spain)

D. Agreement with feminine plural nouns: **nuestras** and **vuestras**

Nuestras casas son bonitas.	*Our houses* are pretty.
Vuestras casas son bonitas.	*Your houses* (fam. pl.—in Spain)

Rules:

1. **Nuestro** *our* and **vuestro** *your* change **o** to **a** before a feminine singular noun. **Nuestra** and **vuestra** add **s** before a feminine plural noun.

2. The other possessive adjectives **(mi, tu, su, mis, tus, sus)** do *not* have distinctive feminine forms:

> **mi casa, tu casa, su casa**
> **mis casas, tus casas, sus casas**

E. De él, de ella, de Ud., de Uds., de ellos-as, instead of **su** and **sus.**

1. **¿Son sus amigas?** may mean: Are they *his, her, its, your,* or *their* friends?

2. For clarity, *instead* of **su** and **sus,** use the appropriate definite article **(el, la, los, or las)** *before* the noun, followed by **de** and the *personal pronoun* that represents the owner *clearly.*

Son **las** amigas **de él.**	They are *his* friends.
. . . de ella.	*. . . her* friends.
. . . de Ud.	*. . . your* friends.
. . . de Uds.	*. . . your* friends.
. . . de ellos-as.	*. . . their* friends.

Rule:

De él, de ella, de Ud., de Uds., de ellos-as, always *follow* the noun.

STUDY THE RULES, EXAMPLES, AND MODELS BEFORE BEGINNING THE EXERCISES!

EJERCICIOS

I. The friends boast about their teachers' good reports to their parents. Perico scornfully repeats his friends' boasts changing the expressions in *italics* to the *plural,* to tease. Give Perico's retorts in complete sentences.

Model: —Siempre traigo **mi libro.**   Perico—Siempre traigo **mis libros.**
    I always bring my book.   I always bring my books.

1. Siempre traigo *mi tarea* al maestro. _____

2. Y escucho *su lección.* _____

3. A la maestra siempre escucho *su grito.* _____

4. Comprendo *nuestro libro.* _____

5. Estudio mucho en *nuestra clase.* _____

6. Los otros alumnos no traen *su tarea.* _____

7. Perico, los maestros van a hablar con *tu padre.* _____

    _____

8. Profesor Gil, ¿cuándo va Ud. a hablar con *su alumno?*_____

    _____

II. Paco and his little sister, Paquita, prepare for summer camp. What do they need?

A. You are their father and you read the letter from the camp describing the things Paco and Paquita need. Use the appropriate *possessive adjectives* to complete the sentences.

Model: Uds. necesitan/libros favoritos   Uds. necesitan **sus** libros favoritos.
                              You (pl.) need *your* favorite books.

1. Uds. necesitan/trajes de baño_____

2. Paco necesita/guantes de béisbol _____

3. Uds. necesitan/ropa de verano_____

4. Los dos necesitan/dinero para refrescos _____

5. Paquita necesita/raqueta de tenis _____

B. Paco and Paquita add their ideas. Complete the sentences with the appropriate *possessive adjectives*.

1. Nosotros necesitamos/relojes _____

2. También necesitamos/cámara _____

3. *Paquita:* Yo necesito/discos favoritos _____

4. *Paco:* Yo necesito/revistas cómicas _____

5. *Paquita:* Yo necesito/radio _____

6. *Paco:* Yo necesito/navaja de explorador _____

7. Nosotros necesitamos/coche para llevar todo _____

C. Paco's mother has some final reminders for her forgetful son. Use appropiate *possessive adjectives* to complete the sentences.

1. Necesitas/guitarra _____

2. Necesitas/discos compactos _____

3. Necesitas/computadora _____

III. Claim what or who belongs to your family. Answer in a complete sentence using the appropriate form of the possessive adjective **nuestro.** Use **No.**

Model: — ¿Es su escuela?   — **No. Es nuestra** escuela.
        Is it his school?   No. It's our school.

1. ¿Es su pluma? _____

2. ¿Es su sombrero? _____

3. ¿Son sus zapatos? _____

4. ¿Son sus hijas? _____

5. ¿Son sus amigos? _____

IV. Use the appropriate form **tu** *familiar* or **su** *formal according to the question.* Give an affirmative response. Use **Sí.**

Model: —¿Usas (fam.) mi reloj?   —**Sí. Uso tu (fam.)** reloj.
         Are you using my watch?   Yes. I'm using your watch.

        —¿Usa Ud. (formal) mi reloj?   —**Sí. Uso su (formal)** reloj.
         Are you using my watch?   Yes. I'm using your watch.

1. ¿Usas mi abrigo? _____

2. ¿Usa Ud. mis pantalones? _____

3. ¿Abre Ud. nuestra puerta? _____

4. ¿Desea Ud. nuestras lecciones? _____

5. ¿Necesitas mis radios? _____

V. Some things are not *his.* They are *hers.* Tell clearly whose they are using the clarifying possessives **de él** and **de ella** instead of **su** and **sus.** Use **No son (es) _____ de él. Son (es) de ella _____** according to the model.

Model: —¿Son sus cuadernos?	—**No son** los cuadernos **de él.**	**Son de ella.**
Are they his notebooks?	They are not *his* notebooks.	They are *hers*.

1. ¿Son sus lápices? _____

   _____

2. ¿Son sus camisas? _____

   _____

3. ¿Es su amiga? _____

   _____

4. ¿Es su reloj? _____

   _____

5. ¿Son sus hermanos? _____

VI. Other things are not *yours* (pl.). They are *theirs*. Tell clearly whose they are. Use the clarifying possessives **de Uds.** and **de ellos.** Role-play.

Model: —Es nuestro dinero.	—**No es** el dinero **de Uds.**	**Es** el dinero **de ellos.**
It is our money.	It is not *your* money.	It's *their* money.

1. Es nuestro coche. _____

   _____

2. Es nuestra pelota. _____

   _____

3. Son nuestras chaquetas. _____

   _____

4. Son nuestros abrigos. _____

   _____

5. Es nuestra familia. _____

VII. Repaso: Restate the sentence, substituting the appropriate form of the possessive adjective given in parentheses in place of the article in *italics*.

Model: Compro *las* flores.	(our) Compro **nuestras** flores.
I buy the flowers.	I buy our flowers.

1. Vendo *los* coches. (my) _____

2. Escribimos *las* cartas. (our) _____

3. Estudian *las* lecciones. (his) _____

4. Entran en *los* cuartos. (her) _____

5. Salen de *la* casa. (your *fam.*) _____

6. Explican *el* examen. (their) _____

7. Miran *la* casa. (your *formal*) _____

8. Responden a *las* preguntas. (your *formal*) _____

VIII. Role-play the dialogue between the brothers, Paul and Anthony. (Use the familiar **tu** for *your*.)

1. Pablo:—¿Tienes _____ fútbol?

(my)

2. Antonio:—¿Por qué dices _____ fútbol?　**¡Es mi fútbol!**

(your)

3. Pablo:—Tú sabes, el fútbol que nos dieron _____ tías.

(our)

   Eres mi hermano y _____ cosas son _____ cosas.

(your)　　　　　　　　　　　(my)

4. Antonio:—Pues bien, ¡quiero en seguida "_____" diez dólares que las

(our)

   tías te dieron ayer!

IX. **Oral Proficiency:** Act your part **(Yo),** or role play. *Later* write your part. [Review PALABRAS NUEVAS and ESTRUCTURAS of this WORK UNIT Seventeen]

Situation: You are "baby-sitting." Your young brother and sister are crying. Each claims the other's toys. You tell them to whom each thing belongs. [Three sentences are good; four very good; five or more are excellent.]

 Los hermanitos: ¿De quién es todo esto?
Yo: . . .

Clues: *Using **tu** and **tus** tell Ofelia it is her doll, it is her bicycle; tell Mario they are his trains, they are his baseball gloves. But also tell them what is or what are ours, e.g., the dogs, the televisions, the house, the garden. Other ideas?*

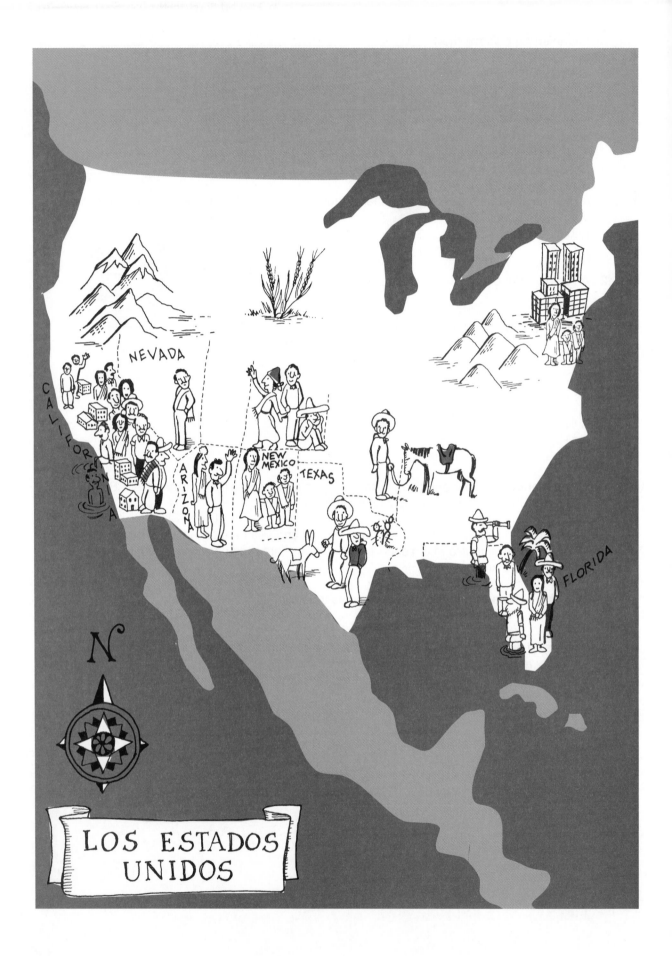

Culture Unit Three

¡También nosotros los norteamericanos hablamos español!

America, America,
God shed His grace
On thee,

And crown thy good
With brotherhood
From sea to shining sea!
("America, The Beautiful")

Of special importance to the United States is the fact that large numbers of Mexican Americans live there. Many Mexican American families have lived in the United States for generations. Others are recent arrivals.

The ties of language, culture, history, and geography between the United States and Mexico are seen in the Mexican American presence, particularly in the Southwest of the United States, where their ancestral roots lie deep in the history of states that only a little more than a century ago were territory of Mexico.

There are some 15 million Mexican Americans in the United States, most of whom are now living in the five southwestern states of California, Arizona, New Mexico, Colorado, and Texas. One in every five residents of the Southwest (20 percent) is Mexican American.

California is the state with the largest number of Mexican Americans (over 8 million). Texas is second (5 million). The Mexican American population of California is greater than the total population of 28 U.S. states and 53 nations. One in every three Californians is now Mexican American.

Los Chicanos—La Raza

Chicano is the term that some Mexican Americans use to refer to themselves; **La Raza** is another that some Mexican Americans apply to the Mexican American group. The term **Chicano,** some think, stems from Nahuatl, the Aztec Indian language of Mexico. The **x** in the Nahuatl language was pronounced "ch"; therefore, "Mexico" was pronounced "Mechico," and "Mexicano" was pronounced "Mechicano." In common usage the first syllable was dropped, leaving **Chicano.** Others believe that the name **Chicano** came from the Mexican border state of Chihuahua. In any case, our lives and language are enriched by the millions of Mexican Americans or **Chicanos** who live in these United States.

The **Chicanos** are often a bilingual and bicultural people, who are making an effort to retain the beautiful Mexican heritage, its language and culture, and at the same time participate to the greatest extent possible in the American culture.

Many have acquired varied specialized skills and have entered fields of work beyond the traditional careers in farming and ranching. Mexican American doctors, teachers, writers, athletes, artists, entertainers, scientists, statesmen, and business people are represented in all parts of the United States today. Former U.S. Senator Joseph Montoya is a notable example of the many Mexican Americans who are in the mainstream of American life.

Historically, Mexican Americans have contributed richly to our American process, culture, and language.

Spanish in American English. Much of the Spanish in our American-English language has come by way of Mexico. Every day many Mexican Americans in the Southwest use only Spanish to express their needs, opinions, and hopes for tomorrow.

A. A brief examination of the Spanish words that we have adopted in English indicates the influence of the Spanish language in America.

Place Names in the United States: An Expression of Spanish Influence and Religious Sentiment

1. **San Francisco** (Saint Francis)
2. **San Diego** (Saint James)
3. **Sacramento** (Sacrament)
4. **San Antonio** (Saint Anthony)
5. **Los Angeles** (City of the Angels)
6. **Las Cruces** (The Crosses)
7. **Santa Fe** (Holy Faith)
8. **San Agustín** (Saint Augustine)

1. **Texas** (*tejas* tiles)
2. **El Paso** (step to the North)
3. **Florida** (floral; flower-covered)
4. **Colorado** (red-colored)
5. **Montana** (*montaña* mountain)
6. **Nevada** (snowcapped)
7. **Amarillo** (yellow)
8. **Las Vegas** (flatlands)

Words Used in English Taken Directly from Spanish Colonial Life

The Ranch

1. **adobe**   mud bricks
2. **corral**   animal enclosure
3. **mesa**   tableland
4. **patio**   garden
5. **rodeo**   roundup of animals
6. **vista**   view

Foods

1. **banana**   a fruit
2. **chile**   a spice
3. **chocolate**   a beverage or food
4. **papaya**   a fruit
5. **mango**   a fruit
6. **café**   coffee

Animals

1. **bronco**   untamed horse
2. **burro**   donkey
3. **chinchilla**   fur-bearing squirrel-like animal
4. **cóndor**   fierce bird (eagle family)
5. **pinto**   spotted horse
6. **llama**   camel-like animal of the Andes

Clothing

1. **poncho**   blanket with a slit to slip over the head in place of coat
2. **sombrero**   hat
3. **mantilla**   scarf for the head
4. **huaraches**   sandals

People

1. **hombre**   man
2. **caballero**   horseman
3. **chico**   boy

4. **padre**   father, priest
5. **señor**   Mr., Sir
6. **señorita**   miss

English Words Adapted from Spanish Ranch Life

1. calaboose   **calabozo** (jail)
2. cockroach   **cucaracha**
3. canyon   **cañón**
4. hoosegow   **juzgado**
5. maize   **maíz** (yellow corn)

6. lasso   **lazo**
7. ranch   **rancho**
8. potato   **patata**
9. renegade   **renegado**
10. tomato   **tomate**

B. Words Originating in Spanish Colonial Architecture

1. **adobe** bricks made of mud.

2. **arcades** (arcadas) curved overhead archways between the fronts of buildings and providing protection against the sun and rain.

3. **balcony** (balcón) always a part of the homes of southern Spain. Here is a spot to view the local scene, decorate with flowers, and cool off during the warm afternoons and evenings.

4. **mission** (misión) a home for the many priests who came to the New World and a place to teach the Indians a new language, Spanish; a new faith, Catholicism, and many crafts. A series of missions were built in California along the route that came to be known as the *Camino Real* (Royal Road).

Misión

199

5. **patio** the garden in the center of the Spanish home. The architectural square open to the sky in the center of the house is an influence of the Roman noblemen who built their homes in Spain and occupied the land for six centuries, from 206 B.C. to 476 A.D. Later, the Arabs, who also occupied Spain, from 711 A.D. to 1492 A.D., added a fountain and greenery.

6. **plaza** the town square where most of the government buildings and town cathedral or church are found.

7. **reja** the name for the decorative grill of wrought-iron bars that often secures a window.

EJERCICIOS

I. Fill in the missing words.

1. _____ is the language of the Aztec Indians from which the term Chicano may come.

2. There are approximately _____ Mexican Americans living in the United States.

3. Many Mexican Americans live in the _____ part of the United States.

4. _____ is a Mexican state on the U.S. border.

5. Some Mexican Americans refer to themselves proudly as "Chicanos," and to their group as

   "La_____."

6. _____ and Texas are the two states that have the largest number of Mexican Americans.

7. Our southwestern states were formerly the territory of _____ .

8. One among the many famous Mexican Americans in American political life is_____

   _____ .

II. Write the meanings in English of the following Spanish place names.

1. San Antonio _____   6. Montaña _____

2. Sacramento _____   7. Amarillo _____

3. Los Angeles _____   8. Las Vegas _____

4. Tejas _____   9. Nevada _____

5. Las Cruces _____   10. Florida _____

III. Write the English/Spanish words that were adapted from the following words.

1. cañón _____   6. maíz _____

2. calabozo _____   7. patata _____

3. tomate _____   8. juzgado _____

4. lazo _____   9. renegado _____

5. cucaracha _____   10. rancho _____

IV. Match the following words.

A. a. adobe   1. _____ garden   **B.** a. huaraches   1. _____ lace scarf

     b. plaza   2. _____ tiles   b. bronco   2. _____ bird

     c. tejas   3. _____ church   c. mantilla   3. _____ insect

     d. misión   4. _____ square   d. cóndor   4. _____ horse

     e. patio   5. _____ bricks   e. mosquito   5. _____ sandals

V. Write the letter of the word that best completes the sentence.

1. The mud bricks made by Mexican Indians for their homes were called
   a. plaza   b. reja   c. adobe   d. tejas   _____

2. The center of the Spanish home contains a
   a. patio   b. lazo   c. laguna   d. poncho   _____

3. In the southwestern United States are churches founded by priests, called
   a. arcades   b. plazas   c. lariats   d. missions   _____

4. The roundup of horses or cattle is called
   a. bronco   b. corral   c. pinto   d. rodeo   _____

5. The state whose name indicates its snowcapped mountains is
   a. Colorado   b. Oregon   c. Nevada   d. Texas   _____

6. An animal whose fur is among the most expensive in the world is the
   a. chinchilla   b. llama   c. burro   d. pinto   _____

7. Many geographical names indicate Spain's strong emphasis on
   a. economy   b. war   c. religion   d. climate   _____

8. The English word which represents both a variety of corn and a color is
   a. maize   b. avocado   c. adobe   d. chili   _____

9. The name for the window that has wrought-iron bars is
   a. corral   b. reja   c. balcón   d. tejas   _____

10. The Spanish patio has been influenced by the Romans and the
    a. Arabs   b. arcadas   c. priests   d. Indians   _____

VI. Write the English adaptations of the following Spanish words. A good guess will do it!

1. cigarro _____   6. fiesta _____

2. huracán _____   7. florido _____

3. canoa _____   8. cocodrilo _____

4. vainilla _____   9. arcada _____

5. Santa Clara _____   10. estampida _____

¿No está interesado
en comprar esta casa?

Work Unit Eighteen

*The house seems like a good buy. Is Carlos
interested in buying it?*

Casa a la venta

Cuando pasa por la calle, Carlos ve este letrero delante de una casa.

Toca a la puerta y espera unos momentos. Pronto, un hombre viejo abre la puerta y lo
saluda.

Hombre: Buenos días señor, ¿en qué puedo servirle?

Carlos: Veo que esta casa está a la venta. ¿Puedo verla?

Hombre: Sí, cómo no. ¡Pase Ud.! Yo soy Pedro Piragua.

Carlos: Mucho gusto en conocerlo. Me llamo Comequeso, Carlos Comequeso.

Hombre: Bueno, señor Comequeso, Mire Ud. esta sala. Está recién pintada. Ahora vamos
a pasar a la cocina. Ese refrigerador y esa estufa son nuevos.

Carlos: Ya veo. Parecen estar en excelentes condiciones. ¿Dónde están los dormitorios?

Hombre: Hay tres y están en el piso de arriba. Vamos allá ahora.

Carlos: ¡Qué hermosos! Estos cuartos son grandes y claros.

Hombre: Además, hay otro cuarto de baño que es completamente nuevo.

Carlos: ¡Dígame algo del vecindario!

Hombre: Es excelente. La casa está cerca de los trenes y autobuses y Ud. puede ir de
compras en aquella próxima calle. Ahora, ¿quiere Ud. saber el precio? Es muy
barato.

Carlos: No, gracias.

Hombre: ¿Cómo que no? ¿No está Ud. interesado en comprar esta casa?

Carlos: No. Es que voy a poner mi casa a la venta esta semana y quiero saber el mejor
método de hacerlo.

Palabras Nuevas

SUSTANTIVOS

	la estufa *the stove*	el precio *the price*
	el letrero *the sign*	el queso *the cheese*
el cuarto de baño *the*	Pedro *Peter*	el refrigerador *the refrigerator*
bathroom	el piso de arriba *the floor*	el vecindario *the*
el dormitorio *the bedroom*	above, upstairs	neighborhood

203

ADJETIVOS

barato,a   *inexpensive, cheap*
claro,a   *light, clear*
hermoso,a   *beautiful*
interesado,a   *interested*
(recién) pintado,a   *(recently) painted*
próximo,a   *next*
viejo,a   *old*

VERBOS

ir de compras   *to go shopping*
pasar por la calle   *to walk along the street*

¡pida informes!   *ask for information (formal sing.)*
saludar   *to greet*
ver   *to see*
   ya veo   *now I see, indeed I do understand*

OTRAS PALABRAS

a la venta   *for sale*
además   *besides*
¡Cómo no!   *Of course!*
¿Cómo que no?   *What do you mean by "no"?*
en aquella próxima calle   *on that next street*

es que   *the fact is that*
lo   *him, it, you (masc.)*
mucho gusto en conocerlo   *pleased to meet you*
pronto   *soon*
¡Qué hermosos!   *How beautiful!*

EJERCICIOS

I. A. Preguntas. Give your answer in a complete Spanish sentence.

1. ¿Qué ve Carlos delante de una casa? _____

_____

2. ¿Por qué quiere ver Carlos la casa? _____

_____

3. ¿Qué hay en la cocina? _____

_____

4. ¿Cómo son los dormitorios? _____

_____

5. ¿Qué va a hacer Carlos esta semana? _____

_____

B. Preguntas presonales y generales. Give your answer in a complete Spanish sentence. Role-play.

1. ¿Qué hay generalmente en una cocina?
2. ¿Cuántas habitaciones hay en su casa o apartamento? ¿Cuáles son?
3. Describa Ud. el vecindario donde vive Ud.
4. ¿Qué pone Ud. en un letrero para vender una casa?
5. ¿Qué dice Ud. para saludar a una persona?

1. _____

2. _____

3. _____

4. _____

5. _____

II. Write the words from group B that match the words in group A.

A

1. La ventana se usa para _____

2. La puerta se usa para _____

3. La sala se usa para _____

4. El tren se usa para _____

5. La estufa se usa para _____

6. El refrigerador se usa para_____

7. El dormitorio se usa para _____

8. El baño se usa para_____

B

a) lavarse
b) descansar y mirar la televisión
c) dormir
d) mantener fría la comida

e) entrar y salir
f) preparar la comida
g) dejar entrar el aire fresco
h) viajar

III. ¿Cómo se dice en español?

1. House for sale, inquire within.
2. He knocks on the door and waits a few moments.
3. Good morning, what can I do for you?
4. I'm very pleased to meet you.
5. Tell me something about the neighborhood.

1. _____

2. _____

3. _____

4. _____

5. _____

IV. Compositions. Oral and written.

  A. Describe what is happening in the picture at the beginning of this Work Unit. Tell how the story ends.

  B. Call a real estate agent in another city asking about an available apartment. Then write.

  Begin with: **Necesitamos un apartamento especial.**

  You may use the following ideas:
  1. Is the apartment large or small and recently painted?
  2. Are the rooms light and beautiful?
  3. How many bedrooms are there?
  4. Is the neighborhood good for schools, shopping, and parks?
  5. Is the apartment inexpensive?
  6. How much is the apartment?

  C. Write the answer from the real estate agent.

ESTRUCTURAS DE LA LENGUA

Demonstrative Adjectives

A. *This, these:* The speaker uses the following to indicate a person, place, or thing (or persons, places, things) *close to himself,* i.e., *close to the speaker:*

Este (masc.); **esta** (fem.)—*this*	**Estos** (masc.); **estas** (fem.)—*these*
1. Este perrito cerca de mí es mono. This puppy near me is cute. 2. Esta rosa que tengo es roja. This rose that I'm holding is red.	1. Estos perritos aquí son más monos. These puppies over here are cuter. 2. Estas rosas que tengo son blancas. These roses that I have are white.

Rules:

1. **Este** (masc.) and **esta** (fem. sing.), *this,* are used respectively before a masculine singular noun and before a feminine singular noun.

2. **Estos** (masc. pl.) and **estas** (fem. pl.), *these,* are used respectively before masculine plural nouns and before feminine plural nouns. Note that **estos** is the irregular plural of **este.**

3. Closeness to the speaker may be indicated by additional expressions such as: **aquí,** *here;* **cerca de mí,** *near me;* **que tengo,** *that I hold (have).*

B. *That, those:* The speaker uses the following to indicate that a person, place, or thing (or persons, places, things) is (are) *close to the listener:*

Ese (masc.); **esa** (fem.)—*that*	**Esos** (masc.); **esas** (fem.)—*those:*
1. Ese perrito está cerca de ti (Ud., Uds.). That puppy is near you. 2. Esa rosa que tienes ahí es rosada. That rose that you have there is pink.	1. Esos perritos están cerca de ti (Ud., Uds.). Those puppies are near you. 2. Esas rosas que tienes ahí son rojas. Those roses that you have there are red.

Rules:

1. **Ese, esa,** *that,* are formed by dropping the *t* from **este, esta** (*this*). **Esos, esas,** *those,* are formed by dropping the *t* from **estos, estas** (*these*).

2. **Ese** (masc. sing.) and **esa** (fem. sing.), *that,* are used respectively before a masculine singular noun and before a feminine singular noun.

3. **Esos** (masc. pl.) and **esas** (fem. pl.), *those,* are used respectively before masculine plural nouns and before feminine plural nouns. Note that **esos** is the irregular plural of **ese.**

4. Closeness to the listener may be indicated by additional expressions such as: **ahí,** *there, near you;* **cerca de ti (Ud., Uds.),** *near you;* **que tienes (Ud. tiene; Uds. tienen),** *that you hold (have).*

C. *That, those;* indicating *distance from both the listener and the speaker.*

Aquel (masc.); **aquella** (fem.)—*that*	**Aquellos** (masc.); **aquellas** (fem.)—*those*
1. Aquel parque está lejos de ti y de mí. That park is far from you and me. 2. Aquella casa allí es magnífica. That house over there is magnificent.	1. Aquellos parques están lejos de nosotros. Those parks are far from us. 2. Aquellas casas allí son magníficas. Those houses over there are magnificent.

Rules:

1. Unlike English, the speaker of Spanish insists on making a distinction between *that, those,* **aquel,** etc., *distant from the listener;* and *that, those,* **ese**, etc., *near the listener.*

2. **Aquel** (masc. sing.) and **aquella** (fem. sing.), *that,* are used respectively before a masculine singular noun and before a feminine singular noun.

3. **Aquellos** (masc. pl.) and **aquellas** (fem. pl.), *those,* are used respectively before masculine plural nouns and before feminine plural nouns.

4. Distance from the listener may be indicated by additional expressions such as: **allí,** *over there, yonder,* and **lejos de nosotros-as,** *far from us.*

STUDY THE RULES, EXAMPLES, AND MODELS BEFORE BEGINNING THE EXERCISES!

EJERCICIOS

I. Alicia is buying furniture and materials for her new art studio. She tells the salesperson what she needs. Rewrite each model sentence, substituting the noun in parentheses for the noun in *italics.* Make the necessary change in the demonstrative adjectives (*this, that,* etc.).

Model: Necesito este *libro.*   I need this book.
        (pluma) Necesito **esta pluma.**   I need this pen.

A. Compro este *papel.* I'm buying this paper.

1. (tiza) _____

2. (plumas) _____

3. (lápiz) _____

4. (papeles) _____

5. (pintura) _____

The salesperson suggests several items.

B. ¿Deseas ese *libro* ahí? Do you want that book there (near you)?

1. (silla) _____

2. (escritorio) _____

3. (periódicos) _____

4. (libros) _____

5. (plumas) _____

Alicia follows a guided tour at a museum afterward.

C. Miren Uds. aquel *cuadro* allí. Look at that picture over there.

1. (fotografías) _____

2. (pinturas) _____

3. (obra de arte) _____

4. (cuadro) _____

5. (estatua) _____

II. Restate the sentence, changing the words in *italics* to the *singular,* e.g., *esos usos,* **ese uso.**

1. Reciben *estos papeles* y *aquellos libros.*

_____

2. Estudian *estas palabras* y *esas frases.*

_____

3. Constestan a *esos profesores* y a *aquellos alumnos.*

_____

4. Abren *esas puertas* y *aquellas ventanas.*

_____

5. ¿Admiran *estos pañuelos* y *esos zapatos?*

_____

III. Restate the sentence changing the words in *italics* to the *plural,* e.g., *ese uso,* **esos usos.**

1. Leemos *este periódico* y *ese articulo.* _____

2. Deseamos *esta silla* y *aquella cama.* _____

3. Admiramos *este sombrero* y *aquel vestido.* _____

4. Preferimos *esa clase* y *aquel profesor.* _____

5. Queremos *ese vestido* y *aquella falda.* _____

IV. Role-play according to the model. Use the correct form of **este-a, estos-as.**

Model: —¿Es interesante **ese libro** suyo?   —¿**Este libro? Sí, gracias.**
        Is *that* book of yours interesting?   *This* book? Yes, thank you.

1. ¿Está contento ese amigo suyo? _____

2. ¿Es interesante esa revista suya? _____

3. ¿Son fantásticos esos cuentos suyos? _____

4. ¿Son excelentes esas fotos suyas? _____

5. ¿Es importante ese papel suyo? _____

V. Role-play in Spanish the dialogue between Luisita and her mother in which Luisita insists on having her brother's ice cream, candy, cookies, and soda.

Remember: Este _____ aquí;   Ese _____ ahí;   Aquel _____ allí;

    . . . cerca de mí;   . . . cerca de ti;   . . . cerca de él;

    . . . que tengo.   . . . que tienes.   . . . que él tiene.

¿Cuál prefieres?

---

1. La mamá: ¿Qué prefieres _____ helado de vainilla que tengo o _____
                                 (this)   (that)
               helado a chocolate que tú tienes?

2. Luisita: Prefiero _____ helado que Juan tiene allí.
                         (that)

3. La mamá: Entonces, Juan te da su plato, ¿Y qué prefieres como dulces, _____
                                                           (these)
               dulces aquí o _____ dulces que están cerca de ti?
                            (those)

4. Luisita: Quiero también _____ dulces que Juan come allí.
                               (those)

5. La mamá: ¿Lo mismo con _____ galletitas y _____ gaseosa que
                              (those)   (that)
               Juan toma?

6. Luisita: Sí, lo mismo. No me gustan _____ galletitas ni _____ gaseosa mía.
                                       (these)   (this)

7. La mamá: ¡Ay! ¡Qué difícil es _____ hija mía!
                          (that)

8. Luisita: ¡Ay! ¡Qué difíciles son _____ mamás de hoy!
                             (these)

VI. Oral Proficiency: Act your part **(Yo),** or role play. *Later* write your part. [Review PALABRAS NUEVAS and ESTRUCTURAS of this WORK UNIT Eighteen]

Situation: You work weekends in a department store. Roberto is looking for a gift for his girl-friend, something pretty but inexpensive. You make suggestions. [Three sentences are good; four very good; five or more are excellent.]

Roberto: Busco algo hermoso pero barato.
Yo: . . .

Clues: *Using **este, esta, estos, estas, sugiero, ¿quieres?, ¿deseas?, ¿prefieres?,** and **¿compras?** show Roberto hats, gloves, skirts, blouses, flowers, books, and other beautiful things for sale at low prices. Tell Roberto's answers.*

*El lobo también tiene los
dientes grandes y blancos.*

Work Unit Nineteen

Sure, everybody's heard the story of Little Red Riding Hood. But what happens to it on TV?

¡Qué dientes tan grandes tienes!

Es la hora de los niños. Todos los chicos esperan impacientemente su programa favorito de televisión. Esta tarde van a ver una versión moderna del clásico "Caperucita Roja." Vamos a escuchar.

Locutor:	Y ahora niños, vamos a ver el capítulo final. Como Uds. ya saben, Caperucita Roja va a la casa de su abuela, con una cesta llena de frutas y dulces. Ya es tarde y quiere llegar antes de la noche. La casa está lejos y dentro de un bosque oscuro. Caperucita Roja anda mucho por el bosque. Al fin llega a la casa de su abuela. Ella no sabe que el lobo ha comido a la abuela y está en su cama. Caperucita toca a la puerta y canta alegremente.
Lobo:	¿Quién es?
Caperucita Roja:	Soy yo, abuelita, y te traigo unos dulces y unas frutas.
Lobo:	Pasa, pasa, hija mía. La puerta está abierta. Yo estoy enferma y no puedo bajar de la cama.
Caperucita Roja:	Oh, mi pobre abuelita. . . . Pero abuelita, ¡qué orejas tan grandes tienes!
Lobo:	Para oírte mejor, hija mía. ¡Ven, ven cerca de la cama!
Caperucita Roja:	Aquí tienes los dulces. . . . Pero abuelita, ¡qué ojos tan grandes tienes!
Lobo:	Para verte mejor, hija mía. Pero ¡ven más cerca, un poco más!
Caperucita Roja:	Pero abuelita, ¡qué dientes tan grandes tienes!
Locutor:	Sí, el lobo tiene los dientes grandes y blancos también. Y si Uds. quieren tener la sonrisa que encanta, usen nuestro producto, la pasta dentífrica—Blanco Fantástico—y Uds. van a notar la diferencia.

Palabras Nuevas

SUSTANTIVOS

la abuela *the grandmother*
  la abuelita *the granny*
el bosque *the woods*
Caperucita Roja *Little Red Riding Hood*
el capítulo *the chapter*
la cesta *the basket*
el diente *the tooth*
los dulces *the candy*
la fruta *the fruit*
la hora de los niños *the children's hour*
el lobo *the wolf*
el ojo *the eye*
la oreja *the ear*
la pasta dentífrica *the toothpaste*

la sonrisa *the smile*
  la sonrisa que encanta *the charming smile*

ADJETIVO

lleno,a de *full of, filled with*

VERBOS

bajar de *to get off, to go down from*
llegar *to arrive*
notar *to notice*
oírte *to hear you (fam. sing.)*
pasar *to enter, to pass*
  ¡pasa! *enter! (fam. sing.)*
(no) puedo *I can(not)*
soy yo *it's I*

vamos a. . . *let us. . .*
¡ven más cerca! *come closer (fam. sing.)*
verte *to see you (fam. sing.)*

OTRAS PALABRAS

alegremente *cheerfully*
antes (de) *before*
hija mía *my child*
impacientemente *impatiently*
¡Qué orejas (ojos, dientes) tan grandes! *What big ears (eyes, teeth)!*
ya es tarde *it's late now (already)*

EJERCICIOS

I. A. ¿Cierto *(true)* **o falso** *(false)*?

1. Es el primer capítulo de "Caperucita Roja." _____

2. Caperucita lleva una cesta a la casa de su abuela. _____

3. La chica pasa por unas calles oscuras. _____

4. La abuela está en la cama porque ella ha comido al lobo. _____

5. Caperucita dice:—¡Qué manos grandes tienes! _____

6. El lobo tiene los dientes blancos porque usa una buena pasta dentífrica. _____

B. Preguntas personales y generales. Give your answer in a complete Spanish sentence.

1. ¿Qué contesta Ud. si la persona dentro de la casa pregunta:—¿Quién es?
2. Para tener los dientes blancos, ¿qué usa Ud. todos los días?
3. ¿Hay mucha diferencia entre las pastas dentífricas?
4. ¿Cuál es un buen nombre para una pasta dentífrica?
5. ¡Mencione Ud. un animal que tiene los dientes grandes!

1. _____

2. _____

3. _____

4. _____

5. _____

II. Caperucita Roja has a number of things in her basket. Can you unscramble the words to find out what they are?

1. unas __ __ __ __ __ __ (tuarfs)

2. unos __ __ __ __ __ __ (selcud)

3. una __ __ __ __ (lorf)

4. un __ __ __ __ __ (vueho)

5. un __ __ __ __ __ __ (hadleo)

**Buenos días, señorita.
¿Adónde vas tan de prisa?**

III. Picture Match: Choose and write the sentence(s) suggested by each sketch. Then tell something more about each one.

1.　　　　　　　2.　　　　　　　3.

4.

5.

a. Todos los chicos esperan su programa de televisión.

b. Tiene una cesta llena de frutas y dulces.

c. —¡Qué orejas tan grandes tienes!

d. Caperucita va a la casa de su abuela.

e. El lobo tiene los dientes grandes y blancos.

f. —Para oírte mejor, hija mía.

g. —¡Usen nuestra pasta dentífrica!

h. Al fin llega a la casa.

1. _____

2. _____

_____

3. _____

4. _____

_____

5. _____

_____

IV. Compositions: Oral and written.

   A. Tell us what is happening in the picture at the beginning of this Work Unit. Then tell something more about the story and how it ends.

   B. You are Little Red Riding Hood, and you meet Señor Lobo, the wolf. What would you say to him? Role-play.

Sr. Lobo: Buenos días, señorita. ¿Adónde vas?

Caperucita Roja: _____

Sr. Lobo: Oh, ¿está enferma la pobre vieja?

Caperucita Roja: _____

Sr. Lobo: ¿Qué tienes en esa cesta?

Caperucita Roja: _____

Sr. Lobo: Eres una niña muy buena. Adiós, Caperucita. Hasta pronto.

Caperucita Roja: _____

213

ESTRUCTURAS DE LA LENGUA

Common Adverbs. Exclamatory ¡Qué!

A. Common adverbs of time, place, and manner. Learn the following paired opposites.

1.	**ahora**	now		6.	**despacio**	slowly
	más tarde	later			**rápido**	fast
2.	**allí**	there		7.	**más**	more
	aquí	here			**menos**	less
3.	**antes (de)**	before; previously		8.	**mucho**	a great deal
	después (de)	afterward, after			**poco**	little
4.	**bien**	well		9.	**siempre**	always
	mal	badly			**nunca**	never
5.	**cerca (de)**	nearby, near		10.	**temprano**	early
	lejos (de)	faraway, far			**tarde**	late

B. Regular Formation of Adverbs

From Adjectives Ending in **o**	From all Other Adjectives
1. Él es **tímido** y habla **tímidamente.** He is *timid* and speaks *timidly.*	1. Ella es **amable** y habla **amablemente.** She is *kind* and speaks *kindly.*
2. El locutor habla **clara** y **lentamente.** The interviewer speaks *clearly* and *slowly.*	2. Todos comprenden **feliz** y **fácilmente.** They all understand *happily* and *easily.*

Rules:

1. **Mente** is added to the *feminine singular* of the adjective to form the adverb.

2. When *two* adverbs are used, the *first* adverb takes the usual feminine singular form of the adjective, but *saves the* **mente** *ending for the second adverb.*

3. Keep the accent mark seen on the adjectives when you add **mente,** e.g., **rápido, rápidamente** *(rapidly).*

C. ¡Qué! in an exclamation.

How! (Before an adjective or adverb.) What a . . . .! (Before a noun.)

1. **¡Qué bonita** es ella! How pretty she is!	1. **¡Qué chica!** What a girl!
2. **¡Qué bien** canta ella! How well she sings!	2. **¡Qué chica tan bonita!** What a pretty girl!

Rules:

1. Before adjectives and adverbs **¡qué!** means *How!* in an excited or exclamatory sense.

2. Before nouns, **¡qué!** means *what!* or *what a . . .!* in an excited or exclamatory sense. Do *not* use **un** or **una** after **¡qué!**

3. When both a noun and an adjective are present, the *noun* is generally stated *first* followed by **tan** or **más** and the adjective.

4. Write an accent mark on **qué,** and place exclamation points *before* and *after* the statement.

5. The subject is placed *after* the verb in exclamations as in questions.

STUDY THE RULES, EXAMPLES, AND MODELS BEFORE BEGINNING THE EXERCISES!

EJERCICIOS

I. Luis's mother wants to know about his improvement in school. Tell us his positive answers, using the *opposite* of the adverbs in the questions.

Model: —¿Trabajas tú **mal** hoy? —Trabajo **bien** hoy.
        Are you working *badly* today? I am working *well* today.

1. ¿Entras *tarde hoy?* _____

2. ¿Terminas *antes de la una?* _____

3. ¿Hablas mucho *allí?* _____

4. ¿Aprendes poco *ahora?* _____

5. ¿Contestas *menos?* _____

6. ¿Comes *mal* allí? _____

7. ¿Está *lejos* la biblioteca? _____

8. ¿Nunca tomas leche *allí?* _____

9. ¿Caminas *despacio* a la escuela? _____

10. ¿Gritas *más* en la clase? _____

II. Role-play about the mysterious letter. Answer in a complete sentence using an adverb formed from the adjective in italics.

Model: —Como es **natural**, ¿van a la fiesta? —**Naturalmente** van.
        As is *natural*, are they going to the party? *Naturally*, they are going.

1. Los amigos son *perezosos.* ¿Cómo pasan el día? _____

2. De pronto, llega una carta *misteriosa.* ¿Cómo llega? _____

3. Los amigos están *nerviosos.* ¿Cómo reaccionan? _____

4. ¡Es una invitación *feliz!* ¿Cómo la contestan? _____

5. Todos están *alegres.* ¿Cómo van a la fiesta? _____

III. Role-play your answer using *two adverbs* formed from the adjective cues.

Model: —**¿Cómo habla el novio?** (*romántico/dulce*)   —**Habla romántica y dulcemente.**
How does the fiancé speak?   He speaks *romantically* and *softly*.

1. ¿Cómo explica el profesor? (*lento / claro*) _____

2. ¿Comprendemos así? (*exacto / perfecto*) _____

3. ¿Cómo enseña él? (*sincero / honesto*) _____

4. ¿Cómo escucha él? (*simpático / amable*) _____

5. ¿Cómo corren los niños? (*tonto / loco*) _____

IV. You comment in amazed exclamations to all the questions. Begin with **¡Qué!**. Make all necessary changes in word order according to the model. Use exclamation points.

Model: —¿Trabajan ellos tarde?   Tú: —**¡Qué tarde** trabajan ellos!
How do they work late?   You: How late they work!

1. ¿Llega ella tarde? _____

2. ¿Habla Ud. bien? _____

3. ¿Estudian ellos mal? _____

4. ¿Viene Rosa temprano? _____

5. ¿Vive Juan lejos? _____

6. ¿Vive Ana cerca? _____

7. ¿Está ella cansada? _____

8. ¿Es él pobre? _____

9. ¿Son ellos ricos? _____

10. ¿Es Luisa bonita? _____

V. You exclaim *twice!* Role-play using two exclamations in response to each statement, according to the model. Make all necessary changes in word order, *omitting* the verb and the article. Use **más**.

Model: —La chica es inteligente. ¿Verdad?   Luz: —**¡Qué chica! ¡Qué chica**
"The girl is intelligent. Isn't she?"   **más inteligente!**
Luz: "What a girl! What an
intelligent girl!"

1. —Las casas son altas. ¿Verdad? _____

2. —Su madre es buena. ¿Verdad? _____

3. —Los niños son lindos. ¿Verdad? _____

4. —El cielo está azul. ¿Verdad? _____

5. —Esta escuela es grande. ¿Verdad? _____

VI. You feel very optimistic today. Exclaim happily. Write the Spanish equivalent in the correct word order according to the model. Use cues and **tan.**

Model: What a fine day!
       bonito/día   **¡Qué dia tan bonito!**

1. What an interesting day!
   interesante / día _____

2. What an important year!
   importante / año _____

3. What a nice boy!
   simpático / muchacho _____

4. What kind teachers!
   amables / profesores _____

5. What good classes!
   buenas / clases _____

VII. Oral Proficiency: Act your part **(Yo),** or role play. *Later* write your part. [Review PALABRAS NUEVAS and ESTRUCTURAS of this WORK UNIT Nineteen]

Situation: Your friend, Rosa, admires your charming smile. You give advice. [Three sentences are good; four very good; five or more are excellent.]

 Rosa: ¡Qué sonrisa tan encantadora tienes!
Yo: . . .

Clues: *Tell her what a charming smile she is going to have, what you never eat; what you always drink; what toothpaste you use after each meal **(cada comida);** how many times a **(al)** year you visit the dentist who lives far away. Other ideas?*

VISTAS DE PUERTO RICO

Courtesy of The Puerto Rico Tourism Co.

San Juan city wall at bay entrance.

Courtesy of The Puerto Rico Tourism Co.

Boquerón Beach.

VISTAS DE PUERTO RICO

Courtesy of The Puerto Rico Tourism Co.

El Morro Fort.

Courtesy of The Puerto Rico Tourism Co.

San Juan Gate.

Es una carta urgente.

Work Unit Twenty

Do you believe in horoscopes? Sometimes they contain surprises.

¿Qué dice el horóscopo?

¿Es Ud. una persona supersticiosa? ¿Es posible saber qué va a pasar en el futuro? Hay muchas personas en este mundo que creen en los horóscopos. Uno de ellos es nuestro héroe, Patricio Pisapapeles. Cuando recibe el periódico por la mañana, no empieza a mirar ni las noticias ni los deportes. Sólo le interesa su horóscopo. Así empieza a leer su fortuna y piensa en sus planes para el día. Busca su signo de Acuario.

Piscis:	(20 febrero–21 marzo) ¡No pierda el tiempo! Su oportunidad está aquí ahora.
Aries:	(22 marzo–20 abril) ¡Defienda sus derechos! ¡No sea tímido!
Tauro:	(21 abril–21 mayo) Su fortuna comienza a cambiar. Va a tener suerte.
Géminis:	(22 mayo–21 junio) Ud. puede hacer todo ahora. Su signo es favorable.
Cáncer:	(22 junio–23 julio) Si encuentra algún dinero, ¡no lo gaste todo!
Leo:	(24 julio–23 agosto) ¡Recuerde a sus amigos! Ellos pueden ayudarlo.
Virgo:	(24 agosto–23 septiembre) ¡Vuelva a su casa pronto!
Libra:	(24 septiembre–23 octubre) ¡No cierre los ojos a oportunidades nuevas!
Escorpión:	(24 octubre–22 noviembre) ¡Entienda sus deseos! ¡Tenga paciencia!
Sagitario:	(23 noviembre–23 diciembre) Si llueve hoy, Ud. pronto va a ver el sol.
Capricornio:	(23 diciembre–20 enero) La fortuna juega con nuestras vidas. Es necesario ser valiente.
Acuario:	(21 enero–19 febrero) Hoy viene una noticia importante. Puede cambiar su vida.

¡Dios mío, una noticia importante! ¿Qué puede ser? ¡La lotería, quizás! Voy a ganar la lotería. Sí, sí, eso es. Voy a recibir dinero, mucho dinero.

En este momento suena el timbre. Patricio corre a la puerta. Es el cartero con una carta urgente. Es de la madre de su mujer. Patricio la abre en un segundo y lee:

> Queridos Patricio y Alicia:
>
> Voy a tu casa para visitarlos la semana próxima. Pienso pasar tres semanas agradables con mis hijos favoritos.
>
> Cariñosamente,
> Mamá

221

Palabras Nuevas

SUSTANTIVOS

el cartero   *the letter carrier*
el deporte   *the sport*
el derecho   *the right*
el deseo   *the wish, the desire*
la fortuna   *the fortune*
el horóscopo   *the horoscope*
la noticia   *the news*
Patricio   *Patrick*
la persona   *the person*
el pisapapeles   *the paperweight*
el signo de Acuario   *the sign of Aquarius*
el timbre   *the bell*

VERBOS

cambiar   *to change*
cerrar (ie)   *to close*
comenzar (ie)   *to begin*
defender (ie)   *to defend*
empezar (ie)   *to begin*
encontrar (ue)   *to find, to meet*
entender (ie)   *to understand*
gastar   *to spend (money)*
(le) interesa   *interests (him)*
jugar (ue)   *to play*
llover (ue)   *to rain*
perder (ie)   *to lose*
   perder el tiempo   *to waste time*
pensar (ie)   *to think, to intend*
poder (ue)   *to be able to, can*
recordar (ue)   *to remember*
¡sea!   *be! (formal sing.)*
sonar (ue)   *to ring*
tener paciencia   *to be patient*

tener suerte   *to be lucky*

ADJETIVOS

favorable   *favorable*
supersticioso,a   *superstitious*
tímido,a   *timid*
urgente   *urgent*
valiente   *brave, valiant*

OTRAS PALABRAS

algún dinero   *some money*
cariñosamente   *affectionately*
quizás   *perhaps, maybe*

EJERCICIOS

I. A. Complete according to the story.

1. Hay muchas personas que creen en los horóscopos. Son personas _____.

2. El horóscopo dice la _____ de una persona.

3. Patricio no lee ni las _____ ni los _____ en el periódico.

4. La fortuna de Patricio está bajo el signo de _____.

5. Una persona que nace el 22 de junio no debe _____.

B. Preguntas personales y generales. Role-play your answer in a complete Spanish sentence.

1. ¿Qué parte del periódico lee Ud. generalmente?
2. ¿Cuál es el día de su nacimiento (birth)?
3. ¿Cuál es su signo del zodiaco?
4. ¿Cuánto dinero puede Ud. ganar en la lotería?
5. ¿Qué hace un cartero?

1. _____

2. _____

3. _____

4. _____

5. _____

II. Unscramble the letters in the boxes below and see the advice given in your horoscope.

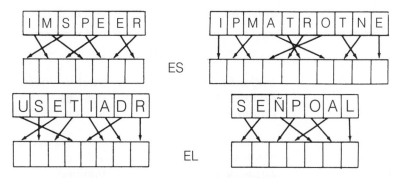

I	M	S	P	E	E	R

ES

I	P	M	A	T	R	O	T	N	E

U	S	E	T	I	A	D	R

EL

S	E	Ñ	P	O	A	L

III. Compositions: Oral and written.

    A. Tell what is happening in the picture at the beginning of this Work Unit. Tell how the story ends.

    B. Write a five-day horoscope, giving advice according to the word cues. Change *infinitives* to commands according to pages 179–180.

Su horóscopo

1. **lunes:** _____

            ¡No perder tiempo! Su oportunidad está aquí.

2. **martes:** _____

            ¡Defender sus derechos! ¡No sea tímido!

3. **miércoles:** _____

            ¡Cambiar su fortuna! Ud. tiene suerte.

4. **jueves:** _____

            ¡Tener Ud. paciencia! Su signo es favorable.

5. **viernes:** _____

            ¡No gastar Ud. mucho dinero!

Write two more horoscopes in Spanish: **El fin de semana:**

6. **sábado:** _____

7. **domingo:** _____

ESTRUCTURAS DE LA LENGUA

Stem-Changing Verbs of Ar and Er Infinitives

A. ar Infinitives

	e > ie	o > ue
	pensar to think	**contar** to count
	I think so.	I count the money.
1. yo	**Pienso** que sí.	**Cuento** el dinero.
2. tú	**piensas**	**cuentas**
3. él, ella, Ud.	**piensa**	**cuenta**
4. nosotros-as	Pensamos que sí.	Contamos el dinero.
5. vosotros-as	pensáis	contáis
6. ellos-as, Uds.	**piensan**	**cuentan**
Commands	**¡Piense** Ud.!	**¡Cuente** Ud.!
	¡Piensen Uds.!	**¡Cuenten** Uds.!
	¡Pensemos!	¡Contemos!

B. er Infinitives

		e > ie	o > ue
		entender to understand	**volver** to return
		I understand very well.	I'm returning home.
1.	yo	**Entiendo** muy bien.	**Vuelvo** a casa.
2.	tú	**entiendes**	**vuelves**
3.	él, ella, Ud.	**entiende**	**vuelve**
4.	nosotros-as	Entendemos muy bien.	Volvemos a casa.
5.	vosotros-as	entendéis	volvéis
6.	ellos-as, Uds.	**entienden**	**vuelven**
	Commands	**¡Entienda** Ud.!	**¡Vuelva** Ud.!
		¡Entiendan Uds.!	**¡Vuelvan** Uds.!
		¡Entendamos!	¡Volvamos!

Rules:

1. **o > ue** The **o** in the stem of some **ar** and **er** infinitives changes to **ue** in the present tense, in persons 1,2,3,6, and in the commands, **Ud.** and **Uds.**

2. **e > ie** The **e** in the stem of some **ar** and **er** infinitives changes to **ie** in the present tense, in persons 1, 2, 3, 6, and in the commands. **Ud.** and **Uds.**

C. Learn these stem-changing verbs:

ar infinitives

e > ie		o > ue	
cerrar	to close	**almorzar**	to lunch
comenzar	to begin	**contar**	to tell, count
empezar	to begin	**encontrar**	to meet, to find
pensar	to think;	**mostrar**	to show
	to intend	**recordar**	to remember
nevar	to snow	**volar**	to fly

er infinitives

e > ie		o > ue	
defender	to defend	**mover**	to move
entender	to understand	**poder**	to be able
perder	to lose	**volver**	to return
querer	to want	**llover**	to rain

D. Llover (ue) and **nevar (ie)** are meaningful only in the third person singular:

llueve it rains   **nieva** it snows

E. Jugar is the only verb that changes the infinitive stem's **u** to **ue** in persons 1, 2, 3, 6 of the present tense.

u > ue

jugar to play (a game)

		I play soccer or football.
1.	yo	**Juego** al fútbol.
2.	tú	**juegas**
3.	él, ella, Ud.	**juega**
4.	nosotros-as	Jugamos al fútbol.
5.	vosotros-as	jugáis
6.	ellos-as, Uds.	**juegan**

STUDY THE RULES, EXAMPLES, AND MODELS BEFORE BEGINNING THE EXERCISES!

EJERCICIOS

I. You want to know when everyone plans to start a vacation. Use the appropriate form of the verb, with the following clues: ***ahora, hoy, pronto, (más) tarde, esta noche, mañana.***

A. Model: *Yo* pienso ir mañana. (Ellos) **Ellos piensen ir mañana.**
I intend to go tomorrow. They intend to go tomorrow.

1. (Tú) _____

2. (Diego) _____

3. (Diego y María) _____

4. (Tú y yo) _____

5. (Uds.) _____

6. (Yo) _____

B. You want to know who can eat lunch with you at 12 o'clock. Ask.

Model: ¿Almuerzas *tú* a las doce? (Uds.) **¿Almuerzan Uds. a las doce?**
Do you (fam. sing.) lunch at 12:00? Do you (formal pl.) lunch at 12:00?

1. (Ud.) _____

2. (Ud. y yo) _____

3. (Las mujeres) _____

4. (Mi amiga) _____

5. (Yo) _____

6. (Tú) _____

II. Restate the sentence substituting the appropriate form of the verb given in parentheses. Keep the same subject.

Model: Yo encuentro a mis amigos.   (perder) **Yo pierdo a mis amigos.**
        I meet my friends.   I lose my friends.

1. Ellos empiezan el examen. (comenzar) _____

2. ¿Cuentas tú el dinero? (encontrar) _____

3. Ana y él pierden el libro. (entender) _____

4. Él cierra la revista. (empezar) _____

5. Uds. no pueden leer. *(volver a) _____

6. Ella quiere la música. (perder) _____

7. Ud. no lo piensa bien. (cerrar) _____

8. Yo encuentro el disco. (recordar) _____

9. ¿No lo comienzan ellas? (empezar) _____

10. Nosotros almorzamos mal. (contar) _____

Consuma Diariamente

leche y sus productos

grupo de verduras y frutas

algo para todos   **4 o más porciones**

*again

III. The teacher and the group go on a trip to Puerto Rico. They ask and answer one another's questions to be sure they understand instructions. Complete the answers using the words in *italics* and the appropriate form of the verb used in the question. Role-play.

Model: —¿Adónde volvemos?   *Uds. / al hotel*   **Uds. vuelven al hotel.**
        Where are we returning?   You are returning to the hotel.

1. ¿Cuándo comenzamos el viaje?   *Uds. / mañana a las cuatro*

    _____

2. ¿A qué hora cerramos los libros?   *Uds. / a las diez hoy*

    _____

3. ¿Cuándo podemos volver a casa?   *Uds. / volver en cinco días*

    _____

4. ¿Adónde volamos mañana?   *Uds. / a San Juan*

    _____

5. ¿Cómo quieren Uds. viajar en Puerto Rico?   *Nosotros / viajar en coche*

    _____

6. ¿Entienden Uds. todo ahora? *Nosotros no / todo ahora*

    _____

Los Cuatro Alimentos Básicos

grupo de carnes

panes y cereales

2 o más porciones   **4 o más porciones**

7. ¿Dónde encuentran Uds. comida?   *Nosotras / en la cafetería*

_____

8. ¿Cuentas el dinero?   *Yo nunca / los dólares*

_____

9. ¿Cuánto dinero pierdes?   *Yo nunca / los dólares*

_____

10. ¿Con quiénes vuelvo yo a casa?   *Tú / a casa con nosotros*

_____

IV. A "pest" asks about your group's dinner plans. You answer for the group in *two* complete Spanish sentences: a) a NEGATIVE answer using **Nosotros**; b) an affirmative answer using **Ella sí que . . .** according to the model. Role-play.

Model:

—¿Piensan Uds. comer?   —**Nosotros no** pensamos comer.   —**Ella sí que** piensa comer.
Do you intend to eat?   We don't intend to eat.   She surely intends to eat.

1. ¿Empiezan Uds. la comida a las nueve?_____

_____

2. ¿Almuerzan Uds. en un restaurante chino? _____

_____

3. ¿Entienden Uds. el chino?_____

_____

4. ¿Comienzan Uds. a comer muy tarde? _____

_____

5. ¿Mueven Uds. los palillos chinos? _____

_____

6. ¿Cierran Uds. el restaurante?_____

_____

7. ¿Quieren Uds. tomar un helado después? _____

_____

8. ¿Pueden Uds. comer más en una hora? _____

_____

9. ¿Vuelven Uds. a casa si llueve después? _____

_____

10. ¿Juegan Uds. en la calle si nieva después? _____

_____

V. Give advice in the form of appropriate NEGATIVE command. Use a complete Spanish sentence according to the model. Role-play.

Models: —¿Pierde(n) Ud(s.) paciencia?   **—¡No pierda(n) Ud(s.) paciencia!**
         Are you losing patience?   Don't lose patience!

         —¿Perdemos paciencia?   **—¡No perdamos paciencia!**
         Are we losing patience?   Let us not lose patience!

1. ¿Pierde Ud. dinero?_____

2. ¿Perdemos?_____

3. ¿Piensan Uds. en los dolores?_____

4. ¿Pensamos?_____

5. ¿Cuenta Ud. con amigos?_____

6. ¿Contamos?_____

7. ¿Defienden Uds. al amigo?_____

8. ¿Defendemos a los amigos? _____

9. ¿Vuelve Ud. a tiempo?_____

10. ¿Volvemos? _____

VI. What do you do when the homework gets tough? Tell the story using the subject **yo** with the *appropriate form of the verb,* and the vocabulary provided in parentheses.

1. (pensar en el trabajo) _____

2. (comenzar el trabajo) _____

3. (no entender los ejercicios)_____

4. (perder la paciencia) _____

5. (cerrar los libros) _____

6. (querer una fruta) _____

7. (almorzar en la cocina) _____

8. (recordar el trabajo) _____

9. (volver al escritorio) _____

10. (mostrar paciencia) _____

VII. Oral Proficiency: Act your part **(Yo),** or role play. *Later* write your part. [Review PALABRAS NUEVAS and ESTRUCTURAS of this WORK UNIT Twenty]

Situation: You are the fortune-teller at a school carnival. Pepe asks you about luck in money, friends, love. You predict how his luck is going to change. [Three sentences are good; four very good; five or more are excellent.]

         Pepe: ¿Cómo va a cambiar mi suerte? Mi signo es . . .
         Yo: . . .

Clues: *Tell when Pepe is beginning a new life; where he meets a new love; how much money he finds and where; how lucky he already is with friends who understand him; that he should (debe) remember not to lose old friends.*

Quiero casarme con una millonaria.

Work Unit Twenty-one

*Teodoro thinks he's found a way to be rich and
happy without working.
Do you agree?*

Quiero ser rico.

Este junio va a ser un mes especial para Teodoro Tacones. Después de pasar cinco años en la escuela secundaria, finalmente va a graduarse. Teodoro es un muchacho de poco talento pero de mucha ambición. Sabe que tiene que encontrar trabajo lo más pronto posible. Así va a la oficina de empleos de la escuela para pedir ayuda.

Consejero: ¿Qué tal, Teodoro? Al fin va a graduarse.

Teodoro: Sí, señor. Por eso estoy aquí. Necesito su consejo. Busco un empleo.

Consejero: Ah, bueno. ¿Qué clase de trabajo desea?

Teodoro: Pues, un puesto con buen sueldo. Quiero ganar mucho dinero; quiero ser rico.

Consejero: Entonces, Ud. debe ir a la universidad para estudiar más. Tiene que aprender una profesión como médico o como abogado.

Teodoro: No, eso es mucho trabajo. Quiero un empleo fácil. Así puedo descansar y no hacer nada. Quiero viajar por el mundo y ver a la gente de otros países.

Consejero: Entonces, ¿por qué no estudia para ser piloto? Así Ud. puede ganar un buen sueldo y puede viajar también.

Teodoro: No, tengo miedo de los aviones. Y además, los pilotos trabajan largas horas y tienen muchas responsabilidades.

Consejero: Bueno, tengo la solución. Ud. debe casarse con una millonaria.

Teodoro: ¡Perfecto! ¡Ésta es la solución ideal! ¿Para qué trabajar?

Consejero: Sí, pero sólo hay un problema.

Teodoro: ¿Cuál?

Consejero: Todas las chicas millonarias quieren casarse con millonarios.

Palabras Nuevas

SUSTANTIVOS

el abogado   *the lawyer*
la ambición   *the ambition*
el avión   *the airplane*
la chica   *the girl*
el consejo   *the advice*
el empleo   *the job, the employment*
la escuela secundaria   *the high school, the secondary school*
la oficina de empleos   *the employment office*
el millonario,a   *the millionaire*
el piloto   *the pilot*
el puesto   *the job, the position*

la responsabilidad   *the responsibility*
la solución   *the solution*
el sueldo   *the salary*
el tacón   *the heel*
el talento   *the talent*
Teodoro   *Theodore*

VERBOS

casarse (con)   *to marry, to get married (to)*
ganar dinero   *to earn money*
graduarse   *to graduate*
pedir (i) ayuda   *to ask for help*
tener miedo   *to be afraid*

tener que   *to have to*
viajar   *to travel*

OTRAS PALABRAS

además   *besides*
al fin   *finally*
¿Cuál(es)?   *Which? What?*
finalmente   *finally*
lo más pronto posible   *as soon as possible*
¿Para qué?   *For what purpose? Why?*
por eso   *therefore, because of that*
¿Qué clase de?   *What kind of?*
¿Qué tal?   *How are things?*

231

EJERCICIOS

I. A. Preguntas. Role-play your answer in a complete Spanish sentence.

1. ¿Por qué es un día especial para Teodoro Tacones? _____

2. ¿Cuántos años está en la escuela secundaria? _____

3. ¿Qué quiere ser el muchacho? _____

4. ¿Por qué no quiere ser piloto? _____

B. Preguntas personales y generales. Role-play your answer in a complete Spanish sentence.

1. ¿Cuándo va Ud. a terminar la escuela? _____

2. ¿Cuál es su ambición? _____

3. ¿Quiere Ud. ser rico? ¿Por qué? _____

4. ¿En qué clase de trabajo va a recibir un buen sueldo? _____

1. _____

2. _____

3. _____

4. _____

II. ¿Cómo se dice en español?

1. He's finally going to graduate. _____

2. He wants to find work as soon as possible. _____

3. I want to earn a lot of money. _____

4. I want an easy job in order to rest. _____

1. _____

2. _____

3. _____

4. _____

III. Oral and Written Activities.

A. Describe what is happening in the picture at the beginning of this Work Unit. Tell something more about the story.

B. **Write a note** and speak to an employer. Ask about a summer job you heard about.

Tengo que ganar dinero para ir a la universidad.

1. What kind of a job is it?
2. How many hours do you have to work?
3. How much is the salary?
4. What **(cuáles)** are the responsibilities?
5. Is it also possible to work after school?

IV. Picture Match: Choose and write the sentence(s) suggested by each sketch. Then tell something more about each one.

1.

2.

3.

4.

5.

a. Tiene que encontrar trabajo.	**e.** Finalmente va a graduarse.
b. Quiero ganar mucho dinero.	**f.** Los pilotos tienen muchas responsabilidades.
c. Quiero viajar por el mundo.	**g.** Quiero ver a la gente de otros países.
d. ¿Por qué no estudia para ser piloto?	**h.** Va a la oficina de empleos.

1. _____

2. _____
   _____

3. _____

4. _____
   _____

5. _____

ESTRUCTURAS DE LA LENGUA

The Complementary Infinitive. The infinitive after prepositions and **tener que.**

A. The complementary infinitive completes the thought:

After verbs of some obligation—**deber, necesitar**

1. —¿Qué debes hacer? What should you do?	—Debo saber la lección. I should know the lesson.
2. —¿Qué necesitas hacer? What do you need to do?	—Necesito estudiarla. I need to study it.

After verbs of wanting and planning—**desear, querer, pensar**

1. —¿Qué quieres (deseas) hacer? What do you want to do?	—Quiero (deseo) escuchar mis discos. I want to listen to my records.
2. —¿Qué piensas hacer? What do you plan (intend) to do?	—Pienso escucharlos ahora. I plan (intend) to listen to them now.

After verbs of being able—**poder, saber**

1. —¿No puedes andar hoy? Can't you walk today?	—Puedo andar un poco. I can (am able to) walk a little.
2. —¿Sabes leer el español? Do you know how to (can you) read Spanish?	—Sé escribirlo también. I know how to (can) write it, too.

Rules:

1. Only the first verb agrees with the subject.

2. **Deber, necesitar, desear, querer, pensar, poder, saber,** are completed by the infinitive form of the verb that follows. Infinitives end in **ar, er,** or **ir.**

3. **Poder** means *can, to be able* in a strictly physical sense. **Saber** means *can* or *to know how* in the sense of possessing a skill or talent.

B. The infinitive form of the verb follows prepositions and **tener que.**

1. —¿Qué tienes **que** hacer? What do you have to (must you) do?	—**Tengo que comer.** (strong obligation) I have to (must) eat.
2. —¿Antes de mirar T.V. vas **a** comer? Before watching T.V., are you going to eat?	—**Voy a comer** después de mirar T.V. I am going to eat after watching T.V.

Rules:

1. **Tener que** followed by the infinitive means *to have to* or *must* and indicates strong obligation. **Deber** (should, ought) is milder. **Tener** agrees with its subject. **Que** has no English translation in this idiomatic expression.

2. **Ir a** followed by the infinitive tells what you are going to do in the immediate future. **Ir** agrees with its subject; **a** has no translation here.

Tengo que comer.

C. Para: *for, in order to* (purpose) vs. **por:** *for, by, out of* (cause, motive)

1. ¿**Para qué** trabajas tanto? Why (for what purpose) do you work so much?	Trabajo **para** tener dinero. I work in order to have money.
2. ¿**Por qué** trabajas tanto? Why (for what reason, cause) do you work so much?	Trabajo **por** no tener bastante dinero. I work on account of not having enough money.

Rules:

1. **Para** defines goal, use, benefit, destination, purpose.

2. **Por** defines motivation, cause, for the sake of, by what means, in exchange for or payment for, along, through.

STUDY THE RULES, EXAMPLES, AND MODELS BEFORE BEGINNING THE EXERCISES!

EJERCICIOS

I. You, the coach, say, "Time out for lunch." Everyone has to eat something now. Tell what each one has to eat. Clues: *fruta, ensalada, chocolate, helado, pan, sopa, hamburguesa.*

Model: **Nosotros tenemos que comer.**　　　*Ella.* **Ella tiene que comer.**
　　　　We have to eat.　　　　　　　　　She has to eat.

1. *Yo* _____

2. *Tú* _____

3. *Juan* _____

4. *Uds.* _____

5. *Ud.* _____

6. *Ana y yo* _____

7. *Juan y Ana* _____

II. The family is tired after a big picnic. Tell what each of us is *not* going to do tonight using the subject in *italics*. Make necessary changes in the verb. Clues: *salir, jugar, charlar, estudiar, comer, leer, trabajar.*

Model: **Yo no voy a leer esta noche.**   *Tomás.* **Tomás no va a leer esta noche.**
I'm not going to read tonight.   Thomas isn't going to read tonight.

1. *Los tíos* _____

2. *Susana* _____

3. *Tú* _____

4. *Uds.* _____

5. *Marta y yo* _____

6. *Yo* _____

7. *Él* _____

III. Create a sentence. Use **para** (purpose) or **por** (cause).

Model: (escribir / practicar) **Escribimos** para **practicar.**
We write in order to practice.

1. (Estudiamos / comprender) _____

2. (Leemos / saber) _____

3. (Ganamos la lotería / tener suerte) _____

4. (Vamos al médico / estar enfermos) _____

5. (Necesitamos dinero / ser pobres) _____

IV. Answer your friend using complete sentences, the appropriate **por** or **para** and the cue in *italics*. Role-play.

1. ¿Por qué andas con Lola? *estar enamorado* _____

2. ¿Para qué es esa raqueta nueva? *jugar al tenis* _____

WORK UNIT TWENTY-ONE: THE COMPLEMENTARY INFINITIVE. THE INFINITIVE AFTER PREPOSITIONS AND *TENER QUE, PARA, POR*

3. ¿Para quién es? *Lola* _____

4. ¿Por qué no compras más? *no tener mucho dinero* _____

5. ¿Para dónde sales en tu viaje? *Chile* _____

6. ¿Cómo viajas allí? *avión* _____

7. ¿Pagas tú el boleto? *quinientos dólares* _____

8. ¿Por qué regresas pronto? *Lola* _____

V. Tell about an afternoon of hard studying for an exam. Complete with the appropriate verb and preposition, as needed.

1. Hoy _____ estudiar para un examen. 3. Yo _____ pasar
    (I have to)   (I should)

dos horas con mis libros. 3. Primero, _____ comer una fruta. 4. Tomo mi
              (I'm going to)

pluma _____ el vocabulario. 5. Mi madre me llama dos veces
   (in order to write)

pero yo no _____ ahora. 6. Ella _____ esperar
     (want to eat)   (cannot)

más. 7. Finalmente ella _____ gritar. 8. —Nosotros _____ comer
        (has to)   (need)

_____ 9. Respondo: —Voy porque ya _____
(in order to live)   (I know how to write)

todo. 10. Prefiero primero _____ y luego _____.
        (to study)   (to eat)

VI. Your friend wonders how you, having an after-school job, find time for everything. Tell him in a complete sentence. Write an affirmative response using the words given in parentheses.

Model: —¿Cuándo vas a llegar?   (hoy)—**Voy a llegar hoy.**
   When are you going to arrive?   I'm going to arrive today.

1. ¿A qué hora tienes que llegar al trabajo? (a las tres después de la escuela)

_____

2. ¿Qué sabes tú hacer allí?   (vender ropa)

_____

3. ¿Cuántas horas tienes que trabajar? (tres horas después de la escuela)

_____

4. ¿Cuándo vas a casa a comer?   (un poco antes de las seis)

_____

5. ¿Cuándo puedes salir temprano? (los sábados)

_____

6. ¿No deseas jugar por la tarde?   (siempre)

_____

7. ¿Para qué trabajas?   (tener dinero)

_____

8. ¿Para qué necesitas dinero?   (ir a estudiar en la universidad)

_____

9. ¿Debe trabajar tu hermano?   (sí, también)

_____

10. ¿Van Uds. a estudiar después del trabajo?   (sí, por la noche)

VII. Directed Dialogue: You are looking for a job and discuss the possibilities with the employment counselor. Respond in complete sentences. Act it out and write the script.

Consejero—Bueno, ¿qué clase de trabajo busca Ud.?

1. Usted: _____
            (Mention an occupation: consejero, analista de computadoras, técnico(a).)

Consejero—Para ese empleo, va a necesitar ir a la universidad.

2. Usted: _____
            (Explain that you know that you need college in order to earn more.)

Consejero—Entonces, ¿cuánto quiere ganar por semana?

3. Usted: _____
            (Mention a reasonable salary amount you need to earn.)

Consejero—En ese caso, creo que no hay ninguna dificultad. ¡Venga a verme mañana!

4. Usted: _____
            (Say you are going to return. Say, "Until tomorrow.")

VIII. Oral Proficiency: Act your part **(Yo),** or role play. _Later_ write your part. [Review PALABRAS NUEVAS and ESTRUCTURAS of the WORK UNIT Twenty-one].

Situation: You are a peer student counselor. Your friend, Miguel, needs to know how to decide on a future career. You ask him important questions about his talents, hopes, etc.

 Miguel: ¿Cómo debo decidir para mi futuro?
                  Yo: . . .

Clues: _Ask what ambitions he has; whether he has to work in order to earn money for college_ **(la universidad);** _whether he is going to be_ **(estar)** _happy with a good job or profession, or does he have to be a millionaire; what he thinks he is going to be, what talents he has. Other ideas? Miguel answers you._

Vocabulario: copos de nieve snowflakes; estoy contando I am counting; perder tiempo to waste time; ya los conté I counted them already.

¿Es eso todo? ¿Cuál es la mala noticia?

Work Unit Twenty-two

*We all love a sad story. It gives us a chance
to have a good cry.*

¡Qué vida tan cruel!

A las doce en punto, Yolanda pone un programa de televisión, "La vida feliz de Alfonso y Adela". En este programa las personas sufren terriblemente. Todos los días hay un nuevo capítulo triste. Yolanda González está loca por este programa. Durante toda la hora, llora constantemente. Pero al día siguiente, lo mira otra vez. Vamos a escuchar el capítulo de hoy. Alfonso regresa de su trabajo y habla con su mujer.

Adela: Ay, mi vida. Estás tan triste. ¿Qué te pasa?

Alfonso: Adela, mi amor, tengo una mala noticia para ti. Ya no puedo trabajar. Cierran la oficina mañana y todos tenemos que buscar otro empleo.

Adela: No es tan serio, Alfonsito. Pronto vas a encontrar trabajo.

Alfonso: Imposible, mi cielo. Estoy muy enfermo y el médico dice que necesito una operación. Tengo que ir mañana al hospital.

Adela: Oh, no. ¡Y mañana viene la abuela a vivir con nosotros porque ella no puede pagar su alquiler! ¡No tenemos más dinero! ¿Qué vamos a hacer?

Alfonso: Es necesario ser valiente. ¿Dónde están nuestros hijos adorables, Raúl y Rodrigo? Quiero hablar con ellos.

Adela: Oh, Alfonso. ¿No recuerdas? Están en la prisión por robar un automóvil.

Alfonso: Sí, sí. Un coche patrullero con el policía adentro. Nuestros hijos son adorables pero estúpidos.

Adela: ¡Ay, qué vida tan miserable y cruel!

En ese momento, Gustavo González, el esposo de Yolanda, abre la puerta y entra en la sala. Completamente sorprendida, Yolanda le pregunta:

Yolanda: Gustavo, ¿qué te pasa? ¿Por qué vuelves a casa tan temprano?

Gustavo: Yolanda, tengo una mala noticia para ti. Tengo un resfriado y no puedo trabajar más hoy. Además perdí mi cartera con veinte dólares. (Yolanda comienza a reír) Pero, ¿estás loca? ¿Por qué ríes?

Yolanda: ¿Es eso todo? ¿Cuál es la mala noticia?

Palabras Nuevas

SUSTANTIVOS

Adela *Adele*
Alfonso *Alphonse*
  Alfonsito *little Alphonse, "Alfie"*
el alquiler *the rent*
la cartera *the wallet*

(mi) cielo (vida, amor) *(my) darling*
el coche (patrullero) *the (patrol) car*
la operación *the operation*
la prisión *the prison, the jail*
el resfriado *the cold (illness)*

ADJETIVOS

adorable *adorable*
cruel *cruel*
estúpido,a *stupid*
feliz *happy*
miserable *miserable*
serio,a *serious*

241

VERBOS	OTRAS PALABRAS	
		otra vez *again*
		para ti *for you (fam. sing.)*
llorar *to cry*	al día siguiente *on the*	¿Qué te pasa? *What is the*
perdí *I lost*	*following day*	*matter with you? (fam.*
recordar (ue) *to remember*	constantemente *constantly*	*sing.)*
reír *to laugh*	durante toda la hora *for the*	terriblemente *terribly*
ríes *you (fam. sing.) are*	*whole hour*	valiente *brave*
laughing	estar loco,a por *to be crazy*	ya no *no longer*
robar *to steal*	*about*	

EJERCICIOS

I. A. In place of the italicized word, use another word that makes the sentence correct.

1. A las doce Yolanda *escucha* un programa en *la radio.* _____

2. Alfonso y Adela llevan una vida *feliz.* _____

3. En este capítulo del programa, Alfonso trae una *buena* noticia. _____

4. Raúl y Rodrigo están ahora en *la universidad.* _____

5. Gustavo vuelve *tarde* a la casa. _____

B. Preguntas personales y generales. Role-play your answer in a complete Spanish sentence.

1. ¿Qué hace su papá cuando regresa del trabajo?
2. ¿Qué tiene Ud. que hacer si tiene un resfriado?
3. ¿Qué hay dentro de su cartera?
4. ¿Qué puede Ud. comprar con veinte dólares?
5. ¿Cuál es un ejemplo de una mala noticia?

1. _____

_____

2. _____

_____

3. _____

_____

4. _____

_____

5. _____

_____

II. Unscramble the words in the boxes to form complete sentences.

1.

llora	durante	la
constantemente	hora	toda

2.

mala	para	noticia
ti	tengo	una

3.

nuestros	estúpidos	son
adorables	pero	hijos

4.

tenemos	empleo	buscar
que	todos	otro

1. _____

2. _____

3. _____

4. _____

III. Compositions: Oral and written.

  A. Tell us *what is happening* in the *picture* at the beginning of this Work Unit. Then tell something more about the story and how it ends.

  B. Tell a friend about your opinion of TV programs. Write a note.

   Querido (a)…; Para mí la televisión o es adorable o es terrible.

   1. Why you watch **(la)** television at night.
   2. Which program is very stupid.
   3. Which one you are crazy about.
   4. Whether it makes you laugh, cry, or think.
   5. On what days, and at what time you watch **(la)** television.

ESTRUCTURAS DE LA LENGUA

Prepositional Pronouns

A. After the prepositions a, para, sin, sobre, de, and compounds of **de (cerca de,** etc.), use **mí, ti,** and forms that look like subject pronouns.

¡Para ti!

243

Singular Persons	*Plural Persons*
1. El regalo es **para mí.** The present is for me.	4. Sale **sin nosotros, -as** He leaves without us.
2. Corre **a ti.** He runs to you (*fam. sing.*).	5. Vivo cerca de **vosotros, -as** I live near you (*fam. pl.*)
3. Hablo **de él, de ella y de Ud.** I speak of him (it *masc.*), of her (it *fem.*), and of you (*formal sing.*).	6. Estoy **con ellos -as** y **con Uds.** I am with them and you.

Rules:

1. Learn these prepositions: **a** *to,* **de** *from,* **sin** *without,* **con** with, **para** *for,* **cerca de** *near.*

2. Except for **mí** and **ti,** the pronouns that follow the above prepositions are identical with these subject pronouns: **él, ella, Ud., nosotros, -as, vosotros, -as, ellos, ellas, Uds.**

3. After a preposition **él, ella,** may mean *it,* as well as *her, him.* **Ellos, -as** mean *them* for things as well as persons.

4. **Mí** *me* is distinguished from **mi** *my* by the accent mark.

5. **De él** *of him* does not contract, unlike **del** *of the.*

B. The preposition **con** *with* combines with **mí** and **ti** to form **conmigo** *with me,* and **contigo** *with you.*

1. Trabajan **conmigo.** They work *with me.*	4. Juegan **con nosotros, -as.** They play *with us.*
2. Estudian **contigo.** They study *with you* (fam. sing.).	5. Hablan **con vosotros, -as.** They speak *with you* (fam. pl.).
3. Comen **con él, con ella, con Ud.** They eat *with him* (it *masc.*), *with* *her* (it *fem.*) *with you.*	6. Van **con ellos, -as y con Uds.** They are going *with them* and *with you* (pl.)

Rule:

Con *must* combine to form **conmigo, contigo. Con** remains separate from the following: **él, ella, Ud., nosotros, -as, vosotros, -as, ellos, -as, Uds.**

STUDY THE RULES, EXAMPLES, AND MODELS BEFORE BEGINNING THE EXERCISES!

EJERCICIOS

I. This Christmas, you take the family to the store where everyone selects the gift he or she wants.

Model: Compran el regalo *conmigo* y es para *mí.*
They buy the present with me and it is for me.

(ella) Compran el regalo con **ella** y es para **ella.**
They buy the present with her and it is for her.

Compran el regalo conmigo y es para mí.

1. (él) _____

2. (ellos) _____

3. (ella) _____

4. (ellas) _____

5. (mí) _____

6. (ti) _____

7. (Uds.) _____

8. (nosotros) _____

9. (vosotros) _____

10. (Ud.) _____

II. Restate the sentence, substituting ONE appropriate prepositional pronoun for the expression in *italics*.

Model: Están cerca de *Luis* y de *mí*.   Están cerca de **nosotros.**
        They are near Louis and me.   They are near us. (*m.*)

1. Vivo cerca del *centro y del tren.* _____

2. Los niños vienen sin *su abuela y sin Juan.* _____

3. Compras dulces para *Luisa y para su amiga.* _____

4. Los perritos corren a *Pedro y a Ud.* _____

5. Las chicas bailan *conmigo y con mis amigos.* _____

III. You are seated on a park bench writing. Answer the child's questions, substituting the appropriate prepositional pronoun for the expression in *italics*. Begin with **Sí.** Role-play.

Model: —¿Vive Ud. (Vives) en *la casa grande?*   —**Sí,** vivo en **ella.**
        Do you live in the large house?   Yes, I live in it.

1. ¿Vive Ud. cerca de *la ciudad?* _____

2. ¿Prepara Ud. invitaciones para *las fiestas?* _____

3. ¿Desea Ud. escribir sin *error?* _____

4. ¿Escribes así sentado en *el banco?* _____

5. ¿Juegas luego cerca de *los árboles?* _____

IV. You are surprised by people's gifts and favors. Respond using the preposition and the appropriate prepositional pronoun suggested by the word(s) in *italics:* ¿_____? **Gracias.**

Model: —El regalo es *para Ud.*   —¿**Para mí? Gracias.**
          The present is for you.   For me? Thanks.

1. Compro una bicicleta *para Ud.*_____

2. Vamos a estudiar *con Ud.*_____

3. Hacemos el trabajo *sin ti.*_____

4. Vamos a comer *cerca de Uds.*_____

5. ¡Coma Ud. *con nosotros!*_____

V. Your friends are curious about you. Answer in a complete Spanish sentence. Use **con** and the appropriate prepositional pronoun in your answer. Begin with **Sí.** Role-play.

Model: —Van contigo, ¿verdad?   —**Sí. Van conmigo.**
          They're going with you. Right?   Yes. They're going with me.

1. Asisten contigo, ¿verdad? _____

2. Juegan con Uds., ¿verdad? _____

3. Van con Ud., ¿verdad? _____

4. Trabajan con nosotros, ¿verdad? _____

5. Comen conmigo, ¿verdad? _____

VI. Express the Spanish equivalent in a complete sentence using the vocabulary provided.

1. They buy the present for me and for him. _____
                                                              Ellos compran el regalo para / y para /

2. The child plays with me and with my friend. _____
                                                              El niño juega con / y / mi amigo

3. She runs to him, not to you (*formal*) _____
                                                              Ella corre a /, no a /

4. The man works without us and without her. _____
                                                              El hombre trabaja sin / y sin /

5. She lives near you (*fam.*), Peter, and near them. _____
                                                              Ella vive cerca de /, Pedro, y cerca de /

VII. Directed Dialogue: Yolanda has some bad news. You respond in complete sentences. Act it out and write the script.

1. Yolanda: Tengo una mala noticia.

   Tú _____
                          (Ask: Is it bad news for me?)

2. Yolanda: No es una mala noticia para ti.

   Tú _____
   (Ask: Is it bad news about **(acerca de)** you?)

3. Yolanda: Es una mala noticia acerca de Adela y Alfonso.

   Tú _____
   (Exclaim: Oh, it is about them!)

4. Yolanda: Es un secreto. Sus hijos están en la prisión por robar un coche patrullero.

   Tú _____
   (Say: With me there are no secrets.)

5. Yolanda: ¡Pero, Adela y Alfonso son nuestros buenos vecinos!

   Tú _____
   (Say: For us it is not bad news, but how sad for them!)

VIII. Oral Proficiency: Act your part **(Yo),** or role play. *Later* write your part. [Review PALABRAS NUEVAS and ESTRUCTURAS of this WORK UNIT Twenty-two]

Situation: Your friend notices that you look sad, and asks what is the matter and what bad news you have. You tell your friend all the bad news. [Three sentences are good; four very good; five or more are excellent.]

 Amigo(a): ¿Qué te pasa? Qué mala noticias traes?
Yo: . . .

Clues: *Tell whether it is difficult not to cry; which best friend is now going to live far from you; how crazy you are about him or her; also, tell what you lost today; and tell who has to go to the hospital and why. Other ideas?*

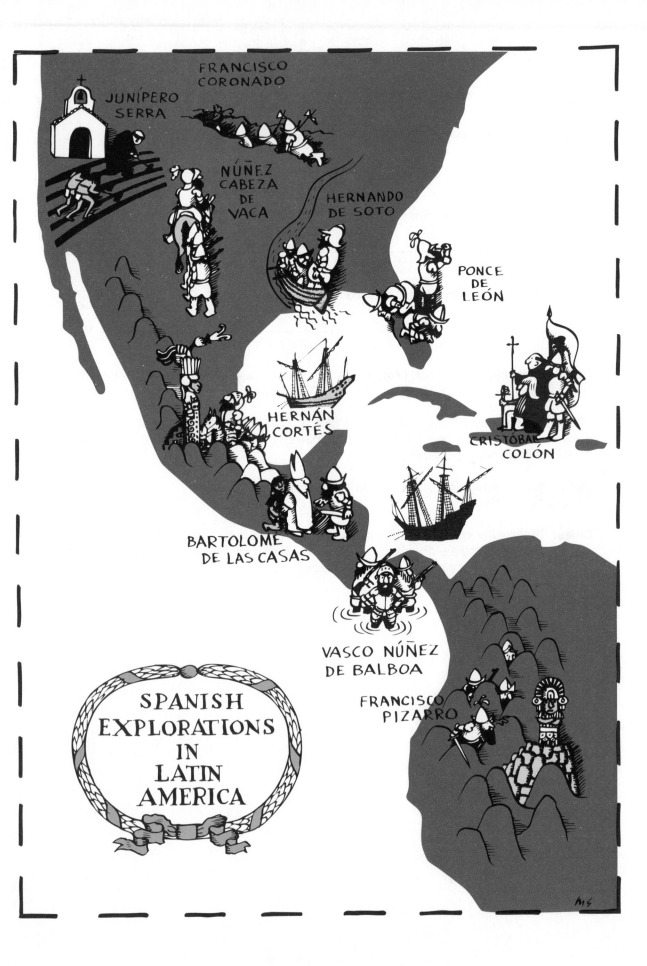

Culture Unit Four

España: la madre patria

Part One. Discoverers, Conquerors, and Explorers of America

A. Spain at the Time of Columbus

The year 1992 marked the quincentennial (500th) anniversary of Columbus's discovery of America, celebrated throughout Spain and in all the Americas. **Columbus** sailed from Spain in 1492, westward across the Atlantic, sent by **King Ferdinand** and **Queen Isabel,** to find a shorter route to the rich spices of India. Spain had only a few years before becoming a politically unified country. King Ferdinand and Queen Isabel, *los Reyes Católicos* (the Catholic King and Queen), had established their capital city in Madrid, in the center of Spain, and at the heart of the **Iberian Peninsula,** which is the extreme western end of Europe. When they realized that Columbus had discovered new land, Ferdinand and Isabel, needing America's gold, trade, and territory, sent Spanish **conquistadores** (conquerors) to explore, conquer, colonize, and claim America for Spain. Missionaries like **Bartolomé de las Casas** *(Apostle of the Indians)* tried to better the life of the natives (called Indians), to convert, and to educate them. But some colonizers came only to exploit the mines and the Indian manpower of America.

B. Spanish Explorations in Latin America

1. **Christopher Columbus.** Columbus landed on the island of San Salvador on the twelfth of October, a date celebrated as *El Día de la Raza* by Spaniards and Latin Americans alike. He would make three more voyages for King Ferdinand and Queen Isabel of Spain.

2. **Ponce de León.** In a fruitless search for the *Fountain of Youth,* he explored most of Florida. He was the first governor of Puerto Rico.

3. **Hernán Cortés.** In 1519 Cortés landed in Mexico to found the city of *Vera Cruz.* After two attempts at conquest, he defeated the Aztec Indians. Their emperor, Moctezuma, was stoned by his own people for advising peace with the Spaniards.

4. **Vasco Núñez de Balboa.** In his explorations of the Isthmus of Panama, Balboa discovered the *Mar del Sur,* the Sea of the South, now called the Pacific Ocean.

5. **Francisco Pizarro.** As the founder of Lima, called the *City of Kings* and now Peru's capital, he conquered the Inca Indians of Peru and put to death their emperor, *Atahualpa.*

C. Spanish Explorations in the United States

1. **Francisco Coronado.** He sought the *Seven Cities of Cíbola,* which were said to be made of gold according to legend. His explorations of the *Grand Canyon of Arizona* and the surrounding states were his real accomplishment.

2. **Hernando de Soto.** During his explorations of Alabama, Florida, Missouri, Georgia, and Tennessee, he discovered the *Mississippi* in 1541. This great river was to become his grave a year later.

3. **Alvar Núñez Cabeza de Vaca.** His *explorations* brought him into Texas and Mexico. He was among the very first of a group of explorers from Spain to undertake the long and difficult exploration of the New World.

4. **Fray Junípero Serra.** This Franciscan priest founded *21 missions in California,* including San Diego, San Luis Obispo, and San Juan Capistrano. Many of the vocational, religious, and educational activities were carried out in these missions for the benefit of the Indians. Some of the missions along the California coast and inland, were connected by the royal road, **el Camino Real.** They often grew into great cities like San Francisco and Los Angeles.

249

EJERCICIOS

I. Write the letter of the word that best completes the statement.

1. Columbus first landed at
   a. Florida   b. the island of San Salvador   c. Texas   d. Mexico   _____

2. Ponce de León searched for the Fountain of Youth in
   a. Florida   b. the Antilles   c. Texas   d. Mexico   _____

3. In Spanish-speaking countries October 12 is called el Día de
   a. Colón   b. la Raza   c. Cíbola   d. Pascuas   _____

4. Columbus discovered America believing he was on the way to
   a. Mexico   b. Santo Domingo   c. India   d. Africa   _____

5. Pizarro conquered the Indians of
   a. Chile   b. the Antilles   c. Peru   d. Florida   _____

6. Cabeza de Vaca was among the earliest
   a. missionaries   b. explorers   c. generals   d. soldiers   _____

7. The Pacific Ocean was called Mar del
   a. Este   b. Oeste   c. Norte   d. Sur   _____

8. Pizarro founded the city of
   a. Santiago   b. Lima   c. Cíbola   d. Miami   _____

9. Cortés founded the city of
   a. Vera Cruz   b. Santiago   c. Kings   d. Puerto Rico   _____

10. The Aztec king who was supposedly stoned by his people was
    a. Pizarro   b. Atahualpa   c. Moctezuma   d. Balboa   _____

II. Write the letter of the word best associated with the word in *italics*

1. *Grand Canyon*   a. de Soto   b. Balboa   c. Cortés   d. Coronado   _____

2. *mission*   a. Chile   b. San Diego   c. de Soto   d. Balboa   _____

3. *Mar del Sur*   a. Texas   b. Pacific   c. Chile   d. las Casas   _____

4. *Pizarro*   a. Mississippi   b. Moctezuma   c. Cíbola   d. Atahualpa   _____

5. *City of Kings*   a. Cíbola   b. Lima   c. San Diego   d. Vera Cruz   _____

III. Match the following items.

A. a. Columbus   1. _____ peninsula   **B.** a. Ponce de León   1. _____ Cíbola

b. Spain   2. _____ Mississippi River   b. de las Casas   2. _____ missions

c. Pizarro   3. _____ San Salvador Island   c. Junípero Serra   3. _____ Florida

d. de Soto   4. _____ Atahualpa   d. Coronado   4. _____ "Apostle"

e. capital   5. _____ Madrid   e. Fernando   5. _____ Rey Católico

IV. Write the word(s) that best complete(s) the statement from the selection below.

1. Columbus made four voyages for Ferdinand and _____ of Spain.

2. Lima was called City of _____

3. Ponce de León was the first governor of _____

4. It was believed that the cities of Cíbola were made of _____

5. The conquerors came to the New World for precious _____

Selection: metals; gold; Isabel; Kings; Puerto Rico

Part Two. Spain's Influence in the Daily Life of Latin America

Linguistic Influence

A. The effectiveness of Spain's colonization is reflected in the establishment of Spanish as the national language of 18 Latin-American countries. Brazil, where Portuguese is spoken, is a notable exception.

Amusements and Pastimes

B. Spain's games and national pastimes became a part of Latin-American life.

1. **Bullfighting (la Corrida de Toros)** is the national pastime of Spain and of some of its former colonies, notably Mexico. It dates from prehistoric times and the cavemen who, it is said, worshipped bulls. The heroes of **la corrida, los matadores,** are treated like our baseball and football heroes.

2. **Jai-alai,** also called **la pelota,** originated in the Basque region of Spain. It is a version of handball played on a court called a **frontón.** The players wear a **cesta** on one hand, with which the ball, also called **la pelota,** is propelled against any one of three walls of the **frontón.**

3. **Soccer,** called **el fútbol,** is played throughout Latin America. Only American baseball rivals its popularity in such places as Puerto Rico.

4. **Dominos (el dominó):** Many people are seen in the public squares, **las plazas,** in the cafés or at home spending an entire afternoon or evening with the dotted tiles of dominos.

5. **The lottery (la lotería)** is a nationwide, government-sponsored game of chance in countries like Mexico. The lottery provides employment for thousands who sell parts or all of the ticket on streets and in cafés to those who wish to win **el premio gordo,** first prize.

6. **The coffee house (el café):** A perfect place for a **tertulia** (a chat with light refreshment), the **café** is an informal restaurant with outside tables where one may stop for coffee or wine during the **paseo** or walk.

7. **Music:** The marked rhythms of Spain have developed into the varied dances of Latin America. The accompanying guitar **(guitarra)** is a musical legacy from Spain to the entire world.

Spain's Customs in Conversation and Social Manners

C. The polite conventions of Spanish life are reflected in everyday conversation as well as in the observance of customs and manner of behavior.

1. **Formal and Informal** *you*
   a. **Use of tú. Tú** (you) is the informal word of address between members of the family, adults speaking to children, good friends, and employers addressing their employees.
   b. **Use of usted** (you). **Usted** is the formal word of address when speaking to employers, very recent acquaintances, teachers, officials, and those in a position of authority.
   c. **Ustedes** (formal) and **vosotros** (familiar) are the corresponding plural forms of **usted** and **tú.** While both are used in Spain, **ustedes** is often the only plural *you* in Latin America.

251

2. **Expressions of hospitality, graciousness, and courtesy**
   a. **Mi casa es suya** (my house is yours) or **Está en su casa** (you are in your own home) are common greetings of welcome said by the host.
   b. **Es suyo** (it's yours) *offers* as a gift anything that is openly admired, a tie, a hat, to the person making the comment. *No exchange is expected.*
   c. **Servidor(a)** (at your service) is an expression of cordiality said during introductions. It is also the student's acknowledgment when the roll is called.
   d. **A sus órdenes** (at your service) or **A la disposición de Ud.** are two more gracious responses when being introduced.

The Spanish Family

D. The Spanish family has traditionally been a tightly knit unit in Spain and in Latin America. The mother exerts the most immediate influence over her children, who are accountable to her and their father for all their actions in and out of the home. Even the names reflect (1) the importance of both parents and (2) the influence of religion in Spanish life.

1. Spanish children are often named after a particular saint. They celebrate their *Saint's Day* **(el Día del Santo)** as well as birthdays.

2. The last names of *both* parents (the father's before the mother's) become the surnames of the Spanish child. Juan **López** and María **García** have a daughter who will be called Elena **López García.**

3. When a woman marries, usually she follows one of three choices: Either she keeps her father's last name, drops her mother's last name, adds **de,** and follows it with her husband's last name (**María López Ovalle** becomes **María López de Sepúlveda**), or she drops both parents' last names and adds her husband's (**María López Ovalle** becomes **María Sepúlveda**), or she keeps her maiden names and her marriage has no effect in this matter. These choices depend on social status, culture, customs, and geographical location.

The Religious Holidays and Customs

E. The Catholicism of Spain, brought over by the missionaries, is the major religion of the countries of Latin America. Religious holidays are often national holidays. The manner of celebration comes from Spain.

1. **La Navidad** (Christmas)
   a. **La Nochebuena** (Christmas Eve)
   b. **Los aguinaldos** (Christmas presents)
   c. **El Día de los Reyes Magos:** January 6. Children receive **aguinaldos.**
   d. **El Nacimiento,** also called **el Portal,** is the manger scene that often complements the Christmas tree in Spanish and Latin-American homes.

2. **Pascua Florida** (Easter)
   a. **Carnaval** (Carnival) is the colorful and costumed celebration that precedes Lent.
   b. **Cuaresma** (Lent) is the period of 40 days before Easter in which the individual gives up some important pleasure or food.
   c. **La Semana Santa** (Holy Week) takes place between Palm and Easter Sundays; it is marked by many colorful processions.

The Animal and Plant Life Brought by Spain

F. Spain's major economic interest in the New World was the extraction of gold and silver from the mines of Mexico and Peru. At the same time Spain introduced new animal and plant life that had been unknown in the New World.

1. **Agricultural products**
   a. **Olives** were brought from Seville for olive oil, food, and nourishment.
   b. **Wheat** provided the Spaniard with bread, while the Indian continued to use **maíz** (corn) for his **tortillas** (round flat bread).
   c. **Sugar** became a major part of Cuba's economy.

    d. **Bananas** were to become a major product and the basis for international trade for most of Central America.

    e. **Oranges, limes, lemons, grapefruits, pears, peaches, mangos,** became as much a part of the tropical fruit of America as were the **papaya** and the **cactus pear.**

2. **Animal life**

    a. The **horse** was brought to America to be a means of transportation on the plain, and in parts of the Andes Mountains, to replace the human being or even the stubborn **llama** as a beast of burden.

    b. Cattle, sheep, pigs, became a part of the American landscape as the cowboys, called **gauchos** in Argentina and **vaqueros** in Mexico, rounded up and branded the growing herds of cattle.

Days Celebrating Independence and Solidarity

G. Spain and Latin America are proud of their cultural ties and of their independence.

1. **El Día de la Hispanidad** or **El Día de la Raza.** What we regard as Columbus Day, October 12, is celebrated by Spanish-speaking people in the Old and in the New World as a day of recognition of a common tradition. October is designated our Spanish Heritage Month.

2. **El Día de las Américas,** the fourteenth of April, Pan-American Day, signifies the desire for harmonious interdependence among most of the nations of the Americas.

EJERCICIOS

I. Match the following items

A. a. frontón   1. ____dotted tiles   **B.** a. corrida   1. ____ la pelota

    b. dominó   2. ____lottery   b. cesta   2. ____ rivals baseball

    c. soccer   3. ____matador   c. lotería   3. ____ Cuba

    d. premio gordo   4. ____jai-alai   d. sugar   4. ____bullfight

    e. sports hero   5. ____fútbol   e. soccer   5. ____ winning number

II. Write the letter of word(s) that best complete(s) the sentence.

1. Jai-alai originated in Spain in the area of
    a. Sevilla   b. the Basques   c. Castille   d. Andalusia   ____

2. A *tertulia* includes conversation and a light
    a. refreshment   b. supper   c. lunch   d. breakfast   ____

3. When speaking to a child, it is appropriate to address him as
    a. señor   b. vosotros   c. Ud.   d. tú   ____

4. The *vosotros* form of you is used generally in
    a. South America   b. Mexico   c. Latin America   d. Spain   ____

5. *Es suyo* is a response to a compliment; it is accompanied by giving
    a. gifts   b. nothing   c. souvenirs   d. insults   ____

6. It is customary to take a *paseo* in Spanish-speaking countries
    a. before breakfast   b. before noon   c. before school   d. after dinner ____

7. *A sus órdenes* may be heard most naturally after
    a. a bullfight   b. an introduction   c. a film   d. a sunset   ____

8. Another name for Día de la Raza is Día de
    a. la Hispanidad   b. las Américas   c. los Inocentes   d. la Independencia ____

253

9. Spanish children enjoy their saint's day as they would their
    a. graduation   b. vacations   c. birthday   d. school days   _____

10. When the roll is called a Spanish-speaking student might say:
    a. Es suyo   b. Vosotros   c. Servidor   d. La Navidad   _____

III. Write the letter of the word that is best associated with the *italicized* word.

1. *loteria*   a. premio   b. cesta   c. tertulia   d. tortilla   _____

2. *April 14*   a. Seville   b. Columbus   c. portal   d. Pan-American   _____

3. *Día del Santo*   a. dominó   b. independence   c. Lent   d. birthday   _____

4. *fiesta*   a. orange   b. celebration   c. lottery   d. soccer   _____

5. *Central   a. banana   b. llama   c. gaucho   d. Andes   _____
    America*

6. *aguinaldo*   a. birthday   b. Christmas   c. santo   d. Cuaresma   _____

7. *la pelota*   a. colony   b. toro   c. cena   d. game   _____

8. *"Mi casa es   a. greeting   b. game   c. song   d. dance   _____
    suya"*

9. *Usted*   a. informal   b. hello   c. greeting   d. formal   _____

10. *vaqueros*   a. officers   b. gauchos   c. santos   d. fiestas   _____

IV. Write the letter of the answer that best completes the statement.

1. An adult would generally use the informal **tú** with
    a. a new friend   b. a young child   c. an employer   d. officials   _____

2. As a result of the national lottery in Mexico   a. the government goes bankrupt
    b. many people have jobs   c. there are few winners   d. gambling is prohibited   _____

3. If María García López marries Juan González Hernández, María is now
    a. María García de González   b. María López de Hernández
    c. María González García   d. María López de González   _____

4. The Spanish family has generally been   a. disorganized   b. a problem of the
    government   c. loosely formed   d. tightly knit   _____

5. The strong influence of Spain in the life of Latin America shows Spain's
    a. desire for gold and silver   b. language as superior to others   c. effective
    colonization of America   d. games were played by all Indians   _____

6. One of Spain's great agricultural contributions to Latin America is
    a. a variety of green plants   b. citrus fruit   c. the cactus pear   d. papaya   _____

7. The period of Carnival is best characterized by the idea of   a. sacrifice   b. work
    c. celebration   d. exchange of gifts   _____

8. The meaning of Pan American Day is best characterized by the idea of
    a. Spanish idealism   b. religious festival   c. independence   d. solidarity   _____

9. The café is among the perfect places for a group to participate in a
    a. game of jai-alai   b. tertulia   c. soccer match   d. religious observance   _____

10. The most immediate influence on the Spanish family is exercised by the
    a. grandparents   b. uncle   c. father   d. mother   _____

V. Complete the following statements from the selection below.

1. Children in Latin America usually receive aguinaldos on _____

2. In addition to the Christmas tree Spanish homes may have _____

3. Holy Week is between _____ Sunday and _____ Sunday.

4. The heroes of the bullfight are called _____

5. Another name for jai-alai is _____

6. The celebration before Lent is called _____

7. What we call Columbus Day, Spaniards call _____

8. A perfect place for a discussion and drink is the _____

9. The cowboy of Argentina is called _____

10. The court on which jai-alai is played is called _____

Selection: matadores; la pelota; El Día de la Hispanidad; January 6; frontón; Palm; Easter; portales; Carnaval; café; gaucho

Vocabulario: los demás *the other;* **saltan** *jump;* **sus amos vuelven** *their masters return;* **los saltos** *the jumps;* **he visto en mi vida** *I have ever seen.*

*La construcción de la casa
está terminada.*

Work Unit Twenty-three

*Some people are never satisfied. What could
Esmeralda want now?*

¡Vamos a construir una casa!

¡Qué día tan triste! Esmeralda, una niña de seis años, está sola en casa con su abuelo. Su padre trabaja, sus hermanos mayores están en la escuela, y su madre está en la casa de una vecina enferma. Quiere ir a jugar afuera pero no puede porque hace mal tiempo. Hace frío y llueve. Esmeralda ya está cansada de jugar con su muñeca, Pepita, y está muy triste.

Esmeralda: Ay, abuelito, ¿qué vamos a hacer? Estoy tan aburrida.

Abuelo: Bueno, niña. Dime, ¿dónde vive tu Pepita?

Esmeralda: ¿Cómo? Pepita vive aquí, conmigo, por supuesto.

Abuelo: Ah, pero no tiene su propia casa, ¿verdad? ¡Vamos a construirla!

Esmeralda: Oh, ¡qué buena idea! Sí, vamos a construir una casa para Pepita.

Abuelo: Primero, necesitamos una caja, así.

la tapa

una caja

un lado

Esmeralda: Sí, los lados de la caja pueden ser las paredes de la casa. ¡Haga Ud. un techo de la tapa y póngalo en la casa!

el techo

la ventana

Esmeralda: Ahora, ¡ponga una puerta en el frente de la casa y unas ventanas en las paredes!

257

Abuelo: ¿Qué más necesitamos?

Esmeralda: Bueno, ¡haga una chimenea y póngala en el techo! Necesitamos también un jardín con unos árboles de cartón.

Después de media hora, la construcción está terminada.

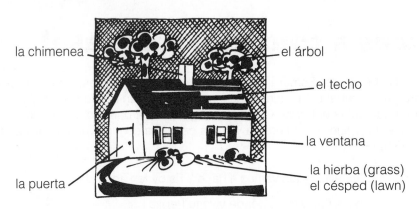

la chimenea — el árbol

el techo

la ventana

la hierba (grass)
el césped (lawn)

la puerta

Abuelo: Aquí tienes tu casa, niña. ¿No estás contenta ahora?

Esmeralda: No, abuelito, porque es la única casa en el vecindario y Pepita va a estar sola. Ahora, tenemos que hacer otra cosa necesaria. . . . ¡Construir más casas! ¡Y de dos pisos!

Palabras Nuevas

SUSTANTIVOS

el abuelito   *the grandpa*
la caja   *the box*
el cartón   *the cardboard*
la construcción   *the construction*
la chimenea   *the chimney*
el frente   *the front*
el jardín   *the garden*
el lado   *the side*
la pared   *the wall*
el piso   *the floor*
la tapa   *the cover*
el techo   *the roof, the ceiling*
la vecina   *the neighbor*

el vecindario   *the neighborhood*

ADJETIVOS

aburrido,a   *bored*
mayor   *older*
propio,a   *own*
terminado,a   *finished*
único,a   *only*

VERBOS

construir   *to build, to construct*
¡dime!   *tell me! (fam. sing.)*

hace frío   *it is cold (weather)*
hace mal tiempo   *it is bad weather*
¡haga!   *make! (formal sing.)*
llueve   *it rains*
¡póngalo(la)!   *put it! (formal sing.)*
¡vamos!   *let's go!*

OTRAS PALABRAS

afuera   *outside*
después de media hora   *after a half hour*
por supuesto   *of course*

EJERCICIOS

I. A. Preguntas. Role-play your answer in a complete Spanish sentence.

1. ¿Cuántos años tiene Esmeralda?
2. ¿Por qué está triste hoy?
3. ¿Dónde está la familia de Esmeralda?
4. ¿Por qué no puede jugar afuera?
5. Después de ver la casa, ¿por qué no está contenta Esmeralda?

1. _____

2. _____

3. _____

4. _____

5. _____

B. Preguntas personales y generales. Role-play your answer in a complete Spanish sentence.

1. ¿Qué hace Ud. en casa cuando hace mal tiempo?
2. ¿En qué clase está Ud. aburrido? ¿Por qué?
3. ¿Para qué sirve la puerta de una casa?
4. ¿Vive Ud. en un apartamento o en su propia casa?
5. ¿Qué hay en las paredes de su clase?

1. _____

2. _____

3. _____

4. _____

5. _____

II. Fill in the missing words.

Instrucciones para construir una casa para muñecas.

Primero, es necesario encontrar una _____ de cartón. Los _____ de la caja
$\qquad$ 1 $\qquad$ 2

van a ser las _____ de la casa. Después, hacemos el _____ de la tapa de la
$\qquad$ 3 $\qquad$ 4

caja. En el frente de la casa, ponemos una _____ . Las personas_____ y
$\qquad$ 5 $\qquad$ 6

_____ de la casa por esta _____ . En las paredes ponemos dos _____ .
7 $\qquad$ 8 $\qquad$ 9

Así pueden entrar luz y_____ . Terminamos el trabajo con un jardín con hierba y con
10

unos _____ .
11

III. Compositions: Oral and written.

A. Tell us *what is happening* in the *picture* at the beginning of this Work Unit. Then tell something more about the story and how it ends.

B. Tell a friend about this rainy week. Write a note.

Querido (a) . . . , Esta semana llueve durante los siete días.

1. What you do when it rains everyday.
2. What you then do when you are alone and bored with everything in the house.
3. Whom you invite to your house.
4. What kind of weather you prefer.
5. Why.

IV. Picture Match: Choose and write the sentence(s) suggested by each sketch. Then tell something more about each one.

1.

2.
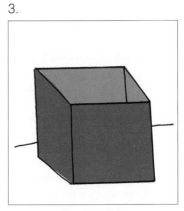

3.

4.

5.

a. Hace frío y llueve.

b. Está cansada de jugar con su muñeca.

c. Los lados de la caja pueden ser las paredes.

d. —Pongo unas ventanas en las paredes.

e. ¡Qué día tan triste!

f. —Necesitamos una caja.

g. El jardín tiene árboles.

h. —¡Ponga una puerta en el frente de la casa!

1. _____

_____

2. _____

3. _____

_____

4. _____

_____

5. _____

ESTRUCTURAS DE LA LENGUA

Direct Object Pronouns

A. The direct object *pronoun* stands for the noun, and agrees with it in number and gender.

THINGS

The *noun* as object of the verb.   The *pronoun* used in place of the noun.

1. ¿Tiene Anita **el libro?** Does Anita have the book?	Anita **lo** tiene. Anita has *it.*
2. ¿Tiene Anita **la tiza?** Does Anita have the chalk?	Anita no **la** tiene. Anita does not have *it.*
3. ¿Aprende Juan **los números?** Does John learn the numbers?	Sí, Juan **los** aprende. Yes, John learns *them.*
4. ¿Aprende Luis **las reglas?** Does Louis learn the rules?	Luis no **las** aprende. Louis does not learn *them.*

Rules:

1. Meanings: **lo** (masc.), **la** (fem.) *it;* **los** (masc.), **las** (fem.) *them.*

2. **Lo, la, los,** or **las** (the direct object pronouns) are placed *before* the verb. When **no** is present, it is placed before **lo, la, los,** or **las.**

B. Direct Object Pronouns representing PERSONS.

Juan **me** ve	(a mí)	John sees	*me*	
te ve	(a ti)		*you* (familiar sing.)	
lo ve	(a él)		*him*	
la ve	(a ella)		*her*	
lo ve	(a Ud.)		*you* (formal, masc.; sing.	
la ve	(a Ud.)		*you* (formal, fem.; sing.)	
Juan **nos** ve	(a nosotros)	John sees	*us*	
os ve	(a vosotros)		*you* (familiar pl.)	
los ve	(a ellos)		*them* (masc.)	
las ve	(a ellas)		*them* (fem.)	
los ve	(a Uds.)		*you* (formal, masc.; plural)	
las ve	(a Uds.)		*you* (formal, fem.; plural)	

Rules:

1. *All* direct object pronouns are placed directly *before* the conjugated verb.

2. Multiple English meanings for **lo:** *him, you* (masc.), *it* (masc.); for **la:** *her, you* (fem.), *it* (fem.).

3. **A mí, a ti, a él, a ella, a Ud.; a nosotros, a vosotros, a ellos, a ellas, a Uds.,** are omitted under ordinary circumstances. They *are* used for *emphasis,* and to *clarify the meanings* of **lo, la, los,** and **las.**

4. **Le** is reserved for the indirect object pronouns *to him, to her, to you,* in this book.

C. Direct object pronouns *are attached to the end of*

Direct object pronouns are placed *before*

AFFIRMATIVE COMMANDS	NEGATIVE COMMANDS
1. **¡Cómalo** Ud. ahora! Eat it now!	1. **¡No lo coma** Ud. después! Don't eat it later!
2. **¡Apréndanla** Uds. bien! Learn it right!	2. **¡No la aprendan** Uds. mal! Don't learn it wrong!
3. **¡Comprémoslos** aquí! Let's buy them here!	3. **¡No los compremos** allí! Let's not buy them there!

Rules:

1. The accent mark is written after attaching the object pronoun to the end of the affirmative command. The mark is placed on the stressed vowel of the third syllable from the end of the combined word. This written accent preserves the original stress on the verb for the reader.

2. No attachment is possible on negative commands; no accent mark is needed.

No lo veo.

D. The position of object pronouns varies in the presence of a conjugated verb which is followed by an INFINITIVE.

1. Anita no **lo quiere comer.**	2. Anita no **quiere comerlo.**
Anita does not want to eat it.	

Rules:

1. Direct object pronouns may be placed either (1) before the conjugated verb or (2) attached to the infinitive, when both conjugated verb and complementary infinitive are present.

2. Direct object pronouns MUST be attached to the end of the infinitive when no conjugated verb is seen *before* it, e.g.,

---

Para **comerlo** necesito una cuchara.
In order *to eat it* I need a spoon.

---

3. No accent mark is written when attaching one object pronoun to an infinitive.

STUDY THE RULES, EXAMPLES, AND MODELS BEFORE BEGINNING THE EXERCISES!

EJERCICIOS

I. Pablo complains about the family trip. He repeats his complaints emphatically, substituting the appropriate direct object pronoun for the noun in *italics*.

Model: —Yo no tengo *los guantes.*   —¡Yo no **los** tengo!
   I don't have the gloves.   I don't have them!

1. Yo no tengo mis *boletos.* _____

2. Las primas no toman el mismo *avión.* _____

3. Juan no tiene *la visa.* _____

4. El piloto no sabe *las rutas.* _____

5. Los abuelos no desean *pasaporte.* _____

II. The President is visiting our town. The Secret Service watches everyone. Answer in a complete Spanish sentence using the object pronoun before the verb and the emphatic phrase after the verb.

Model: ¿A quién observan allí?   (lo/a él) **Lo** observan **a él** allí.
   Whom do they observe there?   They observe *him* there.

1. ¿A quién necesitan en el jardin?

   (me/a mí) _____

2. ¿A quién ven en el supermercado?

   (la/a Ud.) _____

3. ¿A quién cogen (catch) en aquel país?

(lo/a Ud.) _____

4. ¿A quién observan en la calle?

(lo/a él) _____

5. ¿A quién permiten en la casa?

(te/a ti) _____

6. ¿A quiénes hallan en la sala?

(los/a Uds.) _____

7. ¿A quiénes describen en la foto?

(nos/a nosotros) _____

8. ¿A quiénes miran por la avenida?

(las/a ellas) _____

9. ¿A quién escuchan en su clase de historia?

(la/a ella) _____

10. ¿A quiénes prenden (arrest) en el cine?

(los/a ellos) _____

III. The committee is looking for performers in *A Night of Stars.* Role-play using the appropriate direct object pronoun and emphasizing phrase. Begin each response with **Sí que . . .** (certainly) or **Sí . . .** (yes), according to the models.

A. Model: —¿La observan a *María?*   —Sí que **la** observan **a ella.**
           Are they watching Mary?   They certainly are watching her.

1. ¿La invitan a *la niña?*_____

2. ¿Lo prefieren a *este profesor?*_____

3. ¿Las quieren a *Marta* y a *Luisa?*_____

4. ¿Los ven a *los hombres?*_____

5. ¿Los escuchan a *Ana* y a *Tomás?*_____

B. Model: —¿**Nos** invitan **a nosotros?**   —Sí, **los** invitan **a Uds.**
           Are they inviting *us?*   Yes, they are inviting *you* (pl.)

1. ¿Nos ven a nosotros?_____

2. ¿Me necesitan a mí?_____

3. ¿Te comprenden a ti?_____

4. ¿Los visitan a Uds.?_____

5. ¿La observan a Ud.?_____

IV. Can you play this game? Restate the sentence, switching the position of the object pronoun according to the models.

A. Model: No lo debo estudiar.
No debo estudiarlo.
I must not study it.

1. No lo deseo leer.

_____

2. ¿No los quiere visitar?

_____

3. No te vamos a comer.

_____

4. ¿No nos pueden ver?

_____

5. No me deben mirar.

_____

6. No la voy a construir.

_____

B. Model: No puedo estudiarlo.
No lo puedo estudiar.
I cannot study it.

1. No esperamos verte.

_____

2. ¿No sabes hacerlas?

_____

3. No prefiere contestarla.

_____

4. ¿No pueden comprenderme?

_____

5. No van a escucharnos.

_____

V. You have a new **camioneta** (van). All your friends want a lift. Answer their questions affirmatively using the *correct object pronoun*. Role-play.

Model: Dorotea:—Quieres llevarme?   —Sí, te llevo.
Do you want to take me?   Yes, I'll take you.

1. José y Ana: ¿Quieres llevarnos? _____

2. Inés: ¿Deseas llevarlas a Ana y a Sara? _____

3. Doctor: ¿Puedes llevarme? _____

4. Las tías: ¿Quieres llevarnos? _____

5. Mamá: ¿Deseas llevarla a tu hermana? _____

VI. Are you in a negative mood? Give the appropriate NEGATIVE command. Make all necessary changes in the position of the object pronoun and the use of the accent mark. Role-play.

Model: ¡Cómprelo Ud.!   or   ¡Cómprenlo Uds.!   or   ¡Comprémoslo!
Buy it!   Buy it!   Let's buy it!

¡No lo compre Ud.!   ¡No lo compren Uds.!   ¡No lo compremos!
Don't buy it!   Don't buy it!   Let's not buy it!

265

1. ¡Enséñelo Ud.! _____

2. ¡Llámeme Ud.! _____

3. ¡Visítenla Uds.! _____

4. ¡Mírennos Uds.! _____

5. ¡Invitémoslos! _____

VII. Let's be affirmative! Give the appropriate AFFIRMATIVE command. Make all necessary changes.

1. ¡No lo visite Ud.! _____

2. ¡No nos miren Uds.! _____

3. ¡No la contestemos! _____

4. ¡No los use Ud.! _____

5. ¡No me imiten Uds.! _____

VIII. Role-play the dialogue, using the Spanish vocabulary provided in parentheses. Be sure to supply the missing direct object pronoun where indicated by the slash.

Model: My father takes **us** to the park. (Mi padre/lleva al parque.)
Mi padre **nos** lleva al parque.

¡Saludémosla juntos!

Luis: ¿La ve Ud. a María en la escuela?

1. Pablo: _____
Yes, I see *her*.   (Sí, yo/veo)

Luis: ¿Lo saluda ella a Ud.?

2. Pablo: _____
No, she doesn't look at *me*.   (No, ella no/mira)

Luis: ¿A quién saluda ella entonces? ¿A Jorge?

3. Pablo: _____
Yes. She greets *him (emphatic)*.   (Sí. Ella/saluda/)

Luis: ¡No me digas! ¿Por qué?

4. Pablo: _____
He takes *her* to the movies often.   (El/lleva mucho al cine)

Luis: ¿Y sus padres?

5. Pablo: _____
Her parents don't know *it*. (Sus padres no/saben)

6. Pablo: _____
I don't want to greet *her*.   (No, Yo no/saludar/)

IX. Oral Proficiency: Act your part **(Yo),** or role play. *Later* write your part. [Review PALABRAS NUEVAS and ESTRUCTURAS of this WORK UNIT Twenty-three]

Situation: You and your friend are daydreaming about the ideal home you hope one day to have. You tell your friend about the house of your dreams. [Three sentences are good; four very good; five or more are excellent.]

Amigo(a): ¿Cómo es tu casa ideal?
Yo: . . .

Clues: *Tell how many rooms **(cuartos),** windows, doors, chimneys your house has; its color; whether you want to buy it or build it; whether there is a garden with flowers and trees; who is going to live in your house; who is going to buy it. Other ideas?*

Joaquín Sorolla y Bastida. Beach Scene

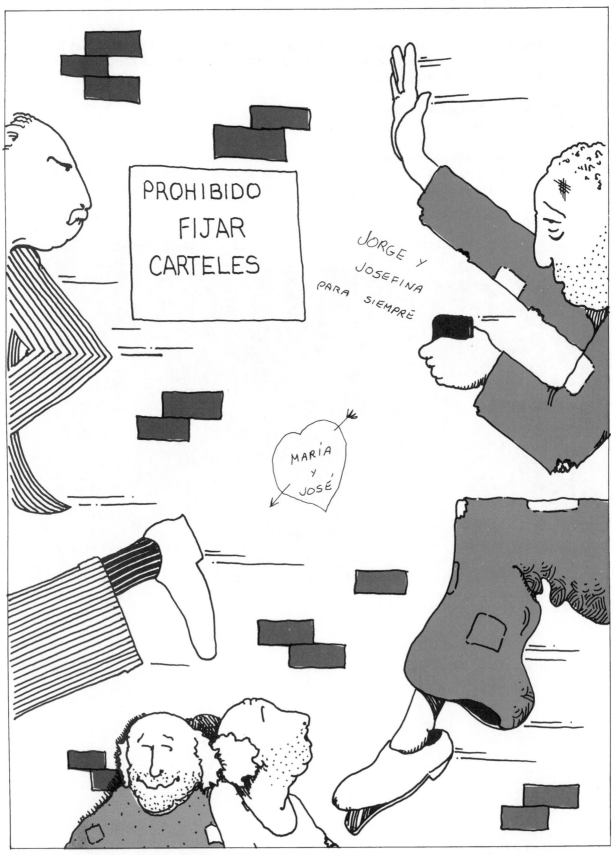

¡No vaya tan de prisa! ¡Espéreme!

Work Unit Twenty-four

*Some people never trust anyone. Have you
ever met a person like Ernesto?*

Un hombre moral

Ernesto Cenicero es un hombre de alta moralidad. El cree, como su padre y su abuelo, que la cosa más importante en esta vida es el trabajo.

—El hombre nace para trabajar—él les dice muchas veces a sus amigos.—Tengo sesenta años y todo el dinero que tengo es de mi propia labor. En este mundo, nada es gratis. Es necesario sudar para poder vivir.

Ernesto, un viejo solterón, trabaja en la oficina de un abogado. Trabaja largas horas, los seis días de la semana. El abogado le da varios papeles legales y Ernesto tiene que clasificarlos, ponerlos en orden, y llevarlos a la corte. Un día Ernesto está en la oficina hasta las siete y media de la noche. Quiere volver a casa lo más pronto posible para comer. Cuando pasa por una calle, nota en la esquina a un hombre pobre y mal vestido.—Ah, otro vago—dice Ernesto.—Esos vagos nunca trabajan. Todo el mundo les da dinero. Pero yo no. Yo tengo que trabajar como un perro para vivir—. Decide sacar la cartera de su chaqueta y la mete en el bolsillo del pantalón.

Nota que el vago lo mira.—Ajá—piensa Ernesto y empieza a andar más rápido.

—Señor, señor,—le grita el vago.—¡Espere, un momento!

Ernesto dobla la esquina para perderlo. Pero el vago dobla la esquina también y lo sigue.

—Señor, señor,—grita el vago.—Por favor, ¡espere!

Ernesto corre ahora. El vago corre también.

—Señor, señor. ¡No corra Ud.! ¡Espéreme!

Ernesto no puede más. Está cansado.

—Bueno, bueno. ¿Qué quiere Ud.? ¿Por qué no trabaja Ud. en vez de molestar a la gente decente?

—Perdone la molestia, señor. Pero Ud. dejó caer su cartera. Aquí la tiene—. Y le da la cartera a Ernesto.

Palabras Nuevas

SUSTANTIVOS

el abogado   *the lawyer*
el bolsillo   *the pocket*
el cenicero   *the ashtray*
la chaqueta   *the jacket*
la corte   *the court*
Ernesto   *Ernest*
la esquina   *the corner*
la gente   *the people*
la labor   *the work*
la molestia   *the bother*
la moralidad   *the morality*
el orden   *the order*
los pantalones   *the trousers*
el solterón   *the bachelor*
el vago   *the tramp, the vagabond*

ADJETIVOS

decente   *decent*
gratis   *free of cost*
(mal) vestido,a   *(badly) dressed*

VERBOS

clasificar   *to classify, to file*
dejó caer   *(you) dropped*
doblar la esquina   *to turn the corner*
meter   *to put in*
molestar   *to bother*
nacer   *to be born*

no puede más   *he (she) can't stand it any longer; you (formal sing.) can't stand it any longer*
notar   *to notice*
sacar   *to take out*
(lo) sigue   *he (she) follows him; you (formal sing.) follow him*
sudar   *to sweat*

OTRAS PALABRAS

en vez de   *instead of*
muchas veces   *often, many times*

EJERCICIOS

I. Complete to retell the story.

1. Ernesto cree que la cosa más importante es _____ _____.

2. Ernesto trabaja en el_____ de un _____ .

3. El abogado le da _____ _____ y Ernesto tiene que _____ .

4. Nota en la _____ a un hombre pobre y _____ _____ .

5. Toma la _____ y la mete en el _____ del _____ .

6. Ernesto _____ _____ la cartera.

II. Place the following sentences in the order in which they occurred.

1. Está en la oficina hasta las siete y media.
2. Nota a un hombre pobre en la esquina.
3. —Aquí tiene Ud. su cartera.
4. —Señor, señor ¡Espere un momento!
5. Quiere volver a casa para comer.

1. _____

2. _____

3. _____

4. _____

5. _____

III. Preguntas personales y generales. Answer in a complete Spanish sentence. Role-play.

1. ¿Dónde metes la cartera?
2. ¿Quiénes piden dinero a la gente en la calle? ¿Molestan mucho o poco?
3. ¿Por qué debe la gente decente trabajar?
4. En vez de ser vago, ¿qué deseas ser—abogado u otra cosa?
5. ¿Es mejor ser soltero o casado? ¿Por qué?

1. _____

2. _____

_____

3. _____

4. _____

5. _____

IV. Antónimos—Next to column A write the word selected from column B that has the *opposite* meaning.

A.		B.
1. ahora	_____a.	joven
2. más	_____b.	la derecha
3. mal	_____c.	voy
4. viejo	_____d.	bajo
5. meter	_____e.	lejos
6. la izquierda	_____f.	después
7. vengo	_____g.	todo
8. siempre	_____h.	sacar
9. allí	_____i.	menos
10. alto	_____j.	comprar
11. el vago	_____k.	la mujer
12. el hombre	_____l.	aquí
13. cerca	_____m.	bien
14. vender	_____n.	el trabajador
15. nada	_____o.	nunca

V. Compositions: Oral and written.
  A. Tell us *what is happening* in the *picture* at the beginning of this Work Unit. Then tell something more about the story and how it ends.
  B. Tell a friend about a reward for something you lost. Write a *reward* notice.

Recompensa (reward) por algo que perdí.

  1. What you are looking for.
  2. Where and when you lost it.
  3. Why it is important to find it.
  4. How much you are going to give as **(como)** reward.
  5. What your telephone number is.

ESTRUCTURAS DE LA LENGUA

Indirect Object Pronouns

A. The *indirect object pronoun* represents the noun *to whom* and *for whom, to which* and *for which,* the action is intended.

271

Yo les doy el dinero.

1. Yo **le** doy el libro.	1. I give the book *to him.*
2. Yo **le** compro el libro.	2. I buy the book *from him.*
3. Yo **no le** escribo el libro.	3. *I don't* write the book *for him.*

Rules:

1. The indirect object pronoun **le** is placed directly *before* the conjugated verb.

2. When **no** is present, it *precedes* the indirect object pronoun **le.**

B. All forms of indirect object pronouns.

María **me** da el libro (a mí).		Mary gives the book *to me.*
te da	(a ti).	*to you* (fam. sing.).
le da	(a él).	*to him.*
le da	(a ella).	*to her.*
le da	(a Ud.).	*to you* (formal sing.).
María **nos** da el libro (a nosotros).		Mary gives the book *to us.*
os da	(a vosotros).	*to you* (fam. pl.).
les da	(a ellos).	*to them* (masc.).
les da	(a ellas).	*to them* (fem.).
les da	(a Uds.).	*to you* (formal pl.).

Rules:

1. All indirect object pronouns are placed directly *before* the conjugated verb.

2. Note all the meanings of **le:** *to him; to her; to you* (formal sing.); and of **les:** *to them* (masc. and fem.); *to you* (formal pl.)

3. **A mí, a ti, a él,** etc., are omitted under ordinary circumstances. They are used to *emphasize* the indirect object pronoun.

> Él me escribe **a mí;** no te escribe **a ti.**
> He writes *to me;* he does not write *to you.*

4. **Le** (to him, to her, to you *formal sing.*) is clarified by adding **a él, a ella,** or **a Ud.; les** (to them, to you *formal pl.*) is clarified by adding **a ellos, a ellas, a Uds.**

5. **Le** and **les** have, also, a special untranslatable use. When the indirect object pronoun is stated in the sentence, **le** or **les** just refers to and agrees with that noun, without **le** or **les** having any translatable meaning.

1. **Le** leo **al niño.** I read to the child.	2. No **les** leo **a sus padres.** I don't read to his parents.

C. Indirect object pronouns in the attached position.

1. Señorita, **¡escríbale** Ud. una carta! Miss, write a letter to him!	2. **¡No le escriba** una tarjeta! Don't write a card to him!
3. Para **escribirle** necesito papel. To write to him I need paper.	4. Si Ud. no **le quiere escribir,** yo voy a escribirle. If you don't want to write to him, I will write.

Rules:

1. The indirect object pronouns are attached to AFFIRMATIVE COMMANDS like the direct object pronouns. A written accent mark is then placed over the vowel of the syllable that was stressed in speech, frequently the next to last before attachment of the pronoun.

2. Indirect object pronouns are placed *before* NEGATIVE COMMANDS (after the *no*) as well as before conjugated verbs, like direct object pronouns.

3. If an infinitive *follows* a *conjugated verb,* the indirect object pronoun may be placed *either before the conjugated verb* or *attached to the end of the infinitive.* No accent mark is needed when attaching one object pronoun to the infinitive.

Anita no **le quiere hablar.**	Anita no **quiere hablarle.**
Anita does not want to talk to him.	

STUDY THE RULES, EXAMPLES, AND MODELS BEFORE BEGINNING THE EXERCISES!

EJERCICIOS

I. Restate the sentence, using the indirect object pronoun *suggested* by the words in parentheses. (Do *not* write the words in parentheses.)

A. Model: El muestra el lápiz.　　　　　　(a mí) **El me muestra el lápiz.**
　　　　　He shows the pencil.　　　　　　　　　He shows the pencil to me.

　　1. El enseña la lección.

　　(a mí) _____

2. Ellos dan la cartera.

(a él) _____

3. Nosotros decimos todo.

(a Ud.) _____

4. El ofrece el automóvil.

(a ti) _____

5. Uds. no muestran las flores.

(a ella) _____

6. Da los papeles.

(a nosotros) _____

7. Enseña la regla.

(a ellos) _____

8. Vendo la fruta.

(a ellas) _____

9. No traen el paquete.

(a Uds.) _____

10. Leo el cuaderno.

(a él y a ella) _____

II. Mauricio asks his neighbor so many questions. You are the neighbor. Answer in a complete Spanish sentence using the redundant indirect object pronoun. *Include* the word cues in parentheses.

A. Model: —¿A quién vende Ud. el perro? (a Juan) —**Le vendo el perro a Juan.**
To whom do you sell the dog? I sell the dog to John.

1. ¿A quién lee Ud. la novela?

(a Tomás) _____

2. ¿A quién muestra Ud. la casa?

(a la señora) _____

3. ¿A quién enseña Ud. el abrigo?

(a Ud.) _____

4. ¿A quién escribe Ud. la carta?

(a ti) _____

5. ¿A quién canta Ud. esa canción?

(a mí) _____

B. Model: —¿A quiénes vende él la casa?   (a Juan y a María)
          To whom does he sell the house?   **—Él les vende la casa a Juan y a María.**
                                          He sells the house to John and Mary.

1. ¿A quiénes da él el violín?

(a Pedro y a Anita) _____

2. ¿A quiénes dice ella la frase?

(a los alumnos) _____

3. ¿A quiénes escriben ellos sus ideas?

(a Ana y a María) _____

4. ¿A quiénes traen ellas el regalo?

(a nosotros) _____

5. ¿A quiénes explica la profesora esa regla?

(a Elisa y a Ud.) _____

III. La Tía, the aunt, wants to know whether the children receive enough attention. Role-play an affirmative answer. Substitute the appropriate phrase **a él, a ella, a ellos, a ellas** for the expression in *italics*.

Model: —¿Le mandan ellos el dinero *a Juan?*   —Sí, ellos le mandan el dinero **a él.**
          Do they send the money *to John?*   Yes, they send the money *to him.*

1. ¿Le muestran los niños el examen *al padre*? _____

2. ¿Le escribe él cartas *a Inés*? _____

3. ¿Les enseñan las hermanas la historia *a sus hermanitas*? _____

4. ¿Les lee el padre el periódico a *Miguel y a su hermano*? _____

5. ¿Les explica la madre las palabras *a Luisa y a Luis*? _____

IV. Are you in this game, again? Restate the sentence switching the position of the indirect object pronoun, according to the models.

A. Model: No quiero hablarle.
         No le quiero hablar.
         I don't want to speak to him.

1. No deseo leerles. _____

2. No quieren hablarnos. _____

3. No puede mostrarte. _____

    4. ¿No van a cantarme? _____

    5. ¿No debemos decirle? _____

B. Model: No le debo hablar.
            No debo hablarle.
            I must not speak to him.

    1. No les quiero hablar. _____

    2. No le deseo cantar. _____

    3. No me espera escribir. _____

    4. No te pueden explicar. _____

    5. No nos van a cantar. _____

V. La Señora Sino changes to a good mood. Today all her commands are affirmative. Role-play the command in the appropriate AFFIRMATIVE form. Make all necessary changes.

Model: ¡No les hable Ud.!   ¡No les hablen Uds.!   ¡No les hablemos!
        Don't speak to them!   Don't speak to them!   Let's not speak to them!

        ¡Hábleles Ud.!   ¡Háblenles Uds.!   ¡Hablémosles!
        Speak to them!   Speak to them!   Let's speak to them!

    1. ¡No me hable Ud.! _____

    2. ¡No nos escriba Ud.! _____

    3. ¡No nos respondan Uds.! _____

    4. ¡No nos lean Uds.! _____

    5. ¡No le vendamos! _____

VI. Restate the command in the appropriate NEGATIVE form. Make all necessary changes. [Study the affirmative models seen in Exercise V.]

    1. ¡Muéstrenos Ud.! _____

    2. ¡Léanos Ud.! _____

    3. ¡Enséñenme Uds.! _____

    4. ¡Escríbanles Uds.! _____

    5. ¡Respondámosle! _____

VII. State the *question,* in Spanish, using the appropriate indirect object pronoun.

Model: /Dan un regalo a Juan.   —¿**Le** dan un regalo a Juan?
                                                Are they giving John a present?

    1. /Dan una carta a María. _____

    2. /Mandan dinero a Pablo y a Juan. _____

3. /Enseñan el libro a los chicos. _____

4. /Dicen la verdad a Juan y a la chica. _____

5. /Escriben la carta a Pablo y a Ud. _____

VIII. Role-play the dialogue using the Spanish vocabulary provided in parentheses. Be sure to supply the missing indirect object pronoun where indicated by the slash.

Model: He tells *me* the story. (El/dice el cuento.)
El **me** dice el cuento.

Pablo: Hermanita, ¡tengo una sorpresa para ti!

¡Es un reloj de oro!

1. Ana: ¡_____!
Please tell *me*. What is it? (Favor de decir/ ¿Qué es?)

Pablo: ¡Es un reloj de oro!

2. Ana: _____.
Of course! Dad always gives *you* (*fam.*) money. (¡Claro! Papá siempre / da dinero)

Pablo: No, chica. Yo me gano dinero en un supermercado.

3. Ana: ¿_____?
And you give presents *to me?* (Y tú / das regalos)

Pablo: Me gusta dar regalos a la familia.

4. Ana: _____.
Yes, that does give *us* joy. (Si, eso es dar / alegría)

Pablo: ¡Y a nuestros padres también!

5. Ana: ¡_____!
Please give something fantastic *to them*. (Favor de dar / algo fantástico)

Pablo: ¡Claro, hermanita!

IX. Oral Proficiency: Act your part **(Yo),** or role play. *Later* write your part. [Review PALABRAS NUEVAS and ESTRUCTURAS of this WORK UNIT Twenty-four]

Situation: You are **el hombre** (or **la mujer**) **moral** of the story in this Work Unit. It is late. The tramp returns your wallet and asks why you are running. You explain why. [Three sentences are good; four very good; five or more are excellent.]

Vago: Aquí tiene Ud. su cartera. ¿Por qué corre Ud.?
Yo: ...

Clues: *Thank him for giving you (**por dar . . .**) the wallet; why you have to work late; of whom you are afraid at night; what time it already (**ya**) is; why you are hungry; with whom you have a date for dinner at home. Other ideas?*

Dicen en el menú que la paella
es la especialidad de la casa.

Work Unit Twenty-five

Julio wants to impress his girlfriend. The only problem is that he has no money.

No me gustan las hamburguesas.

Es sábado por la noche y Julio y Beatriz salen del cine. Julio está muy contento porque le gusta Beatriz. Ésta es la primera cita. Naturalmente, Julio quiere causar una buena impresión y dice:

—Bueno, Beatriz. No es muy tarde. No son todavía las diez. ¿Tienes hambre? ¿Quieres ir a tomar algo? ¿Un refresco, un helado? (En realidad Julio no tiene mucho dinero.)

—Pues sí, tengo hambre Julio. Vamos a ese restaurante "La Paella."

Los dos entran en el restaurante y toman asiento. El camarero les trae la lista de platos. Julio mira el menú. ¡Qué precios! Y la paella es el plato más caro. ¡Cuesta veinte dólares! Julio tiene solamente diez dólares en el bolsillo y menciona otros platos menos caros.

—Beatriz, dicen que las hamburguesas y las papas fritas son muy buenas aquí.

—No, no me gustan las hamburguesas. Dicen en el menú que la paella es la especialidad de la casa. ¿De qué es?

—Oh, es un plato de arroz, pollo, mariscos y legumbres. Personalmente prefiero comida más sencilla. ¿No te gustan los huevos? Preparan excelentes huevos duros aquí.

En ese momento entra el camarero.

Camarero:	¿Están Uds. listos para ordenar?
Julio:	Sí, yo quiero una tortilla a la española y una Coca Cola.
Beatriz:	Y yo quiero la paella.
Julio:	Ay, Beatriz, tengo una confesión.
Camarero:	Lo siento, señorita, pero no hay más paella.
Beatriz:	No importa. ¿Qué confesión, Julio?
Julio:	Nada, nada. ¿No has más paella? Oh, ¡qué lástima!

Palabras Nuevas

SUSTANTIVOS

el arroz   *the rice*
Beatriz   *Beatrice*
el camarero   *the waiter*
la confesión   *the confession*
la especialidad   *the specialty*
la hamburguesa   *the hamburger*
los huevos duros   *the hard-boiled eggs*
Julio   *Julius*
la legumbre   *the vegetable*
la lista de platos   *the menu*
el marisco   *the shellfish*
la paella   *the paella*
   (a Spanish specialty of rice, seafood, chicken, and vegetables)
las papas fritas   *the french fries*
el pollo   *the chicken*
la tortilla (a la española)   *the (Spanish) omelette*

ADJETIVOS

caro,a   *expensive*
sencillo,a   *simple*

VERBOS

(no) me gusta(n)   *I do (not) like*

¿No te gusta(n)?   *Don't you like?*
(no) importa   *it does (not) matter*
mencionar   *to mention*
ordenar   *to order*
lo siento   *I am sorry about it*

OTRAS PALABRAS

causar una buena impresión   *to create a good impression*
¿De qué es?   *What is it made of?*
menos   *less*
¡Qué lástima!   *What a pity!*

279

EJERCICIOS

I. A. Preguntas. Give your answer in a complete Spanish sentence.

1. ¿Por qué está contento Julio?
2. ¿Qué le pregunta Julio a Beatriz?
3. ¿Por qué no quiere ordenar Julio la paella?
4. ¿De qué es la paella?
5. ¿Cuál es la confesión de Julio?

1. _____

2. _____

3. _____

4. _____

5. _____

B. Preguntas personales y generales. Role-play your answer in a complete Spanish sentence.

1. ¿Cuál es su comida favorita?
2. Mencione Ud. algunos refrescos.
3. ¿Qué come Ud. generalmente con una hamburguesa?
4. ¿Cuánto dinero necesita Ud. para comprar una comida buena en un restaurante?

1. _____

2. _____

3. _____

4. _____

II. Word Hunt

Find the words in Spanish.

1. shellfish
2. rice
3. waiter
4. egg
5. plate
6. hard (boiled)
7. expensive
8. night
9. Saturday
10. movie
11. more
12. year
13. very
14. what
15. a (masc.)
16. eye

M	A	R	I	S	C	O	S
A	R	C	P	L	A	T	O
B	R	M	U	Y	M	A	S
N	O	C	H	E	A	D	A
Q	Z	I	C	A	R	O	N
U	N	N	H	U	E	V	O
E	F	E	D	U	R	O	S
S	A	B	A	D	O	J	O

III. Picture Match: Choose and write the sentence(s) suggested by each sketch. Then tell something more about each one.

1.

2.

3.

4.

5.

a. —¿Tienes hambre? (Pero Julio no tiene mucho dinero.)

b. —El camarero trae la lista de platos.

c. —¡Qué precios! Y la paella es el plato más caro.

d. —Salen del cine. Es la primera cita.

e. —Yo quiero una paella.

f. —Julio mira el menú.

g. —¿No hay más paella? ¡Qué lástima!

h. —Vamos a ese restaurante, "La Paella".

1. _____

2. _____

_____

3. _____

_____

4. _____

_____

5. _____

> **IV. Compositions:** Oral and written.
> **A.** Look at the picture at the beginning of this Work Unit. Tell what is happening and how it ends.
> **B.** Tell us about going to a restaurant. Include the following:
>
> **En el restaurante**
>
> 1. Where you like to eat.
> 2. Who brings the menu.
> 3. What favorite dish you order.
> 4. Whom you go with.
> 5. Why it is necessary to have a great deal of money for the restaurant.

ESTRUCTURAS DE LA LENGUA

Gustar *to be pleasing, to like* is not like other verbs. It is *generally used only in the third persons:* **gusta** or **gustan.**

A. Gustar really means *to be pleasing*, but it is often used to convey the meaning of the English verb *to like.*

B. Gustar's subject *is the thing(s) that is (are) pleasing.* Its subject generally appears *after* **gustar.**

C. The indirect *personal* object pronouns (**me, te, le, nos, os, les**) *tell to whom* the thing is pleasing and always stand *before* **gustar.**

Gusta before a *singular* subject	**Gustan** before a plural subject
Me gusta la flor. The flower is pleasing to me. I like the flower.	**Me gustan las flores.** The flowers are pleasing to me. I like the flowers.
Te gusta la flor. The flower is pleasing to you (fam. sing.). You (fam. sing.) like the flower.	**Te gustan** las flores. The flowers are pleasing to you. You (fam. sing.) like the flowers.
Le gusta la flor. The flower is pleasing to you 　(to him, to her). You (formal sing.) like the flower. He (she) likes the flower.	**Le gustan** las flores. The flowers are pleasing to you 　(to him, to her). You (formal sing.) like the flowers. He (she) likes the flowers.
Nos gusta la flor. The flower is pleasing to us. We like the flower.	**Nos gustan** las flores. The flowers are pleasing to us. We like the flowers.
Os gusta la flor. The flower is pleasing to you. You like the flower (fam. pl. in Spain).	**Os gustan** las flores. The flowers are pleasing to you. You like the flowers (fam. pl. in Spain).
Les gusta la flor. The flower is pleasing to them (to you). You (formal pl.) like the flower. They (masc., fem.) like the flower.	**Les gustan** las flores. The flowers are pleasing to them (to you). You (formal pl.) like the flowers. They (masc., fem.) like the flowers.

Rules:

1. The noun(s) *after* **gusta** and **gustan** are the subjects of **gusta** and **gustan. Gusta** stands *before a singular subject.* **Gustan** stands *before a plural subject.*

2. **Me, te, le, nos, os,** or **les** must always precede **gustar.** They indicate *who* "likes" or "is pleased" and are called indirect object pronouns. (See Unit 24 for a review of indirect object pronouns.)

D. Gustar's Spanish subject pronouns for *it* and *them (they)* are generally *not expressed.*

Me gusta.	**Me gustan.**
I like *it.*	I like *them.*
(It is pleasing to me.)	(They are pleasing to me.)
Les gusta.	**Les gustan.**
They like *it.*	They like *them.*
(It is pleasing to them.)	(They are pleasing to them.)

E. Interrogative **gustar** and negative **gustar. Gustar** with an infinitive as the subject.

1. ¿Te gusta estudiar?	No me gusta mucho.
Do you like to study?	I don't like it very much.
(Is studying pleasing to you?)	
2. ¿No le gustan las ensaladas?	No me gustan mucho.
Don't you like salads?	I don't like them very much.
(Aren't salads pleasing to you?)	

Rules:

1. To form the question simply place question marks both *before and after* the sentence. No change in word order is necessary.

2. To form the negative place **no** before **me, te, le, nos, os,** or **les.**

3. When infinitives are used as the subject of **gustar,** they are considered singular. See **E. 1.** above.

F. Emphatic or clarifying expressions before **me, te, le, nos, os, les,** give clarity and emphasis to "the person(s) who likes (like)."

Emphatic or Clarifying Expressions	
A mí me gustan.	*I* like them. (They are pleasing *to me.*)
A ti te gustan.	*You* (fam. sing.) like them.
A Ud. le gustan. [Clarifies **le.**]	*You* (formal sing.) like them.
A él le gustan. [Clarifies **le.**]	*He* likes them.
A ella le gustan. [Clarifies **le.**]	*She* likes them.
A nosotros -as nos gusta.	*We* like it. (It is pleasing *to us.*)
A vosotros -as os gusta.	*You* (fam. pl.) like it.
A Uds. les gusta. [Clarifies **les.**]	*You* (formal pl.) like it.
A ellos les gusta. [Clarifies **les.**]	*They* (masc.) like it.
A ellas les gusta. [Clarifies **les.**]	*They* (fem.) like it.

283

Rules:

1. **A mí, a ti, a él, a ella, a Ud., a nosotros -as, a vosotros -as, a ellos -as, a Uds.,** are the forms that appearing before **me, te, le, nos, os, les,** emphasize or clarify them.

2. **Me, te, le, nos, os,** or **les** must stand before **gustar** even when the emphatic expressions are used.

G. Gustar with personal *object* nouns.

A María le gustan las flores.	Mary likes the flowers.
A la chica le gustan las flores.	The girl likes the flowers.
A Juan y a Pedro les gusta.	John and Peter like it.
A los chicos les gusta.	The boys like it.

Rules:

1. **A** precedes the person who likes, who is pleased (the objective form). Note that **a** precedes *each* person when there are more than one.

2. The corresponding indirect object pronoun, **le** or **les,** for example, must continue to stand before the forms of **gustar,** but it is *not* translatable, even when the noun—the person(s) who is (are) pleased—is stated.

Al niño no le gustan los lunes.

STUDY THE RULES, EXAMPLES, AND MODELS BEFORE BEGINNING THE EXERCISES!

EJERCICIOS

I. Beto is going to spend a week at his friend's house. Tell his mother all the foods Beto does *not* like. Restate the sentence replacing the noun with the subject in parentheses. Make the necessary changes in the form of **gustar.**

Model: No le gustan los huevos   (la fruta) No le gusta la fruta.
       He doesn't like eggs.   He doesn't like fruit.

1. (el arroz) _____

2. (las legumbres) _____

3. (los mariscos) _____

4. (la tortilla) _____

5. (las hamburguesas) _____

II. Tell what or whom each of us does *not* like most *emphatically*. Restate the model sentence *replacing the person before* **gustar** with the one given in parentheses. Make the necessary change in the indirect object *pronoun*.

Model: *A mí* no me gustan las peras.   (A Juan) **A Juan no le gustan las peras.**
       I don't like pears.   John doesn't like pears.

Clues: *las clases, los estudios, los exámenes, las lecciones, los maestros, las tareas, los lunes, las hormigas, los baños, los conciertos clásicos*

1. (A nosotros) _____

2. (A Ud.) _____

3. (A Uds.) _____

4. (A mis hermanas) _____

5. (A su amigo) _____

6. (A Luisa y a Juan) _____

7. (A ti) _____

8. (A mí) _____

9. (A Pedro) _____

10. (A Lola) _____

III. What some do not like, others *emphatically do like*. Complete each emphatic statement affirmatively using the appropriate indirect object pronoun. Role-play.

Model: A Juana no le gusta el béisbol.   Pero a ellos . . . sí **les** gusta el béisbol.
       Joan does not like baseball.   But *they . . . they* certainly do like baseball.

1. A María no le gusta tomar café. **Pero a nosotras** _____

2. A ellos no les gusta el tenis. **Pero a Juan** _____

3. A Ana no le gustan las clases. **Pero a las maestras** _____

4. A nosotros no nos gusta ir al cine. **Pero a mi amiga** _____

5. A los chicos no les gustan los sábados. **Pero a mí** _____

6. A la chica no le gustan las fiestas. **Pero a ti** _____

7. A mí no me gustan las rosas. **Pero a Ud.** _____

8. A ti no te gusta el helado. **Pero a los chicos** _____

285

9. A Ud. no le gustan las comedias. **Pero a nosotros** _____

10. A ella no le gusta bailar. **Pero a Uds.** _____

IV. Role-play a simple affirmative response *replacing the subject after* **gustar** with the expression **mucho.**

Models: —¿A Uds. les gusta el pan?　　　—**Nos gusta mucho.** We like it very much.
　　　　　 Do you (pl.) like bread?

　　　　　 —¿A Ud. le gustan los perros?　—**Me gustan mucho.** I like them very much.
　　　　　 Do you (sing.) like dogs?

1. ¿A Ud. le gusta la playa? _____

2. ¿A Uds. les gusta aprender? _____

3. ¿A ti te gustan aquellos zapatos? _____

4. ¿A Uds. les gustan las películas? _____

5. ¿A ti te gusta este sombrero? _____

V. Role-play an *emphatic* NEGATIVE answer omitting all nouns. Use the appropriate emphatic expressions and **gusta** or **gustan** as needed.

Model: —¿A Ana y a Ud. les gusta eso?　　—**A nosotros no nos gusta.**
Do Ann and you like that?　　　　　　　　 We don't like it.

1. ¿A Luis y a Ud. les gusta la clase? _____

2. ¿A Juan le gusta ir al centro? _____

3. ¿A Elsa le gustan las frutas? _____

4. ¿A los alumnos les gustan los exámenes? _____

5. ¿A las chicas les gusta estudiar? _____

VI. Tell who likes to walk, completing the dialogue in Spanish.

1. What do you like to do?　—A Ud. ¿qué _____ _____ hacer?

2. I like to walk.　—A mí _____ _____ caminar.

3. Do your friends like to walk, too?　—¿ _____ sus amigos _____ _____ caminar también?

4. *He* (emphatic) doesn't like to walk but *she* (emphatic) does.　—A _____ no _____

　_____ caminar pero a _____ sí _____ gusta.

5. Fine. *I* (emphatic) like it, too.　—Bueno. A _____ _____ _____ también.

VII. Oral Proficiency: Act your part **(Yo),** or role play. *Later* write your part. [Review PALABRAS NUEVAS and ESTRUCTURAS of this WORK UNIT Twenty-five]

Situation: You invited Laura and others to a restaurant. You order the main course, beverage, and dessert knowing what each one likes. [See menu: La Habana.] [Three sentences are good; four very good; five or more are excellent.]

　　　　Camarero(a): ¿Qué le gusta ordenar?
　　　　Yo: . . .

Clues: *Como platos principales: a mi amiga Laura le gusta(n) . . .; a los otros amigos les gusta(n) . . .; y a mí, me gusta(n). Para postre, a todos nos gusta(n) . . .; para bebida(s) nos gusta(n). . . . ¿Es todo caro pero bueno? Other ideas?*

RESTAURANTE LA HABANA

RESTAURANTE HISPANO-AMERICANO

Menú

Aperitivos/Sopas

Sardinas en Aceite con Huevos	4.75
Entremés Variado	4.75
Coctel de Camarones	4.25
Jugo de Naranja	1.70
Coctel de Langosta	3.95
Sopa de Cebollas	2.75
Fabada Asturiana	3.50
Potaje de Chícharos y Lentejas	3.50

Aves

Medio Pollo a la Cubana	7.95
Medio Pollo a la Parrilla	7.95
Pollo Fricasé	7.95
Pollo en Cacerola	7.95
Chicharrón de Pollo	7.95
Asopao de Pollo	7.75

Mariscos

Pescado en Escabeche	7.75
Filete de Pescado	7.75
Filete de Pescado Empanizado	7.75
Rueda de Serrucho Frita	7.75
Bacalao a la Vizcaína	7.95
Camarones Enchilados	8.75
Langosta a la Catalana	9.95
Camarones Rebozados Fritos	8.75
Langosta Enchilada	9.95
Calamares en su Tinta con Arroz	4.75

Carnes y Asados

Hígado a la Italiana	5.95
Bistec de Palomilla	6.95
Filete Mignon	11.25
Chuletas de Puerco	8.75
Bistec Empanizado	8.75
Bistec de Jamón, Habanera	6.90
Bistec de Hígado	5.95
Lechón y Moros, Vier., Sáb. y Dom.	10.50
Boliche Mechado	8.25

Bebidas

Café Expreso	1.30
Café Americano	1.25
Café con Leche	1.40
Té	1.25
Malta Hatuey	1.60
Sodas Variadas	1.40

Postres

Flan de Calabaza	2.80
Pudín Diplomático	2.80
Pudín de Pan	2.80
Flan de Huevos	2.80
Tocino del Cielo	2.90
Coco Rallado con Queso	2.85
Casco de Guayaba con Queso	2.85
Casco de Naranja con Queso	2.85
Fruta Bomba con Queso	2.85
Helados Variados	2.70

VIII.   **¡Olé los deportes! ¡A mí me gustan!**

a. _____   b. _____   c. _____   d. _____

e. _____   f. _____   g. _____   h. _____

i. _____   j. _____   k. _____   l. _____

1. **¿Qué deporte es?** Write the name of the sport on the line beneath each sketch.
    ¿Es el tenis, el fútbol americano, el béisbol o el baloncesto (básquetbol)?
    ¿Es el golf, la carrera, la pesca o la natación?
    ¿Es la gimnasia, el vólibol, el esquí o el boxeo?

2. a. Para jugar, **¿qué deportes te gustan más?** Tell us about your favorite sports in a complete sentence.

    _____

    _____

    b. Para mirar, **¿cuál te gusta más?**

    _____

    c. **¿Cuál es tu equipo favorito?**

    _____

ARTE ESPAÑOL

El Greco. Saint Martin and the Beggar.

*Falta un gran número
de palabras.*

Work Unit Twenty-six

Nowadays the news is often confusing;
especially if many of the words are missing!

Una noticia confusa

Todas las noches, cuando regresa del trabajo, Antonio toma asiento en el sillón más cómodo de la casa, fuma su pipa, y lee las últimas noticias en el periódico. Pero esta noche ¿qué pasa? Cuando empieza a leer el artículo más importante de la primera página, nota que falta un gran número de palabras. Teresita, su hija de cinco años, encontró un par de tijeras y cortó una docena de palabras del artículo. Ahora es casi imposible leerlo. Afortunadamente, la niña guardó todas las palabras y Antonio tiene que ponerlas en los espacios apropiados. ¿Puede Ud. ayudarlo? Aquí tiene Ud. el artículo.

Se escaparon tres [_____ 1.] **peligrosos. Los Angeles,** [___ 2.] **de septiembre.** El jefe de

policía reveló hoy que tres hombres se escaparon de la [_____ 3.] anoche.

Estos hombres están armados y [_____ 4.]. Los tres salieron ayer del garaje de

la prisión vestidos de mecánicos. (Más tarde [_____ 5.] a tres mecánicos atados en

[_____ 6.].) El departamento de policía envió fotos y [_____ 7.] a todas las

estaciones. El jefe del grupo tiene [_____ 8.] años y debe servir una sentencia de

[_____ 9.] años por asesinato. Los otros dos son [_____ 10.] y deben estar en

la prisión por cometer robo armado. Salieron del garaje en un viejo coche Chevrolet. Pero las

autoridades creen que robaron otro [_____ 11.] más tarde. Los periódicos recibieron

muchas llamadas telefónicas con información pero hasta ahora el trío está en [_____ 12.]

Selección:

desesperados	descubrieron	21	el garaje
libertad	criminales	prisión	ladrones
36	cien	descripciones	automóvil

Palabras Nuevas

SUSTANTIVOS

el artículo   *the article*
el asesinato   *the murder*
el automóvil   *the automobile*
el coche   *the car*
el departamento   *the department*

el espacio   *the space*
la estación   *the station*
la foto   *the snapshot*
el garaje   *the garage*
el jefe   *the chief, the leader*
el ladrón   *the thief*
la libertad   *the freedom, the liberty*

la llamada telefónica   *the telephone call*
el mecánico   *the mechanic*
el par   *the pair*
la prisión   *the prison*
el robo armado   *armed robbery*
la sentencia   *the sentence*

291

el sillón   *the armchair*
Teresita   *Tessie, little*
    Theresa
las tijeras   *the scissors*

ADJETIVOS

apropiado,a   *appropriate*
atado,a   *tied up*
cómodo,a   *comfortable*
desesperado,a   *desperate*
peligroso,a   *dangerous*
último,a   *last, recent*

VERBOS

cometer   *to commit*
cortó   *he (she) did cut; you (formal sing.) did cut*
encontró   *he (she) found, met; you (formal sing.) found, met*
envió   *he (she) sent; you (formal sing.) sent*
se escaparon   *they escaped; you (formal pl.) escaped*

faltar   *to be missing, to lack*
fumar   *to smoke*
guardó   *he (she) kept; you (formal sing.) kept*
notar   *to notice*
recibieron   *they received; you (formal pl.) received*
robaron   *they stole; you (formal pl.) stole*
salieron   *they left; you (formal pl.) left*

EJERCICIOS

I. A. Preguntas. Give your answer in a complete Spanish sentence.

1. ¿Qué hace Antonio todas las noches?
2. ¿Qué nota en la primera página del periódico?
3. ¿Qué cortó Teresita?
4. ¿Qué tiene que hacer Antonio ahora?
5. En el artículo, ¿cómo se escaparon los tres criminales?

1. _____

2. _____

3. _____

4. _____

5. _____

B. Preguntas personales y generales. Role-play in a complete Spanish sentence.

1. ¿Es peligroso fumar?
2. Para leer el periódico, ¿dónde estás más cómodo, en una silla o en un sillón?
3. ¿Te gusta mirar las últimas películas de criminales desesperados?
4. ¿Dónde debe estar un par de ladrones que cometen robos armados?
5. ¿A quién haces una llamada si notas un crimen en tu calle?

1. _____

2. _____

3. _____

4. _____

5. _____

II. Emiliano has just seen a robbery. He is being questioned later by the police. What would you say in Spanish if you were Emiliano?

> *Policía:* ¿Qué pasó aquí?

1. *Emiliano:* _____

> *Policía:* ¿Cuándo ocurrió el robo?

2. *Emiliano:* _____

> *Policía:* ¿Puede Ud. darnos una descripción del criminal?

3. *Emiliano:* _____

> *Policía:* ¿Quién es Ud.? ¿Cuál es su nombre y dirección?

4. *Emiliano:* _____

> *Policía:* Muchas gracias. Ud. nos ayudó mucho.

III. Compositions: Oral and written.
  A. Describe what is happening in the picture at the beginning of this Work Unit. Tell how the story ends.
  B. Call, then send a note in Spanish to the local newspaper about a recent robbery.

  Es mejor ser honesto.

  1. What the thieves stole.
  2. Where one of the thieves kept it.
  3. Who discovered (**descubrir**) it.
  4. Where one of the thieves has to go now.
  5. His last (**últimas**) words.

ESTRUCTURAS DE LA LENGUA

The Preterite Indicative: Regular Verbs

A. The preterite tense denotes an action or actions that were begun in the past or that were completed in the past.

B. Learn the *two sets* of regular endings.

AR	**ER** and **IR** share one set of preterite endings

cantar *to sing*	**comer** *to eat*	**escribir** *to write*
I sang yesterday. I did sing yesterday.	I ate last night. I did eat last night	I wrote last Saturday. I did write last Saturday.
Cant**é** ayer. cant**aste** cant**ó**	Com**í** anoche. com**iste** com**ió**	Escrib**í** el sábado pasado. escrib**iste** escrib**ió**
Cant**amos** ayer. cant**asteis** cant**aron**	Com**imos** anoche. com**isteis** com**ieron**	Escrib**imos** el sábado pasado. escrib**isteis** escrib**ieron**

Rules:

1. The characteristic vowel in the endings of the regular **ar** preterite is **a** except for the first person singular, which is **é,** and the third person singular, which is **ó.**

293

2. The characteristic vowel in the endings of the regular **er** and **ir** preterite is **i.**

3. Written accent marks appear on the final vowels of the first and third persons singular of the regular preterite tense except for **vi** and **vio** of the verb **ver.**

C. Use of the Preterite Tense

---

1. **Anoche en la fiesta María cantó pero Pablo sólo comió.**
   Last night at the party Mary sang, but Paul only ate.

2. **Ellas bailaron ayer pero Ud. no las vio.**
   They danced yesterday, but you did not see them.

Rule:

When expressions of completed past time such as **ayer** *yesterday*, **anoche** *last night*, **el año pasado** *last year* appear in the sentence, they are additional cues to indicate the use of the preterite tense, because they show that the action was begun or was terminated in the past.

STUDY THE RULES, EXAMPLES, AND MODELS BEFORE BEGINNING THE EXERCISES!

EJERCICIOS

I. We visited Osvaldo in the hospital. He was always sleepy. We left very soon. Restate the MODEL sentence in the *preterite* tense substituting the subject in parentheses for the one in *italics*. Make the necessary changes in the verbs.

Model: *Yo* **entré** a las tres y **salí** a las tres y cuarto.   (Él) **Él entró** . . . **y salió** . . .
I entered at 3:00 and left at 3:15.   He entered at. . . and left at. . . .

1. (Juan) _____

2. (Tú) _____

3. (Tú y yo) _____

4. (Ud.) _____

5. (Uds.) _____

6. (Mis amigos) _____

7. (Yo) _____

II. We wrote letters. Tell what we did with those we wrote or received in reply. Restate the MODEL sentence in the *preterite* tense substituting the appropriate form of the verb in parentheses for the one in *italics*.

Model: *Yo escribí* la carta anoche.   (Él / enviar) **Él envió** la carta anoche.
I wrote the letter last night.   He sent the letter last night.

1. (Ud. / recibir) _____

2. (Yo / cortar) _____

3. (Yo / romper) _____

4. (Nosotros / encontrar) _____

5. (María / buscar) _____

6. (Uds. / terminar) _____

7. (Pedro y Juan / escribir) _____

8. (Tú / responder) _____

9. (Él y yo / perder) _____

10. (Tú / describir) _____

III. Give us an affirmative answer in the *preterite* in a complete Spanish sentence. See models.

Model: a. —¿Comprendiste el libro?   **—Sí, comprendí el libro.**
           Did you understand the book?   Yes, I understood the book.

       b. —¿Y Elisa?   **—Elisa también comprendió el libro.**
           And Elisa?   Elisa understood the book, too.

1. a. ¿Usaste el coche? _____

   b. ¿Y tu madre? _____

2. a. ¿Aprendiste el pretérito? _____

   b. ¿Y tu hermano? _____

3. a. ¿Invitó Ud. al amigo? _____

   b. ¿Y los padres? _____

¿Lo comió todo?

4. a. ¿Recibió Ud. un paquete? _____

   b. ¿Y yo? _____

5. a. ¿Bailaron ellos anoche? _____

   b. ¿Y tu prima? _____

6. a. ¿Bebieron Uds. café? _____

   b. ¿Y las chicas? _____

7. a. ¿Visitó Juan el museo? _____

   b. ¿Tú y yo? _____

8. a. ¿Lo comió Ud. todo? _____

   b. ¿Y ellas? _____

9. a. ¿Saludaron ellas a la tía? _____

   b. ¿Y tú? _____

10. a. ¿Recibí yo el correo? _____

    b. ¿Y Uds.? _____

IV. Your **tía Sofía** wants to know what we all did yesterday. Restate each sentence in the *preterite* telling what happened *yesterday*.

Model: Yo **salgo** de la casa.   Yo **salí** de la casa ayer.
        I *leave* the house.   I *left* the house.

1. Juan *entra* en la cocina. _____

   _____

2. *Toma* pan y un vaso de leche. _____

   _____

3. *Come* el pan y *bebe* la leche despacio. _____

   _____

4. Pedro y Jorge *llegan* a su casa. _____

   _____

5. *Comen* un poco de pan con Juan. _____

   _____

6. Luego todos *salen* para la escuela donde *aprenden* mucho. _____

   _____

7. *Escuchan* a la maestra en la clase y *practican* mucho en casa. _____

_____

8. Juan y yo *contestamos* muy bien. _____

_____

9. *Aprendemos* mucho cuando *escribimos* ejercicios. _____

_____

10. Yo también *estudio* y *asisto* a las clases. _____

_____

V. Oral Proficiency: Act your part **(Yo),** or role play. *Later* write your part. [Review PALABRAS NUEVAS and ESTRUCTURAS of this WORK UNIT Twenty-six]

Situation: You are in a school comedy as the white-bearded old gentleman dressed in red, seen at night in the neighborhood with a sack on his back. You are accused of robbery by breaking and entering homes. You defend yourself.

   Policía: ¿Qué robó Ud. esta noche?
Yo: . . .

Clues: *Tell whether you stole or are* **inocente;** *whether you entered the houses by* **(por)** *the chimney or the door; what you left* **(dejar)** *in the houses; for whom you left the things; on what date you visited the houses last year; at what time you left* **(salir).** *Wish everybody "Merry Christmas." Other ideas?*

Nadie quiso darle un asiento a la anciana.

Work Unit Twenty-seven

Is today's generation really as bad as some say? See if you agree with the article.

¡Los muchachos de hoy son horribles!

Gregorio entra en la sala donde su padre lee una revista. Tiene un artículo en la mano y está muy excitado.

—Papá, ¡la semana pasada Ud. nos dijo que la generación de hoy es terrible! Pues tengo algo aquí que seguramente va a ser interesante para Ud.

—Bueno, hijo. A ver si ese artículo expresa mis opiniones.

—Pues, ¡escuche Ud. ! El artículo comienza así:

Ayer, en el tren, vi algo que me molestó. Esa noche no pude dormir. Cinco o seis jóvenes tomaron asiento en el coche cuando entró una señora de unos setenta años. Nadie quiso darle un asiento a la anciana. ¡Absolutamente nadie! ¿Qué hicieron? Pues sacaron sus periódicos y empezaron a leer. Y la pobre señora tuvo que estar de pie.

Pero el incidente de ayer es típico. Todo fue muy diferente antes. Ya no hay respeto; ya no hay consideración para los ancianos como en los tiempos de nuestros padres. Los jóvenes de hoy vinieron a este mundo con todo. No necesitan nada y no quieren trabajar. Cuando vi el incidente de ayer, di las gracias a mis padres porque me enseñaron el respeto y la responsabilidad, y soy mejor hombre por eso.

—Bueno, papá, ¿qué piensa Ud. de este artículo? ¿No cree Ud. que es un poco exagerado?

—De ninguna manera. Ese escritor tiene razón. ¿De qué periódico es? Él conoce bien la generación de hoy.

—Él sabe mucho de la generación de Ud. también. Esto fue escrito en 1970. Encontré este viejo periódico en el sótano.

Palabras Nuevas

SUSTANTIVOS

la anciana   *the old woman*
los ancianos   *the old people*
la consideración   *the consideration, the kindness*
el escritor   *the writer*
la generación   *the generation*
Gregorio   *Gregory*
el incidente   *the incident*
los jóvenes   *the young people, the youths*
la opinión   *the opinion*
el papá   *the daddy*
el respeto   *the respect*
la responsabilidad   *the responsibility*

la revista   *the magazine*
el sótano   *the basement*
los tiempos   *the times*

ADJETIVOS

exagerado,a   *exaggerated*
excitado,a   *excited*
horrible   *horrible*
típico,a   *typical*

VERBOS

comenzar(ie)   *to begin*
dar las gracias   *to thank, to give thanks*
di   *I gave*
dijo   *he (she) said; you (formal sing.) said*
encontrar   *to find*
fue escrito   *it was written*

hicieron   *they did, made; you (formal pl.) did, made*
(no) pude   *I could (not)*
quiso   *he (she) wanted; you (formal sing.) wanted*
tener razón   *to be right*
tuvo que   *he (she) had to; you (formal sing.) had to*
vinieron   *they came; you (formal pl.) came*

OTRAS PALABRAS

¡A ver!   *Let us see!*
de ninguna manera   *by no means*
de pie   *standing*
por eso   *for that reason, because of that*
ya no   *no longer*

299

EJERCICIOS

I. A. ¿Cierto (true) **o falso** (false)?

1. El padre de Gregorio lee un libro en la sala. _____

2. Gregorio le trae a su padre un artículo sobre un robo. _____

3. En el artículo setenta jóvenes molestaron a una vieja. _____

4. Los jóvenes de hoy no quieren trabajar porque lo tienen todo. _____

5. El padre de Gregorio expresa la opinión del escritor del artículo. _____

B. Preguntas personales y generales. Give us your answer in a complete Spanish sentence.

1. ¿Qué piensa Ud. de la generación de hoy? ¿Tiene respeto y consideración?
2. ¿Da Ud. su asiento a un anciano en el autobús o en el tren?
3. ¿Qué periódico lee Ud.?
4. ¿Tienen siempre razón sus padres?

1. _____

2. _____

3. _____

4. _____

II. Change the verbs of the following sentences from the present to the preterite.

1. Gregorio *entra* en la sala. _____

2. *Veo* algo en los trenes que me *molesta*. _____

3. Nadie *quiere darle* asiento. _____

4. Todos *sacan* sus periódicos y *empiezan* a leer. _____

5. Los jóvenes no *necesitan* nada. _____

III. ¿Cómo se dice en español?

1. He comes into the living room.
2. I have something here that is going to be interesting to you.
3. Nobody wanted to give her a seat.
4. The poor woman had to stand.
5. I'm a better man because of that.
6. Don't you think it is a bit exaggerated?

1. _____

2. _____

3. _____

4. _____

5. _____

6. _____

IV. Compositions: Oral and written.

    A. Look at the picture at the beginning of this Work Unit. Tell what is happening and how it ends.

    B. Tell about a considerate act that you have read about. Include the following:

        Una cortesía

    1. Where you saw the article.
    2. Who gave a seat to another person.
    3. Why.
    4. What the other person said.
    5. Where and when this happened.

V. Picture Match: Choose and write the sentence(s) suggested by each sketch. Then tell something more about each one.

1.

2.

3.

4.

5.

    a. Cinco o seis jóvenes tomaron asiento.
    b. Sacaron sus periódicos; nadie quiso darle asiento.
    c. La señora tuvo que estar de pie.
    d. Entra en la sala donde su padre lee una revista.

    e. El artículo comienza así.
    f. No quieren trabajar; la generación de hoy es terrible.
    g. Tiene un artículo en la mano.
    h. Entró una señora de unos setenta años.

1. _____

_____

2. _____

3. _____

_____

4. _____

_____

5. _____

ESTRUCTURAS DE LA LENGUA

The Preterite Indicative: Irregular Verbs

A. *Irregular preterite stems* require only *one set of irregular endings*.

1. **UV** is characteristic of these stems.   2. **US** and **UP** are characteristic of these stems.

estar *to be*	tener *to have*	poner *to put*	saber *to know*
estuv: Pret. stem	**tuv:** Pret. stem	**pus:** Pret. stem	**sup:** Pret. stem
I was there.	I had a letter.	I put (did put) that there.	I knew (learned about) that.
Estuv**e** allí.	Tuv**e** una carta.	Pus**e** eso allí.	Sup**e** eso.
estuv**iste**	tuv**iste**	pus**iste**	sup**iste**
estuv**o**	tuv**o**	pus**o**	sup**o**
estuv**imos**	tuv**imos**	pus**imos**	sup**imos**
estuv**isteis**	tuv**isteis**	pus**isteis**	sup**isteis**
estuv**ieron**	tuv**ieron**	pus**ieron**	sup**ieron**

3. **I** is characteristic of these stems.   4. **J** is characteristic of these stems.

venir *to come*	hacer *to do, make*	traer *to bring*	decir *to say, tell*
vin: Pret. stem	**hic:** Pret. stem	**traj:** Pret. stem	**dij:** Pret. stem
I came home.	I did (made) that.	I brought this.	I said the truth.
Vin**e** a casa.	Hic**e** eso.	Traj**e** esto.	Dij**e** la verdad.
vin**iste**	hic**iste**	traj**iste**	dij**iste**
vin**o**	hi**zo**	traj**o**	dij**o**
vin**imos**	hic**imos**	traj**imos**	dij**imos**
vin**isteis**	hic**isteis**	traj**isteis**	dij**isteis**
vin**ieron**	hic**ieron**	traj**eron**	dij**eron**

Rules:

1. The one set of endings for **ar, er,** or **ir** verbs that have irregular preterite stems is **e, iste, o, imos, isteis, Ieron.** After **j** (Group 4) the third person plural ending is **eron.** Irregular preterites bear *no accent marks.*

2. The following additional irregular preterites are similar to some of the above verbs.

UV like **estar**	**U** like **poner** and **saber**	**I** like **venir** and **hacer**
andar *to walk*	**poder** *to be able*	**querer** *to want*
anduv: *Pret. stem*	**pud:** *Pret. stem*	**quis:** *Pret. stem*
Anduve *I walked*	**Pude** *I was able, could*	**Quise** *I wanted*
(etc.)	(etc.)	(etc.)

B. Identical special preterite forms for **ser** *to be*, **ir** *to go*.

C. Dar: An **ar** verb has regular **er/ir** preterite endings.

D. Leer: Y replaces **i** in the third persons.

ser *to be*	ir *to go*	dar *to give*	leer *to read*
fu: Pret. stem	**fu:** Pret. stem	**d:** Pret. stem	**le:** Pret. stem
I was a soldier.	I went home.	I gave thanks.	I did read that.
Fu**i** soldado.	Fu**i** a casa.	D**i** las gracias.	Le**í** eso.
fu**iste**	fu**iste**	d**iste**	le**íste**
fu**e**	fu**e**	d**io**	le**yó**
fu**imos**	fu**imos**	d**imos**	le**ímos**
fu**isteis**	fu**isteis**	d**isteis**	le**ísteis**
fu**eron**	fu**eron**	d**ieron**	le**yeron**

Rules:

1. **Ser** and **ir** being exactly alike in the preterite, can be distinguished only according to their use in the sentence.

2. **Leer** keeps its regular **le** stem, adds regular **er** endings, but changes the **ió** and **ieron** endings to **yó** and **yeron** in the third persons singular and plural. An accent mark is written on the **í** of the other personal endings. Conjugate **caer** *to fall*, **creer** *to believe* and **oír** *to hear* like **leer** as in D, above.

STUDY THE RULES, EXAMPLES, AND MODELS BEFORE BEGINNING THE EXERCISES!

EJERCICIOS

I. Inés is a **correveidile** (gossip). She tells all about everyone. Restate the sentence in the *preterite* substituting the subject in parentheses. Make necessary changes in each of the verbs.

Model: La nieve *vino* y *cayó* todo el día.   (Las lluvias) **Las lluvias vinieron**
The snow came and fell all day.   **y cayeron todo el día.**
                                                                              The rains came and fell all day.

A. Ellos *tuvieron* la carta de la policía y la *pusieron* en la mesa.

1. (Yo) _____

2. (Pedro) _____

3. (Pedro y yo) _____

4. (Ud.) _____

5. (Los chicos) _____

B. Juan *hizo* la tarea y la *trajo* a la clase muy tarde.

1. (Uds.) _____

2. (Ud.) _____

3. (Yo) _____

4. (La alumna) _____

5. (Nosotros) _____

C. Ellos *dijeron* que sí y *dieron* las gracias por la invitación.

1. (Mi madre) _____

2. (Ud.) _____

3. (Yo) _____

4. (Nosotros) _____

5. (Los abuelos) _____

D. Los chicos *fueron* buenos sólo cuando *vinieron* a la clase.

1. (La niña) _____

2. (Yo) _____

3. (Tú) _____

4. (Ellas) _____

5. (Ellas y yo) _____

E. Los tíos *fueron* al teatro donde *vieron* una buena comedia.

1. (Yo) _____

2. (Diego) _____

3. (Diego y yo) _____

4. (Mi amiga) _____

5. (Tú) _____

F. María *leyó* la frase falsa y la *creyó.*

1. (Los primos) _____

2. (Nosotras) _____

3. (Yo) _____

4. (Tú) _____

5. (Ud.) _____

G. Yo *oí* los gritos cuando *estuve* en casa.

1. (María) _____

2. (Ellos) _____

3. (María y yo) _____

4. (Tú) _____

5. (Yo) _____

H. *Anduve* mucho y *supe* que *pude* hacerlo porque *quise* hacerlo. ¡Olé!

1. (Juan) _____

2. (Juan y yo) _____

3. (Juan y Ana) _____

4. (Yo) _____

5. (Tú) _____

II. Restate the sentence in the *plural* using the word cues.

1. La piedra cayó. (Las piedras) _____

2. La niña vino. (Las niñas) _____

3. Yo tuve razón. (Nosotros) _____

4. Yo hice el viaje. (Nosotros) _____

5. Él hizo el viaje. (Ellos) _____

6. Ella trajo la revista. (Ellas) _____

7. Ud. fue al cine. (Uds.) _____

8. Yo fui excelente. (Nosotros) _____

9. Ud. dijo la frase. (Uds.) _____

10. Ud. dio ayuda. (Uds.) _____

11. Yo leí mucho. (Nosotros) _____

12. Yo oí gritos. (Nosotros) _____

13. Él oyó el disco. (Ellos) _____

14. Ud. creyó el artículo. (Uds.) _____

15. Ella leyó el cuento. (Ellas) _____

16. Yo dije que sí. (Nosotros) _____

17. Yo di dinero. (Nosotros) _____

18. Ella fue bonita. (Ellas) _____

19. Yo fui al mercado. (Nosotros) _____

20. Yo lo creí. (Nosotros) _____

III. You went to the mall. Tell us about it using the cue words. Role-play.

    1. ¿Quiénes estuvieron allí? (Mis amigos) _____

    2. ¿Adónde fue Ud.? (a la tienda) _____

    3. ¿Cuánto dinero trajo Ud.? (tres dólares) _____

    4. ¿Quién hizo las compras? (Yo) _____

    5. ¿Dónde pusieron Uds. las compras? (en la mesa) _____

IV. It was a good party! Retell the story in the *preterite* tense telling what happened at *yesterday*'s birthday party.

    1. Vengo a la casa de Anita. _____

    2. Es su cumpleaños. _____

    3. Ella tiene regalos de los amigos. _____

    4. Ellos le dicen:—Feliz cumpleaños. _____

    5. Luego oyen discos en su casa. _____

    6. Pueden oír mucho. _____

    7. Yo quiero escuchar más. _____

    8. Pero tengo que volver a casa. _____

    9. Ando a casa. _____

    10. Sé que es una buena fiesta. _____

V. Oral Proficiency: Act your part **(Yo)**, or role play. *Later* write your part. [Review PALABRAS NUEVAS and ESTRUCTURAS of this WORK UNIT Twenty-seven]

Situation: Your aunt and uncle want to know how you spent your birthday, and whether you liked the gift they sent. [Three sentences are good; four very good; five or more are excellent.]

 Los tíos: ¿Cómo pasaste tu cumpleaños? ¿Te gustó el regalo?
Yo: . . .

Clues: *Tell whether you had a good birthday; who gave the party; who came and brought gifts; where you all went in the evening; what everybody said on leaving **(al salir)**; whether they all did well and all went well. Other ideas?*

NO REBASE

NO PASSING

ANCHO LIBRE

HORIZONTAL CLEARANCE

PESO MÁXIMO

MAXIMUM WEIGHT (METRIC TONS)

LÍMITE

PARKING LIMIT

UNA HORA
8 a 21 h DIAS HABILES

ONE-HOUR PARKING

NO

NO LEFT TURN

NO

NO PARKING

CONSERVE SU DERECHA

USE RIGHT LANE

INSPECCIÓN

INSPECTION

PEATONES A SU IZQUIERDA

PEDESTRIANS KEEP LEFT

MÁXIMA

SPEED LIMIT (IN K.P.H.)

CONTINÚA

CONTINUOUS TURN

Highway signs in Mexico

En mi opinión el señor Ramírez
no es culpable.

Work Unit Twenty-eight

*Guilty or innocent? It's a tough decision
to make.*

La justicia siempre triunfa.

Drama policíaco en un acto

Escena   Tribunal de la corte civil. Hay una docena de espectadores, más o menos. El juez está sentado al frente del salón. Todo el mundo escucha atentamente. Ahora llaman a los testigos.

Personajes   El juez
El abogado defensor
El fiscal
El primer testigo

Abogado: Llamo como primer testigo de la defensa, al señor Ángel Alpargata. Señor Alpargata, como ya sabe usted, el fiscal dice que el acusado, Ramiro Ramírez, cuando borracho, chocó su carro con la bicicleta de un muchacho. ¿Qué puede Ud. decirnos en la defensa del señor Ramírez?

Testigo: Eso no es verdad. El señor Ramírez es un hombre honrado. No es un borracho y por eso nunca conduce un coche en ese estado. En mi opinión no es culpable.

Fiscal: Protesto, protesto. Aquí en una corte de justicia no importan las opiniones. ¿Estuvo usted allí cuando ocurrió el accidente?

Testigo: No, señor. Nadie estuvo allí. Pero me dicen . . .

Fiscal: No importa eso. ¿Vio o no vio usted el accidente?

Testigo: No señor, el accidente ocurrió a las diez de la noche. Y a esa hora, yo estuve en mi cama cansado de trabajar todo el día.

Juez (muy enojado):   —¿Cómo? ¿En la cama? Pero esto es ridículo. ¿Por qué está Ud. aquí como testigo por el señor Ramírez? Ud. nunca vio nada.

Testigo: Pues. . . . Mi mujer dijo que. . . . Señor juez, Ramiro es mi cuñado.

Palabras Nuevas

SUSTANTIVOS

el abogado defensor   *the defense attorney*
el accidente   *the accident*
el acusado   *the defendent*
la alpargata   *the slipper*
la bicicleta   *the bicycle*
el carro   *the car*
la corte civil   *the civil court*
el cuñado   *the brother-in-law*
la defensa   *the defense*
el drama policíaco   *the detective drama*
el espectador   *the spectator*

el estado   *the state*
el fiscal   *the district attorney*
el juez   *the judge*
la mujer   *the wife*
la opinión   *the opinion*
el salón   *the (large) room*
el testigo   *the witness*
el tribunal   *the courtroom*

ADJETIVOS

borracho,a   *drunk*
culpable   *guilty*
honrado,a   *honest*
ridículo,a   *ridiculous*

VERBOS

conducir   *to drive*
chocar   *to crash*
no importa eso   *that is not important, does not matter*
ocurrir   *to happen*
protestar   *to protest, to object*

OTRAS PALABRAS

atentamente   *attentively*
nada   *nothing*
nadie   *nobody*
nunca   *never*
por eso   *therefore*

309

EJERCICIOS

I. A. Preguntas. Give us your answer in a complete Spanish sentence.

1. ¿Cuántos espectadores hay en la corte?
2. ¿Con qué chocó Ramiro Ramírez?
3. ¿Qué dice Ángel sobre el carácter de Ramírez?
4. ¿Por qué protesta el fiscal?
5. ¿Por qué está enojado el juezÏ?

1. _____

2. _____

3. _____

4. _____

5. _____

B. Preguntas personales y generales. Answer in a complete Spanish sentence. Role-play.

1. ¿Le gusta conducir un carro?
2. ¿Estuvo Ud. en un accidente?
3. ¿Fue Ud. a la corte para protestar?
4. ¿Quién fue culpable, el otro conductor o Ud.?
5. Cómo persona honrada, ¿le dijo Ud. la verdad al juez?

1. _____

2. _____

3. _____

4. _____

5. _____

II. Unscramble the sentences in the boxes.

1.
¿qué	defensa?	en
decirnos	su	puede

2.
es	hombre	señor
el	un	honrado

3.
nos	las	no
opiniones	importan	aquí

4.
accidente	a	ocurrió
las	diez	el

1. _____

2. _____

3. _____

4. _____

III. Find the following words in the boxes.

1. lawyer
2. accused
3. drama
4. car
5. judge
6. witness (word is backward)
7. drunk
8. D. A.
9. less
10. act
11. all
12. as
13. 10

A	B	O	G	A	D	O	J
C	O	C	H	E	F	G	U
U	T	O	D	O	I	I	E
S	M	E	N	O	S	T	Z
A	C	O	M	O	C	S	A
D	R	A	M	A	A	E	C
O	D	I	E	Z	L	T	T
B	O	R	R	A	C	H	O

IV. Compositions: Oral and written.

A. Tell us *what is happening* in the *picture* at the beginning of this Work Unit. Then tell something more about the story and how it ends.

B. Tell a friend about a court case you watched. Write a note.

Querido(a) . . . , Vi un proceso (a trial) sobre un accidente.

1. Where you saw the trial.
2. Whose lawyer entered the courtroom.
3. What the prosecuting attorney said that **(que)** the defendant did in the accident.
4. What some witnesses saw.
5. How the judge is going to decide, guilty or innocent.

ESTRUCTURAS DE LA LENGUA

¡Nadie!   ¡Nunca!   ¡Nada!

311

Emphatic Negation and Unemphatic Negation. The Tag Question, ¿verdad?

A. **¡Nunca!** never!; **¡nada!** nothing!; **¡nadie!** nobody!; **¡tampoco!** *neither*!; **¡ni...ni...!** *neither..nor*!; **¡ninguno!** *no one!*, *no!* (before a noun) when used emphatically *precede* the verb, like **no.**

Questions	*Statements*
1. ¿**No** tienen los chicos libros? Don't the boys have any books?	1. Ellos **no** tienen libros. They have no books. (haven't any)
2. ¿**Nunca** escuchan ellos? Don't they ever listen?	2. ¡Ellos **nunca** escuchan! They never listen!
3. ¿**Nada** estudian? Don't they study anything?	3. ¡Ellos **nada** estudian! They study nothing!
4. ¿**Nadie** contesta? Doesn't anybody (anyone) answer?	4. ¡**Nadie** contesta! Nobody (no one) answers.
5. ¿**Ni** él **ni** ella está en casa? Neither he nor she is at home?	5. ¡**Ni** él **ni** ella está! Neither is he nor she at home!
6. ¿**Tampoco** está el perro en casa? Neither is the dog at home?	6. ¡**Tampoco** está él! Neither is he!

Rule:

Nunca, nada, nadie, ni...ni... and **tampoco** precede the verb for emphasis both in questions and in statements, like **no.**

B. Emphatic Negation contrasted with **Unemphatic Negation.**

EMPHATIC NEGATION	UNEMPHATIC NEGATION
1. ¿**Nunca** fuiste al cine? You *never* went to the movies?	— **No** fui **nunca.** I *never* went.
2. ¿**Nada** viste? You saw *nothing?*	— **No** vi **nada.** I saw *nothing.*
3. ¿**Nadie** fue contigo? *Nobody* went with you?	— **No** fue **nadie.** *Nobody* went.
4. ¿A **nadie** invitaste? You invited *no one?*	— **No** invité a **nadie.** I invited *no one.*
5. ¿**Tampoco** lo invitaste a él? Neither did you invite him?	— **No** lo invité **tampoco** a él? I did *not* invite him *either.*
6. ¿**Ni** a ellos **ni** a ella invitaste? Neither them nor her did you invite?	— **No** invité **ni** a ellos **ni** a ella I did *not* invite *either* them or her.
7. ¿**Ninguna** invitación enviaste? You sent no invitation?	— **No** envié **ninguna** invitación. I sent *no* invitation.

Rules:

1. *Emphatic* negation places the principal negative before the verb.

2. *Unemphatic* negation places **no** before the verb. The principal negative *follows* the verb.

3. **Nadie** is the subject of the verb. **A nadie** is the object of the verb.

4. Learn the *opposite pairs*: **algo** *something* and **nada** *nothing*; **alguien** *some one* (*somebody*) and **nadie** *no one (nobody)*; **siempre** *always* and **nunca** *never*; **o...o...** *either...or...*; **ni...ni** *...neither...nor...*; **también** *also* and **tampoco** *neither*.

5. Jamás is a synonym for **nunca** *never*. **Ninguno** may be a synonym for **nadie** *nobody*.

C. The Spanish speaker requests agreement with a statement by adding **¿no es verdad?** or **¿verdad?** Notice the variety of its *English translations*.

---

1. Son españoles, **¿no es verdad?**
   They are Spaniards, *aren't they?*

2. Es domingo, **¿no es verdad?**
   It is Sunday, *isn't it?*

3. No hablan español, **¿verdad?**
   They don't speak Spanish, *do they?*

4. No estudian el francés, **¿verdad?**
   They don't study French, *right?*

Rules:

1. **¿No es verdad?** or **¿verdad?** usually follows the statement.

2. Both forms can be translated according to the meaning of the sentence to which they are added: *isn't it (so)?; aren't they?; isn't that right?;* etc.

STUDY THE RULES, EXAMPLES, AND MODELS BEFORE BEGINNING THE EXERCISES!

EJERCICIOS

I. No matter what Claudio asks him, Alejandro gives him an EMPHATIC NEGATIVE answer. Tell us his EMPHATIC NEGATIVE answer in a complete Spanish sentence according to the model. Use **Nadie**. Role-play.

Model: —¿Sabe **alguien** todos los idiomas?   —**Nadie** sabe todos los idiomas.
   Does anyone know all (the)   *Nobody* (no one) knows all (the)
   languages?   languages.

1. ¿Comprende alguien todos los idiomas?_____

2. ¿Estudia alguien todos los días? _____

3. ¿Lee alguien todos los periódicos? _____

II. Claudio thinks he knows you well, but he really does not. Give your EMPHATIC NEGATIVE answer in a complete Spanish sentence according to the model. Use **Nunca**. Role-play.

Model: —¿**Siempre** tienes clases hasta las cinco?
   Do you *always* have classes until five o'clock?

   —**Nunca** tengo clases hasta las cinco.
   I *never* have classes until five.

313

1. ¿Siempre comes despacio? _____

2. ¿Siempre estás triste después de un examen?_____

3. ¿Siempre tienes hambre a las cuatro? _____

III. Tell what the two friends *definitely* did *not* do in preparing for their trip. Give us an EMPHATIC NEGATIVE answer in a complete Spanish sentence according to the model. Use **Nada.** Role-play.

Model: —Prepararon los chicos **algo** para el desayuno?
Did the boys prepare *something* for breakfast?

—Los chicos **nada** prepararon para el desayuno.
The boys prepared *nothing* for breakfast.

1. ¿Compraron los chicos algo para el viaje? _____

   _____

2. Recibieron ellos algo para pagar el billete? _____

   _____

3. ¿Comió Juan algo antes de salir de la casa? _____

   _____

IV. Give an UNEMPHATIC NEGATIVE answer, in a complete Spanish sentence, according to the negative used in each question. Begin with **Verdad.** Role-play.

Model: —**¿Nunca** desea él asistir   —**Verdad.** Él **no** desea **nunca** asistir
al teatro?   al teatro.
Doesn't he *ever* want to attend   *True.* He *never* wants to attend
the theater?   the theater.

1. ¿Nada pueden recibir las niñas pobres para la Navidad?_____

   _____

2. ¿Nadie va a comprender la lección hoy?_____

   _____

3. ¿Nunca quiso escribir el chico perezoso en la pizarra?_____

   _____

4. ¿Ni sábado ni domingo desea asistir a la fiesta? _____

   _____

5. ¿Tampoco debe trabajar un hombre cansado los sábados? _____

   _____

V. You are unwilling to take any suggestion. Answer in a complete sentence using in (a) **ni...ni...**; and in (b) **tampoco** as indicated in the model. Role-play.

Model: **a.** ¿Se permite fumar o comer   Is it allowed to smoke or to
en el teatro?   eat in the theatre?

No se permite **ni** fumar **ni** comer   It is allowed *neither* to smoke
en el teatro.   *nor* to eat.

b. ¿Y hablar?   And to speak?
Tampoco se permite hablar.   Neither is it allowed to speak.

1. a. ¿Quieres dormir o sólo descansar? _____

   b. ¿Y escuchar un poco de música? _____

2. a. ¿Necesitas comer o beber algo? _____

   b. ¿Y caminar un poco? _____

3. a. ¿Te gusta leer o mirar televisión? _____

   b. ¿Y salir de noche? _____

4. a. ¿Deseas asistir al cine o al teatro? _____

   b. ¿Y al concierto de salsa? _____

VI. Use the word in *italics* as a separate QUESTION. Then give us a NEGATIVE response using **nunca, nada,** or **nadie,** a) *emphatically*, b) *unemphatically*.

A. Model: Tú *siempre* lees mucho.   a. **¿Siempre?** Yo **nunca** leo mucho.
You always read a great deal.   Always? I never read a great deal.
     b. Yo **no** leo **nunca** mucho.
     I never read a great deal.

1. Tú *siempre* cantas en casa. _____

_____

2. Tu amiga *siempre* toca el piano. _____

_____

3. Laura y Antonio *siempre* bailan. _____

_____

B. Model: —*Juan está* cansado.   a.—**¿Juan? Nadie** está cansado.
John is tired.   John? Nobody is tired.
     b.—**No** está **nadie** cansado.

1. *María* vino a mi casa. _____

_____

2. *La familia* fue a esquiar. _____

_____

3. *María* compró esquíes. _____

_____

C. Model: —El lee *algo* de eso.   a.—**¿Algo?** Él **nada** lee de eso.
             He reads something about   Something? He reads nothing about that.
             that.   b.—Él **no** lee **nada** de eso.

1. El profesor enseñó *algo* de México. _____

_____

2. El alumno contestó *algo*. _____

_____

3. Los niños oyen *algo*. _____

_____

VII. El desayuno es importante. ¿No es verdad? State a complete Spanish sentence using the vocabulary provided.

1. *Nobody* prepares a breakfast like my mother.

_____
/ prepara / desayuno como / madre

2. My father and I *never* prepare breakfast.

_____
/ padre / preparamos / desayuno

3. But my sister takes *nothing* for breakfast.

_____
pero / hermana / toma / para / desayuno

4. Neither does your sister take anything. Right?

_____
/ hermana toma

5. Neither your sister nor my sister eats well. Do they?

_____
/ hermana / come bien /

VIII. Oral Proficiency: Act your part **(Yo),** or role play. *Later* write your part. [Review PALABRAS NUEVAS and ESTRUCTURAS of this WORK UNIT Twenty-eight]

Situation: Rosalinda is very angry. She gave a party in your honor, *but you did not appear.* You explain why you could not come. [Three sentences are good; four very good; five or more are excellent.]

> **Rosalinda:**   ¡Estoy muy enojada! ¿Por qué no viniste?
> **Yo: . . .**

Clues: *You never received the invitation; you knew nothing about the party; nobody called you or gave you information; nobody ever said anything about **(de)** the date or the time; you are not guilty, right? Other ideas?*

ARTE ESPAÑOL

The Metropolitan Museum of Art, The H.O. Havemeyer Collection, Bequest of Mrs. H.O. Havemeyer, 1929. (29.100.10)

Francisco Goya y Lucientes. Majas on a Balcony

Pienso estudiar para médico. ¡Tuvieron tanto éxito mis recetas!

Work Unit Twenty-nine

Who cured whom?

Cómo él llegó a ser médico

Comedia en dos actos

Personajes:	Doctor Avéitoc Bueno. Abuelita Doña Dolores Misericordia Su nieto de quince años, José Mercedes.
Sitio:	La clínica del doctor Bueno

Primer acto

Dr. Bueno:	(Abre la puerta.) Buenas tardes. ¡Pasen! ¿En qué puedo servirles?
Nieto:	Doctor, le pido consejo para mi querida abuelita. Ella siente dolor por todo el cuerpo. Duerme poco de noche y grita mucho de día. Ya no ríe ni sonríe. Estoy preocupado por ella.
Dr. Bueno:	¡Sin problema, hijo mío! Veo que quieres mucho a tu abuela.
Nieto:	Así es. Prefiero tenerla cerca por muchos años. No debe morir, doctor.
Dr. Bueno:	Entonces, ¡déjame hablar con tu abuela!
(a la abuela)	Señora Misericordia, ¿dónde siente Ud. dolor? ¿Y cuándo?
Abuela:	Señor doctor, mi nieto no le miente. Todos los días siento dolor de brazos y espalda cuando recojo ropa, libros y revistas del piso de su cuarto.
Dr. Bueno:	¿Tiene Ud. otro dolor?
Abuela:	Siento dolor de garganta cuando le repito mil veces que él debe llegar a tiempo a su escuela y también a su trabajo en el supermercado. Si él no hace eso, no va a tener éxito en los estudios y luego lo van a despedir de su trabajo.
Dr. Bueno:	¿Y sufre Ud. otro dolor?
Abuela:	Sí, uno más. Siento un dolor de pecho cuando él me cuenta cómo él divierte y hace reír a sus colegas en las clases.
Dr. Bueno:	¿Hay más?
Abuela:	Mmmm . . . Ah, sí. Si no duermo toda la noche, a la mañana, siento dolor por todo el cuerpo cuando le preparo el desayuno y su ropa de vestir.
Dr. Bueno:	¿Y por qué no duerme, Ud.?
Abuela:	Mi nieto, José Mercedes, a las nueve empieza a tocar su música roc y no termina antes de la una.
Nieto:	¿Ve Ud., señor, cuántos dolores siente mi pobre abuela? Le pido consejo con todo el corazón.
Dr. Bueno:	Claro. Pero tú, José Mercedes, tienes que escribir la receta para tu abuelita.
Nieto (sorprendido):	¿Yo? ¿Cómo?

319

Dr. Bueno:	¡Escribe lo que tú vas a hacer, para ayudar a tu abuelita a no sentir dolores!
Nieto:	¿Dónde? ¿Cuándo?
Dr. Bueno:	En mi papel de recetas y antes de salir de la clínica. . . . Y ¡vuelve a verme en una semana con tu abuelita!
Abuela (sorprendida):	Adiós, doctor. Gracias. Muchas gracias.
Nieto (Termina de escribir):	Claro, claro. Tengo las recetas. Hasta luego.

Segundo acto

Ocho días después, en la clínica del doctor Avéitoc Bueno. Los mismos personajes.

Dr. Bueno:	¡Ajá! ¿Qué tal, José Mercedes? ¿Tuvieron éxito tus recetas?
José Mercedes:	Sí, mucho éxito.
Dr. Bueno (a la abuela):	¿Durmió Ud. anoche, señora?
Abuela:	Si, señor doctor, dormí bien anoche.
Dr. Bueno:	¿Sintió Ud. dolores la semana pasada?
Abuela:	No sentí ni un dolor.
Dr. Bueno:	¡Magnífico, señora!
(al nieto):	¡Felicitaciones! José Mercedes, hiciste bien al seguir tus recetas.
José Mercedes:	Gracias, doctor Bueno. Pienso estudiar para médico. ¡Tuvieron tanto éxito mis recetas!

Y así empezó la carrera de José Mercedes, quien llegó a ser un médico compasivo y famoso.

¿Y la abuela? . . . Oh, la abuela se casó con el médico. Continúa sin dolor alguno.

Palabras Nuevas

SUSTANTIVOS

la carrera   *the career*
el colega   *the classmate, schoolmate*
la clínica   *the doctor's office*
el consejo   *the advice*
el dolor   *the pain*
  . . .de pecho   *the chest pain*
  . . .de espalda   *the back-ache*
  . . .de garganta *sore throat*
¡Felicitaciones!   *Congratulations!*
el nieto   *grandson*
el piso   *the floor*
la receta   *the prescription*
la ropa   *the clothes*

ADJETIVOS

compasivo   *compassionate*

VERBOS

contar(ue)   *to narrate, to tell*
dejar   *to permit, let*
despedir(i)   *to dismiss, to fire*
divertir(ie)   *to amuse*
dormir(ue)   *to sleep*
¿Durmió?   *Did you sleep?*
llegar a ser   *to become*
mentir(ie)   *to lie*
morir(ue)   *to die*
pedir (i)   *to request, ask for*
preferir(ie)   *to prefer*
recoger   *to pick up, gather*
reír (í)   *to laugh*
repetir(i)   *to repeat*
sentir (ie)   *to feel (followed by a noun); to regret*
¿Sintió?   *Did you feel?*
servir (i)   *to serve*
sonreír(í)   *to smile*

tocar   *to play (music)*
vestir (i)   *to dress (someone)*

OTRAS PALABRAS

a tiempo   *on time*
al seguir (i)   *in following*
con todo el corazón   *with all my heart*
estudiar para   *to study to become . . .*
hijo mío   *my son*
lo que   *what (in a statement)*
lo siento   *I am sorry about it, regret it*
mil veces   *a thousand times*
por todo mi cuerpo   *all over my body*
sin dolor alguno *without any pain*
tener tanto éxito   *to be so successful*

EJERCICIOS

I. A. Preguntas. Answer in a complete Spanish sentence.

1. ¿Qué le pide el nieto al médico?
2. ¿Por qué siente la abuela dolor de espalda? ¿De garganta? ¿De pecho?
3. ¿Por qué no duerme la abuela toda la noche?
4. ¿En cuánto tiempo cambió José su conducta? ¿Quién curó a quién?
5. ¿Qué piensa José estudiar? ¿Por qué?
6. ¿Qué llegó a ser?

1. _____

2. _____

_____

_____

3. _____

4. _____

5. _____

_____

6. _____

B. Preguntas personales y generales. Answer in a complete Spanish sentence. Role-play.

1. ¿Para qué carrera piensa Ud. estudiar?
2. ¿Qué música prefiere Ud. tocar o escuchar?
3. ¿Para tener éxito, llega Ud. a tiempo a la escuela o al trabajo?
4. ¿A quién quiere Ud. mucho?

1. _____

2. _____

3. _____

4. _____

II. Acróstico. Fill in the puzzle in Spanish.

1. to sleep
2. to begin
3. to smile
4. to ask for
5. success
6. to amuse
7. to invite
8. to laugh

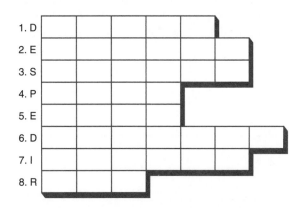

1. D
2. E
3. S
4. P
5. E
6. D
7. I
8. R

321

III. *Antonyms*: Write the expression which means the *opposite* of each of the following:

1. mentir: _____
6. piso: _____

2. reír: _____
7. pedir: _____

3. morir: _____
8. antes de: _____

4. preguntar: _____
9. recoger: _____

5. nunca: _____
10. tener éxito: _____

Clues: *vivir, contestar, dar, decir la verdad, dejar caer, después de, llorar, salir mal, siempre, techo*

IV. Picture Match: Choose and write the sentence(s) suggested by each sketch. Then tell something more about each one.

1.

2.

3.

4.

a. —Siento dolor de garganta. Le repito mil veces que él tiene que llegar a tiempo.
b. —Siento dolor de espalda cuando tengo que recoger su ropa del piso.
c. —Escribe en las recetas cómo vas a ayudar a tu abuela a no sentir dolores!
d. —No puedo dormir cuando él toca su música roc hasta la una.
e. —Mis recetas tuvieron tanto éxito. ¡Pienso estudiar para médico!

1. _____

2. _____

3. _____

4. _____

V. Compositions: Oral and written.

A. Tell what is happening in the picture at the beginning of this Work Unit. Tell how the story begins.

B. Tell about going to the hospital. Write a note to a friend.

Querido(a). . . , Prefiero volver a casa.

1. What pain(s) you feel.
2. How little you sleep.
3. What food you ask for but don't receive.
4. When you prefer to return home.
5. Whether the prescriptions are successful.
6. Whether you want to study **(para)** to be a doctor.

ESTRUCTURAS DE LA LENGUA

Stem-Changing Verbs of IR Infinitives: Class II and Class III

A. Class II—Present Tense   o > ue   e > ie

dormir to sleep   **sentir** to feel + noun

	—**¿Duermes bien?**	—**¿Sientes dolor?**
	Do you sleep well?	Do you feel pain?
	—**Duermo a pierna suelta.**	—**Lo siento.**
	I sleep like a log.	I regret it. I am sorry.
1. yo	**duermo**	**siento**
2. tú	**duermes**	**sientes**
3. él, ella, Ud.	**duerme**	**siente**
4. nosotros -as	dormimos	sentimos
5. vosotros -as	dormis	sentís
6. ellos -as, Uds.	**duermen**	**sienten**
Commands:	**¡Duerma Ud.!**	**¡Sienta Ud. . . . !**
	¡Duerman Uds.!	**¡Sientan Uds. . . . !**
	¡Durmamos!	**¡Sintamos!**

Rules:

1. **O > UE Class II:** The **o** in the stem of most -ir ending infinitives changes to **ue** in the present tense in persons 1,2,3,6; and in the commands **Ud.** and **Uds.** But in the **nosotros -as** command (let us) the **o** changes to **u.**

> Like **dormir(ue),** a common verb that changes is **morir(ue)** *to die.*

2. **E > IE Class II:** The **e** in the stem of **most** -ir ending infinitives changes to **ie** in the present tense in persons 1,2,3,6; and in the commands **Ud.** and **Uds.** But in the **nosotros -as** command (let us) the **e** changes to **i alone.**

> Like **sentir(ie),** common verbs that change are **divertir(ie)** *to amuse,* **mentir(ie)** *to lie (tell a lie),* **preferir(ie)** *to prefer.*

323

B. Class III.—Present Tense   e > i   e > í

pedir to request, ask for   **reír** to laugh

	—¿Qué pides? What do you ask for? **—Pido justicia.** I ask for fairness.	**—¿Por qué ríes?** Why do you laugh? **—Río porque es cómico.** I laugh because it is funny.
1. yo	**pido**	**río**
2. tú	**pides**	**ríes**
3. él, ella Ud.	**pide**	**ríe**
4. nosotros -as	pedimos	reímos
5. vosotros -as	pedís	reís
6. ellos -as, Uds.	**piden**	**ríen**
Commands:	**¡Pida Ud.!** **¡Pidan Uds.!** **¡Pidamos!**	**¡Ría Ud.!** **¡Rían Uds.!** **¡Riamos!**

Rules:

1. **E > I Class III:** The **e** in the stem of **some** -ir ending infinitives changes to **i** in the present tense in persons 1,2,3,6; and in all three direct commands, **Ud., Uds.,** and **nosotros -as (let us).**

> Like **pedir(i),** common verbs that change are **despedir(i)** *to dismiss, fire* **repetir(i)** *to repeat* **servir(i)** *to serve* and **vestir(i)** *to dress.*

2. **E > I Class III:** The **e** in the stem of the special -ir ending infinitive **reír** changes to an **í** with an accent mark in the present tense in persons 1,2,3,6; and in commands **Ud.** and **Uds.** But in the **nosotros -as (let us)** command the **e** changes to an **i** without the accent mark.

> Like **reír(í),** a verb that changes is **sonreír(í)** *to smile.*

STUDY THE RULES AND MODELS BEFORE BEGINNING THE EXERCISES!

EJERCICIOS

I. At the doctor's office. Answer the doctor in complete sentences.

A. Model: Médico—¿Cuántas horas **duerme** el niño?   —El **duerme** diez horas.
                      How many hours does the child *sleep*?   He *sleeps* ten hours.

1. ¿Y las niñas? _____

2. ¿Y tú? _____

3. ¿Tú y tus hermanos? _____

4. ¿Y tu abuelo? _____

5. ¿Y los padres? _____

B. Model: Médico—¿En qué parte del cuerpo **siente** él dolor? In what part of his body does he *feel* pain? —**Siente** dolor de estómago. He *feels* a stomachache.

Clues: *espalda, cabeza, pecho, corazón, garganta, todo el cuerpo*

1. ¿Y la abuelita? _____

2. ¿Y los futbolistas? _____

3. ¿Y tú? _____

4. ¿Tú y el equipo? _____

5. ¿Y la hermanita? _____

II. Your adviser wants to know. Answer him in a complete sentence, telling how each one in your group feels if he or she lies. Change *both* verbs.

Model: —¿Quiénes lo **sienten** si **mienten**? Who (pl.) *regret* it if they *lie*? (¿Ella?) —Ella lo **siente** si **miente.** Louise feels *sorry* if she *lies*.

1. ¿Tú? _____

2. ¿Luis y Ana? _____

3. ¿Felipe y tú? _____

4. ¿Yo? _____

5. ¿Juan? _____

III. A. At the party. Tell how each one *amuses* the birthday boy and *dies* laughing. Change *both* verbs according to the new subject in *italics*.

Model: Tú **diviertes** al niño con chistes y tú **mueres** de risa. You *amuse* the child with jokes and you *die* of laughter.

Clues: *con canciones, juegos, rimas, adivinanzas, chistes*

1. *Yo* _____

2. *El padre y yo* _____

3. *Los abuelos* _____

4. *El payaso (clown)* _____

5. *Tú* _____

B. For the party. Tell how each one *dresses* his/her child, and then *smiles* at him. Change *both* verbs according to the new subject in *italics*.

Model: Tú **vistes** al niño en un chaleco rojo y tú **sonríes.** You *dress* the child in a red vest and you *smile*.

Clues: *una camisa blanca, una corbata, un suéter rojo, zapatos nuevos, pantalones largos*

325

1. *La madre* _____

2. *Las hermanas* _____

3. *Yo* _____

4. *Ud.* _____

5. *Nosotros* _____

C. At the party. Tell what each one *laughs* at and *repeats*. Change *both* the verbs according to the new subject in *italics*.

Model: Tú **ríes** cuando **repites** *los chistes* de la familia.
        You *laugh* when you *repeat* the family's jokes.

Clues: *las historias, los errores, las fiestas, las aventuras, los chistes*

1. *Nosotros* _____

2. *Los tíos* _____

3. *Yo* _____

4. *Ud.* _____

5. *Tú* _____

D. At the party. Tell what some *prefer, ask for* and then *serve* to others. Change *three* verbs according to the new subject in *italics*.

Model: Si tú **prefieres** *helado*, lo **pides** y lo **sirves** a los otros.
        If you *prefer* ice cream you *ask for* it, and *serve* it to others.

Clues: *helado, café, té, un postre, vino*

1. *La madre* _____

2. *Las tías* _____

3. *Tú* _____

4. *Yo* _____

5. *Yo y Ud.* _____

IV. Command politely. Begin with **por favor** and change each statement to a command according to its subject.

Model: Ud. no miente nunca.   **Por favor, ¡no mienta Ud. nunca!**
        You never lie.   Please, never lie!

1. Ud. nunca duerme tarde. _____

2. Ud. no siente más dolores. _____

3. Ud. no pide nada. _____

4. Uds. no divierten a nadie. _____

5. Uds. sirven la comida. _____

6. Uds. no mueren de hambre. _____

7. Vestimos al niño. _____

8. Dormimos ocho horas. _____

9. Nunca mentimos. _____

10. Repetimos el chiste. _____

V. Tell the story of your lie.

Le digo a mamá que _____ dolor por todo el cuerpo. Le digo que yo no _____

　　　　　　　　　　1. (I feel)　　　　　　　　　　　　　　　　　　　　　2. (lie)

y yo lo _____ mil veces. _____ todo el día. Mi madre me _____ . Ella le

　　　3. (repeat)　　　　　　4. (I sleep)　　　　　　　　　　5. (dresses)

_____ consejo al médico. En casa, mamá no me _____ nada más que sopa.

6. (asks for)　　　　　　　　　　　　　　　　　　　7. (serves)

_____ de hambre. _____ la escuela. Mi madre _____ . Vuelvo a mis

8. (I die)　　　　　9. (I prefer)　　　　　　　　10. (smiles)

clases. ¡Qué dolor!

VI. Dialogue Completion: José Mercedes brings his friend, Linda, who works with him in the supermarket, to meet his **abuelita.** Act it out with others and write the script.

Linda: Mucho gusto, señora. José me dice que Ud. ya no _____ dolores.

　　　　　　　　　　　　　　　　　　　　　　　　　(1) feel

Abuela: Él no te _____ .

　　　　　　　(2) lie

Linda: Él ya _____ sus cosas, llega _____ , y no _____ roc.

　　　　　(3) picks up　　　　　　　(4) on time　　　　　(5) plays

Abuela: Verdad. ¿Yo te _____ una Coca Cola?

　　　　　　　　　　(6) serve

Linda: Ahora no, gracias. Pero yo le _____ permiso para volver a visitarla.

　　　　　　　　　　　　　　　(7) ask for

Abuela: ¡Claro! José te _____ mucho. ¿Verdad?

　　　　　　　　　(8) amuses

Linda: Oh, sí. En el supermercado nosotros nos _____ de sus chistes. Yo _____ mucho.

　　　　　　　　　　　　　　　　　(9) smile　　　　　　(10) laugh

Abuela: Yo _____ _____ . En el supermercado ellos _____ un trabajo serio.

　　　　(11) regret it　　　　　　　　　　　　(12) prefer

327

Linda: ¡ _____ _____ _____ , señora. Trabajamos y _____ bien al público.

　　　　(13) Don't be sorry about it 　　　　　　　　　　　　(14) serve

Abuela: Tanto mejor. Así ellos no lo _____ y él gana dinero para _____

　　　　　　　　　　　　　　　(15) fire 　　　　　　　　　　　(16) to become

médico. Hasta la próxima visita, señorita.

Stem-Changing Verbs of IR Infinitives: Preterite Tense

C. In the preterite tense of all stem-changing verbs of ir infinitives: *only* **the third person and the sixth person change**

	o > u **dormir**	e > i **sentir**	e > i **pedir**	e > í **reír**
	—¿Durmió Ud? Did you sleep? **—Dormí.** I slept.	**—¿Lo sintió Ud. ?** Did you regret it? **—Lo sentí.** I felt sorry.	**—¿Qué pidió?** What did you request? **—Pedí pan.** I asked for bread.	**—¿Rió Ud.?** Did you laugh? **—Reí.** I laughed.
1. yo	dormí	sentí	pedí	reí
2. tú	dormiste	sentiste	pediste	reíste
3. él, ella, Ud.	**durmió**	**sintió**	**pidió**	**rió**
4. nosotros -as	dormimos	sentimos	pedimos	reímos
5. vosotros -as	dormisteis	sentisteis	pedisteis	reísteis
6. ellos -as, Uds.	**durmieron**	**sintieron**	**pidieron**	**rieron**
	Like **dormir:** **morir**	Like **sentir:** **mentir** **divertir** **preferir**	Like **pedir:** **despedir** **repetir** **servir** **vestir**	Like **reír:** **sonreír**

Rules:

1. *Carefully* pronounce the preterite forms of each verb above, noting the sound change as the vowel changes from **O** to **U,** and from **E** to **I** in the third person and the sixth person, only.

2. The verbs listed as "like verbs" will similarly change only in the third and sixth persons. Pronounce the preterite third and sixth persons carefully.

3. You have seen the **O** to **U,** and the **E** to **I** change before, in the **nosotros** commands: **¡Durmamos!, ¡Sintamos!, ¡Pidamos!, ¡Riamos!**

4. **AR** and **ER** stem-changing verbs do *not* present vowel changes in the *preterite tense.*
Examples: **Pensó, pensaron; contó, contaron; perdió, perdieron; volvió, volvieron.**

STUDY THE RULES AND MODELS BEFORE BEGINNING THE EXERCISES!

EJERCICIOS

I. A. Your neighbor made exaggerated statements. Express your disbelief in a complete sentence. Use **¡Imposible! Ud. no** in the *preterite tense*, according to the model. Role-play.

Model: —Yo divertí a todos ayer.   **—¡Imposible! Ud. no divirtió a todos.**
         I amused everybody yesterday.   Impossible! You did not amuse everybody.

1. Dormí doce horas anoche. _____

2. Sentí frío en la playa. _____

3. Pedí un millón al banco. _____

4. Reí en el cine hasta morir. _____

5. Repetí de memoria todo el libro. _____

B. You continue in disbelief. In a complete sentence, use **¡Imposible! Uds. no** in the *preterite tense*, according to the model. Role-play.

Model: —Despedimos a todos.   **—¡Imposible! Uds. no despidieron a todos.**
         We discharged (fired) everyone.   Impossible. You (pl.) did not fire everyone.

1. Nosotras vestimos en oro a la niña. _____

_____

2. Mentimos mil veces ayer. _____

_____

3. Preferimos perder la lotería. _____

_____

4. Servimos muy poco en la fiesta. _____

_____

5. Morimos de hambre ayer. _____

II. A. Tell us you did these things yesterday. Use **Pero yo** in a complete sentence using also the *preterite tense* according to the model.

Model: —No lo siento hoy.   **—Pero yo lo sentí ayer.**
         I don't regret it today.   But, I regretted it yesterday.

1. No duermo mucho. _____

2. No siento dolor. _____

3. No pido dinero. _____

4. No río mucho. _____

5. No repito todo. _____

B. Tell us that these friends did the same things yesterday too. Use **Ayer también** and the *preterite tense* according to the model.

Model: —El duerme mucho.   —**Ayer también durmió mucho.**
       He is sleeping a great deal.   Yesterday too, he slept a lot.

1. El chico prefiere jugar. _____

2. Ellas le sirven helado. _____

3. El chico sonríe. _____

4. El chico casi muere de dolor. _____

5. Ellas lo sienten. _____

III. Dialogue Completion: Juana complained to the owner of the restaurant about the bad effect she suffered after eating there the night before. Use the verbs in the PRETERITE TENSE. Act out the script and write it.

1. Juana entró en el restaurante y pregunto, —¿A qué hora _____ Uds. la comida ayer?
   (servir)

2. El propietario respondió, —Nosotros la _____ desde las cinco hasta las diez.
   (servir)

3. Juana: —Yo _____ dolor de estómago anoche después de comer aquí a las nueve.
   (sentir)

4. Propietario: —Yo lo siento, señora. Pero Ud. no _____ anoche.   5. Juana: —Yo no
   (morir)

_____ .   6. Propietario: —¡Ah! ¿_____ Ud. la paella?   7. Juana: —No. Yo no
(morir)   (Pedir)

la _____ .   8. Juana: —Ud. me_____el arroz con pollo.   9. Propietario: —
(pedir)   (servir)

Menos mal. La otra cliente _____ la paella. 10. Y ella_____ anoche.
                              (preferir)   (morir)

IV. Directed Dialogue: Your little brother and his friends went to the movies without permission. Tell us what happened to him using the *preterite tense.*

1. Nosotros: —¿Recibieron los chicos permiso para jugar en el parque?

   Tú: _____
   (Say Yes, they asked for permission **(para)** to go to the park.)

2. Nosotros: —¿Por qué no fueron al parque?

   Tú: _____
   (Tell us your brother preferred to go to the movies.)

3. Nosotros: —Allí comieron muchas rositas de maíz (popcorn). ¿Verdad?

   Tú: _____
   (Say Yes, your brother felt a stomachache from the popcorn.)

4. Nosotros: —¿Qué hizo él después?

   Tú: _____

_____
(Tell us he did not die, but neither did he laugh. He slept all day afterwards.)

5. Nosotros: —¿Lo repitieron sus amigos?

Tú: _____

_____

(Tell us the friends never regretted it, but smiled and served popcorn at their party.)

V. Oral Proficiency: Act your part **(Yo),** or role play. *Later* write your part. [Review PALABRAS NUEVAS and ESTRUCTURAS of this WORK UNIT Twenty-nine]

Situation: Your friend asks what kind of movie you prefer to see. You tell him/her how each kind of film makes you feel.
[Three sentences are good; four very good; five or more are excellent.]

Amigo(a): Dan comedias, tragedias y películas de horror.
¿Cuál prefieres ver?
Yo:. . .

Clues: *Tell which films amuse more; whether you laugh and repeat the jokes; after which kind of film last week you felt terror* **(terror)** *or sadness* **(tristeza)** *and did not sleep well; which you prefer to see today; what you do if it is a bad movie—sleep or eat popcorn* **(rositas de maíz)**; *whether they serve good popcorn in the movie theater. Other ideas?*

Other Stem-Changing Verbs: Present Tense

D. *Stem-changing verbs that change consonants and semi-consonants to conform their spelling with their pronunciation.

	. . . guir > **g** **seguir(i)** to follow, *to* continue	. . . ger(gir) > **j** **recoger** to gather, to pick up	. . . uir > **y** **instruir** to instruct	. . . iar > **í** **enviar** to send
	Sigo el consejo. I follow the advice. **Sigo con la medicina.** I continue with the medicine.	**Recojo sus cosas.** I pick up his things.	**Instruyo al niño.** I instruct the child.	**Envío la carta.** I send the letter.
1. yo	**sigo**	**recojo**	**instruyo**	**envío**
2. tú	sigues	recoges	**instruyes**	**envías**
3. él, ella, Ud.	sigue	recoge	**instruye**	**envía**
4. nosotros -as	seguimos	recogemos	instruimos	enviamos
5. vosotros -as	seguís	recogéis	instruís	enviáis
6. ellos -as, Uds.	siguen	recogen	**instruyen**	**envían**
	Like **seguir:** **conseguir** to get **distinguir** to distinguish	Like **recoger:** **coger** to catch **escoger** to choose **dirigir** to direct	Like **instruir:** **construir** to build	Like **enviar:** **continuar (ú)** to continue
Commands:	**¡Siga(n) Ud.(s)!** **¡Sigamos!**	**¡Recoja(n) Ud.(s)!** **¡Recojamos!**	**¡Instruya(n) Ud.(s)!** **¡Instruyamos!**	**¡Envíe(n) Ud.(s)!** **¡Enviemos!**

*****Conocer:** See Work Unit 8

Rules:

1. **Seguir, conseguir** and **distinguir** drop **u** before the **o** ending of the *first person*, **yo, present tense,** and before **a** in *commands*.

2. **Recoger, coger** and **dirigir** change their **g** to **j** before the **o** ending of the *first person*, **yo, present tense,** and before **a** in *commands*.

3. **Instruir** and **construir:** insert **y** before the **o** and **e** in the endings of the *first, second, third* and *sixth* persons, **present tense,** and before **a** in *commands*.

4. **Enviar** and **continuar:** mark a stress on their **í** and their **ú** respectively, with an accent mark in the *first, second, third* and *sixth* persons, **present tense,** and in commands for **Ud.** and **Uds.**

STUDY THE RULES AND MODELS BEFORE BEGINNING THE EXERCISES!

EJERCICIOS

I. You are working in the garden. Answer your neighbor's questions in complete sentences, using **Yo**, and the cues in parentheses according to the model. Role-play.

Model: —¿**Consigues un jardín bonito?**   (con trabajo)—**Consigo un jardín bonito**
        Are you getting a nice garden?   **con mucho trabajo.**
                                               I am getting a nice garden
                                                 with a lot of work.

1. ¿Qué recoges? (flores) _____

2. ¿Escoges las mejores? (Claro,) _____

3. ¿Sigues las mariposas (butterflies)? (Sí) _____

4. ¿Las coges? (con cuidado) _____

5. ¿Distingues las más bonitas? (Cierto,) _____

_____

6. ¿A quién envías las flores? (a la amiga) _____

_____

7. ¿Construyes una casita? (para los pájaros) _____

_____

8. ¿Instruyes a los niños? (en la construcción) _____

_____

9. ¿Quién dirige la construcción? (Yo) _____

_____

     10. ¿Continúas en el jardín? (mucho tiempo)_____

II. We shop for birthday presents to send to the child at camp. Tell who helps us in complete sentences using **también.** Answer the question according to the model.

Model: **José continúa los estudios.**
Joseph continues his studies.

(¿Y yo?) **Tú también continúas los estudios.**
(Ud. también continúa los estudios.)
You also continue your studies.

1. Nosotros escogemos regalos.

a. ¿Y ellos? _____

b. ¿Y tú? _____

2. Ellos siguen consejos para la compra.

a. ¿Y Ud.? _____

b. ¿Y ella? _____

3. Construimos una caja grande para los regalos.

a. ¿Y los padres? _____

b. ¿Y la amiga? _____

4. Continuamos hasta el último día.

a. ¿Y los abuelos? _____

b. ¿Y la amiga? _____

5. Al fin, enviamos los regalos en la caja grande.

a. ¿Y yo? _____

b. ¿Y tú? _____

III. Command politely. Use **Por favor** in affirmative commands to the persons seen below. Role play.

Model: **—Ud. no instruye al niño.**
You don't instruct the child.

—Por favor, instruya Ud. al niño.
Please teach the child.

1. Ud. no envía dinero. _____

2. Uds. no continúan la clase. _____

3. Nosotros no construimos casas. _____

4. Nosotras no seguimos las reglas. _____

5. Ud. no recoge sus cosas. _____

6. Uds. no escogen. _____

333

IV. Oral Proficiency: Act your part **(Yo),** or role play. *Later* write your part [Review PALABRAS NUEVAS ESTRUCTURAS of this WORK UNIT Twenty-nine]

Situation: You and your friend are discussing your future careers. You tell him or her about yours.

Amigo(a): ¿Para qué estudias?
Yo: . . .

Clues: *Tell your friend which career you are studying for; why you choose the career; where you continue your studies **(los estudios);** from which bookstore **(librería)** you gather or collect the necessary books; who sends you money to **(para)** pay for the books and the school; what other things you ask for. Other ideas?*

V. Oral Proficiency: Act your part **(Yo),** or role play. *Later* write your part. [Review PALABRAS NUEVAS and ESTRUCTURAS of this WORK UNIT Twenty-nine]

Situation: You are the counselor. You give the student advice on how to succeed. Use the command forms.

Estudiante: Para tener éxito, ¿qué es necesario?
Yo: . . .

Clues: *Tell him to choose an interesting career; gather all his talents; get and follow good advice; continue his studies; send for **(por)** good information; be **(está)** in the office on time. Other ideas?*

Vocabulario: ¿de veras? really?; eso dije I said that; has contado you have counted; han caído have fallen; lo apunté I wrote it down; lo mismo the same.

ESPAÑA—PAISAJE Y ARQUITECTURA

Montjuic Palace, Barcelona

Alicante Province landscape

Bullring in Andalusia

Culture Unit Five

¡Viva México!

Part One. Our Closest Latin-American Neighbor

México lindo y querido	Dear, beautiful Mexico
si muero lejos de ti	If I should die far from you
que digan que estoy dormido	Let them say I am asleep
y que me traigan aquí	And have them bring me back here
	(*canción popular*)

Mexico is our good neighbor just to the south of the United States. Did you know some of these facts?

Mexico is a big country. In fact it's the fifth largest country in the western hemisphere, with a territory of about one quarter that of the United States.

Mexico is a populous country. There are about eighty-five million people living there, making it one of the world's largest. Its capital, Mexico City, with over eight million inhabitants, is the largest city in Latin America and the largest Spanish-speaking city in the world.

Mexico is a potentially rich country. It possesses great mineral wealth. Recent petroleum discoveries promise to give the country even greater importance in world markets.

To cross the narrow **Río Bravo,** or Río Grande, from Laredo, Texas, into Mexico, a simple tourist card is sufficient. Like so many of its *mestizo* (of Spanish and Native American parentage) inhabitants, Mexico reflects a mixture of European and native cultures. Unexpected remains of the former Aztec Empire are seen from the northern border cities to Mexico's central valley. In the southeastern Yucatán Peninsula are stone monuments of Mayan heritage.

A. The Capital City

Mexico City—México, D. F. (Distrito Federal)—rests on the remains of the ancient native capital, Tenochtitlán, built by the Aztec Indians on Lake Texcoco. This underlying lake has proved to be an unsure foundation for many of Mexico City's modern buildings and has often delayed the construction of both a new subway system and the largest skyscraper in Latin America.

1. **Parque Chapultepec** is a center of amusement for the people of Mexico City, who take their children to its zoo, its museums, and its famous castle built by the Emperor Maximilian.

2. **Paseo de la Reforma** is the broad and beautiful tree-lined avenue that leads from Chapultepec Park past the elegant hotels and theaters of the city. The Paseo's large traffic circles bear statues and monuments commemorating great moments and leaders in Mexican history.

3. **El Zócalo** or **Plaza Mayor** is the enormous square containing several municipal and government buildings.

4. **Palacio de Bellas Artes** is both a museum and a theater for dance, opera, and concerts for both Mexican and international performances and exhibits.

5. **Basílica de Guadalupe** is the church of the patron saint of Mexico. Worshipers crawl on their knees at the entrance of the church of the Virgin of Guadalupe as an act of faith and to ask for her help.

6. **Xochimilco,** often called the "floating gardens" of the city, gives us some small idea of what life might have been like in the days of old Tenochtitlán, when Cortés first saw "the Venice of America."

B. Foods of Mexico

Mexican food is generally *picante* ("hot") because of the chili spice that is added for flavor. Corn, once the basis of Mayan agriculture and still a staple of many Mexican meals, is used in *tortillas* (corn or flour pancakes). In most places the largest meal is eaten during the afternoon, since high temperatures and altitudes make digestion slower and sometimes more difficult.

337

1. **Chile** is a basic "hot" spice ground from chili peppers.

2. An **enchilada** is a rolled *tortilla* containing meat and "hot" sauce.

3. **Tortillas** are corn or flour pancakes, eaten as often as bread is eaten in other countries.

4. **Frijoles** are usually brown beans, often mashed after cooking.

5. **Tamales** are rolled corn husks filled with meat and corn.

6. **Tacos** are folded *tortillas* filled with meat or chicken.

7. **Tequila** is an alcoholic drink made from the maguey plant.

8. **Chile con carne** is made of chopped meat and *frijoles,* cooked in sauce with chili peppers.

C. Climate and Clothing

The climate of Mexico, with its warm coastal areas, cold mountain ranges, and temperate interior *mesetas* (tableland), dictates whether woolen or cotton clothing is worn in the various parts of the country. The long afternoon rest or nap (*siesta*) is a Mexican custom that originated in Spain and other warm lands, where all midday activity pauses for relief from the day's heat.

1. The **sarape** is the blanket worn by men for protection against the sun or cold.

2. The **rebozo** is the woman's wool shawl.

3. The **sombrero,** as worn by Mexican ranchers, is a very wide-brimmed, high-crowned hat that offers both shade from the summer's sun and warmth against the cold of winter.

4. **Huaraches** are leather sandals.

5. **Alpargatas** are hemp or cord sandals.

6. The **poncho** is a woolen covering with an opening for the head to pass through. It is worn loosely on the shoulders.

7. The **charro** is a horseman whose elegant riding costume usually has a richly embroidered design and includes a matching hat.

8. The **china poblana** is the feminine companion of the *charro*; she is dressed in a white blouse and colorful skirt, jacket, and hat, equal in elegance to the costume of the proud *charro*.

D. Products of Mexico

Most of the agricultural and energy resources come from the areas surrounding the central *meseta*. This heartland of Mexico, with four fifths of its inhabitants, would be powerless without the coal, petroleum, natural gas, and hydroelectricity of the outlying areas. Recent additional discoveries of oil and natural gas continue to make Mexico a major energy producer.

1. **Petroleum** production is a state-owned and -operated industry.

2. Cattle raising is a major industry, separate from agriculture, because of the importance of the **meat** and **hides.**

3. **Corn** (*maíz*) is the basic food of the Mexican meal and is the major agricultural product that south-central Mexico produces in sufficient quantity.

4. **Kidney beans, wheat,** and **cotton** are, after corn, the most widely planted crops.

5. **Henequén** is hemp from Yucatán.

6. **Silver** articles of silver mined in México are stamped "925" to verify their content of "pure" or highest grade silver.

E. The Arts

The fusion of European, American, and native tradition is seen in the work of Mexican artists and artisans.

1. **Painting.** Diego Rivera, Orozco, and Siqueiros are important muralists. They have depicted the history and culture of Mexico on the outside of the buildings of the University of Mexico City and on the walls inside theaters, hotels, and municipal buildings.

2. **Dance.** In the Palacio de Bellas Artes on Sundays, the *Jarabe Tapatío* (Mexican Hat Dance), as well as hundreds of Indian dances, are performed with elegance and spirit by the Ballet Folklórico.

3. **Music.** Carlos Chávez, former conductor of the *Orquesta Sinfónica de México*, has used the native rhythms and instruments in such music as his *Sinfonía India*. Augustín Lara, the composer of *Granada*, has become internationally known for many of his popular songs of Mexico.

4. **Instruments.** The *marimba* is similar to the xylophone. The *guitarra* is the universally known Spanish guitar. The *mariachi band* consists of varying combinations of violins, a large five-stringed guitar, a small guitar, and a small traditional *arpa* (harp) or more recently, several mariachi trumpets. This blend of strolling players may play *Las mañanitas* for a birthday, or serenade a *señorita*.

EJERCICIOS

I. Write the letter of the word that best identifies the word in *italics*.

1. *Chávez*   a. composer   b. painter   c. writer   d. singer   _____

2. *D. F.*   a. Zócalo   b. Texcoco   c. Tenochtitlán   d. Mexico City   _____

3. *tamales*   a. maguey   b. husks   c. poncho   d. songs   _____

4. *marimba*   a. mestizo   b. flute   c. horn   d. xylophone   _____

5. *tequila*   a. alcohol   b. corn   c. sandals   d. tortilla   _____

6. *Yucatán*   a. gulf   b. Maya   c. border   d. river   _____

7. *charro*   a. chili   b. hemp   c. theater   d. horseman   _____

8. *Texcoco*   a. sea   b. lake   c. mountain   d. garden   _____

II. Match the following items:

A. a. henequén   1. _____ spice

   b. sombrero   2. _____ sandals

   c. chile   3. _____ border

   d. alpargatas   4. _____ hemp

   e. Río Bravo   5. _____ hat

B. a. zócalo   1. _____ floating gardens

   b. Bellas Artes   2. _____ saint

   c. Xochimilco   3. _____ park

   d. Basílica   4. _____ theater

   e. Chapultepec   5. _____ town square

339

III. Write the letter of the word that best completes the statement.

1. The Mexican man wears a *sarape,* while the woman wears _____
   a. *alpargatas*   b. *a rebozo*   c. *a poncho*   d. *huaraches*

2. To make *tacos* you need _____
   a. *charros*   b. *zócalos*   c. *tortillas*   d. *henequén*

3. Carlos Cháves is the composer of _____
   a. *Sinfonía India*   b. *Granada*   c. ballets   d. stories

4. "925" refers to an amount of _____
   a. gold   b. silver   c. tin   d. zinc

5. Sandals made of hemp are called _____
   a. *alpargatas*   b. *huaraches*   c. *charros*   d. *mantillas*

IV. Complete the following sentences from the selection below.

1. Mexico is a potentially richer nation because of recent discoveries of _____

2. Mexico City was formerly called _____

3. Hemp from Yucatán is called _____

4. The basic ingredients in *tortillas* are _____

5. The natives who founded Mexico City were the _____

6. In all Latin America, Mexico has the tallest _____

7. The feminine counterpart of the *charro* is the _____

8. Mexico's coastal climate is generally very _____

Selección: **henequén, Tenochtitlán, corn, oil and natural gas, Aztecs, china poblana, warm, skyscraper**

Part Two. Mexico's Story

A. Geography

Los Estados Unidos de México is the complete name of our North American neighbor, Mexico. Does Mexico's complete name for its 31 states remind you of the United States of America with its 50 states?

Mexico's triangular shape on the map is that of a horn of plenty that showers the country's mineral, agricultural, and industrial wealth on the world. Her great north-to-south mountains, **La Sierra Madre,** run in two branches—one eastern, one western—and join in the south, marking the triangle. Between these two branches lies the cool **Meseta** (high flatland) of **Anáhuac,** on which Mexico City is located, while southward, along the coasts, the climate changes from semitropical to tropical.

The variety of the scenery attracts tourists from every part of the world to modern seaside resorts like **Acapulco,** to charming cities, or to remote mountainside Native American villages, as well as to ancient Mayan pyramids in **Yucatán,** or to storied volcanoes, some ancient and legendary, some relatively modern, like **Paricutín** (1943).

B. History

The story of the Mexican people tells of their successful struggle toward independence and freedom.

1. **Discovery, conquest,** and **colonization** span the first 300 years (1519–1810). The Spaniard **Hernán Cortés** arrives in 1519, claims the land for Spain and captures the Aztec **Emperor Moctezuma (Montezuma).** Two years later, **Cortés** returns to finish the destruction of the Aztec Empire. The land becomes a colony of Spain and is called **Nueva España** (New Spain). Other Spaniards follow; they intermarry with the native Indians and establish a **mestizo** (Spanish and Indian) nation under Spain's control.

2. **Independence from Spain** is not easily won. In 1810 a little-known parish priest, **Padre Miguel de Hidalgo,** urges his townspeople to revolt against Spain's harsh rule, for liberty, farming land, and "La Vírgen de Guadalupe." Not until 1821, however, do the defeated Spanish armies leave Mexico free and independent. **Miguel de Hidalgo** is loved as the "George Washington" of his country and is credited as its founder.

3. **Loss of Mexican territory** to its northern neighbor, the United States, begins with the secession and independence of Texas, which becomes a territory and later a state of the United States. In the years after the **Mexican War** (1845–48) under **General Santa Anna,** Mexico begins the loss of approximately one half of its territory, giving and later selling to the United States all its land north of the **Río Bravo** (Río Grande). This enormous Spanish-speaking area soon after becomes the present states of Arizona, California, Colorado, Nevada, and New Mexico.

4. **The civil war,** called the **War of the Reform** (1857–1860), is fought to protect the new **Reform Constitution** written by Mexico's president, **Benito Juárez,** born a poor Zapotec native. He wins the war and then fights again to rid Mexico of the foreign **Emperor Maximilian I,** sent by the French. Again, **Juárez** wins and unites the nation. **Benito Juárez** is the most revered name in Mexican history. Does he remind you of an American president of the same period?

5. **The troubled presidencies** continue for 60 years, into the 1920s. The Mexican people suffer, take sides, and hope again for land to farm and for liberty. How to stabilize this smaller Mexico under the democratic "Reform Constitution" is the problem of the martyred **President Francisco Madero,** who dies in the attempt. His idealism is well remembered, as are his two very different supporters, **Emiliano Zapata** and **Pancho Villa,** the guerrilla fighter heroes of Mexico.

6. **The stable democracy** develops gradually. In the twentieth century Mexico achieved a balanced democracy, internal peace, and some degree of prosperity. As the fifth-largest Latin-American country and one of the world's major suppliers of oil and natural gas, Mexico today takes an important place among modern nations. Today Mexico is a free-trading partner with the United States under the provisions of NAFTA.

EJERCICIOS

I. Match the following by writing the correct letter.

a. Meseta de Anáhuac   1. _____ seaside resort

b. Sierra Madre   2. _____ Mayan pyramids

c. Paricutín   3. _____ mountain chain

d. Acapulco   4. _____ flat highland

e. Yucatán   5. _____ new volcano

341

I. STRUCTURES AND VERBS

II. Complete by selecting the correct name from the group of names given below the exercise.

1. The Spanish explorer and conqueror of Mexico was _____.

2. The Aztec Emperor captured by Spanish soldiers was _____.

3. The father of his country's independence and the "George Washington" of Mexico was

   _____.

4. An idealistic guerrilla fighter who supported **Francisco Madero,** the martyred president,

   was _____.

5. The president of Mexico who was born a poor Zapotec native and who later preserved Mexico's unity during its civil war, like the American president, Abraham Lincoln, was

   _____.

Selección: **Juárez, Santa Anna, Cortés, Hidalgo, Moctezuma, Zapata**

III. Name five states of the United States that were once a part of Mexico's territory.

1. _____

2. _____

3. _____

4. _____

5. _____

MÉXICO—ARTE Y ENTRETENCIÓN

Mayan Chac Mool, Quintana Roo

Scuba diving in Cancun

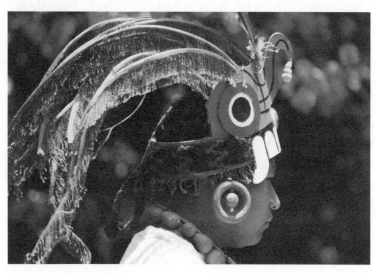

Actor performs Mayan myth

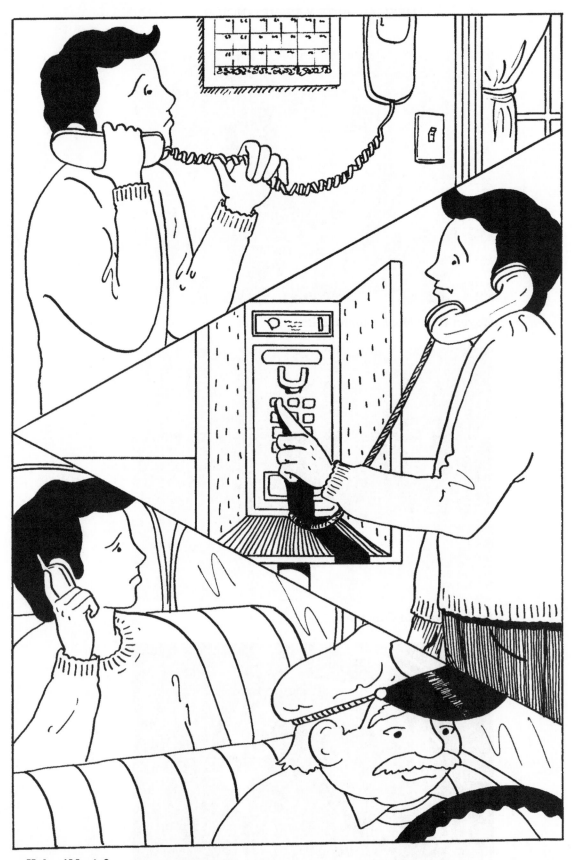

—Hola, ¿María?

—Usted, señor, tiene un número equivocado.

Work Unit Thirty

What a mess a little piece of paper can cause!

¡Número equivocado!

Se conocieron David y María García la noche anterior en un club universitario. Supieron que tenían boletos para el mismo vuelo a España a la mañana siguiente, a las seis. Decidieron reunirse delante de la casa de la muy bella María. Tomando el mismo taxi pueden llegar juntos al aeropuerto y así arreglar asientos vecinos en el avión.

David se despierta a las cuatro para telefonear a María y despertarla a tiempo. Él busca en todos los bolsillos el papelito con el número de teléfono y la dirección de ella. ¡Nada!

David corre a su guía telefónica. Pero, ¡hay tantas María Garcías! Decide llamar a la primera. Descuelga el receptor. Marca el número. El teléfono suena.

David (con apuro):	María ¿te levantas?
María (bosteza):	Estaba dormida. Me acosté tarde anoche.
David:	¡Apúrate para no perder el avión!
María:	¿Qué avión? ¿Quién es usted? (María cuelga el receptor.)

Se hace tarde. David se afeita, se quita el pijama, se lava, se baña, se viste y se peina rápido. Se pone la chaqueta y toma la maleta. Mientras espera un taxi, encuentra un teléfono público. Llama a la segunda María.

David (con prisa):	Hola ¿te vistes y te preparas para salir?
María:	¿Quién se interesa?
David:	¡Soy David!
María:	Yo no conozco a ningún David. (María cuelga.)

Ya en el taxi para el aeropuerto David se acuerda de su nuevo teléfono celular. Trata de recordar el número.

David (desesperado):	María, ¡toma tu maleta! Nos reunimos delante de tu casa.
María (gritando):	¿Qué maleta? ¡Usted, señor, tiene un número equivocado!

David se pone ya bastante nervioso. En el aeropuerto ve a María en la fila que espera para subir al avión.

David (en voz alta):	¡María! ¡Qué suerte encontrarte por fin!
María (gritando):	¡Idiota, me dejaste esperándote en la calle delante de mi casa! ¿Por qué no me llamaste?
David:	Uh...Uh...Uh... ¿Deseas desayunarte en un café aquí cerca?

Abordaron. Se sentaron en el avión, él en una fila muy atrás, ella en la fila muy adelante. El avión despega a las seis de la mañana. Va a aterrizar en España por la tarde. En el vuelo, ¿va a tener David bastante tiempo para explicarle todo a María? O, ¿va David a pasar toda la vida con ella con excusas por la pérdida de su número precioso y de ese miserable papelito?

Pues . . . ¿se casaron?

—¡Claro!

Palabras Nuevas

SUSTANTIVOS

el apuro   *the haste*
la fila atrás   *the back row*
la guía telefónica   *the phone book*
la manera   *the way, the manner*
la maleta   *the suitcase*
el número equivocado   *the wrong number*
el número de teléfono   *the phone number*
el papelito   *the small piece of paper*
la pérdida   *the loss*
el teléfono celular   *the cell phone*
el teléfono público   *the public phone*
el vuelo   *the flight*

VERBOS

abordar   *to board*

acordarse(ue) de, recordar(ue)   *to remember*
acostarse(ue)   *to go to bed*
afeitarse   *to shave oneself*
apurarse   *to hasten, to hurry*
arreglar   *to arrange*
aterrizar   *to land*
bañarse   *to bathe oneself*
bostezar   *to yawn*
colgar(ue)   *to hang up*
conocerse   *to become acquainted*
desayunarse   *to breakfast*
descolgar(ue) el receptor,   *to pick up the receiver*
despegar   *to take off (plane)*
despertar(ie)   *to wake others*
despertarse(ie)   *to awake oneself*
esperar   *to wait for*
interesarse   *to be interested*
llamar   *to call*
llamarse   *to be named*
lavarse   *to wash oneself*
levantarse   *to get up*
marcar   *to dial*
peinarse   *to comb oneself*

perder(ie)   *to miss, to lose*
ponerse   *to put on, to become + adjective or adverb*
quedarse   *to stay, to remain*
quitarse   *to take off (clothing)*
reunirse(ú)   *to meet by appointment*
supieron   *they found out, learned*
telefonear   *to phone*
vestirse(i)   *to dress oneself, to get dressed*

OTRAS PALABRAS

asientos vecinos   *neighboring seats*
dormido-a   *asleep*
nervioso-a   *nervous*
por fin   *finally*
Se hace tarde.   *It is getting late.*

EJERCICIOS

I. A.   Preguntas. Answer in a complete sentence.

1. ¿Qué quieren David y María arreglar al llegar juntos al aeropuerto?

_____

2. ¿Qué perdió David?

_____

3. ¿Qué hizo David tres veces?

_____

4. ¿Dónde tuvo María que esperar el taxi de David?

_____

5. ¿Va David a tener bastante tiempo en el vuelo para explicarle todo a María?

_____

B.   Preguntas personales y generales. Role-play.

1. ¿A qué aeropuerto va usted para tomar un vuelo a España?

_____

2. ¿Cómo contesta usted a una llamada equivocada?

_____

3. ¿Está usted enojado(a) cuando no recibe una llamada prometida?

_____

4. ¿Cuál usa usted más, el teléfono en casa, el teléfono público, o un celular?

_____

II. Composition: Oral or written.
   A. Tell us what is happening in the picture at the beginning of this Work Unit.
   B. Tell a friend about an important phone call you are waiting for. Write a note.

Querido(a)…Espero una llamada importante.

1. Why it is an important call. 2. From whom do you expect it (esperar). 3. How long you are waiting (esperar) for it. 4. When do you hope (esperar) to receive it. 5. Whom you are going to call when the good news arrives.

ESTRUCTURAS DE LA LENGUA

Reflexive Verbs

A. Verbs whose action affects the same person who is the subject.

Lavarse—To wash oneself

Yo me lavo. I wash *myself.*

Tú te lavas. You (fam.) wash *yourself.*

Él se lava. He washes *himself.*
Ella se lava. She washes *herself.*
Usted se lava. You (formal sing.) wash *yourself.*

Nosotros-as nos lavamos. We wash *ourselves.*

Vosotros-as os laváis. You (fam. pl.) wash *yourselves.*

Ellos se lavan. They (m.) wash *themselves.*
Ellas se lavan. They (f.) wash *themselves.*
Ustedes se lavan. You (formal pl.) wash *yourselves.*

B. Position of the reflexive pronouns **me, te, se, nos, os, se.**

1. Directly before the conjugated verb; e.g., **Yo no me lavo.** *I do not wash myself.*

2. Attached to *affirmative* commands; e.g., **¡Lávese Ud.!, ¡Lávate!** *Wash yourself*! **¡Lávense Uds.!** *Wash yourselves!* **¡Lavémonos!** *Let's wash ourselves!* (Drop the **s** from **lavemos** before adding **nos.**) Place accent mark on the normally stressed syllable when attaching.

3. *Negative* commands keep the reflexive pronoun *before* the command.

4. Your choice:
   When the sentence is composed of a conjugated verb followed by a reflexive infinitive, the reflexive pronoun can be used *either before the conjugated verb or attached to the end of the infinitive*, e.g., **¿Te quíeres lavar? ¿Quieres lavarte?**

C. Learn these reflexive verbs. Some have a special English translation.

> **Acordarse**(ue) *to remember;* **despertarse**(ie) *to wake up;* **dormirse**(ue) *to fall asleep;* **levantarse** *to get up;* **sentarse**(ie) *to sit up;* **acostarse** *to lie down* (*to go to bed*); **afeitarse** *to shave oneself;* **bañarse** *to bathe oneself;* **lavarse** *to wash oneself;* **quitarse** *to take off;* **ponerse** *to put on;* **vestirse** *to dress oneself, to get dressed;* **apurarse** *to hasten, to hurry up;* **desayunarse** *to eat breakfast;* **irse** *to go away;* **sentirse**(ie) **bien** *to feel well;* **divertirse**(ir) *to have a good time, amuse oneself.*

STUDY THE RULES, EXAMPLES, AND MODELS BEFORE BEGINNING THE EXERCISES!

EJERCICIOS

I. Describe the beginning and the end of the day in your house and in neighboring homes. Use the appropriate form of the verbs in parentheses in complete sentences.

Model: En mi casa todos nosotros (vestirse rápido)

En mi casa todos nosotros nos vestimos rápido.
In my house we all get dressed fast.

1. Por la mañana yo (despertarse y levantarse inmediatamente)

2. Tú en la casa enfrente (afeitarse y peinarse)

3. La familia de arriba (lavarse y bañarse)

4. En mi casa nosotros (quitarse el pijama y ponerse la ropa para el día)

5. Las familias ya (sentarse a la mesa y desayunarse)

6. Uds. en la casa al lado (irse y apurarse)

7. De noche nosotros (sentirse bien y divertirse)

8. Luego todos (acostarse y dormirse) a las diez)

II. Command everyone in a complete *affirmative* sentence. Role-play.

> Model: **—¡No nos acostemos temprano!**   **—¡Acostémonos temprano!**
> Let's not go to bed early!   Let's go to bed early!

1. ¡No se acuerden Uds. de la mala noticia! _____

2. ¡No se apure Ud. ahora! _____

3. ¡No se ponga Ud. la chaqueta nueva! _____

4. ¡No nos quitemos el sombrero! _____

5. ¡No se sienten Uds. en el sofá! _____

III. You are a procrastinator. Say **No** and make the command *negative.* Role-play.

> Model: —¡Levantémonos temprano!   **—No ¡No nos levantemos temprano!**
> Let's get up early!   No. Let's not get up early!

1. ¡Despertémonos a las ocho! _____

2. ¡Acuérdense Uds. del trabajo hoy! _____

3. ¡Lávese Ud. la cara ahora! _____

4. ¡Váyanse Uds. al abuelo esta tarde! _____

5. ¡Acostémonos a las diez! _____

IV. Will we all get an early start? Answer affirmatively placing the reflexive pronoun in the alternate position *attached* to the infinitive. Role-play.

> Model: **—¿Te quieres divertir?**   **—Sí, quiero divertirme.**
> Do you want to have a good time?   Yes, I want to have a good time.

1. ¿Te quieres despertar a tiempo? _____

2. ¿Se pueden levantar todos temprano? _____

3. ¿Nos debemos quitar el pijama y vestir rápido? _____

4. ¿Se desea la familia desayunar en casa o afuera? _____

5. ¿Me voy a divertir todo el día? _____

V. Oral Proficiency. Act your part (**yo**), or role-play. Later, write your part. [Review Palabras Nuevas and Estructuras of this Work Unit.]

Situation: Your friend tells you he has so many things to do this Saturday, that he cannot go out with you. Offer suggestions to help him schedule his tasks, leaving time for going out in the evening. [Three sentences are good; four very good; five or more excellent.]

Amigo(a): ¡Perdóname! No puedo salir contigo este sábado. Tengo tantas cosas que hacer.
Yo: Tienes tiempo si sigues un programa. ¡Escúchame!

Clues: Use **tú.** Say to him: You have to wake up early. You can shave, wash, and put on your clothes fast. You cannot have breakfast at home. You hurry to the stores, to the library **(biblioteca)** and to the post office **(correo)**. At home you should lie down and rest a little. At six o'clock you are going to bathe and dress on time. We can have a good time in the evening! Other ideas?

—¡Pasa, señorita! ¡Ven!

Work Unit Thirty-one

Young men often try to impress pretty girls, but sometimes that can be dangerous!

Puesto vacante

Anuncio clasificado: Necesitamos persona bilingüe para trabajar en una oficina durante el verano. Debe saber operar computadoras y máquinas de oficina. Conocimiento de mecanografía y taquigrafía es útil. Experiencia no es necesaria. Salario negociable. Personas interesadas, presentarse a Vizcaíno y Cía, S.A., avenida Baltasar, número 555.

Escena: Oficina principal de la compañía. Al lado de una pared hay archivos. En diferentes lugares hay mesas con computadoras, una fotocopiadora, máquinas de fax y calculadoras. La recepcionista va a la puerta para llamar a la próxima candidata sentada en la sala de espera. Pepe, el joven gerente, está sentado en su escritorio y habla en su teléfono celular.

Personajes:

Ramona:	Recepcionista de la compañía de importación Vizcaíno y Cía.
Pepe:	Joven de veinticinco años, nuevo gerente de oficina.
Inocencia:	Chica de diecinueve años, estudiante de universidad, busca empleo temporario.
Hugo Vizcaíno:	Hombre distinguido de cincuenta años, presidente y dueño de la compañía.

Ramona:	¡Pasa, señorita! ¡Ven! Este es Pepe Ruiz, nuestro gerente de oficina.
Pepe:	Buenos días. ¿Cómo te llamas?
Inocencia:	Me llamo Inocencia. Vengo por el puesto de secretaria.
Pepe:	Muy bien. ¡Siéntate! Voy a hacerte varias preguntas.
Inocencia:	Está bien. Y después, supongo que tendré que hablar con el presidente para obtener el empleo.
Pepe:	¡De ninguna manera! Yo tengo toda la autoridad aquí. (Pepe trata de impresionar a la joven.) Te voy a decir un secreto. El presidente de la compañía es un viejo. Muchas veces, el pobre anciano se duerme en las conferencias. ¡Yo tengo que hacer todas las decisiones importantes!
Inocencia:	¡Ay! ¡Estoy tan impresionada!
Pepe:	Bueno. Vamos a comenzar. ¡Haz las cosas siguientes! Primero, ¡haz una lista de estos exportadores, en orden alfabético, en el procesador de texto! ¡Haz dos fotocopias y pon una copia en el archivo! Después, ¡toma dictado de una carta y manda la carta por fax a una tienda en Bogotá! (Inocencia hace todas las cosas perfectamente)
Pepe:	¡Estupendo! ¡No digas ni una palabra! El puesto es tuyo. (Entra Hugo Vizcaíno)
Vizcaíno:	Inocencia, ¡dime cómo salió la entrevista!
Pepe:	¿Uds. se conocen?
Vizcaíno:	¡Claro, es mi hija!
Inocencia:	(Al oído de Pepe) Y mira, ¡el viejo no duerme!

Palabras Nuevas

SUSTANTIVOS

el anuncio clasificado   *the want ad*
el archivo   *the file cabinet*
la autoridad   *the authority*
la computadora   *the computer*
el conocimiento   *the knowledge*
el dueño   *the owner*
el empleo   *the employment, job*
el exportador   *the exporter*
la fotocopiadora   *the photocopy machine*
el gerente de oficina   *the office manager*
la máquina de fax   *the fax machine*

la mecanografía   *the typing*
el procesador de texto   *the word processor*
la recepcionista   *the receptionist*
la sala de espera   *the waiting room*
la secretaria   *the secretary*
la taquigrafía   *the shorthand*
el teléfono celular   *the cell phone*

VERBOS

¡No digas!   *Don't say!*
¡Escribe!   *Write!*
hacer preguntas   *to ask questions*
¡Haz!   *Make!*
impresionar   *to impress*
¡Manda!   *Send!*
¡Mira!   *Look!*

obtener   *to obtain, to get*
¡Pon!   *Put!*
¡Siéntate!   *Sit down!*
Supongo.   *I suppose.*
¡Toma!   *Take!*
¡Ven!   *Come!*

OTRAS PALABRAS

al oído   *in his ear, whispering*
¿Cómo salió?   *How did it turn out?*
¡De ninguna manera!   *No way!*
y Cía. (compañía,   *abbrev.*) *and Co.*

ADJETIVOS

¡estupendo(a)!   *terrific!*
vacante   *vacant*

EJERCICIOS

I. A.   Preguntas. Answer in a complete sentence.

1. ¿Qué necesita la compañía de Vizcaíno?

_____

2. ¿Qué debe conocer el nuevo empleado?

_____

3. Según el gerente, ¿cómo es el dueño de la compañía?

_____

4. ¿Qué tiene que hacer la nueva secretaria?

_____

5. ¿Quién es Hugo Vizcaíno?

_____

B.   Preguntas personales y generales. Answer in a complete sentence. Role-play.

1. ¿En qué parte del periódico busca usted puestos vacantes?

_____

2. Mencione algunas máquinas empleadas en una oficina moderna.

_____

3. ¿Quién dirige el trabajo de la oficina?

_____

4. ¿Por qué es importante la computadora en nuestra sociedad actual?

_____

5. ¿Cuáles son las ventajas de un teléfono celular?

_____

II. Compositions: Oral or written.

    A. Look at the picture at the beginning of this Work Unit. Tell what is happening.
    B. Tell about a job interview. Include the following:

Una entrevista

1. With whom you have the interview. 2. Why you want the job. 3. What kind of work it is.
4. Your qualifications and experience. 5. How the interview turned out (**salió**).

STUDY THE RULES, EXAMPLES, AND MODELS BEFORE BEGINNING THE EXERCISES!

ESTRUCTURAS DE LA LENGUA

Commands for the Familiar *tú*.

A. *Regular affirmative commands* for ***tú*** compared with the present tense for ***tú***.

Present Tense	Affirmative *Tú* Command
1. **¿Tomas (tú) una fruta?** Are you taking a piece of fruit?	1. **¡Toma (tú) una pera!** Take a pear!
2. **¿Comes bastante?** Are you eating enough?	2. **¡Come un postre!** Eat a dessert!
3. **¿Decides entre la pera y un flan?** Are you deciding between the pear and a custard?	3. **¡Decide por el flan!** Opt for the custard!

Rules:

1. Regular affirmative **tú** commands drop the **s** *from the present tense of* **tú.** Use exclamation points.
2. The use of **tú** is optional or for emphasis.

B. Regular *negative* commands for **tú**.

Present Tense, First Person, *Yo* Origin	Negative Commands for *Tú*
1. **Yo *tomo* la manzana.** *(tomar)* I am taking the apple.	**¡No la tomes tú!** Don't you take it!
2. **Yo *como* el flan.** *(comer)* I am eating the custard.	**¡No lo comas tú!** Don't you eat it!
3. **Yo *extingo* las velas.** (extinguir) I extinguish the candles.	**¡No las extingas tú!** Don't you extinguish them!
4. **Yo se lo *digo* a papá.** *(decir)* I'm telling it to dad.	**¡No se lo digas tú!** Don't you tell it to him!
5. **Yo no me *pongo* los guantes.** *(poner)* I'm not putting on my gloves.	**¡No te los pongas tú tampoco!** Don't put them on either!

Rules:

1. Negative commands for **tú** are formed from the present tense *stem* of the first person. Replace its **o** ending by **es** for **ar**-ending infinitives, and by **as** for **er-** and **ír**-ending infinitives, e.g., **Yo le hablo. ¡No le hables tú! Yo lo hago. ¡No lo hagas tú!**

2. Reflexive pronouns like object pronouns *precede* the *negative* command.

C. Learn the pairs of *irregular **tú*** commands

	Affirmative **tú**		Negative **tú**	
1. *dar:*	**¡Da** dinero!	Give money!	**¡No des** dinero!	Don't give money!
2. *decir:*	**¡Di** esto!	Say (tell) this!	**¡No digas** esto!	Don't say this!
3. *estar:*	**¡Está** mejor!	Be better!	**¡No estés** malo!	Don't be sick!
4. *hacer:*	**¡Haz** todo!	Do everything!	**¡No hagas** todo!	Don't do everything!
5. *ir:*	**¡Vé** al café!	Go to the cafe!	**¡No vayas** allá!	Don't go there!
6. *poner:*	**¡Pon** eso aquí!	Put that here!	**¡No lo pongas** allí!	Don't put it there!
7. *salir:*	**¡Sal** ahora!	Leave (go out) now!	**¡No salgas** tarde!	Don't leave late!
8. *ser:*	**¡Sé** listo!	Be smart!	**¡No seas** tonto!	Don't be dumb!
9. *tener:*	**¡Ten** suerte!	Have luck!	**¡No tengas** apuros!	Have no worries!
10. *venir:*	**¡Ven** mañana!	Come tomorrow!	**¡No vengas** hoy!	Don't come today!

EJERCICIOS

I. Advise me as a friend what to do when traveling abroad. Express the affirmative **tú** command in complete sentences. Use the vocabulary provided and the exclamation points.

A. Using regular affirmative commands for **tú** with exclamation points.

Model: Caminar por sus calles. **¡Camina por sus calles!** Walk through their streets!

1. hablar / su idioma. _____

2. aprender / sus costumbres. _____

3. vivir / como ellos. _____

4. beber / solamente agua mineral. _____

5. usar / el transporte del pueblo. _____

B. Using *irregular* affirmative commands for **tú** with exclamation points.

1. tener / paciencia. _____

2. ponerse / zapatos cómodos. _____

3. ir /por todas partes con calma. _____

4. decirles / buenas cosas de su patria. _____

5. salir / para el aeropuerto a tiempo. _____

6. ser / un buen embajador. _____

7. venir / a casa pronto. _____

8. hacer / bien a todos! _____

II. Advise me now what *not* to do when I travel abroad. Use the negative command for **tú** in complete sentences, the vocabulary provided, and the exclamation points. Role-play.

Model: ¡Háblales en su idioma! (No / en inglés)   **¡No les hables en inglés!**
Don't speak to them in English!

1. ¡Haz bien! (No / dificultades) _____

2. ¡Sal de día! (No / a solas de noche) _____

3. ¡Ten confianza! (No / miedo) _____

4. ¡Ponte ropa ordinaria! (No / tu mejor ropa) _____

5. ¡Ven y vé con cuidado! (No / ni / sin cuidado) _____

6. ¡Dales recuerdos a los familiares! (No / una mala impresión) _____

7. ¡Diles buenos días a todos! (No / "hola") _____

8. ¡Sé cortés con todos! (No / desagradable) _____

9. ¡Está de buen humor todo el día! (No / de mal humor) _____

10. ¡Toma agua mineral! (No / agua corriente) _____

III. Directed Dialogue: **Buscando empleo** (looking for a job). Give me advice as a friend using the familiar **tú** commands. Role-play.

1. **Necesito empleo.**

_____

Look for it in the classifieds!

2. **No puedo trabajar muchas horas.**

_____

Tell it to the manager!

3. **Es necesario ganar bastante para pagar mis estudios.**

_____

Decide how much you need!

4. **Tiene que ser un trabajo fácil.**

_____

Don't tell it to the manager!

5. **No sé cómo causar una buena impresión.**

_____

Put on your best clothing (**ponerse ropa**) and speak clearly.

V. Oral Proficiency. Act your part (**yo**) or role-play. Then write it. [Review Palabras Nuevas and Estructura de la Lengua of this Work Unit.]

Situation: Your friend, **Marta**, has a job interview tomorrow. You give Marta advice using the command forms for **tú.** [Three sentences are good; four very good; five or more excellent.]

Marta: Mañana tengo una entrevista importante para un puesto interesante. ¡Dime cómo debo prepararme para tener éxito!
Yo: Primero . . .

Clues: Be optimistic (**optimista**). Give your history of employment (**empleo**). Tell the boss which office machines you know how to use, and what else you can do. Make a good impression with your clothing, your hair. Speak slowly and calmly (**con calma**). Other ideas?

Part Two
TOPICAL VOCABULARY

VISTAS DE ESPAÑA

Calle de Alcalá, Madrid

Catedral de Jaén

Courtesy of the Spanish National Tourist Office, New York.

Unit 1

Las diversiones, la ciudad, los edificios

Las diversiones	*Amusements*
1. la canción	song
2. el cine	movies
3. el circo	circus
4. el concierto	concert
5. el cuadro	picture
6. el cuento	story
7. el disco	record
8. la fiesta	party
9. el museo	museum
10. la música	music
11. el paseo	walk
12. la película	movie
13. el periódico	newspaper
14. el programa	program
15. la radio	radio
16. la revista	magazine
17. el teatro	theater
18. la televisión	television
19. el tocadiscos	record-player
20. asistir *a*	to attend
21. bailar	to dance
22. cantar	to sing
23. dar un paseo	to take a walk
24. escuchar	to listen to
25. llegar *a*	to arrive, come
26. mirar	to look at, watch
27. necesitar	to need
28. visitar	to visit

La ciudad	*The City*
29. la avenida	avenue
30. la calle	street
31. la ciudad	city
32. la gente	people
33. el parque	park
34. la plaza	square, plaza
35. el pueblo	citizenry, people
36. el ruido	noise
37. el subterráneo, el metro	subway
38. el trabajo	work
39. hay	there is, there are
40. alegre; feliz	happy
41. ancho	wide
42. bonito; lindo	pretty
43. hermoso	beautiful
44. para	in order to, for

Los edificios	*Buildings*
45. la casa	house
46. la casa de pisos	apartment house
47. el edificio	building
48. la estación	station
49. el hospital	hospital
50. el hotel	hotel
51. la iglesia	church
52. el templo	temple
53. ir	to go
va	he (she, it) goes, you go

STUDY THE VOCABULARY BEFORE BEGINNING THE EXERCISES!

EJERCICIOS

I. Write the letter of the expression that helps to define the word in *italics*.

1. Un *cine* es ____
   a. un hotel
   b. una iglesia
   c. una calle
   d. un teatro

2. Un *hospital* es ____
   a. una fiesta
   b. una avenida
   c. un edificio
   d. un parque

3. Un *concierto* es un programa de ____
   a. cuadros   c. ruido
   b. películas   d. música

4. Una persona *feliz* ____
   a. es bonita   c. va al hospital
   b. está alegre   d. es alta

5. La *iglesia* es ____
   a. ruido   c. un museo
   b. un concierto d. un templo

6. Una chica *bonita* es ____
   a. ancha   c. linda
   b. alta   d. grande

7. La *música* es ____
   a. ciudad   c. canción
   b. museo   d. ruido

8. El *pueblo* es ____
   a. ruido   c. el subterráneo
   b. gente   d. la casa de pisos

9. Toda la *gente* de una ciudad es su ____
   a. pueblo   c. paseo
   b. periódico   d. plaza

10. La *avenida* es ____
    a. un ruido   c. un trabajo
    b. una casa   d. una calle

II. Write the letter of the word that best completes the sentence.

1. Miramos un programa en ____
   a. la radio   c. la televisión
   b. el paseo   d. la canción

2. Para escuchar un disco necesitamos ____
   a. un periódico c. un tocadiscos
   b. un concierto d. un museo

3. Bailamos en ____
   a. el cine   c. el circo
   b. la fiesta   d. el subterráneo

4. Cantamos ____
   a. calles   c. ruidos
   b. altos   d. canciones

5. En el subterráneo hay muchas ____
   a. estaciones   c. ciudades
   b. avenidas   d. plazas

6. En las calles escuchamos muchos ____
   a. ruidos   c. templos
   b. paseos   d. circos

7. San Francisco es ____
   a. una ciudad   c. un pueblo
   b. un parque   d. un cuento

8. En las revistas hay muchos ____
   a. periódicos   c. hospitales
   b. paseos   d. cuentos

9. Para ver una película vamos a ____
   a. un periódico c. un hotel
   b. un cine   d. una casa
                       de pisos

10. En un día hermoso damos ____
    a. un periódico c. una iglesia
    b. un paseo   d. trabajo

11. Mucha gente usa el subterráneo para ____
    a. ir a otra ciudad c. ir a un hospital
    b. ir al trabajo   d. ir a la calle

12. Hay cuentos en ____
    a. los tocadiscos   c. los conciertos
    b. los edificios   d. las revistas

13. Hay animales en ____
    a. el templo   c. el circo
    b. el museo   d. una calle

14. En la fiesta ____
    a. doy un paseo   c. voy al templo
    b. bailo y canto   d. necesito trabajo

15. Uso la televisión para ____
    a. mirar programas   c. visitar casas
    b. ir al teatro   d. asistir al circo

III. Write the best answer *completely in Spanish*, and circle the letter.

1. Yo pregunto: —¿Adónde va Ud. el domingo?

   Ud. contesta: — _____
   a. —Necesito el periódico.   c. —Doy una fiesta.
   b. —Miro el cuadro.   d. —Asisto a la iglesia.

2. Yo pregunto: —¿Qué usa la gente para llegar al trabajo?

   Ud. contesta: — _____
   a. —Usa la televisión.   c. —Llega a la estación.
   b. —Necesita el subterráneo. d. —Visita el museo.

3. Yo pregunto: —¿Dónde dan ellos paseos?

   Ud. contesta: —_____

   a. —En el parque.   c. —En la estación.
   b. —En el programa.   d. —En el trabajo.

4. Yo pregunto: —¿Qué hay en los museos?

   Ud. contesta: —_____

   a. —Hay mucho ruido.   c. —Hay circos alegres.
   b. —Hay cuadros hermosos.   d. —Hay discos bonitos.

5. Yo pregunto: —¿Qué necesitan los circos?

   Ud. contesta: —_____

   a. —Usan animales.   c. —Dan paseos.
   b. —Miran hospitales.   d. —Necesitan películas.

6. Yo pregunto: —¿Qué edificio es alto?

   Ud. contesta: —_____

   a. —Asisto a un concierto.   c. —Voy a un cine.
   b. —Es un cuento.   d. —Es una casa de pisos

7. Yo pregunto: —¿Qué son anchas?

   Ud. contesta: —_____

   a. —Las avenidas y las plazas.   c. —Son los ruidos.
   b. —Cantamos canciones.   d. —Asistimos a las fiestas.

8. Yo pregunto: —¿Adónde va Ud. para escuchar música?

   Ud. contesta: —_____

   a. —Visito un hospital.   c. —Voy a un concierto.
   b. —Necesito un periódico.   d. —Miro una revista.

9. Yo pregunto: —¿Qué música escucha Ud. en la radio?

   Ud. contesta: —_____

   a. —Canto con el tocadiscos.   c. —Bailo en casa.
   b. —Hay muchos edificios.   d. —Es una canción alegre.

10. Yo pregunto: —¿Dónde escucha Ud. programas?

    Ud. contesta: —_____

    a. —Llego al hospital.   c. —Voy al subterráneo.
    b. —Escucho el ruido de la calle.   d. —Hay música linda en la radio.

IV. Complete by writing the most appropriate word selected from the ten words on the right.

1. Cuando visito otra ciudad voy a un _____.   visitar

2. Mi padre necesita leer _____ todos los días.   hotel

3. Cuando bailo y canto, estoy _____.   necesitas

4. Necesitas _____ al hospital si no estás bien.   llego

5. Voy a otra ciudad para _____ a mi amigo.   feliz

6. _____ mucha gente en el subterráneo.   ir

7. En el cine miramos _____ .   periódicos

8. Va a_____ para mirar cuadros.   museos

9. _____ a la clase para escuchar al profesor.   hay

10. Para escuchar tu música favorita _____ discos.   películas

V. Write a logical answer in a complete Spanish sentence. Begin each answer with the words in parentheses.

Model: Cuando visitas otra ciudad   When you visit another
         ¿vas a *un hotel* o a *un*   city do you go to a hotel
         hospital?   (Voy)   or to a hospital?

         Voy a un hotel cuando   I go to a hotel when
         visito otra ciudad.   I visit another city.

1. ¿Necesitas un tocadiscos para escuchar música o para mirar la televisión? (Necesito)

_____

2. ¿Das un paseo en la plaza o en la casa? (Doy)

_____

3. ¿Asistes al cine para mirar un cuadro o una película? (Asisto)

_____

4. ¿Hay cuentos bonitos en el museo o en la revista? (Hay)

_____

5. ¿Vas al museo o al concierto para escuchar un programa de música? (Voy)

_____

6. ¿Usa la gente el subterráneo para llegar al trabajo o para ir a otra ciudad? (La gente)

_____

7. ¿Bailas y cantas en el subterráneo o en la fiesta? (Bailo y canto)

_____

8. ¿Miras cuadros o películas en el museo? (Miro)

_____

9. ¿Son los edificios altos casas de pisos o circos? (Los edificios)

_____

10. ¿Son hermosos los <u>parques</u> o los <u>hospitales</u>? (Los)

_____

11. ¿Hay muchas casas en <u>los parques</u> o en <u>las avenidas</u>? (Hay)

_____

12. ¿Escuchas ruido en el <u>hospital</u> o en el <u>subterráneo</u>? (Escucho)

_____

13. ¿Son anchas y bonitas las <u>plazas</u> o las <u>estaciones del subterráneo</u>? (Las)

_____

14. ¿Miras programas en la <u>televisión</u> o en la <u>radio</u>? (Miro)

_____

15. ¿Visitas al amigo en <u>su casa</u> o en <u>el subterráneo</u>? (Visito)

_____

ARTE ESPAÑOL

Pablo Picasso, *Guernica*.
Museo de Arte Reina Sofía.

Unit 2

La naturaleza, los animales, las estaciones, los meses, las fiestas

La naturaleza	*Nature*		*Las estaciones*	*Seasons*
1. el agua(*f.*)	water		39. la estación	season
2. el aire	air		40. el invierno	winter
3. el árbol	tree		41. el otoño	autumn
4. el campo	country		42. la primavera	spring
5. el cielo	sky		43. el verano	summer
*6. la estrella	star			
7. la hierba	grass		*Los meses*	*Months*
*8. la luna	moon		44. el mes	month
9. la lluvia	rain		45. el primer mes	the first month
10. el mar	sea		46. abril	April
11. la montaña	mountain		47. agosto	August
12. el monte	hill		48. diciembre	December
13. el mundo	world		49. enero	January
*14. la neblina	fog		50. febrero	February
15. la nieve	snow		51. julio	July
*16. la nube	cloud		52. junio	June
17. la playa	beach		53. marzo	March
18. el río	river		54. mayo	May
19. el sol	sun		55. noviembre	November
20. el tiempo	weather		56. octubre	October
21. la tierra	land, earth		57. septiembre	September
22. brillar	to shine		*Las fiestas*	*Holidays*
23. esperar	to wait for		58. el cumpleaños	birthday
24. solamente	only		59. el Día de Año Nuevo	New Year's Day
			60. el Día de la Raza	Columbus Day
Los animales	*Animals*		61. la Navidad	Christmas
			62. la Pascua Florida	Easter
25. el animal	animal		63. las vacaciones	vacation
26. el burro	donkey		64. ¡Feliz Año Nuevo!	Happy New Year!
27. el caballo	horse		65. ¡Feliz Cumpleaños!	Happy Birthday!
28. el elefante	elephant		66. ¡Feliz Navidad!	Merry Christmas!
29. la gallina	hen		67. ¡Felices Pascuas!	Happy Easter!
30. el gallo	rooster		68. ¡Igualmente!	the same to you!
31. el gato	cat			
32. el león	lion			
33. el pájaro	bird			
34. el perro	dog			
35. el puerco	pig			
36. el tigre	tiger			

***Hay: hay** estrellas, The stars are out; **hay** luna, The moon is out; **hay** neblina, It is foggy; **hay** nubes, It is cloudy. **Hay** is used for *visible* phenomena in weather expressions.

STUDY THE VOCABULARY BEFORE BEGINNING THE EXERCISES!

EJERCICIOS

I. Write the letter of the expression that helps to define the word in *italics*.

1. *La lluvia* es _____ del cielo.
   a. el sol   c. la luna
   b. el agua   d. una estrella

2. *La playa* es _____
   a. hierba   c. neblina
   b. nieve   d. tierra y mar

3. *El verano* es la estación de _____
   a. mucho sol   c. nubes
   b. neblina   d. la Navidad

4. *Brillar* es una acción de _____
   a. los pájaros   c. las estrellas
   b. los burros   d. las nubes

5. *Esperar* es la acción de los niños para el
   día de _____
   a. su cumpleaños   c. las nubes
   b. las lluvias   d. la Raza

6. *El gallo* es _____
   a. un animal   c. una estación
   b. un pájaro   d. una fiesta

7. *Las vacaciones* son los días de _____
   a. sol   c. lluvia
   b. fiesta   d. neblina

8. *Un mes* es un período de _____
   a. siete días   c. cuatro estaciones
   b. treinta días   d. un año

9. *El invierno* es la estación de _____
   a. la nieve   c. los ríos
   b. noviembre   d. los montes

10. *El elefante* es un animal _____
    a. bonito   c. doméstico
    b. fuerte   d. rojo

II. Write the letter of the word that best completes the sentence.

1. Un animal que vive en nuestra casa
   es ____
   a. el caballo o el tigre   c. la gallina
   b. el gato o el perro   d. el gallo

2. Un animal doméstico es _____
   a. el burro   c. el tigre
   b. el león   d. el pájaro

3. Un animal muy fuerte es _____
   a. el perro   c. el gato
   b. el caballo   d. el puerco

4. Un animal que vive *solamente* en el
   campo es _____
   a. el puerco   c. el perro
   b. el gato   d. el pájaro

5. Mucha agua entra en el mar de _____
   a. los árboles   c. los ríos
   b. los meses   d. las fiestas

6. En el árbol canta un _____
   a. puerco   c. pájaro
   b. perro   d. rio

7. Donde hay mucha hierba es en _____
   a. el campo   c. la luna
   b. las nubes   d. la ciudad

8. No vemos bien cuando hay ____
   a. estrellas   c. neblina
   b. luna   d. sol

9. El primero de enero es el Día de ____
   a. la Navidad   c. la Raza
   b. la Pascua Florida   d. Año Nuevo

10. El 25 de diciembre es el Día de _____
    a. las Américas   c. Año Nuevo
    b. la Navidad   d. la Raza

III. Write the letter of the expression that is related to the word in *italics*.

1. Vamos *al mar*. ____
   a. a la hierba   c. a la playa
   b. a la tierra   d. al cielo

2. *El otoño* es bonito. ____
   a. abril   c. junio
   b. septiembre   d. febrero

365

3. *El mundo* está bonito en la prima-
vera. _____
   a. el animal   c. la fiesta
   b. el agua   d. la tierra

4. *La montaña* es alta. _____
   a. el mundo   c. el árbol
   b. el monte   d. la tierra

5. Hay *árboles* en el parque. _____
   a. nubes   c. hierba
   b. estaciones d. luna

IV. Write the expression that forms the best rejoinder, and circle the letter.

1. Yo digo: —Es la Navidad.

   Ud. responde: —Entonces _____
   a. —Ud. es fuerte.   b. —¡Feliz Navidad!   c. —Es enero.   d. —¡Igualmente!

2. Yo digo: —¡Feliz Año Nuevo!

   Ud. responde: — _____
   a. —Ud. es feliz. b. —¡Igualmente! c. —¡Feliz Cumpleaños! d. —El verano es bonito.

3. Yo digo: —Hoy es mi cumpleaños.

   Ud. responde: — _____
   a. —¡Feliz Año Nuevo!   b. —¡Feliz Cumpleaños!   c. —Es un buen año.
   d. —Tenemos las vacaciones.

4. Yo digo: —Estamos celebrando la Pascua Florida.

   Ud. responde: — _____
   a. —Tienen muchas playas. b. —¡Felices Pascuas! c. —Voy allá. d. —¡Igualmente!

5. Yo digo: —¡Es una noche bonita!

   Ud. responde: — _____
   a. el sol está muy fuerte. b. es el invierno. c. llueve mucho. d. hay luna y estrellas.

V. Complete each sentence in Spanish.

1. La Navidad es en el mes de _____. 2. La Pascua Florida es en la estación de

_____. 3. El Día de la Raza es en el mes de _____. 4. Los meses de _____,

_____, y _____ son en la primavera. 5. El Día de Año Nuevo es en el mes de

_____. 6. Noviembre es en la estación de _____. 7. _____ es la estación

de mucha nieve. 8. Julio es en la estación de _____. 9. Los meses de _____,

_____ y _____ son el verano. 10. Los meses de _____, _____, y

_____ son el invierno.

VI. Write a factual answer in a complete Spanish sentence. To agree, rewrite the question as a statement. To disagree, place **no** before the verb in your statement.

1. ¿Hay mucha nieve en el invierno?

   _____

2. ¿Esperan los niños la Navidad?

_____

3. ¿Brillan las estrellas en el cielo?

_____

4. ¿Hay nubes antes de la lluvia?

_____

5. ¿Es la gallina un animal fuerte?

_____

6. ¿Es puro el aire en el campo?

_____

7. ¿Son los leones y los tigres pájaros domésticos?

_____

8. ¿Hay luna cuando hay mucha neblina?

_____

9. ¿Son bonitas las vacaciones y las fiestas?

_____

10. ¿Está el mundo bonito en todos los tiempos y en todas las estaciones?

_____

Unit 3

El cuerpo, la salud, la ropa, las dimensiones

El cuerpo	*Body*		*La ropa*	*Clothing*
1. la boca	mouth		26. el abrigo	coat
2. el brazo	arm		27. la blusa	blouse
3. la cabeza	head		28. el bolsillo	pocket
4. la cara	face		29. los calcetines	socks
5. el cuerpo	body		30. la camisa	shirt
6. el dedo	finger		31. la cartera	purse, wallet
7. el diente, la muela	tooth		32. la corbata	tie
8. el estómago	stomach		33. la chaqueta	jacket
9. los labios	lips		34. el dinero	money
10. la lengua	tongue		35. la falda	skirt
11. la mano	hand		36. la gorra	cap
12. la nariz	nose		37. los guantes	gloves
13. el ojo	eye		38. las medias	stockings
14. la oreja	outer ear		39. los pantalones	trousers
el oído	inner ear		40. el pañuelo	handkerchief
15. el pelo	hair		41. la ropa	clothing
16. el pie	foot		42. la ropa interior	underwear
17. la pierna	leg		43. el sombrero	hat
			44. el traje	suit
18. besar	to kiss		45. el traje de baño	bathing suit
19. caminar	to walk		46. el vestido	dress
20. comer	to eat		47. los zapatos	shoes
21. hablar	to speak			
22. oír	to hear		48. llevar; usar	to wear
23. respirar	to breathe		49. llevar	to carry
24. trabajar	to work		50. meter	to put in, to insert
25. ver	to see		51. ponerse	to put on
			52. usar	to use

La salud	Health	Las dimensiones	Dimensions
53. el dolor	pain	61. bajo	short (persons)
54. el dolor		(*anton.* alto)	(*anton.* tall, high)
. . . de cabeza	headache	62. corto	short (things)
. . . de muelas (dientes)	toothache	(*anton.* largo)	(*anton.* long)
. . . de estómago	stomachache	63. estrecho	narrow
55. la enfermedad	illness	(*anton.* ancho)	(*anton.* wide)
56. el resfriado	cold	64. pequeño	small, little
57. la salud	health	(*anton.* grande)	(*anton.* large, big)
58. (estar) bien	(to be) well		
59. (estar) enfermo	(to be) sick		
60. sufrir	to suffer		

STUDY THE VOCABULARY BEFORE BEGINNING THE EXERCISES!

EJERCICIOS

I. Write the letter of the word that best completes the sentence.

1. En el bolsillo tengo un pañuelo y ____
   a. dinero   c. una chaqueta
   b. ropa   d. un dolor

2. Mi salud es buena. No tengo ____
   a. cabeza   c. enfermedades
   b. gorras   d. estómago

3. Llevas una blusa y ____
   a. un vestido   c. un traje de baño
   b. una camisa   d. una falda

4. El hombre usa camisa y ____
   a. vestido   c. falda
   b. blusa   d. corbata

5. La chaqueta y los pantalones ____ forman
   a. una corbata   c. una cartera
   b. un traje   d. un abrigo

6. La mano tiene cinco ____
   a. dientes   c. pies
   b. brazos   d. dedos

7. En las manos usamos ____
   a. guantes   c. abrigos
   b. medias   d. gorras

8. Estoy bien. Tengo buena ____
   a. ropa   c. enfermedad
   b. salud   d. cabeza

9. Para respirar uso ____
   a. las piernas   c. la nariz
   b. la lengua   d. los ojos

10. Para escuchar uso ____
    a. los ojos   c. la lengua
    b. los oídos   d. la nariz

11. Para ver usamos ____
    a. los ojos   c. los labios
    b. las orejas   d. los pies

12. Para besar usamos ____
    a. los ojos   c. los labios
    b. las orejas   d. los pies

13. La cabeza es una parte del ____
    a. cuerpo   c. pie
    b. dolor   d. dedo

14. Los chicos usan calcetines; las chicas usan ____
    a. sombreros   c. un traje de baño
    b. medias   d. blusas

15. Los pantalones son grandes porque son ____
    a. hermosos y cortos
    b. bajos y estrechos
    c. cortos y estrechos
    d. largos y anchos

16. Para mi pie este zapato está muy ____
    a. estrecho   c. alegre
    b. negro   d. blanco

17. En el invierno debo llevar ____
    a. una cartera   c. un bolsillo baño
    b. un abrigo   d. un traje de baño

18. Los dientes y la lengua son partes ____
    a. de la boca   c. del traje
    b. de la nariz   d. del pie

19. Los ojos y la nariz son partes ____
    a. del pelo   c. de la ropa
    b. de la cara   d. de la mano

20. Uso el pañuelo para ____
    a. un dolor de estómago c. un resfriado
    b. un vestido   d. un abrigo

21. Si como mucho sufro un dolor de ____
    a. los bolsillos c. estómago
    b. los pies   d. los ojos

22. En el invierno los niños usan ____
    a. mucho dolor   c. mucho dinero
    b. mucha ropa interior d. mucha salud

23. En la cabeza tenemos ____
    a. un cuerpo   c. piernas
    b. pelo   d. el estómago

24. Cuando *no* sufro estoy ____
    a. enfermo   c. bien
    b. malo   d. cansado

25. Tomo aspirina para *no* ____
    a. respirar   c. besar
    b. sufrir   d. oír

II. Write the letter of the word that is *related* to the *italicized expression* and that will keep the sentence meaningful.

1. Uso *los pies* para caminar. ____
   a. el pelo   c. las piernas
   b. los pantalones   d. la cabeza

2. Uso *la boca* para hablar. ____
   a. el dolor   c. el cuerpo
   b. la salud   d. la lengua

3. Uso *las manos* para trabajar. ____
   a. los brazos   c. la nariz
   b. la blusa   d. el traje

4. Tengo el dinero en *los bolsillos*. ____
   a. los calcetines   c. la cartera
   b. la corbata   d. el sombrero

5. En los pies llevo *calcetines*. ____
   a. zapatos   c. camisas
   b. vestidos   d. pañuelos

6. En la cabeza llevo *el sombrero*. ____
   a. los guantes   c. las medias
   b. la gorra   d. el abrigo

7. El usa *camisa* pero ella usa . . . ____
   a. ropa   c. cartera
   b. dinero   d. blusa

8. Las piernas tienen *pies* como los brazos tienen . . . ____
   a. pelo   c. cara
   b. manos   d. medias

9. Los dedos son partes *de la mano*, como la cara es parte . . . ____
   a. de la casa c. de la cabeza
   b. del día   d. de la ropa

10. Las casas *no* son *pequeñas*, son . . . ____
    a. blancas   c. estrechas
    b. grandes   d. bajas

III. Next to each word in the first column write the word from the second column that means its opposite. Write the corresponding letter before it.

1. *cabeza* _____   a. pantalones

2. *falda* _____   b. pequeño

3. *largo* _____   c. pies

4. *alto* _____   d. bajo

5. *grande* _____   e. corto

IV. Complete by writing the best selection from the following: **besar, caminar, comer, hablar, oír, respirar, trabajar, ver, meter dinero, ponerse el sombrero**

1. Usan los ojos para _____.

2. Usan los dientes para _____.

3. Usan la nariz para _____.

4. Usan los oídos para _____.

5. Usan los pies para _____.

6. Usan carteras para _____.

7. Usamos las manos para _____.

8. Uso la lengua para _____.

9. Usan los labios para _____.

10. Usan la cabeza para _____.

V. Write a *logical* answer in a complete Spanish sentence. (Begin each answer with the words in parentheses.)

Model: ¿Usan los chicos *una blusa* o *una camisa*?
Do boys wear a blouse or a shirt?

_____ **Los chicos usan una camisa.**
(Los chicos)   Boys wear a shirt.

1. ¿Usan las chicas vestidos lindos para *las fiestas* o para *la escuela*?

_____
(Las chicas)

2. ¿Usan los chicos corbatas con *trajes de baño* o con *camisas*?

_____
(Los chicos)

3. ¿Se ponen ellos el traje de baño para ir a *la playa* o a *la escuela*?

_____
(Ellos se ponen)

4. En el invierno ¿lleva Ud. mucha ropa en *las montañas* o en *el cine*?

_____
(Llevo)

5. ¿Mete Ud. un pañuelo en *el bolsillo* o en *la ropa interior*?

_____
(Meto)

Unit 4

Las flores, los colores, las frutas, los árboles

Las flores	*Flowers*	*Las frutas*	*Fruit*
1. el clavel	carnation	20. la cereza	cherry
2. la flor	flower	21. la fruta	fruit
3. el jardín	garden	22. el limón	lemon
4. la rosa	rose	23. la manzana	apple
5. el tulipán	tulip	24. la naranja	orange
6. la violeta	violet	25. la pera	pear
		26. la uva	grape

¿De qué color?	*What color?*	*Los árboles*	*Trees*
7. el color	color		
8. amarillo	yellow	27. el árbol	tree
9. anaranjado	orange	28. el arbusto	bush
10. azul	blue	29. el cerezo	cherry tree
11. blanco	white	30. el limón	lemon tree
12. gris	gray	31. el manzano	apple tree
13. morado	purple	32. el naranjo	orange tree
14. negro	black	33. el peral	pear tree
15. pardo	brown		
16. rojo	red	34. da	bears, gives
17. rosado	pink	dan	bear, give
18. verde	green		

19. ¿De qué color es?	What color is it?	35. ¿Cuál?	Which? which one?

STUDY THE VOCABULARY BEFORE BEGINNING THE EXERCISES!

EJERCICIOS

I. Complete each sentence in Spanish. Use the article **el** or **la.**

1. La fruta del naranjo es _____.

2. La fruta del peral es _____.

3. La fruta del manzano es _____.

4. La fruta del cerezo es _____.

5. La fruta del limón es _____.

II. Write the most appropriate color to complete the sentence, and then circle the letter.

1. La rosa es _____.
   a. negra   c. verde
   b. azul   d. blanca

2. La pera es _____.
   a. parda   c. gris
   b. negra   d. blanca

3. La violeta es _____.
   a. azul   c. negra
   b. roja   d. parda

4. El tulipán es _____.
   a. morado   c. gris
   b. azul   d. verde

5. *No* hay fruta *ni* flor del color _____.
   a. anaranjado   c. rosado
   b. negro   d. verde

III. Write an answer in a complete Spanish sentence, using the most appropriate expression.

1. ¿Qué da el jardín? _____
   a. ropa   b. flores   c. animales   d. fiestas

2. ¿Qué da el árbol? _____
   a. fruta   b. uvas   c. perales   d. violetas

3. ¿Qué da el arbusto? _____
   a. pájaros   b. árboles   c. manzanas   d. rosas

4. ¿Cuál es una flor? _____
   a. el arbusto   b. el tulipán   c. el árbol   d. el limón

5. ¿Cuál es azul? _____
   a. la rosa   b. la violeta   c. la naranja   d. el jardín

6. ¿Cuál es verde? _____
   a. la hierba   b. el naranjo   c. el clavel   d. la violeta

7. ¿Cuál es blanco? _____
   a. el clavel   b. el jardín   c. el limón   d. el peral

8. ¿Cuál es rosada? _____
   a. la flor   b. la naranja   c. la pera   d. la manzana

9. ¿Cuál es morada? _____
   a. la uva   b. la naranja   c. la pera   d. la manzana

10. ¿Cuál está gris o azul? _____
   a. el cielo   b. el elefante   c. el clavel   d. el peral

IV. a. Write a complete QUESTION for each noun, beginning with **¿De qué color es _____?**
   b. Then write an ANSWER in a complete Spanish sentence giving the most usual color for that noun.

Model: ¿la pizarra? **¿De qué color es la pizarra?**   **La pizarra es negra.**
             What color is the blackboard?   The blackboard is black.

1. ¿el elefante? _____

_____

2. ¿la hierba? _____

_____

3. ¿el limón? _____

_____

4. ¿la cereza? _____

_____

5. ¿la naranja? _____

_____

V. Complete in Spanish.

1. a. Ana dice:—¿ _____ es tu flor favorita? (Which)

   b. Luis responde:—Todas las _____ son mis favoritas. (flowers)

2. a. Ana dice:—Pero ¿ _____ es la flor que prefieres? (What color?)

   b. Luis responde:—Prefiero el clavel _____ (pink).

3. a. Ana dice:—En mi _____ hay _____ que _____ muchas

   peras y muchas _____ (garden/trees/give/cherries)

   b. Luis responde:—Lo sé. Yo como la fruta de tu _____ , de tu

   _____ y de tu _____ . (cherry tree/pear tree/apple tree)

4. a. Ana dice:—También, hay varios _____ pero no tengo _____ .
      (bushes/orange trees)

   b. Luis responde:—Asi, tengo que comprar _____ que deseo. (the
      oranges)

LATINOAMÉRICA Y SU GENTE

Playa en Los Cabos, México

Children of the Andes

Unit 5

La lección, los días

La lección	*The Lesson*
1. el cuaderno	notebook
2. el dictado	dictation
3. el ejercicio	exercise
4. el examen	test
5. la falta	mistake
6. la frase	sentence
7. el grabado	picture
8. el lápiz	pencil
9. la lección	lesson
10. el libro	book
11. la página	page
12. la palabra	word
13. el papel	paper
14. el párrafo	paragraph
15. la pluma	pen
16. la pregunta	question
17. la respuesta	answer
18. la tarea	homework
19. el trabajo	work, homework
20. contestar	to answer
21. escribir	to write
22. explicar	to explain

23. preguntar	to question
24. responder	to answer
25. correcto	correct
26. difícil	difficult
27. fácil	easy
28. correctamente	correctly
29. con faltas	with mistakes
30. sin	without
31. sin faltas	without mistakes

Los días	*The Days*
32. el día	day
33. la semana	week
34. el fin de semana	weekend
35. (el) domingo	Sunday
36. (el) lunes	Monday
37. (el) martes	Tuesday
38. (el) miércoles	Wednesday
39. (el) jueves	Thursday
40. (el) viernes	Friday
41. (el) sábado	Saturday

STUDY THE VOCABULARY BEFORE BEGINNING THE EXERCISES!

EJERCICIOS

I. Write the letter of the expression that helps to define the word in *italics*.

1. Muchas *páginas* son _____
   a. una palabra   c. una frase
   b. un libro   d. una pluma

2. Muchas *frases* son _____
   a. un párrafo   c. un lápiz
   b. un día   d. una semana

3. Muchas *palabras* son _____
   a. una pluma   c. una frase
   b. un día   d. un fin de semana

4. Muchos *grabados* son para _____
   a. comer   c. escuchar
   b. beber   d. explicar

5. Un *cuaderno* tiene muchas _____
   a. días   c. grabados
   b. lápices   d. páginas

6. Un *día* es _____
   a. cuatro semanas   c. diez años
   b. veinticuatro horas d. doce meses

7. Un *ejercicio* tiene muchas _____
   a. tareas   c. lecciones
   b. preguntas   d. semanas

8. La *semana* tiene _____
   a. un mes   c. siete días
   b. dos años   d. una falta

9. *Contestar* es _____
   a. ir   c. responder
   b. dar   d. preguntar

10. El *lápiz* es para _____
    a. respirar   c. oír
    b. escribir   d. caminar

II. Write the letter of the expression that is *related* to the word(s) in *italics* and that keeps the sentence meaningful.

1. Para escribir uso *un lápiz.*_____
   a. una pluma   c. un sábado
   b. una respuesta   d. faltas

2. Escribo en *el papel*_____
   a. el cuaderno   c. el grabado
   b. la lección   d. la falta

3. Siempre preparo *el trabajo* en casa _____
   a. la palabra   c. la tarea
   b. el examen   d. la frase

4. El examen está *sin faltas.*_____
   a. difícil   c. grande
   b. estrecho   d. correcto

5. Escriben *sin faltas.*_____
   a. correctamente   c. con lápiz
   b. con pluma   d. el fin de semana

6. La página tiene tres *ejercicios.*_____
   a. libros   c. lápices
   b. dictados   d. cuadernos

7. La alumna *responde* bien._____
   a. contesta   c. estudia
   b. escribe   d. lee

8. Estudiamos del *cuaderno.*_____
   a. mes   c. libro
   b. domingo   d. trabajo

9. El *párrafo* es fácil._____
   a. la pluma   c. el lunes
   b. el lápiz   d. la lección

10. Las *preguntas* son difíciles._____
    a. los días   c. los grabados
    b. los exámenes   d. las plumas

III. Write the letter of the expression that best completes the sentence.

1. El fin de semana es _____
   a. viernes y sábado   c. sábado y domingo
   b. lunes   d. domingo y lunes

2. El primer día de escuela es_____
   a. viernes   c. miércoles
   b. sábado   d. lunes

3. Voy a la iglesia el_____
   a. lunes   c. domingo
   b. día   d. martes

4. No hay escuela el_____
   a. jueves   c. lunes
   b. fin de semana   d. viernes

5. En una frase hay muchas _____
   a. páginas   c. papeles
   b. plumas   d. palabras

6. Para la tarea escribimos _____
   a. un ejercicio   c. una revista
   b. un libro   d. un periódico

7. Escribimos en _____
   a. la pluma   c. el lápiz
   b. el papel   d. el grabado

8. Escribo el examen sin _____
   a. papel   c. faltas
   b. respuestas   d. escribir

9. *No* escribimos en _____
   a. el examen   c. el grabado
   b. el cuaderno   d. el papel

10. Hay siete días en _____
    a. la lección   c. el ejercicio
    b. la semana   d. el fin de semana

IV. Write the missing day in order of sequence.

1. Lunes, martes y _____ .

2. Viernes, _____ y domingo.

3. _____ y viernes.

4. _____ , sabado y _____ .

5. Domingo, _____ y _____ .

V. Write the letter of the expression that is the *opposite* in meaning to the word in *italics*.

1. *fácil*   a. corto   b. pequeño   c. difícil   d. correcto   _____

2. *pluma*   a. respuesta   b. viernes   c. lápiz   d. examen   _____

3. *pregunta*   a. falta   b. respuesta   c. fin   d. ejercicio   _____

4. *contestar*   a. preguntar   b. escribir   c. explicar   d. responder   _____

5. *con*   a. de   b. para   c. en   d. sin   _____

VI. Write a logical answer in a complete Spanish sentence. Begin each answer with the word(s) in parentheses.

1. ¿Escribe Ud. en el <u>cuaderno con lápiz</u> o en el <u>lápiz con cuaderno</u>?

_____

(Escribo)

2. ¿Escribe Ud. en el <u>grabado</u> o en el <u>cuaderno</u>?

_____

(Escribo)

3. Si Ud. contesta correctamente ¿contesta Ud. <u>con</u> faltas o <u>sin</u> faltas?

_____

(Contesto)

4. Si la lección es fácil ¿es también <u>fácil</u> o <u>difícil</u> el examen?

_____

(El examen)

5. Si el párrafo es difícil ¿es también <u>difícil</u> o <u>fácil</u> el ejercicio?

_____

(El ejercicio)

6. Si completo el trabajo los cinco días de la semana ¿hay <u>mucho</u> o <u>poco</u> trabajo para el fin de semana?

_____

(Hay)

7. Cuando todas las páginas están correctas ¿está <u>correcto</u> o <u>incorrecto</u> el libro?

_____

(El libro)

8. Si la profesora explica la lección muy bien, ¿es <u>fácil</u> o <u>difícil</u> la tarea?

_____

(La tarea)

9. Si el profesor de inglés pregunta en inglés, ¿responde Ud. en <u>inglés</u> o en <u>español</u>?

_____

(Respondo)

10. Si la profesora de español pregunta en español, ¿contesta Ud. en <u>español</u> o en <u>italiano</u>?

_____

(Contesto)

VISTAS DE ESPAÑA

Courtesy of the Spanish National Tourist Office, New York.

Santuario de Loyola en Azpeitia (Guipúzcoa, España)

The Ramblas in Barcelona is a beautiful tree-lined avenue

Unit 6

Los alimentos, las comidas, la mesa

Los alimentos	Foods	Las comidas	Meals
1. el agua	water	28. el almuerzo	lunch
2. el azúcar	sugar	29. la cena	supper
3. el café	coffee	30. la comida	meal, dinner
4. la carne	meat	31. el desayuno	breakfast
5. el chocolate	chocolate, hot chocolate	32. el mozo, el camarero	waiter
6. la ensalada	salad	33. el restaurante	restaurant
7. la gaseosa	soda		
8. el huevo	egg	34. preparar	to prepare
9. la leche	milk	35. servir;	to serve;
10. la legumbre	vegetable	sirve	he (she) serves, you serve
11. la mantequilla	butter		
12. el pan	bread	36. ¡Buen provecho!	Hearty appetite!
13. la patata, la papa	potato		
14. el pescado	fish	*La mesa*	*The table*
15. la pimienta	pepper	37. la copa	goblet; wine glass
16. el postre	dessert	38. la cuchara	spoon
17. el queso*	cheese	39. la cucharita	teaspoon
18. la sal	salt	40. el cuchillo	knife
19. la sopa	soup	41. el mantel	tablecloth
20. el té	tea	42. el platillo	saucer
21. el vino	wine	43. el plato	dish
		44. la servilleta	napkin
22. beber	to drink	45. la taza	cup
23. comer	to eat	46. el tenedor	fork
		47. el vaso	glass
24. delicioso	delicious		
		48. cortar	to cut
25. con	with	49. desear	to wish, want
26. café con leche	coffee regular	50. tomar	to take, consume
27. pan con mantequilla	bread and butter	51. poner la mesa	to set the table

*El queso (cheese) is served as dessert in Spain.

En el restaurante los camareros nos sirven una comida deliciosa. —¡Buen provecho!

STUDY THE VOCABULARY BEFORE YOU BEGIN THE EXERCISES!

EJERCICIOS

I. Write the letter of the expression that best completes the definition.

1. Usamos una taza para tomar _____
   a. patatas   c. ensalada
   b. queso   d. té

2. El cuchillo es para _____
   a. beber   c. servir
   b. cortar   d. tomar

3. Usamos un platillo para _____
   a. un vaso   c. una taza
   b. una copa   d. un plato

4. La cucharita es para tomar _____
   a. carne   c. sopa
   b. azúcar   d. mantequilla

5. El tenedor es para comer _____
   a. leche   c. pescado
   b. sopa   d. mantequilla

6. La patata es _____
   a. un platillo   c. un postre
   b. una legumbre   d. un pescado

7. El camarero, quien sirve la comida en un restaurante, es _____
   a. la madre   c. el mozo
   b. el profesor   d. el alumno

8. La primera comida del día es _____
   a. el almuerzo   c. la comida
   b. el desayuno   d. la cena

9. El vaso es para tomar _____
   a. agua   c. pimienta
   b. cuchillos   d. queso

10. El vino en una copa es como la gaseosa en _____
    a. un plato   c. un mantel
    b. un platillo   d. un vaso

II. Write the letter of the expression that best completes the sentence.

1. Cuando deseo comer, voy a _____
   a. la escuela   c. la clase de
   b. un restaurante   español
                       d. un jardín

2. Cuando el camarero me sirve, digo: _____
   a. —No hay de qué.
   b. —Hoy es domingo.
   c. —Buenos días.
   d. —Gracias.

3. El postre es _____
   a. primero   c. al fin de la comida
   b. una sopa   d. la cena

4. Para poner la mesa, _____
   a. como pan   c. bebo leche
   b. sirvo postre   d. preparo el mantel

5. A las once de la noche tomo _____
   a. sal y pimienta   c. el almuerzo
   b. el desayuno   d. la cena

6. Usamos sal y pimienta con _____
   a. el té   c. la gaseosa
   b. el café   d. la carne

7. Tomamos la sopa con _____
   a. un tenedor   c. una cuchara
   b. una cucharita   d. un cuchillo

8. A la una de la tarde tomo _____
   a. el desayuno   c. la cena
   b. el almuerzo   d. la comida

9. Para beber tomo _____
   a. pescado   c. un chocolate
   b. carne   d. ensalada

10. Para el desayuno tomo _____
    a. huevos   c. una ensalada
    b. una copa de vino d. un postre

11. Para postre, el español toma _____
    a. queso   c. carne
    b. sopa   d. mantequilla

381

12. Pongo mantequilla en _____
    a. la ensalada   c. el café
    b. el pan   d. el camarero

13. Tomo pan cuando deseo _____
    a. beber   c. comer
    b. bailar   d. escribir

14. Tomo agua cuando deseo _____
    a. beber   c. escuchar
    b. servir   d. comer

15. Pongo la mesa con el mantel y _____
    a. el restaurante   c. servilletas
    b. la cena   d. el postre

III. Write the entire appropriate rejoinder, and then circle its letter.

1. Mi hermana dice: —Yo pongo la mesa.

   Yo respondo: —Entonces, _____
   a. yo sirvo la comida   c. ¡buen viaje!
   b. es delicioso   d. ¡feliz compleaños!

2. Yo digo: —La comida está deliciosa.

   Mi madre dice: — _____
   a. Feliz Navidad   c. ¡Buen viaje!
   b. ¡Buen provecho!   d. ¡Igualmente!

3. Mi amigo dice: —Deseo beber algo con la comida.

   Yo digo: —¡Tome _____!
   a. un plato de carne   c. una cucharita de azúcar
   b. una copa de vino   d. un poco de sal

4. Yo digo: —Deseo comer.

   El mozo responde: —¡Tome _____!
   a. un vaso de gaseosa   c. una taza de té con limón
   b. una taza de café con leche d. pan con mantequilla

5. El mozo me pregunta: —¿Qué legumbre desea Ud.?

   Yo respondo: — _____
   a. Unas patatas deliciosas   c. Deseo tenedores
   b. Una comida deliciosa   d. Ud. necesita una taza con platillo

IV. Write a *logical* answer in a complete Spanish sentence. Begin each answer with the word(s) in parentheses.

1. ¿Toma Ud. té con *sal* o con *limón*? (Tomo)

   _____

2. ¿Prepara Ud. una ensalada con *leche* o con *legumbres*? (Preparo)

   _____

3. ¿Toman los españoles con la comida *una copa de vino* o *un vaso de agua*? (Los españoles)

   _____

4. ¿Para el postre sirven queso los *españoles* o los *norteamericanos*? (Los . . .)

_____

5. ¿Dice el camarero —Buen *provecho*— o —Buen *viaje*— cuando comemos? (El camarero)

_____

V. Write an affirmative answer in a complete Spanish sentence giving the Spanish equivalent of the words in parentheses. Topic: **Pongo la mesa.** — *I set the table.*

1. ¿Con qué pone Ud. la mesa? (knives, forks, teaspoons, salt and pepper)

_____

2. ¿Qué no come la familia hoy con la comida? (soup)

_____

3. ¿Qué sirve su madre? (a dish of salad and dessert)

_____

4. ¿Qué desea su padre? (coffee regular); y ¿qué desea Ud.? (a glass of soda)

_____

5. ¿Qué bebe el gato? (a saucer of milk)

_____

Courtesy of Mexican Government Tourist Office

El Morro, the fortress built to protect San Juan, Puerto Rico, in the sixteenth century.

Unit 7

La familia, los amigos, el trabajo: descripciones

La familia	*Family*
1. la abuela	grandmother
2. el abuelo	grandfather
3. los abuelos	grandparents
4. la esposa	wife
5. el esposo	husband
6. la familia	family
7. la hermana	sister
8. el hermano	brother
9. los hermanos	brother and sister
10. la hija	daughter
11. el hijo	son
12. los hijos	children
13. la madre	mother
14. la nieta	granddaughter
15. el nieto	grandson
16. los nietos	grandchildren
17. el padre	father
18. los padres	parents
19. el pariente	relative *(masc.)*
20. la pariente	relative *(fem.)*
21. la prima	cousin *(fem.)*
22. el primo	cousin *(masc.)*
23. la sobrina	niece
24. el sobrino	nephew
25. la tía	aunt
26. el tío	uncle

Descripciones	*Descriptions*
27. alegre; feliz	happy
28. bueno	good
29. cansado	tired
30. débil	weak
(*anton.* fuerte)	(strong)
31. feo	ugly
(*anton.* hermoso)	beautiful
32. inteligente	intelligent
33. joven	young
34. malo	bad
35. mayor	older
36. menor	younger
37. moreno	brunette
38. perezoso	lazy
(*anton.* diligente)	hard-working
39. pobre	poor
40. rico	rich
41. rubio	blond

42. simpático	nice, congenial
43. triste	sad
44. viejo	old

Los amigos	*Friends*
45. la amiga	friend *(fem.)*
46. el amigo	friend *(masc.)*
47. el hombre	man
48. la mujer	woman
49. la muchacha; la chica	girl
50. el muchacho; el chico	boy
51. el señor	gentleman; man
52. la señora	lady; woman
53. la señorita	young lady
54. la vecina	neighbor *(fem.)*
55. el vecino	neighbor *(masc.)*

El trabajo	*Occupations*
56. el abogado	lawyer
57. el ama de casa	housewife
58. el campesino	farmer
59. el carnicero	butcher
60. el científico	scientist
61. el comerciante	merchant
62. el chófer	chauffeur
63. la enfermera	nurse
64. el ejército	army
65. el jefe	chief, boss, head
66. el médico	doctor
el doctor (*title*)	
67. el panadero	baker
68. el piloto	pilot
69. el presidente	president
70. el profesor	teacher *(masc.)*
71. la profesora	teacher *(fem.)*
72. el sastre	tailor
73. la secretaria	secretary
74. el soldado	soldier
75. cuidar	to take care
76. enseñar	to teach
77. manejar	to drive
78. trabajar	to work
79. vender	to sell

STUDY THE VOCABULARY *BEFORE* BEGINNING THE EXERCISES!

EJERCICIOS

I. Write the *word* that best completes the definition, and circle the letter.

1. El _____ enseña.
   a. sastre   c. presidente
   b. profesor   d. carnicero

8. La _____ cuida a los enfermos.
   a. profesora   c. maestra
   b. secretaria   d. enfermera

2. El _____ maneja el automóvil.
   a. piloto   c. campesino
   b. abogado   d. chófer

9. El _____ maneja un avión.
   a. comerciante   c. panadero
   b. abogado   d. piloto

3. El _____vende carne.
   a. ejército   c. campesino
   b. abogado   d. carnicero

10. El _____trabaja con cosas legales.
    a. campesino   c. médico
    b. científico   d. abogado

4. El _____ trabaja en un laboratorio.
   a. comerciante   c. científico
   b. nieto   d. chófer

11. El _____vende.
    a. médico   c. comerciante
    b. soldado   d. científico

5. El _____hace trajes.
   a. panadero   c. abogado
   b. soldado   d. sastre

12. El _____ está en el ejército.
    a. abogado   c. enfermera
    b. doctor   d. soldado

6. El _____vende pan.
   a. carnicero   c. panadero
   b. abogado   d. piloto

13. El _____ es el jefe de la nación.
    a. soldado   c. comerciante
    b. presidente   d. médico

7. El _____ cultiva tierra.
   a. soldado   c. sastre
   b. campesino   d. ejército

14. El _____ cura a los enfermos.
    a. médico   c. tío
    b. sobrino   d. carnicero

15. El _____ de la familia es el padre.
    a. primo   c. jefe
    b. vecino   d. hijo

II. Complete with an appropriate word selected from the group below the exercise.

1. La hermana de mi padre es mi _____ . 2. La hija de mi tía es mi

_____ . 3. La madre de mi padre es mi _____ . 4. Yo soy el

_____ de mi abuelo. 5. Mi hermano es el _____ de mi madre.

6. El esposo de mi madre es mi _____ . 7. La hija de mi padre es mi

_____ . 8. Todas las personas de mi familia son mis _____ .

9. Yo soy el _____ de mi tío. 10. Mi madre es nuestra _____

de casa. 11. Las señoras que viven cerca de mi casa son mis _____ . 12. Las muchachas con quienes voy a la escuela son mis _____ . 13. Mi madre es

la _____ de mi padre. 14. El padre de mi madre es mi _____ .

15. El hijo de mi madre es mi _____ .

Selección: **abuelo, ama, amigas, nieto, esposa, hermana, padre, tía, sobrino, hermano, abuela, parientes, prima, vecinas, hijo**

III. Write the *feminine word that is related to the word in italics*.

Model: Si el padre de mi padre es mi **abuelo,** la madre de mi padre es mi **abuela.**
       If my father's father is my **grandfather,** my father's mother is my **grandmother.**

1. Si mi tío es un *hombre*, mi tía es una _____ .

2. Si mi padre es un *señor*, mi madre es una _____ .

3. Si mi vecino es un *padre*, mi vecina es una _____ .

4. Si mi tío es *profesor*, mi tía es _____ .

5. Si mi primo es *el pariente*, mi prima es _____ .

IV. Write a *Spanish word* that is *based on the word in italics*.

Model: *trabajo*   *trabajador*
       work   worker

1. *pan* _____   3. *enfermo* _____   5. *comercio* _____

2. *carne* _____   4. *ciencia* _____   6. *campo* _____

V. Complete the exercise from the selection below.

1. La biena secretaria _____ en la oficina. 2. Nuestra ama de casa

_____ bien nuestra casa. 3. La profesora Martínez y el profesor Ortega

_____ a la clase. 4. El panadero y los otros comerciantes _____

muchos productos. 5. Las mujeres _____ un bonito automóvil.

Selección: **manejan, cuida, venden, enseñan, trabaja**

VI. Complete with the *opposite* of the word in *italics*.

1. Mi amigo Luis no es una *muchacha;* es un _____ . 2. El no es *rico;* es

_____ . 3. Pero él no es *feo;* es _____ . 4. Es *rubio;* no es

_____ . 5. Luis no es *viejo;* es _____ . 6. Luis es *menor*

porque tiene un hermano _____ . 7. Luis no es un muchacho *perezoso;* es

_____ . 8. No es *malo;* es _____ . 9. El está cansado y *débil*

hoy; no está _____ . 10. Así, no está *alegre;* está _____ .

VII. Complete in Spanish.

1. En fin, Luis es un chico _____ (intelligent) y _____ (nice).

2. En la _____ (family) de Luis, él solamente es _____ (blond),

pero no es _____ (ugly). 3. Luis es el _____ (friend) de la

_____ (young lady), María, una _____ (girl) de su clase.

4. Ella es una buena _____ (secretary) y la _____ (neighbor)

de sus _____ (parents). 5. Luis no es _____ (lazy) ni

_____ (bad). 6. Pero hoy está enfermo y _____ (tired).

7. Luis cree que está _____ (weak) y _____ (old). 8. Así,

María no está _____ (happy). 9. Mañana el _____ (Doctor)

López va a llegar. 10. Él es un _____ (doctor) muy bueno y un _____

(man) muy _____ (rich).

VIII. Complete the rejoinder by writing the appropriate Spanish expression. Circle its letter.

1. Yo digo: —No desean trabajar.

   Ud. contesta: —Claro. Son _____
   a. simpáticos   b. perezosos   c. feos   d. inteligentes

2. Yo digo: —Aprendes rápidamente.

   Tú contestas: —Gracias. ¿ Soy _____?
   a. inteligente   b. mayor   c. perezoso   d. pobre

3. Yo digo: —María tiene dos años y yo tengo diez.

   Ud. contesta: —Entonces María es _____
   a. mayor   b. vieja   c. rica   d. menor

4. Yo digo: —Juan tiene once años y Pedro tiene quince.

   Ud. contesta: —Entonces Pedro es _____
   a. menor   b. mayor   c. joven   d. viejo

5. Yo digo: —Tú estás enfermo.

   Tú contestas: —Sí, estoy muy _____
   a. rubio   b. alegre   c. fuerte   d. débil

IX. Write a *logical* answer in a complete Spanish sentence.

1. ¿Es su abuelo *joven* o *viejo*?

   _____

2. ¿Es su nieta *joven* o *vieja*?

   _____

387

3. ¿Es *el vecino* o *la vecina* jefe de la familia?

_____

4. ¿Es *el presidente* o *la secretaria* jefe de la compañía?

_____

5. ¿Están *muchos hombres* o *muchas mujeres* en el ejército?

_____

X. Write the Spanish equivalent. (Omit **un** and **una.** Use **mi, su, sus,** as needed.)

1. My older brother is a soldier. _____

2. My grandfather is a farmer. _____

3. His niece is a teacher. _____

4. His granddaughter is a secretary. _____

5. My uncle is a doctor and a scientist. _____

6. His younger daughter is a housewife. _____

7. Their nephews are lawyers. _____

8. Their cousins are chauffeurs. _____

9. Their friends are tailors and merchants. _____

10. Their neighbors are butchers and bakers. _____

COUNTDOWN

by Hank Ketcham

Aquí está Dennis, prométeme que contarás hasta diez antes de perder la paciencia.

¿Por qué no hasta cinco?

Uno....

¡oh-oh!

...Dos

¿Quiere algo para comer, señor Wilson?

1-27

...Tres...

¡Oops!

..cuatro cinco, seis...

¿Vemos los dibujos animados?

CLICK!

¡He arreglado su mesa de madera!

Siete...

¿Sabe que fumar hace daño?

...Ocho...

¿Sabe una cosa, señor Wilson?

...Nueve...

BOING! BOING!

¡Es usted el mejor amigo del mundo!

DIEZ

Vocabulario: **contarás hasta** *you will count up to;* **algo para comer** *something to eat;* **dibujos animados** *cartoons;* **he arreglado** *I have fixed;* **fumar hace daño** *smoking is harmful;* **el mejor amigo del mundo** *the best friend in the world.*

Unit 8

Las tiendas, ¿cuánto?

Las tiendas	*Stores*	¿*Cuánto?*	*How much?*
1. la bodega	grocery store	16. bastante	enough
2. la carnicería	butcher shop	17. demasiado	too much
3. los comestibles	groceries	18. más	more
4. el dinero	money	19. menos	less
5. la farmacia	pharmacy	20. mucho	a great deal
6. la oficina	office	21. muchos,—as	many
7. la panadería	bakery	22. muy	very
8. el precio	price	23. poco	little, a small
9. la ropería	clothing store		amount
10. la tienda	store	24. varios,—as	several
11. el supermercado	supermarket		
12. la zapatería	shoe store	25. ¿Cuánto cuesta?	How much is it?
		¿Cuánto vale?	
13. comprar	to buy		
14. vender	to sell		
15. cuesta; vale	it costs		

STUDY THE VOCABULARY BEFORE BEGINNING THE EXERCISES!

EJERCICIOS

I. Complete the sentence naming the appropriate store in Spanish.

1. Para comprar voy a una _____ . 2. Para comprar carne voy a una.

_____ 3. Venden comestibles en la _____ . 4. Venden

medicinas en la _____ . 5. Compro pan en esta _____

6. La ropa bonita es de esta _____ . 7. Los zapatos no cuestan mucho en

aquella _____ . 8. Tienen fruta, carne y comestibles en el _____ .

II. Write the letter of the expression that best completes the sentence.

1. En una tienda venden _____
   a. varias cosas   c. dinero
   b. pocas cosas   d. precios

2. En la carnicería venden _____
   a. comestibles   c. medicina
   b. carne   d. dinero

3. En la zapatería venden _____
   a. pan   c. ropa
   b. zapatos   d. supermercados

4. En la panadería venden _____
   a. comestibles   c. precios
   b. papel   d. pan y pastel

5. El dinero que pagamos para comprar algo es su _____
   a. precio   c. dóllar
   b. peso   d. peseta

6. Cuando deseo saber el precio, pregunto: —¿Cuánto vale? o— _____
   a. ¿Cuánto compra? c. ¿Cuánto cuesta?
   b. ¿Cuántos vende? d. ¿Cuánto hay?

7. En la bodega venden _____
   a. farmacias   c. oficinas
   b. zapatos   d. comestibles

9. En el supermercado venden _____
   a. tiendas   c. oficinas
   b. poco   d. comestibles,
                 carne, pan, etc.

8. En la ropería venden _____
   a. pan   c. rosas
   b. comestibles   d. pantalones

10. En la farmacia venden _____
   a. flores   c. comestibles
   b. medicinas   d. tiendas

III. Write the expression that best completes the rejoinder.

En la carnicería

1. Yo digo:—La carne cuesta mucho en esta carnicería.

   Tú contestas:—Entonces, voy a compra _____

   a. mucho   b. poco   c. demasiado

2. Yo digo:—El precio es muy alto. ¿Tienes el dinero para comprarla?

   Tú contestas:—Sí, tengo _____

   a. menos   b. bastante   c. poco

3. Yo digo:—Pero yo tengo solamente dos dólares y la carne cuesta tres dólares.

   Tú contestas:—Claro, cuesta _____

   a. poco aquí   b. demasiado aquí   c. menos aquí

4. Yo digo:—Vamos al supermercado por pan, legumbres y carne.

   Tú contestas:—¡Buena idea! Allí venden _____

   a. muy pocas cosas   b. solamente pan   c. varias cosas por menos

IV. Rewrite in the order of *increasing* amounts.

1. mucho dinero   poco dinero   demasiado dinero

   a. _____   b. _____   c. _____

2. más comestibles   menos comestibles   bastantes comestibles

   a. _____   b. _____   c. _____

V. Write a *logical* answer in a complete Spanish sentence. Begin each answer with the word(s) in parentheses.

1. ¿Compra su madre carne en *la zapatería* o en *la carnicería*? (Mi madre)

   _____

2. ¿Cuesta la carne *mucho* o *poco* hoy? (La carne)

   _____

3. ¿Cuestan los comestibles menos en *el supermercado* o en *la farmacia*? (Los comestibles)

_____

4. ¿Venden leche en esta *bodega* o en aquella *oficina*? (Venden)

_____

5. ¿En la farmacia venden *varias* medicinas o *pocas* medicinas? (En la)

_____

6. ¿Trabaja la secretaria demasiado en *el supermercado* o en *la oficina*? (La secretaria)

_____

7. ¿Tiene ella bastante dinero para comprar ropa en *la panadería* o en *la ropería*? (Ella)

_____

8. ¿Son todos los precios muy *altos* o muy *bajos* hoy? (Todos los)

_____

VI. Write in Spanish, answering the question, **¿Cuánto cuesta?** How much does it cost?

It costs a great deal (a lot) of money.　　　　**Cuesta mucho dinero.**

1. It costs too much money. _____

2. It costs very little money. _____

3. It costs more money. _____

4. It costs less money. _____

5. It costs several "pesos". _____

6. It costs enough money. _____

Gaudi's Sacred Family Temple in Barcelona

Unit 9

Los viajes, el tiempo pasa

Los viajes	*Trips*	*El tiempo pasa*	*Time Passes*
1. el autobús	bus	26. el año	year
2. el automóvil	car	27. el día	day
el coche		28. la fecha	date
3. el avión	airplane	29. la hora	hour
4. la bicicleta	bicycle	30. la mañana	morning
5. el camino	road	31. la medianoche	midnight
6. el este	east	32. el mediodía	noon
7. el ferrocarril	railroad	33. el mes	month
8. el norte	north	34. el minuto	minute
9. el oeste	west	35. la noche	night
10. el ómnibus	bus	36. la semana	week
el autobús		37. la tarde	afternoon
11. el país	country		
12. el sur	south	38. pasar	to spend (time)
13. el tren	train		
14. las vacaciones	vacation	39. ahora	now
15. el vapor	ship	40. anoche	last night
16. el viaje	trip	41. antes	before
		(antes de esto)	(before this)
17. bajar	to go down	42. ayer	yesterday
18. bajar de	to get off	43. después	after; afterward
19. caminar	to walk	(después de esto)	(after this)
20. regresar	to return	44. hoy	today
21. subir	to go up	45. luego	then
22. subir a	to get on	46. mañana	tomorrow
23. viajar	to travel	47. nunca	never
		48. pronto	soon
24. ¡Buen viaje!	Have a good trip!	49. siempre	always
25. en avión	on a plane	50. tarde	late
	by plane	51. temprano	early

STUDY THE VOCABULARY BEFORE BEGINNING THE EXERCISES!

EJERCICIOS

I. Write the word that helps to define the expression in *italics*, and circle the letter.

1. *El tren* forma parte del_____
   - a. vapor
   - b. este
   - c. ferrocarril
   - d. avión

2. *Un coche* es un_____
   - a. vapor
   - b. avión
   - c. país
   - d. automóvil

3. *Un autobús* es un_____
   - a. ómnibus
   - b. ferrocarril
   - c. país
   - d. camino

4. *Una excursión* es_____
   - a. un viaje
   - b. un vapor
   - c. una lengua
   - d. una bicicleta

5. *Ser viejo es*_____
   a. hacer un viaje   c. tener muchos años
   b. viajar en avión d. estar bien

6. *Después es*_____
   a. ahora   c. temprano
   b. luego   d. antes

7. *En unos pocos minutos es*_____
   a. pronto   c. antes
   b. siempre   d. tarde

8. *El día del mes es*_____
   a. el minuto   c. la hora
   b. el año   d. la fecha

9. *Los días sin trabajar son*_____
   a. los caminos   c. las vacaciones
   b. los países   d. los ferrocarriles

10. *El año tiene*_____
    a. quince días   c. doce meses
    b. tres estaciones d. diez semanas

11. *La semana tiene*_____
    a. una hora   c. cinco mañanas
    b. siete días   d. seis noches

12. *El mes tiene*_____
    a. cuatro semanas c. treinta horas
    b. cuatro años   d. veinte días

13. *La hora tiene*_____
    a. veinte tardes c. sesenta minutos
    b. una mañana   d. cuatro días

14. *Un día antes de hoy es*_____
    a. mañana   c. ahora
    b. tarde   d. ayer

15. *Un día después de hoy es*_____
    a. ayer   c. anoche
    b. mañana   d. nunca

II. Write the letter of the word that best completes the sentence.

1. Cuando los aviones llegan, ellos_____
   a. bajan   c. besan
   b. suben   d. corren

2. Cuando los aviones salen, ellos_____
   a. llegan   c. suben
   b. bajan   d. corren

3. A las doce es la medianoche o_____
   a. la mañana   c. la fecha
   b. la noche   d. el mediodía

4. Si los caminos son malos tomamos___
   a. el tren   c. el autobús
   b. el ómnibus   d. el automóvil

5. Para ir a la escuela tomo mi _____
   a. bicicleta   c. ferrocarril
   b. avión   d. fecha

6. _____ las vacaciones en el sur.
   a. Paso   c. Camino
   b. Subo   d. Bajo

7. Para ir al Canadá voy _____
   a. al norte   c. al este
   b. al sur   d. al oeste

8. _____ es donde van los coches.
   a. El viaje   c. El cielo
   b. El camino   d. El río

9. El _____ viaja por el aire.
   a. coche   c. vapor
   b. ómnibus   d. avión

10. Un _____ viaja por el mar.
    a. viaje   c. camino
    b. vapor   d. automóvil

11. Los Estados Unidos es un _____
    a. país   c. día
    b. año   d. mediodía

12. Después de la medianoche, viene _____
    a. la noche   c. la tarde
    b. la mañana   d. anoche

395

13. Después de ayer, viene_____
    a. el oeste   c. el sur
    b. hoy   d. nunca

14. Después de la tarde, viene_____
    a. la noche   c. ayer
    b. anoche   d. temprano

15. Para ir a Puerto Rico vamos_____
    a. al oeste   c. al sur
    b. al norte   d. al Canadá

III. Write the word that is the *opposite* of the word in *italics*. Then circle the letter.

1. *el este* _____   a. el norte   b. el oeste   c. el sur   d. el país

2. *mañana* _____   a. ayer   b. temprano   c. pronto   d. tarde

3. *la mañana* _____   a. el día   b. la tarde   c. la hora   d. el viaje

4. *temprano* _____   a. luego   b. menos   c. siempre   d. tarde

5. *nunca* _____   a. tarde   b. país   c. bastante   d. siempre

6. *subir* _____   a. bajar   b. viajar   c. comprar   d. vender

7. *regresar* _____   a. pasar   b. trabajar   c. salir   d. volver

8. *el día* _____   a. anoche   b. la mañana   c. el este   d. la noche

9. *hoy* _____   a. anoche   b. en tren   c. en avión   d. al este

10. *después* _____   a. en coche   b. en vapor   c. en bicicleta   d. ahora

IV. Write the sentence that expresses the *opposite* of the *italicized words*.

1. *Bajo del* avión. _____
   a. Subo al avión.
   b. Vengo del avión.
   c. Camino al avión.

2. *Tomo el tren* a Madrid. _____
   a. Regreso en tren de Madrid.
   b. Camino a Madrid.
   c. Viajo en tren a Madrid.

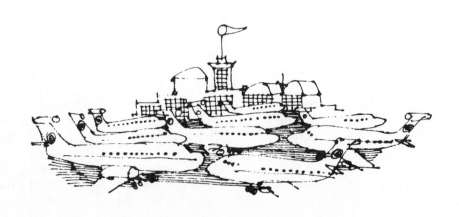

3. *Salgo de* España tarde. _____
   a. Me voy de España tarde.
   b. Viajo de España después.
   c. Regreso a España temprano.

4. *Voy después de* comer. _____
   a. Voy al mediodía.
   b. Voy antes de comer.
   c. Voy sin comer.

5. Regreso *al mediodía*. _____
   a. Regreso muy tarde.
   b. Regresó anoche.
   c. Regreso a la medianoche.

V. Write the appropriate rejoinder. Then circle the letter.

1. Yo digo:—Mi hermano siempre regresa a casa a la medianoche.

   Ud. responde:— _____
   a. —Claro, porque nunca sabe la hora.
   b. —Nunca sabe la fecha.
   c. —Vamos a tener las vacaciones pronto.

2. Yo digo:—Los caminos son buenos.

   Ud. responde:—Excelente. _____
   a. ¡Vamos a viajar en coche!
   b. ¡Vamos a tomar el tren!
   c. ¡Vamos a subir al avión!

3. Yo digo:—Mañana viajo a Puerto Rico.

   Ud. responde:— _____
   a. —Los trenes llegan a tiempo.
   b. —¡Buen viaje!
   c. —¡Feliz Navidad!

4. Yo digo:—La distancia es muy corta.

   Ud. responde:— _____
   a. —Voy en avión.
   b. —Voy en bicicleta.
   c. —Voy en vapor.

5. Yo digo:—Nuestras vacaciones son cortas y el viaje es largo.

   Ud. responde:— _____
   a. —¡Vamos en autobús!
   b. —¡Vamos en bicicleta!
   c. —¡Vamos en avión!

VI. Write a *logical* or *factual* answer in a complete Spanish sentence. Begin with the cues.

1. ¡Prefiere Ud. *tomar el tren* o *caminar* cuando es un día bonito? (Prefiero)

   _____

2. Cuando tenemos un invierno largo y frío ¿desea Ud. pasar las vacaciones en el *sur* del país o en el *norte*? (Deseo)

   _____

3. ¿Viaja Ud. siempre en *avión* o en *vapor* para llegar muy pronto? (Viajo)

   _____

4. ¿Prefiere Ud. subir al avión a *la medianoche o al mediodía*? (Prefiero)

   _____

5. Luego cuando Ud. regresa ¿*baja* Ud. del avión o *sube* Ud.? (Luego cuando yo)

   _____

VII. Write the equivalent in a complete Spanish sentence.

A. Subo al tren.

1. I get on the plane.

   _____

2. I get into the car.

   _____

3. I get on the ship.

   _____

4. I get on the bus.

   _____

B. Bajo del autobús.

1. I get off the train.

   _____

2. I get out of the automobile.

   _____

3. I get off the plane.

   _____

4. I get off the ship.

   _____

C. Viajo al Canadá.

1. I travel to the north.

   _____

2. I travel to the south.

   _____

3. I travel to the east.

   _____

4. I travel to the west.

   _____

5. I travel at noon.

   _____

6. I travel at midnight.

   _____

D. Regresa siempre.

1. He returns early.

   _____

2. He returns late.

_____

3. He returns soon.

_____

4. He returns tomorrow.

_____

5. He returns now.

_____

6. He always returns.

_____

E. Llego en un año.

1. I arrive in a day.

_____

2. I arrive in a week.

_____

3. I arrive in a month.

_____

4. I arrive in one hour.

_____

5. I arrive in a minute.

_____

F. Regresó después.

1. He returned before.

_____

2. He returned last night.

_____

3. He returned yesterday.

_____

4. He returned afterward.

_____

5. He returned today.

_____

G. Nunca viajé en avión.

1. I never traveled on a train.

_____

2. I never traveled in a car.

_____

3. I never traveled on a bus.

_____

4. I never traveled on a ship.

_____

5. I never traveled by plane.

_____

Unit 10

La escuela, la aritmética

La escuela	School
1. la alumna	pupil (f.)
2. el alumno	pupil (m.)
3. la clase	class
4. el director	principal (m.)
5. la directora	principal (f.)
6. la escuela	school
7. la lección de historia	history lesson
8. la maestra de inglés	English teacher
9. el maestro	teacher
10. la clase de aritmética	arithmetic class
11. la clase de español	Spanish class
12. la sala de clase	classroom
13. abrir	to open
14. aprender	to learn
15. asistir a	to attend
16. entrar en	to enter
17. empieza	begins
18. enseñar	to teach

19. escuchar	to listen to
20. explicar	to explain
21. leer	to read
22. prestar atención	to pay attention
23. salir de	to leave
24. terminar	to end
25. estar ausente	to be absent
26. estar presente	to be present

La aritmética	Arithmetic
27. un cuarto	a quarter
28. un medio	one half
29. un número	a number
30. entre	between
31. menos (−)	minus
32. por (×)	multiplied by
33. son (=)	equal(s)
34. y (+)	plus
35. dividido por (÷)	divided by

STUDY THE VOCABULARY BEFORE BEGINNING THE EXERCISES!

EJERCICIOS

I. Write the letter of the word that helps to define the expression in *italics*.

1. *La chica que asiste a la escuela es* ___
   a. una alumna   c. una maestra
   b. un alumno   d. la directora

2. *Un grupo de alumnos* que tiene maestra es _____
   a. una escuela   c. una clase
   b. una familia   d. unos amigos

3. *El cuarto donde la clase aprende* es _____
   a. la sala de clase   c. una habitación
   b. un salón   d. un jardín

4. *Dos cuartos* son _____
   a. un medio   c. ocho
   b. dos medios   d. doce

5. *Estudiar y comprender* es _____
   a. llegar   c. aprender
   b. leer   d. llevar

6. *Estar presente* en la clase es _____
   a. terminar   c. abrir
   b. asistir   d. escuchar

7. *Explicar la lección es* _____
   a. aprender   c. escuchar
   b. abrir   d. enseñar

8. *Un medio* es _____
   a. dos cuartos   c. un cuarto
   b. tres cuartos d. un dólar

9. *Prestar atención* es _____
   a. escuchar   c. leer
   b. enseñar   d. llegar

10. *Mirar una frase y comprender* es _____
    a. llegar   c. abrir
    b. leer   d. entrar

II. Write the letter of the word that best completes the sentence.

1. Si estoy enfermo estoy _____
   a. ausente   c. en la clase
   b. presente   d. en la escuela

2. Llego a la sala de clase y _____
   a. bailo   c. como
   b. entro   d. bebo

3. Siete _____ dos son catorce.
   a. por   c. y
   b. menos   d. dividido por

4. Diez _____ dos son ocho.
   a. dividido por   c. por
   b. y   d. menos

5. Aprendo porque _____
   a. enseño la lección
   b. termino la clase
   c. presto atención
   d. duermo en la clase

6. El _____ abre la escuela.
   a. primo   c. soldado
   b. alumno   d. director

7. La _____ empieza la clase.
   a. secretaria   c. maestra
   b. escuela   d. enfermera

8. Cinco es un _____
   a. maestro   c. día
   b. alumno   d. número

9. El número tres está _____ los números 2 y 4.
   a. entre   c. presente
   b. ausente   d. en

10. Seis _____ tres son dos.
    a. por   c. y
    b. menos   d. dividido por

III. Write both the example and its answer in a complete Spanish sentence.

1. $13 + 2 =$ _____

2. $20 - 10 =$ _____

3. $12 - 2 =$ _____

4. $20 - 4 =$ _____

5. $3 \times 6 =$ _____

6. $4 \times 4 =$ _____

7. $20 \div 5 =$ _____

8. $15 \div 3 =$ _____

9. $12 \times {}^{1}/_{2} =$ _____

10. ${}^{3}/_{4} + {}^{1}/_{4} =$ _____

401

IV. Write the letter of the expression that means the *same* as the *italicized words*.

1. *El profesor* enseña mucho. _____
   a. el alumno   c. el director
   b. el maestro   d. el padre

3. La maestra *abre* la clase. _____
   a. termina   c. empieza
   b. escucha   d. cierra

2. Los alumnos *llegan a la clase.* _____
   a. entran en la clase
   b. escuchan en la clase
   c. leen en la clase
   d. estudian en casa

4. La maestra *enseña* la regla. _____
   a. lee   c. estudia
   b. abre   d. explica

5. Antonio *asiste a la clase.* _____
   a. está ausente de la clase
   b. está presente en la clase
   c. está en la calle
   d. está con su familia

V. Write the letter of the word(s) that mean(s) the *opposite* of the *italicized word(s)*.

1. *La alumna* entra en la clase. _____
   a. la chica   c. la directora
   b. la muchacha   d. la niña

3. El alumno *entra en la sala.* _____
   a. lee en la sala   c. llega a la sala
   b. pasa en la sala   d. sale de la sala

2. La clase *empieza* ahora. _____
   a. escucha   c. llega
   b. termina   d. escribe

4. El director *cierra* la escuela. _____
   a. abre   c. aprende
   b. lee   d. termina

5. Ana *está ausente de la clase.* _____
   a. está enferma en casa   c. sale de la escuela
   b. está en la calle   d. asiste a la clase

VI. Write the most *logical* or *factual* answer in a complete Spanish sentence. Use cues.

1. ¿Entra Ud. en la sala de clase o en el restaurante por la mañana? (Entro)

   _____

2. ¿Enseña el maestro o el alumno a la clase de arithmética? (El)

   _____

3. ¿Asiste Ud. a la escuela medio año o los tres cuartos del año? (Asisto)

   _____

4. ¿Escucha Ud. al maestro de historia o al alumno en la clase? (Escucho)

   _____

5. ¿Sale Ud. de la escuela a las ocho o a las tres? (Salgo)

   _____

6. ¿Terminan las clases en <u>septiembre</u> o en <u>junio</u>? (Las)

_____

7. ¿<u>Empieza</u> o <u>termina</u> la clase de español cuando el director abre la escuela? (La clase)

_____

8. ¿Aprende Ud. <u>mucho</u> o <u>poco</u> cuando Ud. lee la lección de historia? (Aprendo)

_____

9. ¿Está Ud. <u>presente</u> o <u>en casa</u> cuando Ud. está bien? (Estoy)

_____

10. ¿Está Ud. <u>ausente</u> o <u>presente</u> cuando Ud. está enfermo -a? (Estoy)

_____

VII. Write in Spanish. Use the appropriate forms from the selection below.

Asisto a la clase de español.

1. I enter the Spanish class. _____

2. I learn from the Spanish teacher (*masc.*). _____

3. I leave the arithmetic class. _____

4. I am absent from the arithmetic lesson. _____

5. I am present in the English class. _____

6. I listen to the English teacher (*fem.*). _____

7. I attend the history class. _____

8. I pay attention to the history lesson. _____

Selección: **aprender (de); asistir (a); entrar (en); escuchar (a); estar ausente (de); estar presente (en); prestar atención (a); salir (de)**

Unit 11

Mi casa, los muebles, ¿de qué es?, ¿dónde está?

Mi casa	*My house*	*Los muebles*	*Furniture*
1. el ascensor	elevator	27. la alfombra	carpet
2. la casa particular	private house	28. el armario	closet
3. la casa de pisos	apartment house	29. la cama	bed
4. la cocina	kitchen	30. la cómoda	bureau
5. el comedor	dining room	31. la cortina	curtain, shade
6. el cuarto	room	32. el escritorio	desk
7. el cuarto de baño	bathroom	33. la lámpara	lamp
		34. la mesa	table
8. El dormitorio	bedroom	35. los muebles	furniture
9. la habitación	room	36. la silla	chair
10. la llave	key	37. el sillón	armchair
11. el patio	yard	38. el sofá	sofa
12. el piso	floor; apartment	39. el teléfono	telephone
13. la sala	living room		
14. el sótano	cellar	*¿Dónde está?*	*Where is it?*
15. el suelo	ground		
16. el techo	roof; ceiling	40. abajo	below, down (stairs)
		41. allí	there
		42. aquí	here
17. dormir (ue)	to sleep	43. arriba (de esto)	up, above (above this)
18. jugar (ue)	to play	44. cerca	near
19. subir	to go up	(cerca de esto)	(near this)
(*anton.* bajar)	(*anton.* to go down)	45. debajo	under, beneath
		(debajo de esto)	(under, beneath this)
¿De qué es?	*What is it made of?*	46. delante	in front
		(delante de esto)	(in front of this)
20. el algodón	cotton	47. detrás	behind
21. el hierro	iron	(detrás de esto)	(behind this)
22. la lana	wool	48. donde	where
23. la madera	wood	49. en	in, on
24. el nilón	nylon	50. en casa	at home
25. la seda	silk	51. entre	between
26. Es de algodón	It is (made of) cotton	52. lejos	far
(de hierro; de lana;	(of iron; of	(lejos de esto)	(far from this)
de madera; de	wool; of wood;	53. sobre	on, above
nilón; de seda)	of nylon; of silk)		

STUDY THE VOCABULARY BEFORE BEGINNING THE EXERCISES!

EJERCICIOS

I. Write the letter of the expression that best completes the sentence.

1. Siempre dormimos en _____
   a. el dormitorio   c. la sala
   b. el cuarto de baño d. el patio

2. Miro la televisión en _____
   a. el sótano   c. la sala
   b. el cuarto de baño d. el jardin

3. Mi madre prepara la comida en _____
   a. la sala   c. el comedor
   b. la cocina   d. el dormitorio

4. No están en casa; juegan en _____
   a. el patio   c. el comedor
   b. la cocina   d. la sala

5. Para abrir una puerta uso _____
   a. un piso   c. un cuarto
   b. una llave   d. un sofá

6. Para subir a un piso alto uso _____
   a. el armario   c. el ascensor
   b. el escritorio   d. el sillón

7. Hay muchos vecinos en nuestra
   casa _____
   a. particular   c. de campo
   b. de pisos   d. de correos

8. Sobre nuestra casa está _____
   a. un sótano   c. un patio
   b. un suelo   d. un techo

9. Abajo está _____
   a. el sótano   c. el nilón
   b. el techo   d. la mesa

10. La alfombra está en _____
    a. el piso   c. el techo
    b. el jardín   d. la cortina

11. En el dormitorio hay una cama y _____
    a. un patio   c. una cómoda
    b. un comedor   d. una cocina

12. En la sala hay un sofá y _____
    a. un sótano   c. un patio
    b. un ascensor   d. un sillón

13. La ropa está en _____
    a. el ascensor   c. el patio
    b. el techo   d. el armario

14. Nosotros vivimos en el primer _____
    a. sillón   c. piso
    b. sofá   d. armario

15. En el escritorio hay _____
    a. una lámpara   c. una cómoda
    b. una cama   d. una mesa

16. En el piso de mi cuarto está _____
    a. una cocina   c. una alfombra
    b. una sala   d. la ventana

17. El teléfono está sobre _____
    a. la silla   c. la cama
    b. la mesa   d. la ventana

18. La ventana tiene _____
    a. una casa   c. una alfombra
    b. una sala   d. una cortina

19. En el comedor están una mesa y
    cuatro _____
    a. camas   c. sofás
    b. cómodas   d. sillas

20. En la mesa, mi silla está _____ mis
    padres.
    a. delante de   c. entre
    b. detrás de   d. debajo de

21. Solamente *una* familia vive en _____
    a. un cuarto de   c. un techo
       baño   d. un escritorio
    b. una casa
       particular

22. Un cuarto es _____
    a. una casa   c. un sofá
    b. un mueble   d. una habitación

23. Para conversar usamos _____
    a. la lámpara   c. el escritorio
    b. el teléfono   d. el baño

405

24. Para llegar al sótano _____
    a. bajo   c. duermo
    b. subo   d. juego

25. El sótano está debajo _____
    a. del teléfono   c. del suelo
    b. del sofá   d. del techo

II. ¿De qué es? Write the entire expression for the most logical material. Circle its letter.

1. La alfombra es _____
   a. de plata   c. de oro
   b. de lana   d. de madera

5. El escritorio es _____
   a. de madera   c. de seda
   b. de nilón   d. de plata

2. La lámpara es _____
   a. de algodón   c. de seda
   b. de nilón   d. de hierro

6. *No* hay muebles _____
   a. de oro   c. de hierro
   b. de madera   d. de metal

3. Las cortinas de la sala son _____
   a. de plata   c. de hierro
   b. de oro   d. de seda

7. Los tenedores y las cucharas son ____
   a. de seda   c. de hierro
   b. de plata   d. de nilón

4. Las cortinas del dormitorio son _____
   a. de oro   c. de madera
   b. de hierro   d. de nilón

8. Las cortinas de la cocina son _____
   a. de hierro   c. de plata
   b. de oro   d. de algodón

III. ¿Dónde está? Complete with the *opposite* of the word in *italics*.

1. La cocina está *aquí*. El comedor está. _____

2. El jardin está *delante de* la casa. Los dormitorios están _____ de ella.

3. La cocina está *abajo*. Los dormitorios están _____.

4. La escuela está *cerca*. El parque está _____.

5. La lámpara está *sobre* la mesa. La alfombra está _____ de ella.

IV. Write a logical or factual answer in a complete Spanish sentence. Begin each sentence with the cue words in parentheses.

1. ¿Dónde dormimos, en una cama en el dormitorio o en la mesa? (Dormimos)

   _____

2. ¿Dónde comemos, en el sofá o en las mesas de la cocina y del comedor? (Comemos)

   _____

3. ¿Dónde descansamos, en el sótano o en el sofá de la sala? (Descansamos)

   _____

4. ¿Dónde tenemos más vecinos, en una casa particular o en una casa de pisos? (Tenemos)

   _____

5. ¿Dónde tomamos un baño, en el patio o en el cuarto de baño? (Tomamos)

6. ¿Adónde van los chicos a jugar, al patio o a la escuela? (Los chicos)

_____

7. ¿Tiene Ud. una lámpara cerca del sillón o lejos de él para leer bien? (Tengo)

_____

8. ¿Escribe Ud. la carta en el escritorio o debajo de él? (Escribo)

_____

9. En una casa de pisos ¿qué toma Ud. para subir a un piso alto, un avión o el ascensor? (Tomo)

_____

10. ¿De qué son sus muebles, de oro o de madera? (Mis muebles)

_____

V. Write in Spanish. Follow the word order in the model sentence.

A. Su familia vive en un piso bonito. _Your family lives in a pretty apartment._

   1. Your family lives in an apartment house. _____

   2. My family lives in an apartment. _____

B. El sótano está debajo de la casa. _The cellar is beneath the house._

   1. The garden is in front of the house. _____

   2. The patio is on the ground near the garden. _____

_____

   3. The bathroom is where the bedrooms are. _____

_____

   4. The dining room, the living room and the kitchen are downstairs. _____

_____

   5. We are here at home. _____

Unit 12

Las lenguas, las naciones, los gobiernos

Las lenguas	Languages	Las naciones	Nations
la lengua	language	el país	country
el alemán	German	Alemania	Germany
el árabe	Arabic	Arabia Saudita, Irak	Saudi Arabia, Iraq
el castellano	Castillian	España, México	Spain, Mexico
o el español	or Spanish	y Puerto Rico	and Puerto Rico
el chino	Chinese	*(La) China	China
el francés	French	Francia	France
el hebreo	Hebrew	Israel	Israel
el inglés	English	Inglaterra y los	England and the
		Estados Unidos	United States
el inglés	English	El Canadá	Canada
y el francés	and French		
el italiano	Italian	Italia	Italy
el japonés	Japanese	El Japón	Japan
el portugués	Portuguese	Portugal	Portugal
		y el Brasil	and Brazil
el ruso	Russian	Rusia	Russia

Organizaciones Internacionales	International Organizations	Gobiernos	Governments
Las Naciones Unidas (N.U.)	United Nations (U.N.)	la bandera	flag
La Organización de Estados Americanos (O.E.A.)	Organization of American States (O.A.S.)	la democracia	democracy
		la dictadura	dictatorship
		la patria	native land
		la república	republic
		la república democrática	democratic republic

*Optional use of *La*

STUDY THE VOCABULARY BEFORE BEGINNING THE EXERCISES!

EJERCICIOS

I. Write in Spanish. Follow the word order of the model sentence.

A. Mi país se llama Puerto Rico.

1. My country is called England. _____

2. My country is called France. _____

3. My country is called Mexico. _____

4. My country is called Italy. _____

5. My country is called Germany. _____

B. Mi patria es China.

1. My native land is Brazil. _____

2. My native land is Canada. _____

3. My native land is Japan. _____

4. My native land is the Soviet Union. _____

5. My native land is the United States. _____

II. Complete in Spanish answering **¿Qué hablan?** (Omit *el* after *hablar*.)

1. En Alemania hablan _____.

2. En Inglaterra hablan _____.

3. En China hablan _____.

4. En Francia hablan _____.

5. En los Estados Unidos hablan _____.

6. En Rusia hablan _____.

7. En México, Puerto Rico y España hablan _____ o _____.

8. En Italia hablan _____.

9. En Portugal y en el Brasil hablan _____.

10. En Arabia Saudita hablan _____.

III. Complete in Spanish.

1. Hablan portugués en _____ y en _____.

2. Hablan italiano en _____.

3. Hablan hebreo en _____.

4. Hablan castellano en _____, _____ y _____.

5. Hablan inglés en _____.

409

IV. Complete each sentence selecting from the following: **democracia, naciones, los Estados Unidos, países, bandera, inglés, castellano, lenguas, república.**

1. Mi patria es _____ de América (United States). 2. El rojo, el blanco y el azul son los colores de mi _____ (flag). 3. Las lenguas que comprendo son _____ y _____ (English, Spanish). 4. Los Estados Unidos tiene un presidente y es una _____ (republic). 5. Lo contrario de la dicta-dura es la _____ (democracy). 6. La Organización de los Estados Ameri-canos es de dieciocho _____ americanos (countries). 7. Las Naciones Unidas es una organización de muchas _____ del mundo (nations). 8. En las Naciones Unidas hablan muchas _____ (languages).

V. Write an affirmative answer in a complete Spanish sentence.

1. ¿Qué lenguas comprende Ud.?

_____

2. ¿Dónde hablan francés?

_____

3. ¿En qué países hablan chino y japonés?

_____

4. ¿Cómo se llama su patria?

_____

5. ¿De qué colores es su bandera?

_____

6. ¿Es su país una dictadura o una república democrática?

_____

7. ¿Forma su país una parte de las Naciones Unidas?

_____

8. ¿Es su país una parte de la Organización de los Estados Americanos?

_____

VI. Write in Spanish, following the word order of the model sentence. (Omit *el* after *hablar*.)

Model: **En España hablan castellano pero comprenden el portugués.** In Spain they speak Castillian (Spanish), but they understand Portuguese.

1. In Canada they speak English, but they understand French.

_____

2. In Brazil they speak Portuguese, but they understand Spanish.

_____

3. In Italy they speak Italian, but they understand French.

_____

4. In Germany they speak German, but they understand English.

_____

5. In Israel they speak Hebrew, but they understand English.

_____

6. In Spain they speak Spanish, but they understand Portuguese.

_____

7. In France they speak French, but they understand many languages.

_____

8. In the United States they speak English, but they understand Spanish and other languages.

_____

Roman Theater in Extremadura, Spain

Part Three
IDIOMS AND DIALOGUES

Unit 1

Fórmulas de cortesía

Fórmulas de cortesía: Conversación entre el maestro, su nuevo alumno y una señorita, hermana del alumno. Es el primer día de la escuela.

Expressions of courtesy: Conversation among the teacher, his new pupil, and a young lady who is the pupil's sister. It is the first day of school.

Greetings

Maestro: —Hola, amigo.

Hi, (hello) friend.

Familiar: Hola. *Hello.*
Formal: Buenos días. *Hello.*

Alumno: —Buenos días, señor.

Good day (good morning), sir.

Buenas tardes. *Good afternoon* or *early evening.*
Buenas noches. *Good evening* (late)*; good night.*
Señora *m'am, Mrs.*
Señorita *Miss.* **Señor** *Mr.*

Please. Thanks

M: —¡Pasen Uds., por favor!

Come in, please.

Por favor may follow the request, which is in the COM-MAND form. **Haga(n) Ud.(s) el favor de . . .** (formal) and **haz el favor de . . .** (fam. sing. **tú**) precede the request, which is in the INFINITIVE form.

—¡Haga Ud. el favor de pasar, señorita!

Please come in, miss.

—¡Haz el favor de pasar, niño!

Please come in, child.

A: —(Muchas) gracias, señor profesor.

Thank you (very much), teacher.

Maestro in grade-school
Señor profesor courtesy form

Welcome (to my house etc.)

M: —Bienvenido, niño.
—Bienvenida, señorita.
—Bienvenidos, todos.

Welcome, child.
Welcome, miss.
You are all welcome.

Bienvenido -a agrees in gender and number with the person(s) welcomed.

Introductions

M: —¿Cómo te llamas tú, niño?

What is your name, child?

Llamarse *to be named*

A: —Me llamo Pepe, servidor.

My name is Joe, at your service.

me llamo
te llamas
se llama

M:	—¿Y cómo se llama tu hermana?	And what is your sister's name?
A:	—Mi hermana se llama Rosa.	My sister's name is Rose.
M:	—Dispense, señorita. ¿Se llama Ud. Rosa?	Excuse me, miss. Is your name Rose?
Srta:	—Me llamo Rosa Ortiz, servidora.	My name is Rose Ortiz, at your service.
M:	—Mucho gusto.	Great pleasure. (Pleased to meet you).

nos llamamos
os llamáis
se llaman

Servidor -a *At your service.*
Courtesy form used after giving one's name in introductions.

To Shake Hands. Of Course

M:	—¿Me das la mano, Pepe?	Will you shake hands, Joe?
A:	—¡Cómo no! Le doy la mano, señor.	Of course, I'll shake hands, sir.

Dar la mano *to shake hands*

doy	damos
das	dais
da	dan

Polite Inquiries

M:	—¿Qué tal, niño?	How are things, child?
A:	—Sin novedad.	Nothing new.
M:	—Pero, ¿cómo estás tú, Pepe?	But how are you, Joe?
A:	—(Estoy) muy bien. ¿Y cómo está Ud., señor?	(I am) very well. And how are you sir?
M:	—Así, así. No estoy enfermo. ¿Y Ud., señorita?	So, so. I am not sick. And you, miss?
Srta:	—No estoy muy bien. Estoy enferma.	Not very well. I am ill.

Estar *to be* (health)

estoy	estamos
estás	estáis
está	están

¿Qué tal?

Taking Leave

Srta:	—Con permiso. Hasta mañana.	Excuse me. Until tomorrow.
M:	—Le doy las gracias por la visita.	I thank you for the visit.
Srta:	—De nada, señor profesor. (No hay de qué.)	You are welcome, teacher. (You are welcome.)

Con permiso *Excuse me:*
courtesy form when leaving early or upon inconveniencing a person; also, **dispense.**

Dar las gracias *to thank*

doy	damos
das	dais
da	dan

415

M:	—Hasta luego.	Until later.	
	(Hasta la vista.)	(See you later.)	*Farewells: fam.:* **Hasta luego (hasta la vista);**
Srta:	—Adiós.	Good-bye.	*formal:* **Adiós.**

STUDY THE IDIOMS BEFORE BEGINNING THE EXERCISES!

EJERCICIOS

I. Write the expression that best completes the sentence, and circle the letter.

1. Cuando mi amigo entra en mi casa, yo le digo:_____
   a. —Bienvenido.   b. —Adiós.   c. —Dispense.   d. —Sin novedad.

2. Si mi amigo me presenta a su profesor, le doy_____
   a. dinero.   b. una revista.   c. la mano.   d. un beso.

3. Cuando mi madre me da la comida, yo le doy_____
   a. la mano.   b. las gracias.   c. un vaso de leche.   d. un dólar.

4. Acepto la invitación a la casa de un amigo cuando le digo:_____
   a. —Con mucho gusto.   b. —Hola.   c. —Con permiso.   d. —Así, así.

5. Si *no* puedo aceptar una invitación digo:_____
   a. —De nada.   b. —Mucho gusto.   c. —Dispense.   d. —Servidor.

6. Si yo visito a una persona en el hospital le digo:_____
   a. —¿Cómo está Ud.?   b. —¿Cómo se llama Ud.?   c. —Dispense.   d. —Bienvenido.

7. Cuando una persona me da las gracias, le contesto:_____
   a. —Hasta luego.   b. —Bienvenido.   c. —De nada.   d. —Buenas noches.

8. Si quiero conocer a una persona le pregunto:_____
   a. —¿Cómo se llama Ud.?   b. —¿Qué es esto?   c. —¿Dónde estás?   d. —¿Adiós?

9. Antes de interrumpir una conversación digo:_____
   a. —Sin novedad.   b. —Con permiso.   c. —Gracias.   d. —No hay de qué.

10. Si mi amigo necesita un favor de mí, yo le respondo:_____
   a. —¡Cómo no!   b. —¡Pase Ud.!   c. —¡Por favor!   d. —Gracias.

II. Write *two* appropriate rejoinders in Spanish from the selection given. Circle the letters.

1. —Te doy las gracias:_____ / _____
   a. —No hay de qué.   b. —De nada.   c. —Buenas tardes.   d. —Así, así.

2. —Te doy el dinero que necesitas:_____ / _____
   a. —Te doy las gracias.   b. —No muy bien.   c. —De nada.   d. —Muchas gracias.

3. —¿Cómo estás?:_____ / _____
   a. —Noy hay de qué.   b. —Adiós.   c. —No estoy bien.   d. —Estoy enfermo.

4. —¿Entro ahora?: _____ / _____
   a. —De nada.   b. —¡Entre Ud. por favor!   c. —Así, así.   d. —¡Haz el favor de pasar!

5. —¿Qué tal?: _____ / _____
   a. —Por favor.   b. —Sin novedad.   c. —Muy bien.   d. —¿Cómo te llamas?

6. —Hola: _____ / _____
   a. —Buenos días.   b. —Buenas tardes.   c. —Así, así.   d. —De nada.

7. —Adiós: _____ / _____
   a. —Hasta luego.   b. —Bienvenido.   c. —Hasta la vista.   d. —Sin novedad.

8. —¡Dispense! _____ / _____
   a. —Hola.   b. —Así, así.   c. —¡Cómo no!   d. —Con mucho gusto.

III. Write the appropriate rejoinder, and then circle the letter.

1. Uds. llegan a mi casa por la mañana.

   Yo digo: — _____
   a. Buenos días.   b. Buenas tardes.
   c. Buenas noches.

2. Yo pregunto: —¿Cómo está tu familia?

   Tú respondes: — _____
   a. Buenas tardes.   b. Adiós.
   c. Así, así.

3. Yo pregunto: —¿Cómo se llama Ud.?

   Ud. responde: — _____
   a. Mi amigo se llama Juan.   b. Buenas
   tardes. c. Me llamo Juan, servidor.

4. Yo digo: —¡Haga Ud. el favor de entrar!

   Ud. responde: — _____
   a. Le doy las gracias.   b. De nada.
   c. Estoy bien.

5. Ud. dice: —Buenas tardes.

   Yo respondo: — _____
   a. Hola.   b. Servidor.
   c. No muy bien.

6. Ud. pregunta: —¿Se llama Ud. Laura?

   Yo respondo: — _____
   a. Sí, muchas gracias.   b. Sí, servi-
   dora.   c. Sí, buenas noches.

7. Yo digo: —Adiós.

   Ud. responde: — _____
   a. Hasta la vista.   b. Dispense.
   c. Mucho gusto.

8. Yo digo: —Me llamo Juan.

   Ud. responde: — _____
   a. Mucho gusto.   b. Dispense.
   c. Hasta la vista.

9. Yo digo: —Yo te doy la mano.

   Tú dices: — _____
   a. Bien.   b. De nada.
   c. Mucho gusto.

10. Yo digo: —Gracias.

   Tú respondes: — _____
   a. ¿Cómo está?   b. Buenos días.
   c. No hay de qué.

IV. Rewrite the following sentences *with their letters* in the logical order of sequence.

Model: a. Hasta luego.   b. Sin novedad.   c. ¿Qué tal?   d. Buenos días.
   1. (d.) *Buenos días.*   3. (b.) *Sin novedad.*
   2. (c.) *¿Qué tal?*   4. (a.) *Hasta luego.*

A. a. Dices: —No hay de qué.   b. Te doy las gracias.   c. Tú me das un regalo.

   1. _____   2. _____

   3. _____

B. a. Yo te doy la mano y digo: —Mucho gusto.   b. Tú respondes: —Me llamo Victor, servidor.   c. Yo pregunto: —¿Cómo te llamas?

1. _____   2. _____

3. _____

C. a. —Entonces, lo invito para mañana.   b. —Haga Ud. el favor de venir a mi casa esta tarde.   c. —Muchas gracias.   d. —Dispense. Estoy enfermo hoy.

1. _____

2. _____   3. _____

_____   4. _____

V. Rewrite the sentence, using the correct expression for *how* or *what:* **¿Cómo?** or **¿Qué?**

1. ¿_____?   3. ¿_____?
       (se llaman ellos)   (está Ud.)

2. ¿_____?   4. ¿_____?
       (tal)   (te llamas)

5. ¿_____?
       (está tu familia)

VI. Complete from the selection below. (See the dialogues, pp. 414–416.)

Juan: — _____ tardes, _____ profesor.
                 1   2

El profesor: —Bienvenido, Juan Gómez: ¡Haga Ud. el_____de entrar!
                                               3

¿Me _____ Ud. la mano?
          4

Juan: —Sí, ¡_____ no! ¿Cómo _____ Ud?
            5   6

El profesor: —Estoy bien; no estoy _____.
                                    7

Juan: —Deseo darle las _____ por la ayuda con el trabajo.
                             8

El profesor: —No hay de _____. ¿_____ tal, Juan? ¿Y la familia?
                            9   10

Juan: — _____ novedad. La familia _____ bien. Yo _____ bien. Tengo
           11   12   13

que regresar a casa ahora. _____ permiso. Buenas _____.
                          14   15

El profesor: — _____, Juan.
                   16

Selección: **adiós, buenas, cómo, con, da, enfermo, está, estoy, favor, gracias, está, tardes, qué, señor, sin, qué**

VII. Copy the Spanish sentence. Then rewrite the sentence, substituting the expressions in parentheses for the appropriate words in *italics*. Make all necessary changes in the verb.

Model: *Él* le da las gracias por *la comida*. **He thanks him for the meal.**
 (Tú / dinero) **Tú le das las gracias por el dinero.**
 (You thank him for the money.)

A. *Yo* le doy las gracias por *la visita*. _____

1. (Nosotros/el favor)_____

2. (El maestro/la bienvenida)_____

3. (Sus amigos/su invitación)_____

4. (Tú/los regalos)_____

B. *Ella* le da la mano *a Juan*. _____

1. (Yo/al profesor)_____

2. (Nosotros/a la vecina)_____

3. (Tú/mi padre)_____

4. (Los oficiales/al astronauta)_____

C. *Señorita,* ¡haga Ud. el favor de *pasar!*_____

1. (Señora,/responder a la carta)_____

2. (Caballeros,/entrar)_____

3. (Señor,/salir ahora)_____

4. (Señoritas,/poner la mesa)_____

D. *Niño,* ¡haz el favor de *dar la mano!* _____

1. (Ana,/escuchar al maestro)_____

2. (Chico,/leer el cuento)_____

3. (Prima,/llegar a tiempo)_____

4. (Hijo,/dar las gracias a mamá)_____

E. ¡Pasen Uds., *por favor!* _____

    1. (¡Den Uds. la mano!) _____

    2. (¡Escriba Ud.!) _____

    3. (¡Conteste Ud. en español!) _____

    4. (¡Vengan Uds. acá!) _____

VIII. Replace **por favor** by the appropriate form of **hacer el favor de.** Make necessary changes in the verb form and in the word order.

A. Model: ¡Trabajen Uds. menos, por favor!   **¡Hagan Uds. el favor de trabajar** menos!
            Work less, please! (*pl.*)   Please work less! (*pl.*)

    1. ¡Den Uds. la mano, por favor! _____

    2. ¡Tomen Uds. asiento, por favor! _____

    3. ¡Salgan Uds. más tarde, por favor! _____

    4. ¡Escriban Uds. su dirección, por favor! _____

    5. ¡Hablen Uds. menos aquí, por favor! _____

B. Model: ¡Trabaje Ud. menos, por favor!   **¡Haga Ud. el favor de trabajar** menos!
            Work less, please!   Please work less!

    1. ¡Dé Ud. las gracias, por favor! _____

    2. ¡Tome Ud. café, por favor! _____

    3. ¡Ponga Ud. el libro aquí, por favor! _____

    4. ¡Reciba Ud. este dinero, por favor! _____

    5. ¡Coma Ud. más, por favor! _____

IX. Write a complete Spanish sentence supplying the missing words for the expressions given below the line.

    Model: Les doy/mano/profesores.
            Les doy la mano a los profesores.   I shake hands with the teachers.

    1. _____
                  ¡Haz/favor/aprender/lección!

    2. _____

                  ¡Haz/favor/abrir/ventana!

3. _____

¡Hagan/favor/no hablar/en/clase!

4. _____

¡Pasen/al otro cuarto/favor!

5. _____

Les doy/gracias/padres.

Palacio de Bellas Artes, Ciudad de Mexico.

Unit 2

El tiempo, la edad, las sensaciones

Conversaciones breves sobre el tiempo, la edad y unas sensaciones.	Little conversations about the weather, age, and some sensations.

A. El tiempo — *The Weather*

Hace...	It is... (idiomatic)	**Hace** expresses *what kind of weather it is. It* is understood.
1. —¿Qué tiempo hace?	What kind of weather is it? How is the weather?	
2. —Hace (muy) buen tiempo.	It is (very) good weather.	**Muy** emphasizes the adjectives **buen** and **mal.**
3. —¿Hace calor?	Is it warm?	
4. — Hace sol pero no hace calor.	It is sunny but it is not hot.	**No** appears before **hace** in the negative sentence.
5. —Entonces hace fresco.*	Then it is cool.	
6. —Sí, hace fresco pero no hace frío.	Yes, it is cool but it is not cold.	

Muy—Mucho; Poco.	*Very; Slightly*	
1. —¿Hace muy mal tiempo?	Is it very bad weather?	
2. —Sí, hace mucho calor. (Hace mucho frío.)	Yes, it is very hot. (It is very cold.)	**Mucho** emphasizes the nouns: **calor, fresco, frío, sol, viento**
3. —¿Hace mucho viento?	Is it very windy?	
4. —Hace poco viento pero hace mucho sol.	It is slightly windy but it is very sunny.	

1. —¿Está nevando ahora?	Is it snowing now?	Weather verbs that do not need **hace:**
2. —No. Está lloviendo.	No. It is raining.	
3. —¿No nieva aquí?	Doesn't it snow here?	**llover** (ue) to rain and
4. —Nieva poco, pero llueve mucho.	It snows a little, but it rains a great deal.	**nevar** (ie) to snow

B. Tener _____ años (meses) — *Idiomatic: to be _____ years (months) old.*

1. —¿Cuántos años tienes tú? (¿Cuántos años tiene Ud.?)	How old are you? (*fam.*) How old are you? (*formal*)	
2. —Tengo (catorce) años.	I am (fourteen) years old.	Age in numbers: **tener . . . años tener . . . meses**
3. —¿Y tu hermanito?	And your little brother?	
4. —El tiene dos meses.	He is two months old.	tengo, tienes, tiene tenemos, tenéis, tienen

*Está fresco** is commonly used for *It is cool (weather).*

C. Tener sensaciones	Idiomatic: to be	Sensations:
1. —¿Qué tienen Uds.?	What is the matter with you? (pl.)	**tener** to be the matter with
2. —Tenemos (mucho) dolor de cabeza (dolor de muelas; dolor de estómago)	We have a (bad) headache. (toothache; stomachache)	**tener dolor de . . .** to have a pain in . . .
1. —¿Tienen Uds. calor?	Are you warm?	
2. —Tenemos (mucho) calor.	We are (very) warm.	**mucho** emphasizes the masculine nouns: warmth: **calor**
. . . frío	. . . cold	cold: **frío**
. . . sueño	. . . sleepy	sleepiness: **sueño**
. . . interés	. . . interested	interest: **interés**
. . . miedo	. . . afraid	fear: **miedo**
3. —¿Tienen Uds. hambre?	Are you hungry?	
4. —Yo no tengo mucha hambre pero mi hermano tiene mucha sed.	I am not very hungry, but my brother is very thirsty.	**mucha** emphasizes the feminine nouns: hunger: **hambre** thirst: **sed**

STUDY THE IDIOMS BEFORE BEGINNING THE EXERCISES!

EJERCICIOS

I. Write an affirmative answer in a complete Spanish sentence. Translate your answer into English.

1. ¿Hace mucho fresco en el otoño? _____

_____

2. ¿Hace mucho frío y mucho viento en el invierno? _____

_____

3. ¿Hace mucho calor en el verano? _____

_____

4. ¿Hace mucho sol en Puerto Rico? _____

_____

5. ¿Llueve mucho en abril? _____

_____

6. ¿Está lloviendo mucho ahora? _____

_____

7. ¿Nieva mucho en diciembre? _____

_____

8. ¿Está nevando hoy? _____

_____

9. ¿Hace muy buen tiempo en mayo? _____

_____

10. ¿Hace muy mal tiempo en noviembre? _____

_____

II. A. Write an affirmative answer in a complete Spanish sentence, using the appropriate word for *very:* **muy** or **mucho.**

Model: ¿Hace calor?   Hace **mucho** calor.
       Is it warm?   It is very warm. (hot)

1. ¿Hace frío en el invierno? _____

2. ¿Hace calor en el verano? _____

3. ¿Hace fresco* en el otoño?_____

4. ¿Llueve en abril?_____

5. ¿Hace buen tiempo en la primavera? _____

6. ¿Hace mal tiempo en febrero?_____

7. ¿Nieva en enero?_____

8. ¿Hace viento en marzo? _____

B. Write an affirmative answer using **poco** according to the model.

Model: ¿Hace mucho calor hoy?   Hace **poco** calor.
       Is it very warm today?   It is slightly (hardly) warm.

1. ¿Hace mucho sol hoy?_____

2. ¿Hace mucho frío hoy? _____

3. ¿Hace mucho fresco hoy?_____

4. ¿Hace mucho viento hoy? _____

*Está muy fresco** is commonly used for *It is very cool* (*weather*).

5. ¿Llueve mucho hoy? _____

6. ¿Nieva mucho hoy? _____

7. ¿Hace mucho calor hoy? _____

III. Write a factual answer in a complete Spanish sentence. Place **no** before the verb *if* your answer is negative.

Model: ¿Hace buen tiempo en el desierto?   No hace buen tiempo en el desierto.
      Is it good weather in the desert?   It is not good weather in the desert.

1. ¿Nieva mucho en la Florida? _____

2. ¿Llueve mucho en el desierto? _____

3. ¿Está lloviendo dentro de la casa? _____

4. ¿Hace fresco en la primavera? _____

5. ¿Está nevando dentro de la casa? _____

6. ¿Hace mucho calor en Alaska? _____

7. ¿Hace mucho frío en África? _____

8. ¿Hace mucho sol en Puerto Rico? _____

9. ¿Hace buen tiempo en Londres? _____

10. ¿Hace mal tiempo en California? _____

IV. Write an affirmative answer in a complete Spanish sentence, using the expression in parentheses. Be sure each sentence has a verb.

Model: ¿Qué tiempo hace en la Florida?

_____   **Hace mucho sol en la Florida.**
    (mucho sol)   It is very sunny in Florida.

1. ¿Qué tiempo hace en el verano? _____
                                     (mucho calor)

2. ¿Qué tiempo hace en el invierno? _____
                                     (mucho frío)

3. ¿Qué tiempo hace en abril? _____
                                     (llueve mucho)

4. ¿Qué tiempo hace en diciembre? _____
                                     (nieva mucho)

5. ¿Qué tiempo hace en marzo? _____
                                     (mucho viento)

6. ¿Qué tiempo hace entre el frío de invierno y el calor de verano? _____

_____
              (mucho fresco)   **425**

7. ¿Qué tiempo hace ahora? _____
   (nevando mucho)

8. ¿Qué tiempo hace en este momento? _____
   (lloviendo mucho)

9. ¿Qué tiempo hace en mayo? _____
   (muy buen tiempo)

10. ¿Qué tiempo hace en noviembre? _____
    (muy mal)

V. Write a sentence, using the expressions in parentheses and the *appropriate form* of **tener.**

Model: (el chico/ interés en eso)   El chico tiene interés en eso.
                                           The boy is interested in that.

1. (Nosotros/sueño aquí) _____

2. (Tú/frío sin abrigo) _____

3. (Juan y Carlos/calor ahora) _____

4. (Ud./dolor de cabeza hoy) _____

5. (Anita/sed y bebe) _____

6. (Yo/hambre y como) _____

7. (Uds./miedo del agua) _____

8. (Luis/dolor de muelas hoy) _____

9. (Ud. y yo/dolor de estómago) _____

10. (Luis y Ud./interés en ella) _____

VI. Write an affirmative answer in a complete Spanish sentence beginning with **Ella tiene** and using the cue words in parentheses.

Model: ¿Si no duerme?

_____ **Ella tiene sueño si no duerme.**
(sueño)   She is sleepy if she does not sleep.

1. ¿Si no come? _____
   (hambre)

2. ¿Si no bebe? _____
   (sed)

3. ¿Si no estudia? _____
   (miedo)

4. ¿Y si no va al lago? _____
   (calor)

5. ¿Y si no va al dentista? _____
   (dolor de muelas)

6. ¿Y si no toma aspirinas? _____

   (dolor de cabeza)

7. ¿Y si abre la puerta? _____

   (frío)

8. ¿Y si come mucho? _____

   (dolor de estómago)

9. ¿Y si hoy es su cumpleaños? _____

   (quince años)

10. ¿Y si no duerme? _____

    (sueño)

VII. Write an affirmative answer in a *short* complete sentence using the appropriate word for *very:* **mucho, mucha,** or **muy,** according to the model.

   Model: ¿Tienes hambre por la mañana?   Si, tengo **mucha** hambre.
           Are you hungry in the morning?   Yes, I'm very hungry.

1. ¿Tienes frío en el invierno? _____

2. ¿Tenemos calor en el verano? _____

3. ¿Tienen ellos interés en eso? _____

4. ¿Tiene María hambre cuando no come? _____

5. ¿Tiene Pepe sed cuando no bebe? _____

6. ¿Tengo yo miedo cuando hay un examen? _____

7. ¿Tienes sueño cuando estás cansado? _____

8. ¿Tienes dolor de cabeza si no estás bien? _____

9. ¿Hace buen tiempo si hace fresco? _____

10. ¿Hace mal tiempo cuando llueve? _____

VIII. Complete with the *appropriate form* of **hacer, tener, estar,** or a dash if no addition is necessary.

1. ¿Qué tiempo _____ ?

2. Yo _____ dolor de cabeza.

3. Ya no _____ mucho viento.

4. Pero _____ fresco.

5. Nosotros _____ dolor de dientes.

6. Hoy _____ mal tiempo.

7. No _____ buen tiempo.

8. ¿Cuántos años _____ ella?

9. Ellos _____ mucha hambre.

10. Siempre _____ nevando.

11. ¿Estás enfermo? ¿Qué _____?

12. No _____ lloviendo ahora.

13. Aquí _____ nieva poco.

14. No _____ llueve mucho.

15. Pero _____ calor, no hace frío.

427

IX. Circle the letter of the expression that best completes the sentence, and copy the expression.

1. Cuando hace mucho sol _____
   a. tenemos frío   b. tenemos hambre   c. hace frío   d. tenemos calor

2. En el cumpleaños de mi amiga, le pregunto:— _____
   a. ¿Tienes frío?   b. ¿Qué tienes?   c. ¿Cuántos años tienes?   d. ¿Qué tiempo hace?

3. Cuando está enferma, María _____
   a. tiene dolor   b. tiene quince años   c. hace calor   d. hace frío

4. Cuando visita al dentista, el niño _____
   a. hace viento   b. tiene miedo   c. tiene sed   d. hace buen tiempo

5. Si no bebo varios vasos de agua _____
   a. nieva   b. tengo sed   c. tengo frío   d. llueve

6. Cuando ella no toma el almuerzo _____
   a. es hombre   b. tiene hambre   c. hace mal tiempo   d. hace fresco

7. Si ella no duerme ocho horas _____
   a. tiene sed   b. está lloviendo   c. hace fresco   d. tiene sueño

8. Si Juan tiene veinte años y yo tengo quince, él _____
   a. tiene cinco años más   b. tiene un mes más   c. hace viento   d. nieva

9. Para saber si hace frío, pregunto:— _____
   a. ¿Qué tiempo hace?   b. ¿Cuántos años tiene?   c. ¿Qué tiene?   d. ¿Está nevando?

10. Si Ana está enferma le pregunto:— _____
    a. ¿Está lloviendo?   b. ¿Qué tienes?   c. ¿Cuántos años tienes?   d. ¿Qué tiempo hace?

X. Write a rejoinder in a complete Spanish sentence using the *appropriate verb* and the expressions in parentheses.

1. Ud. dice:—Voy a comer.

   Yo respondo:— _____
   (Ud./mucha hambre)

2. Tú dices:—Bebo mucha agua fría.

   Yo respondo:— _____
   (Tú/mucha sed)

3. Él dice:—Vas a la cama temprano.

   Yo respondo:— _____
   (Yo/mucho sueño)

4. La madre dice:—Hace mucho viento hoy.

   Respondemos:— _____
   (Nosotros no/mucho frío)

5. María dice:—Hace mucho frío.

   Su padre responde:— _____
   (Y/nevando mucho)

6. Juan dice:—Tengo mucho calor hoy.

   Su amigo responde:— _____
   (Claro,/mucho sol)

7. Mi madre dice:—Debes llevar el paraguas.

   Yo respondo:— _____
   (¡No quiero porque no/lloviendo mucho!)

8. El médico dice:—Tu hermano debe tomar aspirinas y no puede comer hoy.

   Yo pregunto:— _____
   (¿/él dolor/estómago y/cabeza?)

9. La maestra pregunta:—¿Tiene Ud. hermanos menores?

   Yo respondo:— _____
   (Yo/quince años y mis hermanos/quince meses)

10. La vecina dice:—¿Qué tiempo hace hoy?

    Mi madre responde:— _____
    (Siempre/muy mal/en noviembre)

Hunting in Argentina

Unit 3
La hora, la fecha

Conversaciones entre una niña y su madre.

Conversations between a child and her mother.

A. La hora — *Telling Time*

1. —¿Qué hora es?	What time is it?	Time is feminine.
2. —Es la una.	It is one o'clock.	**Una** is the *only* number in *feminine* form. **La** *precedes* **una.**
3. —¿Qué hora es ahora?	What time is it now?	**Las** *precedes all other hours.*
4. —Son las dos. No es la una.	It is two o'clock. It isn't one.	**No** is placed *before* **es** or **son** in a negative sentence.

---

1. —¿Son las cuatro?	Is it four o'clock?	**En punto** *on the dot; exactly*
2. —Son las cuatro en punto.	It is four exactly.	

---

1. —¿Son las cinco *y treinta?*	Is it five *thirty?*	*Add the minutes after the hour. Use* **y** (plus, and).
2. —Sí, son las cinco *y media.*	Yes, it is *half past* five.	**Media** *half* (past)

---

1. —¿Son las ocho y *quince?*	Is it eight *fifteen?*	
2. —Sí, son las ocho y *cuarto.*	Yes, it is a *quarter* past eight.	**Cuarto** *quarter* (past)

---

1. —¿No son las doce *menos cuarto?*	Isn't it a *quarter to* twelve?	*Use* **menos** (minus, less) *to subtract the minutes from the hour.*
2. —No. Es la una *menos cuatro.*	No. It is *four* minutes *to* one.	*Add minutes only up to thirty. Past the half hour, name the next hour, and subtract the required minutes. Use* **menos.**
3. —Siempre salimos a almorzar entre las doce y media y la una menos veinticinco.	We always go out to lunch between half past twelve and twelve thirty-five.	

---

1. —¿Cuándo comes más: por la mañana, por la tarde, o por la noche?	When do you eat more: in the morning, in the afternoon, or at night?	**Por la mañana, por la tarde, por la noche** *in the morning, afternoon, evening, are used when* no hour *is stated.*

2. —A las 8 de la mañana no tengo tiempo. A la una de la tarde y a las seis de la tarde como más.

At 8 A.M. I have no time. At 1 P.M. and at 6 P.M. I eat more.

De la mañana A.M., **De la tarde** P.M. (afternoon and *early* evening) are used when *the hour is stated*.

3. —¿A qué hora vas a dormir?

At what time do you go to sleep?

A la, a las mean *at* when telling time.

4. —Voy a la cama a las once de la noche.

I go to bed at eleven P.M.

¿A qué hora? is *at what time*?
De la noche is P.M. for late evening and night.

B. La fecha

The Date

---

1. —¿Qué día es hoy?

What day is it today?

Days and months are *not usually capitalized.*

2. —Hoy es viernes.

Today is Friday.

3. —¿A cuántos estamos?

What is the date?

The day and date *precede* the month.

4. —Estamos a doce de octubre.

It is October 12.

5. —¿Cuál es la fecha completa?

What is the complete date?

Except after **estamos a, el** is used before the date:
El doce de octubre

6. —Hoy es viernes el doce de octubre.

Today is Friday, October 12.

Oct. 12.

7. —¿Qué celebramos el doce de octubre?

What do we celebrate on October 12?

On is understood when **el** *precedes the date*:
El doce de octubre

8. —Celebramos el **Día de la Raza** el doce de octubre.

We celebrate Columbus Day on October 12.

On October 12th.

9. —Y el **Día de las Américas** cae el catorce de abril.

And Pan American Day falls on April 14th.

10. —¿Y el dos de mayo?

And on May 2?

11. —El dos de mayo es el **Día de la Independencia** de España.

May 2 is Spain's Independence Day.

12. —¿Y el cuatro de julio?

And the fourth of July?

13. —El cuatro de julio es el **Día de la Independencia** de los Estados Unidos.

July 4 is the United States' Independence Day.

431

14. —¿Cuándo celebramos la **Navidad?**	When do we celebrate Christmas?	Simple cardinal numbers express the date *except* for the first of the month.
15. —Celebramos el **Día de la Navidad** el veinticinco de diciembre.	We celebrate Christmas on December 25.	
16. —¿Qué fiestas caen el primero del mes?	What holidays fall on the first of the month?	**Primero** expresses the *first* day of the month.
17. —**El Año Nuevo** cae el primero de enero. El **Día de los Inocentes** cae el primero de abril.	New Year's falls on January first. April Fools' Day falls on April first.	

STUDY THE IDIOMS *BEFORE* BEGINNING THE EXERCISES!

EJERCICIOS

I. Write the translation of the Spanish sentence. Then (1) rewrite the Spanish sentence, substituting the expression in parentheses for the words in *italics*; (2) translate each Spanish sentence you write.

Model: ¿A qué hora *salen?*   **At what time do they leave?**
    (regresan)   (1) **¿A qué hora regresan?**   (2) **At what time do they return?**

1. ¿A qué hora *almuerzas?* _____

   a. (vas a la cama) (1) _____

      (2) _____

   b. (comemos) (1) _____

      (2) _____

   c. (estudian) (1) _____

      (2) _____

2. Salimos *a las seis de la tarde.* _____

   a. (a las once de la noche) (1) _____

      (2) _____

   b. (a las ocho de la mañana) (1) _____

(2) _____

c. (a la una de la tarde) (1) _____

(2) _____

3. Estudian *por la noche*. _____

a. (por la mañana) (1) _____

(2) _____

b. (por la tarde) (1) _____

(2) _____

c. (por la noche) (1) _____

(2) _____

4. *¿Cuál es la fecha de* hoy? _____

a. (¿A cuántos estamos?) (1) _____

(2) _____

b. (¿Qué fiesta cae?) (1) _____

(2) _____

c. (¿Qué día es?) (1) _____

(2) _____

5. Hoy es *el primero de mayo.* _____

a. (el dos de junio) (1) _____

(2) _____

b. (el veintiuno de noviembre) (1) _____

(2) _____

c. (el veinte de octubre) (1) _____

(2) _____

6. *Hoy es el* primero de abril. _____

a. (Estamos a) (1) _____

(2) _____

b. (La fiesta cae el) (1) _____

(2) _____

c. (Mañana es el) (1) _____

(2) _____

II. ¿Qué hora es? Write an answer in a complete Spanish sentence.

| 1 | 2 | 3 | 4 | 5 | 6 |

1. (1 o'clock) _____

2. (2 o'clock) _____

3. (3 o'clock) _____

4. (5:15 P.M.) _____

5. (6:30 A.M.) _____

6. (6:45 P.M.) _____

III. Write an affirmative answer in a complete Spanish sentence using the verbs given in parentheses and the ideas given below the writing line.

1. ¿A qué hora de la mañana comes?

(Como) _____
                          (8 A.M.)

2. ¿A qué hora de la tarde sales de la clase?

(Salgo) _____
                          (1 P.M.)

3. ¿Cuándo regresas a casa?

(Regreso) _____
                          (in the afternoon)

4. ¿A qué hora de la noche estudias?

(Estudio) _____
                          (9:30 P.M.)

5. ¿Qué hora es cuando vas a dormir?

(Son/voy) _____
                          (10:40 exactly)

IV. Write an affirmative answer in a complete Spanish sentence, selecting the correct date. (Write out the numbers in Spanish in your answer.)

1. Hoy celebramos el Día de la Independencia norteamericana. ¿Cuál es la fecha?

_____

a. 4 de julio   b. 1 de enero   c. 12 de octubre   d. 25 de diciembre

2. Hoy es la Navidad. ¿A cuántos estamos?

_____

    a. 2 de mayo   b. 1 de enero   c. 25 de diciembre d. 12 de febrero

3. Hoy es el Día de la Raza. ¿Cuál es la fecha?

_____

    a. 4 de julio   b. 14 de julio   c. 12 de octubre   d. 12 de febrero

4. Hoy es el Día de Año Nuevo. ¿A cuántos estamos?

_____

    a. 25 de diciembre   b. 4 de julio   c. 1 de enero   d. 1 de abril

5. Hoy es el Día de los Inocentes. ¿Cuál es la fecha?

_____

    a. 1 de abril   b. 14 de abril   c. 2 de mayo   d. 12 de octubre

6. Hoy celebramos el Día de las Américas. ¿A cuántos estamos hoy?

_____

    a. 4 de julio   b. 14 de abril   c. 2 de mayo   d. 1 de abril

V. Rewrite each sentence, correcting the expressions in *italics*. (See the dialogues, pp. 430–432.)

1. La Navidad cae *el primero de enero.*

_____

2. Pregunto:—¿Cuál es la fecha de hoy? Tú respondes:—*Son las dos.*

_____

3. Pregunto:—¿Qué hora es? Tú respondes:—*Es el dos.*

_____

4. El Día de la Raza es *el cuatro de julio.*

_____

5. El Día de la Independencia norteamericana cae *el doce de octubre.*

_____

6. El Día de Año Nuevo cae *el veinticinco de diciembre.*

_____

7. El Día de las Américas cae *el dos de mayo.*

_____

8. El Día de la Independencia española cae *el catorce de abril.*

_____

VI. Write the question suggested by each statement. Use the cues in parentheses and question marks.

Model: Ana es linda.   (Quién) **¿Quién es linda?** Who is pretty?   **435**

1. _____
   Hoy es martes el tres de marzo. (Cuál)

2. _____
   Estamos a jueves el trece de abril. (A cuántos)

3. _____
   Son las diez de la mañana. (Qué)

4. _____
   Comen a la una de la tarde. (A qué)

5. _____
   Celebramos La Navidad el veinticinco de diciembre. (Cuándo)

VII. Complete using the appropriate equivalent of *"what"*: **¿cómo?, ¿cuál?, ¿qué?** or **¿cuántos?**

1. ¿_____ hora es?

2. ¿_____ es la fecha de hoy?

3. ¿_____ se llama Ud.?

4. ¿A _____ estamos?

5. ¿A _____ hora comes?

VIII. Complete the sentence, using the appropriate verb: **es, estamos, llama,** or **son.** (The same verb may be used appropriately more than once.)

1. ¿A cuántos _____ hoy?

2. ¿Qué hora _____ ?

3. ¿Cómo se _____ su padre?

4. ¿Cuál _____ la fecha de hoy?

5. Hoy _____ lunes.

6. Hoy _____ martes.

7. _____ la una menos cuarto.

8. _____ las diez y media.

IX. Complete with the appropriate article **el, las, la, las.** Write a dash if *no* article is needed.

1. Hoy es _____ dos de junio.

2. Estamos a _____ diez de junio.

3. ¿Cuál es _____ fecha de hoy?

4. Hoy es _____ viernes.

5. Es _____ una de _____ tarde.

6. Son _____ ocho de _____ mañana.

7. Comemos a _____ cinco.

8. Miramos la televisión por ___ noche,

   o a _____ cuatro de _____ tarde.

X. Write the Spanish equivalent adapted from the dialogues on pages 430–432.

1. What time is it? _____

2. It is one P.M. _____

3. What time is it now? _____

4. It is two. It is not one. _____

5. Is it four o'clock exactly? _____

6. It is four forty. _____

7. Is it five thirty now? _____

8. Yes, it is half past five. _____

XI. Complete in Spanish. (Consult the dialogues, pp. 430–432, for review.)

A. Luis: —¿Son las ocho?   Luis: —¿Y ahora?

Ana: —Sí, _____ _____ ocho.   Ana: —Y ahora son _____ ocho y cinco.
　　　　　1　　　2 　　　　　　　　　　　　　　　　　　　　　3

B. Pepe: —Siempre almuerzo antes de   Lola: —Es todavía temprano. Es
　　　　　　　　　　　　　　　　　　　　　　　　　　　　　　　　　solamente el mediodía.

_____ una. Como
　　1

siempre, hoy salgo a   _____ _____ doce
　　　　　　　　　　　　　　　　　　　　　4　　　5

_____ una _____ cuarto.   _____ punto.
　　2　　　　　　3　　　　　　　　　　　　6

C. Ana: —¿A _____ hora comes más,   Ana: —¿ _____ _____ hora vas a dormir,
　　　　　　　1　　　　　　　　　　　　　　　　　　　　　　　　10　　11

a _____ ocho _____ la   a _____ seis _____ _____
　　2　　　　　　3　　　　　　　　　　　　　　12　　　　　13　　　14

mañana o a _____ una de   tarde o _____ las once _____
　　　　　　　4　　　　　　　　　　　　　　　　　　15　　　　　　　16

_____ tarde?   _____ noche?
　　5　　　　　　　　　　　　　　　　　17

Paco: —A _____ una de_____ tarde   Juan: —Voy a dormir _____ _____
　　　　　　6　　　　　7　　　　　　　　　　　　　　　　　　　　　　　18　　　19

como más. A _____ ocho   once _____ la noche.
　　　　　　　8　　　　　　　　　　　　　　　　20

de ___ mañana corro a
　　9

la escuela.

D. María: —¿Cuándo estudias, _____ la   Pablo: —Estudio _____ la tarde o por
　　　　　　　　　　　　　　　1　　　　　　　　　　　　　　　　　　　4

mañana, _____ la tarde   _____ noche. No tengo tiempo
　　　　　2　　　　　　　　　　　　　　　　5

o _____ la noche?   para estudiar más temprano.
　　3

437

Unit 4

En la clase

En la clase: Conversación entre el maestro y una alumna.

In class: A conversation between the teacher and a student.

¿De quién? Whose?

Maestro: —¿De quién es la clase?

Whose class is it?

Alumna: —Es mi clase.

It is my class.

La clase de español The Spanish class

M: —¿Qué clase es?

What class is it?

A: —Es la clase de español.

It is the Spanish class.

De meaning *about;* **La clase de español; la lección de español.** The class *about* the Spanish language, etc.

Es verdad. It is true. That's right.

M: —¿Estudias la lección de español?

Are you studying the Spanish lesson?

A: —Sí, es verdad.

Yes, that's right. (true; so)

Prestar atención to pay attention

M: —¿Prestas atención?

Do you pay attention?

A: —Presto atención en la clase.

I pay attention in class.

prestar

presto	prestamos
prestas	prestáis
presta	prestan

Querer a to love

M: —¿Quieres al profesor de español?

Do you love the Spanish teacher?

A: —Sí, quiero al profesor.

Yes, I love the teacher.

querer

quiero	queremos
quieres	queréis
quiere	quieren

Querer decir to mean

M: —¿Qué quiere decir **'chica'?**

What does **chica** mean?

A: —**'Chica'** quiere decir **'muchacha'.**

Chica means **muchacha.**

In **querer decir, querer** is conjugated; **decir** does *not* change its infinitive form.

438

¿Cómo se dice? How do you say?, how does one say?

M: —¿Cómo se dice **'chico'** en inglés? A: —Se dice **'boy'.**	How do you say **chico** in English? One says "boy." (You say "boy.")	**Se** represents impersonal "*you*" or "*one*"

Estar de pie to be standing

M: —¿Para qué estás de pie? A: —Estoy de pie para contestar.	Why are you standing? I'm standing in order to answer.	**estar**	
		estoy	estamos
		estás	estáis
		está	están

Saber *before an infinitive* to know how (can)

M: —¿Sabes escribir español? A: —Sí, sé leer también.	Do you know how to write Spanish? Yes, I know how to read, too.	**saber**	
		sé	sabemos
		sabes	sabéis
		sabe	saben

Salir bien en to pass (a test, a course, etc.)
Salir mal en to fail (a test, a course, etc.)

M: —¿Sales mal o bien en el examen? A: —No salgo mal en el examen. Salgo bien porque es fácil.	Do you fail or pass the test? I don't fail the test. I pass because it is easy.	**salir**	
		salgo	salimos
		sales	salís
		sale	salen

Creer que sí (no) to believe so (not)

M: —¿Hay que estudiar para salir bien? A: —Creo que no. M: —Yo creo que sí. Si no estudias no sabes contestar.	Is it necessary to study in order to pass? I don't think so. (I think not.) I think so. If you do not study you cannot answer.	**creer**	
		creo	creemos
		crees	creéis
		cree	creen

¡De acuerdo! Agreed!
Por eso Therefore

A: —¡De acuerdo! M: —Por eso, hay que estudiar.	Agreed! Therefore, one must study.

STUDY THE IDIOMS BEFORE BEGINNING THE EXERCISES!

EJERCICIOS

I. Write the translation of the Spanish sentence. Then (1) rewrite the Spanish sentence, substituting the expressions in parentheses for the words in *italics;* (2) translate each Spanish sentence you write.

Model: *Ellos* prestan atención *al circo.*   **They pay attention to the circus.**
a. (Tú/al tigre) (1) **Tú prestas atención al tigre.**   (2) **You pay attention to the tiger.**

1. *Yo* quiero a *mi madre.* _____

   a. (Tú/a la maestra) (1) _____

     (2) _____

   b. (Nosotros/a los amigos) (1) _____

     (2) _____

   c. (Juan/a la chica) (1) _____

     (2) _____

   d. (Ana y Pepe/a sus hermanos) (1) _____

     (2) _____

   e. (Yo/al compañero de clase) (1) _____

     (2) _____

2. *Ellos* saben *tocar el piano.* _____

   a. (Yo/cantar la canción) (1) _____

     (2) _____

   b. (María/bailar la bamba) (1) _____

     (2) _____

   c. (Tú/hablar español) (1) _____

     (2) _____

   d. (Tú y yo/jugar al tenis) (1) _____

     (2) _____

   e. (Ellos/tocar el violín) (1) _____

     (2) _____

3. *Luis y Pedro* están *de pie.* _____

    a. (Yo/de pie) (1) _____

       (2) _____

    b. (Ud. y yo/levantados) (1) _____

       (2) _____

    c. (Ud./sentado) (1) _____

       (2) _____

    d. (Tú/de pie) (1) _____

       (2) _____

    e. (Los chicos/de pie) (1) _____

       (2) _____

4. *Yo* salgo *bien en el examen.* _____

    a. (Tú/mal en la clase) (1) _____

       (2) _____

    b. (Juan y yo/bien en el examen) (1) _____

       (2) _____

    c. (Los alumnos/mal en sus estudios) (1) _____

       (2) _____

    d. (Yo/bien en los exámenes) (1) _____

       (2) _____

5. ¿Qué quiere decir *la palabra*? _____

    a. (¿Qué/decir las frases?) (1) _____

       (2) _____

    b. (¿Qué/decir tú?) (1) _____

       (2) _____

    c. (¿Qué/decir Juan?) (1) _____

       (2) _____

6. *Yo* creo *que sí.* _____

    a. (Él y yo/que no) (1) _____

       (2) _____

  b. (La madre/que no) (1) _____

  (2) _____

  c. (Tú/que sí) (1) _____

  (2) _____

II. Complete the response. (Consult the dialogues on pages 438–439.)

1. —¿Estás sentado cuando contestas?

—No, Estoy _____ pie.

2. —¿Es tu pluma?

—No. No sé _____ quién es la pluma.

3. —¿Sabes el inglés?

—Si, Yo _____ el inglés.

4. —¿Sabes escribir el chino?

—No. No _____ _____ el chino.

5. —¿Sales mal en el examen de español?

—No. Salgo bien _____ el examen.

6. —¿Quieres a tu profesora?

—Si, _____ _____ mi profesora.

7. —¿Quieres decir que ella es bonita?

—Quiero _____ que es una buena

maestra.

8. —¿Cómo se dice **maestra** en inglés?

—Se _____ "teacher" o _____

dice "instructor".

9. —¿Hay que prestar atención en la clase de español?

—Sí, _____ _____ prestar atención.

10. —¿Es verdad?

—Sí, es _____ .

11. —¿Cree tu profesora que sí?

— _____ verdad. Mi profesora

cree _____ _____.

12. —¿Cree tu amigo que sí?

—No. Mi amigo _____ que _____.

13. —¿Crees que sí?

—Sí. Yo _____ _____ sí.

14. —¿Por eso prestas atención?

—Sí, _____ eso, _____ atención.

15. —¿Concedido?

—Síí _____ !

III. Write the appropriate rejoinder in Spanish, and circle the letter.

1. Ud. dice:—Sé escribir muy bien el español.

Yo respondo:— _____
a. ¿Cree Ud. que sí?   b. ¿A cuántos estamos hoy?   c. ¿Cómo se llama Ud.?

2. Ud. pregunta:—¿De quién es el libro?

Yo respondo:— _____
a. Creo que no.   b. Queremos al alumno.   c. No sé de quién es.

3. Ud. dice:—¡Tome Ud. esta silla, por favor!

Yo respondo:—Gracias pero _____

442
a. quiero estar de pie.   b. quiero salir bien.   c. quiero hablar español.

4. Ud. dice:—Hay que salir bien en el examen.

Yo respondo:— _____
   a. ¡Concedido!   b. Sabemos bailar.   c. Estamos de pie.

5. Ud. dice:—Quiero a mi maestra.

Yo respondo:— _____
   a. ¿Cómo se dice **maestro?**   b. ¿Qué quiere decir **maestro?** c. ¡Por eso prestas atención!

IV. Write an affirmative response in a complete Spanish sentence, using the cue word in parentheses at the beginning of the answer. Then translate your answer.

Model: ¿Hay que estudiar?

   _____   **¡Concedido! Hay que estudiar.**
     (¡Concedido!)   *Agreed! One must study.*

1. ¿Está Ud. en una clase de español?_____
                 (Estoy)

_____

2. ¿Está la maestra de pie? _____
           (La maestra)

_____

3. ¿Sabe Ud. cómo se dice *"book"* en español? _____
                   (Sí, sé)

_____

4. ¿Sabe Ud. de quién es el libro?_____
            (Yo)

_____

5. ¿Sabe Ud. leer el español?_____
          (Yo)

_____

6. ¿Presta Ud. atención?_____
         (Sí, yo)

_____

7. ¿Hay que trabajar en la clase de historia? _____
               (Hay)

_____

8. ¿Sale Ud. bien en los exámenes? _____
          (Salgo)

_____

443

9. ¿Quieres mucho a la maestra? _____

(Quiero)

_____

10. ¿No es verdad que la maestra cree que sí? _____

(Es)

_____

V. Write the expression that best completes the sentence, and circle the letter.

1. Cuando el maestro enseña yo _____
   a. estoy de pie
   b. presto atención
   c. toco la guitarra
   d. creo que sí

2. Cuando leo para la clase _____
   a. quiero a mi padre
   b. creo que sí
   c. creo que no
   d. estoy de pie

3. Cuando el maestro es simpático yo _____
   a. lo quiero mucho
   b. se dice:—chico
   c. salgo mal
   d. pienso que hay que salir

4. Para salir bien en la clase de español _____
   a. hay que escuchar
   b. hay que salir mal
   c. sé tocar el piano
   d. aprendo el inglés

5. Para saber el dueño del lápiz pregunto:— _____
   a. ¿A quién quieres?
   b. ¿Cómo se dice *lápiz?*
   c. ¿De quién es esto?
   d. ¿Qué es esto?

6. Para aprender una palabra le pregunto a la profesora:— _____
   a. ¿Qué quiere decir eso?
   b. ¿Sales bien en el examen?
   c. ¿Hay que aprender?
   d. ¿Sabes leer?

7. Para saber una pronunciación yo pregunto:— _____
   a. ¿Hay que estudiar?
   b. ¿Cómo se dice esto?
   c. ¿De quién es?
   d. ¿A quién quieres?

8. Practico la guitarra porque quiero _____
   a. estar de pie
   b. salir bien en inglés
   c. bailar a la música
   d. saber tocar música

9. Estudio mucho en casa para _____
   a. creer que sí
   b. salir bien
   c. prestar atención
   d. estar de pie

10. Si es verdad yo digo:— _____
    a. Creo que sí
    b. Creo que no
    c. Por eso
    d. Hay que estudiar

VI. Write the entire expression from the second column that means the *same* as the word in *italics*. Before each expression write its corresponding letter.

1. *Escucho* _____ a. ¿Qué quiere decir?

2. *¿Qué* significa? _____ b. de pie

3. ¿A *quién amas?* _____ c. ¡Concedido!

4. ¡Cómo no! _____ d. Presto atención.

5. *levantado* _____ e. ¿A quién quieres?

VII. Write your emphatic agreement. Use **sí, de acuerdo** and repeat the statement.

Model: Hay que leer bien.   **Sí, de acuerdo. Hay que leer bien.**
        One must read well.   Yes; agreed. One must read well.

1. Es necesario comer para vivir. _____

2. Gozamos de las vacaciones. _____

3. Las lenguas son interesantes. _____

4. Los amigos son importantes. _____

5. Tenemos que respirar el aire puro. _____

ARTE MEXICANO

Rufino Tamayo. El Frutero Blanco.

Unit 5

Un sábado en el parque

Un sábado en el parque: Conversación entre una vecina y un alumno sobre qué va a hacer el alumno el sábado en el parque.

A Saturday in the park: Conversation between a neighbor and a pupil about how he plans to spend his Saturday in the park.

Asistir a to attend

		asistir	
Sra.: —¿No asistes a la escuela hoy?	Don't you attend school today?	asistos	asistimos
		asistes	asistís
Alumno: —No asisto hoy. Es sábado.	I don't today. It's Saturday.	asiste	asisten

---

Ir a + *noun* to go to

		ir	
S: —¿Adónde vas?	Where are you going?	voy	vamos
A: —Voy al parque.	I'm going to the park.	vas	vais
		va	van

Ir de paseo to go for a walk

S: —¿Por qué vas al parque?	Why are you going to the park?
A: —Voy de paseo allí.	I'm going for a walk there.

Subir a to get on (*vehicle*)

		subir	
S: —¿Cómo vas a llegar al parque?	How are you going to get to the park?	subo	subimos
		subes	subís
A: —Primero, subo al tren.	First, I get on the train.	sube	suben

---

Bajar de to get off (*vehicle*)
Entrar en to enter

bajar	
bajo	bajamos
bajas	bajáis
baja	bajan

		entrar	
S: —¿Y luego?	And then?		
A: —Luego, bajo del tren y entro en el parque.	Then, I get off the train and enter the park.	entro	entramos
		entras	entráis
		entra	entran

Ir a + *infinitive* to be going to (do); **Dar un paseo a pie** to take a walk; **Dar un paseo a caballo** to ride horseback; **Dar un paseo en bicicleta** to take a ride on a bicycle; **Dar un paseo en automóvil** to take a ride in a car.

		dar	
S: —¿Qué vas a hacer en el parque?	What are you going to do in the park?	doy	damos
		das	dais
A: —Voy a dar un paseo a pie o en bicicleta.	I'm going to take a walk, or go bicycle riding.	da	dan
S: —¿No das un paseo a caballo?	Don't you go horseback riding?		
A: —Sí, doy un paseo a caballo cuando tengo dinero.	Yes, I ride when I have money.		
S: —¿Por qué no das un paseo en automóvil?	Why don't you take a ride in a car?		
A: —No doy paseos en automóvil porque no tengo automóvil.	I don't go riding in a car because I have no car.		

Por todas partes everywhere
Todo el mundo everyone, everybody

S: —¿Quién está en el parque?	Who is in the park?
A: —Todo el mundo está allí.	Everyone is there.
Por todas partes hay gente y flores.	Everywhere there are people and flowers.

Poner la mesa to set the table
Salir de to leave
Regresar a casa to go home
Estar en casa to be at home
Tocar el piano, el violín, la guitarra
to play the piano, violin, guitar

To express "home" use
1. **a casa** after a verb of locomotion: **correr, volver**
2. **en casa** after **estar**

		poner	
S: —¿Cuándo sales del parque?	When do you leave the park?		
A: —Salgo del parque temprano para volver a casa.	I leave the park early to return home.		
A: —¿Qué haces en casa?	What do you do at home?		
S: —En casa, primero pongo la mesa. Después de comer, toco el piano y mis hermanos tocan el violín y la guitarra.	At home, first I set the table. After eating, I play the piano, and my brothers play the violin and the guitar.	pongo	ponemos
		pones	ponéis
		pone	ponen

STUDY THE IDIOMS BEFORE BEGINNING THE EXERCISES!

EJERCICIOS

I. Write the translation of the sentence. Then (1) rewrite the Spanish sentence, substituting the expressions in parentheses for the words in *italics;* (2) translate each Spanish sentence you write.

Model: *Me* gusta la clas e *de historia.*   **I like the history class.**
     a. (Les/de inglés)   **(1) Les gusta la clase de inglés.**
                            (2) They like the English class.

1. *Yo* doy un paseo *a caballo.* _____

    a. (Tú/a pie) (1) _____

       (2) _____

    b. (Uds./en automóvil) (1) _____

       (2) _____

    c. (Nosotros/en bicicleta) (1) _____

       (2) _____

2. *Nosotros* bajamos *del tren.* _____

    a. (El piloto/del avión) (1) _____

       (2) _____

    b. (Los amigos/del coche) (1) _____

       (2) _____

    c. (Yo/del autobús) (1) _____

       (2) _____

3. *Todo el mundo* asiste *al teatro.* _____

    a. (Yo/a la escuela) (1) _____

       (2) _____

    b. (Ellos/al cine) (1) _____

       (2) _____

    c. (Nosotros/a las fiestas) (1) _____

       (2) _____

4. *Yo* pongo la mesa *con el mantel.* _____

    a. (Tú/la mesa con vasos) (1) _____

       (2) _____

b. (Ana y yo/la mesa con cucharas) (1) _____

(2) _____

c. (Marta/la mesa con cuchillos) (1) _____

(2) _____

d. (Yo/la mesa con servilletas) (1) _____

(2) _____

5. *Tú y yo* entramos *en el cine.* _____

a. (Ud./en la casa) (1) _____

(2) _____

b. (Ud. y Juan/en la clase) (1) _____

(2) _____

c. (Yo/en la escuela) (1) _____

(2) _____

6. *Yo* voy de paseo *por todas partes.* _____

a. (Yo/de paseo al parque) (1) _____

(2) _____

b. (Tú/de paseo a casa) (1) _____

(2) _____

c. (Ellos/de paseo al cine) (1) _____

(2) _____

d. (Tú y yo/de paseo al centro) (1) _____

(2) _____

II. Write an affirmative answer in a complete Spanish sentence. Begin with the cue in parentheses. *Then translate your answers.*

1. ¿Asistes a la escuela los lunes? _____
(asisto)

_____

2. ¿Vas de paseo al parque? _____
(voy)

_____

3. ¿Subes al tren para ir al parque? _____
(subo)

_____

4. ¿Bajas del tren y entras en el parque? _____
(bajo)

_____

5. ¿Primero das un paseo a pie y luego en bicicleta? _____
(primero doy)

_____

6. ¿Sabes tocar un instrumento como el violín? _____
(sé tocar)

_____

7. ¿Está todo el mundo por todas partes del parque? _____
(todo el mundo)

_____

8. ¿Sales del parque para ir a casa? _____
(salgo)

_____

9. ¿Pones la mesa antes de comer? _____
(pongo)

_____

10. ¿Tocas la guitarra, el piano y el violín en casa? _____
(toco)

_____

III. Write a *logical* or factual answer in a complete Spanish sentence.

1. ¿Quién asiste a la escuela *todo el mundo* o *nadie?*

_____

2. ¿Qué sabe Ud. tocar bien *las paredes* o *la guitarra?*

_____

3. ¿Hay mucha gente por todas partes *del campo* o *de la ciudad?*

_____

4. ¿Antes de comer pones la mesa con *un mantel* o con *una manta?*

_____

5. ¿Cuándo das un paseo en bicicleta a la playa *el lunes* o *el sábado?*

_____

6. ¿De dónde sales a las tres *del cine* o *de la escuela?*

_____

7. ¿A qué subes para llegar al piso del vecino *al ascensor* o *al avión?*

_____

8. ¿Cómo regresas a casa *a caballo* o *a pie?*

_____

9. ¿Por dónde das un paseo a caballo por *la calle* o por *el parque?*

_____

10. ¿En dónde entras a las ocho de la mañana en *el dormitorio* o en *la clase?*

_____

IV. Write the appropriate response or rejoinder, and circle the letter.

1. —Vamos a la escuela todos los días.

_____

   a. —Todo el mundo da paseos.
   b. —Siempre asistimos a las clases.
   c. —Entramos en casa.

2. —Vamos a comer.

_____

   a. —Voy a poner la mesa.
   b. —Voy a dar un paseo.
   c. —Voy a bajar del tren.

3. —Son las ocho de la mañana.

_____

   a. —Es hora de entrar en la escuela.
   b. —Es hora de poner la mesa.
   c. —Es hora de ir a dormir.

4. —Voy al parque.

_____

   a. —¿Va Ud. a pie?
   b. —¿Sale Ud. del cine?
   c. —¿Entra Ud. en la tienda?

5. —¿Dónde hay alumnos?

_____

   a. —Hay muchos maestros.
   b. —Están por todas partes.
   c. —Todo el mundo es alumno.

V. Write the expression that best completes the sentence, and circle the letter.

1. Cuando doy un paseo al centro _____
   a. voy a pie   b. subo al avión   c. voy a caballo   d. asisto a la clase

2. Voy al parque porque deseo _____
   a. tocar el piano   b. salir mal   c. ir de paseo   d. poner la mesa

3. Cuando hace buen tiempo _____ va de paseo.
   a. el automóvil   b. todo el mundo   c. la guitarra   d. la bicicleta

4. En la primavera todo el mundo da paseos _____
   a. en las escuelas   b. por todas partes   c. en los edificios   d. en los museos

5. Prestamos atención al maestro cuando _____
   a. asistimos   b. salimos   c. estamos de pie   d. damos paseos

---

VI. Rewrite the following sentences *with their letters* in a *logical sequence*.

Para llegar a la escuela: *To reach my school.*

a. Entro en la clase.   1. _____

b. Bajo del tren.   2. _____

c. Subo al tren.   3. _____

d. Salgo de mi casa.   4. _____

e. Veo que todo el   5. _____
   mundo asiste.

VII. Complete in Spanish. (Consult the dialogues, pp. 446–447.)

1. Voy _____ casa.   6. Doy un paseo _____ pie.

2. Estoy _____ casa.   7. Subimos _____ tren.

3. Doy un paseo _____ bicicleta.   8. Asisto _____ la clase.

4. Pedro baja _____ automóvil.   9. Damos un paseo _____ automóvil.

5. Él va _____ paseo al centro.   10. Entras _____ la clase.

VIII. Complete, using an appropriate expression from the selection provided below. (Consult the dialogues, pp. 446–447.)

1. La tía: —¿No asistes _____ la escuela hoy, Paco?

2. Paco: —Yo no _____ hoy porque es sábado.

3. La tía: —Entonces, ¿adónde _____ ?

4. Paco: —Voy _____ paseo al parque. Allí doy un paseo _____ pie o bicicleta. Si tengo

   dinero _____ un paseo _____ caballo.

5. La tía: —Aquí tienes dinero para _____ un _____ a caballo.

   Paco: —Mil gracias.

Selección: **a, asisto, dar, de, doy, en, paseo, vas**

ARTE ESPAÑOL

Francisco José de Goya y Lucientes. Niño sobre un cordero.

Unit 6

La cita

La cita: En el supermercado. Juan quiere salir con Alicia, quien trabaja en el supermercado. Alicia decide finalmente no salir con él porque él le hace muchas preguntas.

The appointment (The date): At the supermarket. John wants to go out with Alice, who is working in the supermarket. She finally decides not to go out with him because he asks so many questions.

Juan: —¿Asistes al cine a menudo?

Alicia: —Asisto muchas veces con mis amigos.

Do you go to the movies often?

I go often with my friends.

Sinónimos
a menudo often
muchas veces often

J: —¿Deseas ir de nuevo hoy?

A: —¿Otra vez? Sí. Gracias.

Do you want to go again today?

Again? Yes. Thanks.

Sinónimos
de nuevo again
otra vez again

J: —¿Deseas ir conmigo en seguida?

A: —No. Más tarde. Tengo mucho trabajo.

How about going with me right away?

No, Later. I have a great deal of work.

Antónimos
en seguida right away (immediately)
más tarde later

J: —¿No terminas en seguida?

A: —No. Termino poco a poco hoy.

Won't you be finishing at once?

No. I'll be finishing little by little (gradually) today.

Antónimos
en seguida at once
poco a poco little by little (gradually)

J: —¿Así no llegamos tarde?

A: —No. Llegamos a tiempo.

Won't we arrive late this way?

No. We'll arrive on time.

Antónimos
tarde late
a tiempo on time

J: —¿Trabajaste también el sábado pasado?

A: —Sí, y trabajé toda la semana pasada, el mes pasado y el año pasado.

Did you work last Saturday, too?

Yes, and I worked all last week, last month, and last year.

"*Last* _____ "
el sábado pasado last Saturday
la semana pasada last week
el año pasado last year
el mes pasado last month

J: —¿Y trabajas el sábado que viene?

A: —El sábado próximo, la semana próxima, el mes próximo y el año próximo.

And *next* Saturday?

Next Saturday, next week, next month, and next year.

"*Next* _____" *Sinónimos*
el año que viene next year
el año próximo next year
Antónimos
_____ **pasado -a** last
_____ **próximo -a** (que viene) next

J: —Así trabajas mucho pero estudias pocas veces como yo.

A: —No. Estudio a menudo (muchas veces).

Then you work a great deal, but you study rarely like me.

No. I study often.

Antónimos
pocas veces rarely
a menudo (muchas veces) often

J: —Entonces ¿vas conmigo al cine todas las semanas?

Then will you go with me to the movies every week?

A: —No voy ni esta noche, ni esta semana, ni este mes, ni este año.

No, I'm not going tonight, or this week, or this month, or this year.

J: —¿Por qué no deseas salir conmigo ahora?

Why don't you want to go out with me now?

A: —No tengo tiempo para hablar contigo hoy ni todos los días, ni todos los meses, ni todos los años.

I don't have time to chat with you today, or every day, or every month, or every year.

Antónimos

todas las semanas every week

esta semana this week

todas las noches every night

esta noche tonight

todos los días every day

hoy today

todos los meses every month

este mes this month

todos los años every year

este año this year

STUDY THE IDIOMS BEFORE BEGINNING THE EXERCISES!

EJERCICIOS

I. (1) Write an affirmative answer in a complete Spanish sentence beginning your answer with the cue words in parentheses. (2) Translate your answer into English.

1. ¿Asistes a fiestas a menudo? (1) _____
   (Asisto)

   (2) _____

2. ¿Fuiste a muchas fiestas el mes pasado? (1) _____
   (Fui)

   _____

   (2) _____

3. ¿Llegas muchas veces a tiempo? (1) _____
   (Llego)

   (2) _____

4. ¿Deseas ir de nuevo? (1) _____
   (Deseo)

   (2) _____

5. ¿Quieres ir en seguida? (1) _____
   (Quiero)

   (2) _____

6. ¿Terminas el trabajo para la clase más tarde? (1) _____
   (Termino)

   _____

   (2) _____

455

7. ¿Estudias pocas veces este año como el año pasado? (1) _____
   (Estudio)

   _____

   (2) _____

8. ¿Luego aprendes poco a poco? (1) _____
   (Aprendo)

   (2) _____

9. ¿Pero trabajaste mucho toda la semana pasada? (1) _____
   (Trabajé)

   _____

   (2) _____

10. Entonces ¿vas a México el año próximo como todos los años? (1) _____
    (Voy)

    _____

    (2) _____

11. ¿Celebras el cumpleaños la semana próxima? (1) _____
    (Celebro)

    _____

    (2) _____

12. ¿Vas al campo otra vez el mes que viene? (1) _____
    (Voy)

    _____

    (2) _____

13. ¿Das una fiesta esta semana como todas las semanas? (1) _____
    (Doy)

    _____

    (2) _____

14. ¿Sales esta noche como todas las noches? (1) _____
    (Salgo)

    _____

    (2) _____

15. ¿Asistes a las clases hoy como todos los días? (1) _____
    (Asisto)

    _____

    (2) _____

II. Write the expression that best completes the sentence, and circle the letter.

1. Para ver todas las buenas películas hay que ir al cine _____
   a. a menudo   b. sin dinero   c. a caballo   d. con dolor

2. Conocen muchos países porque viajan a Europa _____
   a. todos los días   b. todos los años   c. más tarde   d. en seguida

3. Ayer tuvimos un examen, y hoy hay un examen _____
   a. a tiempo   b. de nuevo   c. poco a poco   d. muchas veces

4. La escuela se abre a las ocho y nosotros entramos en la clase _____
   a. todos los sábados   b. el domingo que viene   c. a tiempo   d. el año pasado

5. Si no podemos salir en seguida, vamos a salir _____
   a. más tarde   b. anoche   c. el mes pasado   d. otra vez

III. Write the expression that best completes the answer, and circle the letter.

1. —¿Cómo aprendes el español?

   —Lo aprendo _____
   a. el año pasado   b. todos los meses   c. poco a poco

2. —¿Hay que estudiar hoy?

   —Siempre hay que estudiar _____
   a. todos los días   b. el mes pasado   c. el año pasado

3. —¿Presta la clase atención a menudo?

   —Sí, _____
   a. escucha muchas veces   b. presta atención en seguida   c. estudia pocas veces

4. —¿Cuándo celebramos un cumpleaños?

   —Lo celebramos _____
   a. todos los años   b. todos los meses   c. todas las semanas

5. —¿Pones la mesa de nuevo?

   —Sí, la pongo _____
   a. pocas veces   b. otra vez   c. el mes pasado

IV. Write the expression that means the *opposite* of the expression in *italics*. Circle the letter.

1. Estudian *pocas veces*. _____
   a. poco a poco   b. a menudo   c. más tarde   d. la próxima semana

2. Van *la semana próxima*. _____
   a. la semana pasada   b. antes   c. tarde   d. la semana que viene

3. Aprenden *en seguida*. _____
   a. en punto   b. a tiempo   c. poco a poco   d. a menudo

457

4. Viene *más tarde.* _____
   a. muchas veces   b. en seguida   c. pocas veces   d. el año pasado

5. Llega a *tiempo.* _____
   a. en seguida   b. tarde   c. en punto   d. a menudo

V. Complete in Spanish with the appropriate expression from the selection below. (Consult the dialogues, pp. 454–455.)

1. Pepe: —¿Sales _____ menudo?

2. Lola: —Sí, salgo muchas _____.

3. Pepe: —¿Tienes tiempo para salir _____ noche?

4. Lola: —_____ seguida no tengo tiempo, pero _____ tarde sí.

5. Pepe: —Entonces salgamos temprano para llegar al cine _____ tiempo.

6. Lola: —Salimos todas _____ semanas y nunca llegamos tarde. ¡No lo repitas

   _____ nuevo la semana _____!

Selección: **a, de, en, esta, las, más, a, próxima, veces**

Part Four

SKILL IN
LISTENING COMPREHENSION

Skill in Listening Comprehension

A. Listen carefully to each statement that is read. Write the letter of the picture (A, B, C, D, or E) best described by the statement. Each description will be read twice only.

1. _____
2. _____
3. _____
4. _____
5. _____
6. _____
7. _____
8. _____
9. _____
10. _____
11. _____
12. _____
13. _____
14. _____
15. _____

A

B

C

D

E

B. Listen to the statements that will be read to you to describe the pictures shown. When you hear the statement that best describes the picture, write its corresponding letter on the blank line. Each statement will be read only twice.

1
2
3

1. _____
2. _____
3. _____

4
5
6

4. _____
5. _____
6. _____

7
8

7. _____
8. _____

C. Choose the word that is pronounced, and write the letter on the blank line. Each word will be read twice only.

1. a. poncho
   b. rancho
   c. Pancho
   d. noche

   _____

2. a. toro
   b. todo
   c. tomo
   d. toldo

   _____

3. a. casa
   c. cosa
   c. causa
   d. costa

   _____

4. a. jota
   b. goma
   c. hoja
   d. gota

   _____

5. a. cielo
   b. cierro
   c. cero
   d. celo

   _____

6. a. ese
   b. asa
   c. esa
   d. así

   _____

7. a. dos
   b. dios
   c. día
   d. dio

   _____

8. a. banana
   b. Ana
   c. año
   d. mañana

   _____

9. a. duro
   b. dote
   c. duelo
   d. dudo

   _____

10. a. leve
    b. lluvia
    c. llueve
    d. ¡lleve!

    _____

11. a. habló
    b. hablo
    c. hablé
    d. ¡hable!

    _____

12. a. pero
    b. perro
    c. para
    d. barra

    _____

D. Listen carefully to each question that is read. Then choose the correct response, and write the letter on the blank line. Each will be read twice only.

1. a. A las doce de la tarde.
   b. A las dos de la mañana.
   c. A las doce de la noche.
   d. A las diez de la noche.

   _____

2. a. Voy a la mesa.
   b. Voy a la cama.
   c. Voy a la playa.
   d. Voy a la puerta.

   _____

3. a. El doce de febrero.
   b. El veinticinco de diciembre.
   c. El cuatro de julio.
   d. El veintidós de agosto.

   _____

4. a. Es mi sobrino.
   b. Es mi primo.
   c. Es mi hermano.
   d. Es mi nieto.

   _____

5. a. Digo:—Adiós.
   b. Digo:—Hasta la vista.
   c. Digo:—Muy bien, ¿y tú?
   d. Pregunto:—¿Cómo se dice . . . ? _____

6. a. Son sesenta.
   b. Son ochenta.
   c. Son noventa.
   d. Son setenta. _____

7. a. Vengo a la escuela.
   b. Voy de paseo.
   c. Voy al banco.
   d. Trabajo en el mercado. _____

8. a. Hay siete.
   b. Hay treinta y uno.
   c. Hay doce.
   d. Hay cincuenta y dos. _____

9. a. Es el mozo.
   b. Es mi madre.
   c. Es el cocinero.
   d. Es la criada. _____

10. a. En el verano.
    b. En el otoño.
    c. En el invierno.
    d. En la estación. _____

E. Listen carefully to each statement and question that is read. Then choose the appropriate response, and write the letter on the blank line. Each will be read twice only.

1. a. Quieres tomar una fruta.
   b. Me gusta más el tenis.
   c. Juegan despacio.
   d. Les gusta jugar. _____

2. a. A veces yo me levanto tarde.
   b. Muchas veces yo me lavo.
   c. Esta vez yo me llamo Juan.
   d. Ellos siempre me llaman Juan. _____

3. a. Escucha a sus parientes.
   b. Escuchas la radio.
   c. Mira la televisón.
   d. Escuchan atentamente. _____

4. a. Quiero pan tostado.
   b. Quiero arroz con pollo.
   c. Quiero pan y mantequilla.
   d. Quiero helado de chocolate. _____

5. a. Las oímos también.
   b. Las escribimos también.
   c. Las estudiamos también.
   d. Les gritamos también. _____

6. a. Voy a la iglesia.
   b. Van a la inglesa.
   c. Vas a la tienda.
   d. Va a la clase de inglés. _____

7. a. Es más gordo.
   b. Es más inteligente.
   c. Es la una de la tarde.
   d. Son más bonitas también. _____

8. a. Va al teatro contigo.
   b. Vas al teatro con él.
   c. Vamos al teatro con Uds.
   d. Van al teatro conmigo. _____

F. Listen carefully to the two statements read, that describe two actions in a series. Choose the next logical action, and write the letter on the blank line. Each series will be read twice only.

1. a. Tomo el tren.
   b. Tomo el almuerzo.
   c. Tomo el avión.
   d. Toco el disco. _____

2. a. La cierro.
   b. La abro.
   c. La estudio.
   d. La como. _____

463

3. a. Sube a la montaña.
   b. Corre al campo.
   c. Compra el regalo.
   d. Pinta su casa de campo.

   _____

7. a. Tomo el desayuno.
   b. Salgo de la fiesta para la casa.
   c. Tomo el sol.
   d. Voy a la escuela.

   _____

4. a. Vamos al teatro.
   b. Vamos a la escuela.
   c. Vamos a la cocina.
   d. Vamos a la mesa.

   _____

8. a. Buscan el abrigo.
   b. Tienen frío.
   c. Nieva a menudo.
   d. Van a la playa.

   _____

5. a. Digo:—Hola.
   b. Digo:—Adiós.
   c. Digo:—Es así.
   d. Digo:—Feliz Año Nuevo.

   _____

9. a. Juegan al tenis.
   b. Empiezan a estudiar.
   c. Contestan bien.
   d. Tienen sed.

   _____

6. a. Pagan rápidamente.
   b. Lavan rápidamente.
   c. Saben rápidamente.
   d. Cortan rápidamente.

   _____

10. a. Hablo con él.
    b. Pienso en ello.
    c. Bailo con ella.
    d. Juego con él.

    _____

G. Listen carefully to each statement or question. Then choose the correct response, and write the letter on the blank line. Each will be read twice only.

1. a. Buenos días, amigo mío.
   b. Buenos días, padre.
   c. Buenos tardes, madre.
   d. Buenos días, profesora.

   _____

6. a. De nada.
   b. Mucho gusto.
   c. Mil gracias.
   d. Hasta mañana.

   _____

2. a. Estoy enfermo.
   b. No está ausente.
   c. No está bien.
   d. Estamos en casa.

   _____

7. a. Es un hombre alto.
   b. Es un hombre feliz.
   c. Es un padre pobre.
   d. Es un padre generoso.

   _____

3. a. ¡Cómprame un helado y leche!
   b. ¡Coman Uds. en casa!
   c. ¡Vamos a la iglesia!
   d. ¡Cómprame un hotel!

   _____

8. a. Pero soy muy alto.
   b. Pero tengo un zapato.
   c. Pero hablo muchas lenguas.
   d. Pero estoy muy cansado.

   _____

4. a. ¡Presten Uds. atención!
   b. Es una película buena.
   c. El cine es bonito.
   d. Traigo el reloj.

   _____

9. a. Los chicos son altos.
   b. Los chicos son bajos.
   c. Necesito más dinero.
   d. Necesito menos dinero.

   _____

5. a. Sí, porque hoy es domingo.
   b. Sí, porque hoy compro un vestido.
   c. Sí, porque hoy es el 25 de diciembre.
   d. Sí, porque hoy está cerrada.

   _____

10. a. Sí, hasta pronto amigo.
    b. Sí, en dos días amigo.
    c. Sí, después de una semana.
    d. Sí, ¡escríbame un libro!

    _____

H. Listen carefully to each incomplete statement. Then choose the correct answer, and write the letter on the blank line. Each will be read twice only.

1. a. cantar
   b. bailar
   c. enseñar
   d. aprender

   _____

2. a. hambre
   b. calor
   c. frío
   d. libros

   _____

3. a. escuela
   b. casa
   c. comida
   d. paseo

   _____

4. a. una palabra
   b. el tiempo
   c. la historia
   d. la verdad

   _____

5. a. carne
   b. una gaseosa
   c. pollo
   d. ensalada

   _____

6. a. el dormitorio
   b. la cocina
   c. el baño
   d. la sala

   _____

7. a. coche
   b. abrigo
   c. oficina
   d. tren

   _____

8. a. cumpleaños
   b. estación
   c. manzana
   d. vestido

   _____

9. a. el violín
   b. el béisbol
   c. el piano
   d. la radio

   _____

10. a. cantar bien
    b. ser profesor
    c. ver la película
    d. ir por avión

   _____

I. Listen carefully to the word that is pronounced. Then choose the word that belongs in the same class, and write the letter on the blank line. Each word will be read twice only.

1. a. cabeza
   b. mesa
   c. padres
   d. casa

   _____

2. a. clase
   b. tomo
   c. cielo
   d. avión

   _____

3. a. diente
   b. dolor
   c. cuento
   d. La Navidad

   _____

4. a. deseo
   b. desayuno
   c. desierto
   d. derecho

   _____

5. a. abrigo
   b. cortina
   c. edificio
   d. azul

   _____

6. a. calor
   b. hoy
   c. calle
   d. cama

   _____

465

7. a. nación
   b. campo
   c. pizarra
   d. habitación

   _____

9. a. nieve
   b. hora
   c. mitad
   d. alcoba

   _____

8. a. canto
   b. bailo
   c. aplicado
   d. trabajo

   _____

10. a. tomate
    b. nube
    c. parque
    d. pelo

    _____

J. Listen carefully to the definition that is read to you. Then choose the word that is defined, and write the letter on the blank line. Each definition will be read only twice.

1. a. minuto
   b. postre
   c. hierro
   d. lana

   _____

6. a. un asiento
   b. una tarea
   c. una taza
   d. un viento

   _____

2. a. semana
   b. madre
   c. lengua
   d. postre

   _____

7. a. una servilleta
   b. un teatro
   c. la seda
   d. un coche

   _____

3. a. la playa
   b. el precio
   c. la puerta
   d. la pimienta

   _____

8. a. un teatro
   b. una ventana
   c. un hospital
   d. un museo

   _____

4. a. el carnicero
   b. el panadero
   c. el lechero
   d. el cartero

   _____

9. a. la sala
   b. la plaza
   c. el baño
   d. el sótano

   _____

5. a. el perro
   b. la rata
   c. el gato
   d. el elefante

   _____

10. a. página
    b. lana
    c. guante
    d. pañuelo

    _____

K. Listen carefully to the word that is pronounced. Then choose a word that means the *same*, and write the letter on the blank line. Each word will be read twice only.

1. a. enfermo
   b. doctor
   c. esposo
   d. alumno

   _____

2. a. cocina
   b. criada
   c. cena
   d. sal

   _____

3. a. coche
   b. ciudad
   c. casa
   d. calle

   _____

7. a. querer
   b. salir
   c. tocar
   d. poder

   _____

4. a. dólares
   b. tienda
   c. tiempo
   d. compras

   _____

8. a. viaje
   b. calle
   c. parque
   d. automóvil

   _____

5. a. frase
   b. aeroplano
   c. biblioteca
   d. respuesta

   _____

9. a. cuento
   b. rosa
   c. mercado
   d. campo

   _____

6. a. escuchar
   b. preguntar
   c. cantar
   d. contestar

   _____

10. a. risa
    b. silla
    c. cuarto
    d. ventana

   _____

L. Listen carefully to each incomplete statement. Then choose the answer that completes the thought, and write the letter on the blank line. Each statement will be read twice.

1. a. Sin permiso
   b. ¿Qué tal?
   c. Dispense Ud.
   d. Adiós

   _____

6. a. hacemos el favor
   b. hace mucho frío
   c. doy las gracias
   d. doy la mano

   _____

2. a. tengo miedo
   b. tengo mucho
   c. tengo poco
   d. tengo interés

   _____

7. a. a la hora de jugar
   b. a la hora de trabajar
   c. a la hora de comer
   d. a la hora de viajar

   _____

3. a. tomar un avión
   b. ir en coche
   c. caminar rápidamente
   d. tomar el autobús

   _____

8. a. el año pasado
   b. otra vez
   c. ayer
   d. anoche

   _____

4. a. está enfermo
   b. está bien
   c. es interesante
   d. está bueno

   _____

9. a. estar de pie
   b. tocar un instrumento
   c. dar la mano
   d. prestar atención

   _____

5. a. ir de paseo
   b. hacer buen tiempo
   c. estudiar mucho
   d. jugar al béisbol

   _____

10. a. tomamos leche
    b. tomamos el tren
    c. tomamos el tiempo
    d. tomamos aspirina

   _____

M. Listen carefully to the word that is pronounced. Then choose the word that is the *opposite* meaning, and write the letter on the blank line. Each word will be read twice only.

1. a. viento
   b. frío
   c. tiempo
   d. lluvia

   _____

6. a. contento
   b. cansado
   c. bajo
   d. despacio

   _____

2. a. luna
   b. cielo
   c. aire
   d. calor

   _____

7. a. comprender
   b. preguntar
   c. querer
   d. hacer

   _____

3. a. aquí
   b. sobre
   c. al lado
   d. detrás

   _____

8. a. grande
   b. poco
   c. alto
   d. corto

   _____

4. a. partir
   b. ir
   c. entrar
   d. subir

   _____

9. a. zapatos
   b. cuellos
   c. pantalones
   d. medias

   _____

5. a. otoño
   b. primavera
   c. mañana
   d. verano

   _____

10. a. salir
    b. observar
    c. bajar
    d. cerrar

    _____

N. Listen carefully to the statement that is read. Then choose the word or words that match the description, and write the letter on the blank line. Each statement will be read twice only.

1. a. En la oficina
   b. En el avión
   c. En el gimnasio
   d. En el cine

   _____

4. a. En la clase
   b. En la estación
   c. En las Naciones Unidas
   d. En la nieve

   _____

2. a. En sus vacaciones
   b. En su cuarto
   c. En el teatro
   d. En la fiesta

   _____

5. a. El verano
   b. El invierno
   c. El viento
   d. La primavera

   _____

3. a. En el dormitorio
   b. En la avenida
   c. En el patio
   d. En el aeropuerto

   _____

6. a. En el parque
   b. En el teatro
   c. En el hospital
   d. En el museo

   _____

7. a. En la cocina
    b. En el jardín
    c. En la pizarra
    d. En los cuadernos

    _____

9. a. En el hotel
    b. En el árbol
    c. En la puerta
    d. En la flor

    _____

8. a. En el aeropuerto
    b. En la iglesia
    c. En el subterráneo
    d. En casa

    _____

10. a. En el subterráneo
     b. En la televisión
     c. En el concierto
     d. En la taza

    _____

O. *Listen carefully to the statement that is read. On the blank line write* **verdad** *if the statement is true, or* **mentira** *if it is false. Each statement will be read twice only.*

1._____   2._____   3._____   4._____   5._____

6._____   7._____   8._____   9._____   10._____

P. *A brief paragraph will be read to you. Choose the correct answer based on the content of the paragraph, and write the letter on the blank line. Each paragraph will be read twice only.*

1. La fecha es
    a. el 30 de junio
    b. el 15 de septiembre
    c. el 12 de octubre
    d. el 5 de febrero

    _____

6. Son las
    a. dos de la tarde
    b. tres de la mañana
    c. ocho de la noche
    d. siete de la mañana

    _____

2. La persona que va a preparar
    la comida es
    a. la madre
    b. el hermano
    c. la hija
    d. el padre

    _____

7. Antonio vuelve a casa
    a. para comer
    b. para bailar
    c. para dormir
    d. para conversar

    _____

3. Los jóvenes juegan al
    a. béisbol
    b. fútbol
    c. tenis
    d. golf

    _____

8. Tomás visita
    a. a su tía
    b. la biblioteca
    c. un campo de fútbol
    d. a su familia

    _____

4. Todos esperan
    a. al profesor
    b. al médico
    c. al policía
    d. a la maestra

    _____

9. Su padre halla una sorpresa en
    a. un cuaderno
    b. las noticias del día
    c. una revista
    d. una carta larga

    _____

5. Anita está
    a. con su animalito
    b. con su hermano
    c. con dos amigos
    d. cansada

    _____

10. Esta familia va a
     a. la iglesia
     b. Inglaterra
     c. un museo
     d. una casa de campo

    _____

469

11. Ella recibe el honor porque es
    a. la más rica
    b. la más bella
    c. la más inteligente
    d. la más española
    _____

12. La chica recibe
    a. un peso
    b. 18 pesos
    c. 80 pesos
    d. 10 pesos
    _____

13. ¿Adónde van Juan y María?
    a. a casa
    b. al mercado
    c. al cine
    d. al pueblo
    _____

14. ¿Por qué está triste Pablo?
    a. Le gusta leer.
    b. No le gusta el cine.
    c. Es fácil hacer su tarea.
    d. No puede ir al cine.
    _____

15. ¿Qué tiempo va a hacer?
    a. mal tiempo
    b. mucho tiempo
    c. buen tiempo
    d. un tiempo frío
    _____

16. ¿Qué problema tiene Pedro?
    a. No puede salir.
    b. No puede entrar.
    c. No tiene reloj.
    d. No tiene dinero.
    _____

17. ¿Qué tienen que hacer los alumnos?
    a. terminar
    b. comenzar
    c. leer
    d. estudiar
    _____

18. ¿En qué estación del año estamos?
    a. la primavera
    b. el verano
    c. el otoño
    d. el invierno
    _____

19. ¿Dónde está el niño?
    a. en el hospital
    b. en casa
    c. en la calle
    d. en la farmacia
    _____

20. ¿Por qué como el pescado?
    a. Es mi plato favorito.
    b. Es muy caro.
    c. Quiero ver alegre a mi abuela.
    d. No tengo plato favorito.
    _____

Q. A short dialogue will be read. Listen carefully, then choose the answer that indicates who the two speakers are, and write the letter on the blank line. Each dialogue will be read twice only.

1. a. madre y profesor
   b. alumno y músico
   c. padre e hijo
   d. policía y hombre
   _____

2. a. dentista y paciente
   b. médico y abogado
   c. dos padres
   d. niño y paciente
   _____

3. a. dos chicas
   b. dos amigas
   c. una chica y un chico
   d. un dependiente y el patrón
   _____

4. a. un doctor y su esposa
   b. un patrón y un empleado
   c. un taxista y un hombre
   d. un enfermo y una enfermera
   _____

5. a. una madre y un tío
   b. un chófer y su pasajera
   c. una mujer y un cocinero
   d. un profesor y el director
   _____

6. a. dos chicos
   b. dos familias
   c. dos hijos
   d. dos chicas
   _____

7. a. dos padres
   b. una madre y un hijo
   c. un policía y un chófer
   d. un banquero y una cliente
   _____

8. a. dos campesinos
   b. un hombre y su esposa
   c. un profesor y un alumno
   d. dos profesores
   _____

Part Five

SKILL IN
READING COMPREHENSION

Skill in Reading Comprehension

A. Read the following statements. On the blank line write **verdad** or **cierto** if the statement is true and **falso** if the statement is false.

1. La semana tiene siete días. _____

2. El año tiene catorce meses. _____

3. Se preparan las comidas en la cocina. _____

4. Cuatro y cinco son nueve. _____

5. Cuando se dice:—Muchas gracias, se responde:—De nada. _____

6. Cuando se dice:—Buenos días, se responde:—Lo siento mucho. _____

7. El día que precede el jueves es sábado. _____

8. Se come sopa con un tenedor. _____

9. Cuando se dice:—Hasta la vista, se responde:—Hola. _____

10. Si uno tiene frío debe llevar un traje de baño. _____

11. Se habla español en la América del Sur. _____

12. Cuba es la capital de los Estados Unidos. _____

13. El presidente es un hombre importante. _____

14. Es necesario comer algo cuando uno tiene hambre. _____

15. Enero es el primer mes del año. _____

16. El zapatero vende sombreros. _____

17. Es imposible llevar un paraguas cuando llueve. _____

18. Las vacas dan leche. _____

19. Se usan platos en la mesa. _____

20. El lápiz sirve para escribir en la pizarra. _____

21. La manzana es una fruta. _____

22. El Océano Atlántico está entre América y Europa. _____

23. Si uno tiene sed debe beber algo. _____

24. El mes tiene veinte días. _____

25. Los Estados Unidos es un país pequeño. _____

26. El verano es la estación cuando hace mucho calor. _____

27. Las ciudades tienen muchas calles y edificios altos. _____

28. El día tiene veintinueve horas. _____

29. El béisbol es un pasatiempo nacional de los Estados Unidos. _____

30. Los automóviles consumen mucha gasolina. _____

31. Mi hermano es el hijo de mis padres. _____

32. Mañana es otro día. _____

33. En el invierno usamos poca ropa. _____

34. Los campos tienen flores cuando hace frío. _____

35. Mis primas son las hijas de mis tíos. _____

36. Los periódicos tienen artículos sobre los eventos diarios. _____

37. Cristóbal Colón descubrió a América en 1492. _____

38. Cuando llueve vamos a la playa a nadar. _____

39. En este país la nieve cae generalmente en el verano. _____

40. Se usan cuchillos para cortar. _____

41. Se toma jugo de naranja en el desayuno. _____

42. Las bibliotecas venden libros. _____

43. Vemos estrellas cuando hace sol. _____

44. Si uno está triste canta mucho. _____

45. Cuando estamos bien llamamos al médico. _____

46. El hospital es para los enfermos. _____

47. Los aviones son muy lentos. _____

48. Los tigres son animales domésticos. _____

49. Se come un postre al final de la comida. _____

50. Usamos el teléfono para hablar. _____

B. Read the following paragraph. Then write **verdad** or **falso** after each statement.

El señor Suárez y su mujer, Isabel, pasan un mes en Buenos Aires, capital de la Argentina. La señora tiene unas primas que viven en los suburbios de la capital. Por la mañana los señores Suárez visitan varios monumentos históricos de la ciudad. Pero por la tarde Isabel va a las tiendas sola a comprar cosas interesantes. El señor Suárez pasa la tarde en el café con varios amigos argentinos. De noche, los señores Suárez van a la casa de los primos donde pasan unas horas agradables en conversación con la familia.

51. Los señores Suárez pasan cuatro semanas en Buenos Aires. _____

52. Los primos tienen su casa cerca de Buenos Aires. _____

53. El señor Suárez pasa la tarde comprando cosas en las tiendas. _____

54. La señora Suárez va sola a visitar los monumentos. _____

55. Después de un día activo los Suárez hablan con sus primos. _____

C. Pictorial Stimuli. Choose the correct statement, and write the letter on the blank line.

1.
   - a. Es la una.
   - b. Es el mediodía.
   - c. Son las doce y cinco.
   - d. Es la una menos cinco. _____

2.
   - a. Son las dos menos veinte.
   - b. Son las seis y cinco.
   - c. Es la una y media.
   - d. Son las doce y media. _____

3.
   - a. Son las doce y dos.
   - b. Son las dos.
   - c. Son las doce y diez.
   - d. Es la hora del desayuno. _____

Courtesy of the Mexican Government Tourism Office, New York.

Mercado de Guadalajara

4. La fotografia muestra
   a. gente paseando
   b. gente viajando
   c. gente comprando
   d. gente cocinando _____

5. ¿Qué hay en abundancia?
   a. verduras
   b. gaseosas
   c. conservas
   d. carnes _____

6. ¿Que se ve en la fotografia?
   a. ceremonia
   b. movimento
   c. sorpresa
   d. tristeza _____

7. Este mercado *no* vende
   a. frutas deliciosas
   b. alimentos ricos
   c. perfumes agradobles
   d. comestibles sanos _____

D. Choose the correct response, and write the letter on the blank line.

1. —Ana viaja a Puerto Rico. ¿Y tú? _____
   a. —Yo viajo a Puerto Rico también.
   b. —Yo veo el puerto también.
   c. —Tú eres rico también.
   d. —Tú vas al puerto también.

2. —Estos niños comen después de jugar. ¿Y Uds.? _____
   a. —Uds. siempre comen antes.
   b. —Uds. siempre caminan después.
   c. —Nosotros siempre comemos después.
   d. —Yo siempre como después.

3. —Mis amigos y yo caminamos por el parque. ¿Caminan sus amigos también? _____
   a. —Sí, comen en el parque también.
   b. —Sí, ellos caminan allí también.
   c. —Sí, es un camino también.
   d. —Sí, cantan mucho también.

4. —Este verano llueve mucho. ¿Y en septiembre? _____
   a. —En septiembre llegan muchos.
   b. —En septiembre va a llover más.
   c. —En septiembre llevamos más.
   d. —En septiembre lavamos más.

5. —Son las siete ya. ¿A qué hora entras en la clase hoy? _____
   a. —Hoy salgo a las tres.
   b. —Hoy debo salir a la una.
   c. —Hoy debo entrar a las ocho.
   d. —Hoy estoy entre ocho.

6. —Voy a comprar un paraguas. ¿Lo compras tú también? _____
   a. —Sí, lo haces tú también.
   b. —Sí, te vas a comprar uno.
   c. —Sí, compras uno también.
   d. —Sí, voy a comprar uno también.

7. —Para la próxima fiesta te invito a mi casa. ¿Van a venir tus padres? _____
   a. —Ellos van a venderla también.
   b. —Ellos la venden también.
   c. —Ellos ven también.
   d. —Ellos vienen también.

8. —Hoy hay patatas para el almuerzo. ¿Y para mañana? _____
   a. —Mañana hablan más.
   b. —Mañana hay más.
   c. —Mañana ando más.
   d. —¡Mañana abran más!

9. —Siento mucho recibir una mala nota. ¿Qué va a decir mi madre? _____
   a. —Ella va a sentirlo también.
   b. —Tu madre la come también.
   c. —Tu madre la escribe también.
   d. —Ella la prepara también.

10. —Juan estudió la gramática. ¿La estudió Ud. mucho? _____
    a. —Claro. Yo la voy a estudiar mucho.
    b. —Claro. Tú la estudiaste mucho.
    c. —Claro. Tú la estudias mucho.
    d. —Claro. Yo la estudié mucho.

E. Choose the best rejoinder, and write the letter on the blank line.

1. La amiga pregunta: —Buenos días, Juanita. ¿Cómo estás hoy? _____
   Juanita responde:

   a. —Hace buen tiempo hoy. c. —Buenas noches, gracias.
   b. —Estoy así, así. d. —¿Cómo te llamas tú?

2. Yo digo: —Estoy muy fatigado. _____
   Mi vecino responde:

   a. —Ud. necesita un paraguas. c. —¡Siéntese Ud. en esta silla!
   b. —Ud. debe trabajar más. d. —Vamos a caminar mucho.

3. Papá dice: —Hace mucho frío, pero tengo que salir. _____
   Mamá responde:

   a. —¡Tome Ud. una aspirina! c. —¡Necesitas el abrigo!
   b. —¡Abra Ud. la ventana! d. —¡Tome Ud. una gaseosa muy fría!

4. Mamá dice: —Mañana voy a comprarme ropa para el invierno. _____
   Papá responde:

   a. —El tiempo me gusta mucho. c. —Gracias. No necesito nada.
   b. —Siempre eres muy amable. d. —Bueno. Necesitas muchas cosas.

5. Mi padre me dice: —Pedro, dime la hora. _____
   Yo le respondo:

   a. —Gracias. Está bien por ahora. c. —Es la una en punto.
   b. —Hasta luego, señor. d. —Aquí tienes el reloj, Pedro.

6. Marta no quiere bailar con Juan. Ella le dice: _____

   a. —Este baile es muy bonito. c. —Ud. es muy guapo.
   b. —Me gusta mucho esta música. d. —No tengo interés en esta música.

7. Juanito llega muy tarde a su clase, toma asiento y dice: _____

   a. —Muy bien, gracias. c. —Ud. no puede entrar a esta hora.
   b. —Perdón. El tren no llegó a tiempo. d. —Hoy no asisto a la clase.

8. Pablo desea participar en el partido de béisbol. El dice: _____

   a. —Soy un buen jugador. c. —No tengo pelota.
   b. —Quiero jugar al fútbol. d. —Tengo un resfriado hoy.

9. Tu madre te dice: —Veo que no comes. ¿No tienes hambre hoy? _____
   Tú le respondes:

   a. —No leo muy tarde. c. —Me gusta tu abrigo.
   b. —Lo siento pero tengo dolor de cabeza. d. —Necesito unos libros en seguida.

10. Diego le pregunta: —¿Qué tiempo va a hacer el día de la parada? _____
    Ud. le contesta:

    a. —Yo voy a marchar con Uds. c. —Yo también voy a verla.
    b. —Va a ser espléndido. d. —Está lloviendo.

___

F. Choose the expression whose meaning best completes each sentence. Write the letter of the correct expression on the blank line.

1. En el verano generalmente hace _____

   a. frío c. mal tiempo
   b. calor d. fresco

2. Esta noche voy a una fiesta para pasar _____
   a. un mal rato
   b. una noche agradable
   c. por la sala
   d. un año

3. Tomamos el desayuno _____
   a. por la tarde
   b. a la medianoche
   c. al mediodía
   d. por la mañana

4. Un soldado tiene que _____
   a. vivir en el campo
   b. asistir a fiestas
   c. cantar bien
   d. defender su patria

5. Un buen niño _____
   a. juega en el camino
   b. tiene disputas con otros niños
   c. obedece a sus padres
   d. grita mucho

6. Antes de comer, es necesario _____
   a. poner la mesa
   b. entrar en la clase
   c. cruzar la calle
   d. cantar una melodía

7. Generalmente, se toma el almuerzo _____
   a. por la noche
   b. por la mañana
   c. al mediodía
   d. a la medianoche

8. El tren va a salir. Si Ud. quiere tomarlo _____
   a. ¡corra Ud. rápido!
   b. ¡ande Ud. lentamente!
   c. ¡vaya Ud. a la pizarra!
   d. ¡venga Ud. a mi casa!

9. El señor Bello no puede andar porque _____
   a. es simpático
   b. es paralítico
   c. es hermoso
   d. es atleta

10. No sé tocar el piano porque _____
    a. siempre quiero practicarlo
    b. la maestra enseña bien
    c. la música es bonita
    d. nunca lo aprendí

G. Choose the word that belongs in the *same class* as the *italicized* word. Write the letter of the correct expression on the blank line.

1. El niño come *arroz*. _____
   a. dulces   b. chicle   c. maíz   d. tiza

2. Los pollitos corren a *la gallina*. _____
   a. el gallo   b. el gato   c. la gorra   d. el gusto

3. La criada pone *un vaso* en la mesa. _____
   a. un tenedor   b. una taza   c. una servilleta   d. un mantel

4. La sala está clara porque tiene *luz eléctrica*. _____
   a. una alfombra   b. una lámpara   c. un televisor   d. una cortina

5. Apreciamos *la música* de la guitarra. _____
   a. la vista   b. el sonido   c. el perfume   d. la forma

477

6. Tomamos *un refresco* cuando hace calor. _____
   a. un helado   b. una cocina   c. una ducha   d. un baño

7. Viajamos cómodamente en *el ferrocarril*. _____
   a. los aviones   b. los pájaros   c. los caballos   d. los instrumentos

8. *Los turistas* viajan a muchos países. _____
   a. vendedores   b. viajeros   c. artistas   d. coleccionistas

9. En este museo *los cuadros* originales son magníficos. _____
   a. las pinturas   b. las películas   c. los dramas   d. las poesías

10. Se oyen *los gritos* de la gente. _____
    a. silencio   b. ruidos   c. gustos   d. salud

H. Choose the word that is defined, and write its letter on the blank line.

1. La habitación donde uno duerme
   a. la sala   b. el comedor   c. la cocina   d. el dormitorio   _____

2. El hombre que sirve a los clientes que entran en la tienda
   a. vendedor   b. comprador   c. explorador   d. torero   _____

3. La hermana de mi madre
   a. mi tía   b. mi prima   c. mi hermana   d. mi abuela   _____

4. La persona que dirige el tráfico
   a. detective   b. policía   c. médico   d. chófer   _____

5. El hombre que sirve las comidas en el restaurante
   a. cocinero   b. camarero   c. criado   d. director   _____

6. El edificio donde la gente adora a Dios
   a. museo   b. escuela   c. tienda   d. iglesia   _____

7. La mujer que prepara las comidas en el restaurante
   a. cocinera   b. maestra   c. enfermera   d. camarera   _____

8. El hijo de mi hermano
   a. abuelo   b. tío   c. sobrino   d. primo   _____

9. El utensilio que se usa para comer carne
   a. cuchara   b. castañuela   c. coche   d. tenedor   _____

10. El mecanismo que se usa para hacer vestidos
    a. máquina de escribir   b. máquina de coser   c. coche   d. vestíbulo   _____

I. Choose the word that has the *same meaning* as the *italicized word*. Write the letter of the correct synonym on the blank line.

1. Esta universidad es muy *vieja*.
   a. viajera   b. famosa   c. antigua   d. nueva   _____

2. *La tarea* para mañana es fácil.
   a. el capítulo   b. el trabajo   c. la obra   d. el libro   _____

3. Cervantes fue un gran *autor.*
   a. abogado   b. soldado   c. escritor   d. actor   _____

4. La canción es muy *linda.*
   a. larga   b. corta   c. metódica   d. bonita   _____

5. Perico *vuelve* a la escuela.
   a. regresa   b. sale   c. vuela   d. viaja   _____

6. María está muy *contenta* hoy.
   a. triste   b. cansada   c. alegre   d. fea   _____

7. El pájaro cayó *al suelo.*
   a. a la tierra   b. al cielo   c. al río   d. al agua   _____

8. Este viejo *anda* con dificultad.
   a. nada   b. camina   c. corre   d. maneja   _____

9. Marta tiene *cabellos* rubios.
   a. pelo   b. color   c. cabeza   d. cara   _____

10. *El chico* canta alegremente.
    a. el hijo   b. el primo   c. el muchacho   d. el chicle   _____

11. Estos alumnos siempre *contestan* muy bien.
    a. preguntan   b. explican   c. responden   d. aprenden   _____

12. La sopa está *rica.*
    a. deliciosa   b. pobre   c. caliente   d. fría   _____

13. Sirven carne *con papas.*
    a. al padre   b. con patatas   c. a los hombres   d. con papel   _____

14. Están *fatigados* al fin del día.
    a. famosos   b. cansados   c. contentos   d. tristes   _____

15. Aquellos muchachos *desaplicados* no quieren trabajar.
    a. aplicados   b. perezosos   c. enérgicos   d. fuertes   _____

J. Choose the idiom or expression whose meaning best completes each sentence. Write the letter of the correct expression on the blank line.

1. Es necesario abrir la ventana porque aquí
   a. hace calor   c. hace frío
   b. tengo sed   d. tengo hambre   _____

2. Vuelvo a casa por el paraguas porque
   a. está lloviendo   c. hace calor
   b. tengo sueño   d. hay polvo   _____

3. Pepito está muy flaco; debe comer más cuando
   a. tiene sueño   c. lo visita el médico
   b. tiene hambre   d. va al parque   _____

4. ¿Por qué no tomas una aspirina si
   a. quieres ser maestro?   c. tienes dolor de cabeza?
   b. juegas a la pelota?   d. estás bien?   _____   **479**

5. Para votar hay que
   a. saber nadar
   b. saber cantar
   c. recibir buenas notas
   d. saber leer
   _____

6. Pedro recibe malas notas después de
   a. hacer buenos exámenes
   b. hacer malos exámenes
   c. prestar atención
   d. asistir a las clases
   _____

7. La maestra no conoce al alumno porque
   a. siempre está lloviendo
   b. él estudia todo el tiempo
   c. él no asiste a sus clases
   d. nunca está ausente
   _____

8. El niño va a la cama temprano cuando
   a. tiene sed
   b. desea comer
   c. tiene luz eléctrica
   d. tiene sueño
   _____

9. Cuando mi tío entra en mi casa yo le digo:
   a. —¡Llame Ud. a la puerta!
   b. —¡Haga Ud. el favor de gritar!
   c. —Hasta la vista
   d. —Bienvenido
   _____

10. No estudié y ahora en el examen
    a. cometo muchas faltas
    b. llamo a la puerta
    c. tengo quince años
    d. llueve
    _____

K. Choose the word that has the *opposite meaning* of the *italicized word*. Write the letter of the correct antonym on the blank line.

1. María tiene cinco años; es muy *joven*.
   a. bonita   b. rubia   c. vieja   d. alta   _____

2. En la ciudad los edificios son *altos*.
   a. bajos   b. gordos   c. cortos   d. estrechos   _____

3. Esta plaza es muy *ancha* y agradable.
   a. elegante   b. estrecha   c. larga   d. baja   _____

4. Cuando no hace sol tengo *frío*.
   a. fresco   b. sed   c. hambre   d. calor   _____

5. Juan está *alegre* hoy.
   a. moreno   b. triste   c. agradable   d. inteligente   _____

6. La señorita tiene pelo *moreno* y ojos negros.
   a. rubio   b. guapo   c. simpático   d. americano   _____

7. José come mucho y es un chico *gordo*.
   a. hermoso   b. guapo   c. delgado   d. sincero   _____

8. Estas señoras compran ropa bonita pero ellas son *feas*.
   a. distintas   b. hermosas   c. bajas   d. francesas   _____

9. Su *esposa* es la señora de López.
   a. mujer   b. marido   c. negocio   d. chico   _____

10. Regresan a su casa *antes de* la una.
    a. al dar   b. sin   c. son   d. después de   _____

L. Choose the missing word in each sentence to complete a particular structure or idiom. Write the letter of the correct word on the blank line.

1. ¡Venga otra vez _____ favor!
   a. de   b. por   c. en   d. a   _____

2. Los alumnos entran _____ la tienda.
   a. por   b. en   c. entre   d. de   _____

3. Van a salir _____ la escuela a las tres.
   a. de   b. por   c. con   d. en   _____

4. Vamos _____ dar un paseo esta noche.
   a. delante de   b. a   c. en   d. al   _____

5. Hay _____ llamar a la puerta antes de entrar.
   a. que   b. en   c. de   d. por   _____

6. No sé qué _____ decir esta frase.
   a. quiere   b. desea   c. puede   d. va   _____

7. Tengo dolor _____ los pies después de andar.
   a. de   b. en   c. a   d. con   _____

8. Llegan _____ la estación para tomar el tren.
   a. en   b. a   c. antes   d. después de _____

9. _____ las doce tomamos el almuerzo.
   a. por   b. delante   c. a   d. en   _____

10. _____ la mañana vamos a la escuela.
   a. para   b. a   c. por   d. de   _____

M. Choose the word or words that are *related to the situation* described. Write the letter of the correct expression on the blank line.

1. Voy a las tiendas. _____
   a. escuela   c. dinero
   b. enfermedad   d. camarero

2. Tienen un resfriado. _____
   a. blusa   c. música
   b. zapatos   d. pañuelo

3. Termino la comida. _____
   a. postre   c. clase
   b. sopa   d. cine

4. Visitamos otro país. _____
   a. comerciantes c. carniceros
   b. turistas   d. soldados

5. Tenemos las vacaciones en abril. _____
   a. La Navidad   c. La Pascua Florida
   b. el cumpleaños   d. el fin de semana

6. Marta toca el piano y los amigos bailan. _____
   a. gramática   c. campo
   b. fiesta   d. lectura

7. Subimos al avión. _____
   a. trabajo   c. ejercicio
   b. viaje   d. palabra

8. La niña baja del autobús. _____
   a. regreso   c. cama
   b. lámpara   d. noche

9. Hablas por teléfono. _____
   a. leer   c. charlar
   b. mirar   d. escribir

10. Tengo sueño por la tarde. _____
   a. pan   c. biblioteca
   b. siesta   d. comedor

N. Choose *the word in parentheses that matches* each word in the first column. Write the correct matching word on the blank line.

1. cine _____ (cumpleaños)   6. chófer _____ (avión)

2. parque _____ (animales)   7. piloto _____ (escuela)

3. fiesta _____ (película)   8. camarero _____ (automóvil)

4. biblioteca _____ (paseo)   9. maestro _____ (hospital)

5. circo _____ (libros)   10. enfermera _____ (restaurante)

O. Summarizing. Read each of the following paragraphs. Then choose the statement that best summarizes **the main point** of the paragraph, and write the letter on the blank line.

I

Las noches de invierno cuando hace mucho frío, la familia se sienta en la sala para pasar unas horas agradables. Los niños no juegan. Escuchan las historias que el abuelo cuenta de sus años juveniles en España. Toda la familia escucha al abuelo describir cómo él y sus amigos vivieron de niños en aquel país remoto.

a. La familia conversa todas las noches del verano.
b. Toda la familia desea saber cómo vivió el abuelo de niño.
c. En el invierno hace mucho frío.
d. Los niños siempre juegan en la sala.   _____

II

La casa de mis tíos es donde me gusta pasar el verano. Está en el campo y casi siempre hace fresco allí. El pequeño río que corre cerca nos ofrece su agua fresca. Uno puede nadar y refrescarse. Cerca, hay también caminos largos, blancos y solitarios que llegan a unos montes. ¡Qué hermoso es caminar allá!

a. El chico visita a sus abuelos en el campo.
b. El chico no quiere pasar el verano en el campo.
c. Le gusta el campo porque allí siempre hay cosas agradables que hacer.
d. No le gusta nadar en el río cuando hace calor.   _____

III

Una bonita mañana de primavera encontré a mi amigo Juan en el patio de la escuela. Decidimos dar un paseo a las tres, antes de regresar a casa. Así, después de la escuela, nos dirigimos al parque. Cuando llegamos al lago que está allí, tomamos un bote y pasamos varias horas agradables. Por fin oímos un reloj. ¡Las cinco de la tarde! Regresamos a casa en media hora. Nuestras familias nos esperaron para la comida. Comimos con mucho apetito, después de nuestra aventura.

a. Los dos amigos salieron de la escuela a las cinco de la tarde.
b. El lago está en el patio de la escuela.
c. Entraron en sus casas y comieron con sus familias a las tres.
d. Los chicos pasaron una tarde en el lago y luego regresaron a casa.   _____

P. Answering content questions. Read the following passages, then choose the best answer to each question, and write the letter on the blank line.

I

Es la clase de geografía. Pepe no es un alumno muy diligente. No aprende porque no estudia. La maestra le da un examen oral.

—¿Cuál es la capital de Chile?—pregunta ella.

—¿Dice usted la capital de Chile?—repite Pepe.

—Sí, señor, la capital de Chile—repite la maestra con paciencia. —¿No sabe usted? Esa geografía fue parte de la tarea para hoy.

Pepe mira a sus compañeros de clase. ¿Quién puede ayudarlo?

—San José—dice un alumno en voz baja.

—Lima—dice otro alumno.

—Santiago—dice otro alumno que está cerca.

Al fin Pepe contesta: —Chile tiene tres capitales.

1. ¿Qué quiere saber la profesora?_____
   a. el nombre de una ciudad
   b. el nombre de Chile
   c. la capital de Costa Rica
   d. un producto de Colombia

2. ¿Por qué debe saberlo Pepe? _____
   a. Es la lección para todo el año.
   b. Es la lección del día.
   c. Pepe pasó varios días en Chile.
   d. Pepe es de Santiago.

3. ¿Por qué no sabe contestar Pepe? _____
   a. Nadie le dice la respuesta.
   b. Chile no tiene capital.
   c. Chile tiene varias capitales.
   d. Pepe no es aplicado.

4. ¿Quiénes quieren ayudarlo? _____
   a. el maestro y un alumno
   b. un compañero de clase y su madre
   c. la maestra y su hermano
   d. tres alumnos

5. ¿Cómo contesta Pepe al fin? _____
   a. Que el país tiene varias capitales.
   b. Que Chile no tiene capital.
   c. Que San José y Lima son sus capitales.
   d. Que no sabe la respuesta.

II

La Navidad es una fiesta bonita para los niños norteamericanos. Algunas veces nieva el Día de la Navidad. Nos gusta ver la nieve cubrir las calles, los árboles y los techos de las casas. Todo está muy bonito y salimos a jugar en un mundo blanco. Además, tenemos muchos días de vacaciones. Pero el día más alegre es el veinticinco de diciembre cuando recibimos regalos. En muchos países hispanos por otro lado, los niños esperan para recibir sus regalos hasta el seis de enero, el Día de los Reyes Magos. Los niños hispanos necesitan mucha paciencia.

1. ¿Cuál es una fiesta favorita de los chicos norteamericanos? _____
   a. el Día de los Reyes Magos
   b. la Navidad
   c. su cumpleaños
   d. el Día de Año Nuevo

2. ¿Por qué le gusta esa fiesta al alumno? _____
   a. Desea asistir a la escuela el veinticinco de diciembre.
   b. Siempre nieva.
   c. Nunca recibe regalos.
   d. El tiempo, los regalos y los días sin escuela son agradables.

3. ¿Quiénes esperan para recibir sus regalos? _____
   a. los niños norteamericanos
   b. los niños malos
   c. todos los niños
   d. los niños hispanos

4. ¿Por qué está todo hermoso para los chicos? _____
   a. No hay nieve.
   b. El clima es perfecto.
   c. La nieve llega y cubre la ciudad.
   d. Nieva el Día de los Reyes Magos.

5. ¿Dónde juegan los niños?   _____
   a. en los techos
   b. en las calles blancas
   c. en casa
   d. en la Navidad

III

El gato no es mi animal favorito. Prefiero los perros y detesto los gatos. El mes pasado mi hermana recibió un gatito muy bonito. ¡Qué sorpresa! Me gusta mucho ese gatito. Voy a decirle por qué. Es muy hermoso y muy inteligente.

Es un gato muy raro. Algunas veces hace cosas extraordinarias. Por ejemplo, este gatito nunca bebe leche. Luego, veo que le gusta buscar y traerme la pelota como hacen los perros. La inteligencia y la personalidad que tiene nuestro gatito son extraordinarias. ¿No es verdad?

1. ¿Cuáles son los animales que siempre le gustaron al chico?   _____
   a. los tigres
   b. los perros
   c. los gatos
   d. los caballos

2. ¿Cuál es su opinión del gatito?   _____
   a. Lo detesta.
   b. No lo admira.
   c. No es su juego favorito.
   d. Lo adora mucho.

3. ¿Por qué quiere el chico al gatito?   _____
   a. Es muy grande.
   b. Es bonito e inteligente.
   c. Es feo.
   d. Es de su hermano.

4. ¿Por qué es el gato como un perro?   _____
   a. Ladra toda la noche.
   b. Le trae la pelota al niño.
   c. Tiene ojos amarillos.
   d. Bebe mucha leche.

IV

María es una muchacha de quince años que asiste a una escuela secundaria. No es muy aplicada a sus estudios porque no le gusta leer. Ella nunca estudia en casa. Prefiere preparar unos platos para la familia. En la escuela está en una clase de cocina donde aprende bien a preparar platos nuevos. Un día María le habla a su padre de su clase favorita. Finalmente su padre le pregunta:

—Y ¿da la profesora permiso a las alumnas para comer los platos que ellas preparan?

—¿Si ella permite, papá? ¡Tenemos que comerlos!

1. ¿A qué escuela va María?   _____
   a. a una escuela elemental
   b. a un colegio para muchachos
   c. a una escuela de cocina
   d. a una escuela superior

2. ¿Por qué no estudia María?   _____
   a. Prefiere jugar con sus amigas.
   b. Le gusta mucho la televisión.
   c. No quiere asistir a la escuela.
   d. Prefiere trabajar en la cocina.

3. ¿Qué aprende la chica en su clase?   _____
   a. Aprende a leer.
   b. Empieza a preparar varias comidas.
   c. Termina estudios de ciencia.
   d. Aprende a bailar.

4. ¿En qué insiste la profesora?   _____
   a. Las chicas deben lavar los platos.
   b. Ellas deben comer las comidas.
   c. Tienen que estudiar gramática.
   d. Hay que practicar en casa.

5. ¿Qué tipo de alumna es María?   _____
   a. Es perezosa.
   b. Es seria.
   c. Es aplicada.
   d. Es diligente.

V

Muchas de las casas de La Paz tienen colores alegres como el azul, el verde, el rojo y el rosado. Las mujeres nativas llevan colores brillantes en las calles, y en los mercados adonde van con sus hermosos vestidos de lana. El anaranjado y el rosado son los favoritos. Los indios también llevan ponchos de lana de varios colores. De los edificios públicos flota la bandera nacional con los colores: rojo, amarillo y verde que representan respectivamente los animales, los minerales y los vegetales.

1. ¿Por qué es la ciudad de La Paz atractiva? _____
   a. La gente lleva ropa de lana.
   b. Tiene muchos indios.
   c. Uno ve varios colores por todas partes.
   d. Las casas tienen banderas.

2. ¿Qué son de lana? _____
   a. los mercados y los edificios
   b. los animales
   c. la ropa de las mujeres
   d. las banderas

3. ¿Cuáles son los colores favoritos? _____
   a. el rosado y el negro
   b. el rosado y el anaranjado
   c. el verde y el azul
   d. el rojo, el amarillo y el verde

4. ¿Dónde están las banderas? _____
   a. en las casas bonitas
   b. en los edificios públicos
   c. en el mercado
   d. en los ponchos de los indios

5. ¿Qué color simboliza los minerales? _____
   a. el amarillo
   b. el rojo
   c. el verde
   d. el rosado

VI

Es una hermosa tarde de primavera. Doy un paseo por las calles de Madrid. Cuando llego a un café oigo las notas de una linda canción española. Me interesa la música, y entro en el café.

Tomo asiento en una mesa cerca de la puerta. El mozo viene a mi mesa. Quiero café con leche. Una señorita, un poco gorda pero bonita, canta. Un joven toca la guitarra. El mozo regresa y pone la taza en la mesa. Así paso unas horas muy agradables.

1. ¿Cómo es el día? _____
   a. fresco y bonito
   b. frío y bonito
   c. ocupado en el trabajo
   d. nevado y bonito

2. ¿Qué hace el hombre? _____
   a. Camina por la ciudad.
   b. Escucha la música de varios cafés.
   c. Camina por el parque.
   d. Compra un billete para un concierto.

3. ¿Por qué entra en el café? _____
   a. Tiene sed.
   b. Quiere escuchar a la señorita.
   c. Tiene hambre.
   d. Está cansado y quiere descansar.

4. ¿Qué toma en la mesa? _____
   a. un asiento cerca de los músicos
   b. un vaso de leche
   c. un café con azúcar
   d. una taza de café con leche

5. ¿Quiénes son los músicos? _____
   a. el mozo de la mesa y su madre
   b. una señorita que toca y un joven que canta
   c. unos señores
   d. una señorita que canta y un hombre que toca

VII

Juana entró en un restaurante elegante y preguntó por el propietario.

—¿En qué puedo servirla, señora? —preguntó el propietario.

Juana respondió: —Pasé por aquí para decirle que anoche comí en su restaurante. Yo volví a casa con un dolor terrible de estómago. No pude dormir en toda la noche.

485

El propietario contestó—Lo siento, señora. ¡Demos las gracias a Dios! Ud. no murió.

—No morí— respondió Juana. —No soy un fantasma. Pero sufrí todos los dolores de una agonía.

Contestó el propietario: —Pues, ¿pidió Ud. la paella de nuestro menú?

—No. No la pedí — afirmó Juana. —Ud. me sirvió el arroz con pollo.

—Menos mal— contestó el propietario. —La otra cliente prefirió la paella. Es un caso terrible. Ella murió anoche.

1. ¿Dónde entró Juana? _____
   a. en una cafetería
   b. en un bar
   c. en un sitio para comer bien
   d. en un sitio para comer rápido

2. ¿Para qué entró allí? _____
   a. para decirles que la comida estuvo deliciosa
   b. para decirles que sufrío de la comida
   c. para comer con las amigas
   d. para pagarle la cuenta al propietario

3. ¿De qué dolor sufrió Juana la noche anterior? _____
   a. de cabeza
   b. de corazón
   c. de una congestión
   d. de una indigestión

4. ¿Qué comió Juana allí? _____
   a. una ensalada de pollo
   b. una sopa con arroz
   c. un plato de arroz con pollo
   d. un plato de paella

5. ¿Quién murió anoche? _____
   a. un cliente que comió paella
   b. un fantasma del propietario
   c. una señora que prefirió arroz con pollo
   d. una señora que pidió paella

VIII

En un hospital, los enfermos hablan de los médicos.

—Conocen Uds.— uno de los pacientes pregunta —el caso del médico que operó a un enfermo y dejó un instrumento en el estómago del paciente?

Uno de los enfermos oye esto, y está muy pálido.

—¿Qué le pasa a Ud.?— le preguntan sus amigos.

El enfermo pálido responde: —Sufrí una operación de apendicitis la semana pasada y después de la operación mi médico buscó su sombrero.

1. ¿Quiénes hablan? _____
   a. los médicos
   b. los pacientes
   c. los parientes
   d. las enfermeras

2. ¿De qué hablan? _____
   a. Comparan sombreros.
   b. Explican una palabra nueva.
   c. Hablan de dos enfermeras buenas.
   d. Notan la mala memoria de un médico.

3. ¿Qué olvidó el primer médico? _____
   a. un sombrero
   b. un cuchillo
   c. un artículo para operar
   d. una apendicitis

4. ¿Qué buscó el otro médico? _____
   a. una operación
   b. un hospital
   c. a un enfermo
   d. un artículo para cubrirse la cabeza

5. ¿Por qué está pálido un paciente? _____
   a. Piensa que tiene un instrumento en el estómago.
   b. Tiene miedo de una apendicitis.
   c. Regresa a casa mañana.
   d. Piensa que tiene un sombrero en el estómago.

Part Six
SKILL IN WRITING

Skill in Writing

I. Copying sentences. Copy each statement or question after you have read and understood it. Then compare your copy with the original. See Spanish-English Vocabulary, pp. 508–529, as needed.

1. a. Es lunes. _____ b. ¿Es mañana miércoles? _____

_____ c. No es miércoles. Es martes. _____

_____ 2. a. María no va al parque

esta tarde. _____ b. ¿Adónde va ella

mañana? _____ c. Va al cine con

sus amigas mañana. _____

3. a. Esas chicas perezosas nunca me escriben cartas. _____

_____ b. ¿Quiénes

le escriben? _____ c. Las buenas amigas me

escriben a menudo. _____

4. a. Los papeles necesarios están sobre el escritorio negro del abuelo. _____

_____

_____ b. ¿Dónde están los libros que busco? _____

_____ c. Aquellos libros están sobre la mesita

de madera de Juana. _____

_____ 5. a. Siempre hace mucho frío en el

invierno. _____

b. ¿Qué tiempo hace hoy? _____ c. Hoy

hace mucho frío pero ayer hizo calor. _____

_____ 6. a. Juana es la chica simpática que me habla

en la clase de historia. _____

_____ b. ¿De qué le habla Ud.?

_____ c. Yo le hablo de mis viajes que hice

el año pasado. _____

_____ 7. a. Quiero ser piloto. _____

_____ b. ¿No le gusta ser astronauta? _____

_____ c. No me gustan los viajes largos.

Sólo me gusta ser un buen piloto de avión. _____

_____

8. a. Yo debo estudiar para ser médico. _____

_____ b. ¿Cuánto debe Ud. estudiar?_____

_____ c. Tengo que estudiar muchas horas todos

los días para ser médico o científico. _____

_____

9. a. ¡Haga Ud. el favor de cantar esa canción para nosotros! _____

_____

b. ¿No desea Ud. cantarla también? _____

_____ c. Gracias, no la deseo cantar. ¡Cántela Ud., por favor! _____

_____

_____ 10. a. Si no llueve voy a salir en seguida.

_____ b. ¿Por qué no vas a

salir conmigo esta noche? _____

_____ c. No puedo salir contigo porque si no llueve

voy a asistir a una fiesta esta noche. _____

_____

_____

II. Writing a substitute for a portion of a sentence. Rewrite the sentence substituting each expression in heavy print for the words in *italics*. Be sure you understand the meaning of the sentence and of each expression. See Spanish-English Vocabulary, pp. 508–529, as needed.

Model: Doy un paseo *a caballo*. **en coche.** Doy un paseo en coche.

1. Doy un paseo *a caballo por el parque*. a. **en bicicleta por la ciudad** b. **en automóvil por el campo** c. **a pie por las calles**

   a. _____

   b. _____

   c. _____

2. *Cuando hace calor* vamos a la playa. a. **Como es un día bonito** b. **Si hace sol** c. **Porque tenemos calor**

    a. _____

    b. _____

    c. _____

3. Ellos salieron *cuando Ud. entró.* a. **cuando tú llegaste** b. **si ellos pudieron** c. **y nosotros regresamos**

    a. _____

    b. _____

    c. _____

4. El sábado *voy al circo* con mis amigos. a. **doy un paseo al centro** b. **asisto a una fiesta** c. **visito a mis abuelos**

    a. _____

    b. _____

    c. _____

5. ¿Van *Uds. a trabajar aquí antes de comer?* a. **ellos a jugar aquí después de estudiar** b. **Ana y Clara a estar aquí sin hablar** c. **los abuelos a viajar allá para descansar**

    a. _____

    b. _____

    c. _____

6. ¡Haga Ud. el favor *de entrar en el cuarto!* a. **de pasar al patio** b. **de asistir a la escuela** c. **de venir a mi casa**

    a. _____

    b. _____

    c. _____

7. Tengo que *estudiar para aprender.* a. **dormir para descansar** b. **volver para comer** c. **salir para jugar** d. **dar para recibir**

    a. _____

    b. _____

    c. _____

    d. _____

8. ¿*Dónde pueden* tocar la guitarra? a. **cómo saben** b. **quiénes quieren** c. **cuándo desean** d. **por qué deben**

a. _____

b. _____

c. _____

d. _____

9. ¡*Salga Ud. en seguida* por favor! a. **venga Ud. a la una** b. **vaya Ud. pronto** c. **hablen Uds. bien** d. **respondan Uds. ahora**

a. _____

b. _____

c. _____

d. _____

III. Writing words.

A. Write the word that your teacher reads; then **choose the word from those given below the line that has the opposite meaning, and write it** in the space on the right. Circle its letter.

1. _____ ;   _____
   a. sabemos   b. saludamos   c. partimos   d. entramos

2. _____ ;   _____
   a. detrás   b. arriba   c. bajo   d. después

3. _____ ;   _____
   a. volver   b. salir   c. telefonear   d. empezar

4. _____ ;   _____
   a. grande   b. ancho   c. largo   d. pequeño

5. _____ ;   _____
   a. buen tiempo b. buen provecho c. buenas noches d. buena salud

6. _____ ;   _____
   a. menores   b. pocas veces   c. muchas veces d. cuando

7. _____ ;   _____
   a. ahora   b. más tarde   c. si   d. pero

8. _____ ;   _____
   a. joven   b. menor   c. poco a poco   d. más

B. Write the word that your teacher reads; then **choose the word from those given below the line that has the same meaning,** and write it in the space on the right. Circle its letter.

1. _____ ;   _____
   a. llevar   b. vender   c. comprar   d. llegar

2. _____ ;   _____
   a. canto   b. fatigado   c. favorito   d. sentado

3. _____ ; _____

    a. alto   b. álgebra   c. feliz   d. federal

4. _____ ; _____

    a. conversar   b. andar   c. cantar   d. recibir

5. _____ ; _____

    a. autobús   b. ómnibus   c. ferrocarril   d. coche

6. _____ ; _____

    a. chicle   b. muchacho   c. mucho   d. chino

7. _____ ; _____

    a. contestar   b. andar   c. bailar   d. cantar

IV. Dictations. Listen to the directions and to the material read by the teacher.

    A. 1. *Spot dictation.*

        a. Vivo en una _____ particular de dos _____. b. La casa

        tiene un _____ por _____ y hay un

        jardín por _____ de ella. c. _____

        tenemos el techo; abajo está el _____. d. Hay en el

        primer piso una _____ , un _____ y una _____

    A. 2. *Complete dictation.*

        a. _____

        _____

        b. _____

        _____

        _____

        c. _____

        d. _____

        e. _____

        f. _____

    B. 1. *Spot dictation.*

        a. Cuando estoy bien y no _____ de _____ de _____

        me pongo _____ bonita y salgo a la calle. b. _____

        un _____ o una _____ con una _____ .

c. En los pies me pongo _____ y _____, y en las manos.

_____ .

B. 2. *Complete dictation.*

a. _____

_____

b. _____

c. _____

_____

d. _____

C. 1. *Spot dictation.*

a. Mi _____ favorito es el rojo. b. Me gustan las flores que son

_____ como las _____ y los _____ .

c. De las frutas que hay en mi _____ prefiero las _____

y las _____ . d. En el verano visito el _____

donde _____ flores y _____ de muchos colores.

C. 2. *Complete dictation.*

a. _____

b. _____

c. _____

d. _____

e. _____

_____

f. _____

D. 1. *Spot dictation.*

a. En la _____ hay muchas cosas que mirar y que hacer. b. En el

_____ hay mucha _____ y mucho _____ . c. Las

_____ son largas, las avenidas anchas y los _____ altos.

d. Los sábados podemos asistir al _____ . e. Los domingos visitamos

_____ hermosas y _____ interesantes. f. Podemos ir

al _____ .

D. 2. *Complete dictation.*

a. _____

_____

b. _____

c. _____

d. _____

E. 1. *Spot dictation.* (See Part Two, Unit 2) *"Fill in missing words."*

a. En la _____ el _____ está fresco. b. Los

_____ y la _____ están verdes. c. Los _____

_____ cantan y el _____ está muy bonito. d. En el verano

_____ un día, y el otro hace _____. e. Vamos a la playa,

al campo o a las _____ para las _____.

E. 2. *Complete dictation.* (See Part Two, Unit 2) *"Write entire passage."*

a. _____

b. _____

c. _____

d. _____

e. _____

V. A. Combining sentences. Combine the short sentences into one long sentence by using the word given in parentheses.

Model: Yo escribo muy bien. No hablo mal. (y) **Yo escribo muy bien y no hablo mal.**

1. Está ausente. No está bien. (cuando) _____

2. ¿Hace sol? ¿Llueve todavía? (o) _____

3. Asisto. Deseo aprender. (porque) _____

4. Luis lee. Ana va al cine. (y) _____

5. Va a España. Debe volver. (pero) _____

6. Voy al campo. Hace calor. (si) _____

7. Van a pie. Tienen tiempo. (como) _____

8. Maneja un taxi. Es nuevo. (que) _____

9. Veo a una chica. Es bonita. (que) _____

10. Vas al museo. Lo ves a Juan. (donde) _____

B. Combining sentences. Combine the two short sentences into one long sentence by using the word in parentheses and changing the italicized verb to the infinitive.

Model: Visito el museo. *Veo* pinturas.   (para) **Visito el museo para ver pinturas.**

1. Va al parque. *Descansa.* (para) _____

2. Estudio. *Salgo* bien. (para) _____

3. Dice: —Adiós. *Sale.* (antes de) _____

4. Comen algo. *Bailan.* (antes de) _____

5. Como. *Miro* el programa. (antes de) _____

6. ¡Salúdela Ud.! ¡*Entre*! (después de) _____

7. Descansa. *Trabaja.* (después de) _____

8. Escuchan el disco. *Hablan.* (sin) _____

9. Pasan el día. *Comen.* (sin) _____

10. Hace visitas. *Da* regalos. (sin) _____

VI. Building a sentence. Add the word in parentheses in the appropriate place.

Model: **Vienen.**

a. (las chicas) _____. **Las chicas vienen.**

b. (despacio) _____. **Las chicas vienen despacio.**

c. (no) _____. **Las chicas no vienen despacio.**

1. Está.

a. (en casa) _____ b. (Ana) _____

c. (nunca) _____

d. (a esta hora) _____

e. (del día) _____

2. Saben.

a. (cantar) _____ b. (no) _____

c. (bien) _____

d. (los muchachos) _____

e. (cansados) _____

3. ¿Prometes?

    a. (venir) _____ b. (tú) _____

    c. (conmigo) _____

    d. (a México) _____

    c. (en avión) _____

4. Hablan.

    a. (rápidamente) _____ b. (le) _____

    c. (los chóferes) _____

    d. (al policía) _____

    e. (del accidente) _____

VII. Parallel Writing.

A. Write a complete Spanish sentence similar to the sentence that is given. Use the new word cues. Make necessary additions and verb changes.

Model: Nosotros tenemos que escribirles hoy. Yo/tener/contestarle mañana.
                                             Yo tengo que contestarle mañana.

1. Yo pongo la mesa con vasos y platos.   Tú/poner/mesa/tenedores/cucharas.

    _____

2. Tú lees la revista y yo escucho la radio.   Él/tocar/piano/si Ana/cantar/canción.

    _____

3. ¿Van Uds. a la playa a nadar este verano?   ¿Ir/Ud./montañas/esquiar/invierno?

    _____

4. No tengo que leer todos los periódicos   Uds./no/tener que/viajar todos/años/
    para saber las nuevas.   conocer/países.

    _____

5. ¿Necesitamos nosotros comprar este   ¿Desear/ellas/llevar/vestido después/
    paraguas antes de ir a Londres?   volver de/París?

    _____

B. Write a similar sentence about *your country*. Use word cues.

1. Juan dice: —Mi patria es España.

    Ud. responde: — _____
                                    los Estados Unidos

2. Juan dice: —Mi bandera es roja y amarilla.

    Ud. responde: — _____
                                    roja, blanca y azul

3. Juan dice: —El señor Franco es nuestro jefe.

Ud. responde: — _____
presidente

4. Juan dice: —Francia y Portugal son nuestros vecinos.

Ud. responde: — _____
el Canadá/México

5. Juan dice: —Los vecinos al norte hablan francés y al oeste hablan portugués.

Ud. responde: — _____
al norte/al sur

C. Write a complete sentence similar to the sentence that is given, making appropriate changes to the words in italics.

1. Mi *hermano* usa *una camisa* y

   pantalones largos.

   Write that your sister wears a blouse and

   a short skirt. _____

   _____

2. Lleva también *una corbata, calcetines* y

   zapatos *negros.*

   Write that she also wears a dress, stockings

   and white shoes. _____

   _____

3. Luego *él* se pone *una chaqueta corta* y

   una gorra pequeña.

   Write that she then puts on a long coat and

   a wide hat. _____

   _____

   _____

4. *Él* mete *el dinero* en *el bolsillo* porque

   tiene *una cita.*

   Write that she puts a handkerchief in her

   pocketbook because she has a cold.

   _____

   _____

5. Está *bien* hoy y *no tiene* dolor de

   estómago.

   Write that she is ill and has a headache.

   _____

   _____

D. Write in the first person plural **nosotros,** using the *present* tense. (See Part One, Units 3, 4, and 8). *Salgo* para España. *Pongo* la ropa en la maleta y *voy* al aeropuerto. Allí *subo* al avión para Madrid. Después de siete horas en el avión, *tomo* un taxi al hotel. *Dejo* la maleta en el cuarto y *bajo* a tomar un café. *Doy* un paseo por la calle principal donde *miro* las tiendas y los edificios. *Oigo* a la gente hablar castellano.

_____

_____

_____

_____

_____

_____

_____

E. Write in the *preterite* tense continuing to keep each verb in the same person. (See Part One, Units 26–27.) *Salgo* para España. *Pongo* mi ropa en la maleta y *voy* al aeropuerto. Allí *subo* al avión para Madrid. Después de siete horas en el avión, *tomo* un taxi que me *lleva* al hotel. *Dejo* la maleta en el cuarto y *bajo* a tomar un café. *Doy* un paseo por una de las calles principales. *Miro* las tiendas, los edificios y a la gente. *Oigo* a la gente hablar castellano. En un pequeño restaurante agradable un hombre en una mesa cercana *pregunta* por mi país y yo le *digo* muchas cosas porque *quiero* practicar el español. *Podemos* comprender sin dificultad. *Terminamos* la comida y *salimos*. *Estamos* contentos. No lo *veo* otra vez pero *tengo* una buena impresión de los españoles. *Regreso* a mi cuarto en el hotel. Dos criadas *preparan* el cuarto. Las dos *charlan* y *cantan* alegremente. Cuando *terminan* el trabajo *salen*. *Estoy* solo. *Pienso* en mi primer día en España. *Tengo* que salir temprano a la mañana siguiente para conocer este país magnífico.

_____

_____

_____

_____

_____

_____

_____

_____

_____

_____

_____

_____

VIII. A. *Writing an appropriate rejoinder to one line of dialogue.* Write a complete sentence in correct Spanish *using the cue words.* Make necessary additions and verb changes.

1. Marta dice: —Hoy dan una buena película. *Ud. responde:* —Yo no/tener/dinero/para/ cine.

   Ud. responde: — _____

2. Juan dice: —Si llueve mañana no sé qué hacer. *Ud. responde:* —Nosotros/poder/ir/ museo.

   Ud. responde: — _____

3. Ellos dicen: —Vamos a jugar al béisbol. *Uds. responden:* —Nos/gustar/más/ir/centro.

   Uds. responde: — _____

4. El amigo dice: —Tengo hambre. *Ud. responde:* —Yo lo/invitar/café/comer/hamburguesas.

   Ud. responde: — _____

5. Pedro dice: —La nueva alumna es bonita. *Ud. responde:* —Yo/creer/ella/llamarse/ Ana.

   Ud. responde: — _____

B. Write an appropriate rejoinder in a complete Spanish sentence according to each direction. Use the vocabulary aids provided.

1. Elena dice: —Bienvenido, Alberto. ¡Pasa a la sala!

   Tú respondes: — _____ (gracias/amable)
   (Thank her and tell her that she is very kind.)

2. La maestra dice: —Pepe, debes entrar en la clase a tiempo.

   Tú respondes: — _____ (llegar/temprano)
   (Tell her that you are going to arrive early tomorrow.)

3. El médico dice: —Veo que tienes fiebre.

   Tú respondes: — _____ (dolor de cabeza)
   (Tell him that you have a headache, too.)

4. El alumno dice: —Tú conoces a la nueva profesora. ¿Verdad?

   Tú respondes: — _____ (simpática/joven)
   (Tell him that she is very nice and very young.)

5. El padre dice: —Es muy tarde y tu hermano, Roberto, todavía no está en casa.

   Tú respondes: — _____ (nueva amiga)
   (Tell him that Robert has a new girlfriend and he

   _____ (pasar mucho tiempo)
   spends a great deal of time with her.)

IX. A. Writing a pattern response. Write an answer that is patterned after each statement. Place *también* in an appropriate position in the sentence.

Model: Voy al centro. ¿Y él? **Él también va al centro.**

1. Tengo que trabajar hoy. ¿Y Marta? _____

2. Ellas buscan ese libro. ¿Y Ud.? _____

3. Luis tiene frío. ¿Y las chicas? _____

4. Me gustan las rosas. ¿Y a su madre? _____

5. Fueron a Cuba el año pasado. ¿Y este año? _____

B. Write an affirmative answer in a complete Spanish sentence using the cue words.

¿Llegas temprano?   (me gusta) **Sí, me gusta llegar temprano.**

1. ¿Asistes al concierto? (debo) _____

2. ¿Escuchan a los maestros? (desean) _____

3. ¿Comen Uds. en ese café? (nos gusta) _____

4. ¿Está ella en casa hoy? (tiene que) _____

5. ¿Nadamos en el mar? (podemos) _____

X. A. Writing answers to written questions. Write an affirmative answer in a complete Spanish sentence.

1. ¿Le gusta caminar en el parque? _____

2. ¿Vuelve Ud. a casa a tiempo? _____

3. ¿Bailas en las fiestas? _____

4. ¿Tienes miedo del examen? _____

5. ¿Vió Ud. esa película otra vez? _____

B. Write an affirmative answer in a complete Spanish sentence using the cue words.

1. ¿Dónde vemos flores? (por todas partes) _____

2. ¿Cuándo comes huevos? (todos los días) _____

3. ¿Cuánto limón tomas? (un poco de) _____

4. ¿Cómo hay que aprender? (poco a poco) _____

5. ¿Quién quiere al niño? (todo el mundo) _____

C. Write a factual or logical answer in a complete Spanish sentence.

1. ¿Vamos a la playa si llueve? _____

2. ¿Cuánto dinero necesito para el autobús?_____

3. ¿De qué color está el cielo si hace sol?_____

4. ¿Qué tienes si no bebes en la playa?_____

5. ¿Por qué comes allí? _____

XI. Write an affirmative answer in a complete Spanish sentence to the questions your teacher will read to you.

1. _____

2. _____

3. _____

4. _____

5. _____

6. _____

7. _____

8. _____

9. _____

10. _____

XII. Answering questions on content. Write an appropriate answer in a grammatically correct and complete Spanish sentence.

1. ¿En cuánto tiempo llega la tía?

   _____

   Para mi cumpleaños mi tía me invita a pasar las vacaciones con ella en México. Ella viaja siempre en avión porque así puede llegar muy rápidamente. Sube al avión al mediodía y está en México en unas pocas horas.

2. ¿Cuándo come menos el chico?

   _____

   Para el desayuno me gusta tomar huevos, pan con mantequilla y un vaso de leche con pastel. Luego para el almuerzo tengo poca hambre. Como queso o una ensalada. Para beber tomo una gaseosa fría.

3. ¿Dónde hay una lámpara de hierro?

   _____

   Hay una alfombra de lana en el piso. Sobre el escritorio hay una lámpara de madera. La otra lámpara es de hierro y está cerca de la cama.

501

4. ¿Cuántos muebles tiene el dormitorio del chico?

_____

En mi dormitorio hay dos ventanas grandes con sus cortinas de algodón, una cama, una cómoda, un escritorio con mi teléfono, una silla y un sillón. Mi dormitorio es grande y claro. Es mi cuarto favorito.

5. ¿Cómo es el muchacho? (Write as much as you can about him. Use the third person sing.)

_____

_____

_____

_____

Me presento. Soy un muchacho de quince años. No soy ni alto ni bajo. Tengo el pelo castaño y los ojos negros. No soy perezoso. Tengo mucho interés en mi clase de español pero quiero ser científico.

XIII. Writing three simple sentences as directed. Write three complete Spanish sentences according to each instruction. Use the vocabulary guides.

A. Write a description of yourself and of your friend, using appropriate endings:

1. quién es Ud. . . . (muchacho -a norteamericano -a o hispano -a)   2. cómo es Ud. . . . (inteligente/aplicado -a)   3. cómo es su amigo -a . . . (simpático -a/amable/generoso -a)

_____

_____

_____

B. Write about your country: 1. cómo se llama su patria . . . (los Estados Unidos de América) 2. la lengua que Uds. hablan en su país . . . (inglés)   3. la otra lengua que Ud. comprende también . . . (español)

_____

_____

_____

C. Write about your country (continued):   1. si es grande o pequeño . . . (país)   2. cuáles son los países vecinos . . . (el Canadá/México) 3. qué lenguas hablan allí . . . (inglés y francés/español)

_____

_____

_____

_____

D. Write about your Spanish class: 1. cuántos amigos Ud. tiene allí . . . (veinte) 2. a qué hora empieza . . . (las diez y media de la mañana) 3. qué aprenden Uds. allí . . . (mucho español)

_____

_____

_____

_____

_____

E. Write a letter to a friend telling him about your city: 1. There are many tall buildings, many people and a great deal of noise . . . 2. But the city also has interesting theaters, museums and pretty parks . . . 3. When the weather is good the city is often beautiful . . . (Some vocabulary is given below the writing line.)

Querido amigo,

_____

(Hay/edificios/altos/gente/ruido)

_____

(Pero/ciudad/también/tener/teatros/museos/interesantes/parques/bonitos)

_____

(Cuando/hacer/buen/tiempo/ciudad/ser/a menudo/hermosa)

Continue your letter telling him what you do in the city: 4. You take walks with friends in the parks and on the avenues . . . 5. When it rains you visit friends or go to the movies . . . 6. You hope to receive a visit from him very soon.

_____

(Yo/dar paseos/parques/avenidas)

_____

(Cuando llueve/yo/visitar/amigos/ir/cine/o/mirar/televisión)

_____

(Yo/esperar/recibir/visita/Ud./pronto)

XIV. Writing a question. Write a question about the sentence using the cue words.

Model: Le escriben a Gloria después de llegar a Puerto Rico.

(¿Cuándo?) Ask when they will write.   **¿Cuándo le escriben a Gloria?**

1. Mis zapatos nuevos son negros. (¿De qué color . . . ?) Ask about the color.

_____

2. Es la una y media. (¿Qué . . . ?) Ask about the time.

_____

3. Hoy es martes el cinco de enero. (¿Cuál es . . . ?) Ask about the date.

_____

4. Salen para Puerto Rico. (¿Para dónde . . . ?) Ask about the destination.

_____

5. Las niñas esperan la Navidad con impaciencia. (¿Quiénes . . .?) Ask who waits for Christmas.

_____

XV. Graphic stimuli. Write an answer in a complete Spanish sentence.

A. El payaso. (clown)

1. ¿Qué tiene el payaso en el bolsillo?

_____

_____

2. ¿Es gordo o flaco el payaso?

_____

3. ¿Tiene una boca enorme o pequeña?

_____

4. ¿Son anchos o estrechos sus pantalones?

_____

5. ¿Juega al tenis o al béisbol?

_____

B. La Clase

1. ¿Están los alumnos y la maestra sentados o de pie?

    _____

2. ¿Cuántas chicas hay en el grupo?

    _____

3. ¿A quién mira la maestra, al chico o a la chica?

    _____

4. ¿Qué lleva la maestra, pantalones o una falda?

    _____

5. ¿Quién toca música en la guitarra, la maestra o el chico?

    _____

SPANISH

SPANISH

SPANISH

ENGLISH

ENGLISH

Vocabulary

Spanish-English

A

a at, in, to, on; **a causa de** because of; **a la derecha** on the right; **a menudo** often; **a veces** at times

a las doce (at) 12:00

a las once (at) 11:00

a las siete (at) 7:00

al to the, at the, in the **al aire libre** outdoors; **al fin** finally, at last; **al** + *inf.* upon ___ing; **al dar** upon striking

abajo below

abierto, -a open

abogado *m.* lawyer; **abogado defensor** defense attorney

abordar to board (plane, etc.)

abrigo *m.* overcoat

abrir to open

abuelo *m.* grandfather; **abuela** *f.* grandmother; **abuelita** *f.* grandma; **abuelos** *m. pl.* grandparents, grandfathers

aburrido, -a bored

acá here, around here

acabar de (regresar) to have just (returned)

accidente *m.* accident

aceptar to accept

acerca de about, concerning

acordarse(ue) to remember

acostarse (ue) to go to bed

actividad *f.* activity

activo, -a active

actor *m.* actor

actriz *f.* actress

actual present day

además besides, moreover

adiós good-bye

adivinanza *f.* riddle

admirar to admire

¿adónde? where?

aeroplano *m.* airplane

aeropuerto *m.* airport

afeitarse to shave oneself

afortunadamente fortunately

afuera outside

agencia de viajes *f.* travel agency

agosto August

agradable agreeable, pleasant, nice

agua *f.* water

ahora now; **ahora mismo** right now; **por ahora** for now

aire *m.* air; **al aire libre** in the open air

ajá aha

al oído in a whisper

Alberto Albert

alcoba *f.* bedroom

aldea *f.* town

alegre happy, lively, cheerful; **me alegro mucho;** I'm very happy, I'm glad

alegremente happily

alemán, -a German

Alemania *f.* Germany

alfombra *f.* carpet

Alfredo Alfred

algo something

algodón *m.* cotton

alguien someone, somebody

algún (o) -a some; **algunas veces** sometimes

Alicia Alice

alimentos *m. pl.* food

allá there, around there

allí there

almacén *m.* department store

almorzar (ue) to lunch

almuerzo *m.* lunch; **tomar el almuerzo** to have lunch

alquiler *m.* rent

alto, -a tall, high

alumno, -a *m./f.* student

amable friendly, pleasant

amarillo, -a yellow

americano, -a American

amigo, -a *m./f.* friend

amor *m.* love

Ana Ann

anaranjado, -a orange

ancho, -a wide

anciano *m.* old man

andar to go, to walk; **andar en bicicleta** to go bicycle riding

animal *m.* animal

anoche last night

ansioso, -a anxious, worried

antes (de) before

antiguo, -a ancient, former

antipático, -a unpleasant

Antonio Anthony, Tony

año *m.* year; **Año Nuevo (el)** New Year; **año pasado (el)** last year; **tener años** to be years old; **¿cuántos años tiene Ud.?** how old are you?

anuncio clasificado *m.* want ad

apendicitis *f.* appendicitis

apetito *m.* appetite

aplicado, -a studious

apreciar to appreciate

aprende he, she, you learn(s)

aprender to learn

aprisa in a hurry

apurarse to hurry

apuro *m.* hurry

aquel *m.* that; **aquella** *f.* that; **aquellas** *f. pl.* those; **aquellos** *m. pl.* those

aquí here

Arabia Saudita Saudi Arabia

árbol *m.* tree

arbusto *m.* bush

archivo *m.* file

aritmética *f.* arithmetic

armario *m.* closet

arreglar to arrange, to sort

arriba above, up
arroz *m.* rice
artículo *m.* article
artista *m./f.* artist
Arturo Arthur
asa *f.* handle
ascensor *m.* elevator
asesinato *m.* murder
así so, (in) this way; **así, así** so, so
asiento *m.* seat
asistir (a) to attend
aspirina *f.* aspirin
astronauta *m.* astronaut
atados tied up
atención *f.* attention; **prestar atención** to pay attention; **con atención** attentively
atentamente attentively
aterrizar to land
atleta *m./f.* athlete
atractivo, -a attractive
aún even
aunque although
autobús *m.* bus; **autobús turístico** sightseeing bus
automóvil *m.* automobile
autor *m.* author
autoridad *f.* authority
avenida *f.* avenue
aventura *f.* adventure
aviador *m.* aviator
avión *m.* airplane
ayer yesterday
ayuda *f.* aid, help
azúcar *m.* sugar
azul blue

B

bailar to dance
baile *m.* dance
bajar to go down, to put down; **bajar (de)** to get down (from)
bajito, -a short
bajo, -a low, short
balcón *m.* balcony
banco *m.* bank, bench
bandera *f.* flag
banquero *m.* banker
bañarse to bathe
baño *m.* bath; **cuarto de baño** *m.* bathroom
barato, -a cheap
barbería *f.* barber shop
barco *m.* ship, boat
barra *f.* bar, rod

barrio *m.* district
bastante enough
beber to drink
bebida *f.* drink
béisbol *m.* baseball
bello, -a pretty
beso *m.* kiss
biblioteca *f.* library
bicicleta *f.* bicycle
bien well, good
bienvenido, -a welcome
billete *m.* ticket
blanco, -a white
blusa *f.* blouse
boca *f.* mouth
bodega *f.* grocery store
bola *f.* ball
bolsillo *m.* pocket
bonito, -a pretty
borracho, -a drunk
borrador *m.* eraser
bosque *m.* woods
bostezar to yawn
bote *m.* boat
botella *f.* bottle
brazo *m.* arm
breve brief
brillante brilliant
bueno, -a good, well; all right
burro *m.* donkey
buscar to look for

C

caballero *m.* gentleman
caballo *m.* horse; **a caballo** on horseback
cabello *m.* hair
cabeza *f.* head
cada each
caer to fall; **caerse** to fall down; **se cayó** he fell down
café *m.* coffee, café (informal restaurant)
cafetería *f.* cafeteria
caja *f.* box
calabaza *f.* pumpkin
calcetines *m. pl.* socks
caliente warm, hot
calle *f.* street
calor *m.* heat; **hacer (mucho) calor** to be (very) warm (weather); **tener calor** to be warm (persons)
cama *f.* bed; **guardar cama** to stay in bed
camarero, -a waiter, waitress

cambiar to change, exchange
caminar to walk, to go
camino *m.* road
camisa *f.* shirt
campamento *m.* camp; **campamento de verano** summer camp
campo *m.* field, country
Canadá (el) *m.* Canada
canal *m.* channel
canción *f.* song
cansado, -a tired
cantar to sing
Caperucita Roja Little Red Riding Hood
capital *f.* capital
capitán *m.* captain
capítulo *m.* chapter
cara *f.* face
cárcel *f.* jail
cariñosamente affectionately
Carlos Charles
Carlota Charlotte
carnaval *m.* carnival
carne *f.* meat
carnicería *f.* butcher shop
carnicero *m.* butcher
caro, -a expensive, dear
carrera *f.* career
carro *m.* car
carta *f.* letter
cartera *f.* wallet, purse
cartero *m.* letter carrier
cartón *m.* cardboard
casa *f.* house; **en casa** at home; **casa particular** private house; **casa de apartamentos (pisos)** apartment house; **Casa Blanca (la)** the White House
casarse (con) to marry
casi almost
caso *m.* case
castañuela *f.* castenet
castellano *m.* Spanish, Castilian
Castilla *f.* Castile
católico, -a Catholic
catorce fourteen
causa *f.* cause
caverna *f.* cave
cayó he, she, you fell
cebolla *f.* onion
celebrar to celebrate
celo *m.* zeal
cena *f.* supper; **tomar la cena** to have supper

centavo *m.* cent
central central
centro *m.* downtown
Centro América Central America
cerca (de) near
cercano, -a nearby
ceremonias *f.* ceremonies
cereza *f.* cherry
cero *m.* zero
cerrado, -a closed
cerrar (ie) to close
cesto, -a *m./f.* basket
chal *m.* shawl
chaqueta *f.* jacket
charlar to chat
cheque *m.* check
chica girl; **chico** boy
chicle *m.* chewing gum
Chile South American country
chino, -a Chinese; **damas chinas** *f. pl.* checkers
chiste *m.* the joke
chocar to crash
chocolate *m.* chocolate
chófer *m.* driver
cielo *m.* sky; **mi cielo** my darling
cien (to) a hundred
ciencia *f.* science
científico *m.* scientist
cierto, -a certain
cinco five
cincuenta fifty
cine *m.* movie(s)
circo *m.* circus
cita *f.* date, appointment
ciudad *f.* city
claro, -a clear
¡claro! of course!
clase *f.* **sala de clase** classroom
clavel *m.* carnation
clima *m.* climate
clínica *f.* doctor's office
coche *m.* car; **en (por) coche** by car; **coche patrullero** patrol car
cocina *f.* kitchen; **clase de cocina** *f.* cooking class
cocinar to cook
cocinero, -a *m./f.* cook
coleccionista *m.* collector
colega *m./f.* classmate
colegio *m.* high school, private boarding secondary school
colgar(ue) to hang (up)

Colón Columbus
color *m.* color
comedor *m.* dining room
comenzar (ie) to begin
comer to eat
comercial commercial
comerciante *m.* merchant
comestibles *m. pl.* groceries
cometer faltas to make errors
comida *f.* meal, dinner, food
como like, as
¿cómo? how? what do you mean? **¡cómo no!** of course! **¡cómo qué no?** what do you mean, "no"?
¿Cómo salió? How did it turn out?
cómodo, -a comfortable; **cómodamente** comfortably
compañero, -a *m./f.* companion, friend
compañero, -a de clase *m./f.* classmate
compañía *f.* company
comparar to compare
compasivo, -a compassionate
compra *f.* purchase; **ir de compras** to go shopping
comprador *m.* buyer
comprar to buy
comprender to understand
computadora *f.* computer
con with **conmigo** with me; **contigo** with you *(fam.)*; **con ella** with her
¡concedido! agreed!
concierto *m.* concert
concurso *m.* contest
conducir to drive, to lead
congelado, -a frozen
conocer to know (acquainted)
conocerse to become acquainted
conocimiento *m.* acquaintance, knowledge
consejero *m.* counselor
consejo *m.* advice
conservar to conserve
construir to construct
consultorio *m.* clinic
consultorio sentimental *m.* advice to the lovelorn
consumir to consume
contar (ue) to tell, to count; **cuenta** he tells
contento, -a happy; **contentamente** happily

contestar to answer
contra against
conversación *f.* conversation
conversar to converse, to chat
copiar to copy
corazón *m.* heart
corbata *f.* tie
corona *f.* crown
correcto, -a *correct;* **correctamente** correctly
correr to run
cortar to cut
cortés polite(ly)
cortina *f.* curtain
corto, -a short
cosa *f.* thing
cosméticos *m. pl.* cosmetics
costa *f.* coast
costar (ue) to cost; **cuesta** it costs; **me costó** it cost me
crecer to grow
creer to believe, to think; **creer que sí (no)** to believe so (not)
crema *f.* cream
creo I believe
criado, -a *m./f.* maid, servant
criminal *m.* criminal
crudo, -a raw
cruzar to cross
cuaderno *m.* notebook
cuadro *m.* picture
¿cuál? which (one)?, what?
cuando when; **¿cuándo?** when?
¿cuánto, -a? how much? **¿cuánto tiempo?** how long?; **¿cuántos, -as?** how many?; **¿cuántos años tiene?** How old is he (she)?; **¿a cuántos estamos hoy?** what's today's date?
cuarto *m.* room, quarter; **cuarto de baño** bathroom
cuatro four
cuatrocientos four hundred
Cuba *f.* Cuba, **cubano, -a** Cuban
cubrir to cover
cuchara *f.* spoon
cucharita *f.* teaspoon
cuchillo *m.* knife
cuello *m.* collar, neck
cuenta he tells
cuento *m.* story

cuerpo *m.* body
cuesta it costs
culpable guilty
cultivar to grow
cultural cultural
cumpleaños *m.* birthday
cuñado *m.* brother-in-law
curar to cure

D

dale give him
da(n) he, she, (they) (give)s
dar to give; **doy** I give; **dar la mano** to shake hands; **dar las gracias** to thank; **dar un paseo** to take a walk; **dar un paseo a caballo, a pie, en automóvil** to go horseback riding, to take a walk, to take a drive
de of, from; than; **de acuerdo** in agreement; **de compras** shopping; **de día** by day; **de la mañana** A.M.; **de la noche** P.M.; **de la tarde** P.M.; **de nada** you're welcome; **de ninguna manera** by no means; **de niño** as a child; **de noche** at night; **de nuevo** again; **de pie** on foot; **de repente** suddenly
debajo (de) below, underneath
deber to owe; must, ought to
deberes *m. pl.* duties, homework
débil weak
decidir to decide
decir to say, to tell; **dice(n)** he, she, you, (they) (tell)s; **¿cómo se dice . . . ?** how do you say . . . ?
decisión *f.* decision
defender (ie) to defend
dejar to leave, to let; **dejar caer** to drop
del of the, in the
delante (de) in front (of)
delgado, -a slender, thin
delito *m.* offense, crime
demás *m. pl.* others
demasiado, -a too much
democracia *f.* democracy
dentro inside
dependiente, -a *m./f.* clerk
deporte *m.* sport
derecho *m.* straight ahead; **a la derecha** to the right

desafortunadamente unfortunately
desaplicado, -a lazy
desayuno *m.* breakfast; **desayunar (se)** to eat breakfast; **tomar el desayuno** to have breakfast
descansar to rest
descolgar(ue) to pick up (telephone)
describir to describe
descubrir to discover
desde from, since
desear to wish, to want
desesperado, -a desperate
desierto, -a deserted
despacio slowly
despedir (i) to dismiss, to fire
despegar to take off (plane)
despertarse (ie) to wake up
después (de) after(ward)
detestar to detest
detrás de behind
día *m.* day; **al día siguiente** the next day; **buenos días** good morning; **de día** by day; **todos los días** everyday
día de entrevistas entre los padres y maestros Open School Day
Día de la Raza Columbus Day (October 12)
Día de los Reyes Magos Day of the Epiphany (January 6)
Día de los Inocentes April Fool's Day (April 1)
diario, -a daily
diciembre December
dice(n) he says (they say)
dictado *m.* dictation
dictadura *f.* dictatorship
diente *m.* tooth
diferencia *f.* difference
diferente different
difícil difficult
difícilmente with difficulty
dificultad *f.* difficulty
dígame tell me
digo I say, I tell **(decir)**
dijo he, she, you said **(decir)**
dile tell him *(fam.)*
diligente diligent
dinero *m.* money
Dios *m.* God; **¡Dios mío!** My God!

director, -a *m./f.* principal
dirigir to direct; **dirigirse** to go toward
disco *m.* record
dispense Ud. excuse me
disputa *f.* dispute
distinto, -a different
divertir (ie) to amuse
doblar la esquina to turn the corner
docena *f.* dozen
doctor *m.* doctor
dólar *m.* dollar
doler (ue) to hurt
dolor *m.* ache, pain; **dolor de cabeza (muelas, estómago)** headache (toothache, stomachache)
domingo *m.* Sunday, Dominic
dominó *m.* dominoes
donde where; **¿dónde?** where?
dormido, a asleep
dormir (ue) to sleep
dormitorio *m.* bedroom
Dorotea Dorothy
dos two
dote *m.* dowry
doy (dar) I give; **doy las gracias** I thank; **doy un paseo** I take a walk; I take a ride
drama *m.* drama, play
ducha *f.* shower
duelo *m.* duel
duermo I sleep
dueño -a owner
dulce sweet; **dulces** *m. pl.* candy
durante during; for (time)
durmiendo sleeping
duro, -a hard

E

e and
edad *f.* age
edificio *m.* building
ejercicio *m.* exercise
el *m.* the
él he, it
eléctrico, -a electric
elefante *m.* elephant
elegante elegant
elemental elementary
Elena Elaine
ella she, it; **ellas** they, them

empezar (ie) to begin
empieza (n) he, she, begins (they begin)
empiezo I begin
empleado, -a *m./f.* employee, clerk
empleo *m.* job, employment
en in, on, at; **en casa** at home; **en punto** sharp, exactly; **¿en qué puedo servirle?** what can I do for you?; **en seguida** immediately; **en vez de** instead of; **en voz baja** in a whisper
enamorado, -a in love
encontrar (ue) to meet, to find
enero January
enfermedad *f.* illness
enfermera *f.* nurse
enfermo, -a sick, ill
enfermo *m.* sick person
enojado, -a angry
enorme enormous, large
Enrique Henry
ensalada *f.* salad; **ensalada de papas** potato salad
enseñanza *f.* teaching
enseñar to show, to teach
entender (ie) to understand
entero, -a entire, all
entonces then
entrada *f.* ticket, entrance
entrar (en) to enter
entre between, among
entrevista *f.* interview
enviar to send
equipo *m.* team
equivocado, -a mistaken
eran they were
eres you are *(fam. s.)* **(ser)**
error *m.* error
es is **(ser); es que** the fact is
esa *f.* that; **esas** *f. pl.* those
escape *m.* escape
escribir *m.* to write
escritor *m.* writer
escritorio *m.* desk
escuchar to listen to
escuela *f.* school; **escuela de cocina** cooking school; **escuela superior** high school
ese *m.* that; **esos** *m. pl.*
esencial essential

eso that *(neut.)* **por eso** therefore
esos *m. pl.* those
espacio *m.* space
espalda *f.* back
España *f.* Spain
español, -a Spanish *m./f.* Spaniard
especialmente specially
esperanza *f.* hope
esperar to hope, to wait for
espléndido, -a splendid
esposa *f.* wife
esposo *m.* husband
esposos *m. pl.* husbands, husband and wife, Mr. and Mrs.
esquiar to ski
esta *f.* this; **esta noche** tonight
estación *f.* season, station
estado *m.* state
Estados Unidos (los) *m. pl.* the United States
estante *m.* shelf
estar to be; **estar bien (mal)*** to be well (ill); **está bien** O.K.; **¿cómo está usted?** how are you?; **estar de pie** to be standing
estas *f. pl.* these
estás you are *(fam. s.)*
este *m.* this
este *m.* east
esto this *(neut.)*
estómago *m.* stomach
estos *m. pl.* these
estoy I am **(estar)**
estrecho, -a narrow
estrella *f.* star
estudia he, she studies
estudiante *m./f.* student
estudiar to study;. . . **para** to study to become
estudios *m. pl.* studies
estudioso, -a studious
estufa *f.* stove
estupendo, -a stupendous
etiqueta *f.* label
euro Spanish currency
Europa *f.* Europe
evento *m.* event
exactamente exactly
examen *m.* examination
examinar to test
excursión *f.* trip

exhausto, -a exhausted
éxito *m.* success
experiencia *f.* experience
explicar to explain
explorador *m.* explorer, Boy Scout
explorar to explore
exportador -a exporter
extraño, -a strange
extraordinario, -a extraordinary
extravagante extravagant

F

fábrica *f.* factory
fácil easy
fácilmente easily
falda *f.* skirt
falta *f.* mistake
faltar to be missing
familia *f.* family; **toda la familia** the whole family
familiar *m./f.* family member
famoso, -a famous
fantasma *m.* ghost
fantástico, -a fantastic
farmacia *f.* pharmacy
fatigado, -a tired
favor *m.* favor; **hacer el favor de** + *inf.* please; **por favor** please
favorito, -a favorite
fecha *f.* date; **¿cuál es la fecha de hoy?** what is today's date?; **¿a cuántos estamos hoy?** what is today's date?
felicidades *f.* happy birthday
felicitaciones *f.* congratulations
Felipe Philip
feliz happy, content
felizmente happily
feo, -a ugly
ferrocarril *m.* railroad
fiebre *f.* fever
fiesta *f.* party
fila *f.* row, file, line
fin *m.* end; **al fin** at last; **fin de semana** *m.* weekend; **por fin** finally
fiscal *m.* district attorney
flaco, -a thin, skinny
flor *f.* flower
flotar to float

forma *f.* form
foto (grafía) *f.* photo(graph)
fotocopia *f.* photocopy
francés *m.* French, Frenchman; **francesa** Frenchwoman (girl)
Francia *f.* France
Francisco Frank, Francis
frase *f.* sentence
frecuentemente frequently
frente *m.* front; **al frente** in front
fresco, -a fresh, cool; **hacer fresco** to be cool (weather)
frío, -a cold, cool; **hacer frío** to be cold (weather); **tener frío** to be cold (persons)
frito, -a fried
fruta *f.* fruit
fuerte strong
fumar to smoke
fútbol *m.* football, soccer

G

gallina *f.* hen
gallo *m.* rooster
ganar to earn, to win
garganta *f.* throat
gaseosa *f.* soda
gastar to spend
gatito *m.* kitten
gato *m.* cat
generalmente generally
generoso, -a generous
gente *f.* people
geografía *f.* geography
gerente de oficina *m./f.* office manager
Gertrudis Gertrude
gimnasia *f.* gymnastics
gimnasio *m.* gymnasium
golpe *m.* blow
goma *f.* rubber
gordo, -a fat
gorra *f.* cap
gota *f.* drop
grabado *m.* picture
gracias *f. pl.* thanks; **dar las gracias** to thank; **muchas gracias** thank you very much
gramática *f.* grammar (book)
gran great
grande big, large
gratis free
grave serious
gris gray

gritar to shout
grito *m.* shout
guante *m.* glove; **guante de béisbol** baseball glove
guapo, -a handsome
guardar to keep; **guardar cama** to stay in bed
guía *m.* guide
guía telefónica *f.* telephone book
Guillermo William
guitarra *f.* guitar
guitarrista *m./f.* guitarist
gustar to like, to be pleasing; **me, te, le gusta** I, you, (he), (she), you like(s); **nos, os, les gusta** we, you, (they), you like.
gusto *m.* pleasure; **con mucho gusto** gladly, with much pleasure

H

ha conocido has known
había there was, were
habitación *f.* room
hablando speaking
hablar to speak; **¡hable!** speak!
hacer to do, to make; **hacer buen (mal) tiempo** to be good (bad) weather; **hacer frío (calor, sol, viento, fresco)** to be cold (warm, sunny, windy, cool) weather; **hacer el favor de** + *inf.* please; **hacer preguntas** to ask questions; **hace una semana (un mes, etc.)** (a month ago, etc.)
haga el favor de + *inf.* please
hago I do, I make **(hacer)**
hallar to find
hambre *f.* hunger; **tener hambre** to be hungry
hasta until, up to
hasta la vista until I see you again; **hasta luego** until then; **hasta mañana** until tomorrow
hay there is, there are; **no hay de qué** you're welcome; **hay que** + *inf.* one must
¡Haz! Do! Make!
hebreo *m.* Hebrew
helado *m.* ice cream

hermana *f.* sister; **hermano** *m.* brother; **hermanos** *m. pl.* brother(s) and sister(s)
hermoso, -a beautiful
hice I made, did **(hacer)**
hierba *f.* grass
hierro *m.* iron
hija *f.* daughter; **hijo** *m.* son; **los hijos** *m. pl.* son(s) and daughter(s); **hijita** *f.* little daughter
hispánico, -a Hispanic
hispano, -a Hispanic, Spanish-speaking
hispanoamericano, -a Spanish-American
historia *f.* story, history
histórico, -a historic
hoja *f.* leaf
hola hello
hombre *m.* man
honor *m.* honor
honrado honorable
hora *f.* hour; **por hora** by the hour; **¿a qué hora?** at what time?; **a la una** at one o'clock; **a las dos** at two o'clock; **a esta(s) hora(s)** at this time; **¿qué hora es?** what time is it?; **es la una** it's one o'clock; **son las dos** it's two o'clock
hormiga *f.* ant
hospital *m.* hospital
hotel *m.* hotel
hoy today
hueso *m.* bone
huevo *m.* egg; **huevos duros** hard-boiled eggs
huir to flee

I

idea *f.* idea
idioma *m.* language
iglesia *f.* church
imaginario, -a imaginary
importante important
imposible impossible
impresión *f.* impression
impresionar to impress
independencia *f.* independence
indio, -a *m./f.* Indian
Inés Agnes, Inez
información *f.* information

Inglaterra *f.* England; **inglés**
    m. English, Englishman;
    inglesa Englishwoman
inmediatamente
    immediately
inquieto, -a restless
insistir to insist
instrumento *m.* instrument
inteligencia *f.* intelligence
inteligente intelligent
interés *m.* interest
interesante interesting
interesar to interest
interesarse to be interested
interrumpir to interrupt
invierno *m.* winter
invitación *f.* invitation
invitado, -a *m./f.* guest;
    invited
invitar to invite
ir go **voy, vas, va** I, you,
    (he), (she), you, (it) go(es);
    vamos, vais, van we,
    you, (they), you go; **ir a**
    casa (a la escuela, de
    paseo) to go home
    (to school, for a walk);
    ir de compras to go
    shopping
Isabel Elizabeth
isla *f.* island
Italia *f.* Italy
italiano, -a Italian
izquierdo *m.* left; **a la**
    izquierda to the left

J

Jaime James
jardín *m.* garden
Jorge George
José Joseph
jota *f.* j (letter)
joven *m./f.* young person
Juan John
Juana Jane, Joan
juega (n) he, she, (you),
    (they) (play)s; **juegas** you
    play *(fam.)*
juego *m.* game
jueves *m.* Thursday
juez *m.* judge
jugador *m.* player
jugar (ue) (a) to play
jugo *m.* juice; **jugo de**
    naranja orange juice
julio July
junio June

junto together; **junto a**
    beside
juvenil juvenile

K

kilómetros *m. pl.* kilometers

L

la (las) *f. pl.* the; **las (veo)**
    (I see) them
La Paz Bolivian capital
labio *m.* lip
laboratorio *m.* laboratory
lado *m.* side; **al lado de**
    beside, next to; **por otro**
    lado on the other hand
ladrar to bark
ladrón *m.* thief
lago *m.* lake
lámpara *f.* lamp
lana *f.* wool
lápiz *m.* pencil
largo, -a long
las *f. pl.* the, them
lástima pity; **¡qué lástima!**
    what a shame!
latín *m.* Latin
latinoamericano, -a Latin-
    American
lavar (se) to wash (oneself)
le him, you *in Spain*
le to him, to her, to you, to it
le gusta he, she, (you), it
    (like)s
le gustaron he, she, you, it
    liked
lección *f.* lesson
leche *f.* milk
lectura *f.* reading
leer to read
legumbres *f. pl.* vegetables
lejos de far from
lengua *f.* language, tongue
lento, -a slow; **lentamente**
    slowly
león *m.* lion
les to them, to you
les gusta they, you like
letrero *m.* sign
levantado, -a up, standing
levantarse to get up
leve light
liberal liberal
libra *f.* pound
libre free
libro *m.* book

Lima Peru's capital
limón *m.* lemon
lindo, -a pretty
lista *f.* list; **lista de platos**
    menu
listo, -a ready
llamar to call; **llamar a la**
    puerta to knock at the
    door; **llamar(se)** to (be)
    called; to (be) name(d);
    ¿cómo se llama Ud.?
    what's your name?
llave *f.* key
llegar to arrive; **llegar a ser** to
    become
llenar to fill
llevar to carry, to wear, to take
llorar to cry
llover (ue) to rain
lloviendo raining
llueve it rains, it's raining
lluvia *f.* rain
lo *m.* him, it, you; **los** *m. pl.*
    the, them, you; **lo siento**
    (mucho) I'm (very) sorry;
    lo que what
lobo *m.* wolf
loco, -a crazy
locuras *f.* crazy things
locutor *m.* announcer
Londres London
luego next, then; **hasta luego**
    until then, see you later
lugar *m.* place
Luis Louis
Luisa Louise
luna *f.* moon
lunes *m.* Monday
luz *f.* light

M

madera *f.* wood; **de madera**
    wooden
madre *f.* mother
maestro, -a *m./f.* teacher;
    maestro de ceremonias
    master of ceremonies
magnífico, -a magnificent
maíz *m.* corn
mal badly, ill
maleta *f.* suitcase
malo, -a bad, ill
mamá *f.* mom, mommy
mandar to order, to send
¡manda! send!
manejar to drive
manera *f.* way, manner

mano *f.* hand; **dar la mano** to shake hands; **entre las manos de** in the hands of

mantel *m.* tablecloth

mantequilla *f.* butter

mantilla *f.* lace scarf

manzana *f.* apple

mañana *f.* morning, tomorrow; **de la mañana** A.M.; **por la mañana** in the morning; **hasta mañana** until tomorrow

mapa *m.* map

máquina de coser *f.* sewing machine

máquina de escribir *f.* typewriter

máquina de fax *f.* Fax machine

marcar to dial

mar *m.* sea

marchar to walk

María Mary

marido *m.* husband

marisco *m.* shellfish

Marta Martha

martes *m.* Tuesday

más most, more; **más tarde** later; **lo más pronto posible** as soon as possible

material *m.* material

mayo May

mayor older, larger

me (to) me, myself

me gusta(n) I like

me presento I introduce myself

mecanismo *m.* mechanism

mecanografía *f.* typing

medianoche *f.* midnight

medias *f. pl.* stockings

médico *m.* doctor

medio, -a half; **en medio de** in the middle of; **media hora** half an hour

mediodía *m.* noon

mejor better; **el mejor** best

melodía *f.* melody

memoria *f.* memory

menor younger, smaller

menos few, less, minus; **al menos** at least

mentir (ie) to tell lies

menudo, -a small; **a menudo** often

mercado *m.* market

mes *m.* month; **el mes pasado** last month

mesa *f.* desk, table; **poner la mesa** to set the table

mesita *f.* small table, end table

meter to put (in)

método *m.* method

mexicano, -a Mexican

México Mexico

mezcla *f.* mixture

mi, mis my

mí me

micrófono *m.* microphone

miedo *m.* fear

mientras while

miércoles Wednesday

Miguel Michael; **Miguelito** Mike

mil one thousand

mineral mineral

minuto *m.* minute

mío, -a (of) mine, my

mirar to look (at)

misa *f.* mass

mismo, -a same; **lo mismo** the same

mitad *f.* half

moderno, -a modern

molestar to bother

momento *m.* moment

mono *m.* monkey

montaña *f.* mountain

monte(s) *m. (pl.)* mountain(s)

monumento *m.* monument

moreno, -a dark-haired, dark-eyed, brunette

morir (ue) to die

mostrar (ue) to show

mover (ue) to move

movimiento *m.* movement

mozo *m.* boy, waiter

muchacha *f.* girl; **muchacho** *m.* boy

mucho, -a much, a lot

muchos, -as many

muebles *m. pl.* furniture

muerto, -a dead

mujer *f.* woman, wife

mundo *m.* world; **todo el mundo** everyone

muñeca *f.* doll

museo *m.* museum

música *f.* music

músico *m.* musician

muy very; **muy bien** very well

N

nacer to be born

nación *f.* nation

nacional national

Naciones Unidas *f. pl.* (ONU) United Nations

nada nothing; **de nada** you're welcome

nadar to swim

nadie no one, anyone

naranja *f.* orange

nariz *f.* nose

natación *f.* swimming

naturalmente naturally

navaja *f.* razor

Navidad *f.* Christmas; **Feliz Navidad** Merry Christmas; **Día de Navidad** Christmas Day

neblina *f.* fog

necesario, -a necessary

necesitar to need

negocio *m.* business

negro, -a black

nene *m.* infant

nervioso, -a nervous

nevado, -a snowy, snowcapped

ni nor, not even

ni . . . ni neither . . . nor

nieta *f.* granddaughter; **nieto** *m.* grandson; **nietos** *m. pl.* grandchildren

nieva it snows, it's snowing

nieve *f.* snow

nilón *m.* nylon

ninguno, -a none

niño, -a *m./f.* child

¿no? really?, no?

¡No digas! Don't say!

no importa it doesn't matter

noche *f.* night; **buenas noches** good night, good evening; **de noche** at night; **de la noche** P.M.; **esta noche** tonight; **por la noche** in the evening, at night

nombre *m.* name

normal normal

norteamericano, -a North American

nos us, to us, ourselves

nos gusta we like

nosotros, -as we, us

nota *f.* grade, note

notar to note, to comment on

noticia *f.* news
novedad *f.* novelty; **sin novedad** as usual
novela *f.* novel
noventa ninety
noviembre November
nube *f.* cloud
nuestro, -a (of) our(s)
Nueva York New York
nueve nine
nuevo, -a new; **de nuevo** again
Nuevo Mundo New World
número *m.* number
número de teléfono *m.* telephone number
número equivocado *m.* wrong number
numeroso, -a numerous
nunca never

O

o or
obedecer to obey
obra *f.* work
observar to observe
obtener to get, to obtain
Océano Atlántico *m.* Atlantic Ocean
ochenta eighty
ocho eight
octubre October
ocupado, -a (en) busy (with)
oeste *m.* west
oficina *f.* office
ofrecer to offer
¡oiga! Listen!
oigo I hear
oír to hear; **oye** he, she, (you) (hear)s; **se oyen** are heard; **oyó** he, she, you heard
ojo *m.* eye
olor *m.* odor
olvidar to forget
ómnibus *m.* bus
once eleven; **a las once** (at)11:00
operación *f.* operation
operar to operate
opinión *f.* opinion
ordenar to order
oreja *f.* ear
Organización de Estados Americanos *f.* (OEA) Organization of American States

oro *m.* gold
otoño *m.* autumn
otro, -a (an) other; **otros, -as** other(s); **otras veces** on other occasions
oyó he heard **(oír)**

P

Pablo Paul
Paco Frank
paciencia *f.* patience
paciente *m./f.* patient
padre *m.* father; **padres** *m. pl.* parents, mother(s) and father(s)
pagar to pay (for)
página *f.* page
país *m.* country
pájaro *m.* bird
palabra *f.* word
palacio *m.* palace
pálido, -a pale; **se puso pálido** he turned pale
pan *m.* bread
panadería *f.* bakery
panadero *m.* baker
pantalones *m. pl.* pants
pañuelo *m.* handkerchief
papá *m.* dad, father
papas *f. pl.* potatoes; **papas fritas** French fries
papel *m.* paper
papelito *m.* small piece of paper
paquete *m.* package
par *m.* pair
para for, in order to; **para que** in order that; **¿para qué?** why?
parada *f.* stop, military parade
paraguas *m.* umbrella
paralítico, -a paralyzed
pardo, -a brown
parecer to look like, seem; **¿qué te parece?** what do you think of it?
pared *f.* wall
pareja *f.* pair, couple
pariente *m./f.* relative; **parientes** *pl.* relatives
parque *m.* park; **parque zoológico** *m.* zoo
párrafo *m.* paragraph
parte *f.* part; **por todas partes** everywhere

participar to participate
particular private
partido *m.* game, match
partir to leave
pasado *m.* past
pasado, -a past; **el año pasado** last year; **el mes pasado** last month; **la semana pasada** last week
pasajero, -a passenger
pasar to spend (time), to happen; **pasar un buen (mal) rato** to have a good (bad) time; **¡pase Ud.!** come in!; **¿qué le pasa a Ud.?** what's the matter with you? **¿qué pasa?** what's going on?
Pascua Florida *f.* Easter
paseo *m.* walk; **dar un paseo** to take a walk; **ir de paseo** to go for a walk
pasión *f.* passion
pasta *f.* dough, paste
pasta dentífrica *f.* toothpaste
pastel *m.* cake, pie
patatas *f. pl.* potatoes
patio *m.* yard
patria *f.* country
patrón, -a *m./f.* boss
payaso *m.* clown
pecho *m.* chest
pedir (i) to ask for
Pedro Peter
peinarse to comb oneself
película *f.* movie
peligroso, -a dangerous
pelo *m.* hair
pelota *f.* ball
pensar (ie) to think; **pensar en** to think of; **pensar +** *inf.* to intend
pensión *f.* boarding house
pequeño, -a small
pera *f.* pear
perder (ie) to lose
perdóneme excuse me
perezoso, -a lazy
perfecto, -a perfect
periódico *m.* newspaper
permiso *m.* permission; **con permiso** excuse me
pero but
perro *m.* dog; **perrito** *m.* puppy
persona *f.* person

personaje *m.* character
personalidad *f.* personality
pescado *m.* fish
peso *m.* Mexican money
piano *m.* piano
pie *m.* foot; **a pie** on foot; **al pie de** at the bottom of; **estar de pie** to be standing
piedra *f.* stone
piensa he, she (you) (think)s **(pensar)**
pierna *f.* leg
piloto *m.* pilot
pimienta *f.* pepper
pintar to paint; **pintado, -a** painted
pintura *f.* painting
pipa *f.* pipe
piso *m.* floor, story, apartment; **piso de arriba (abajo)** upstairs downstairs
pizarra *f.* blackboard
planchar to iron
planta *f.* plant
plata *f.* silver
platillo *m.* saucer
plato *m.* dish (of food)
playa *f.* beach
plaza *f.* square, plaza
pluma *f.* pen
pobre poor
poco, -a few, little; **pocas veces** few times; **poco a poco** little by little; **poco después** shortly afterward **un poco de** *m.* a little of
poder (ue) to be able; **puede** he, she, (you) can, is (are) able; **no poder más** not to be able to go on
poesía *f.* poetry
policía *m.* policeman
polvo *m.* dust
pollitos *m. pl.* chicks
pollo *m.* chicken
¡Pon! Put!
poncho *m.* woolen blanket pulled overhead and worn as an overgarment
poner to put, to place; **poner atención** to pay attention; **poner la mesa** to set the table; **ponerse** to become, to put on; **me pongo** I put on; **se pone** he becomes
por for, through, by, times (multiply); **por ahora** for now; **por eso** therefore;

por favor please; **por fin** at last; **por hora** per hour; **por la mañana (tarde, noche)** in the morning (afternoon, evening); **por otro lado** on the other hand; **por supuesto** of course; **por todas partes** everywhere
¿por qué? why?
porque because
portugués *m.* Portuguese
postre *m.* dessert
practicar to practice
práctico, -a practical
preceder to go before
procesador *m.* processor
precio *m.* price
preferido, -a favorite
preferir (ie) to prefer
prefiero I prefer
pregunta *f.* question; **hacer preguntas** to ask questions
preguntar to ask; **preguntar por** to ask about
prehistórico, -a prehistoric
preocupado, -a worried
preparar to prepare
presentar to present
presente *m.* present; **los presentes** those present; **me presento** I introduce myself
presidente *m.* president
prestar to lend; **prestar atención** to pay attention; **prestar juramento** to be sworn in
pretérito *m.* preterite
primavera *f.* spring
primero, -a first
primo, -a *m./f.* cousin
principal main
prisa *f.* speed, haste; **de (con) prisa** in a hurry
privilegio *m.* privilege
problema *m.* problem
procesión *f.* procession
produce you produce
producto *m.* product
profesor, -a *m./f.* teacher
programa *m.* program
prometer to promise
pronto soon
pronunciar to pronounce
propio, -a own
próximo, -a next

público *m.* public
pudieron they could, were able **(poder)**
pueblo *m.* town
puede(n) he, she can; (they can) **(poder)**
puedo I can **(poder)**
puente *m.* bridge
puerco *m.* pig
puerta *f.* door
puertorriqueño, -a Puerto Rican
pues well
puesto *m.* job, position
puesto vacante *m.* job opening
pulso *m.* pulse; caution
punto *m.* period; **en punto** on the dot (on time)
pupitre *m.* desk
puro, -a pure
puso he, she put **(poder); se puso pálido** he turned pale

Q

que that, than, who; **¡qué!** how . . . !, what a . . . !, what!; **¿qué?** what?, which?; **¿qué hay?** what's the matter?, what's up?; **¿qué le pasa a Ud.?** what's the matter with you?; **¿qué pasa?** what's going on?; **¿qué tal?** how's everything?; **que viene** next, that is coming; **lo que** what
quedar to remain
querer (ie) to want, to love; **querer a** to love; **querer decir** to mean; **¿qué quiere decir . . . ?** what does . . . mean?
querido, -a dear
queso *m.* cheese
quien(es) who; **¿quién(es)?** who?; **¿a quién(es)?** to whom?; **¿de quién(es)?** whose?, of whom?; **¿para quién?** for whom?
quieres you *(fam. s.)* want
quince fifteen
quinientos, -as five hundred
quitarse to remove, to take off

R

rabo *m.* tail
radio *f./m.* radio
Ramón Raymond
rancho *m.* ranch
rápido, -a rapid;
   rápidamente rapidly
raro, -a strange
rascacielos *m.* skyscraper
rato *m.* a while; **pasar un
   buen (mal) rato** to have a
   good (bad) time
real real
recepcionista *m./f.*
   receptionist
receta *f.* prescription
recibir to receive
recién recently
recoger to pick up, to gather
recordar (ue) to remember
recuerda he, she, (you)
   (remember)s
recuerdo I remember
refrescarse to refresh
   oneself
refresco *m.* cool drink,
   refreshment
regalo *m.* gift
regla *f.* rule
regresar to return
regreso *m.* return
reír (í) to laugh
reloj *m.* watch
remoto, -a far away
repetir (i) to repeat
repite he, she, (you) repeat(s)
representar to represent
resfriado *m.* cold
respectivamente
   respectively
respirar to breathe
responder to answer
respuesta *f.* answer
restaurante *m.* restaurant
reunión *f.* get-together,
   meeting
reunirse to get together
revista *f.* magazine
Reyes Magos *m. pl.* Wise
   Men
Ricardo Richard
rico, -a rich; **¡qué rico!** how
   delicious!
rincón *m.* corner
río *m.* river
risa *f.* laughter
518   **ritmo** *m.* rhythm

robar to steal, to rob
Roberto Robert
rojo, -a red
romántico, -a romantic
ropa *f.* clothes; **ropa interior**
   f. underwear
rosa *f.* rose
rosado, -a rose-colored
rubio, -a blond
ruido *m.* noise
Rusia Russia
ruso, -a Russian

S

sábado *m.* Sunday
sabe know(s)
saber to know; **saber** + *inf.*
   to know how to
sabor *m.* flavor
sacar to take out, to stick out
   (fam.); **sacar fotos** to take
   pictures; **sacar una nota**
   to get a mark
sal *f.* salt
sala *f.* living room; **sala de
   clase** classroom
sala de espera *f.* waiting
   room
¡salgan Uds.! leave!
salgo I leave **(salir)**
salir (de) to leave, to go out;
   salir bien (mal) to make out
   well (badly), to pass (fail)
saltar to jump
salud *f.* health
saludar to greet
Santiago Chile's capital
santo, -a *m./f.* saint
sastre *m.* tailor
satisfecho, -a satisfied
se *(reflex.)* himself, herself,
   yourself, itself, themselves,
   yourselves; **se** + *3rd
   person vb.* one, they, you
   (in a general sense)
Se hace tarde. It is getting
   late.
sé I know **(saber)**
se cayó (del avion) he fell
   (out of the plane); **se levanta**
   he, she, (you) (get)s up; **se
   oyen** they are heard; **se
   puso pálido** he turned pale;
   se sienta he, she, (you)
   (sit)s down
secretaria *f.* secretary
secreto *m.* secret

secundario, -a secondary
sed *f.* thirst; **tener sed** to be
   thirsty
seda *f.* silk
seguida; en seguida at once
seguir (i) to follow
seguro, -a sure, certain
seis six
semana *f.* week; **todas las
   semanas** every week
sencillo, -a simple
sentarse (ie) to sit down;
   sentado, -a seated;
   se sienta he, she, (you)
   (sit)s; **¡siéntese Ud.!** sit
   down!
sentido *m.* sense, feeling
sentir (ie) to feel, to regret;
   lo siento (mucho) I'm
   (very) sorry
señor *m.* Mr., sir, gentleman
señora *f.* Mrs., lady
señorita *f.* Miss, lady
septiembre September
ser to be; **ser la hora de**
   + *inf.* to be time to
serio, -a serious
serpiente *f.* serpent
servicio *m.* service
servidor, -a at your service
servilleta *f.* napkin
servir(i) to serve; **sirve para**
   is used for
sesenta sixty
setenta seventy
si if, whether
sí yes; **sí que** indeed
siempre always
siéntate! be seated!
¡siéntese Ud.! sit down!
siento I'm sorry
siesta *f.* nap, short rest
significar to mean; **esto
   significa** this means
siguiente following, next
silencio *m.* silence
silla *f.* chair
sillón *m.* armchair
simbolizar to symbolize
similar similar
simpático, -a nice, pleasant
sin without; **sin parar** without
   stopping
sincero, -a sincere
sirve para is used for
sirven they serve
sitio *m.* place
sobre on, over, about

sobre todo especially

sobrina *f.* niece; **sobrino** *m.* nephew; **sobrinos** *m. pl.* nephew(s) and niece(s)

sofá *m.* couch, sofa

sol *m.* sun; **hacer sol** to be sunny; **salir el sol** sunrise

solamente only

soldado *m.* soldier

solitario, -a lonely

solo, -a alone

sólo only

solterón *m.* bachelor

solución *f.* solution

sombrero *m.* hat

somos we are **(ser)**

son they are **(ser)**

sonar (ue) to ring

sonido *m.* sound

sonreír (í) to smile

sopa *f.* soup

sorprendido, -a surprised

sorpresa *f.* surprise

sótano *m.* basement

soy I am **(ser)**

su, sus his, her, their, your, its

subir to go up; **subir a** to get into, go up to; **subir en avión** to go up in a plane

subterráneo *m.* subway

suburbio *m.* suburb

sudar to sweat

sueldo *m.* salary

suelo *m.* ground

suena rings

sueño *m.* dream; **tener sueño** to be sleepy

suerte *f.* luck

sufrimiento *m.* suffering

sufrir to suffer

supermercado *m.* supermarket

supo he found out **(saber)**

supieron they found out

supongo I suppose

sur *m.* south

Susana Susan

suyo, -a (of) his, (of) her(s), (of) your(s), (of) their(s)

T

tal such (a); **¿qué tal?** how are things?

talento *m.* talent

también also

tan so

tan . . . como as . . . as

tango *m.* Argentine dance

tanto, -a so much, as much

tapa *f.* cover

tarde *f.* afternoon, late; **buenas tardes** good afternoon; **de la tarde** P.M.; **más tarde** later; **por la tarde** in the afternoon; **tarde o temprano** sooner or later

tarea *f.* task, homework

tarjeta *f.* card

taxi *m.* taxi

taxista *m.* taxi driver

taza *f.* cup

te you, to you, yourself

té *m.* tea

te gusta you *(fam.)* like

teatro *m.* theater

techo *m.* ceiling, roof

telefonear to telephone

teléfono *m.* telephone

teléfono celular *m.* cell phone

televidente *m.* TV viewer

televisión *f.* television

televisor *m.* television set

temperatura *f.* temperature

templo *m.* temple

temprano early

tendero *m.* storekeeper

tenedor *m.* fork

tener to have; **tener . . . años** to be . . . years old; **tener calor** to be warm; **tener éxito** to be successful; **tener hambre** to be hungry; **tener interés** to be interested; **tener miedo** to fear; **tener prisa** to be in a hurry, **tener que** + *inf.* to have to; **tener razón** to be right; **tener sed** to be thirsty; **tener sueño** to be sleepy; **¿qué tiene Ud.?** what's the matter with you?

tengo I have; **tengo que** + *inf.* I have to, must **(tener)**

tenis *m.* tennis

tercer third

Teresa Teresa

terminar to end, to finish

tertulia *f.* chat, social gathering

testigo *m.* witness

ti you

tiempo *m.* time, weather; **a tiempo** on time; **hacer buen (mal) tiempo** to be good (bad) weather; **mucho tiempo** for a long time; **al mismo tiempo** at the same time

tienda *f.* store; **tienda de ropa** clothing store; **tienda de comestibles** grocery store

tiene(n) he, she, (you, they) has (have); **tiene(n) que** he, she, (you, they) has (have) to, must; **¿qué tiene?** what is the matter with him?

tierra *f.* earth

tigre *m.* tiger

tijeras *f. pl.* scissors

timbre *m.* bell

tinta *f.* ink

tío *m.* uncle; **tía** *f.* aunt; **tíos** *m. pl.* aunt(s) and uncle(s)

tirar to throw

tiza *f.* chalk

tocadiscos *m.* record player

tocar to play (an instrument); to touch, to knock

todo, -a all, everything; **todo el día** *m.* all day; **todo el mundo** everybody

todos, -as every, all; **todos los días** everyday; **todas las semanas** every week

toldo *m.* awning

tomar to take, to drink; **tomar el almuerzo** to have lunch; **tomar la cena** to have supper; **tomar el desayuno** to have breakfast; **tomar asiento** to get seated

Tomás Thomas

tonto, -a silly, stupid, dumb

tópico *m.* topic

torero *m.* bullfighter

toro bull

torpe dull, stupid

tortilla *f.* omelet

tostada (*f.*) toast

trabajador hardworking

trabajar to work

trabajo *m.* work

traer to bring

traficante *m.* dealer

tráfico *m.* traffic

traigo I bring **(traer)**

traje *m.* suit; **traje de baño** bathing suit
treinta thirty
tren *m.* train
tres three
triste sad
tristemente sadly
tristeza *f.* sadness
tu, tus your *(fam.)*
tú you
turista *m./f.* tourist
tuyo, -a (of) your(s) *(fam.)*

U

Ud(s). you (abbrev.)
un(o), una *m./f.* a, an, one; **unos, -as** some, a few; **un poco de** . . . a bit of . . .
único, -a only
universidad *f.* university
usar to use, to wear
usted (es) you *(pl.)*
utensilio *m.* utensil
útil useful

V

va he, she, you go (es) **(ir)**
vaca *f.* cow
vacaciones *f. pl.* vacation; **las vacaciones de verano** summer vacation
vacante vacant
vago *m.* vagrant, bum
valer to be worth; **vale** it costs
vamos we go, we're going; let's go **(ir)**
van they go **(ir)**
vapor *m.* steamship
varios, -as several
vaso *m.* glass
¡vaya! go! **(ir)**

veces times; **a veces** at times; **algunas veces** sometimes; **otras veces** other times
vecindario *m.* neighborhood
vecino, -a *m./f.* neighbor, *(adj.)* neighboring
vegetal *m.* vegetable
veinte twenty
¡ven! come!
vendedor *m.* seller
vender to sell
¡venga! come **(venir)**
vengo I come
venir to come; **viene** he, she, (you) (come)s
venta sale; **a la venta** for sale
ventana *f.* window
ventanilla *f.* window (of a car or bus)
veo I see **(ver)**
ver to see; **a ver** let's see; **veo** I see
verano *m.* summer
verdad *f.* truth; **¿no es verdad?** isn't it so?; **¿verdad?** right?
verde green
vestíbulo *m.* vestibule
vestido *m.* dress, suit
vestido, -a(de) dressed (in)
vestir(i) to dress
vestirse (i) to get dressed
vez *f.* time; **por primera vez** for the first time; **a veces** at times; **algunas veces** sometimes; **muchas veces** many times, often; **otra vez** again; **otras veces** on other occasions; **pocas veces** a few times
viajar to travel
viaje *m.* trip
viajero *m./f.* traveler
Vicente Vincent
vida *f.* life; **mi vida** my darling
vidrio *m.* glass

viejo, -a old; **el viejo** old man
viene he, she, (you) (come)s
viento *m.* wind; **hacer viento** to be windy
viernes *m.* Friday
vino *m.* wine
violeta *f.* violet
violín *m.* violin
visita *f.* visit
visitar to visit
Víspera *f.* **de Todos los Santos** Halloween
vista *f.* view, sight; **hasta la vista** until I see you again
vivir to live
volar (ue) to fly
volumen *m.* volume, book
volver (ue) to return; **vuelve a casa** he, she, (you) (return)s home; **volver a mirarlo** to see something again
votar to vote
voy I go; **va** he, she, (you) (go)es; **van** they, you go **(ir)**
voz *f.* voice; **en voz baja** in a whisper
vuela he, she flies **(volar)**
vuelo *m.* flight
vuestro, -a (of) your(s) *(fam.)*

Y

y and
ya now, already
¡ya lo creo! I should say so!
ya no no longer
yo I
yo no not I

Z

zapatería *f.* shoestore
zapatero *m.* shoemaker
zapatos *m.* shoes

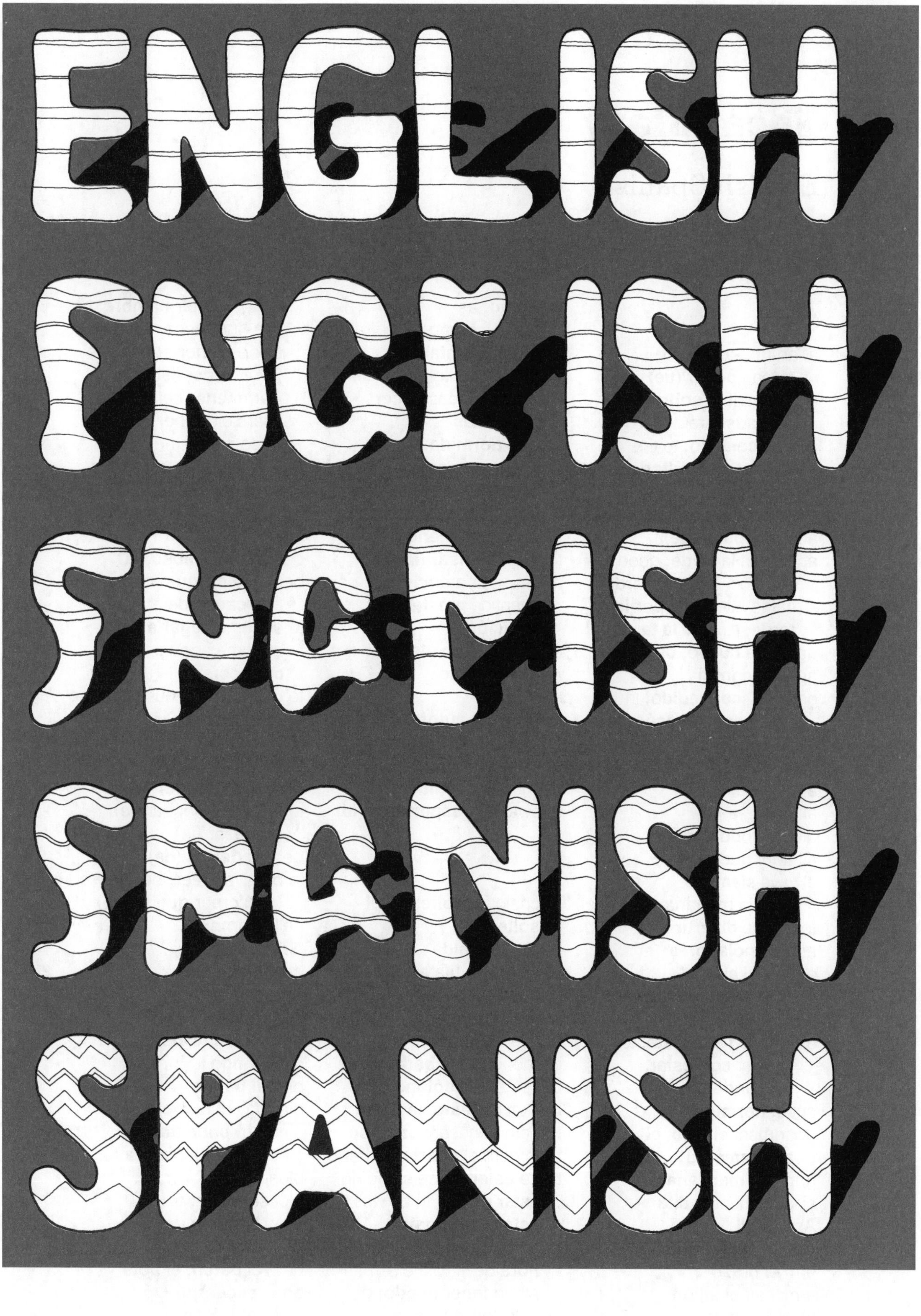
ENGLISH
SPANISH

Vocabulary

English-Spanish

A

a, an **un, -a**
able, can **poder (ue)**
above **arriba, sobre**
absent **ausente**
advice **consejo;** to the lovelorn **consultorio sentimental**
affectionately **cariñosamente**
after **después (de)**
afternoon **la tarde;** good afternoon **buenas tardes;** in the afternoon **por la tarde;** P.M. **de la tarde**
again **de nuevo, otra vez**
against **contra**
agreed! **¡concedido!** in agreement **de acuerdo**
air **el aire;** in the open air **al aire libre**
airplane **el avión**
all **todo, -a**
all day **todo el día**
all right **bueno, -a**
always **siempre**
A.M. **de la mañana**
to amuse **divertir (ie)**
angry **enojado, -a**
animal **el animal**
announcer **el locutor**
another **otro, -a**
answer **la respuesta;** to answer **contestar, responder**
ant **la hormiga**
apartment **el piso, el apartamento**
apple **la manzana**
appointment **la cita**
April **abril**
Arabic **el árabe**
arm **el brazo**
armchair **el sillón**
to arrive **llegar**

as **como;** as . . . as **tan . . . como**
to ask **preguntar**
to ask for **pedir**
to ask questions **hacer preguntas**
asleep **dormido, a**
at **a, en;** at once **en seguida;** at the **al, a la, en el, en la;** at last **al fin;** at least **al menos**
to attend **asistir (a)**
attention **la atención;** to pay attention **prestar atención**
attentively **con atención**
August **agosto**
aunt **la tía**
authority **la autoridad**
automobile **el automóvil**
autumn **el otoño**
avenue **la avenida**
to awaken **despertarse (ie)**

B

bachelor **el solterón, el soltero**
back f. **espalda**
back row **la fila atrás**
bad **malo, -a**
baker **el panadero**
bakery **la panadería**
barber shop **la barbería**
basement **el sótano**
basket **el cesto, la cesta**
to bathe oneself **bañarse**
bathroom **el cuarto de baño**
to be **estar;** to be standing **estar de pie;** to be well (ill) **estar bien (mal)**
to be **ser;** to be time to **ser hora de** + *inf.;* to be afraid **tener miedo;** be cold **tener frío;** be

hungry **tener hambre;** be in a hurry **tener prisa;** be sleepy **tener sueño;** be thirsty **tener sed;** be warm **tener calor;** be . . . years old **tener . . . años;** to be interested **interesarse;** to be sorry **sentirlo (ie);** to be successful **tener éxito**
beach **la playa**
beautiful **hermoso, -a**
because **porque;** because of **a causa de**
to become **llegar a ser**
to become acquainted **conocerse**
to become nervous **ponerse nervioso, a**
bed **la cama**
bedroom **el dormitorio**
before **antes (de)**
to begin **comenzar (ie), empezar (ie)**
behind **detrás (de)**
to believe **creer;** believe so (not) **creer que sí (no)**
bell **el timbre**
below **abajo**
best **el mejor**
between **entre**
better **mejor**
bicycle **la bicicleta**
big **grande**
bird **el pájaro**
birthday **el cumpleaños**
bit of **un poco de . . .**
blackboard **la pizarra**
blond **rubio, -a**
blouse **la blusa**
blow **el golpe**
blue **azul**
boat **el barco, el bote**
body **el cuerpo**
bone **el hueso**

book **el libro**
bored **aburrido, -a**
to be born **nacer**
to bother **molestar**
boy **el chico, el muchacho**
bread **el pan**
breakfast **el desayuno**; to breakfast **tomar el desayuno; desayunarse**
bridge **el puente**
to bring **traer**
brother **el hermano**; brother-in-law **el cuñado**
brown **pardo, -a**
brunette **moreno, -a**
building **el edificio**
bus **el autobús, la guagua (Carib.)**
busy **ocupado, -a**
butcher **el carnicero**
butchershop **la carnicería**
butter **la mantequilla**
to buy **comprar**
by **por**; by no means **de ninguna manera**

C

to call **llamar**
camp **el campamento**; summer camp **el campamento de verano**
can **poder (ue)**
Canada **el Canadá**
cap **la gorra**
captain **el capitán**
car **el carro, el coche**
cardboard **el cartón**
carnation **el clavel**
carnival **el carnaval**
carpet **la alfombra**
to carry **llevar**
Castilian **el castellano**
cat **el gato**
cave **la caverna**
cell phone **el teléfono celular**
chair **la silla**
chalk **la tiza**
to change **cambiar**
channel **el canal**
character **el personaje**
cheerful **alegre**
cheese **el queso**
cherry **la cereza**
chest **el pecho**
Chinese **el chino**
Christmas **la Navidad**

church **la iglesia**
class **la clase**
classmate **el colega**
classroom **la sala de clase**
clinic **el consultorio**
closet **el armario**
clothes **la ropa**; clothing store **la tienda de ropa**
cloud **la nube**
coffee (house) **el café**
cold **el frío; el resfriado** (sick); to be cold (persons) **tener frío**; to be cold weather **hacer frío**
color **el color**
Columbus **Colón**
Columbus Day **el Día de la Raza**
to comb oneself **peinarse**
to come **venir**
come! **¡ven!**
comfortable **cómodo, -a**
compassionate **compasivo, -a**
concert **el concierto**
congratulations **felicitaciones**
to conserve **conservar**
to construct **construir**
to consume **consumir**
contest **el concurso**
cool **fresco, -a**; to be cool **hacer fresco**
cost(s) **cuesta(n)**
cotton **el algodón**
country **el país, la patria** (nation)
cousin **el primo, la prima**
cover **la tapa**
cow **la vaca**
to crash **chocar**
craziness **la locura**
crazy **loco, -a**
cup **la taza**
curtain **la cortina**
to cut **cortar**

D

to dance **bailar**
dangerous **peligroso, -a**
date **la fecha**; what's today's date? **¿cuál es la fecha de hoy? ¿a cuántos estamos hoy?**
daughter **la hija**
day **el día**; the next day **al día siguiente**; every day **todos los días**
December **diciembre**

defense attorney **el abogado defensor**
democracy **la democracia**
department store **el almacén**
desk **el escritorio, la mesa, el pupitre** (small student's classroom desk)
dessert **el postre**
to dial **marcar**
dictation **el dictado**
dictatorship **la dictadura**
to die **morir (ue)**
different **diferente**
difficult **difícil**
to dine **cenar, comer**; dining room **el comedor**; dinner **la cena, la comida**
dish **el plato**
district **el barrio**
district attorney **el fiscal**
divided by **dividido por**
do! **¡haz!**
to do **hacer**; to do well (on an examination) **salir bien**; to do poorly **salir mal**
doctor **el doctor, el médico**
dog **el perro**
doll **la muñeca**
don't say! **¡no digas!**
door **la puerta**
downstairs **piso de abajo**
dozen **la docena**
dreaming **soñando**
to dress **vestir (i)**
dress **el vestido**
to drink **beber, tomar**
to drive **conducir, manejar, guíar**
driver **el chófer**
to drop **dejar caer**
drunk **borracho, -a**
duty **el deber**

E

ear **la oreja, el oído**
early **temprano**
to earn **ganar**
earth **la tierra**
east **el este**
Easter **la Pascua Florida**
easy **fácil**
to eat **comer**
egg **el huevo**; hard-boiled eggs **huevos duros**
eight **ocho**
eighteen **dieciocho**
elephant **el elefante**

523

elevator **el ascensor**
eleven **once**
employment **el empleo**
to end **terminar**
England **Inglaterra**; English
   el inglés; Englishman
   el inglés
enough **bastante**
to enter **entrar**
equals **son**
eraser **el borrador**
error **la falta**
evening **la noche**; in the
   evening **por la noche**;
   P.M. **de la noche**
ever **aún**
every **todo, -a**; everybody
   todo el mundo; every
   Sunday **todos los**
   domingos; everything
   todo; every week **todas**
   las semanas; everywhere
   por todas partes
examination **el examen**
to exchange **cambiar**
excuse me! **¡dispense**
   Ud.!, ¡perdón!
   ¡perdóneme Ud.!
exercise **el ejercicio**
exhausted **exhausto, -a**
expensive **caro, -a**
to explain **explicar**
exporter **exportador, -a**
eye **el ojo**

F

face **la cara**
factory **la fábrica**
to fail **salir mal**
to fall **caer**
fall **el otoño**
family **la familia**
far (from) **lejos (de)**
farmer **el campesino**
fast **rápido, -a**
father **el padre**
favorite **favorito, -a**
fax machine **la máquina de**
   Fax
to fear (be afraid) **tener**
   miedo de
February **febrero**
to feel **sentir (ie)**
I feel sorry **lo siento**
feeling **el sentido**
few **poco, -a**
field **el campo**

fifteen **quince**
file **el archivo**
to fill **llenar**
finally **por fin**
finger **el dedo**
to fire **despedir (i)**
five **cinco**
flag **la bandera**
to flee **huir**
flight **el vuelo**
floor **el piso**
flower **la flor**
to fly **volar (ue)**
fog **la neblina**
to follow **seguir (i)**
foot **el pie**
for **para, por**
fork **el tenedor**
fortunately **afortunadamente**
they found out. **supieron.**
four **cuatro**
fourth **(el) cuarto**
France **Francia**
free **libre**; (for) free **gratis**
French **el francés**;
   Frenchman **el francés**
Friday **viernes**
friend **la amiga, el amigo**
from **de, desde**
front **el frente**
frozen **congelado, -a**
fruit **la fruta**
furniture **los muebles**

G

galoshes **los chanclos**
garden **el jardín**
gentleman **el señor**
Germany **Alemania**; German
   el alemán
Gertrude **Gertrudis**
to get off, down (from) **bajar**
   de
to get dressed **vestirse**
to get on **subir a**
to get seated **tomar asiento**
to get together **reunirse**
to get washed **lavarse**
ghost **el fantasma**
gift **el regalo**
girl **la chica, la muchacha**
to give **dar**; give thanks **dar**
   las gracias
glass **el vaso** (for drinking); **el**
   vidrio
gloves **los guantes**

to go **ir**; go down **bajar**; go for
   a walk **ir de paseo, dar un**
   paseo; go home **ir a casa**;
   go on foot **ir a pie**; go out
   salir; go shopping **ir de**
   compras; go to school **ir a**
   la escuela; go up **subir**
to go to bed **acostarse(ue)**
gold **el oro**
good **bueno, -a**
goodbye **adiós**
granddaughter **la nieta**
grandfather **el abuelo**
grandmother **la abuela**
grandparents **los abuelos**
grandson **el nieto**
grass **la hierba**
gray **gris**
green **verde**
groceries **los comestibles**
grocery store **la bodega**
   (Carib.), la tienda de
   comestibles
ground **el suelo**
guide **el guía**
guilty **culpable**
gymnasium **el gimnasio**
gymnastics **la gimnasia**

H

hair **el pelo, el cabello**
half **medio, -a**; (one) half **la**
   mitad; half an hour **media**
   hora
Halloween **la Víspera de**
   Todos los Santos
hand **la mano**; to shake
   hands **dar la mano**
handkerchief **el pañuelo**
to hang (up) **colgar (ue)**
to happen **pasar**
happy **alegre, contento, -a,**
   feliz
hardworking **trabajador, -a**
hat **el sombrero**
to have **tener**; to have to
   tener que; to have just
   acabar de
head **la cabeza**; headache
   el dolor de cabeza
health **la salud**
to hear **oír**
heart **el corazón**
heat **el calor**; to be warm
   (weather) **hacer calor**; to
   be warm (persons) **tener**
   calor

Hebrew **el hebreo**
hello **hola**
help **la ayuda**
to help **ayudar**
hen **la gallina**
her **su, sus, la, (para)
ella**
here **aquí**
high **alto, -a**
him **lo, le, (para) él**
his **su, sus**
home **la casa;** at home **en
casa**
homework **la tarea, el
trabajo**
horse **el caballo**
hospital **el hospital**
hotel **el hotel**
hour **la hora**
house **la casa;** private
house **una casa
particular**
how? **¿cómo?;** how are you?
¿cómo está Ud.?; how are
things? **¿qué tal?**
How did it turn out? **¿Cómo
salió?**
how many? **¿cuántos, -as?**
how much? **¿cuánto, -a?**
how old is he (she)?
¿cuántos años tiene?
hunger **el hambre** *(fem.);*
to be hungry **tener
hambre**
hurry **la prisa; el apuro;** in a
hurry **de (con) prisa**
to hurry oneself **apurarse**
to hurt **doler**
husband **el marido**

I

illness **la enfermedad**
imaginary **imaginario, -a**
important **importante**
to impress **impresionar**
in **a, en**
in a hurry **a prisa**
in a whisper **al oído**
in front **al frente**
in front of **delante de**
in order to **para**
infant **el nene; la nena**
ink **la tinta**
inside **dentro**
instead of **en vez de**
intelligent **inteligente**

interested persons **las
personas interesadas**
interesting **interesante**
interview **la entrevista**
invitation **la invitación**
iron **el hierro**
It is getting late. **Se hace
tarde.**
Italian **el italiano, italiano, -a**
Italy **Italia**

J

jacket **la chaqueta**
jail **la cárcel**
January **enero**
job **el empleo, el puesto**
joke **el chiste**
judge **el juez**
July **julio**
to jump **saltar**

K

to keep **guardar**
key **la llave**
kitchen **la cocina**
knife **el cuchillo**
to know **conocer;**
(acquainted), **saber;** to
know how **saber** + *inf.*
knowledge **el conocimiento**

L

label **la etiqueta**
lamp **la lámpara**
to land **aterrizar**
language **la lengua**
large **grande**
late **tarde**
later **más tarde**
Latin **el latín**
laugh **reír (í)**
lawyer **el abogado**
lazy **perezoso, -a;
desaplicado, -a**
to learn **aprender**
at least **a lo menos**
to leave **salir (de)**
left **el izquierdo;** to the left **a
la izquierda**
leg **la pierna**
lemon **el limón**
lesson **la lección**
to let **dejar**
letter-carrier **el cartero**
to lie (tell lies) **mentir(ie)**

to lie down **acostarse(ue)**
life **la vida**
to like (be pleasing) **gustar**
lion **el león**
lips **los labios**
to listen (to) **escuchar**
little **poco, -a;** little by little
poco a poco
to live **vivir**
living room **la sala**
loafer **el holgazán**
long **largo, -a**
to look (at) **mirar**
to lose **perder(ie)**
loss **la pérdida**
love **el amor**
to love **querer (ie), amar**
luck **la suerte**
lunch **el almuerzo;** to have
lunch **almorzar (ue), tomar
el almuerzo**

M

magazine **la revista**
make! **¡haz!**
to make **hacer**
many **muchos, -as**
map **el mapa**
March **marzo**
mark **la nota;** to get a mark
sacar una nota
market **el mercado**
to marry **casarse (con)**
master of ceremonies
maestro de ceremonias
May **mayo**
meal **la comida**
to mean **querer decir, signi-
ficar;** what does . . . mean?
¿qué quiere decir . . .?
meat **la carne**
to meet **reunirse,
encontrar(ue)**
menu **la lista de platos**
merchant **el comerciante**
Merry Christmas **Feliz
Navidad**
method **el método**
Mexico **México**
Michael **Miguel**
microphone **el micrófono**
in the middle **en medio de**
midnight **la medianoche**
milk **la leche**
minus **menos**
minute **el minuto**
Miss **(la) señorita**

to be missing **faltar**
mistaken **equivocado, -a**
mixture **la mezcla**
Monday **lunes**
money **el dinero**
monkey **el mono**
month **el mes**
moon **la luna**
more **más**
morning **la mañana;** good
    morning **buenos días;** in
    the morning **por la mañana;**
    A. M. **de la mañana**
mother **la madre**
mountain **el monte, la**
    montaña
mouth **la boca**
movie **la película, el cine**
Mr. **(el) señor**
much **mucho, -a**
murder **el asesinato**
museum **el museo**
music **la música**
my **mi, mis; mío, -a**

N

name **el nombre;** what is your
    name? **¿cómo se llama**
    Ud.?, ¿cómo te llamas?;
    to be called **llamarse**
napkin **la servilleta**
narrow **estrecho, -a**
near **cerca (de)**
to need **necesitar**
neighbor **el vecino, la vecina**
neighborhood **el vecindario,**
    el barrio
nephew **el sobrino**
never **nunca**
new **nuevo, -a;** nothing's new
    sin novedad
New York **Nueva York**
newspaper **el periódico**
nice **simpático, -a; agradable**
niece **la sobrina**
night **la noche;** good night
    (evening) **buenas noches;**
    last night **anoche;** at night
    de noche
nine **nueve**
nineteen **diecinueve**
no? **¿no?**
no longer **ya no**
no one **nadie**
noise **el ruido**
none **ninguno, -a**
noon **el mediodía**

north **el norte**
nose **la nariz**
not I **yo no**
notebook **el cuaderno**
nothing **nada**
November **noviembre**
now **ahora**
number **el número**
nurse **la enfermera**
nylon **el nilón**

O

to obtain **obtener**
October **octubre**
of **de;** of course **por**
    supuesto
office **la oficina;** doctor's
    office **la clínica**
office manager **el/la gerente**
    de oficina
often **a menudo**
O.K. **está bien**
old **viejo, -a**
older **mayor**
omelet **la tortilla**
on **en, sobre**
one **un, una, uno**
only **solamente, sólo; único, -a**
to open **abrir**
opinion **la opinión**
or **o, u**
orange **la naranja**
orange (color) **anaranjado, -a**
orange juice **jugo de naranja**
other(s) **otro(s)**
our **nuestro, -a**
outside **afuera**
over **sobre**
overcoat **el abrigo**
to owe **deber**
own **propio, -a**
owner **dueño, -a**

P

package **el paquete**
page **la página**
pain **el dolor**
pair **el par, la pareja**
palace **el palacio**
pants **los pantalones**
paper **el papel**
paper (small) **el papelito**
paragraph **el párrafo**
parents **los padres**
park **el parque**
party **la fiesta**

past **el pasado**
patrol car **el coche patrullero**
to pay **pagar;** to pay
    attention **poner**
    (prestar) atención
pear **la pera**
pen **la pluma**
pencil **el lápiz**
people **la gente**
pepper **la pimienta**
permission **el permiso;**
    excuse me **con (su)**
    permiso
person **la persona**
pharmacy **la farmacia**
to phone **telefonear**
photocopy machine **la**
    fotocopiadora
to pick up (phone)
    descolgar(ue)
picture **el cuadro, el grabado**
pig **el puerco**
pilot **el piloto**
pity **lástima;** what a pity!
    ¡qué lástima!
place **el lugar, el sitio**
plant **la planta**
to play a game **jugar a (ue)**
to play the piano **tocar el**
    piano
pleasant **simpático, -a;**
    agradable
please **hacer el favor de +**
    inf., **por favor**
plus **y**
P.M. **de la tarde, de la**
    noche
pocket **el bolsillo**
poor **pobre**
Portuguese **el portugués**
potatoes **las patatas, las**
    papas (Latin-American)
pound **la libra**
prehistoric **prehistórico, -a**
to prepare **preparar**
prescription **la receta**
to present **presentar**
present **el regalo**
president **el presidente**
pretty **bonito, -a; lindo, -a**
price **el precio**
principal **el director, la**
    directora
privilege **el privilegio**
prize **el premio**
program **el programa**
to put **poner**
put! **¡pon!**

Q

quarter **el cuarto**
question **la pregunta;** to question **preguntar**

R

radio **la radio, el radio**
railroad **el ferrocarril**
rain **la lluvia;** to rain **llover (ue)**
raw **crudo, -a**
razor **la navaja**
to read **leer**
ready **listo, -a**
receptionist **el/la recepcionista**
record **el disco**
record player **el tocadiscos**
red **rojo, -a**
relative **el pariente, la pariente;** relatives **los parientes**
to remain, to stay **quedarse**
to remember **acordarse(ue)**
rent **el alquiler**
to repeat **repetir (i)**
republic **la república**
to rest **descansar**
restaurant **el restaurante**
to return **regresar, volver (ue)**
rich **rico, -a**
riddle **la adivinanza**
right? **¿verdad?**
right **el derecho;** to the right **a la derecha;** to be right **tener razón**
to ring **sonar;** it rings **suena**
river **el río**
road **el camino**
romantic **romántico, -a**
roof **el techo**
room **el cuarto, la habitación**
rooster **el gallo**
rose **la rosa**
row **la fila**
rule **la regla**
Russia **Rusia**
Russian **el ruso**

S

sad **triste;** sadness **la tristeza**
salad **la ensalada**
salary **el sueldo**

salt **la sal**
same **mismo, -a**
Saturday **sábado**
saucer **el platillo**
Saudi Arabia **Arabia Saudita**
to save (money) **ahorrar;** (life) **salvar**
to say, tell **decir;** how do you say . . .? **¿cómo se dice . . .?**
scientist **el científico**
scissors **las tijeras**
sea **el mar**
season **la estación**
seat **el asiento**
secret **el secreto**
secretary **secretario, -a**
to see **ver**
to send **enviar, mandar**
sentence **la frase**
September **septiembre**
serpent **la serpiente**
to serve **servir (i)**
seven, **siete**
seventeen **diecisiete**
sharp **en punto**
to shave oneself **afeitarse**
shellfish **el marisco**
shirt **la camisa**
shoes **los zapatos**
shoestore **la zapatería**
short **bajo, -a; bajito, -a; corto, -a**
should (ought) **deber**
sick **enfermo, -a; mal (o, -a)**
sightseeing bus **el autobús turístico**
sign **el letrero**
silver **la plata**
similar **similar**
simple **sencillo, -a**
to sing **cantar**
sir **(el) señor**
sister **la hermana**
six **seis**
sixteen **dieciséis**
skirt **la falda**
sky **el cielo**
sleep **dormir (ue);** to be sleepy **tener sueño**
slender **delgado, -a**
small **pequeño, -a**
smart **inteligente**
smile **la sonrisa**
to smile **sonreír(í)**
to smoke **fumar**
snow **la nieve;** to snow **nevar (ie);** it snows **nieva**

so **tan;** so much **tanto**
so, so **así, así**
socks **los calcetines**
soda **la gaseosa**
sofa **el sofá**
soldier **el soldado**
solution **la solución**
son **el hijo**
song **la canción**
soon **pronto;** as soon as possible **lo más pronto posible;** sooner or later **tarde o temprano**
sore throat **dolor de garganta**
south **el sur**
South America **la América del Sur, Sudamérica;** South American **sudamericano, -a**
Spain **España;** Spaniard **el (la) español, (-a)**
to speak **hablar**
speed **la prisa**
to spend (time) **pasar;** (money) **gastar**
spoon **la cuchara**
sport **el deporte**
spring **la primavera**
star **la estrella**
to stay **quedarse**
to stay in bed **guardar cama**
steamship **el vapor**
to stick out **sacar**
stockings **las medias**
store **la tienda**
story **el cuento**
stove **la estufa**
strange **extraño, -a**
street **la calle**
strong **fuerte**
student **el alumno, la alumna**
studious **aplicado, -a; estudioso, -a**
to study **estudiar**
stupid **tonto, -a**
subway **el subterráneo**
to succeed **tener éxito**
success **el éxito**
such (a) **tal**
suddenly **de repente**
suffering **el sufrimiento**
sugar **el azúcar**
suit **el traje**
summer **el verano**
summer vacation **las vacaciones de verano**

sun **el sol;** to be sunny **hacer sol**

Sunday **domingo**

supermarket **el supermercado**

supper **la cena**

I suppose **supongo**

surprised **sorprendido, -a**

to sweat **sudar**

swimming **la natación**

T

table **la mesa;** to set the table **poner la mesa**

tablecloth **el mantel**

tailor **el sastre**

to take **tomar;** to take a walk **dar un paseo;** take a horseback ride **dar un paseo a caballo;** to go on foot **ir a pie;** to take a car ride **dar un paseo en automóvil;** to take out **sacar;** to take pictures **sacar fotos**

to take off (plane) **despegar**

tall **alto, -a**

taxi **el taxi**

tea **el té**

to teach **enseñar;** teaching **la enseñanza**

teacher **el maestro, el profesor; la maestra, la profesora**

team **el equipo**

teaspoon **la cucharita**

telephone **el teléfono**

telephone book **la guía telefónica**

telephone number **el número de teléfono**

television **la televisión;** T.V. viewer **el televidente**

to tell **decir, contar (ue)**

temple **el templo**

ten **diez**

to thank **dar las gracias**

thank you (very much) **(muchas) gracias**

that **ese, esa, aquel, aquella** (dem. adj.), **que** (rel. pro.)

the **el, los** (masc.); **la, las** (fem.)

theater **el teatro**

their **su, sus**

them **los, las,** (para) **ellos, -as**

then **luego**

there **allí**

therefore **por eso**

there is, are **hay;** there was, were **había**

these **estos, -as**

thin **delgado, -a; flaco, -a**

to think (of) **pensar (en)**

third **tercer**

thirst **la sed;** to be thirsty **tener sed**

thirteen **trece**

thirty **treinta**

those **aquellos, -as; esos, -as**

thousand **mil**

three **tres**

throat **la garganta**

to throw **tirar**

Thursday **jueves**

ticket **el billete, la entrada**

tie **la corbata**

tiger **el tigre**

time **el tiempo;** at the same time **al mismo tiempo;** on time **a tiempo** (instance) few times **pocas veces;** many times **muchas veces**

time **la hora;** at what time? **¿a qué hora?;** at one o'clock **a la una;** at two o'clock **a las dos;** what time is it? **¿qué hora es?;** it's one o'clock **es la una;** it's two o'clock **son las dos;** on the dot **en punto**

times (multiply) **por**

tired **cansado, -a; fatigado, -a**

to **a, en**

to the **al, a la, a los, a las**

toast **la tostada**

today **hoy**

together **junto**

tomorrow **mañana;** until tomorrow **hasta mañana**

tongue **la lengua**

too much **demasiado, -a**

tooth **el diente**

tourist **el (la) turista**

town **el pueblo, la aldea**

train **el tren**

to travel **viajar;** travel agency **la agencia de viajes**

tree **el árbol**

trip **la excursión, el viaje**

truth **la verdad**

Tuesday **martes**

tulip **el tulipán**

twelve **doce**

twenty **veinte**

two **dos**

U

ugly **feo, -a**

umbrella **el paraguas**

uncle **el tío**

under **debajo (de)**

to understand **comprender, entender (ie)**

underwear **la ropa interior**

unfortunately **desafortunadamente**

United Nations **las Naciones Unidas**

United States **los Estados Unidos**

until I see you again **hasta la vista**

until then **hasta luego**

up **arriba;** upstairs **piso de arriba**

us **nos, para nosotros, -as**

to use **usar**

useful **útil**

V

vacant **vacante**

vacation **las vacaciones**

vagrant **el vago**

vegetables **las legumbres, los vegetales**

very **muy**

violet **la violeta**

to visit **visitar**

voice **la voz;** in a low voice **en voz baja**

W

to wait **esperar**

waiter **el mozo, el camerero**

walk **el paseo;** to walk **caminar;** to take a walk **dar un paseo**

wall **la pared**

wallet **la cartera**

to want **desear, querer (ie)**

watch **el reloj**

water **el agua** (fem.)

way **la manera**

we **nosotros, -as**

weak **débil**

to wear **llevar, usar**

weather **el tiempo;** to be good (bad) weather **hacer buen (mal) tiempo;** to be warm (cold) **hacer calor (frío);** to be sunny (windy) **hacer sol (viento);** to be cool **hacer fresco**

Wednesday **miércoles**

week **la semana;** last week **la semana pasada;** next week **la semana próxima, que viene**

welcome **bienvenido, -a;** you're welcome **de nada, no hay de qué**

well **bien, bueno, -a**

west **el oeste**

what (statement) **lo que**

what? **¿qué?, ¿cuál?;** what's going on? **¿qué pasa?;** what's the matter? **¿qué hay?;** what's the matter with him? **¿qué tiene él?**

when **cuando**

when? **¿cuándo?**

where **donde**

where? **¿dónde?**

which **que** *(rel. pro.)*

which? **¿qué** + *noun?*

which (one)? **¿cuál?;** which (ones)? **¿cuáles?**

white **blanco, -a**

White House **la Casa Blanca**

who **que** *(rel. pro.);* who? **¿quién?;** (whom)? **¿a quién?;** whose? (to) of (from) whom? **¿de quién?;** why? **¿por qué?, ¿para qué?**

wide **ancho, -a**

to win **ganar**

wind **el viento;** to be windy **hacer viento**

window **la ventana, la ventanilla** *(car or bus)*

wine **el vino**

winter **el invierno**

to wish **desear, querer**

with **con;** with me **conmigo;** with you *(fam.)* **contigo**

without **sin;** without stopping **sin parar**

witness **el testigo**

wolf **el lobo**

woman **la mujer**

wood **la madera**

wooden **de madera**

woods **el bosque**

wool **la lana**

word **la palabra**

word processor **el procesador**

work **el trabajo**

to work **trabajar**

worried **preocupado, -a; ansioso, -a**

to be worth **valer**

to write **escribir**

wrong **equivocado, -a**

Y

to yawn **bostezar**

year **el año**

yellow **amarillo, -a**

yesterday **ayer**

you **tú** *(fam.)*

you **usted (es)** *(formal);* **Ud(s).** (abbrev.)

young man (woman) **el (la) joven**

younger **menor**

your **tu, tus** *(fam.)*

your **su, sus** *(formal)*

Z

zoo **el parque zoológico**

Verb Reference Chart: Present Tense, Preterite Tense, Direct Commands.

Chart A. Typical Regular AR, ER, IR Infinitives

Subject Pronouns	AR: Cantar— to sing		ER: Comer— to eat		IR: Vivir— to live	
	Present	Preterite	Present	Preterite	Present	Preterite
Yo	canto	canté	como	comí	vivo	viví
Tú	cantas	cantaste	comes	comiste	vives	viviste
El, Ella, Ud.	canta	cantó	come	comió	vive	vivió
Nosotros (as)	cantamos	cantamos	comemos	comimos	vivimos	vivimos
Vosotros (as)	cantáis	cantasteis	coméis	comisteis	vivís	vivisteis
Ellos (as), Uds.	cantan	cantaron	comen	comieron	viven	vivieron
Direct Formal Commands	¡Cante(n) Ud(s)! Sing! ¡Cantemos! Let us sing!		Coma(n) Ud(s)! Eat! ¡Comamos! Let us eat!		¡Viva(n) Ud(s)! Live! ¡Vivamos! Let us live!	
Familiar Tú Commands	¡Canta! Sing! ¡No cantes! Don't sing!		¡Come! Eat! ¡No comas! Don't eat!		¡Vive! Live! ¡No vivas! Don't live!	

Chart B. Common Level One Irregular and Spelling-Changing Verbs: Present Tense, Preterite Tense, and Direct Commands

Infinitive	PRESENT TENSE is listed first. PRETERITE TENSE is listed second.	DIRECT COMMANDS:
Andar to go to walk	*regular in the present tense: See Chart A.* anduve anduviste anduvo anduvimos anduvisteis anduvieron	*regular commands: See Chart A.*
Caber to fit	quepo cabes cabe cabemos cabéis caben cupe cupiste cupo cupimos cupisteis cupieron	¡Quepa(n) Ud(s)! ¡Quepamos!
Caer to fall	caigo caes cae caemos caéis caen caí caíste cayó caímos caísteis cayeron	¡Caiga(n) Ud(s)! ¡Caigamos!
Conocer to know	conozco conoces conoce conocemos conocéis conocen *regular in the preterite tense: See Chart A.*	¡Conozca(n) Ud(s)! ¡Conozcamos!
Creer to believe	*regular in the present tense: See Chart A.* creí creíste creyó creímos creísteis creyeron	*regular commands: See Chart A.*
Dar to give	doy das da damos dais dan di diste dio dimos disteis dieron	¡Dé Ud.! ¡Den Uds! ¡Demos!
Decir to say to tell	digo dices dice decimos decís dicen dije dijiste dijo dijimos dijisteis dijeron	¡Diga(n) Ud(s)! ¡Digamos! ¡Di tú!
Estar to be (health, etc.)	estoy estás está estamos estáis están estuve estuviste estuvo estuvimos estuvisteis estuvieron	¡Esté(n) Ud(s)! ¡Estemos!
Hacer to do to make	hago haces hace hacemos hacéis hacen hice hiciste hizo hicimos hicisteis hicieron	¡Haga(n) Ud(s)! ¡Hagamos! ¡Haz tú!
Ir to go	voy vas va vamos vais van fui fuiste fue fuimos fuisteis fueron	¡Vaya(n) Ud(s)! ¡Vamos! ¡Vé tú!
Leer to read	*regular in the present tense: See Chart A.* leí leíste leyó leímos leísteis leyeron	*regular commands: See Chart A.*
Oír to hear	oigo oyes oye oímos oís oyen oí oíste oyó oímos oísteis oyeron	¡Oiga(n) Ud(s)! ¡Oigamos!
Poder can to be able	puedo puedes puede podemos podéis pueden pude pudiste pudo pudimos pudisteis pudieron	None
Poner to put	pongo pones pone ponemos ponéis ponen puse pusiste puso pusimos pusisteis pusieron	¡Ponga(n) Ud(s)! ¡Pongamos! ¡Pon tú!
Querer to want	quiero quieres quiere queremos queréis quieren quise quisiste quiso quisimos quisisteis quisieron	¡Quiera(n) Ud(s)! ¡Queramos!

Chart B. Continued

Saber to know (how, facts)	sé sabes sabe sabemos sabéis saben supe supiste supo supimos supisteis supieron	¡Sepa(n) Ud(s)! ¡Sepamos!
Salir to go out, to leave	salgo sales sale salimos salís salen *regular in the preterite tense: See Chart A.*	¡Salga(n) Ud(s)! ¡Salgamos! ¡Sal tú!
Ser to be	soy eres es somos sois son fui fuiste fue fuimos fuisteis fueron	¡Sea(n) Ud(s)! ¡Seamos! ¡Sé tú!
Tener to have	tengo tienes tiene tenemos tenéis tienen tuve tuviste tuvo tuvimos tuvisteis tuvieron	¡Tenga(n) Ud(s)! ¡Tengamos! ¡Ten tú!
Traer to bring	traigo traes trae traemos traéis traen traje trajiste trajo trajimos trajisteis trajeron	¡Traiga(n) Ud(s)! ¡Traigamos!
Venir to come	vengo vienes viene venimos venís, vienen vine viniste vino vinimos vinisteis vinieron	¡Venga(n) Ud(s)! ¡Vengamos! ¡Ven tú!
Ver to see	veo ves ve vemos veis ven vi viste vio vimos visteis vieron	*regular commands* See Chart A

Chart C. Typical Stem Vowel-Changing Verbs. Class I: AR and ER infinitives

Class I: Present tense changes **o** to **ue,** or **e** to **ie** in persons 1,2, 3, and 6, and in commands: **¡ __Ud(s)!** The preterite tense of AR and ER infinitives has no vowel change and is regular.

Subject Pronouns	* C**o**ntar (ue) to count	P**e**nsar (ie) to think	V**o**lver (ue) to return	P**e**rder (ie) to lose
1. Yo	cuento	pienso	vuelvo	pierdo
2. Tú	cuentas	piensas	vuelves	pierdes
3. El, Ella, Ud.	cuenta	piensa	vuelve	pierde
4. Nosotros (as)	contamos	pensamos	volvemos	perdemos
5. Vosotros (as)	contáis	pensáis	volvéis	perdéis
6. Ellos (as), Uds.	cuentan	piensan	vuelven	pierden
Direct Commands	¡Cuente(n) Ud(s)! ¡Contemos!	¡Piense(n) Ud(s)! ¡Pensemos!	¡Vuelva(n) Ud(s)! ¡Volvamos!	¡Pierda(n) Ud(s)! ¡Perdamos!
Other Level 1 Examples	almorzar, encontrar, mostrar, recordar	cerrar, comenzar, empezar, nevar (nieva)	mover, poder, llover (llueve)	defender, entender, querer

*N.B. jugar(ue) Present Tense: juego, juegas, juega, jugamos, jugáis, juegan
Direct Commands: ¡Juegue(n) Ud(s)! ¡Juguemos!

Chart D. Typical Stem Vowel-Changing Verbs. Classes II and III: IR infinitives

Class II: Present tense changes **o** to **ue** or **e** to **ie** in persons 1,2,3,6; and in the direct commands: **¡_____ Ud!** and **¡ _____ Uds!** But changes **o** to **u** and **e** to **i** in **¡_____ ! (nosotros, as)** (Let us__!)

Class III: Present tense changes **e** to **i** only in persons 1,2,3,6, and in all three direct commands **¡ _____Ud(s)! ¡ _____ !** (Let us!)

Subject Pronouns	D**o**rmir (ue) to sleep	S**e**ntir (ie), (i) to feel + noun, to regret	P**e**dir (í), (i) to ask for, request	re**í** (í), (i) to laugh
1. Yo	duermo	siento	pido	río
2. Tú	duermes	sientes	pides	ríes
3. El, Ella, Ud.	duerme	siente	pide	ríe
4. Nosotros (as)	dorminos	sentimos	pedimos	reímos
5. Vosotros (as)	dormís	sentís	pedís	reís
6. Ellos (as), Uds.	duermen	sienten	piden	ríen
Direct Commands	¡Duerma(n) Ud(s)! ¡Durmamos!	¡Sienta(n) Ud(s)! ¡Sintamos!	¡Pida(n) Ud(s)! ¡Pidamos!	¡Ría(n) Ud(s)! ¡Riamos!
Other Level 1 Examples	morir	divertir, mentir preferir	repetir, servir, vestir	sonreír N.B. accent on í as it appears above

Index, Part One

SPANISH NOW! Level 1

Teacher's Manual with Answer Key

Seventh Edition

by

Ruth J. Silverstein

Heywood Wald, Ph.D.

Allen Pomerantz, Ph.D.

General Editor
Nathan Quiñones

BARRON'S

Contents

Suggestions to the Teacher

How This Textbook/Workbook May Be Used in Class as a Basic Course or as a Supplement and Skills Reinforcement Resource

1. In presenting structures and verbs, the teacher can use the following features:

    a. model sentences for listening, repetition, reading practice, and brief analysis

    b. illustrations and rules to reinforce conclusions reached through studying the model sentences

    c. varied exercises as audio-lingual practice for the immediate classroom application of newly presented material

    d. Spanish-English models for graded exercises for oral and written practice with the class as a whole, with groups, and with students making individual progress, and at home.

        Note: Every student need not do every exercise. Assign exercises according to ability and need.

        See TABLE OF CONTENTS in the text for additional special sections to develop cultural appreciations, vocabulary and idiomatic control, and skills in listening, reading, and writing.

2. Mastery Learning Programs

While the teacher re-instructs and re-tests the repeating group, the teacher may assign to the group that passed the test, enrichment from (a) Culture Units, (b) Reading Skills, (c) Writing Skills, (d) Topical Vocabulary, (e) Idioms and Dialogues. Within the lesson, the preparation of oral and written compositions based on the stories and acting them out will offer an interesting challenge.

3. Promoting speaking skills and oral production

    a. Social interaction can be promoted by role playing and by stimulating responses to the many illustrative and model sentences and exercises which are written in question-answer and in stimulus-rejoinder form. Idioms and Dialogues will provide material for dramatizations. The teacher may make variations on this material and assign roles according to the needs, interests, and abilities of the students.

    b. The stories are in play form and in narrative form. They can be read and can be re-enacted by students taking roles.

    c. The many humorous pictures, sketches, and cultural illustrations should be used to stimulate both directed and free oral production, followed by written composition. The teacher may use the illustrations to stimulate students to formulate questions for other students to answer, and may base his or her own questions on the sketches to elicit details, a retelling of the story, or giving another ending to the story. On the basis of the illustrations, students may be encouraged to tell their own stories guided by questions, key words, or sentences to be completed.

4. Reinforcement and re-entry

Selected lessons and exercises may be practiced for supplementary reinforcement and review as the need arises. The teacher may refer students to the model sentences, to the explanations, and to the exercises for pinpoint review mastery.

5. Testing

Exercises or portions of exercises may be reserved for testing. Most exercises consist of 5 items or 10 items, which make them easy to mark.

6. In the teacher's absence

The vocabulary, idioms, and dialogues found in Parts II and III can be used to enrich topics taught earlier in the term.

How This Textbook/Workbook May Be Used at Home

1. Exercises and drills for homework

Oral and written homework assignments to reinforce class work may be made from the exercises and drills to strengthen oral ability, writing ability, and conceptualization.

2. Enrichment

Exercises in this book may be used to supplement and enrich any other basic textbook for the class as a whole or for individual students who need individualized homework and additional class practice on a more interesting level of challenge to meet their individual needs and abilities.

3. Reviewing before an examination

An abundance of simple basic exercises with model or sample sentences and explanations clarify Level One topics. This feature provides a source of supplementary practice and self-testing material (using the Answer Key) from which the teacher can make appropriate selections for a particular class.

4. Remedial work

After testing, when a particular weakness has been revealed, selected lessons and exercises may be assigned to the class or to an individual student to improve skills, to clarify understanding, and to develop mastery.

How This Textbook/Workbook May Be Used for Independent Study

Students who (1) are motivated to perfect their work, (2) wish to advance, or (3) need to absent themselves from class for long periods, may use to good advantage the step-by-step models and explanations, and the graded exercises with the Answer Key.

Helping Your Students to Achieve Oral Proficiency Using *Spanish Now! Level One:* A Step-by-Step Explanation Following the Development of the Work Units

Spanish Now! Level One places the building blocks for instantly encoding thoughts and feelings into Spanish speech early in the language learning process.

In order to reap the maximum oral proficiency benefits from this or any teaching tool, the teacher is paramount. It is the teacher who replicates in so far as possible the "surround sound" stimuli that the student might hear in a Spanish-speaking home or country and it is the teacher who creates opportunities for the student to respond directly in Spanish, vaulting over the barrier of English language habits that grip the new-language learner.

Spanish Now! Level One is the teacher's tool to meet today's oral proficiency goals.

Stories* and Personalized Questions:

After the story has been read by role-playing, and the reading comprehension questions have been put by some students to other students, the personalized ques-

*A brief motivation is suggested at the beginning of each story. The introduction of the new vocabulary before reading, prepares the student to read for pleasurable comprehension.

tions are the first step to self-expression. They give the learner the first opportunity to express independent thoughts in applying the story's vocabulary to his/her experiences and life situations. You should encourage several students to respond to each of the personalized questions put to them by other students, demonstrating to the class the rich variety of their possibilities for self-expression in Spanish.

Enrichment: Assign segments of the story to groups who will form their own reading comprehension questions guided by your interrogatives, e.g., ¿Qué. . .? The students complete the questions and put them to other students. When the questions for all the segments have been answered, the class has heard an oral summary of the whole study. You should take care that the "punch line" of the story was included among the questions and answers, as the "punch line" is the resolution of a premise or of a character's problem in these human interest stories.

As the class advances, they may as a whole or in groups cooperatively turn these warm human-interest narrative-and-dialogue stories into skits for performances.

Picture Match:

The stimulus of matching sentences to sketches recalls additional details about the stories. Encourage as many students as possible to add more details based on the sketches.

Oral and Written Composition:

The large drawing facing each story is used to elicit, for the first time, a sequence of sentences when the student tells what is happening in the drawing as it illustrates an event in the story. Several students are encouraged to tell everything they can about this event and even about those that followed or preceded it. (Care should be taken that they not simply name the persons and objects in the pictures.) The students' sequential sentences reinforce the vocabulary of the story, the accumulated grammar structures, sentence-formation habits, and habits of good Spanish-sound articulation.

Before students write a note, letter, or composition, elicit and guide in Spanish the thoughts the students plan to express in Spanish writing. These become clues for the class's writing, and give the teacher an opportunity to clarify the task and to remove egregious errors, or to supply a needed word.

Role-playing many exercises before or after they are written is a major opportunity to speak Spanish.

The Oral Proficiency Exercise:

The Oral Proficiency practice, as the culminating exercise of the Work Unit, integrates some of the unit's vocabulary and the elements of its grammar. This communication in extended speech of up to five sequential sentences in a conversational situation shows the learner's speech development from the single-sentence utterances of the personalized questions. The learner is encouraged to use entirely independent thought but may rely on guiding "clues" provided for his/her response. The clues leave room for some independent thought. The clues do not direct what the student must say but suggest and guide ideas so that the learner reinforces familiar vocabulary and grammar. The situations provide for conversational functions such as giving and asking for information, expressing feelings and opinions, persuading and socializing within the context of the Work Units.

Learners will vary in the number of sentences they can spontaneously create. You or an apt student may stimulate the learner to express more ideas using the clues in the exercise with questions and statements of their invention for role-playing in the conversation.

Enrichment: You may wish to use the situation, with or without the clues, provided in the oral proficiency. In a small group approach (three or four students) the students invent a dialogue. One student records it on paper, another on the blackboard for your correction. All the students polish the dialogue at home and perform it unaided for the class as a whole on the following day.

Several groups may produce varied dialogues on the same situation. You may also mine the story of each Work Unit for more situations to distribute among the small groups, or for additional whole-class practice to create oral communication.

Summary

- Each language skill—reading, writing, listening, speaking—contributes to all the others. The roads to the goal of oral proficiency are many. For the teachers who have taken a road toward that goal *Spanish Now! Level One* offers a practical four-skills building approach with justifiable emphasis on oral communication leading to proficiency.
- Conversational expressions in idiom-based dialogues for variation and performance are found in Part Three, Idioms and Dialogues.
- Barron's *Spanish Now! Level One* set of 4 CDs with speaking as well as listening goals will be practical for beginning students and for teachers interested in promoting speaking skills from the very beginning.

Scripts and Dictations

Script to Be Read to Student for Completion of Exercises in Part Four.

A. *Listen carefully to each statement that is read. Write the letter of the picture (**a, b, c, d,** or **e**) best described by the statement. Each description will be read twice.*

1. Hay tres muchachas en la clase. 2. El muchacho va a recibir la pelota. 3. Tres alumnas llevan libros. 4. Un chico está muy contento. 5. Dos muchachas y un muchacho salen de la escuela. 6. Tiene las manos hacia arriba. 7. Ella lleva sus libros entre las dos manos. 8. El chico lleva pantalones cortos. 9. Tres alumnas trabajan. 10. Tres muchachas caminan. 11. Él tiene la boca completamente abierta. 12. Un muchacho viene detrás de dos chicas. 13. Es una clase en un laboratorio. 14. El chico de la camisa blanca mira a la derecha. 15. Vemos a muchos alumnos.

B. *Listen to four statements.* Only **one** describes the picture correctly. When you hear the statement that *best* describes the picture, *write* its corresponding *letter* on the blank line. Each statement will be *read twice.* (Teacher, *read letter* with statement.)

1. a. El niño toma un libro.
   b. El niño toca un disco.
   c. El niño toma el abrigo.
   d. El niño tiene frío.

2. a. Compran leche en la tienda.
   b. Pagan mucho en la tienda.
   c. Salen de la tienda.
   d. Toman leche en la fiesta.

3. a. Pablo contesta el teléfono.
   b. Pablo contesta la carta.
   c. Pablo contesta la puerta.
   d. Pablo asiste al teatro.

4. a. Le dan un regalo a María.
   b. Le dan un regalo a Juan.
   c. Le da la mano a María.
   d. Le explican la regla a María.

5. a. La familia tiene que caminar.
   b. La familia va a correr.
   c. La familia está sentada para comer.
   d. La familia tiene calor.

6. a. Tengo que buscar un libro.
   b. Vengo a comprar papel.
   c. Vengo a buscar dinero.
   d. Tengo que buscar la biblioteca.

7. a. Todos salen del teatro.
   b. Todos van a entrar en el teatro.
   c. Todos van a comprar zapatos.
   d. Todos marchan en la procesión.

8. a. Pone la mesa en la cocina.
   b. Hace la cama en su cuarto.
   c. Prepara la comida en la cocina.
   d. La criada lee el periódico.

C. *Choose the word that is pronounced and write the letter on the blank line. Each word will be read twice.*

1. Pancho 2. toro 3. causa 4. jota 5. cielo 6. ese 7. día 8. mañana 9. duro 10. lluvia 11. ¡hable! 12. perro

D. *Listen carefully to each question that is read. Then choose the correct response and write the letter on the blank line. Each question will be read twice.*

1. ¿A qué hora tomas el almuerzo?

2. ¿A dónde vas cuando hace sol?

3. ¿Cuál es la fecha de nuestro Día de la Independencia?

4. ¿Quién es el hijo de mi tía?

5. ¿Qué respondes cuando tu amigo pregunta:—Qué tal?

6. ¿Cuánto son treinta y cuarenta?

7. ¿Cómo pasas el domingo?

8. ¿Cuántas semanas hay en un año?

9. ¿Quién nos sirve en un restaurante?

10. ¿Cuándo vamos a la playa?

E. _Listen carefully_ to each statement and question that is read. Then choose the most appropriate response and write the letter on the blank line. Each statement will be _read twice._

1. Quiero jugar al béisbol. ¿Y tú?

2. Me levanto tarde. ¿Y tú?

3. En la clase los profesores hablan mucho. ¿Y los alumnos?

4. Le gusta comer papas fritas y carne. ¿Y de postre?

5. Escribimos cartas. ¿Y Uds.?

6. Vas a las tiendas el sábado. ¿Y el domingo?

7. María es más bonita que Juana. ¿Y Ana?

8. Vamos al teatro. ¿Y Uds.?

F. _Listen carefully_ to the two statements read that _describe two actions in a series._ _Choose the next logical action_ and _write the letter on the blank line._ Each series will be _read twice._

1. Tengo hambre. Entro en la cafetería.

2. Hace mucho frío. Voy a la ventana.

3. Es la Navidad. Está en la tienda.

4. Hoy es domingo. Salimos de la casa.

5. Busco la fecha. Es el primero de enero.

6. Compran ropa. Sacan dinero.

7. Miro el reloj. Es la medianoche.

8. Hay sol. Hace calor.

9. Mañana tienen un examen. Saben poco.

10. Estoy con María. Oigo la música.

G. _Listen carefully_ to each incomplete statement. Then _choose the correct answer_ and _write the letter on the blank line._ Each statement will be read twice.

1. Buenos días, clase.

2. ¿Por qué no está aquí la pobre Inés?

3. Hoy es miércoles; es un día de mercado.

4. Mamá, Isabel y yo vamos a la escuela.

5. ¿Vamos a la tienda ahora, hija mia?

6. Toma este vaso de leche.

7. Mi padre va a darme un coche nuevo.

8. Pablo, tienes que trabajar mucho.

9. Aquí se venden muchas cosas caras a precios muy altos.

10. Francisco, ¡hasta mañana!

H. _Listen carefully_ to each _incomplete statement._ Then _choose the correct answer_ and _write the letter_ on the blank line. Each incomplete statement will be _read twice._

1. Estamos en la clase de historia para. . . .

2. Es la hora del desayuno y tú tienes. . . .

3. Van al parque para ir de. . . .

4. Un buen hijo siempre dice. . . .

5. Quiero un refresco. ¿Tienes. . . .?

6. Ella prepara la comida en. . . .

7. No puedo visitar a papá porque no está en su. . . .

8. Le prometo un regalo a María para su. . . .

9. Este fin de semana voy a jugar. . . .

10. Voy al cine para. . . .

I. *Listen carefully* to the word that is *pronounced.* Then choose the *word that belongs in the same class* and *write the letter on the blank line.* Each word will be *read twice.*

1. boca 2. luna 3. fiesta 4. comida 5. amarillo 6. ayer 7. país 8. perezoso 9. sala 10. arroz

J. *Listen carefully* to the *definition* that is read to you. Then choose the *word that is defined and write the letter on the blank line.* Each definition will be *read twice.*

1. Algo para comer.

2. Una parte del año.

3. Donde se toma el sol.

4. La persona que hace panecillos.

5. Un animal enorme.

6. Es necesario para sentarse.

7. Se usa para viajar.

8. Asistimos para escuchar un concierto.

9. El cuarto para recibir a los amigos.

10. Una parte de un libro.

K. *Listen carefully* to the word that is *pronounced.* Then choose a word that *means the same* and *write the letter on the blank line.* Each word will be *read twice.*

1. médico 2. comida 3. avenida 4. dinero 5. avión 6. responder 7. desear 8. coche 9. historia 10. habitación

L. *Listen carefully* to each *incomplete statement.* Then choose the answer *that completes the thought* and *write the letter on the blank line.* Each statement will be *read twice.*

1. Cuando veo a mi amigo le digo: —. . .

2. No regreso a casa tarde porque. . . .

3. Para ir a España tengo que. . . .

4. Carlos está ausente porque. . . .

5. Esta noche Luis está en casa para. . . .

6. No vamos al campo cuando. . . .

7. Estamos en la cafetería. . . .

8. ¿Puedes ir conmigo mañana. . . .?

9. Para salir bien en un examen, un alumno tiene que. . . .

10. Si tenemos sed. . . .

M. *Listen carefully* to the *word that is pronounced.* Then choose the *word that has the opposite meaning* and *write the letter on the blank line.* Each word will be *read twice.*

1. calor 2. sol 3. delante 4. salir 5. invierno 6. triste 7. responder 8. largo 9. falda 10. abrir

N. *Listen carefully* to the *statement that is read.* Then choose the *word or words* that *match the description* and *write the letter on the blank line.* Each statement will be *read twice.*

1. La secretaria escribe al dictado.

2. Pablo prepara su lección para mañana.

3. El piloto sube al avión.

4. Todos los países expresan su opinión.

5. Hay nieve en todas las avenidas de la ciudad.

6. El enfermo necesita una operación.

7. Admiramos las flores y escuchamos los pájaros.

8. Esperamos el tren que va a las tiendas en el centro de la ciudad.

9. Preguntamos si tienen un cuarto grande y bonito para nosotros.

10. Los astronautas hablan de su viaje por el espacio.

O. *Listen carefully* to the *statement that is read*. On the blank line write **verdad** if the statement is *true,* or **mentira** if it is *false*. Each statement will be *read twice*.

1. Nueva York es la capital de México.
2. Hay cincuenta y dos semanas en el año.
3. Puerto Rico está en Miami.
4. El español es una lengua importante.
5. La rumba es un baile.
6. Recibimos regalos para nuestro cumpleaños.
7. Generalmente bailamos en la cocina.
8. Si tenemos sueño, dormimos.
9. Siempre tomamos el desayuno a las diez de la noche.
10. El béisbol es una comida.

P. *A brief paragraph* will be read to you. Choose the *correct answer based on the content of the paragraph* and write the *letter on the blank line*. Each paragraph will be *read twice.*

1. Llega el momento final. Los alumnos le dan sus libros al profesor. No hay más exámenes ni lecciones por dos meses.
2. La madre de María no está en casa. María y su padre tienen hambre pero papá no sabe hacer nada en la cocina. ¿Quién va a preparar la comida?
3. Todos los amigos están preparados. Juan recibe la pelota y da en la pelota con el pie. Los amigos comienzan a jugar.
4. Pablo está en cama. No tiene apetito. Dice que tiene mucho calor y dolor de cabeza. Su padre busca al doctor Rodríguez.
5. Es de noche. Anita está en la cocina. Entonces ella ve dos ojos verdes. Es el gato. Anita le habla y le da su pelota. Al fin le da leche.
6. Sale el sol. La familia entra en la cocina. Van a tomar la primera comida del día. Tienen sueño. Pero, en fin, es otro día nuevo.
7. Es muy tarde. Antonio piensa en la sopa y en el arroz con pollo que su madre prepara. Antonio comienza a correr rápido a casa.
8. Hay muchos libros aquí. Pedro busca un libro sobre los Mets. Su amigo Luis entra. Pedro le llama y le habla. Una mujer sentada en otra mesa le dice furiosa:— ¡Silencio!
9. El padre de José está sentado para leer el periódico. Lee un artículo sobre uno de los eventos importantes del día. Grita:—¡Es imposible! ¡Yo no puedo creer esto!
10. Es domingo, el veinticuatro de diciembre. Mis padres y yo entramos en la Casa de Dios para oír misa. Escuchamos también varias canciones de Navidad allí.
11. Cada mujer es muy bella, pero la señorita de Puerto Rico es la más bonita. Ella recibe la corona y el dinero porque ella es la más bonita.
12. En México el dinero principal no es el dólar. El dinero principal mexicano es el peso. Juanita, una niña mexicana, tiene un billete de veinte pesos. Con el billete de veinte pesos ella compra unos dulces que cuestan diez pesos. ¿Cuántos pesos tiene Juanita después de comprar los dulces?
13. María y Juan salen de su pueblo con su burro. El animal lleva las frutas y las legumbres que los hermanos quieren vender en la ciudad. La vida del campesino es difícil, y ahora desean recibir dinero por sus productos.
14. Pablo abre el libro para estudiar para la clase de historia. Tiene que leer cuarenta páginas y ya es muy tarde. Está triste porque dan una película interesante en el teatro esta noche, pero él no puede asistir.
15. El cielo ya no está azul. No vemos el sol. Poco a poco llegan las nubes. Nadie entre nosotros tiene paraguas. Sabemos que tenemos que regresar a casa para buscar los paraguas.
16. Pedro llama a la puerta. Nadie responde. Pedro busca algo en los bolsillos pero no halla nada. Mira por la ventana de la casa. No está nadie. ¿Qué puede hacer a estas horas?

17. Cada alumno piensa en la respuesta. Los veinte lápices escriben rápidamente. El maestro mira el reloj y les dice a los alumnos:—¡Bajen los lápices! ¡Pasen los papeles!

18. Es un día muy bonito. Hace sol, pero los niños tienen que llevar guantes y sombreros. Juegan en la nieve y hacen bolas de nieve. Hace viento, pero no mucho. A todos les gusta el buen tiempo.

19. El médico dice que el chico puede volver a casa mañana. La enfermera dice que él ya no tiene más que un resfriado. Su temperatura ya no es un problema. El chico va a pasar un día más aquí antes de regresar a casa.

20. A mí no me gusta comer pescado. El pescado no es mi plato favorito. Pero mi abuela lo preparó para mí, y ahora me mira con una cara muy triste. Yo tengo que decirle:— Abuelita, ¡qué delicioso está el pescado! Y comienzo a comerlo.

Q. *A short dialogue will be read. Listen carefully,* then *choose the answer that indicates who the two speakers are* and *write the letter on the blank line. Each dialogue will be read twice.*

1. —¿Puedo usar su coche esta noche, papá?
   —Lo siento mucho, Pepito, pero tu accidente del mes pasado me costó cien dólares.

2. —¿Sufres de este dolor de dientes por mucho tiempo?
   —Ayer comí dulces, señor. Luego comenzó el problema.

3. —¡Qué bonita eres, Elena! ¿Quieres ir al cine conmigo esta noche?
   —¡Ay, Juan! Siempre les hablas así a todas las chicas.

4. —Pero, señor, no puedo trabajar más. Este trabajo es muy difícil.
   —Si Ud. no produce más, ¡busque Ud. otro trabajo!

5. —Joven, ¿es tu taxi también un avión?
   —¡Perdóneme, señora, pero unas treinta millas por hora no es rápido en este taxi!

6. —No voy a bailar otra vez con Juan, María.
   —¿Por qué no?
   —Porque él no sabe ni un solo baile latino.

7. —¿Puede Ud. aceptar este cheque, señor?
   —Imposible, señorita, a esta hora. Nosotros cerramos a las tres en este banco.

8. —¿Por qué no tienes tu libro, José?
   —¿No vamos a tener un examen hoy, señor Meléndez?

Script to be Read to Student for Completion of Exercises in Part Six
Exercise III

A. *Write the word that I will read to you;* then *choose the word* that has the *opposite* meaning and write it in the space on the right. Circle the letter. Each word will be *read twice.*

1. salimos	5. buenos días
2. delante	6. a menudo
3. regresar	7. en seguida
4. corto	8. menos

B. *Write the word that I will read to you;* then *choose the word* that has the *same* meaning and *write it* in the space on the right. Circle the letter. Each word will be *read twice.*

1. venir	5. el automóvil
2. cansado	6. el chico
3. alegre	7. caminar
4. charlar	

Dictation Directions to Be Repeated Before Each Dictation Exercise

"I will read a passage to you three times. *Listen only,* the first time. *Listen* and *write* what you hear, *in Spanish*, the second time. *Listen, re-read silently* and *correct* the material you wrote, the third time. Check your spelling from the Answer Key."

Exercise IV

A. 1. Spot dictation. (Voc. Unit 11 Part Two) *"Fill in the missing words."*

    a. Vivo en una **casa** particular de dos **plsos.**

    b. La casa tiene un **patio** por **detrás** y hay un jardín por **delante** de ella.

    c. **Arriba** tenemos el techo; abajo está el **sótano.**

    d. Hay en el primer piso una **cocina**, un **comedor**, y una **sala**.

A. 2. Complete dictation. (Voc. Unit 11 Part Two) *"Write the entire passage."*

    a. En el segundo piso tenemos dos cuartos de baño y tres dormitorios.

    b. En mi dormitorio hay dos ventanas grandes con sus cortinas de algodón, una cama, una cómoda, un escritorio con mi teléfono, una silla y un sillón.

    c. El piso tiene una alfombra de lana.

    d. Sobre el escritorio está una lámpara de madera.

    e. La otra lámpara es de hierro, y está cerca de mi cama.

    f. Mi dormitorio es grande y claro. Es mi cuarto favorito.

B. 1. Spot dictation. (Voc. Unit 3 Part Two) *"Fill in the missing words."*

    a. Cuando estoy bien y no **sufro** de **dolor** de **estómago**, me pongo **ropa** bonita y salgo a la calle.

    b. **Llevo** un **vestido** o una **falda** con una **blusa**.

    c. En los pies me pongo **medias** y **zapatos**, y en las manos **guantes**.

B. 2. Complete dictation. (Voc. Unit 3 Part Two) *"Write the entire passage."*

    a. Mi hermano usa una camisa sin corbata y pantalones cortos.

    b. Luego, él se pone una chaqueta y una gorra.

    c. Él mete un pañuelo en el bolsillo porque tiene un resfriado.

    d. Besamos a nuestra madre y salimos a caminar.

C. 1. Spot dictation. (Voc. Unit 4 Part Two) *"Fill in the missing words."*

    a. Mi **color** favorito es el rojo.

    b. Me gustan las flores que son **rojas** como las **rosas** y los **claveles**.

    c. De las frutas que hay en mi **jardín** prefiero las **manzanas** y las **cerezas**.

    d. En el verano visito el **parque** donde **hay** flores y **árboles de muchos colores.**

C. 2. Complete dictation. (Voc. Unit 4 Part Two) *"Write the entire passage."*

    a. En mi jardín hay también frutas de varios colores.

    b. Los limones son amarillos.

    c. Las uvas son moradas.

    d. Y la hierba es verde.

    e. El cielo está azul si hace buen tiempo pero gris o blanco cuando llueve.

    f. Los árboles están pardos o negros en el invierno.

D. 1. Spot dictation. (Voc. Unit 1 Part Two) *"Fill in the missing words."*

    a. En la **ciudad** hay muchas cosas que mirar y que hacer.

    b. En el **subterráneo** hay mucha **gente** y mucho **ruido**.

    c. Las **calles** son largas, las avenidas anchas y los **edificios** altos.

    d. Los sábados podemos asistir al **cine**.

    e. Los domingos visitamos **iglesias** hermosas y **museos** interesantes.

    f. Podemos ir al **circo**.

D. 2. Complete dictation. (Voc. Unit 1 Part Two) *"Write the entire passage."*

    a. En casa damos fiestas alegres y cantamos canciones bonitas.

    b. Leemos cuentos, revistas o periódicos.

    c. Los amigos bailan o escuchan la música.

    d. Charlamos con la familia o damos un paseo a la plaza.

E. 1. Spot dictation. (Voc. Unit 2 Part Two) *"Fill in the missing words."*

    a. En la **primavera** el **aire** está fresco.

    b. Los **árboles** y la **hierba** están verdes.

    c. Los **pájaros** cantan y el **mundo** está muy bonito.

    d. En el verano **llueve** un día, y el otro hace **calor**.

    e. Vamos a la playa, al campo o a las **montañas** para las **vacaciones**.

E. 2. Complete dictation. (Voc. Unit 2 Part Two) *"Write the entire passage."*

    a. El sol brilla mucho en el cielo azul.

    b. Por la noche brillan las estrellas.

    c. En septiembre y en octubre tenemos el otoño.

    d. Hay días de lluvia y de neblina.

    e. Luego, la tierra espera el invierno cuando nieva mucho.

Exercise XI Write an *affirmative* answer in a complete Spanish sentence, to the questions I will read to you. Each question will be read twice.

  1. ¿Cómo te llamas?

  2. ¿Cuántos años tienes?

  3. ¿Cómo estás?

  4. ¿Dónde vives?

  5. ¿Te gusta la escuela?

  6. ¿Qué estudias en la clase de español?

  7. ¿En qué estación está cerrada la escuela por dos meses?

8. ¿Para qué vas al cine?

9. ¿Cuándo celebramos la Navidad?

10. ¿A quién ayudan (ayudáis) tú y tus hermanos en la casa?

Answer Key

LECCIONES PREPARATORIAS

Lesson I: La casa

1. No señor (señorita, señora), no es la puerta. Es el teléfono. 2. No señor (señorita, señora), no es la radio. Es la puerta. 3. Sí señor, es la lámpara. 4. No señor, no es el padre. Es el hermano. 5. No señor, no es la madre. Es la hermana. 6. No señor, no es el disco. Es la mesa. 7. Sí señor, es la ventana. 8. No señor, no es el teléfono. Es el disco. 9. No señor, no es la cocina. Es el televisor. 10. No señor, no es la sala. Es la flor.

Lesson II: Una escuela

Exercise A 1. Es un libro. 2. Es un cuaderno. 3. Es un pupitre. 4. Es una mesa. 5. Es una pizarra. 6. Es una pluma. **Exercise B** 1. Sí señor (señorita, señora), es un papel. 2. Sí señor, es un cuaderno. 3. No señor, es una mesa. 4. No señor, es una pluma. **Exercise C** 1. Es un lápiz. 2. Es un libro. 3. Es una pizarra. 4. Es un mapa. 5. Es un televisor. 6. Es una ventana. 7. Es una puerta. 8. Es un gato.

Lesson III: La ciudad

Exercise A 1. Es una revista. 2. Es un policía. 3. Es un edificio. 4. Es un coche. 5. Es una mujer. **Exercise B** 1. No es una revista. Es un periódico. 2. Es un hombre. 3. No es un coche. Es un autobús. 4. Es el cine. 5. No es un profesor. Es un policía. **Exercise C** 1. El muchacho está en la clase. 2. El policía está en la calle. 3. La madre está en la cocina. 4. La radio está en la mesa. 5. El hombre está en la puerta.

Lesson IV: Los alimentos

Exercise A 1. Compro las botellas de leche. 2. Compro un pan. 3. Compro jugo de naranja. 4. Compro helado (de chocolate). 5. Compro queso. **Exercise B** 1. No compro helado. Compro mantequilla. 2. No compro naranjas. Compro manzanas. 3. No compro dulces. Compro huevos. 4. Compro flores. 5. No compro una Coca-Cola. Compro jugo de naranja.

Lesson V: Acciones

Exercise A. 1. El profesor escribe en la pizarra. 2. La muchacha come el pan. 3. El alumno sale de la escuela. 4. El policía bebe la Coca-Cola. 5. El hombre lee el periódico. **Exercise B** 1. La mujer no mira la televisión. Escucha la radio. 2. La hermana canta. 3. El policía no corre. El policía descansa. 4. Carlos no estudia. Mira la televisión. 5. María no come el queso. Bebe la leche.

Lesson VI: Descripciones

Exercise A 1. El hombre es grande. 2. La lección es difícil. 3. El profesor es perezoso. 4. El alumno es tonto. 5. La madre es trabajadora. **Exercise B** 1. El elefante no es pequeño. Es grande. 2. No hay pocos alumnos en la clase. Hay muchos. 3. La casa no está aquí. Está allí. 4. La manzana está deliciosa. 5. El hombre come mucho.

Lesson VII: El cuerpo humano

Exercise A 1. Es una rodilla. 2. Es un brazo. 3. Es una boca. 4. Es un pecho. 5. Es un cuello. **Exercise B** 1. No son orejas. Son caras. 2. No son bocas. Son orejas. 3. No son narices. Son piernas. 4. No son mentones. Son labios. 5. No son cuellos. Son manos. **Exercise C** 1. los ojos 2. las piernas y los pies 3. la boca 4. el hombro 5. la espalda 6. el estómago

PART ONE: STRUCTURES AND VERBS

WORK UNIT 1

Answers to Reading Exercises: ¡La televisión es muy importante!

Exercise I(A) 1. estudiosa 2. lección de español 3. papel (cuaderno) 4. periódico . . . sala 5. radio, cocina 6. hermano 7. importante 8. mirar 9. mañana 10. amor, pasión **(IB)** 1. cuaderno 2. español 3. lápiz 4. televisión 5. español. **(II)** 1. Yo necesito estudiar. 2. Esta noche hay programas interesantes. 3. Es mi programa favorito. 4. No es necesario estudiar el español. 5. Es muy fácil. **Exercise III** 1. lápiz 2. sala 3. libro 4. cuaderno 5. frase 6. hermano 7. también 8. con 9. fácil 10. ahora 11. hay 12. mira 13. noche 14. lee 15. esta **Exercise IV** 1. a, f 2. d 3. b 4. e, c **Exercise V** Ad lib.

Answers to Grammar Exercises: The Noun and the Definite Article (Singular)

Exercise I(A) 1. La escuela es interesante. 2. El libro. . . 3. La alumna . . . 4. La maestra . . . 5. El español . . . **I(B)** 1. El alumno 2. El estudiante 3. El hermano 4. La muchacha 5. El señor profesor **Exercise II** 1. . . . el examen. 2 . . . .el papel. 3. . . .el lápiz. 4. . . . la palabra. 5. . . .el cuaderno. 6. . . . el hombre. 7. . . . la mujer. 8. . . . la ciudad. 9. . . . la frase. 10. . . .el mapa. **Exercise III** 1. El señor Moreno mira el programa de televisión. 2. La profesora Mendoza necesita el mapa de México. 3. El presidente Guzmán entra en la ciudad capital de la nación mañana. 4. La señorita Gómez estudia el idioma toda la noche. 5. La señorita Molina escucha el programa español en la radio todo el día. **Exercise IV** 1. Habla español. Pronuncia bien el español. 2. . . . francés. . . . el francés. 3. . . . italiano. . . . el italiano. 4. . . . inglés. . . . el inglés. 5. . . . alemán. . . . el alemán. **Exercise V(A)** 1. El alumno estudia el inglés en el avión. 2. . . . la clase de inglés. 3. . . . el tren. 4. . . . la sala 5. . . . la escuela. **V(B)** 1. La alumna escucha la canción. 2. . . . el disco. 3. . . .la televisión. 4. . . . la calle. 5. . . . la radio. **V(C)** 1. Mira el periódico. 2. . . .la avenida. 3. . . . el cuaderno. 4. . . . el diccionario 5. . . . el libro. 6. . . . la ciudad. 7. . . . la gramática. 8. . . . el programa. **Exercise VI** 1. La 2. la 3. la 4. la 5. el 6.—7. La 8. la 9—10. el 11. la 12. la 13. el 14.—15. el 16—17. el 18. el 19.—20. la.

WORK UNIT 2

Answers to Reading Exercises: Todo es rápido en la ciudad.

Exercise I(A) 1. c 2. d 3. b 4. d **I(B)** 1. Nueva York es una ciudad grande. 2. Los edificios . . . 3. . . . las calles. 4. . . . las aldeas. 5. . . . ahora (hoy). **Exercise II** 1. d 2. e 3. a 4. c 5. b **Exercise III** 1. lápiz 2. amor 3. cine 4. importante 5. una 6. dinero 7. ahora 8. descansar **Exercise IV** Ad lib.

Answers to Grammar Exercises: The Noun and the Definite Article (Plural)

Exercise I 1. Los chicos son estudiosos. 2. Las muchachas . . . 3. Los hombres . . . 4. Las madres . . . 5. Las lecciones . . . 6. Los lápices . . . 7. Los papeles . . . 8. Las mujeres . . . 9. Los profesores . . . 10. Los trenes **Exercise II** 1. Sí, todos los libros. 2. Sí, todos los papeles. 3. Sí, todas las gramáticas. 4. Sí, todas las canciones. 5. Sí, todos los periódicos. 6. Sí, todos los idiomas. 7. Sí, todas las universidades. 8. Sí, todos los mapas. 9. Sí, todas las lecciones de español. 10. Sí, todos los programas de televisión. **Exercise III.** 1. **a.** El amor es todo. **b.** Pero la experiencia es profesora. 2. **a.** La televisión es importante. **b.** Pero el aire fresco es necesario. 3. **a.** Las ciudades son grandes. **b.** Pero los parques son pequeños. 4. **a.** Los programas de televisión son tontos. **b.** Pero los museos son interesantes. 5. **a.** Las universidades son excelentes. **b.** Pero el dinero no es fácil para pagarles. **Exercise IV.** 1. Los padres van. 2. Los hermanos también van. 3. Los abuelos también van. 4. Los tíos, Manolo y Clara también van. 5. El hijo Juan y las hijas Ana y Sonia también van. **Exercise V.** 1. Es interesante y grande. 2. Hay museos, teatros y restaurantes. 3. Es necesario trabajar mucho para vivir en las ciudades. 4. Sí, es posible descansar en los parques. 5. Ganamos dinero para vivir en las aldeas después de treinta años. El dinero es importante. **Exercise VI.** Ad lib.

WORK UNIT 3

Answers to Reading Exercises: El cumpleaños de Joselito

Exercise I(A) 1. cumpleaños, años 2. mundo, ocupado 3. trabajar, ayudar 4. cantar, bailar 5. refrescos, torta **I(B)** 1. Joselito está solo en su cuarto. 2. Los padres compran la magnífica piñata típica. 3. Los amiguitos llevan regalitos. 4. Los vecinos caminan a la casa de la familia Hernández. 5. Joselito está contento porque va a soplar las velas, cortar la torta y tomar el pedazo más grande. Va a ayudar en la fiesta. **I(C)** 1. Un niño sopla las velas. 2. Una piñata está llena de dulces. 3. Yo quiero un regalo, una piñata, etc. . . . 4. Todo el mundo está contento. 5. Todos gritan:—¡Felicidades! ¡Feliz cumpleaños! **Exercise II** 1. d 2. e 3. a 4. b 5. c. **Exercise III** 1. feliz 2. escuchar 3. llegar 4. invitar 5. cumpleaños 6. importante 7. dulces 8. abuela 9. desear 10. escuela 11. soplar. **Exercise IV** Ad lib. **Exercise V** 1. d 2. b, f 3. c, e 4. a.

Answers to Grammar Exercises: The Present Indicative Tense: Regular AR Conjugation

Exercise I(A) 1. Sí. Él . . . 2. Sí. Ella . . . 3. Sí. Ellos . . . 4. Sí. Ellas . . . 5. Sí. Nosotros-as **I(B)** 1. Yo bailo y canto. 2. Él baila y canta. 3. Ud. baila y canta. 4. Tú bailas y cantas. 5. Uds. bailan y cantan. 6. Tú y yo bailamos y cantamos. 7. Ella baila y canta. 8. Ellas bailan y cantan. 9. Ellos bailan y cantan. 10. Nosotros bailamos y cantamos. **I(C)** 1. a. Sí, ella trabaja. . . . b. Nosotros también trabajamos. 2. a. Sí, ellos preguntan. . . . b. Pedro también pregunta. 3. a. Sí, los amigos escuchan. . . . b. Tú y la familia también escuchamos. 4. a. Sí, yo contesto. . . . b. Juanita y Pablo también contestan. 5. a. Sí, ellos caminan. . . . b. Yo también camino. **I(D)** 1. Sí, yo compro. 2. Sí, yo llego. 3. Sí, nosotros estudiamos. 4. Sí, nosotros llevamos. 5. Sí, yo preparo. **I(E)** 1. ¿Practico yo . . . ? 2. ¿Visita Carlitos . . . ? 3. ¿Desean los niños . . . ? 4. ¿Regresamos él y yo . . . ? 5. ¿Tomamos café Pedro y yo? **Exercises II and III** Ad lib.

WORK UNIT 4

Answers to Reading Exercises: La carta misteriosa

Exercise I 1. Juanita recibe una carta (invitación). 2. La invitación es para el sábado (a las once de la noche). 3. Juanita busca el número noventa y nueve. 4. No hay luz. 5. Juanita está nerviosa pero loca de curiosidad. 6. La invitación es de su amigo Paco. 7. Es Paco con una máscara. 8. La fiesta es para la Víspera de Todos los Santos. 9. En las mesas hay cosas buenas para comer y beber. 10. Hay música en la fiesta. **Exercise II** 1. . . . recibe . . . 2. . . . comprende . . . 3. . . . camina . . . 4. . . . corre . . . 5. . . . entrar . . . 6. . . . toca a . . . 7. . . . abre . . . 8. . . . vive . . . 9. . . . comer y beber. 10. . . . bailan y cantan . . . **Exercise III** 1. fiesta 2. aquí 3. nerviosa 4. tarde 5. abre 6. sorprendida 7. misteriosa 8. amigo **Exercise IV** Oral and writing activities are ad lib.

Answers to Grammar Exercises: The Present Indicative Tense: Regular ER and IR Conjugations

Exercise I(A) 1. Sí, ella . . . 2. Sí, él . . . 3. Sí, ellas . . . 4. Sí, nosotros . . . 5. Sí, ellos . . . **I(B)** 1. Yo respondo . . . 2. Ud. responde . . . 3. Tú respondes . . . 4. Ella responde . . .

5. Uds. responden . . . 6. Ud. y yo respondemos . . . 7. Ellos responden . . . 8. Él responde . . . 9. Nosotras respondemos . . . 10. Él y ella responden . . . **I(C)** 1. a. Sí, nosotros comemos . . . b. La niña también come . . . 2. a. Sí, yo respondo . . . b. María también responde . . . 3. a. Sí, ellos aprenden . . . b. Nosotros también aprendemos . . . 4. a. Sí, José lee . . . b. Yo también leo . . . 5. a. Sí, nosotros comprendemos . . . b. Los muchachos también comprenden . . . **I(D)** 1. Sí, yo corro . . . 2. Sí, nosotros vendemos . . . 3. Sí, María y yo creemos . . . 4. Sí, las primas ponen . . . 5. Sí, yo como.

. . .**Exercise II(A)** 1. Ella . . . 2. Uds. . . . 3. Ellas . . . 4. Ellos . . . 5. Nosotros -as . . . **II(B)** 1. Tú asistes . . . 2. Ud. asiste . . . 3. Ellos asisten . . . 4. Uds. asisten . . . 5. Ella y yo asistimos . . . 6. Ellas asisten . . . 7. Yo asisto . . . 8. Él asiste . . . 9. Ella asiste . . . 10. Nosotras asistimos . . . **II(C)** 1. a. Sí, Carlos recibe . . . b. Las hermanas también reciben . . . 2. a. Sí, los amigos escriben . . . b. Nosotros también escribimos 3. a. Sí, yo vivo . . . b. Los primos también viven . . . 4. a. Sí, Ud. cubre . . . b. Nosotros también cubrimos . . . 5. a. Sí, nosotros subimos . . . b. Luis también sube . . . **II(D)** 1. Sí, Ana y Ud. abren los periódicos. 2. Sí, yo cubro . . . 3. Sí, nosotros partimos . . . 4. Sí, yo describo . . . 5. Sí, el profesor omite . . . 6. Sí, yo asisto . . . 7. Sí, Juanita recibe . . . 8. Sí, yo vivo . . . 9. Sí, Uds. escriben . . . 10. Sí, ellos suben . . . **Exercise III(A)** 1. Señor López, Ud. entra . . . 2. Señora Gómez, Ud. cree . . . 3. Profesor Ruiz, Ud. vive . . . 4. Señorita Marín; Ud. toca . . . 5. Doctor Muñoz, Ud. escribe . . . **III(B)** 1. Pepe, tú trabajas . . . 2. Ana, tú contestas . . . 3. Carlos, tú aprendes . . . 4. Niño, tú corres . . . 5. Niña, tú lo describes . . . **III(C)** 1. ¿Comprendo yo . . .? 2. ¿Corre Carlitos . . .? 3. ¿Desean los niños . . .? 4. ¿Asistimos él y yo . . . ? 5. ¿Tomamos Pedro y yo . . . ? **Exercise IV** Ad lib. **Exercise V** Ad lib.

WORK UNIT 5

Answers to Reading Exercises: ¿Conoce usted historia?

Exercise I(A) 1. historia. 2. inteligente, aplicado 3. estudia, aprende 4. muerto 5. enfermo **I(B)** 1. El señor . . . es presidente de los Estados Unidos. 2. Una persona que está enferma va al hospital. 3. Debo ir a la escuela para aprender. 4. No hay (Hay . . .) alumnos perezosos en la clase de español. 5. Aprendo mucho de los Estados Unidos en la clase de historia. **Exercise II** 1. El profesor decide usar otros métodos. 2. Jaimito va a contestar primero. 3. Estoy en esta clase de historia tres años. 4. ¿Dónde vive el presidente? 5. ¿Quién es el presidente de los Estados Unidos? **Exercise III** 1. b 2. a, e 3. c, d 4. f **Exercise IV** Ad lib.

Answers to Grammar Exercises: Simple Negative; Interrogative Words

Exercise I 1. a. Ellos no hablan de la chica. b. ¿No hablan ellos de la chica? 2. a. Ud. no canta en la fiesta. b. ¿No canta Ud. en la fiesta? 3. a. Tú no escribes mucho. b. ¿No escribes tú mucho? 4. a. Nosotros no vendemos periódicos. b. ¿No vendemos nosotros periódicos? 5. a. Yo no vivo en la ciudad. b. ¿No vivo yo en la ciudad? **Exercise II** 1. a. Yo no como mucho en el café. b. Los amigos no comen mucho en el café. 2. a. Yo no estudio . . . b. Luis no estudia . . . 3. a. Nosotros -as no comprendemos . . . b. Las amigas no comprenden . . . 4. a. Rosa y yo no asistimos . . . b. Jorge y Elisa no asisten . . . 5. a. Juan y José no abren . . . b. Nosotros -as no abrimos . . . **Exercise III** 1. a. ¿Cómo escribe Ana la lección? b. Ana escribe la lección de prisa. 2. a. ¿Cuándo toma Luis el tren? b. Luis toma el tren ahora. 3. a. ¿Cuántos alumnos leen la pregunta? b. Tres alumnos leen la pregunta. 4. a. ¿Dónde escuchan la niña y su madre al doctor Soler? b. La niña y su madre escuchan al médico en el hospital. 5. a. ¿Qué leemos mi amigo y yo? b. Mi amigo y yo leemos la pregunta. 6. a. ¿Quién recibe la invitación? b. El chico recibe la invitación. 7. a. ¿Quiénes preguntan mucho? b. Las chicas preguntan mucho. 8. a. ¿A quién escribimos Marta y yo? b. Marta y yo escribimos al padre. 9. a. ¿Por qué aprende la alumna muchas cosas? b. La alumna aprende muchas cosas porque escucha bien. 10. a. ¿Para qué compra Luis fruta? b. Luis compra fruta para la fiesta de Ana. **Exercise IV(A)** 1. ¿Cómo preparas tú la lección? 2. . . . prepara Ud. . . . 3. . . . preparan ellos . . . 4. . . . preparamos nosotros . . . **IV(B)** 1. ¿Qué canto yo?

2 . . . cantan Uds.? 3. . . . cantamos Juan y yo? **IV(C)** 1. ¿Dónde bebe el animal?
2. . . . bebemos nosotros? 3. . . . bebes tú? 4. . . . bebe Ud.? **IV(D)** 1. ¿Cuántas papas
fritas come Ana? 2. . . . comen ellos? 3. . . . comemos tú y yo? **IV(E)** 1. ¿A quién escribe
Pepe? 2. . . . escribimos Ud. y yo? 3. . . . escriben las niñas? 4. . . . escribe Ud.?
IV(F) 1. ¿No vivimos nosotros en Los Angeles? 2. ¿Quién no vive . . . 3. ¿Quiénes no
viven . . . **IV(G)** 1. ¿Cuándo toma ella el tren? 2. . . . toma su familia . . . 3. . . . tomamos
nosotras . . . **IV(H)** 1. ¿Para qué aprendemos nosotros el español? 2. . . . aprendo yo . . .
3. . . . aprenden él y ella . . . **IV(I)** 1. ¿Por qué partimos Ud. y yo? 2. . . . partes tú?
3. . . . parten Uds.? **Exercise V(A)** 1. a. Él no anda a la escuela. b. Nosotros no andamos
a la clase. c. ¿Quién no anda a la clase? 2. a. ¿Cuándo corro yo a casa? b. Juanito,
¿cuándo corres a casa? c. ¿Cuándo corre bien el señor Torres? 3. a. ¿A quién escribe
ella? b. ¿A quiénes escribimos nosotros -as? c. ¿A quiénes escriben ellos -as?
V(B) 1. a. Aquí no compran periódicos. b. Aquí no leemos periódicos. c. Aquí no recibes
periódicos. 2. a. ¿Cómo contestas tú, Juan? b. ¿Cómo comprende María? c. ¿Cómo par-
timos? 3. a. ¿Dónde escuchamos? b. ¿Dónde aprendes tú, Ana? c. ¿Dónde asisten
ellos? 4. a. ¿Por qué abre Ud. la ventana? b. ¿Por qué cubrimos la ventana?
5. a. ¿Cuánto dinero deseamos? b. ¿Cuánta fruta vendemos? c. ¿Cuántos libros necesi-
tan ellos –as? 6. a. ¿Quién no vive en casa? b. ¿Quiénes no trabajan en casa?
c. ¿Quiénes no responden en casa? 7. a. ¿Qué no pregunto yo? b. ¿Qué no escribimos
nosotros? c. ¿Qué no practica ella? **Exercise VI** 1. ¿Cuándo es la boda y dónde? 2. ¿Por
qué es en junio? 3. ¿Cuál es la fecha? 4. ¿Cuántos asisten y quiénes son? 5. ¡Cómo es
posible! ¡La boda de mi mejor amiga y tan pronto! **Exercise VII** Ad lib.

WORK UNIT 6

Answers to Reading Exercises: El trabajo de la mujer es fácil

Exercise I(A) 1. Alicia no va de compras hoy porque está enferma. 2. Alicia necesita
unas cosas de la tienda de comestibles. 3. Antonio va a la tienda de comestibles.
4. Antonio compra una docena de huevos, medio galón de leche, un pan, una libra de
mantequilla, queso, jugo de naranja y unas manzanas. 5. Todo eso es quince dólares,
cincuenta centavos. 6. Es inteligente porque compra todo sin lista. **I(B)** 1. . . . compra
(Yo compro) comestibles. 2. (No) Sé comprar sin lista. 3. Compro leche, fruta. . . .
4. Pago. . . . dólares. 5. (No) Es siempre tan fácil porque es mucho (poco). **Exercise II** 1.
docena 2. huevos 3. queso 4. dólares 5. centavos 6. jugo 7. leche 8. fruta 9. pan 10. tres
11. libra 12. ¿cuánto? 13. cosas 14. sale 15. sé **Exercise III** Ad lib.

Answers to Grammar Exercises: The Indefinite Articles: Un, Una, Unos, Unas, Alguno, Ninguno

Exercise I. Necesito un pan. 2. Busco comestibles en una tienda grande. 3. Unos
dependientes me ayudan. 4. Compro unas manzanas. 5. Pago unos dólares. **Exercise
II.** 1. No. Solamente alguno. 2. No. Solamente alguna. 3. No. Solamente alguno.
4. No. Solamente alguna. 5. No. Solamente alguno. **Exercise III.** 1. Ninguno (Ningún
músico) toca. 2. Ninguna (Ninguna comida) venden. 3. Ningunos (Ningunos artistas)
cantan. 4. Ningunas (Ningunas amigas) andan. 5. Ninguna (Ninguna amiga) está feliz.
Exercise IV. 1. algunos. . . 2. ningunos . . . 3. algún . . . 4. ningún . . . 5. alguna . . .
6. ninguna . . . 7. algunas . . . 8. ningunas . . . 9. Alguno . . . 10. Ninguno . . . **Exercise V.**
Oral Proficiency is ad lib.

Culture Unit 1: Sí, señor. Yo hablo español. An Introduction to Hispanic Culture in America.

Exercise I 1. c 2. b 3. b 4. a 5. d 6. d **Exercise II** 1. b 2. e 3. d 4. c 5. a 6. h 7. i 8. g 9. f
10. j **Exercise III** 1. b 2. a 3. d 4. b 5. d 6. c 7. a 8. c 9. d 10. b **Exercise IV** 1. Claudio
Arrau 2. El Salón México 3. Casals 4. baseball 5. César Chávez 6. A Latin-American
Symphonette 7. bongós 8. actor 9. Miami 10. rumba 11. literature 12. singer **Exercise
V(A)** 1. Alberto Gonzales 2. Lee Treviño 3. Sidney Gutiérrez 4. Sánchez Vicario 5. Eddie
Olmos. **V(B)** 1. tennis 2. mayor 3. singer 4. soccer 5. baseball

WORK UNIT 7

Answers to Reading Exercises: Vamos a un país tropical.

Exercise I(A) 1. Marta desea descansar en una playa bonita. 2. Miguel prefiere pasar las vacaciones donde no hace calor. 3. Quieren nadar y tomar el sol en Chile en junio. 4. Es el invierno en Chile en junio. 5. Es posible esquiar en junio en Chile, cuando hace calor aquí. **I(B)** 1. Hoy hace . . . 2. Quiero ir a . . . 3. Hace sol y calor en . . . 4. Todo el mundo va a la playa. 5. Hace mucho frío en el invierno. **Exercise II** 1. primavera 2. mes 3. amor 4. mayo 5. invierno 6. sol **Exercise III** 3, 5, 1, 4, 2 **Exercise IV** 1. c 2. b 3. a, f 4. d, e **Exercise V** Ad lib.

Answers to Grammar Exercises: Cardinal Numbers 1–31, Times, Days, Months, Dates, Seasons

Exercise I 1. nueve 2. veintitrés 3. diez 4. doce 5. veintiuno 6. treinta 7. dieciséis 8. ocho 9. quince 10. veintisiete 11. diecisiete 12. catorce 13. seis 14. cuatro 15. treinta. **Exercise II.** 1. La primavera . . . 2. En el invierno . . . 3. En el verano . . . 4. Ad lib . . . 5. Ad lib. **Exercise III** 1. abril 2. mayo 3. junio 4. agosto 5. septiembre 6. octubre 7. diciembre 8. enero 9. diciembre 10. primero. **Exercise IV** 1. Es la . . . (1:15) 2. Son las . . . (2:30) 3. Son las . . . (12:15) 4. Es la . . . (12:35) 5. Son las . . . (10:45) **Exercise V** 1. . . . tres y media de la tarde. 2. . . . una menos cuarto (quince) de la mañana. 3. . . . cuatro menos veinte de la tarde. 4. . . . hora es? 5. . . . a la una y cuarto (quince). **Exercise VI** 1. Sí, estudiamos a las cinco de la tarde. 2. Sí, tomamos el almuerzo a la una de la tarde. 3. Sí, dormimos a las once menos veinte de la noche. 4. Sí, toman el desayuno a las nueve y media de la mañana. 5. Sí, estudian a la una menos cuarto de la tarde. **Exercise VII** 1. a. Hoy no es miércoles el treinta y uno de diciembre. b. Hoy es jueves el primero de enero. 2. a. No es todavía la primavera en el mes de julio. b. Tenemos el verano en el mes de julio. 3. a. No son las doce del mediodía. b. Es la una de la tarde. 4. a. No llegamos a casa el miércoles el treinta de septiembre. b. Llegamos el jueves el primero de octubre. 5. a. No celebramos el día de la Navidad el veinticuatro de noviembre. b. Celebramos . . . el veinticinco de diciembre. **Exercise VIII** 1. . . . lunes, martes, miércoles, jueves y viernes. 2. El sábado . . . 3. El domingo . . . 4. . . . siete . . . 5. treinta y un . . . 6. . . . veinticuatro . . . 7. a las ocho y media de la mañana. 8. . . . veintiuna . . . 9. a las tres y veinticinco de la tarde. 10. . . . a las nueve menos veinte de la noche. **Exercise IX** Ad lib.

WORK UNIT 8

Answers to Reading Exercises: Así es la vida

Exercise I(A) 1. sale 2. ve . . . cita 3. cae . . . pone 4. cine . . . fin . . . semana 5. equipo . . . fútbol **I(B)** 1. Este sábado voy . . . 2. (No) Estoy ocupado(a). 3. Dan . . . 4. Voy . . . después de la clase de español. 5. Cuando tengo unos momentos libres . . . **Exercise II** 1. Perdone, señorita, ¿es éste su libro? 2. Voy a mi clase de álgebra. 3. Ve a Josefina delante de él. 4. Este sábado dan una película buena. **Exercise III** 1. Paco invita a Josefina al cine. 2. Josefina no tiene tiempo libre. 3. Alejandro invita a Josefina a ver una película. 4. Josefina no está ocupada y sale. 5. Alejandro es el capitán del equipo de fútbol. **Exercise IV** Oral and Writing Activities are ad lib.

Answers to Grammar Exercises: Irregular Verbs of the Present Tense

Exercise I 1. Yo veo . . . 2. Yo traigo . . . 3. Yo tengo . . . 4. Yo hago . . . 5. Yo digo . . . 6. Yo sé . . . **Exercise II** 1. Yo salgo ahora. 2. Yo conozco . . . 3. Yo vengo . . . 4. Yo le traigo . . . 5. Yo caigo . . . 6. Yo hago . . . 7. Yo pongo . . . 8. Yo voy . . . 9. Yo oigo . . . 10. Yo le doy . . . **Exercise III(A)** 1. Tú vienes a papá, le dices hola, y le das un beso. 2. Él viene . . . dice . . . da . . . 3. Ellos vienen . . . dicen . . . dan . . . 4. Nosotros venimos . . . decimos . . . damos . . . 5. Ud. viene . . . dice . . . da . . . 6. Yo vengo . . . digo . . . doy

. . . **III(B)** 1. Tú vas a la clase y oyes la canción que tienes que aprender. 2. El chico va . . . oye . . . tiene . . . 3. Las chicas van . . . oyen . . . tienen . . . 4. Tú y yo vamos . . . oímos . . . tenemos . . . 5. Uds. van . . . oyen . . . tienen . . . 6. Yo voy . . . oigo . . . tengo . . . **Exercise IV** 1. a. Sí, voy a la escuela. b. Ellos también van a la escuela. 2. a. Sí, oyen . . . b. Yo . . . oigo . . . c. Uds. . . . oyen . . . (Nosotros . . . oímos . . .). 3. a. Sí, digo . . . b. Nosotros . . . decimos . . . c. Luisa . . . dice . . . 4. a. Sí, viene . . . b. Yo . . . vengo . . . c. Nosotros . . . venimos . . . (Uds. . . . vienen . . .) 5. a. Sí, Uds. tienen . . . (nosotros tenemos . . .) b. Yo . . . tengo . . . c. Ellos . . . tienen . . . 6. a. Sí, veo . . . b. Ellos . . . ven . . . 7. a. Sí, doy . . . b. Ud. . . . da . . . (tú . . . das . . .) 8. a. Sí, Juan trae . . . b. Yo . . . traigo . . . 9. a. Sí, conozco . . . b. Juan y yo . . . conocemos . . . 10. a. Sí, sé . . . b. Ellas . . . saben . . . 11. a. Sí, salgo . . . b. Nosotros . . . salimos . . . (Uds. . . . salen . . .) 12. a. Sí, pongo . . . b. Tú y yo . . . ponemos . . . 13. a. Sí, hago . . . b. Lola y yo . . . hacemos . . . **Exercise V** 1. (Yo) salgo de la casa a las ocho. 2. (Yo) traigo . . . 3. (Yo) vengo . . . 4. (Yo) veo . . . 5. (Yo) pongo . . . 6. (Yo) doy . . . 7. (Yo) hago . . . 8. (Yo) digo . . . 9. (Yo) sé . . . 10. (Yo) tengo . . . 11. (Yo) conozco . . . 12. (Yo) oigo . . . 13. (Yo) voy . . . 14. (Yo) (me) caigo . . . 15. (Yo) digo . . . **Exercise VI** Directed Dialogue is ad lib. **Exercise VII** Oral Proficiency is ad lib.

WORK UNIT 9

Answers to Reading Exercises: Una excursión por la ciudad.

Exercise I(A) 1. Diego y Hortensia visitan a los Estados Unidos. 2. El primer autobús sale a las doce en punto. 3. Tienen al menos veinte pisos. 4. En el parque zoológico es posible mirar los animales, caminar, sacar fotos y tomar un helado. 5. Ella tiene billetes para todos los cabarets. **I(B)** 1. Hay hoteles, museos y grandes almacenes. 2. El subterráneo corre debajo de la tierra. 3. Hay muchos rascacielos en el barrio comercial. 4. Es bueno tomar un autobús turístico. 5. Es bueno descansar en un hotel o en casa. **Exercise II** 1. Bienvenidos a esta excursión. 2. A la izquierda . . . los edificios de la universidad 3. A la derecha . . . la Biblioteca Central 4. Esta es una ciudad famosa por sus rascacielos. 5. Es posible caminar y tomar un helado. **Exercise III** 1. c 2. e 3. d 4. a 5. b **Exercise IV** Ad lib. **Exercise V** 1. a, d 2. e 3. b, f 4. c.

Answers to Grammar Exercises: Uses of the Preposition "a"

Exercise I 1. Sí, camino con amigos. 2. (No) Corro al autobús. 3. Escucho a la maestra. 4. Voy al centro después. 5. (No) Regresamos a las casas. **Exercise II** 1. Corro a la oficina. 2. . . . al subterráneo. 3. . . . a las escuelas. 4. . . . a los parques. 5. . . . a la casa. 6. . . . a la biblioteca. 7. . . . al centro. 8. . . . al autobús. 9. . . . al museo. 10. . . . a mi amigo Pedro. **Exercise III** 1. Escucho el español con atención. 2. . . . al padre . . . 3. . . . las guitarras . . . 4. . . . a las amigas . . . 5. . . . los discos . . . 6. . . . a Luis . . . **Exercise IV** 1. a. Sí. Necesito el lápiz. b. Necesito al amigo. 2. a. Sí. Visito los países. b. . . .a los primos. 3. a. Sí. Escucho la radio. b. . . . a la madre. 4. a. Sí. Prefiero las melodías. b. . . . a las niñas. 5. a. Sí. Miro el programa. b. . . . al chico. **Exercise V.** 1. Miro el drama y al actor. 2. Miramos al artista y las pinturas. 3. Miramos (Uds. miran) el autobús y al señor guía. 4. Miro a la gente y los rascacielos. 5. Miras (Ud. mira) los animales y a las niñas. **Exercise VI.** Voy a oír al presidente esta noche. 2. No quiero escuchar . . . 3. Principio a comprender su política. 4. Claro, aprendo a votar bien. 5. Enseño a mi hermano a comprender también. 6. Ayudo al amigo a decidir. 7. Él va a votar mañana. 8. Sí, invito a otros a decidir. 9. Doy gracias por la democracia al votar. **Exercise VII** Directed Dialogue is ad lib. **Exercise VIII** Oral Proficiency is ad lib.

WORK UNIT 10

Answers to Reading Exercises: ¿De quién es este hueso?

Exercise I (A) 1. regalos 2. etiquetas 3. un día 4. cambiar 5. un hueso **I(B)** 1. Uso "Feliz

Navidad." 2. Una blusa roja de algodón no es un buen regalo para un abuelo. Un buen regalo para un abuelo es una navaja o . . . 3. Es para Rosalía. 4. Sí. Un buen regalo para una madre es una falda. 5. No quiero recibir un hueso. Quiero . . . **Exercise II** *Horizontales:* 1. Navidad 6. al 8. va 9. nene 12. el 14. yo 15. sorpresas 16. viejo 17. hay. **Verticales:** 1. navajas 2. ve 3. dar 4. al 5. abuelos 7. lee 10. perro 11. ir 13. le 14. ya **Exercise III** 1. d 2. c 3. a 4. b 5. e **Exercise IV** Oral and Writing Activities are ad lib.

Answers to Grammar Exercises: Use of the Preposition "de"

Exercise I 1. Los lápices son del chico. 2. . . . de la abuela. 3. . . . del abuelo. 4. . . . de Juan. 5. . . . de mi padre. 6. . . . de los hermanos. 7. . . . de María y de Pedro. 8. . . . de sus amigos. 9. . . . de las primas. 10. . . . del hermano y de la hermana. **Exercise II** 1. Las casas son del profesor. 2. Ella es la madre de la muchacha. 3. Somos los profesores del chico. 4. Es el padre de la alumna. 5. Es la clase del alumno de español. **Exercise III** 1. Es el libro de la prima. 2. Son las flores de los muchachos. 3. Son los cuadernos del chico. 4. Es . . . de mis padres. 5. Es . . . del primo. 6. Son . . . de Juan y de Luisa. 7. Son . . . del hombre. 8. Es . . . de las hermanas. 9. Es . . . de los chicos. 10. Son . . . del muchacho. **Exercise IV** 1. Soy de los Estados Unidos. 2. Estoy en la clase de historia. 3. Mi casa es de piedra y de madera. 4. Las cortinas son de algodón y de nilón. 5. Mi abuelo es del otro país. 6. Mi reloj es de plata y de oro. 7. Mi hermanito habla del parque. 8. Mi hermanita va a la clase de inglés. 9. Mi blusa y mi falda son de lana y de seda. 10. La profesora de piano enseña aquí. **Exercise V** 1. Acabo de llegar del partido de fútbol. 2. Gozo más de jugar. 3. (No) sé jugar; (no) trato de aprender a jugar. 4. Un amigo del equipo enseña a jugar. 5. No debo pagarle mucho. 6. Sí, claro, los amigos ayudan al equipo a ganar. 7. Comienzo a practicar a las cuatro. 8. Termino de practicar antes de las seis. 9. No dejo de practicar ni un día. 10. (No) Prefiero jugar al béisbol. **Exercise VI** 1. Ud. necesita salir a jugar al tenis. 2. Ud. debe tratar de aprender a jugar. 3. Pero, Ud. acaba de pesar doscientas libras. 4. Ud. va a gozar de jugar al tenis. 5. Pues, Ud. tiene que cesar (dejar) de comer tanto, y caminar mucho. **Exercise VII** Ad lib.

WORK UNIT 11

Answers to Reading Exercises: ¿Quién soy yo?

Exercise I 1. Virgilio no presta atención a la profesora. 2. Virgilio lee un libro de adivinanzas. 3. La ventana deja entrar aire en la clase. Es de vidrio. 4. Uso una tiza para escribir en la pizarra. Uso una pluma y un lápiz para escribir en el cuaderno. 5. Una puerta es útil para entrar y salir. Generalmente es de madera. 6. La boca y los dientes son útiles para comer. **Exercise II** Ad lib. **Exercise III** 1. alumno 2. diente 3. inteligente 4. ventana 5. información 6. negro 7. atención 8. norteamericano 9. pizarra 10. abrir **Exercise IV** 1. b, e 2. d 3. a, c 4. f

Answers to Grammar Exercises: "Ser" to be

Exercise I 1. La chica es de los Estados Unidos. 2. Yo soy . . . 3. Tú eres . . . 4. Ud. es . . . 5. Ella es . . . 6. Roberto es . . . 7. Nosotros somos . . . 8. Tú y yo somos . . . 9. Uds. son . . . 10. Eduardo y Pablo son . . . **Exercise II** 1. Yo soy bonito -a. 2. Ud. es actor. 3. Tú eres un chico aplicado. 4. ¿Es el reloj . . .? 5. Él no es . . . **Exercise III** 1. a. Soy de los Estados Unidos. b. El chico es de los Estados Unidos también. 2. a. Somos americanos. b. Ellos son . . . 3. a. Tú y yo somos personas. b. Los hermanos son . . . 4. a. Yo soy alumno -a b. La chica es alumna . . . 5. a. Ud. y el Sr. Delibes son maestros. b. La señora es maestra. **Exercise IV** 1. a. ¿A qué hora es la comida? b. Es a las seis. 2. a. ¿Dónde está el restaurante? b. Está en el centro. 3. a. ¿Dónde es la comedia? b. Es en la Habana. 3. a. ¿Son todas las escenas en la Habana? b. Son también en la Florida. 4. a. ¿Son muchos accidentes aquí? b. Siempre son en las calles sin luces. **Exercise V** 1. a. Simón Bolívar es sudamericano. b. Es un sudamericano heroico. 2. a. George Washington es norteamericano. b. Es un norteamericano noble. 3. a. José Martí es cubano. b. Es un cubano patriótico. 4. a. Frida Kahló es artista. b. Es una artista mexicana. 5. a. Gabrela Mistral es poetisa. b. Es una poetisa chilena. **Exercise VI** 1. Yo también soy médico. 2. Mi amigo también es actor. 3. Mi hermano también es mecánico. 4. Mis primas también son hispanas. 5. Mi amiga también es norteamericana. **Exercise VII** 1. —Soy alumno-a. 2. —Sí, soy norteamericano-a. 3. —Mis ojos son negros. 4. —Soy inteligente y hermoso-a. 5. —Mis padres son de los Estados Unidos. 6. —Mi padre es capitán. 7. —Mi cuarto es azul. 8. —Juan y yo somos alumnos del Sr. López. 9. —Mi mesa y mi silla son de madera. 10. —Deseo ser profesor-a. **Exercise VIII** 1. Soy el reloj. 2. Somos los labios. 3. Somos las hojas. 4. El color es azul. 5. Somos los oídos y somos para oír. **Exercise IX** Ad lib.

WORK UNIT 12

Answers to Reading Exercises: Una enfermedad imaginaria

Exercise I(A) 1. No sale porque dice que está enfermo. 2. Ella está muy preocupada. 3. El muchacho está sentado en la cama. 4. Tiene dolores de cabeza, estómago y garganta. 5. No hay examen de matemáticas hoy. **I(B)** 1. Mi madre está preocupada por mi salud. 2. Guardo cama cuando estoy enfermo. 3. Digo—Aaaaah. 4. Sufro en la clase de . . . 5. Cuando tengo hambre, (yo) tomo una fruta, etc. **Exercise II** 1. Su madre está triste y preocupada. 2. Estoy mejor; tengo hambre; quiero comer. 3. ¡Ay, cómo sufre mi pobre hijo! 4. En ese momento suena el teléfono. **Exercise III** Ad lib.

Answers to Grammar Exercises: "Estar" to be; contrasting uses of "Estar" and "Ser"

Exercise I 1. (Yo) estoy muy bien hoy. 2. María está . . . 3. Los padres están . . . 4. Tú estás . . . 5. Nosotros estamos . . . **Exercise II** 1. La puerta está abierta. 2. El museo está cerrado. 3. Felipe y Pedro están cansados hoy. 4. Elisa y su prima están sentadas. 5. Tú y yo no estamos ocupados. **Exercise III** 1. a. El periódico ya está abierto. b. Las revistas también están abiertas. 2. a. El alumno ya está aburrido. b. La clase también está aburrida. 3. a. La madre ya está cansada. b. El padre también está cansado. 4. a. Joselito ya está sentado. b. Los otros niños también están sentados. 5. a. Los pacientes ya están ocupados. b. Las otras clientas también están ocupadas. **Exercise IV** 1. —No estoy en la luna. Estoy en la tierra. 2. —No estoy triste cuando recibo dinero. Estoy alegre. 3. —Mis amigos y yo no estamos presentes en la clase los sábados. Mis amigos y yo estamos ausentes. 4. —Los alumnos no están de pie cuando escriben en sus cuadernos. Los alumnos están sentados. 5. —Las escuelas no están abiertas los domingos. Las escuelas están cerradas. 6. —Los profesores no están sentados todo el día. Los profesores están ocupados. 7. —La gente en el hospital no está bien. La gente en el hospital está enferma. 8. —La gente allí no está descansada al fin del día. La gente está cansada al fin del día. 9. —No estoy contento -a en el hospital. Estoy triste en el hospital. 10. —No deseo estar en el hospital. Deseo estar en casa. **Exercise V** 1. Estoy bien. 2. Estoy sentado -a porque estoy al teléfono. 3. Ud. está (Tú estás) en la calle ahora. 4. Las tiendas están abiertas ahora. 5. Sí, los amigos y yo (nosotros) estamos contentos de salir ahora. **Exercise VI** 1. Vamos al cine que está en la Avenida Bolívar. 2. La comedia es en Nueva York. 3. Luego tomamos una Coca Cola que está caliente. 4. Usamos hielo que es frío. 5. La mesera es muy bonita. 6. ¡Qué bonita está Sonia! 7. Felipe es una persona alegre. 8. Pero hoy está triste. 9. Está enfermo. 10. Otros amigos están bien, y son simpáticos. **Exercise VII** Ad lib.

Culture Unit 2: Mi Borinquen querida. Puerto Rico.

Exercise I 1. b. 2. d 3. b 4. a 5. a 6. b 7. a 8. c 9. b 10. a. **Exercise II** 1. d 2. c 3. e 4. a 5. b **Exercise III** 1. c 2. d 3. a 4. e 5. b **Exercise IV** 1. d 2. b 3. d 4. c 5. b 6. a 7. d 8. a 9. b 10. b **Exercise V** 1. d 2. c 3. e 4. b 5. a **Exercise VI** 1. los Reyes Magos 2. Luis Palés Matos 3. *El estudiante* 4. San Juan Bautista 5. Hernán La Fontaine 6. textiles 7. Eugenio María de Hostos 8. el cuatro 9. Caribbean 10. Rafael Hernández 11. la bomba 12. Casals 13. El Yunque 14. la danza 15. Herman Badillo. **Exercise VII** 1. g 2. f 3. e 4. i 5.h 6. b 7. j 8. d 9. a 10. c

WORK UNIT 13

Answers to Reading Exercises: El consultorio sentimental

Exercise I(A) 1. La chica española es alta y delgada, interesante y simpática, con pelo negro y ojos verdes. 2. El "querido desesperado" es bajito y gordo, pero generoso, con pelo como un mono. 3. Va a llevar un sombrero alto para parecer más alto y para cubrir su pelo. 4. Va a estar tan flaco como la chica. **I(B)** 1. Es generoso(a), alto(a) o bajo(a) . . . 2. Soy. . . . 3. (No) Puedo dormir o comer. 4. Hablo con amigos(as), consejeros(as) y con. . . . **Exercise II** 1. querido 2. flaco 3. alto 4. gordo 5. ojos 6. además 7. pelo 8. mono 9. barbería 10. comer 11. todo 12. un 13. sus 14. dice 15. si **Exercise III** 1. Un muchacho quiere a una chica alta. 2. La chica tiene el pelo negro y los ojos verdes 3. Ella dice que no quiere salir con él. 4. El muchacho no desea ir a la barbería. 5. No tiene apetito y no quiere comer. **Exercise IV** 1. c 2. a, f 3. b, e 4. d. **Exercise V** Ad lib.

Answers to Grammar Exercises: Descriptive Adjectives and Comparisons of Equality

Exercise I 1. Juana es tan alta y elegante como él. 2. . . . inglesa y rubia. 3. . . . española y morena. 4. . . . sincera y agradable. 5. . . . alemana y práctica. **Exercise II** 1. Los niños son alumnos aplicados. 2. Los primos son chicos ingleses. 3. Las ciencias son estudios fáciles. 4. Las cosas son tizas azules. 5. Las abuelas son señoras españolas. 6. Las madres son mujeres inteligentes. 7. Las tías son personas liberales. 8. Los señores son profesores alemanes. 9. Las muchachas son chicas francesas. 10. Los tíos son hombres españoles. **Exercise III** 1. Es un hombre inteligente. 2. Es una mujer triste. 3. Es un maestro español. 4. Es un cine alemán. 5. Es un periódico francés. **Exercise IV** 1. a. Muchas contestan bien. b. Muchas alumnas contestan bien. c. Muchas alumnas lindas contestan bien. d. Muchas alumnas lindas y amables contestan bien. 2. a. Los muchachos hablan hoy. b. Todos los muchachos hablan hoy. c. Todos los muchachos españoles hablan hoy. e. Todos los muchachos españoles hablan bastante inglés hoy. 3. a. Mi amiga lee aquí. b. Mi amiga lee revistas aquí. c. Mi amiga lee varias revistas aquí. d. Mi amiga lee varias revistas interesantes aquí. e. Mi amiga lee varias revistas interesantes y cómicas aquí. 4. a. El muchacho escribe ahora. b. El mismo muchacho escribe ahora. c. El mismo muchacho bueno escribe ahora. d. El mismo muchacho bueno y aplicado escribe ahora. e. El mismo muchacho bueno y aplicado escribe ruso ahora. f. El mismo muchacho bueno y aplicado escribe bastante ruso ahora. **Exercise V** 1. Tiene tantos años como dientes. 2. Tiene tanto pelo como una pelota de golf. 3. Tiene tantas libras como millones. 4. Tiene tanta fama como dinero. 5. Dicen tantas mentiras como chismes. **Exercise VI** Ad lib. **Exercise VII** Ad lib.

WORK UNIT 14

Answers to Reading Exercises: El hombre más viejo del mundo.

Exercise I(A) 1. entrevista. 2. cuatro mil años. 3. come . . . duerme . . . mira 4. pelo largo 5. las comidas congeladas **I(B)** 1. La persona más famosa es . . . 2. Hoy tenemos la televisión, la luz eléctrica, etc. 3. Mi comida favorita es el bistec con papas fritas, etc. 4. Tengo . . . años. 5. Tengo una cita con mi amigo . . . **Exercise II** 1. c 2. e 3. a 4. d 5. b **Exercise III** Ad lib.

Answers to Grammar Exercises: Cardinal Numbers 31–one billion

Exercise I 1. Es setecientos. 2. Es quinientos. 3. Es novecientos. 4. Es sesenta y siete. 5. Es ciento cincuenta. 6. Es mil quinientos. 7. Es novecientos ocho. 8. Es trescientos treinta. 9. Es ciento quince. 10. Es quinientos cinco. **Exercise II** 1. Treinta y diez son cuarenta. 2. Ochenta menos veinte son sesenta. 3. Cien por dos son doscientos. 4. Mil dividido por dos son quinientos. 5. Treinta y cinco y treinta y seis son setenta y uno. 6. Trescientos menos ciento cincuenta son ciento cincuenta. 7. Seiscientos dividido por tres son doscientos. 8. Cuatrocientos cuarenta y cuatro menos cuarenta son cuatrocientos cuatro. 9. Setecientos menos doscientos son quinientos. 10. Setecientos y doscientos son novecientos. **Exercise III** 1. Cuarenta y un . . . 2. Cincuenta y una . . . 3. Ciento una . . . 4. Cien . . . 5. Ciento quince . . . 6. Seiscientas noventa y una . . . 7. Doscientas . . . 8. Doscientos sesenta y un . . . 9. Trescientos setenta y un . . . 10. Cuatrocientas ochenta y una . . . **Exercise IV** 1. Cuentan quinientas cincuenta y cinco personas. 2. . . . setecientas setenta y siete . . . 3. . . . novecientas noventa y una . . . 4. . . . mil . . . 5. . . . un millón . . . 6 . . . dos milliones de . . . **Exercise V** 1. Hoy estamos a . . . 2. La fecha de mañana es . . . 3. El descubrimiento de América es el doce de octubre de mil cuatrocientos noventa y dos. 4. El Día de la Independencia (estadounidense) es el cuatro de julio de mil setecientos setenta y seis. 5. El Día de la Navidad es el veinticinco de diciembre (de dos mil cuatro). 6. El día de Año Nuevo es el primero de enero (de dos mil cinco). 7. El Día de los Enamorados es el catorce de febrero (de dos mil seis). 8. El Día de los Inocentes es el primero de abril (de dos mil siete). **Exercise VI** Ad lib. **Exercise VII** Ad lib.

WORK UNIT 15

Answers to Reading Exercises: Queridos mamá y papá

Exercise I(A) 1. No tiene nada que hacer. 2. Va a un campamento de verano. 3. Escribe una carta a sus padres todos los días. 4. Quiere volver a casa. **I(B)** 1. (No) Estoy aburrido(a). 2. (Nunca) Estoy enojado(a) y solo(a) allí. 3. Prefiero jugar al (tenis, fútbol, vólibol . . .). 4. (No) Deseo jugar al aire libre. 5. Tengo mucha hambre para una (tortilla, hamburguesa . . .). **Exercise II** 1. Van a pasar las vacaciones lejos de la ciudad. 2. Vamos a hacer cosas nuevas todos los días. 3. Siempre come de día y de noche. 4. Todo el mundo grita y tira cosas.

Exercise III

Querid**o** Federic**o**,

Vamos **al** lag**o** esta **n**oche. **P**odem**o**s ir **a la** isl**a** c**o**n un**o** de l**o**s b**o**tes. Si el c**o**nsejer**o** sabe, v**a a** estar muy en**o**jad**o**.

Tu **amigo**,

In**o**cenci**o**

Exercise IV 1. g 2. a 3. b, f 4. d, h 5. c, e. **Exercise V** Ad lib.

Answers to Grammar Exercises: Ordinal Numbers; Shortening Adjectives; Comparison of Inequality

Exercise I 1. Siempre como el buen plato de macarrones. 2. . . . la buena película. 3. . . . la mala ensalada. 4. . . . el mal insulto. 5. . . . el primer golpe. 6. . . . la primera carta. . . . 7. . . . el tercer día. . . . 8. . . . la tercera actividad. . . . **Exercise II** 1. Es un buen chico. 2. No hace malas cosas. 3. No tiene mal pensamiento. 4. Siempre tiene una buena idea. 5. No comete malos errores. **Exercise III** 1. Soy número uno. Gano el primer premio. 2. Soy número tres. Gano el tercer premio. 3. Soy número cuatro. Gano el cuarto premio. 4. Soy número cinco. Gano el quinto premio. 5. Soy número siete. Gano el séptimo premio. **Exercise IV** 1. No. Es la décima sinfonía. 2. Es el sexto programa. 3. Es la octava composición. 4. Es el tercer balcón. 5. Es la quinta sección. **Exercise V** 1. Sí, es su cuarta visita. 2. . . . segunda blusa. 3. . . . séptimo viaje. 4. . . . tercera falta. 5. . . . primer helado. **Exercise VI** 1. Deseo el primer dólar. 2. Quiero ver un buen drama. 3. Deseo un buen examen fácil. 4. Es más fácil la tercera hora. 5. Escribo la quinta frase. **Exercise VII** 1. La heroína es más bonita que el monstruo. 2. . . . cura más que . . . 3. Un coche cuesta menos que un yate. 4. Una casa cuesta más de mil dólares. **Exercise VIII** 1. b. Simón es mejor que Esteban. 1. c. Tomás es el mejor del grupo. 2. b. Las segundas son peores que las primeras noticias. 2. c. Las últimas son las peores del grupo. 3. b. Lola es menor que Laura. 3. c. Linda es la menor del grupo. 4. b. Los padres son mayores que los hijos. 4. c. Los abuelos son los mayores del grupo. 5. b. Su padre es más rico que yo. 5. c. Mi abuelo es el más rico del grupo. **Exercise IX** Ad lib. **Exercise X** Ad lib.

WORK UNIT 16

Answers to Reading Exercises: Si está perdido, ¡llame a un policía!

Exercise I(A) 1. las ocho . . . jefe 2. sentado . . . coche 3. derecho . . . cuadras 4. tren . . . esquina . . . norte 5. reunión . . . ciudad **I(B)** 1. Llamo a un policía. 2. Hay . . . cuadras entre la escuela y mi casa. 3. Una avenida es más grande (larga, importante). 4. Hay una tienda de comestibles, un edificio alto, etc. 5. El alumno a mi izquierda es . . . **Exercise II** 1. Tiene una cita con su jefe. 2. En ese momento pasa un policía. 3. Si estás (está) perdido, llama (llame) a un policía. 4. Puede tomar el tren en la esquina. 5. ¡Pregunte a ese hombre que vende periódicos! **Exercise III** Ad lib.

Answers to Grammar Exercises: Formation and Use of the Direct Commands

Exercise I(A) 1. Sí, ¡prepare Ud. la comida! 2. Sí, ¡responda Ud. al teléfono! 3. Sí, ¡escriba Ud. la lista de compras! 4. Sí, ¡compre Ud. ahora! 5. Sí, ¡lea Ud. la lista antes! **I(B)** 1. Sí, ¡hablen Uds. ahora! 2. Sí, ¡suban Uds. a comer! 3. Sí, ¡coman Uds. pronto! 4. Sí, ¡anden Uds. al parque después! 5. Sí, ¡corran Uds. allí! **I(C)** 1. ¡Estudiemos esta noche! 2. ¡Bebamos algo! 3. ¡Asistamos a la fiesta! 4. ¡Entremos pronto! 5. ¡Leamos más tarde! **Exercise II(A)** 1. ¡Coma Ud. bien! 2. ¡Camine Ud. mucho! 3. ¡Tenga paciencia! 4. ¡Venga a visitarme! 5. ¡Esté bien! **II(B)** 1. ¡Tomen Uds. asiento! 2. ¡No fumen Uds! 3. ¡Hagan Uds. ejercicio! 4. ¡Vayan Uds. al gimnasio! 5. ¡No sean Uds. perezosos! **II(C)** 1. ¡Salgamos . . .! 2. ¡No traigamos . . .! 3. ¡Pongamos . . .! 4. ¡Vamos . . .! 5. ¡Demos . . .! **Exercise III(A)** 1. Bueno, ¡dé Ud. una fiesta! 2. Bueno, ¡esté Ud. listo! 3. . . . oiga Ud. . . . 4. . . . conozca Ud. . . . 5. . . . haga Ud. . . . 6. . . . ponga Ud. . . . 7. No sea Ud. . . . **III(B)** 1. Bueno, ¡sepan Uds. la dirección! 2. . . . digan Uds. . . . 3. traigan Uds. . . . 4. vengan Uds. . . . 5. . . . tengan Uds. . . . 6. . . . vean Uds. . . . 7. . . . salgan Uds. . . . 8. . . . oigan Uds. . . . **Exercise IV** 1. Estudie Ud. 2. Haga Ud. 3. Asista Ud. 4. Sea Ud. 5. Traiga Ud. 6. Sepa Ud. 7. Venga Ud. 8. Vaya Ud. 9. Conozca Ud. 10. Dé Ud. **Exercise V** Ad lib.

WORK UNIT 17

Answers to Reading Exercises: Su hija es una alumna excelente.

Exercise I(A) 1. vez . . . hablar . . . profesores 2. primer . . . enseñanza 3. biología 4. buena nota 5. Sonia **I(B)** 1. Voy a sacar una . . . 2. Ellos dicen que soy un alumno . . . 3. Mi padre viene . . . veces al año. 4. . . . siempre sale bien en los exámenes. 5. Debo hacer mi tarea para aprender bien. **Exercise II** 1. enseñar 2. nota 3. tarea 4. gracias 5. examen 6. vez 7. siempre 8. sacar 9. tantos 10. aparecer **Exercise III** 1. a, f 2. c 3. b, d 4. e **Exercise IV** Ad lib.

Answers to Grammar Exercises: Possessive Adjectives

Exercise I 1. . . . mis tareas . . . 2. sus lecciones. 3. . . . sus gritos. 4. . . . nuestros libros. 5. . . . nuestras clases. 6. . . . sus tareas. 7. . . . tus padres. 8. . . . sus alumnos. **Exercise II(A)** 1. Uds. necesitan sus trajes de baño. 2. Paco necesita sus guantes de béisbol 3. Uds. necesitan su ropa de verano. 4. Los dos necesitan su dinero para refrescos. 5. Paquita necesita su raqueta de tenis. **II(B)** 1. Nosotros necesitamos nuestros relojes. 2. También necesitamos nuestra cámara. 3. Paquita: —Yo necesito mis discos favoritos. 4. Paco: —Yo necesito mis revistas cómicas. 5. Paquita: —Yo necesito mi radio. 6. Paco: —Yo necesito mi navaja de explorador. 7. Nosotros necesitamos nuestro coche para llevar todo. **II(C)** 1. . . . tu guitarra. 2. . . . tus discos compactos. 3. . . . tu computadora. **Exercise III** 1. No. Es nuestra pluma. 2. . . . nuestro sombrero. 3. No. Son nuestros zapatos. 4. . . . nuestras hijas. 5. . . . nuestros amigos. **Exercise IV** 1. Sí. Uso tu abrigo. 2. . . . sus pantalones. 3. . . . Abro su puerta. 4. . . . Deseo sus lecciones. 5. . . . Necesito tus radios. **Exercise V** 1. No son los lápices de él. Son de ella. 2. . . . las camisas de él. Son de ella. 3. No es la amiga de él. Es de ella. 4. . . . el reloj de él. Es de ella. 5. No son los hermanos de él. Son de ella. **Exercise VI** 1. No es el coche de Uds. Es el coche de ellos. 2. . . . la pelota de Uds. Es la pelota de ellos. 3. No son las chaquetas de Uds. Son las chaquetas de ellos. 4. . . . los abrigos de Uds. Son los abrigos de ellos. 5. No es la familia de Uds. Es la familia de ellos. **Exercise VII** 1. Vendo mis coches. 2. . . . nuestras cartas. 3. . . . sus lecciones. 4. . . . sus cuartos. 5. . . . tu casa. 6. su examen. 7. . . . su casa. 8. . . . sus preguntas. **Exercise VIII** 1. mi 2. tu 3. nuestras . . . tus . . . mis 4. nuestros **Exercise IX** Ad lib.

Culture Unit 3: ¡También nosotros los norteamericanos hablamos español!

Exercise I 1. Nahuatl 2. 15 million 3. southwestern 4. Chihuahua 5. raza 6. California 7. Mexico 8. Senator Montoya **Exercise II** 1. Saint Anthony 2. sacrament 3. (The City of) the Angels 4. tiles 5. the crosses 6. mountain 7. yellow 8. the flatlands 9. snowcapped 10. floral **Exercise III** 1. canyon 2. calaboose 3. tomato 4. lasso 5. cockroach 6. maize 7. potato 8. hoosegow 9. renegade 10. ranch **Exercise IV(A)** 1. e 2. c 3. d 4. b 5. a **IV(B)** 1. c. 2. d 3. e 4. b 5. a **Exercise V** 1. c 2. a 3. d 4. d 5. c 6. a 7. c 8. a 9. b 10. a **Exercise VI** 1. cigar 2. hurricane 3. canoe 4. vanilla 5. Saint Clare 6. feast 7. Florida (florid) 8. crocodile 9. arcade 10. stampede

WORK UNIT 18

Answers to Reading Exercises: Casa a la venta

Exercise I(A) 1. Carlos ve un letrero delante de una casa. 2. Quiere ver la casa porque está a la venta. 3. En la cocina hay un refrigerador nuevo y una estufa nueva. 4. Los dormitorios son grandes y claros. 5. Él va a poner su casa a la venta. **I(B)** 1. Generalmente hay un refrigerador y una estufa en una cocina. 2. Hay . . . habitaciones en mi apartamento. Son . . . 3. Hay casas modernas, trenes y autobuses. Hay muchas tiendas allí, etc. 4. Pongo las palabras: Casa a la venta. 5. Digo: Buenos días, ¿qué tal? **Exercise II** 1. g 2. e 3. b 4. h 5. f 6. d 7. c 8. a **Exercise III** 1. Casa a la venta. Pida informes adentro. 2. Toca a la puerta y espera unos momentos. 3. Buenos días, ¿en qué puedo servirle? 4. Mucho gusto en concocerle. 5. Dígame algo del vecindario. **Exercise IV** Ad lib.

Answers to Grammar Exercises: Demonstrative Adjectives

Exercise I(A) 1. Compro esta tiza. 2. . . . estas plumas. 3. . . . este lápiz. 4. . . . estos papeles. 5. . . . esta pintura. **I(B)** 1. ¿Deseas esa silla ahí? 2. . . . ese escritorio . . . 3. . . . esos periódicos . . . 4. . . . esos libros . . . 5. . . . esas plumas . . . **I(C)** 1. Miren aquellas fotografías . . . 2. . . . aquellas pinturas . . . 3. . . . aquella obra de arte . . . 4. . . . aquel cuadro . . . 5. . . . aquella estatua . . . **Exercise II** 1. Reciben este papel y aquel libro. 2. . . . esta palabra . . . esa frase. 3. . . . ese profesor . . . aquel alumno. 4. . . . esa puerta . . . aquella ventana. 5. . . . este pañuelo . . . ese zapato? **Exercise III** 1. Leemos estos periódicos y esos artículos. 2. . . . estas sillas . . . aquellas camas. 3. . . . estos sombreros . . . aquellos vestidos. 4. . . . esas clases . . . aquellos profesores. 5. . . . esos vestidos . . . aquellas faldas. **Exercise IV** 1. ¿Este amigo? Sí gracias. 2. ¿Esta revista? . . . 3. ¿Estos cuentos? . . . 4. ¿Estas fotos? . . . 5. ¿Este papel? . . . **Exercise V** 1. este . . . ese 2. aquel 3. estos . . . esos 4. aquellos 5. aquellas . . . aquella 6. estas . . . esta 7. esa . . . 8. estas. **Exercise VI** Ad lib.

WORK UNIT 19

Answers to Reading Exercises: ¡Qué dientes tan grandes tienes!

Exercise I(A) 1. f 2. c 3. f 4. f 5. f 6. c **I(B)** 1. Contesto: —Soy yo. 2. Uso una pasta dentífrica. 3. (No) hay mucha diferencia . . . 4. Un buen nombre es . . . 5. Un animal que tiene los dientes grandes es el perro (el elefante, etc.) **Exercise II** 1. frutas 2. dulces 3. flor 4. huevo 5. helado **Exercise III** 1. a 2. b, d 3. h 4. c, f 5. e, g **Exercise IV** Ad lib.

Answers to Grammar Exercises: Adverbs; Exclamatory "¡Qué!"

Exercise I 1. Entro temprano hoy. 2. Termino después. 3. Hablo poco allí. 4. Aprendo mucho ahora. 5. Contesto más. 6. Como bien. 7. Está cerca. 8. Siempre tomo leche allí. 9. Camino rápido. 10. Grito menos. **Exercise II** 1. Pasan el dia perezosamente. 2. Llega misteriosamente. 3. Reaccionan nerviosamente. 4. La contestan felizmente. 5. Van alegremente a la fiesta. **Exercise III** 1. Explica lenta y claramente. 2. Comprendemos exacta y perfectamente. 3. Enseña sincera y honestamente. 4. Escucha simpática y amablemente. 5. Corren tonta y locamente. **Exercise IV** 1. ¡Qué tarde llega ella! 2. ¡Qué bien . . . 3. ¡Qué mal . . . 4. ¡Qué temprano . . . 5. ¡Qué lejos . . . 6. ¡Qué cerca . . . 7. ¡Qué cansada . . . 8. ¡Qué pobre . . . 9. ¡Qué ricos . . . 10. ¡Qué bonita . . . **Exercise V** 1. ¡Qué casas! ¡Qué casas tan altas! 2. ¡Qué madre! ¡Qué madre tan buena! 3. ¡Qué niños! ¡Qué niños tan lindos! 4. ¡Qué cielo! ¡Qué cielo tan azul! 5. ¡Qué escuela! ¡Qué escuela tan grande! **Exercise VI** 1. ¡Qué día tan interesante! 2. ¡Qué año tan importante! 3. ¡Qué muchacho tan simpático! 4. ¡Qué profesores tan amables! 5. ¡Qué clases tan buenas! **Exercise VII** Ad lib.

WORK UNIT 20

Answers to Reading Exercsies: ¿Qué dice el horóscopo?

Exercise I(A) 1. supersticiosas 2. fortuna 3. noticias, deportes 4. Acuario 5. gastar dinero **I(B)** 1. Leo la sección de . . . 2. El día de mi nacimiento es . . . 3. Mi signo del zodiaco es . . . 4. Puedo ganar . . . 5. Un cartero trae las cartas. **Exercise II** SIEMPRE ES IMPORTANTE ESTUDIAR EL ESPAÑOL **Exercise III** 1. ¡No pierda el tiempo! Su oportunidad está aquí. 2. ¡Defienda sus derechos! ¡No sea tímido! 3. ¡Cambie su fortuna! Ud. tiene suerte. 4. ¡Tenga paciencia! Su signo es favorable. 5. ¡No gaste mucho dinero! 6. Ad lib. 7. Ad lib.

Answers to Grammar Exercises: Stem-Changing Verbs of Ar and Er Infinitives

Exercise I(A) 1. Tú piensas ir mañana. 2. Diego piensa . . . 3. Diego y María piensan . . . 4. Tú y yo pensamos . . . 5. Uds. piensan . . . 6. Yo pienso . . . **I(B)** 1. ¿Almuerza Ud. a las doce? 2. ¿Almorzamos . . .? 3. ¿Almuerzan . . . ? 4. ¿Almuerza . . .? 5. ¿Almuerzo . . . ? 6. ¿Almuerzas . . . ? **Exercise II** 1. Ellos comienzan el examen. 2. ¿Encuentras tú . . . ? 3. Ana y él entienden . . . 4. Él empieza . . . 5. Uds. no vuelven a. . . . 6. Ella pierde . . . 7. Ud. no lo cierra . . . 8. Yo recuerdo . . . 9. ¿No lo empiezan ellas . . . ? 10. Nosotros contamos . . . **Exercise III** 1. Uds. comienzan mañana a las cuatro. 2. Uds. cierran los libros a las diez hoy. 3. Uds. vuelven en cinco días. 4. Uds. vuelan a San Juan. 5. Nosotros queremos viajar en coche. 6. Nosotros no entendemos todo ahora. 7. Nosotras encontramos comida en la cafetería. 8. Yo nunca cuento los dólares. 9. Yo nunca pierdo los dólares. 10. Tú vuelves a casa con nosotros. **Exercise IV** 1. Nosotros no empezamos la comida a las nueve. Ella sí que empieza la comida a las nueve. 2. . . . no almorzamos . . . Ella sí que almuerza . . . 3. . . . no entendemos . . . Ella sí que entiende . . . 4. . . . no comenzamos a comer . . . Ella sí que comienza a comer . . . 5. no movemos . . . Ella sí que mueve . . . 6. no cerramos . . . Ella sí que cierra . . . 7. . . . no queremos . . . Ella sí que quiere . . . 8. . . . no podemos comer . . . Ella sí que puede . . . 9. . . . no volvemos . . . Ella sí que vuelve . . . 10. . . . no jugamos . . . Ella sí que juega . . . **Exercise V** 1. ¡No pierda Ud. dinero! 2. ¡No perdamos! 3. ¡No piensen Uds. en los dolores! 4. ¡No pensemos! 5. ¡No cuente Ud. con amigos! 6. ¡No contemos! 7. ¡No defiendan Uds. al amigo! 8. ¡No defendamos a los amigos! 9. ¡No vuelva Ud. a tiempo! 10. ¡No volvamos! **Exercise VI** 1. (Yo) pienso en el trabajo. 2. (Yo) comienzo . . . 3. (Yo) no entiendo . . .

4. (Yo) pierdo . . . 5. Yo cierro . . . 6. Yo quíero . . . 7. Yo almuerzo . . . 8. Yo recuerdo . . . 9. Yo vuelvo . . . 10. Yo muestro . . . **Exercise VII** Ad lib.

WORK UNIT 21

Answers to Reading Exercises: Quiero ser rico.

Exercise I(A) 1. Teodoro va a graduarse. 2. Está allí cinco años 3. Quiere ser rico. 4. Tiene miedo de los aviones. **I(B)** 1. Voy a terminar . . . 2. Quiero ser . . . 3. Quiero ser rico porque . . . 4. Como médico (abogado, etc.) voy a recibir un buen sueldo. **Exercise II** 1. Finalmente va a graduarse. 2. Quiere encontrar trabajo lo más pronto posible. 3. Quiero ganar mucho dinero. 4. Quiero un trabajo fácil para descansar. **Exercise III** Ad lib. **Exercise IV** 1. e. 2. a, h 3. b 4. c, g 5. d, f

Answers to Grammar Exercises: The Complementary Infinitive; Infinitive after prepositions, "tener que . . .," "para" vs. "por"

Exercise I 1. (Yo) tengo que comer. 2. (Tú) tienes que . . . 3. Juan tiene que . . . 4. Uds. tienen que . . . 5. Ud. tiene que . . . 6. Ana y yo tenemos que . . . 7. Juan y Ana tienen que . . . **Exercise II** 1. Los tíos no van a leer esta noche. 2. Susana no va a . . . 3. Tú no vas a . . . 4. Uds. no van a . . . 5. Marta y yo no vamos a . . . 6. Yo no voy a . . . 7. Él no va a . . . **Exercise III** 1. Estudiamos para comprender. 2. Leemos para saber. 3. Ganamos la lotería por tener suerte. 4. Vamos al médico por estar enfermos. 5. Necesitamos dinero por ser pobres. **Exercise IV** 1. Ando con Lola por estar enamorado. 2. Es para jugar al tenis. 3. Es para Lola. 4. No compro más por no tener mucho dinero. 5. Salgo para Chile. 6. Viajo por avión. 7. Pago quinientos dólares por el boleto. 8. Regreso pronto por Lola. **Exercise V** 1. tengo que 2. debo 3. voy a 4. para escribir 5. quiero comer 6. no puede 7. tiene que 8. necesitamos . . . para vivir 9. sé escribir 10. estudiar . . . comer. **Exercise VI** 1. —Tengo que llegar al trabajo a las tres después de la escuela. 2. —Sé vender ropa allí. 3. —Tengo que trabajar tres horas después de la escuela. 4. —Voy a casa a comer un poco antes de las seis. 5. —Puedo salir temprano los sábados. 6. —Siempre deseo jugar por la tarde. 7. —Trabajo para tener dinero. 8. —Necesito dinero para ir a estudiar en la universidad. 9. —Sí, mi hermano debe trabajar también. 10. Sí, vamos a estudiar por la noche. **Exercise VII** Ad lib. **Exercise VIII** Ad lib.

WORK UNIT 22

Answers to Reading Exercises: ¡Qué vida tan cruel!

Exercise I(A) 1. A las doce Yolanda *mira* un programa en *la televisión*. 2. Alfonso y Adela llevan una vida *triste*. 3. Alfonso trae una *mala* noticia. 4. Raúl y Rodrigo están ahora en *la prisión*. 5. Gustavo vuelve *temprano* a la casa. **I(B)** 1. Mi papá se sienta en el sillón y lee el periódico. 2. Tengo que guardar cama. 3. Hay dinero dentro de mi cartera. 4. Puedo comprar zapatos, ropa, etc. 5. Una persona pierde su empleo, está enferma, va al hospital, etc. **Exercise II** 1. Llora constantemente durante toda la hora. 2. Tengo una mala noticia para ti. 3. Nuestros hijos son adorables pero estúpidos. 4. Todos tenemos que buscar otro empleo. **Exercise III** Ad lib.

Answers to Grammar Exercises: Prepositional Pronouns.

Exercise I 1. Compran el regalo con él y es para él. 2. . . . con ellos . . . para ellos. 3. . . . con ella . . . para ella. 4. . . . con ellas . . . para ellas. 5. . . . conmigo . . . para mí. 6. . . . contigo . . . para ti. 7. . . . con Uds. . . . para Uds. 8. . . . con nosotros . . . para nosotros. 9. . . . con vosotros . . . para vosotros. 10. . . . con Ud. . . . para Ud. **Exercise II** 1. Vivo cerca de ellos. 2. . . . sin ellos. 3. . . . para ellas. 4. . . . a Uds. 5. . . . con nosotros. **Exercise III** 1.—Sí, vivo cerca de ella. 2. . . . preparo para ellas. 3. . . . deseo escribir sin él. 4. . . . estoy sentado en él. 5. . . . juego cerca de ellos. **Exercise IV** 1. ¿Para mí? Gracias. 2. ¿Conmigo? . . . 3. ¿Sin mi? . . . 4. ¿Cerca de nosotros –as? . . . 5. ¿Con Uds.?

. . . **Exercise V** 1. Sí. Asisten conmigo. 2. . . . con nosotros. 3. . . . conmigo. 4. . . . con Uds. (con nosotros). 5. . . . contigo (con Ud.). **Exercise VI** 1. Compran el regalo para mí y para él. 2. El niño juega conmigo y con mi amigo. 3. Ella corre a él, no a Ud. 4. El hombre trabaja sin nosotros y sin ella. 5. Ella vive cerca de ti, Pedro, y cerca de ellos. **Exercise VII** Ad lib. **Exercise VIII** Ad lib.

Culture Unit 4: España, la madre patria. Part One: Discoverers etc. of America.
Part Two: Spain's Influence.

Part One: Exercise I 1. b 2. a 3. b 4. c 5. c 6. b 7. d 8. b 9. a 10. c. **Exercise II** 1. d 2. b 3. b 4. d 5. b **Exercise III(A)** 1. b 2. d 3. a 4. c 5. e **III(B)** 1. d 2. c 3. a 4. b 5. e **Exercise IV** 1. Isabel 2. Kings 3. Puerto Rico 4. gold 5. metals

Part Two: Exercise I(A) 1. b 2. d 3. e 4. a 5. c **(IB)** 1. b 2. e 3. d 4. a 5. c **Exercise II** 1. b 2. a 3. d 4. d 5. b 6. d 7. b 8. a 9. c 10. c **Exercise III** 1. a 2. d 3. d 4. b 5. a 6. b 7. d 8. a 9. d 10. b **Exercise IV** 1. b 2. b 3. a 4. d 5. c 6. b 7. c 8. d 9. b 10. d **Exercise V** 1. January 6 2. portales 3. Palm . . . Easter 4. matadores 5. la pelota 6. Carnaval 7. El Día de la Hispanidad 8. café 9. gaucho 10. frontón.

WORK UNIT 23

Answers to Reading Exercises: ¡Vamos a construir una casa!

Exercise I(A) 1. Esmeralda tiene seis años. 2. Está sola y está cansada de jugar con su muñeca. 3. El padre trabaja, los hermanos están en la escuela y la madre está en la casa de una vecina. 4. Hace mal tiempo. Hace frío y llueve. 5. Su muñeca, Pepita, va a estar sola. **I(B)** 1. Miro la televisión, leo un libro, etc. 2. Estoy aburrido en mi clase de . . . porque . . . 3. La puerta sirve para entrar y salir. 4. Vivo en . . . 5. Hay mapas, cuadros, etc. en las paredes. **Exercise II** 1. caja 2. lados 3. paredes 4. techo 5. puerta 6. entran 7. salen 8. puerta 9. ventanas 10. aire 11. árboles **Exercise III** Ad lib. **Exercise IV** 1. a, e 2. b 3. c, f 4. h 5. g

Answers to Grammar Exercises: Direct Object Pronouns

Exercise I 1. Yo no los tengo. 2. . . . no lo toman. 3. . . . no la tiene. 4. . . . no las sabe. 5. . . . no lo desean. **Exercise II** 1. Me necesitan a mí en el jardín. 2. La ven a Ud. . . . 3. Lo cogen a Ud. . . . 4. Lo observan a él . . . 5. Te permiten a ti . . . 6. Los hallan a Uds. . . . 7. Nos describen a nosotros . . . 8. Las miran a ellas . . . 9. La escuchan a ella . . . 10. Los prenden a ellos . . . **Exercise III(A)** 1. Sí que la invitan a ella. 2. . . . lo prefieren a él. 3. . . . las quieren a ellas. 4. . . . los ven a ellos. 5. . . . los escuchan a ellos. **III(B)** 1. Sí, los ven a Uds. (nos ven a nosotros). 2. . . . lo necesitan a Ud. (te necesitan a ti). 3. . . . me comprenden a mí. 4. . . . nos visitan a nosotros. 5. . . . me observan a mí. **Exercise IV (A)** 1. No deseo leerlo. 2. ¿No quiere visitarlos? 3. No vamos a comerte. 4. ¿No pueden vernos? 5. No deben mirarme. 6. No voy a construirla. **IV(B)** 1. No te esperamos ver. 2. ¿No las sabes hacer? 3. No la prefiere contestar. 4. ¿No me pueden comprender? 5. No nos van a escuchar. **Exercise V** 1. Sí, los llevo. 2. Sí, las llevo. 3. Sí, lo llevo. 4. Sí, las llevo. 5. Sí, la llevo. **Exercise VI** 1. ¡No lo enseñe Ud.! 2. ¡No me llame Ud.! 3. ¡No la visiten Uds.! 4. ¡No nos miren Uds.! 5. ¡No los invitemos! **Exercise VII** 1. ¡Visítelo Ud.! 2. ¡Mírennos Uds.! 3. ¡Contestémosla! 4. ¡Úselos Ud.! 5. ¡Imítenme Uds.! **Exercise VIII** 1. Sí, la veo. 2. No, ella no me mira. 3. Sí. Ella lo saluda a él. 4. Él la lleva mucho al cine. 5. Sus padres no lo saben. 6. No quiero saludarla. **Exercsie IX** Ad lib.

WORK UNIT 24

Answers to Reading Exercises: Un hombre moral

Exercise I 1. el trabajo 2. despacho . . . abogado 3. varios papeles . . . clasificarlos

4. esquina . . . mal vestido 5. cartera . . . bolsillo . . . pantalón 6. dejó caer. **Exercise II** 1, 5, 2, 4, 3. **Exercise III** Ad lib. **Exercise IV** 1. f 2. i 3. m 4. a 5. h 6. b 7. c 8. o 9. l 10. d 11. n 12. k 13. e 14. j 15. g **Exercise V** Oral and Writing Activities are ad lib.

Answers to Grammar Exercises: Indirect Object Pronouns

Exercise I 1. Él me enseña la lección. 2. . . . le dan . . . 3. . . . le decimos . . . 4. . . . te ofrece . . . 5. . . . no le muestran . . . 6. Nos da . . . 7. Les enseña . . . 8. Les vendo . . . 9. No les traen . . . 10. Les leo . . . **Exercise II(A)** 1. —Le leo la novela a Tomás. 2. —Le muestro . . . a la señora. 3. —Le enseño . . . a Ud. 4. —Te escribo . . . a ti. 5. —Me canto . . . a mí. **II(B)** 1. Él les da el violín a Pedro y a Anita. 2. Ella les dice . . . a los alumnos. 3. . . . les escriben . . . a Ana y a María. 4. . . . nos traen . . . a nosotros. 5. . . . les explica . . . a Elisa y a Ud. **Exercise III** 1. —Sí, ellos le muestran el examen a él. 2. . . . le escribe . . . a ella. 3. . . . les enseñan . . . a ellas. 4. . . . les lee . . . a ellos. 5. . . . les explica . . . a ellos. **Exercise IV(A)** 1. No les deseo leer. 2. No nos quieren hablar. 3. No te puede mostrar. 4. ¿No me van a cantar? 5. ¿No le debemos decir? **IV(B)** 1. No quiero hablarles. 2. No deseo cantarle. 3. No espera escribirme. 4. No pueden explicarte. 5. No van a cantarnos. **Exercise V** 1. ¡Hábleme Ud.! 2. ¡Escríbanos Ud.! 3. ¡Respóndannos Uds.! 4. ¡Léannos Uds.! 5. ¡Vendámosle! **Exercise VI** 1. ¡No nos muestre Ud.! 2. No nos lea Ud.! 3. ¡No me enseñen Uds.! 4. ¡No les escriban Uds.! 5. ¡No le respondamos! **Exercise VII** 1. —¿Le dan una carta a María? 2. —¿Les mandan. . . . 3. —¿Les enseñan . . . 4. —¿Les dicen . . . 5. —¿Les escriben . . . **Exercise VIII** 1. ¡Favor de decirme! 2. ¡Claro! Papá siempre te da dinero. 3. ¿Y tú me das regalos a mí? 4. Sí, eso es darnos alegría. 5. ¡Favor de darles algo fantástico! **Exercise IX** Ad lib.

WORK UNIT 25

Answers to Reading Exercises: No me gustan las hamburguesas.

Exercise I(A) 1. Está contento porque sale con Beatriz. 2. Julio pregunta:—¿Quieres ir a tomar algo? 3. Julio tiene solamente diez dólares, y la paella cuesta veinte dólares. 4. Es una mezcla de arroz, pollo, mariscos, y legumbres. 5. Él no tiene bastante dinero. **I(B)** 1. Mi comida favorita es . . . 2. Algunos refrescos son: la leche, el vino, la Coca-Cola, el té, y el café. 3. Generalmente como papas fritas con una hamburguesa. 4. Necesito . . . dólares . . . **Exercise II** 1. mariscos 2. arroz 3. camarero 4. huevo 5. plato 6. duro(s) 7. caro 8. noche 9. sábado 10. cine 11. más 12. año 13. muy 14. qué 15. un 16. ojo. **Exercise III** 1. d. 2. a, h 3. b, e 4. c, f 5. g **Exercise IV** Ad lib.

Answers to Grammar Exercises: "Gustar," to be pleasing, to like

Exercise I 1. No le gusta el arroz. 2. . . . no le gustan . . . 3. . . . no le gustan . . . 4. . . . no le gusta . . . 5. . . . no le gustan . . . **Exercise II** 1. A nosotros no nos gustan los exámenes. 2. A Ud. no le gustan . . . 3. A Uds. no les gustan . . . 4. A mis hermanas no les gustan . . . 5. A su amigo no le gustan . . . 6. A Luisa y a Juan no les gustan . . . 7. A ti no te gustan . . . 8. A mí no me gustan . . . 9. A Pedro no le gustan . . . 10. A Lola no le gustan . . . **Exercise III** 1. . . . sí nos gusta tomar café. 2. . . . sí le gusta el tenis. 3. . . . sí les gustan las clases. 4. sí le gusta ir. 5. . . . sí me gustan . . . 6. sí te gustan . . . 7. . . . sí le gustan . . . 8. . . . sí les gusta . . . 9. . . . sí nos gustan . . . 10. . . . sí les gusta bailar. **Exercise IV** 1. —Me gusta mucho. 2. —Nos gusta . . . 3. —Me gustan . . . 4. —Nos gustan . . . 5. —Me gusta . . . **Exercise V** 1. —A nosotros no nos gusta 2. —A él no le gusta. 3—A ella no le gustan. 4. —A ellos no les gustan. 5. A ellas no les gusta. **Exercise VI** 1. le gusta 2. me gusta 3. A . . . les gusta 4. . . . él . . . le gusta . . . ella . . . le 5. . . . mí me gusta. **Exercise VII** Ad lib. **Exercise VIII** 1. a. el baloncesto b. el béisbol c. el fútbol americano d. el tenis e. la carrera f. la pesca g. la natación h. el golf i. el boxeo j. el esquí k. el vólibol l. la gimnasia 2. Ad lib.

WORK UNIT 26

Answers to Reading Exercises: Una noticia confusa

Artículo 1. criminales 2. 21 3. prisión 4. desesperados 5. descubrieron 6. el garaje 7. descripciones 8. 36 9. cien 10. ladrones 11. automóvil 12. libertad. **Exercise I(A)** 1. Toma asiento en un sillón, fuma su pipa y lee el periódico. 2. Nota que falta un gran número de palabras. 3. Teresita cortó una docena de palabras del artículo. 4. Tiene que poner las palabras en los espacios. 5. Se escaparon en un viejo coche Chevrolet. **I(B)** 1. Sí, es peligroso fumar. 2. Estoy más cómodo en un sillón. 3. (No) me gusta mirar películas de criminales desesperados. 4. Un par de ladrones debe estar en la prisión. 5. Hago una llamada a la policía. **Exercise II** Ad lib. **Exercise III** Ad lib.

Answers to Grammar Exercises: The Preterite Indicative: Regular Verbs

Exercise I 1. Juan entró a las tres y salió a las tres y cuarto. 2. Tú entraste . . . saliste . . . 3. Tú y yo entramos . . . salimos . . . 4. Ud. entró . . . salió . . . 5. Uds. entraron . . . salieron . . . 6. Mis amigos entraron . . . salieron . . . 7. Yo entré . . . salí . . . **Exercise II** 1. Ud. recibió la carta anoche. 2. Yo corté . . . 3. Yo rompí . . . 4. Nosotros encontramos . . . 5. María buscó . . . 6. Uds. terminaron . . . 7. Pedro y Juan escribieron . . . 8. Tú respondiste . . . 9. Él y yo perdimos . . . 10. Tú describiste . . . **Exercise III** 1. a. Sí, usé el coche. b. Mi madre también usó el coche. 2. a. . . . aprendí . . . b. Mi hermano . . . aprendió . . . 3. a. . . . invité . . . b. Los padres . . . invitaron . . . 4. a. . . . recibí . . . b. Ud. . . . recibió (tú . . . recibiste) . . . 5. a. . . . bailaron . . . b. Mi prima . . . bailó . . . 6. a. . . . bebimos . . . b. Las chicas . . . bebieron . . . 7. a. . . . visitó . . . b. Tú y yo . . . visitamos . . . 8. a. . . . comió . . . b. Ellas . . . comieron . . . 9. a. . . . saludaron . . . b. Yo . . . saludé . . . 10. a. . . . Ud. recibió (tú recibiste) . . . b. Nosotros . . . recibimos . . . **Exercise IV** 1. Juan entró en la cocina. 2. Tomó . . . 3. Comió . . . bebió . . . 4. . . . llegaron . . . 5. Comieron . . . 6. . . . salieron . . . aprendieron . . . 7. Escucharon . . . practicaron . . . 8. . . . contestamos . . . 9. Aprendimos . . . escribimos . . . 10. . . . estudié y asistí. . . . **Exercise V** Ad lib.

WORK UNIT 27

Answers to Reading Exercises: ¡Los muchachos de hoy son horribles!

Exercise I(A) 1. F 2. F 3. F 4. C 5. C **I(B)** 1. La generación de hoy (no) tiene . . . 2. (No) Doy mi asiento a un anciano. 3. Yo leo . . . 4. Mis padres (no) tienen siempre razón. **Exercise II** 1. entró 2. Vi, molestó 3. quiso darle 4. sacaron, empezaron 5. necesitaron **Exercise III** 1. Entra en la sala. 2. Tengo algo aquí que va a ser interesante para Ud. 3. Nadie quiso darle el asiento. 4. La pobre señora tuvo que estar de pie. 5. Soy mejor hombre por eso. 6. ¿No cree Ud. que es un poco exagerado? **Exercise IV** Ad lib. **Exercise V** 1. d, g 2. e 3. a, h 4. b, c 5. f

Answers to Grammar Exercises: The Preterite Indicative: Irregular Verbs

Exercise I(A) 1. Yo tuve la carta de la policía y la puse en la mesa. 2. Pedro tuvo . . . puso . . . 3. Pedro y yo tuvimos . . . pusimos . . . 4. Ud. tuvo . . . puso . . . 5. Los chicos tuvieron . . . pusieron . . . **I(B)** 1. Uds. hicieron la tarea y la trajeron a la clase muy tarde. 2. Ud. hizo . . . trajo . . . 3. Yo hice . . . traje . . . 4. La alumna hizo . . . trajo . . . 5. Nosotros hicimos . . . trajimos . . . **I(C)** 1. Mi madre dijo que sí y dio las gracias . . . 2. Ud. dijo . . . dio . . . 3. Yo dije . . . di . . . 4. Nosotros dijimos . . . dimos . . . 5. Los abuelos dijeron . . . dieron . . . **I(D)** 1. La niña fue buena sólo cuando vino a la clase. 2. Yo fui bueno . . . vine . . . 3. Tú fuiste bueno . . . viniste . . . 4. Ellas fueron buenas . . . vinieron . . . 5. Ellas y yo fuimos buenos . . . vinimos . . . **I(E)** 1. Yo fui al teatro donde vi una buena comedia sin pagar. 2. Diego fue . . . vio . . . 3. Diego y yo fuimos . . . vimos . . . 4. Mi amiga fue . . . vio . . . 5. Tú fuiste . . . viste . . . **I(F)** 1. Los primos leyeron la frase falsa y la creyeron. 2. Nosotras leímos . . . creímos. 3. Yo leí . . . creí. 4. Tú leíste . . . creíste. 5. Ud. leyó . . . creyó. **I(G)** 1. María oyó los gritos de la mujer cuando estuvo en su casa. 2. Ellos oyeron

. . . estuvieron . . . 3. María y yo oímos . . . estuvimos . . . 4. Tú oíste . . . estuviste . . . 5. Yo oí . . . estuve . . . **I(H)** 1. Juan anduvo mucho y supo que pudo hacerlo porque quiso hacerlo. ¡Olé! 2. Juan y yo anduvimos . . . supimos . . . pudimos . . . quisimos . . . 3. Juan y Ana anduvieron . . . supieron . . . pudieron . . . quisieron . . . 4. Yo anduve . . . supe . . . pude . . . quise . . . 5. Tú anduviste . . . supiste . . . pudiste . . . quisiste . . . **Exercise II** 1. Las piedras cayeron. 2. Las niñas vinieron. 3. Nosotros tuvimos razón. 4. Nosotros hicimos los viajes. 5. Ellos hicieron los viajes. 6. Ellas trajeron las revistas. 7. Uds. fueron al cine. 8. Nosotros fuimos excelentes. 9. Uds. dijeron las frases. 10. Uds. dieron ayuda. 11. Nosotros leímos mucho. 12. Nosotros oímos gritos. 13. Ellos oyeron los discos. 14. Uds. creyeron los artículos. 15. Ellas leyeron los cuentos. 16. Nosotros dijimos que sí. 17. Nosotros dimos dinero. 18. Ellas fueron bonitas. 19. Nosotros fuimos a los mercados. 20. Nosotros lo creímos. **Exercise III** 1. Mis amigos estuvieron allí. 2. Fui a la tienda. 3. Traje tres dólares. 4. Yo hice las compras. 5. Nosotros pusimos las compras en la mesa. **Exercise IV** 1. Vine a la casa de Anita. 2. Fue . . . 3. Ella tuvo . . . 4. Ellos le dijeron . . . 5. Luego oyeron . . . 6. Pudieron . . . 7. Quise . . . 8. . . . tuve que . . . 9. Anduve . . . 10. Supe que fue . . . **Exercise V** Ad lib.

WORK UNIT 28

Answers to Reading Exercises: La justicia siempre triunfa.

Exercise I(A) 1. Hay una docena de espectadores. 2. Chocó con la bicicleta de un muchacho. 3. Dice que Ramírez es un hombre honrado. 4. Protesta porque el testigo dio su opinión. 5. El juez está enojado porque el testigo no vio el accidente. **I(B)** 1. (No) Me gusta conducir. 2. (No) Estuve en un accidente. 3. (No) Fui a la corte. 4. El otro conductor fue culpable. 5. Le dije la verdad. **Exercise II** 1. ¿Qué puede (Ud.) decirnos en su defensa? 2. El señor es un hombre honrado. 3. Aquí no nos importan las opiniones. 4. El accidente ocurrió a las diez. **Exercise III** 1. abogado 2. acusado 3. drama 4. coche 5. juez 6. testigo 7. borracho 8. fiscal 9. menos 10. acto 11. todo 12. como 13. diez **Exercise IV** Ad lib.

Answers to Grammar Exercises: Emphatic and Unemphatic Negation. Tag Question "¿verdad?"

Exercise I 1. Nadie comprende todos los idiomas. 2. Nadie estudia . . . 3. Nadie lee . . . **Exercise II** 1. Nunca como despacio. 2. Nunca estoy . . . . 3. Nunca tengo . . . **Exercise III** 1. Los chicos nada compraron para el viaje. 2. Ellos nada recibieron . . . 3. Juan nada comió . . . 4. Ellos nada tuvieron . . . **Exercise IV** 1. Verdad. Las niñas pobres no reciben nada para la Navidad. 2. . . . No va nadie a comprender . . . 3. . . . El chico perezoso no quiso escribir nunca . . . 4. No desea asistir a la fiesta ni sábado, ni domingo. 5. . . . Un hombre cansado tampoco debe trabajar . . . **Exercise V** 1. a. No quiero ni dormir ni descansar. 1. b. Tampoco quiero escuchar música. 2. a. No necesito ni comer ni beber. 2. b. Tampoco necesito caminar. 3. a. No me gusta ni leer ni mirar T.V. 3. b. Tampoco me gusta salir de noche. 4. a. No deseo asistir ni al cine ni al teatro. 4. b. Tampoco deseo asistir al concierto. **Exercise VI(A)** 1. a. ¿Siempre? Yo nunca canto en casa. 1. b. Yo no canto nunca . . . 2. a. ¿Siempre? Ella nunca toca . . . 2. b. Ella no toca nunca . . . 3. a. ¿Siempre? Laura y Antonio nunca bailan . . . 3. b. Laura y Antonio no bailan nunca. **VI(B)** 1. a. ¿María? Nadie vino a mi casa. 1. b. No vino nadie . . . 2. a. ¿La familia? Nadie fue a esquiar . . . 2. b. No fue nadie . . . 3. a. ¿María? Nadie compró . . . 3. b. No compró nadie . . . **VI(C)** 1. a. ¿Algo? Él nada enseñó de México. 1. b. Él no sabe nada . . . 2. a. ¿Algo? El alumno nada contestó . . . 2. b. No contestó nada . . . 3. a. ¿Algo? Los niños nada oyen . . . 3. b. No oyen nada . . . **Exercise VII** 1. Nadie prepara un desayuno como mi madre. 2. Mi padre y yo nunca preparamos el desayuno. 3. Pero mi hermana nada toma para el desayuno. 4. Tu (su) hermana tampoco toma nada, ¿no es verdad? 5. Ni tu (su) hermano ni mi hermana come bien, ¿no es verdad? **Exercise VIII** Ad lib.

WORK UNIT 29

Answers to Reading Exercises: Cómo él llegó a ser médico

Exercise I(A) 1. Le pide consejo(s). 2. Ella tiene que recoger las cosas de José del piso de su cuarto. Le repite mil veces que José debe llegar a tiempo. José le cuenta lo que hace para divertir y hacer reír en sus clases. 3. José toca su música roc hasta la una. 4. Cambió su conducta en una semana. José curó a su abuela, y el médico curó a José. 5. Piensa estudiar para médico. Sus recetas tuvieron tanto éxito. 6. Llegó a ser un médico compasivo y famoso. **I(B)** 1. Pienso estudiar para. . . . 2. Prefiero la música. . . . 3. Llego a tiempo. 4. Quiero a. . . . **Exercise II** 1. dormir 2. empezar 3. sonreír 4. pedir 5. éxito 6. divertir 7. invitar 8. reír **Exercise III** 1. decir la verdad 2. llorar 3. abuela 4. contestar 5. siempre 6. techo 7. dar 8. después de 9. dejar caer 10. salir mal **Exercise IV** 1. b 2. a 3. d 4. c, e. **Exercise V** Ad lib.

Answers to Grammar Exercises: Stem-Changing Verbs of IR Infinitives: Present Tense

Exercise I(A) 1. Duermen. . . . horas. 2. Duermo . . . 3. Dormimos . . . 4. Duerme . . . 5. Duermen . . . **I(B)** 1. Siente dolor de . . . 2. Sienten . . . 3. Siento . . . 4. Sentimos . . . 5. Siente . . . **Exercise II** 1. Yo lo siento si miento. 2. Lo sienten si mienten. 3. Lo sentimos si mentimos. 4. Lo sientes si mientes. 5. Lo siente si miente. **Exercise III(A)** 1. Divierto al niño con chistes y muero de risa. 2. Divertimos . . . morimos . . . 3. Divierten . . . mueren . . . 4. Divierte . . . muere . . . 5. Diviertes . . . mueres . . . **III(B)** 1. Viste . . . sonríe. 2. Visten . . . sonríen. 3. Visto . . . sonrío. 4. Viste . . . sonríe. 5. Vestimos . . . sonreímos. **III(C)** 1. Reímos cuando repetimos. 2. Ríen . . . repiten . . . 3. Río . . . repito . . . 4. Ríe . . . repite . . . 5. Riés . . . repites . . . **III(D)** 1. Prefiere . . . lo pide y lo sirve . . . 2. Prefieren . . . lo piden y lo sirven . . . 3. Prefieres . . . lo pides y lo sirves . . . 4. Prefiero . . . lo pido y lo sirvo . . . 5. Preferimos . . . lo pedimos y lo servimos . . . **Exercise IV** 1. Por favor, ¡nunca duerma Ud. tarde! 2. Por favor, ¡no sienta Ud. más dolores! 3. ¡ . . . no pida Ud. nada! 4. ¡ . . . no diviertan a nadie! 5. ¡ . . . sirvan Uds. . . .! 6. ¡ . . . no mueran . . .! 7. ¡ . . . vistamos . . .! 8. ¡ . . . durmamos . . .! 9. ¡Nunca mintamos! 10. ¡ . . . repitamos . . .! **Exercise V** 1. siento 2. miento 3. repito 4. Duermo 5. viste 6. pide 7. sirve 8. Yo muero 9. Prefiero 10. sonríe **Exercise VI** 1. siente 2. miente 3. recoge 4. a tiempo 5. toca 6. sirvo 7. pido 8. divierte 9. sonreímos 10. río 11. lo siento 12. prefieren 13. ¡No lo sienta! 14. servimos 15. despiden 16. llegar a ser.

Answers to Grammar Exercises: Stem-Changing Verbs of IR Infinitives: Preterite Tense

Exercise I(A) 1. ¡Imposible! Ud. no durmió doce horas anoche. 2. . . . sintió . . . 3. . . . pidió . . . 4. . . . rió . . . 5. . . . repitió . . . **I(B)** 1. ¡Imposible! Uds. no vistieron en oro a la niña. . . . 2. . . . mintieron . . . 3. . . . prefirieron . . . 4. . . . sirvieron . . . 5. . . . murieron . . . **Exercise II(A)** 1. Pero yo dormí mucho ayer. 2. . . . sentí . . . 3 . . . . pedí . . . 4. . . . reí . . . 5. . . . repetí . . . **II(B)** 1. El chico ayer también prefirió jugar. 2. . . . sirvieron. . . 3. . . . sonrió . . . 4. . . . murió . . . 5. . . . sintieron . . . **Exercise III** 1. sirvieron 2. servimos 3. sentí 4. murió 5. morí . . . 6. pidió 7. pedí 8. sirvió 9. prefirió 10. murió **Exercise IV** 1. Sí, ellos pidieron permiso. . . . 2. Mi hermano prefirió. . . . 3. Sí, mi hermano sintió un dolor de estómago. . . . 4. No murió pero tampoco rió. Durmió todo el día. 5. Los amigos nunca lo sintieron. Sonrieron y sirvieron rositas de maíz en una fiesta. **Exercise V** Ad lib.

Answers to Grammar Exercises: Stem-Changing Verbs: Present Tense

Exercise I 1. Recojo (las) flores. 2. Claro, escojo las mejores. 3. Sí, sigo las mariposas. 4. Las cojo con cuidado. 5. Cierto, distingo las más bonitas. 6. Envío las flores a la amiga. 7. Construyo una casita para los pájaros. 8. Instruyo a los niños en la construcción 9. Yo dirijo la construcción. 10. Continúo en el jardín mucho tiempo. **Exercise II** 1. a. Ellos escogen . . . b. Yo escojo . . . 2. a. Yo sigo . . . b. Ella sigue . . . 3. a. Los padres construyen . . . b. La amiga construye . . . 4. a. Los abuelos continúan . . . b. La amiga continúa . . . 5. a. Ud. envía (tú envías) . . . b. Yo envío . . . **Exercise III** 1. Por favor, ¡envíe Ud. . . .! 2. . . . ¡continúen Uds. . . .! 3. . . . ¡construyamos . . .! 4. . . . ¡sigamos . . .! 5. . . . ¡recoja Ud. . . .! 6. . . . ¡escojan Uds.! **Exercise IV** Ad lib. **Exercise V** Ad lib.

Culture Unit 5: ¡Viva México!

Part One: Exercise I 1. a 2. d 3. b 4. d 5. a 6. b 7. d 8. b **Exercise II(A)** 1. c 2. d 3. e 4. a 5. b **II(B)** 1. c 2. d 3. e 4. b 5. a **Exercise III** 1. b 2. c 3. a 4. b 5. a **Exercise IV** 1. oil 2. Tenochtitlán 3. henequén 4. corn 5. Aztecs 6. building 7. china poblana 8. warm.

Part Two: Exercise I 1. d 2. e 3. b 4. a 5. c **Exercise II** 1. Cortés 2. Moctezuma 3. Hidalgo 4. Zapata 5. Juárez **Exercise III** Arizona, California, Colorado, Nevada, New Mexico, Texas (in any order).

WORK UNIT 30

Answers to Reading Exercises: Número equivocado

Exercise I(A) 1. Quieren arreglar asientos vecinos en el avión. 2. Perdió el papelito con el número de teléfono y la dirección de María. 3. Marcó un número equivocado tres veces. 4. Tuvo que esperar en la calle y llegar sola al aeropuerto. 5. Va a tener ocasión para explicarse en el vuelo, o más tarde, en su vida con ella. **I(B)** 1. Voy al aeropuerto de . . . 2. Digo, "Usted tiene el número equivocado." 3. Estoy . . . 4. Uso más . . . **Exercise II** Ad lib.

Answers to Grammar Exercises: The Reflexive Verbs

Exercise I 1. Yo me despierto y me levanto. 2. Tú te afeitas y te peinas. 3. La familia de arriba se lava y se baña. 4. Nos quitamos el pijama y nos ponemos la ropa para el día. 5. Las familias ya se sientan a la mesa y se desayunan. 6. Uds. se van y se apuran. 7. De noche nos sentimos bien y nos divertimos. 8. Luego todos se acuestan y se duermen a las diez. **Exercise II** 1. ¡Acuérdense de la mala noticia! 2. ¡Apúrese Ud. ahora! 3. ¡Póngase la chaqueta nueva! 4. ¡Quitémonos el sombrero! 5. ¡Siéntense en el sofá! **Exercise III** 1. ¡No nos despertemos! 2. ¡No se acuerden! 3. ¡No se lave! 4. ¡No se vayan! 5. ¡No nos acostemos! **Exercise IV** 1. Sí, quiero despertarme a tiempo. 2. Todos pueden levantarse temprano. 3. Debemos quitarnos el pijama y vestirnos rápido. 4. La familia desea desayunarse en casa o afuera. 5. Voy a divertirme todo el día. **Exercise V** Ad lib.

WORK UNIT 31

Answers to Reading Exercises: Puesto vacante

Exercise I(A) 1. La compañía necesita una secretaria. 2. Debe conocer taquigrafía, mecanografía y las máquinas de oficina. 3. Es un viejo que se duerme en las conferencias. 4. Tiene que usar el procesador, tomar dictado y mandar por fax. 5. Es el dueño de la compañía. **I(B)** 1. Los busco entre los anuncios clasificados. 2. Son la computadora, la máquina de fax, la fotocopiadora y la calculadora. 3. El gerente dirige el trabajo de la oficina. 4. Es importante para resolver problemas y proveer y guardar información. 5. En el teléfono celular podemos hablar desde cualquier lugar. **Exercise II.** Ad lib.

Answers to Grammar Exercises: Familiar Commands

Exercise I(A) 1. ¡Habla su idioma! 2. ¡Aprende sus costumbres! 3. ¡Vive como ellos! 4. ¡Bebe solamente agua mineral! 5. ¡Usa el transporte del pueblo! **I(B)** 1. ¡Ten paciencia! 2. ¡Ponte zapatos cómodos! 3. ¡Vé por todas partes! 4. ¡Diles buenas cosas! 5. ¡Sal para el aeropuerto! 6. ¡Sé un buen embajador! 7. ¡Ven a casa pronto! 8. ¡Haz bien a todos! **Exercise II** 1. ¡No te hagas dificultades! 2. ¡No salgas a solas de noche! 3. ¡No tengas miedo! 4. ¡No te pongas tu mejor ropa! 5. ¡No vengas ni vayas sin cuidado! 6. ¡No les des una mala impresión! 7. ¡No les digas "hola" a todos! 8. ¡No seas desagradable con todos! 9. ¡No estés de mal humor todo el día! 10. ¡No tomes agua corriente! **Exercise III** 1. ¡Búscalo entre los anuncios clasificados! 2. ¡Dile al gerente! 3. ¡Decide cuánto necesitas! 4. ¡No lo digas al gerente! 5. ¡Ponte tu mejor ropa y habla claramente! **Exercise IV** Ad lib.

PART TWO: VOCABULARY

UNIT 1

Exercise I 1. d 2. c 3. d 4. b 5. d 6. c 7. c 8. b 9. a 10. d **Exercise II** 1. c 2. c 3. b 4. d 5. a 6. a 7. a 8. d 9. b 10. b 11. b 12. d 13. c 14. b 15. a **Exercise III** 1. d 2. b 3. a 4. b 5. a 6. d 7. a 8. c 9. d 10. d **Exercise IV** 1. hotel 2. periódicos 3. feliz 4. ir 5. visitar 6. Hay 7. películas 8. museos 9. Llego 10. necesitas **Exercise V** 1. Necesito un tocadiscos para escuchar música. 2. Doy un paseo en la plaza. 3. Asisto al cine para mirar una película. 4. Hay cuentos bonitos en la revista. 5. Voy al concierto para escuchar un programa de música. 6. La gente usa el subterráneo para llegar al trabajo. 7. Bailo y canto en la fiesta. 8. Miro cuadros en el museo. 9. Los edificios altos son casas de pisos. 10. Los parques son hermosos. 11. Hay muchas casas en las avenidas. 12. Escucho ruido en el subterráneo. 13. Las plazas son anchas y bonitas. 14. Miro programas en la televisión. 15. Visito al amigo en su casa.

UNIT 2

Exercise I 1. b 2. d 3. a 4. c 5. a 6. b 7. b 8. b 9. a 10. b **Exercise II** 1. b 2. a 3. b 4. a 5. c 6. c 7. a 8. c 9. d 10. b **Exercise III** 1. c 2. b 3. d 4. b 5. c **Exercise IV** 1. b 2. b 3. b 4. b 5. d **Exercise V** 1. diciembre 2. primavera 3. octubre 4. marzo, abril y mayo 5. enero 6. otoño 7. El invierno 8. verano 9. junio, julio y agosto 10. diciembre, enero y febrero **Exercise VI** 1. Hay mucha nieve en el invierno. 2. Los niños esperan la Navidad. 3. Las estrellas brillan en el cielo. 4. Hay nubes antes de la lluvia. 5. La gallina no es un animal fuerte. 6. El aire es puro en el campo. 7. Los leones y los tigres no son pájaros domésticos. 8. No hay luna cuando hay mucha neblina. 9. Las vacaciones y las fiestas son bonitas. 10. El mundo no está bonito en todos los tiempos y en todas las estaciones.

UNIT 3

Exercise I 1. a 2. c 3. d 4. d 5. b 6. d 7. a 8. b 9. c 10. b 11. a 12. c 13. a 14. b 15. d 16. a 17. b 18. a 19. b 20. c 21. c 22. b 23. b 24. c 25. b **Exercise II** 1. c 2. d 3. a 4. c 5. a 6. b 7. d 8. b 9. c 10. b **Exercise III** 1. c. pies 2. a. pantalones 3. e. corto 4. d. bajo 5. b. pequeño **Exercise IV** 1. ver 2. comer 3. respirar 4. oír 5. caminar 6. meter dinero 7. trabajar 8. hablar 9. besar 10. ponerse el sombrero **Exercise V** 1. Las chicas usan vestidos lindos para las fiestas. 2. Los chicos usan corbatas con camisas. 3. Ellos se ponen el traje de baño para ir a la playa. 4. Llevo mucha ropa en las montañas en el invierno. 5. Meto un pañuelo en el bolsillo.

UNIT 4

Exercise I 1. la naranja 2. la pera 3. la manzana 4. la cereza 5. el limón **Exercise II** 1. d. 2. a 3. a 4. a 5. b **Exercise III** 1. El jardín da flores. 2. El árbol da fruta. 3. El arbusto da rosas. 4. El tulipán es una flor. 5. La violeta es azul. 6. La hierba es verde. 7. El clavel es blanco. 8. La flor es rosada. 9. La uva es morada. 10. El cielo está gris o azul. **Exercise IV** 1. ¿De qué color es el elefante? El elefante es gris. 2. ¿De qué color es la hierba? La hierba es verde. 3. ¿De qué color es el limón? El limón es amarillo. 4. ¿De qué color es la cereza? La cereza es roja. 5. ¿De qué color es la naranja? La naranja es anaranjada. **Exercise V** 1. a. Cuál b. flores 2. a. ¿De qué color b. rosado 3. a. jardin / árboles / dan / cerezas b. cerezo . . . peral . . . manzano. 4. a. arbustos . . . naranjos. b. las naranjas.

UNIT 5

Exercise I 1. b 2. a 3. c 4. d 5. d 6. b 7. b 8. c 9. c 10. b **Exercise II** 1. a 2. a 3. c 4. d 5. a 6. b 7. a 8. c 9. d 10. b **Exercise III** 1. c 2. d 3. c 4. b 5. d 6. a 7. b 8. c 9. c 10. b **Exercise IV** 1. miércoles 2. sábado 3. jueves 4. viernes . . . domingo. 5. lunes . . . martes. **Exercise V** 1. c 2. c 3. b 4. a 5. d **Exercise VI** 1. Escribo en el cuaderno con lápiz 2. Escribo en el cuaderno. 3. Contesto sin faltas si contesto correctamente. 4. El examen es también fácil si la lección es fácil. 5. El ejercicio es también difícil si el párrafo es difícil.

6. Hay poco trabajo para el fin de semana si completas el trabajo los cinco días de la semana. 7. El libro está correcto cuando todas las páginas están correctas. 8. La tarea es fácil si la profesora explica la lección muy bien. 9. Respondo en inglés si el profesor de inglés pregunta en inglés. 10. Contesto en español si la profesora de español pregunta en español.

UNIT 6

Exercise I 1. d 2. b 3. c 4. b 5. c 6. b 7. c 8. b 9. a 10. d **Exercise II** 1. b 2. d 3. c 4. d 5. d 6. d 7. c 8. b 9. c 10. a 11. a 12. b 13. c 14. a 15. c **Exercise III** 1. a 2. b 3. b 4. d 5. a **Exercise IV** 1. Tomo té con limón. 2. Preparo una ensalada con legumbres. 3. Los españoles toman con la comida una copa de vino. 4. Los españoles sirven queso. 5. El camarero dice: — Buen provecho — cuando comemos. **Exercise V** 1. Pongo la mesa con cuchillos tenedores, cucharitas, sal y pimienta. 2. La familia no come sopa con la comida hoy. 3. Mi madre sirve un plato de ensalada y un postre. 4. Mi padre desea café con leche; yo deseo un vaso de gaseosa. 5. El gato bebe un platillo de leche.

UNIT 7

Exercise I 1. b 2. d 3. d 4. c 5. d 6. c 7. b 8. d 9. d 10. d 11. c 12. d 13. b 14. a 15. c **Exercise II** 1. tía 2. prima 3. abuela 4. nieto 5. hijo 6. padre 7. hermana 8. parientes 9. sobrino 10. ama 11. vecinas 12. amigas 13. esposa 14. abuelo 15. hermano **Exercise III** 1. mujer 2. señora 3. madre 4. profesora 5. la pariente **Exercise IV** 1. panadero 2. carnicero 3. enfermera 4. científico 5. comerciante 6. campesino **Exercise V** 1. trabaja 2. cuida 3. enseñan 4. venden 5. manejan **Exercise VI** 1. muchacho 2. pobre 3. hermoso 4. moreno 5. joven 6. mayor 7. diligente 8. bueno 9. fuerte 10. triste **Exercise VII** 1. inteligente; simpático 2. familia; rubio; feo 3. amigo; señorita; muchacha 4. secretaria; vecina; padres 5. perezoso; malo 6. cansado 7. débil; viejo 8. alegre (feliz) 9. doctor 10. médico; hombre; rico **Exercise VIII** 1. b 2. a 3. d 4. b 5. d **Exercise IX** 1. Mi abuelo es viejo. 2. Su nieta es joven. 3. El vecino es jefe de la familia. 4. El presidente es jefe de la compañía. 5. Muchos hombres están en el ejército. **Exercise X** 1. Mi hermano mayor es soldado. 2. Mi abuelo es campesino. 3. Su sobrina es profesora. 4. Su nieta es secretaria. 5. Mi tío es médico y científico. 6. Su hija menor es ama de casa. 7. Sus sobrinos son abogados. 8. Sus primos son choferes. 9. Sus amigos son sastres y comerciantes. 10. Sus vecinos son carniceros y panaderos.

UNIT 8

Exercise I 1. tienda 2. carnicería 3. bodega 4. farmacia 5. panadería 6. ropería 7. zapatería 8. supermercado **Exercise II** 1. a 2. b 3. b 4. d 5. a 6. c 7. d 8. d 9. d 10. b **Exercise III** 1. b. poco 2. b. bastante 3. b. demasiado aquí 4. c. varias cosas por menos **Exercise IV** 1. a. poco dinero b. mucho dinero c. demasiado dinero 2. a. menos comestibles b. bastantes comestibles c. más comestibles **Exercise V** 1. Mi madre compra carne en la carnicería. 2. La carne cuesta mucho hoy. 3. Los comestibles cuestan menos en el supermercado. 4. Venden leche en esta bodega. 5. En la farmacia venden varias medicinas. 6. La secretaria trabaja demasiado en la oficina. 7. Ella tiene bastante dinero para comprar ropa en la ropería. 8. Todos los precios son muy altos hoy. **Exercise VI** 1. Cuesta demasiado dinero. 2. Cuesta muy poco dinero. 3. Cuesta más dinero. 4. Cuesta menos dinero. 5. Cuesta varios pesos. 6. Cuesta bastante dinero.

UNIT 9

Exercise I 1. c 2. d 3. a 4. a 5. c 6. b 7. a 8. d 9. c 10. c 11. b 12. a 13. c 14. d 15. b **Exercise II** 1. a 2. c 3. d 4. a 5. a 6. a 7. a 8. b 9. d 10. b 11. a 12. b 13. b 14. a 15. c **Exercise III** 1. b 2. a 3. b 4. d 5. d 6. a 7. c 8. d 9. a 10. d **Exercise IV** 1. a 2. b 3. c 4. b 5. c **Exercise V** 1. a 2. a 3. b 4. b 5. c **Exercise VI** 1. Prefiero caminar cuando es un día bonito. 2. Deseo pasar las vacaciones en el sur del país cuando tenemos un invierno largo y frío. 3. Viajo siempre en avión para llegar pronto. 4. Prefiero subir al avión al mediodía. 5. Luego cuando yo regreso bajo del avión. **Exercise VII(A)** 1. Subo al avión. 2. Subo al coche. 3. Subo al vapor. 4. Subo al autobús. **VII(B)** 1. Bajo del tren. 2. Bajo del coche. 3. Bajo del avión. 4. Bajo del vapor. **VII(C)** 1. Viajo al norte. 2. Viajo al sur. 3. Viajo al este.

4. Viajo al oeste. 5. Viajo al mediodía. 6. Viajo a la medianoche. **VII(D)** 1. Regresa temprano. 2. Regresa tarde. 3. Regresa pronto. 4. Regresa mañana. 5. Regresa ahora. 6. Regresa siempre. **VII(E)** 1. Llego en un día. 2. Llego en una semana. 3. Llego en un mes. 4. Llego en una hora. 5. Llego en un minuto. **VII(F)** 1. Regresó antes. 2. Regresó anoche. 3. Regresó ayer. 4. Regresó después. 5. Regresó hoy. **VII(G)** 1. Nunca viajé en tren. 2. Nunca viajé en coche. 3. Nunca viajé en autobús. 4. Nunca viajé en vapor. 5. Nunca viajé en avión.

UNIT 10

Exercise I 1. a 2. c 3. a 4. a 5. c 6. b 7. d 8. a 9. a 10. b **Exercise II** 1. a 2. b 3. a 4. d 5. c 6. d 7. c 8. d 9. a 10. d **Exercise III** 1. Trece y dos son quince. 2. Veinte menos diez son diez. 3. Doce menos dos son diez. 4. Veinte menos cuatro son dieciséis. 5. Tres por seis son dieciocho. 6. Cuatro por cuatro son dieciséis. 7. Veinte dividido por cinco son cuatro. 8. Quince dividido por tres son cinco. 9. Doce por un medio son seis. 10. Tres cuartos y un cuarto son uno. **Exercise IV** 1. b 2. a 3. c 4. d 5. b **Exercise V** 1. c 2. b 3. d 4. a 5. d **Exercise VI** 1. Entro en la sala de clase por la mañana. 2. El maestro enseña a la clase de aritmética. 3. Asisto a la escuela los tres cuartos del año. 4. Escucho al maestro de historia. 5. Salgo de la escuela a las tres. 6. Las clases terminan en junio. 7. La clase de español empieza cuando el director abre la escuela. 8. Aprendo mucho cuando leo la lección de historia. 9. Estoy presente cuando estoy bien. 10. Estoy ausente cuando estoy enfermo -a. **Exercise VII** 1. Entro en la clase de español. 2. Aprendo del maestro de español. 3. Salgo de la clase de aritmética. 4. Estoy ausente de la lección de aritmética. 5. Estoy presente en la clase de inglés. 6. Escucho a la profesora (maestra) de inglés. 7. Asisto a la clase de historia. 8. Presto atención a la lección de historia.

UNIT 11

Exercise I 1. a. 2. c 3. b 4. a 5. b 6. c 7. b 8. d 9. a 10. a 11. c 12. d 13. d 14. c 15. a 16. c 17. b 18. d 19. d 20. c 21. b 22. d 23. b 24. a 25. c **Exercise II** 1. b 2. d 3. d 4. d 5. a 6. a 7. b 8. d **Exercise III** 1. allí 2. detrás 3. arriba 4. lejos 5. debajo **Exercise IV** 1. Dormimos en una cama en el dormitorio. 2. Comemos en las mesas de la cocina y del comedor. 3. Descansamos en el sofá de la sala. 5. Tenemos más vecinos en una casa de pisos. 5. Tomamos un baño en el cuarto de baño. 6. Los chicos van al patio a jugar. 7. Tengo una lámpara cerca del sillón para leer bien. 8. Escribo la carta en el escritorio. 9. Tomo el ascensor para subir a un piso alto en una casa de pisos. 10. Mis muebles son de madera. **Exercise V(A)** 1. Su familia vive en una casa de pisos. 2. Mi familia vive en una casa de pisos. **V(B)** 1. El jardín está delante de la casa. 2. El patio está en el suelo cerca del jardín. 3. El cuarto de baño está donde están los dormitorios. 4. El comedor, la sala y la cocina están abajo. 5. Estamos aquí en casa.

UNIT 12

Exercise I(A) 1. Mi país se llama Inglaterra. 2. Mi país se llama Francia. 3. Mi país se llama México. 4. Mi país se llama Italia. 5. Mi país se llama Alemania. **I(B)** 1. Mi patria es el Brasil. 2. Mi patria es el Canadá. 3. Mi patria es el Japón. 4. Mi patria es Rusia. 5. Mi patria es los Estados Unidos. **Exercise II** 1. alemán 2. inglés 3. chino 4. francés 5. inglés 6. ruso 7. español . . . castellano 8. italiano 9. portugués 10. árabe **Exercise III** 1. Portugal . . . el Brasil. 2. Italia. 3. Israel. 4. España, México y Puerto Rico. 5. el Canadá. **Exercise IV** 1. los Estados Unidos 2. bandera 3. el inglés . . . el español. 4. república 5. democracia 6. países 7. naciones 8. lenguas **Exercise V** 1. Comprendo el inglés y el español. 2. Hablan francés en Francia. 3. Hablan chino en (la) China y hablan japonés en el Japón. 4. Mi patria se llama los Estados Unidos. 5. Mi bandera es roja, blanca y azul. 6. Mi país es una república democrática. 7. Mi país forma parte de las Naciones Unidas. 8. Mi país es una parte de la Organización de los Estados Americanos. **Exercise VI** 1. En el Canadá hablan inglés pero comprenden el francés. 2. En el Brasil hablan portugués pero comprenden el español. 3. En Italia hablan italiano pero comprenden el francés. 4. En Alemania hablan alemán pero comprenden el inglés. 5. En Israel hablan hebreo pero comprenden el inglés. 6. En España hablan español pero comprenden el portugués. 7. En Francia hablan francés pero comprenden muchas lenguas. 8. En los Estados Unidos hablan inglés pero comprenden el español y otras lenguas.

PART THREE: IDIOMS AND DIALOGUES

UNIT 1

Exercise I 1. a. 2. c 3. b 4. a 5. c 6. a 7. c 8. a 9. b 10. a **Exercise II** 1. a, b 2. a, d 3. c, d 4. b, d 5. b, c 6. a, b 7. a, c 8. c, d **Exercise III** 1. a 2. c 3. c 4. a 5. a 6. b 7. a 8. a 9. c 10. c **Exercise IV(A)** 1. c 2. b 3. a **IV(B)** 1. c 2. b 3. a **IV(C)** 1. b 2. d 3. a 4. c **Exercise V** 1. ¿Cómo se llaman ellos? 2. ¿Qué tal? 3. ¿Cómo está Ud.? 4. ¿Cómo te llamas? 5. ¿Cómo está tu familia? **Exercise VI** 1. Buenas 2. señor 3. favor 4. da 5. Cómo 6. está 7. enfermo 8. gracias 9. qué 10. Qué 11. Sin 12. está 13. estoy 14. Con 15. tardes 16. Adiós **Exercsie VII(A)** 1. Nosotros le damos las gracias por el favor. 2. El maestro le da las gracias por la bienvenida. 3. Sus amigos le dan las gracias por su invitación. 4. Tú le das las gracias por los regalos. **VII(B)** 1. Yo le doy la mano al profesor. 2. Nosotros le damos la mano a la vecina. 3. Tú le das la mano a mi padre. 4. Los oficiales le dan la mano al astronauta. **VII(C)** 1. Señora, ¡haga Ud. el favor de responder a la carta! 2. Caballeros, ¡hagan Uds. el favor de entrar! 3. Señor, ¡haga Ud. el favor de salir ahora! 4. Señoritas, ¡hagan Uds. el favor de poner la mesa! **VII(D)** 1. Ana, ¡haz el favor de escuchar al maestro! 2. Chico, ¡haz el favor de leer el cuento! 3. Prima, ¡haz el favor de llegar a tiempo! 4. Hijo, ¡haz el favor de dar las gracias a mamá! **VII(E)** 1. ¡Den Uds. la mano, por favor! 2. ¡Escriba Ud., por favor! 3. ¡Conteste Ud. en español, por favor! 4. ¡Vengan Uds. acá, por favor! **Exercise VIII(A)** 1. ¡Hagan Uds. el favor de dar la mano! 2. ¡Hagan Uds. el favor de tomar asiento! 3. ¡Hagan Uds. el favor de salir más tarde! 4. ¡Hagan Uds. el favor de escribir su dirección! 5. ¡Hagan Uds. el favor de hablar menos aquí! **VIII(B)** 1. ¡haga Ud. el favor de dar las gracias! 2. ¡Haga Ud. el favor de tomar café! 3. ¡Haga Ud. el favor de poner el libro aquí! 4. ¡Haga Ud. el favor de recibir este dinero! 5. ¡Haga Ud. el favor de comer más! **Exercise IX** 1. ¡Haz el favor de aprender la lección! 2. ¡Haz el favor de abrir la ventana! 3. ¡Hagan Uds. el favor de no hablar en la clase! 4. ¡Pasen Uds. al otro cuarto, por favor! 5. Les doy las gracias a los padres.

UNIT 2

Exercise I *1. Sí, hace mucho fresco en el otoño. Yes, it is very cool in autumn. 2. Sí, hace mucho frío y mucho viento en el invierno. Yes, it is very cold and very windy in winter. 3. Sí, hace mucho calor en el verano. Yes, it is very warm in summer. 4. Sí, hace mucho sol en Puerto Rico. Yes, it is very sunny in Puerto Rico. 5. Sí, llueve mucho en abril. Yes, it rains a lot in April. 6. Sí, está lloviendo mucho ahora. Yes, it is raining hard now. 7. Sí, nieva mucho en diciembre. Yes, it snows a lot in December. 8. Sí, está nevando hoy. Yes, it is snowing today. 9. Sí, hace muy buen tiempo en mayo. Yes, it is very good weather in May. 10. Sí, hace muy mal tiempo en noviembre. Yes, it is very bad weather in November. **Exercise II(A)** Hace mucho frío en el invierno. 2. Hace mucho calor en el verano. 3. Hace mucho fresco en el otoño. 4. Llueve mucho en abril. 5. Hace muy buen tiempo en la primavera. 6. Hace muy mal tiempo en febrero. 7. Nieva mucho en enero. 8. Hace mucho viento en marzo. **II(B)** 1. Hace poco sol. 2. Hace poco frío. 3. Hace poco fresco. 4. Hace poco viento. 5. Llueve poco. 6. Nieva poco. 7. Hace poco calor. **Exercise III** 1. No nieva mucho en la Florida. 2. No llueve mucho en el desierto. 3. No está lloviendo dentro de la casa. 4. Hace fresco en la primavera. 5. No está nevando dentro de la casa. 6. No hace mucho calor en Alaska. 7. No hace mucho frío en África. 8. Hace mucho sol en Puerto Rico. 9. No hace buen tiempo en Londres. 10. No hace mal tiempo en California. **Exercise IV** 1. Hace mucho calor en el verano. 2. Hace mucho frío en el invierno. 3. Llueve mucho en abril. 4. Nieva mucho en diciembre. 5. Hace mucho viento en marzo. 6. Hace mucho fresco entre el frío de invierno y el calor

*__Está muy fresco__ is commonly used for _Hace mucho fresco_.

de verano. 7. Está nevando mucho ahora. 8. Está lloviendo mucho en este momento. 9. Hace muy buen tiempo en mayo. 10. Hace muy mal tiempo en noviembre. **Exercise V** 1. Nosotros tenemos sueño aquí. 2. Tú tienes frío sin abrigo. 3. Juan y Carlos tienen calor ahora. 4. Ud. tiene un dolor de cabeza hoy. 5. Anita tiene sed y bebe. 6. Yo tengo hambre y como. 7. Uds. tienen miedo del agua. 8. Luis tiene dolor de muelas (dientes) hoy. 9. Ud. y yo tenemos dolor de estómago. 10. Luis y Ud. tienen interés en ella. **Exercise VI** 1. Ella tiene hambre si no come. 2. Ella tiene sed si no bebe. 3. Ella tiene miedo si no estudia. 4. Ella tiene calor si no va al lago. 5. Ella tiene dolor de muelas si no va al dentista. 6. Ella tiene dolor de cabeza si no toma aspirinas. 7. Ella tiene frío si abre la puerta. 8. Ella tiene dolor de estómago si come mucho. 9. Ella tiene quince años si hoy es su cumpleaños. 10. Ella tiene sueño si no duerme. **Exercise VII** 1. Sí, tengo mucho frío. 2. Sí, tenemos mucho calor. 3. Sí, ellos tienen mucho interés. 4. Sí, María tiene mucha hambre. 5. Sí, Pepe tiene mucha sed. 6. Sí, Ud. tiene (tú tienes) mucho miedo. 7. Sí, tengo mucho sueño. 8. Sí, tengo mucho dolor de cabeza. 9. Sí, hace muy buen tiempo. 10. Sí, hace muy mal tiempo. **Exercise VIII** 1. hace 2. tengo 3. hace 4. hace 5. tenemos 6. hace 7. hace 8. tiene 9. tienen 10. está 11. tienes 12. está 13. — 14. — 15. hace **Exercise IX** 1. d. 2. c 3. a 4. b 5. b 6. b 7. d 8. a 9. a 10. b **Exercise X** 1. Ud. tiene mucha hambre. 2. Tú tienes mucha sed. 3. Yo tengo mucho sueño. 4. Nosotros no tenemos mucho frío. 5. Y está nevando mucho. 6. Claro, hace mucho sol. 7. ¡No quiero porque no está lloviendo mucho! 8. ¿Tiene él dolor de estómago y de cabeza? 9. Yo tengo quince años y mis hermanos tienen quince meses. 10. Siempre hace muy mal tiempo en noviembre.

UNIT 3

Exercise I 1. At what time do you eat lunch? a. (1) ¿A qué hora vas a la cama? (2) At what time do you go to bed? b. (1) ¿A qué hora comemos? (2) At what time do we eat? c. (1) ¿A qué hora estudian? (2) At what time do they study? **2.** We leave at six P.M. a. (1) Salimos a las once de la noche. (2) We leave at eleven P.M. b. (1) Salimos a las ocho de la mañana. (2) We leave at eight A.M. c. (1) Salimos a la una de la tarde. (2) We leave at one P.M. **3.** They study in the evening (at night). a. (1) Estudian por la mañana. (2) They study in the morning. b. (1) Estudian por la tarde. (2) They study in the afternoon. c. (1) Estudian por la noche. (2) They study in the evening. **4.** What is today's date? a. (1) ¿A cuántos estamos hoy? (2) What is today's date? b. (1) ¿Qué fiesta cae hoy? (2) What's today's holiday? c. (1) ¿Qué día es hoy? (2) What day is today? **5.** Today is the first of May. a. (1) Hoy es el dos de junio. (2) Today is the second of June. b. (1) Hoy es el veintiuno de noviembre. (2) Today is November 21st. c. (1) Hoy es el veinte de octubre. (2) Today is October 20th. **6.** Today is April 1st. a. (1) Estamos a primero de abril. (2) Today is April 1st. b. (1) La fiesta cae el primero de abril. (2) The holiday falls on April 1st c. (1) Mañana es el primero de abril. (2) Tomorrow is April 1st. **Exercise II** 1. Es la una. 2. Son las dos. 3. Son las tres. 4. Son las cinco y cuarto (quince) de la tarde. 5. Son las seis y media de la mañana. 6. Son las siete menos cuarto (quince) de la noche. **Exercise III** 1. Como a las ocho de la mañana. 2. Salgo de la clase a la una de la tarde. 3. Regreso a casa por la tarde. 4. Estudio a las nueve y media de la noche. 5. Son las once menos veinte en punto cuando voy a dormir. **Exercise IV** 1. La fecha es el cuatro de julio. 2. Estamos a veinticinco de diciembre. 3. La fecha es el doce de octubre. 4. Estamos a primero de enero. 5. La fecha es el primero de abril. 6. Estamos a catorce de abril. **Exercise V** 1. La Navidad cae el veinticinco de diciembre. 2. Es el dos de . . . 3. Son las dos. 4. El Día de la Raza es el doce de octubre. 5. El Día de la Independencia norteamericana cae el cuatro de julio. 6. El Día de Año Nuevo cae el primero de enero. 7. El Día de las Américas cae el catorce de abril. 8. El Día de la Independencia española cae el dos de mayo. **Exercise VI** 1. ¿Cuál es la fecha de hoy? 2. ¿A cuántos estamos hoy? 3. ¿Qué hora es? 4. ¿A qué hora comen? 5. ¿Cuándo celebramos La Navidad? **Exercise VII** 1. Qué 2. Cuál 3. Cómo 4. cuántos 5. qué **Exercise VIII** 1. estamos 2. es 3. llama 4. es 5. es 6. es 7. Es 8. Son **Exercise IX** 1. el 2. — 3. la 4. — 5. la; la 6. las; la 7. las 8. la; las; la **Exercise X** 1. ¿Qué hora es? 2. Es la una de la tarde. 3. ¿Qué hora es ahora? 4. Son las dos. No es la una. 5. ¿Son las cuatro en punto? 6. Son las cinco menos veinte. 7. ¿Son las cinco y treinta ahora? 8. Sí, son las cinco y media. **Exercise XI(A)**

1. son, 2. las, 3. las **XI(B)** 1. la, 2. la, 3. y, 4. Son, 5. las, 6. en **XI(C)** 1. qué, 2. las, 3. de, 4. la, 5. la, 6. la, 7. la 8. las, 9. la, 10. A, 11. qué, 12. las, 13. de, 14. la, 15. a, 16. de, 17. la, 18. a, 19. las, 20. de **XI(D)** 1. por, 2. por, 3. por, 4. por, 5. la

UNIT 4

Exercise I 1. I love my mother. a. (1) Tú quieres a la maestra. (2) You love the teacher. b. (1) Nosotros queremos a los amigos. (2) We love the friends. c. (1) Juan quiere a la chica. (2) John loves the girl. d. (1) Ana y Pepe quieren a sus hermanos.(2) Ann and Joe love their brothers (and sisters). e. (1) Yo quiero al compañero de clase. (2) I love the classmate. **2.** They know how to play the piano. a. (1) Yo sé cantar la canción. (2) I know how to sing the song. b. (1) María sabe bailar la bamba. (2) Mary knows how to dance la bamba. c. (1) Tú sabes hablar español. (2) You know how to speak Spanish. d. (1) Tú y yo sabemos jugar al tenis. (2) You and I know how to play tennis. e. (1) Ellos saben tocar el violín. (2) They know how to play the violin. **3.** Louis and Peter are standing. a. (1) Yo estoy de pie. (2) I am standing. b. (1) Ud. y yo estamos levantados. (2) You and I are standing. c. (1) Ud. está sentado. (2) You are seated. d. (1) Tú estás de pie. (2) You are standing. e. (1) Los chicos están de pie. (2) The boys are standing. **4.** I do well in (pass) the examination. a. (1) Tú sales mal en la clase. (2) You do poorly in (fail) the class. b. (1) Juan y yo salimos bien en el examen. (2) John and I do well on (pass) the examination (test). c. (1) Los alumnos salen mal en sus estudios. (2) The pupils do poorly (fail) in their studies. d. (1) Yo salgo bien en los exámenes. (2) I do well on (pass) the examinations. **5.** What does the word mean? a. (1) ¿Qué quieren decir las frases? (2) What do the sentences mean? b. (1) ¿Qué quieres decir tú? (2) What do you mean? c. (1) ¿Qué quiere decir Juan? (2) What does John mean? **6.** I believe so. a. (1) Él y yo creemos que no. (2) He and I believe not. b. (1) La madre cree que no. (2) The mother believes not. c. (1) Tú crees que sí. (2) You believe so. **Exercise II** 1. de 2. de 3. sé 4. sé escribir 5. en 6. quiero a 7. decir 8. dice; se 9. hay que 10. verdad 11. Es; que sí 12. cree; no 13. creo que 14. por; presto 15. ¡concedido! **Exercise III** 1. a 2. c. 3. a 4. a 5. c **Exercise IV** 1. Estoy en una clase de español. I am in a Spanish class. 2. La maestra está de pie. The teacher is standing. 3. Sí, sé como se dice *book* en español. Yes, I know how to say "book" in Spanish. 4. Yo sé de quién es el libro. I know whose book it is. 5. Yo sé leer el español. I know how to read Spanish. 6. Sí, yo presto atención. Yes, I pay attention. 7. Hay que trabajar en la clase de historia. One must work in the history class. 8. Salgo bien en los exámenes. I do well in (pass) the examinations. 9. Quiero mucho a la maestra. I love the teacher very much. 10. Es verdad que la maestra cree que sí. It is true that the teacher believes so. **Exercise V** 1. b. 2. d 3. a 4. a 5. c 6. a 7. b 8. d 9. b 10. a **Exercise VI** 1. d 2. a 3. e 4. c 5. b **Exercise VII** 1. Sí, de acuerdo. Es necesario comer para vivir. 2. Sí, de acuerdo. Gozamos de las vacaciones. 3. Sí, de acuerdo. Las lenguas son interesantes. 4. Sí, de acuerdo. Los amigos son importantes. 5. Sí, de acuerdo. Tenemos que respirar el aire puro.

UNIT 5

Exercise I 1. I go horseback riding. a. (1) Tú das un paseo a pie. (2) You take a walk. b. (1) Uds. dan un paseo en automóvil. (2) You take a car ride. c. (1) Nosotros damos un paseo en bicicleta. (2) We take a bicycle ride. **2.** We get off the train. a. (1) El piloto baja del avión. (2) The pilot gets off the plane. b. (1) Los amigos bajan del coche. (2) The friends get out of the car. c. (1) Yo bajo del autobús. (2) I get off the bus. **3.** Everyone attends the theater. a. (1) Yo asisto a la escuela. (2) I attend the school. b. (1) Ellos asisten al cine. (2) They attend the movies. c. (1) Nosotros asistimos a las fiestas. (2) We attend the parties. **4.** I set the table with the tablecloth. a. (1) Tú pones la mesa con vasos. (2) You set the table with glasses. b. (1) Ana y yo ponemos la mesa con cucharas. (2) Ann and I set the table with spoons. c. (1) Marta pone la mesa con cuchillos. (2) Martha sets the table with knives. d. (1) Yo pongo la mesa con servilletas. (2) I set the table with napkins. **5.** You and I enter the movies. a. (1) Ud. entra en la casa. (2) You enter the house. b. (1) Ud. y Juan entran en la clase. (2) You and John enter the class. c. (1) Yo entro en la escuela. (2) I enter the school. **6.** I go for a walk everywhere. a.

(1) Yo voy de paseo al parque. (2) I go for a walk to the park. b. (1) Tú vas de paseo a casa. (2) You go for a walk home. c. (1) Ellos van de paseo al cine. (2) They go for a walk to the movies. d. (1) Tú y yo vamos de paseo al centro. (2) You and I go for a walk downtown. **Exercise II** 1. Asisto a la escuela los lunes. I attend school on Mondays. 2. Voy de paseo al parque. I go for a walk to the park. 3. Subo al tren para ir al parque. I get on the train to go to the park. 4. Bajo del tren y entro en el parque. I get off the train and enter the park. 5. Primero doy un paseo a pie y luego en bicicleta. First, I take a walk and then a bicycle ride. 6. Sé tocar un instrumento como el violín. I know how to play an instrument like the violin. 7. Todo el mundo está por todas partes del parque. Everyone is everywhere in the park. 8. Salgo del parque para ir a casa. I leave the park to go home. 9. Pongo la mesa antes de comer. I set the table before eating. 10. Toco la guitarra, el piano y el violín en casa. I play the guitar, the piano and the violin at home. **Exercise III** 1. Todo el mundo asiste a la escuela. 2. Sé tocar bien la guitarra. 3. Hay mucha gente por todas partes de la ciudad. 4. Antes de comer pongo la mesa con un mantel. 5. Doy un paseo en bicicleta a la playa el sábado. 6. Salgo de la escuela a las tres. 7. Subo al ascensor para llegar al piso del vecino. 8. Regreso a casa a pie. 9. Doy un paseo a caballo por el parque. 10. A las ocho de la mañana entro en la clase. **Exercise IV** 1. b. 2. a 3. a 4. a 5. b **Exercise V** 1. a 2. c 3. b 4. b 5. a **Exercise VI** 1. d 2. c 3. b 4. a 5. e **Exercise VII** 1. a 2. en 3. en 4. del 5. de 6. a 7. al 8. a 9. en 10. en **Exercise VIII** 1. a 2. asisto 3. vas 4. de, a, en, doy, a 5. dar, paseo

UNIT 6

Exercise I 1. (1) Asisto a fiestas a menudo. (2) I attend parties often. **2.** (1) Fui a muchas fiestas el mes pasado. (2) I went to many parties last month. **3.** (1) Llego muchas veces a tiempo. (2) I often arrive on time. **4.** (1) Deseo ir de nuevo. (2) I want to go again. **5.** (1) Quiero ir en seguida. (2) I want to go right away. **6.** (1) Termino el trabajo para la clase más tarde. (2) I finish the work for the class later. **7.** (1) Estudio pocas veces este año como el año pasado. (2) I rarely study this year like last year. **8.** (1) Aprendo poco a poco. (2) I learn little by little. **9.** (1) Trabajé mucho toda la semana pasada. (2) I worked hard all last week. **10.** (1) Voy a México el año próximo como todos los años. (2) I'm going to Mexico next year like every year. **11.** (1) Celebro el cumpleaños la semana próxima. (2) I'll celebrate the birthday next week. **12.** (1) Voy al campo otra vez el mes que viene. (2) I'm going to the country again next month. **13.** (1) Doy una fiesta esta semana como todas las semanas. (2) I'm having (giving) a party this week like every week. **14.** (1) Salgo esta noche como todas las noches. (2) I leave tonight like every night. **15.** (1) Asisto a las clases hoy como todos los días. (2) I attend classes today like every day. **Exercise II** 1. a. 2. b 3. b 4. c 5. a **Exercise III** 1. c. 2. a 3. a 4. a 5. b **Exercise IV** 1. b 2. a 3. c 4. b 5. b **Exercise V** 1. a 2. veces 3. esta 4. En, esta 5. a 6. las, de, próxima.

PART FOUR: SKILL IN LISTENING COMPREHENSION

A. 1. d 2. a 3. e 4. c 5. b 6. a 7. b 8. a 9. d 10. e 11. a 12. b 13. d 14. c 15. e **B.** 1. b 2. a 3. a 4. a 5. c 6. a 7. b 8. c **C.** 1. c 2. a 3. c 4. a 5. a 6. a 7. c 8. d 9. a 10. b 11. d 12. b **D.** 1. a 2. c 3. c 4. b 5. c 6. d 7. b 8. d 9. a 10. a **E.** 1. b 2. a 3. d 4. d 5. b 6. a 7. b 8. c **F.** 1. b 2. a 3. c 4. a 5. d 6. a 7. b 8. d 9. b 10. c **G.** 1. d 2. c 3. a 4. a 5. b 6. c 7. d 8. d 9. c 10. a **H.** 1. d 2. a 3. d 4. d 5. b 6. b 7. c 8. a 9. b 10. c **I.** 1. a 2. c 3. d 4. b 5. d 6. b 7. a 8. c 9. d 10. a **J.** 1. b 2. a 3. a 4. b 5. d 6. a 7. d 8. a 9. a 10. a **K.** 1. b 2. c 3. d 4. a 5. b 6. d 7. a 8. d 9. a 10. c **L.** 1. b 2. a 3. a 4. a 5. c 6. b 7. c 8. b 9. d 10. a **M.** 1. b 2. a 3. d 4. c 5. d 6. a 7. b 8. d 9. c 10. d **N.** 1. a 2. b 3. d 4. c 5. b 6. c 7. b 8. c 9. a 10. b **O.** 1. mentira 2. verdad 3. mentira 4. verdad 5. verdad 6. verdad 7. mentira 8. verdad 9. mentira 10. mentira. **P.** 1. a 2. c 3. b 4. b 5. a 6. d 7. a 8. b 9. b 10. a 11. b 12. d 13. b 14. d 15. a 16. b 17. a 18. d 19. a 20. c **Q.** 1. c 2. a 3. c 4. b 5. b 6. d 7. d 8. c

PART FIVE: SKILL IN READING COMPREHENSION

A. 1. verdad 2. falso 3. verdad 4. verdad 5. verdad 6. falso 7. falso 8. falso 9. falso 10. falso 11. verdad 12. falso 13. verdad 14. verdad 15. verdad 16. falso 17. falso 18. verdad 19. verdad 20. falso 21. verdad 22. verdad 23. verdad 24. falso 25. falso 26. verdad 27. verdad 28. falso 29. verdad 30. verdad 31. verdad 32. verdad 33. falso 34. falso 35. verdad 36. verdad 37. verdad 38. falso 39. falso 40. verdad 41. verdad 42. falso 43. falso 44. falso 45. falso 46. verdad 47. falso 48. falso 49. verdad 50. verdad **B.** 51. verdad 52. verdad 53. falso 54. falso 55. verdad **C.** 1. a 2. c 3. b 4. c 5. a 6. b 7. c **D.** 1. a 2. c 3. b 4. b 5. c 6. d 7. d 8. b 9. a 10. d **E.** 1. b 2. c 3. c 4. d 5. c 6. d 7. b 8. a 9. b 10. b **F.** 1. b 2. b 3. d 4. d 5. c 6. a 7. c 8. a 9. b 10. d **G.** 1. c 2. a 3. b 4. b 5. b 6. a 7. a 8. b 9. a 10. b **H.** 1. d 2. a 3. a 4. b 5. b 6. d 7. a 8. c 9. d 10. b **I.** 1. c 2. b 3. c 4. d 5. a 6. c 7. a 8. b 9. a 10. c 11. c 12. a 13. b 14. b 15. b **J.** 1. a 2. a 3. b 4. c 5. d 6. b 7. c 8. d 9. d 10. a **K.** 1. c 2. a 3. b 4. d 5. b 6. a 7. c 8. b 9. b 10. d **L.** 1. b 2. b 3. a 4. b 5. a 6. a 7. a 8. b 9. c 10. c **M.** 1. c 2. d 3. a 4. b 5. c 6. b 7. b 8. a 9. c 10. b **N.** 1. película 2. paseo 3. cumpleaños 4. libros 5. animales 6. automóvil 7. avión 8. restaurante 9. escuela 10. hospital **O. I.** b **II.** c **III.** d **P.I.** 1. a 2. b 3. d 4. d 5. a **II.** 1. b 2. d 3. d 4. c 5. b **III.** 1. b 2. d 3. b 4. b **IV.** 1. d 2. d 3. b 4. b 5. a **V.** 1. c 2. c 3. b 4. b 5. a **VI.** 1. a 2. a 3. b 4. d 5. d **VII.** 1. c 2. b 3. d 4. c 5. d **VIII.** 1. c 2. d 3. c 4. d 5. d

PART SIX: SKILL IN WRITING

Exercise I No answers are provided for copying sentences.

Exercise II 1. a. Doy un paseo en bicicleta por la ciudad. b. Doy un paseo en automóvil por el campo. c. Doy un paseo a pie por las calles. 2. a. Como es un día bonito vamos a la playa. b. Si hace sol vamos a la playa. c. Porque tenemos calor vamos a la playa. 3. a. Ellos salieron cuando tú llegaste. b. Ellos salieron si ellos pudieron. c. Ellos salieron y nosotros regresamos. 4. a. El sábado doy un paseo al centro con mis amigos. b. El sábado asisto a una fiesta con mis amigos. c. El sábado visito a mis abuelos con mis amigos. 5. a. ¿Van ellos a jugar aquí después de estudiar? b. ¿Van Ana y Clara a estar aquí sin hablar? c. ¿Van los abuelos a viajar allá para descansar? 6. a. ¡Haga Ud. el favor de pasar al patio! b. ¡Haga Ud. el favor de asistir a la escuela! c. ¡Haga Ud. el favor de venir a mi casa! 7. a. Tengo que dormir para descansar. b. Tengo que volver para comer. c. Tengo que salir para jugar. d. Tengo que dar para recibir. 8. a. ¿Cómo saben tocar la guitarra? b. ¿Quiénes quieren tocar la guitarra? c. ¿Cuándo desean tocar la guitarra? d. ¿Por qué deben tocar la guitarra? 9. a. ¡Venga Ud. a la una por favor! b. ¡Vaya Ud. pronto por favor! c. ¡Hablen Uds. bien por favor! d. ¡Respondan Uds. ahora por favor! **Exercise III(A)** 1. salimos; (d) 2. delante; (a) 3. regresar; (b) 4. corto; (c) 5. buenos días; (c) 6. a menudo; (b) 7. en seguida; (b) 8. menos; (d) **III(B)** 1. venir; (d) 2. cansado; (b) 3. alegre; (c) 4. charlar; (a) 5. el automóvil; (d) 6. el chico; (b) 7. caminar; (b). **Exercise IV(A)** 1. a. casa/pisos b. patio/detrás/delante c. Arriba/sótano d. cocina/comedor/sala **IV(A)** 2. a En el segundo piso tenemos dos cuartos de baño y tres dormitorios. b. En mi dormitorio hay dos ventanas grandes con sus cortinas de algodón, una cama, una cómoda, un escritorio con mi teléfono, una silla y un sillón. c. El piso tiene una alfombra de lana. d. Sobre el escritorio está una lámpara de madera. e. La otra lámpara es de hierro, y está cerca de mi cama. f. Mi dormitorio es grande y claro. Es mi cuarto favorito. **IV(B)** 1. a. sufro/dolor/estómago/ropa b. Llevo/vestido/falda/blusa c. medias/zapatos/guantes **IV(B)** 2. a. Mi hermano usa una camisa sin corbata y pantalones cortos. b. Luego, él se pone una chaqueta y una gorra. c. Él mete un pañuelo en el bolsillo porque tiene un resfriado. d. Besamos a nuestra madre y salimos a caminar. **IV(C)** 1. a. color b. rojas/rosas/claveles c. jardín/manzanas/cerezas d. parque/hay/árboles **IV(C)** 2. a. En mi jardín hay también frutas de varios colores. b. Los limones son amarillos. c. Las uvas son moradas. d. Y la hierba es verde. e. El cielo está azul si hace buen tiempo, pero gris o blanco cuando llueve. f. Los árboles están pardos o negros en el invierno. **IV(D)** 1. a. ciudad b. subterráneo/gente/ruido c. calles/edificios d. cine e. iglesias/museos f. circo **IV(D)** 2. a. En casa damos fiestas alegres y cantamos canciones bonitas. b. Leemos cuentos, revistas o periódicos. c. Los amigos bailan o escuchan la música. d. Charlamos con la familia o damos un paseo a la plaza. **IV(E)** 1. a. primavera/aire b. árboles/hierba c. pájaros/mundo d. llueve/calor e. montañas/vacaciones **IV(E)** 2. a. El sol brilla mucho en el cielo azul. b. Por la noche brillan las estrellas. c. En septiembre y en octubre tenemos el otoño. d. Hay días de lluvia y de neblina. e. Luego, la tierra espera el invierno, cuando nieva mucho. **Exercise V(A)** 1. Está ausente cuando no está bien. 2. ¿Hace sol o llueve todavía? 3. Asisto porque deseo aprender. 4. Luis lee y Ana va al cine. 5. Va a España pero debe volver. 6. Voy al campo si hace calor. 7. Van a pie como tienen tiempo. 8. Maneja un taxi que es nuevo. 9. Veo a una chica que es bonita. 10. Vas al museo donde lo ves a Juan. **V(B)** 1. Va al parque para descansar. 2. Estudio para salir bien. 3. Dice adios antes de salir. 4. Comen algo antes de bailar. 5. Como antes de mirar el programa. 6. ¡Salúdela Ud. después de entrar! 7. Descansa después de trabajar. 8. Escuchan el disco sin hablar. 9. Pasan el día sin comer. 10. Hace visitas sin dar regalos. **Exercise VI** 1. a Está en casa. b. Ana está en casa. c. Ana nunca está en casa. d. Ana nunca está en casa a esta hora. e. Ana nunca está en casa a esta hora del día. 2. a. Saben cantar. b. No saben cantar. c. No saben cantar bien. d. Los muchachos no saben cantar bien. e. Los muchachos cansados no saben cantar bien. 3. a. ¿Prometes venir? b. ¿Prometes tú venir? c. ¿Prometes tú venir conmigo? d. ¿Prometes tú venir conmigo a México? e. ¿Prometes tú venir conmigo a México en avión. 4. a. Hablan rápidamente b. Le hablan rápidamente. c. Los choferes le hablan rápidamente. d. Los choferes le hablan rápidamente al policía. e. Los chóferes le hablan rápidamente al policía del accidente. **Exercise VII(A)** 1. Tú pones la mesa con tenedores y cucharas. 2. Él toca el piano si Ana canta la canción. 3. ¿Va Ud. a las montañas a esquiar este invierno? 4. Uds. no tienen que viajar todos los años para conocer los países. 5. ¿Desean ellas llevar este vestido después de volver de París? **VII(B)** 1. Mi patria es los Estados Unidos. 2. Mi bandera es roja, blanca y azul. 3. El señor _____ es nuestro presidente. 4. El Canadá y México son nuestras vecinas. 5. Los vecinos al norte hablan inglés y al sur hablan español. **VII(C)** 1. Mi hermana usa una blusa y una falda corta. 2. (Ella) lleva también un vestido, medias y zapatos blancos. 3. Luego ella se pone un abrigo largo y un sombrero ancho. 4. Ella mete un pañuelo en la bolsa porque (ella) tiene un resfriado. 5. Ella está enferma y tiene un dolor de cabeza. **VII(D)** Salimos . . . Ponemos . . . vamos . . . subimos . . . tomamos . . . Dejamos . . . bajamos . . . Damos . . . miramos . . . Oímos . . . **VII(E)** Salí. . . . Puse . . . fui. . . . subí. . . . tomé . . . llevó . . . Dejé . . . bajé. . . . Di. . . . Miré. . . . Oí. . . . preguntó . . . dije . . . quise. . . . Pudimos. . . . . Terminamos . . . salimos. . . . Estuvimos. . . . vi . . . tuve. . . . Regresé. . . . prepararon. . . . charlaron . . . cantaron. . . . terminaron. . . . salieron. Estuve. . . . Pensé. . . . Tuve. . . . **Exercise VIII(A)** 1. Yo no tengo dinero para el cine. 2. Nosotros podemos ir al museo. 3. Nos gusta más ir al centro. 4. Yo lo invito al café para comer hamburguesas. 5. Yo creo que ella se llama Ana. **VIII(B)** 1. Gracias. Tú eres muy amable. 2. Voy a llegar temprano mañana. 3. Tengo un dolor de cabeza también. 4. Ella es muy simpática y muy joven. 5. Roberto tiene una nueva amiga y pasa mucho tiempo con ella. **Exercise IX(A)** 1. Marta también tiene que trabajar hoy. 2. Yo también busco ese libro. 3. Las chicas también tienen frío. 4. A mi madre también le gustan las rosas. 5. Este año también van (fueron) a Cuba. **IX(B)** 1. Sí, debo asistir al concierto. 2. Sí, desean escuchar a los maestros. 3. Sí, nos gusta comer en ese café. 4. Sí, ella tiene que estar en casa hoy. 5. Sí, podemos nadar en el mar. **Exercise X(A)** 1. Me gusta caminar en el parque. 2. Vuelvo a casa a tiempo. 3. Bailo en las fiestas. 4. Tengo miedo del examen. 5. Vi esa película otra vez. **X(B)** 1. Vemos flores por todas partes. 2. Como huevos todos los días. 3. Tomo un poco de limón. 4. Hay que aprender poco a poco. 5. Todo el mundo quiere al niño. **X(C)** 1. No vamos a la playa si llueve. 2. Ud. necesita un dólar y veinticinco centavos para el autobús. 3. El cielo está azul si hace sol. 4. Tengo sed (si no bebo en la playa). 5. Como porque tengo hambre. **Exercise XI** 1. Me llamo . . . 2. Tengo . . . años. 3. Estoy bien (enfermo –a; así, así) hoy. 4. Vivo en (Nueva York). 5. Me gusta la escuela. 6. Estudio el español en la clase de español. 7. La escuela está cerrada (por dos meses) en el verano. 8. Voy al cine para ver una película. 9. Celebramos la Navidad el venticinco de diciembre. 10. (Mis hermanos y yo) ayudamos a nuestra madre en la casa. **Exercise XII** 1. La tía llega en unas pocas horas. 2. El chico come menos en el almuerzo. 3. Hay una lámpara de hierro cerca de la cama. 4. El dormitorio del chico tiene cinco muebles. 5. El muchacho tiene quince años. No es ni alto ni bajo. Tiene pelo moreno y ojos negros. No es perezoso. Tiene mucho interés en la clase de español, pero quiere ser científico. **Exercise XIII(A)** 1. Yo soy un(a) muchacho -a norteamericano -a. 2. Soy inteligente y aplicado -a. 3. Mi amigo -a es simpático -a, amable y generoso -a. **XIII(B)** 1. Mi patria se llama los Estados Unidos de América. 2. Hablamos inglés en mi país. 3. La otra lengua que comprendo también es el español. **XIII(C)** 1. Mi país es grande. 2. Los países vecinos son el Canadá y México. 3. Hablan inglés y francés en el Canadá, y hablan español en México. **XIII(D)** 1. Tengo veinte amigos (en la clase de español). 2. La clase empieza a las diez y media de la mañana. 3. Aprendemos mucho español allí. **XIII(E)** 1. Hay muchos edificios altos, mucha gente y mucho ruido. 2. Pero la ciudad tiene también teatros y museos interesantes y parques bonitos. 3. Cuando hace buen tiempo la ciudad es a menudo hermosa. 4. Yo doy paseos con mis amigos en los parques y en las avenidas. 5. Cuando llueve yo visito a mis amigos, voy al cine o miro la televisión. 6. (Yo) espero recibir una visita de Ud. muy pronto. **Exercise XIV** 1. ¿De qué color son sus zapatos? 2. ¿Qué hora es? 3. ¿Cuál es la fecha de hoy? 4. ¿Para dónde salen? 5. ¿Quiénes esperan la Navidad? **Exercise XV(A)** 1. El payaso tiene un pañuelo en el bolsillo. 2. El payaso es gordo. 3. Tiene una boca enorme. 4. Sus pantalones son anchos. 5. Juega al tenis. **XV(B)** 1. Los alumnos y la maestra están de pie. 2. Hay dos chicas. 3. La maestra mira al chico. 4. Lleva una falda. 5. El chico toca.

MANUAL
Adapted from
Spanish Now!
Level 1
¡El español actual!
Seventh Edition

Ruth J. Silverstein
Heywood Wald, Ph.D.

CONTENTS

Introduction

PART ONE
Stories in Dialogue

CD 1 TRACK 2

LESSON 1
La televisión es muy importante

Carlos and his sister Pepita are at home. Carlos wants to watch TV. Pepita says no, that she has to study for a test. Does she stand firm or does she finally give in? Carlos turns on the TV. Carlos speaks:

— Esta noche hay programas interesantes.
— ¡Ay, no, Carlos! Yo necesito estudiar. Mi examen de español es mañana.
— ¡Es posible estudiar mañana, muchacha!
— ¡Por favor, Carlos! El examen de español es muy importante. Yo necesito estudiar esta noche.
— No es necesario estudiar el español. Es muy fácil. Yo quiero mirar la televisión.
Y ahora el programa: Amor y pasión.
— ¡Ay, es mi programa favorito! ¡Sí, es posible estudiar mañana!

WORDS YOU MAY NEED
---

esta noche	tonight
Hay programas interesantes	There are interesting programs.
¡ay, (no)!	oh, (no)!
Yo necesito estudiar	I need to study.
mi (el) examen de español	my (the) Spanish test
Es mañana	(It) is tomorrow.
Es posible estudiar	It's possible to study.
(la) muchacha	girl
por favor	please
Es muy importante	It's very important.
No es necesario	It's not necessary.
Es muy fácil	It's very easy.
Yo quiero mirar (la televisión)	I want to look at (the TV).
y ahora (el programa)	and now (the program)
el amor	love
la pasión	passion
Es mi programa favorito	It's my favorite program.
Sí, es posible	Yes, it's possible.

Spanish Grammar

CD 1 TRACK 3

LESSON 2
Todo es rápido en la ciudad

CD 1 TRACK 4

María, who comes from the little town of Miraflores, is visiting her cousin, Paco, in New York. He describes life in the big city and its advantages. Does María agree with him? María speaks:

— Mira, Paco, aquí en la ciudad todo es muy rápido. ¿Por qué? ¿Por qué hay tanta prisa?
— Pues, María, todas las ciudades grandes son así. Es necesario comer de prisa, trabajar de prisa y vivir de prisa. Así ganamos mucho dinero y después de veinte

o treinta años es posible descansar en una pequeña aldea, mirar las flores y respirar el aire fresco.
— ¡Ay, Paco! Eso es tonto. ¡En Miraflores, yo hago todas estas cosas ahora!

WORDS YOU MAY NEED

Mira, Paco	Look, Paco.
aquí en la ciudad	here in the city
Todo es muy rápido	Everything is very fast.
¿Por qué hay tanta prisa?	Why is there such a rush (hurry)?
pues, María	well, María
Todas las ciudades grandes son así	All the big cities are so (that way).
comer (de prisa), trabajar (de prisa), vivir (de prisa)	to eat, work, live (in a hurry)
Así ganamos mucho dinero	That way we earn a lot of money.
después de veinte o treinta años	after 20 or 30 years
descansar en una pequeña aldea	to rest in a small town
mirar las flores	to look at the flowers
Eso es tonto	That's silly.
Yo hago todas estas cosas	I do all these things.

Spanish Grammar

CD 1 TRACK 5

CD 1 TRACK 6

LESSON 3
La carta misteriosa

Juanita receives an unsigned invitation to a meeting that is to take place on October 31 at eleven at night. But who wrote the letter? What kind of a meeting is it? Juanita reads her letter aloud:

— Invitación a una reunión el treinta y uno de octubre a las once de la noche, en la calle Treinta y Cinco, número noventa y nueve.
— ¿De quién es esta invitación? ¿Y por qué a las once de la noche?
— Es muy tarde. Juanita corre a la calle Treinta y Cinco y busca los números en las puertas de las casas.
— Ah, aquí está el número noventa y nueve. Es esta casa.
— Mmmmm. Es extraño. En la casa no hay luz. ¿Qué pasa aquí? Voy a tocar.
— ¡Ay. . . .! ¡Qué horror! . . . ¡Un fantasma. . . . abre la puerta!
— ¡Sorpresa, sorpresa! ¡No es un fantasma! Es el amigo Paco, con una máscara. Y los otros amigos están aquí también.
— Oh, ¡es una fiesta! Claro, ¡es la Víspera de Todos los Santos!
— En las mesas hay muchas cosas buenas para comer y para beber.
— Oh, ¡Qué buena sorpresa! ¡Hay música! ¡Y los amigos cantan, bailan y comen!

WORDS YOU MAY NEED
---

la carta	the letter
la reunión	the meeting

a las once de la noche	at 11 P.M.
el número treinta y cinco	number 35
de quién	from whom
tarde	late
corre	runs
busca	looks for
extraño	strange
No hay luz	There is no light.
¿Qué pasa?	What is happening?
toca a la puerta	knocks at the door
¡Qué horror!	What a horror!
un fantasma	a ghost
una máscara	a mask
la Víspera de Todos los Santos	Halloween
comer	to eat
beber	to drink
Cantan, bailan y comen	They sing, dance and eat.

¿Dónde?	Where?
Vive en la Casa Blanca	He lives in the White House.
¿En qué ciudad?	In what city?
¿Cómo?	How?
¿No es verdad?	Isn't it true? right?
¿Cuándo vas a aprender?	When are you going to learn?
¿Para qué vas?	Why (for what purpose) are you going?
¿Por qué no conoces . . . ?	Why aren't you familiar with . . . ?
Esas son tres preguntas	Those are three questions.
¿Cuántas debo contestar?	How many must I answer?
ninguna	none, not any.
Ya estoy enferma	I am already sick.
Hay una lección normal	There is a normal lesson.

Spanish Grammar

LESSON 4
¿Conoce usted historia?

The history lesson for today is unusual. It is a history contest. All the children in the class participate. Luis, the best student, asks the questions. It is Jaimito's turn to answer, but Jaimito is the laziest student in the class. Does he answer well? Is there another contest tomorrow? Luis asks Jaimito his first question.

— Jaimito. ¿Sabes mucho de la historia de los Estados Unidos?
— Claro, estoy en esta clase de historia tres años.
— ¿Quién es el presidente de los Estados Unidos?
— Mmmm . . . No estoy seguro. Creo que es . . . Creo que es George Washington.
— ¿George Washington? ¡Ay, qué tonto! ¿No sabes que Washington está muerto? Otra pregunta: ¿Dónde vive el presidente?
— Creo que vive en una casa blanca.
— Sí. Vive en la Casa Blanca. Pero, ¿en qué ciudad?
— ¿En Los Angeles?
— No, tonto en Washington.
— ¿Cómo es posible? Washington está muerto. ¿No es verdad?
— ¡Ay, tonto! ¿Cuándo vas a aprender? ¿Para qué vas a la escuela? ¿Por qué no conoces la historia de los Estados Unidos?
— Esas son tres preguntas. ¿Cuántas debo contestar?
— ¡Ninguna! ¡Ninguna! Ya estoy enfermo. ¡Mañana hay una lección normal!

WORDS YOU MAY NEED

la historia de los Estados Unidos	United States history
¿Sabes?	Do you know?
Claro, estoy en esta clase tres años—	Of course, I have been in this class for three years.
¿Quién?	Who?
No estoy seguro	I am not sure.
Creo que es George Washington	I believe it is George Washington.
¡Qué tonto!	How stupid!
Está muerto	He is dead.

Spanish Grammar

LESSON 5
El trabajo de la mujer es fácil

Alicia sends her husband, Antonio, to the store to pick up some groceries. He says he doesn't need a list (although he gladly accepts the help of the grocery clerk). What does Alicia think when Antonio comes home with everything she wanted? Alicia speaks:

— Antonio, necesito unas cosas de la tienda de comestibles. Esta es una lista de las cosas necesarias.
— Mi amor, yo no necesito lista. Un tonto necesita una lista. Yo no.
Antonio entra en la tienda de comestibles. Sin la lista no sabe qué cosas necesitan en casa.
— Buenos días, señor. ¿Qué desea?
— Mmmmm. . . . La verdad es que no sé. Mi mujer está enferma y necesitamos unas cosas muy importantes en casa.
— Sí, sí. . . . unas cosas importantes como. . . . una docena de huevos, una botella de leche, un pan y una libra de mantequilla.
— Ah, muy bien. Está bien.
— Y. . . . un poco de queso, jugo de naranja, y unas frutas como estas manzanas. Todo esto es bueno para la casa.
— Muy bien. ¿Y cuánto es todo esto?
— Quince dólares, cincuenta centavos.
— Gracias, adiós.
Antonio entra en la casa con los comestibles.
— Oh, Antonio. . . . ¡Exactamente las cosas que necesitamos! ¡Qué inteligente, mi amor!
— Oh, eso no es nada. ¡El trabajo de la mujer es tan fácil!

WORDS YOU MAY NEED

unas cosas	some things
la tienda de comestibles	grocery store
una lista de las cosas necesarias	a list of the necessary items
Entra en la tienda	He enters the store.
sin la lista	without the list

No sabe qué cosas necesitan	He doesn't know what things they need.
en casa	at home
Buenos días	Good morning.
¿Qué desea?	What would you like? What do you want?
la verdad	the truth
No sé	I don't know.
mi mujer	my wife
una docena de huevos	a dozen eggs
una botella de leche	a bottle of milk
un pan	a loaf of bread
una libra de mantequilla	a pound of butter
muy bien	very well
está bien	all right
un poco de (queso)	a little (cheese)
(el) jugo de naranja	orange juice
unas frutas	some fruit
estas manzanas	these apples
todo esto	all this
¿Cuánto es?	How much is it?
quince dólares	15 dollars
cincuenta centavos	50 cents
¡Qué inteligente!	How intelligent!
No es nada	It's nothing.
tan fácil	so easy

Spanish Grammar

CD 1 TRACK 11

LESSON 6
Vamos a un país tropical

CD 1 TRACK 12

Miguel and his wife Marta want to spend their summer vacation on an exotic tropical beach. They discuss it before seeing a travel agent. Did they pick the right country? Marta speaks:

— Ay, Miguelito, este verano quiero descansar en una playa bonita, y mirar el mar y un sol brillante.
— Bueno, mi amor. Yo prefiero tomar las vacaciones en el otoño o en la primavera cuando no hace calor. Pero si tú quieres, vamos a viajar a un país tropical. Allí nadamos y tomamos el sol.
— Muy bien. Entonces, mañana vamos a la agencia de viajes. Así en junio pasamos cuatro semanas de vacaciones en una playa bonita.

Miguel y su esposa están en la agencia de viajes. Hablan con el empleado.

— Bueno. ¿Cuándo y adónde desean ustedes ir?
— A Sudamérica en junio. Deseamos pasar un mes en Chile para nadar y tomar el sol. ¿Qué tiempo hace allí? Hace buen tiempo, ¿verdad?
— Pero. . . . señores. . . . Chile no es el Caribe. ¿Mucho sol y calor en junio en Chile? Señores, en junio es el invierno allí. ¿No saben Uds. que en muchos países de Sudamérica las estaciones son diferentes? Cuando hace calor aquí, hace frío allí. Pero si Uds. desean esquiar en Chile, en junio es posible.

WORDS YOU MAY NEED

este verano	this summer
Quiero descansar en una playa bonita	I want to rest on a pretty beach.

mirar el mar y un sol brillante	to look at the sea and a bright sun
Vamos a viajar a un país tropical	Let's take a trip to a tropical country.
nadar	to swim
nadamos	we swim
Tomamos el sol	We take the sun (sunbathe).
Miguelito y su esposa	Mike and his wife
la agencia de viajes	the travel agency
Hablan con el empleado	(They) speak with the clerk (employee).
¿Cuándo y adónde desean ustedes ir?	When and where do you want to go?
Pasamos cuatro semanas	We spend four weeks.
pasar un mes	to spend a month
¿Qué tiempo hace?	How is the weather?
Hace buen tiempo	It's good weather.
mucho sol y calor	lots of sun and heat
En junio es el invierno	In June it is winter.
las estaciones	the seasons
Hace calor.	It's hot (weather).
Hace frío.	It's cold (weather).
esquiar	to ski

Spanish Grammar

LESSON 7
Así es la vida

Paco is trying to get a date with Josefina. Does he succeed, or does she decide to go out with someone else? Paco speaks:

— Perdone, señorita. Ud. no me conoce. Soy Paco. . . . Paco Pérez. ¿Tiene Ud. unos minutos para conversar?
— Gracias, no. Voy ahora a mi clase de álgebra.
— Entonces, ¿después de las clases? ¿Tiene Ud. tiempo libre para tomar una Coca-Cola?
— Gracias, pero tengo mucho trabajo esta tarde.
— Pues, este sábado dan una película muy buena. Vengo en mi coche a las siete, si Ud. quiere.
— No, gracias. Voy a estudiar todo este fin de semana. Tengo muchos exámenes. Esta es mi clase. Adiós.

Later, Alejandro, the captain of the football team, meets Josefina in the cafeteria.

— ¡Hola, Josefina! ¿Qué tal? Oye, ¿estás ocupada esta noche o quieres ir al cine?
— Sí, por supuesto, Alejandro, con mucho gusto. ¡Tú eres tan amable!

WORDS YOU MAY NEED

Perdone, señorita	Excuse me, Miss.
Ud. no me conoce	You don't know me.
Soy Paco	I'm Paco.
¿Tiene Ud. unos minutos para conversar?	Do you have a few minutes to talk?
Gracias	Thanks.
Voy a mi clase	I'm going to my class.
Entonces, ¿después de las clases?	Then, after classes?
Esta es mi clase	This is my class.

tiempo libre para tomar una Coca-Cola	free time to have a Coke
Tengo mucho trabajo	I have a lot of work.
esta tarde	this afternoon
este sábado	this Saturday
Dan una película muy buena	They're showing a very good picture.
Vengo en mi coche a las siete	I'll come in my car at seven.
si Ud. quiere	if you like
todo este fin de semana	all this weekend
Tengo muchos exámenes	I have a lot of tests.
Adiós	Good-bye.
Hola, ¿qué tal?	Hello (Hi). How are things?
Oye, ¿estás ocupada esta noche?	Listen, are you busy tonight?
¿Quieres ir al cine?	Do you want to go to the movies?
por supuesto	of course
Con mucho gusto	I'd be delighted (with great pleasure).
Tú eres tan amable	You're so nice (kind).

Spanish Grammar

LESSON 8
Una excursión por la ciudad

Diego and his wife, Hortensia, visit the United States. They take a tour bus to become acquainted with one of the large cities. The tour guide keeps them busy. What do Diego and Hortensia want to do at the end of the day? The tour guide speaks:

— Señoras y señores, bienvenidos a esta excursión. Primero, vamos a conocer el barrio comercial.
— ¡Qué edificios tan altos! ¡Mira, Diego! Tienen al menos veinte pisos.
— ¡Al menos!
— Y ahora pasamos por el barrio cultural. A la derecha están la Biblioteca Central y el Museo de Arte. A la izquierda. . . . la Universidad.
— ¡Cuánta gente! ¿Adónde va todo el mundo? ¡Mira! ¡Van debajo de la tierra!
— ¡Claro! Van a tomar los trenes subterráneos. La estación está allí.
— Entramos ahora en el parque zoológico. Es posible caminar, mirar los animales, sacar fotografías y tomar un helado.
— Estas excursiones son muy interesantes. Pero estoy cansado. Gracias a Dios, podemos descansar un poco.
— ¿Descansar? ¡Mira! Aquí tengo dos billetes para esta noche. ¡Vamos a bailar!

WORDS YOU MAY NEED

Señoras y señores, bienvenidos	Ladies and gentlemen, welcome.
primero	first
¡Vamos a conocer el barrio!	Let's get to know the neighborhood.
Vamos a conocer el barrio comercial	We are going to become acquainted with the commercial district.

¡Qué edificios tan altos!	What tall buildings!
al menos veinte pisos	at least twenty floors
a la derecha	on the right
la Biblioteca Central	The Main Library
el Museo de Arte	The Art Museum
a la izquierda, la Universidad	to the left, the University
¡Cuánta gente!	So many people!
¿Adónde va todo el mundo?	Where is everybody going?
debajo de la tierra	underground
los trenes subterráneos	the subways
caminar	to walk, to stroll
el parque zoológico	the zoo
sacar fotografías	to take photos
tomar un helado	to have ice cream
Estoy cansado	I am tired.
Gracias a Dios podemos descansar	Thank God, we can rest.
dos billetes	two tickets
¡Vamos a bailar!	Let's go dancing!

Spanish Grammar

LESSON 9
Una enfermedad imaginaria

Ramon's mother is concerned. Her son seems to be very sick (although the doctor can't find anything wrong with him). What does Ramon's friend tell him on the phone that cures him immediately? The doctor speaks:

— ¡Ah! Aquí está el enfermo. ¿Qué tiene el chico?
— Oh, doctor, mi hijo no quiere comer. No quiere beber. Sólo quiere guardar cama todo el día.
— Ay, ay, ay. Estoy enfermo. Tengo dolor de cabeza, dolor de estómago, dolor de garganta. Es horrible.
— ¡Ah, mi pobre Ramoncito!
— Bueno, bueno, joven. (El médico examina al chico.) Mmmmm. . . . El pulso está normal. Ramón, ¡abre la boca y saca la lengua!
— Aaaaaaaaah.
— Mi pobre hijo. ¡Cómo sufre!
— Yo no veo nada. La temperatura está normal. No tiene fiebre.
— Ay, tengo tanto dolor. Es terrible.
En ese momento suena el teléfono. Es Enrique, el amigo de Ramón.
— Hola, Enrique. ¿Qué hay?. . . . ¿Cómo?. . . . ¿No hay examen de matemáticas?
Ramón salta de la cama.
— ¡Mamá, mamá estoy mejor!
— ¡Quiero comer! ¡Tengo hambre, mucha hambre!

WORDS YOU MAY NEED

Una enfermedad imaginaria	an imaginary illness
Aquí está el enfermo	Here's the sick person.
¿Qué tiene el chico?	What's wrong with the boy?
No quiere comer	He doesn't want to eat.
No quiere beber	He doesn't want to drink.
Sólo quiere guardar cama	He only wants to stay in bed.
todo el día	all day

Estoy enfermo	I'm sick.
Tengo dolor de cabeza, dolor de estómago	I have a headache, stomachache.
Tengo dolor de garganta	My throat hurts me.
Pobre Ramoncito	Poor little Ramón.
bueno, joven	all right, young man
El médico lo examina	The doctor examines him.
El pulso está normal	The pulse is normal.
¡Abre la boca!	Open your mouth.
¡Saca la lengua!	Stick out your tongue!
mi pobre hijo	my poor child
¡Cómo sufre!	How he's suffering!
Yo no veo nada	I don't see anything.
No tiene fiebre	He has no fever.
Tengo tanto dolor	I have so much pain.
Suena el teléfono	The telephone rings.
¿Qué hay?	What's up?
Salta de la cama	He jumps out of bed.
Estoy mejor	I'm better.
Tengo (mucha) hambre	I'm (very) hungry.

Spanish Grammar

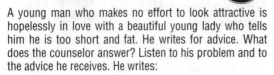

LESSON 10
El consultorio sentimental

A young man who makes no effort to look attractive is hopelessly in love with a beautiful young lady who tells him he is too short and fat. He writes for advice. What does the counselor answer? Listen to his problem and to the advice he receives. He writes:

— Querida Gertrudis,
  Quiero a una muchacha alta y delgada. Es una muchacha española simpática. Tiene el pelo negro y los ojos verdes. Es una chica alegre y yo quiero salir con ella. Tengo un coche nuevo y soy muy generoso. Pero ella dice que no quiere salir conmigo porque soy bajito y muy gordo. Además, dice que tengo mucho pelo como un mono. Pero yo no deseo ir a la barbería. ¿Qué voy a hacer? No puedo dormir. No puedo comer. Necesito su ayuda.

Desesperado

— Querido "Desesperado,"
  La solución no es difícil. Es muy fácil. Ud. dice que no tiene apetito y que no come. Así tarde o temprano Ud. va a estar tan flaco como ella. Luego, si Ud. lleva un sombrero alto, Ud. puede parecer alto, y además, va a cubrir todo su pelo.

Buena suerte,
Gertrudis

WORDS YOU MAY NEED

querido(a) m/f	dear
Quiero a una muchacha alta y delgada	I love a tall, slender girl.
Es una muchacha simpática	She is a likeable (pleasant) girl.
Tiene el pelo negro	She has black hair.
los ojos verdes	green eyes
Tengo un coche nuevo	I have a new car.
Soy generoso	I am generous.
Es una chica alegre	She is a cheerful girl.
Yo quiero salir con ella	I want to go out with her.

Ella no quiere salir conmigo porque. . . .	She does not want to go out with me because. . . .
Soy bajito y muy gordo	I am short and very fat.
además dice	besides, she says
Tengo mucho pelo como un mono	I have a lot of hair like a monkey.
No puedo dormir	I cannot sleep.
Necesito su ayuda	I need your help.
desesperado	desperate
así tarde o temprano	in this way, sooner or later
difícil	difficult
Ud. va a estar tan flaco como ella	You are going to be as thin as she.
si Ud. lleva	if you wear
Ud. puede parecer	You can seem (appear)
Ud. va a cubrir	You are going to cover

Spanish Grammar

LESSON 11
Quiero ser rico

Teodoro is talking with his school counselor about finding a job after graduation. What's the problem with the counselor's suggestion? The counselor speaks:

— ¿Qué tal, Teodoro? Al fin va a graduarse.
— Sí señor. Necesito su consejo. Busco un empleo.
— Ah, bueno. ¿Qué clase de trabajo desea?
— Pues, un puesto con buen sueldo. Quiero ganar mucho dinero; quiero ser rico.
— Entonces, Ud. tiene que aprender una profesión como médico o como abogado.
— No, eso es mucho trabajo. Quiero un empleo fácil. Quiero viajar por el mundo.
— Entonces, ¿por qué no estudia para ser piloto?
— No, tengo miedo de los aviones. Y los pilotos trabajan largas horas.
— Bueno, tengo la solución. Ud. debe casarse con una millonaria.
— ¡Perfecto! ¡Esta es la solución ideal! ¿Para qué trabajar?
— Sí, pero hay un problema.
— ¿Cuál?
— Todas las chicas millonarias quieren casarse con millonarios.

WORDS YOU MAY NEED

¿Qué tal?	How are things?
al fin	finally
Va a graduarse	You're going to graduate.
¿Qué clase?	What kind?
un puesto	a position
(un) buen sueldo	(a) good salary
ganar mucho dinero	to earn a lot of money
entonces	then
Tiene que aprender	You have to learn.
el médico	doctor
el abogado	lawyer
un empleo fácil	an easy job
Quiero viajar	I want to travel.
por el mundo	throughout the world
para ser piloto	in order to be a pilot
Tengo miedo (de)	I'm afraid (of).

los aviones   airplanes
largas horas   long hours
(Ud. debe) casarse   (you ought) to get married
Quieren casarse   They want to marry (get married).

Spanish Grammar

Lesson 12
Un hombre moral

Ernesto Cenicero is a very moral man. He believes that everybody should work hard and that anyone who does not is probably a thief as well as a tramp. On his way home from work late one night, he notices a poorly dressed tramp. What does Ernesto learn? He speaks:

— Ah, otro vago. Esos vagos nunca trabajan. Todo el mundo les da dinero. Pero yo no. Yo tengo que trabajar como un perro para vivir. Nada es gratis en este mundo.
Decide sacar la cartera de la chaqueta y la mete en el bolsillo del pantalón. Nota que el vago lo mira.
— Ajá—piensa Ernesto y empieza a andar más rápido.
— Señor, señor,—le grita el vago.—¡Espere, un momento! Señor, señor. Por favor, ¡espere!
Ernesto corre ahora. El vago corre también.
— Señor, señor. ¡No corra Ud.! ¡Espéreme!
Ernesto no puede más. Está cansado.
— Bueno, bueno. ¿Qué quiere Ud.? ¿Por qué no trabaja Ud. en vez de molestar a la gente decente?
— Perdone la molestia señor. Pero Ud. dejó caer su cartera. Aquí la tiene.
Y el vago le da la cartera a Ernesto.

WORDS YOU MAY NEED

Nada es gratis   Nothing is free.
otro vago   another tramp
Esos vagos nunca trabajan   Those tramps never work.
les da dinero   gives money to them
como un perro   like a dog
sacar la cartera   to take out his wallet
Corre   He runs.
La mete en el bolsillo   He puts it into his pocket.
Empieza a andar más rápido   He begins to walk faster.
Espéreme   Wait for me.
en vez de molestar   instead of bothering
perdone la molestia   forgive the bother
Ud. dejó caer   you dropped
Aquí la tiene   Here it is.

Spanish Grammar

Lesson 13
No me gustan las hamburguesas

Julio takes his girlfriend, Beatriz, to a restaurant, although he has very little money. Does she eat paella (the most expensive dish on the menu)? Julio speaks:

— Beatriz, dicen que las hamburguesas y las papas fritas son muy buenas aquí.
— No, no me gustan las hamburguesas. Dicen en el menú que la paella es la especialidad de la casa. ¿De qué es?
— Oh, es un plato de arroz, pollo, mariscos y legumbres. Personalmente prefiero comida más sencilla. ¿No te gustan los huevos? Preparan excelentes huevos duros aquí.
En ese momento entra el camarero.
— ¿Están Uds. listos para ordenar?
— Si, yo quiero una tortilla a la española y una Coca-Cola.
— Y yo quiero la paella.
— Ay, Beatriz, tengo una confesión.
— Lo siento, señorita, pero no hay más paella.
— No importa. ¿Qué confesión, Julio?
— Nada, nada. ¿No hay más paella? Oh, ¡qué lástima!

WORDS YOU MAY NEED

dicen   they say
las hamburguesas y las papas fritas   hamburgers and french fries
Son muy buenas   They're very good.
No me gustan las hamburguesas   I don't like hamburgers.
La paella es la especialidad de la casa   Paella is the specialty of the house.
¿De qué es?   What's it made of? What does it consist of?
un plato de arroz, pollo, mariscos y legumbres   a dish of rice, chicken, shellfish, and vegetables.
Personalmente prefiero comida más sencilla   Personally I prefer simpler food.
¿No te gustan los huevos?   Don't you like eggs?
(los) huevos duros   hard-boiled eggs
en ese momento   at that moment
Entra el camarero   The waiter enters.
¿Están Uds. listos para ordenar?   Are you ready to order?
Una tortilla a la española   A Spanish omelet
Tengo una confesión   I have a confession.
Lo siento   I'm sorry.
Pero no hay más paella   But there's no more paella.
No importa   It doesn't matter.
nada   nothing
¡Qué lástima!   What a shame!

Spanish Grammar

Lesson 14
¡Los muchachos de hoy son horribles!

Where did Gregorio find an answer to his father's complaint about the younger generation's lack of respect? Gregorio speaks:

— Papá ¡la semana pasada Ud. nos dijo que la generación de hoy es terrible! Pues tengo algo aquí que va a ser interesante para Ud.
— Bueno, hijo. ¡A ver si ese artículo expresa mis opiniones!
— Pues, ¡escuche Ud.! El artículo comienza así. Ayer, en el tren, cinco o seis jóvenes tomaron asiento cuando entró una señora de unos setenta años. Nadie quiso darle el asiento a la anciana. Y la pobre señora tuvo que estar de pie. Ya no hay respeto para los ancianos.

— Bueno, papá ¿qué piensa Ud. de este artículo? ¿No cree Ud. que es un poco exagerado?
— De ninguna manera. Ese escritor tiene razón. Él conoce bien la generación de hoy.
— Él sabe mucho de la generación de Ud. también. Esto fue escrito en 1980 (mil novecientos ochenta). Encontré este viejo periódico en el sótano.

WORDS YOU MAY NEED

La semana pasada Ud. nos dijo	Last week you told us.
Tengo algo aquí	I have something here.
El artículo comienza así	The article begins like this.
Ayer en el tren cinco o seis jóvenes tomaron asiento	Yesterday on the train five or six young people took a seat.
Una señora de unos setenta años	A woman of some seventy years.
Nadie quiso darle el asiento a la anciana	Nobody wanted to give his seat to the old lady.
Y la pobre señora tuvo que estar de pie	And the poor lady had to stand.
Ya no hay respeto para los ancianos	There is no respect for elderly people anymore.
¿Qué piensa Ud. . . . ?	What do think. . . . ?
¿No cree Ud. . . . ?	Don't you believe. . . . ?
Ese escritor tiene razón	That writer is right.
Él conoce bien	He well knows.
Él sabe mucho	He knows a lot.
Esto fue escrito	This was written.
Encontré este viejo periódico en el sótano	I found this old newspaper in the cellar.

Spanish Grammar

LESSON 15
La justicia siempre triunfa

Angel is testifying on behalf of Ramiro, his brother-in-law. Is he really an unbiased witness? The defense lawyer speaks:

— Llamo como testigo al señor Angel Alpargata. Señor Alpargata, el fiscal dice que el acusado, Ramiro Ramírez, cuando borracho, chocó su carro con la bicicleta de un muchacho.
— Eso no es verdad. El señor Ramírez no es un borracho. En mi opinión no es culpable.
— Protesto, protesto. Aquí no importan las opiniones. ¿Estuvo usted allí cuando ocurrió el accidente?
— No, señor, Nadie estuvo allí.
— ¿Vio o no vio usted el accidente?
— No, señor. El accidente ocurrió a las diez de la noche. Yo estuve en mi cama, cansado de trabajar todo el día.
— ¿Cómo? En la cama. ¿Por qué está Ud. aquí como testigo por el señor Ramírez? Ud. nunca vio nada.
— Pues. . . . Mi mujer dijo que. . . . Señor, . . . Ramiro es mi cuñado.

WORDS YOU MAY NEED

Llamo como testigo	I call as a witness.
El fiscal dice	The district attorney says.
el acusado	the defendant
cuando borracho	while drunk
chocó su carro	crashed his car
Eso no es verdad	That's not true.
culpable	guilty
¿Estuvo Ud. allí?	Were you there?
ocurrió el accidente	the accident occurred
Nadie estuvo allí	Nobody was there.
¿Vio?	Did you see?
Ocurrió a las diez de la noche	It happened at 10:00 at night.
Estuve en mi cama	I was in bed.
Ud. nunca vio nada	You never saw anything.
Mi mujer dijo	My wife said.
mi cuñado	my brother-in-law.

Spanish Grammar

PART TWO
Situations and Conversations

LESSON 1
How to Introduce Yourself

Juan introduces himself to beautiful Gerónima. He asks her name and telephone number. Juan speaks:

— ¡Hola, guapa! ¿Cómo te llamas tú?
— ¡Dispense! ¿Quién es usted?
— Yo soy Juan. . . . mmm. Perdón, señorita. Yo me llamo Juan Torres. ¿Cómo se llama usted?
— Me llamo Gerónima Gil.
— Ah, usted se llama Gerónima. Encantado.
— Y usted es Juan. Mucho gusto.
After class he gets her telephone number.
— ¿Puedo llamarla mañana?
— Si usted desea. . . .
— ¿Cuál es su número de teléfono?
— Mi número es: uno dos tres-cuatro cinco seis cero.
— Gracias. Hasta mañana, Gerónima.
— Hasta mañana, Juan.

— Hi, gorgeous! What's your name?
— Excuse me! Who are you?
— I am Juan. . . . mmm. Pardon me, miss. My name is Juan Torres. What is your name?
— My name is Gerónima Gil.
— Ah, your name is Gerónima. Delighted (to meet you).
— And you are Juan. It's a pleasure (to meet you).
— Can I call you tomorrow?
— If you wish. . . .
— What is your telephone number?
— My number is 123-4560.
— Thank you. Until tomorrow, Gerónima.
— Until tomorrow, Juan.

NOTES

1. **¿Cómo te llamas (tú)?** What is your name? (Lit: How do you call yourself?) **(Tú) te llamas. . . .** Your name is. . . . (Lit: You call yourself. . . .) The familiar **tú** for "you" is used properly on a first-name basis, when speaking to children, with friends and family, in most Spanish-speaking regions.

2. **¿Cómo se llama usted?** What is your name? **Usted se llama**. . . . Your name is. . . .
The formal or polite **usted** (abbreviated **Ud.**) is used properly on a somewhat formal basis when speaking to persons you have just met, whom you address by last name or to those older than you in most Spanish-speaking regions.

3. The personal subject pronouns like **yo, tú,** and so on, used principally for emphasis, are often dropped. **Usted,** however, is used fairly consistently.

4. The ending of the verb alone tells who the subject is. Note: **Me llamo** for **Yo me llamo. Te llamas** for **Tú te llamas,** and so on.

5. Courtesies: **Perdón, Dispense;** Pardon me, Excuse me. **Si usted desea;** If you wish. **Mucho gusto;** (It is a) Great pleasure. **Encantado**—Delighted; (to meet you).

6. Titles with last names or alone: **Señorita** Miss; **Señora** Mrs. or Ma'am; **Señor** Mr. or Sir.

7. Numbers: **Cero, uno, dos, tres, cuatro, cinco, seis;** zero through six.

8. **Yo soy** I am; **usted es** you are.

Preguntas para contestar

Spanish Grammar

LESSON 2
How to Use Telephone Expressions. Making a Date for the Movies

Juan calls Gerónima. Her mother answers the telephone.

— ¡Bueno!
— Buenos días, señora. ¿Está Gerónima en casa?
— ¿Quién habla?
— Habla Juan Torres.
— Un momento por favor. . . .
— Hola. Habla Gerónima.
— ¿Qué tal, Gerónima? ¿Cómo estás tú?
— Yo estoy bien. ¿Y tú?
— Estoy regular. ¿Deseas ir al cine mañana, lunes?
— Oh, lo siento. El lunes trabajo hasta las ocho.
— El martes, entonces.
— El martes es posible. ¿Qué película dan?
— Una comedia muy buena.
— Bueno. A las siete. ¿Está bien?
— Perfecto. Hasta luego.
— Hasta luego, Juan.

— Hello!
— Is Gerónima at home?
— Who is calling?
— This is Juan.
— One moment please.
— Hi. This is Gerónima.
— How are things, Gerónima? How are you?

— I am well. And you?
— I'm OK. Do you want to go the movies tomorrow, Monday?
— Oh, I'm sorry. On Monday I work until eight.
— On Tuesday, then.
— On Tuesday, it is possible. What movie are they showing?
— A very good comedy.
— Good. At seven. Is it all right?
— Perfect. Until then.
— Until then, Juan.

NOTES

1. Answering the telephone varies from country to country. In Mexico use **Bueno;** in Colombia, **Aló;** in Spain use **Dígame.**

2. **¿Quién habla?** Who is it? is answered with **Habla (Juan)** This is (John).

3. Greeting and farewells: **Buenos días**—Good morning; **Buenas tardes**—Good afternoon (until dark or dinner); **Buenas noches**—Good evening or Good night (after dark or dinner); **Hasta luego**—Until later.

4. **¿Qué tal?** How are things? How is the world treating you?

5. **¿Cómo estás tú?** (familiar) and **¿Cómo está usted?** (formal)—How are you? are answered by **(Yo) estoy bien (regular, así así, enfermo)**—I am well (OK; so-so; sick).

6. **Al cine**—to the movies. **A** meaning "to," combines with **el,** meaning "the," to form **al,** to the.

7. **El martes**—On Tuesday. The days of the week are **lunes, martes, miércoles, jueves, viernes, sábado, domingo.**

8. More courtesies: **Lo siento**—I am sorry; **Por favor**—Please.

9. More numbers: **siete, ocho**—seven, eight

10. Time: **A las siete**—At seven o'clock; **Las ocho**—Eight o'clock.

11. **Bueno** (good) changes to **buena** when it describes a feminine noun as in **buena comedia;** and changes to **buenos** when describing a masculine plural noun as in **buenos días** (m.).

Preguntas para contestar

Spanish Grammar

LESSON 3
How to Buy a Ticket at the Movies

Juan buys two tickets. Gerónima thinks they are too expensive. Juan speaks:

— ¡Qué suerte, hoy! Los martes es posible aparcar el carro cerca.
— ¡Verdad! Los miércoles, jueves y viernes es imposible. Aquí está la taquilla.
— Dos entradas para la comedia. ¿Cuánto es?
— Son ocho dólares por persona.
— Aquí tiene Ud. un billete de veinte.
— Y aquí tiene Ud. dos entradas y su vuelta de cuatro dólares. ¡Diviértanse!
— Es un poco caro, ¿verdad?
— Para esta película nueva, no es ni caro ni barato. ¿Vamos a entrar?

— Si, ¡vamos a entrar!
— ¡Toma asiento aquí! Voy por rositas de
maíz.
— Gracias, Juan.
— De nada. Vamos a pasarlo bien.

— What luck, today! On Tuesdays it's possible to park nearby.
— Right! On Wednesdays, Thursdays and Fridays it's impossible. Here's the ticket window.
— Two tickets for the comedy. How much is it?
— They are (cost) eight dollars each (per person).
— Here's a twenty dollar bill.
— And here are two tickets and your change of four dollars. Enjoy!
— It's a bit expensive, isn't it?
— For this new movie, it's neither expensive nor inexpensive (cheap). Shall we go in?
— Yes, let's.
— Take a seat here. I'm going for popcorn.
— Thanks, Juan.
— You're welcome. We're going to have a nice time.

NOTES

1. **Los martes** (plural) means on Tuesdays. **Los miércoles, los jueves y los viernes**—On Wednesdays, Thursdays, Fridays.
2. **¡Verdad!**—Right; **¿Verdad?**—Isn't it so? Right?
3. **Entradas**—usually tickets to the theater, movies, sports, museums; **Boletos**—usually tickets for planes, etc. **Billete**—Bill in currency; generic for ticket
4. **¿Cuánto es (son)?**—How much is it (are they)?; **¿Cuánto cuesta (cuestan)?**—How much does it (they) cost?
5. **Aquí tiene Ud.....**—Here is (are).... (Lit: Here you have). **Ud.** is abbreviated **usted.**
6. **¡Diviértanse (Uds.)!**—Enjoy yourselves—said to more than one; **Uds.** is abbreviated **ustedes; ¡Diviértase Ud.!**—Enjoy yourself—said to one person.
7. **¿Vamos a entrar?**—Shall we go in? (Lit: Are we going to enter?) **Nosotros** (we) is understood, and is indicated in the verb ending in **mos.**
8. **¡Vamos a....!**—"Let's" in an exclamation or command.
9. **Vamos a**—We are going to.... in a statement.
10. More courtesies: **De nada**—You're welcome.

Preguntas para contestar

Spanish Grammar

Preguntas para contestar

LESSON 4
How to Tell What Time It Is. Making a Dinner Date

After the movie, Gerónima must hurry home to study until 1:00 A.M. Juan invites her to a charming restaurant next Saturday at 6:45 P.M. Gerónima speaks:

— ¡Qué película tan cómica!

— ¿Deseas tomar un café y un bocadillo ahora?
— ¿Qué hora es?
— Son las nueve en punto.
— Tengo un examen mañana a las ocho. Voy a estudiar hasta la una de la mañana.
— Entonces, ¿tenemos otra cita, para el sábado?
— ¿A qué hora?
— A eso de las siete. Vamos a comer. Hay un restaurante muy bonito cerca de aquí.
— ¿A las seis y media?
— O a las siete menos cuarto.
— Sí, a las siete menos cuarto es mejor.
— Buenas noches, Gerónima. Hasta el sábado.

— What a funny movie!
— Do you want to have coffee and a sandwich now?
— What time is it?
— It's nine on the dot (exactly).
— I have an exam tomorrow at 8:00. I'm going to study until 1:00 A.M.
— Then, do we have another date for Saturday?
— At what time?
— At about 7:00. We are going to eat. There is a very lovely restaurant near here.
— At half past six?
— Or at a quarter to seven.
— Yes, a quarter to seven is better.
— Good night, Gerónima. Until Saturday.

NOTES

1. **Ahora**—now; **¿Qué hora es?**—What time is it?
2. **Son las dos**.... **Son las diez (las once, las doce)**—It is two.... It is 10:00 (11:00–12:00). Telling time is in the plural from 2:00 o'clock through 12:00 o'clock. **Es la una**—"It is one o'clock" is singular.
3. **Mañana**—tomorrow; **la mañana**—the morning
4. **De la mañana**—A.M.—**de la tarde**—P.M. until dark—**de la noche**—P.M. after dark
5. **A la una**—at one o'clock; **A las seis, A las siete**—at six, at seven
6. **A las siete menos cuarto**—at 6:45 (Lit: at seven less a quarter). After the half hour, subtract from the next hour.
7. **(Yo) tengo**—I have; **(Nosotros) tenemos**—we have

Preguntas para contestar

Spanish Grammar

Lesson 5
How to Order in a Spanish Restaurant. The Dinner Date

Gerónima and Juan are seated at the table. The waiter appears with menus. He speaks:

— Buenas tardes. ¿Desean Uds. ordenar ahora, o tomar un coctel o vino?
— Tenemos hambre, ¿verdad Gerónima? ¡Vamos a ordenar! El menú, por favor.
— Para el entremés recomiendo un coctel de gambas muy frescas.
— Bueno. ¿Y tú, Gerónima?

— Prefiero una ensalada.
— ¿Desean Uds. una sopa de legumbres? El gazpacho frío está delicioso.
— No. Pido sólo una paella con arroz, mariscos, pollo, chorizo y otras muchas cosas buenas.
— Para mí. . . . .mmmm. . . . No deseo carne hoy. ¡Ah! ¡El pescado con espárragos!
— ¿Y para el postre?
— Un helado de chocolate y melón.
— Yo tomo un flan con café.
Después de la comida.
— ¡Qué comida!
— ¡Excelente! Yo dejo una buena propina para el camarero y pago la cuenta. ¿Vamos a tomar el fresco, Gerónima?
— Gracias. Buenas noches.

— Good evening. Do you (pl.) wish to order now or to have a cocktail or wine?
— We are hungry, aren't we, Gerónima? Let's order. The menu, please.
— For the appetizer I recommend a very fresh shrimp cocktail.
— OK. And you, Gerónima?
— I prefer a salad.
— Do you want a vegetable soup? The cold gazpacho is delicious.
— No, I'll order only a paella with rice, seafood, chicken, sausage, and many other good things.
— For me. . . . mmm. . . . I don't want meat today. Ah! The fish with asparagus!
— And for dessert?
— Chocolate ice cream and melon.
— I'll take (have) a custard and coffee.
After dinner.
— What a dinner!
— Excellent! I'm leaving a good tip for the waiter and I'll pay the check (bill). Shall we get some fresh air, Gerónima?
— Thank you. Good night.

NOTES

1. **Buenas tardes**—Good afternoon, good (early) evening
2. **tomar un coctel**—to have a cocktail
3. **Tenemos hambre**—We are hungry. (Lit: we have hunger) [See Information Booklet for forms of the verb **tener**].
4. **el gazpacho**—a cold soup native to northern Spain.
5. **la paella**—a rice-based dish of many ingredients. With seafood it is typical of Valencia in eastern Spain.
6. **el flan**—a custard typical of most of Spain.
7. **tomar el fresco**—to get some fresh air
8. **Buenas noches**—Good (late) evening or good night

Preguntas para contestar

Spanish Grammar

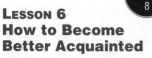

LESSON 6
How to Become Better Acquainted

Begin by talking about the weather and then. . . . Juan and Gerónima take a walk after dinner. Gerónima speaks first:

— Hace buen tiempo esta noche. Hay luna.
— Gracias a Dios, no llueve . . . Gerónima, ¿cuántos años tienes?
— Tengo veinte años. ¿Y tú?
— Tengo veintiún años. ¿Para qué estudias tú medicina?
— Yo estudio para enfermera.
— ¡Caramba! ¡Qué casualidad! Yo estudio para médico.
— Y, ¿tienes otros intereses?
— Oh, claro. Colecciono estampillas . . . Gerónima, tú eres tan simpática, tan dulce, tan. . . .
— ¡Oh, Juan!. . . . Este verano yo voy con un grupo de estudiantes a España.
— ¡Yo voy con ustedes!
— ¡Magnífico! ¡Vamos a pasarlo de maravilla!

— The weather is good (It's good weather) tonight. There's a moon.
— Thank God, it's not raining. Gerónima, how old are you?
— I'm twenty. And you?
— I'm twenty-one. Why are you studying medicine?
— I'm studying to become a nurse.
— Wow! What a coincidence! I'm studying to become a doctor.
— Do you have any other interests?
— Oh, of course. I collect stamps. Gerónima, you are so nice, so sweet, and so. . . .
— Oh Juan!. . . . This summer I'm going to Spain with a group of students.
— I'm going with you (plural)!
— Great! We're going to have a marvelous time!

NOTES

1. **Hace buen (mal) tiempo**—It's good (bad) weather; **Hace frío (calor)**—It's cold (hot). The verb **"hace"** (Lit: It makes) is generally used to describe weather.
2. **No llueve**—It does not rain (is not raining); **No nieva**—It does not snow (is not snowing).
3. **¿Cuántos años tienes?** (Lit: How many years do you have?) or **¿Qué edad tienes?** (Lit: What age do you have?) are questions answered by **yo tengo. . . . años**. Age is told using the verb **tener**—to have. See the forms of **tener** in your Information Booklet.
4. **Estudio para médico (enfermera).** I'm studying to be a doctor (nurse) assumes the verb **ser** after **para**.

Preguntas para contestar

Spanish Grammar

LESSON 7
How to Prepare for a Trip

Juan picks up Gerónima at her house to go to the airport. Gerónima finishes packing. They check to see that they have everything. Gerónima's mother answers the door.

— Bienvenido, Juan. ¡Pasa!
— Buenos días, Señora Gil.
— ¡Oh, Juan, tan temprano!
— No es ni temprano ni tarde.
— Empaco las últimas cosas: unos zapatos cómodos, la trusa, unos cosméticos. . . .
— ¿Y la cámara y las gafas de sol?
— Sí, claro. ¿Y tienes tú los pasaportes, los boletos de avión. . . . las reservaciones para dos habitaciones sencillas con baño?

— Sí, ¡sencillas, sencillas! Tú no deseas una habitación doble, ¿verdad?
— ¡Claro que no!
— Yo te ayudo con la maleta.
— ¿Tomamos un taxi al aeropuerto?
— El taxi espera. ¡Vamos!
— ¡Buen viaje, Juan! ¡Buen viaje, Gerónima! ¡Buen viaje, hijos!

— Welcome, Juan. Come in!
— Good morning, Mrs. Gil.
— Oh, Juan, so early!
— It isn't early or late.
— I'm packing the last things: some comfortable shoes, my bathing suit, some cosmetics.
— And the camera and sunglasses?
— Yes, of course. And you have the passports, the plane tickets. . . . the reservations for two single rooms with bath?
— Yes, singles, singles! You don't want one double room, right?
— Of course not!
— I'll help you with the suitcase.
— Are we taking a taxi?
— The taxi is waiting. Let's go!
— Have a good trip, Juan. Have a good trip, Gerónima. Have a good trip, kids.

NOTES

1. **unos zapatos cómodos**—some comfortable shoes
2. **dos habitaciones sencillas**—two single rooms
3. **una habitación doble**—one double room (This expression shows that adjectives generally follow their nouns. Exceptions seen in this conversation are: **¡Buen viaje!**—good trip! and **las últimas cosas**—the last things.)

Preguntas para contestar

(CD 4 TRACK 13)

Spanish Grammar

(CD 4 TRACK 14)

LESSON 8
How to Express Feelings Using the *Tener* Verb

(CD 4 TRACK 15)

Juan and Gerónima are on one of Spain's famous beaches on the Costa del Sol. Gerónima is thirsty and sleepy. Juan is hungry. He goes for refreshments. Juan speaks:

— ¿No nadas hoy? ¿Tienes miedo del mar?
— No, querido. No tengo miedo.
— ¿Qué tienes, entonces?
— Tengo frío en el agua.
— ¡Caray! El agua no está fría ni caliente. Debes entrar rápido.
— Prefiero dormir en la playa.
— ¿Tienes sueño, mi amor?
— Bastante.
— Y yo tengo hambre. ¿Tú también?
— ¿Hambre? No. Sed. Tengo calor y mucha sed.
— Bueno. Voy por un refresco para ti, y unos bocadillos para mí.
— Tengo que dormir aquí en la arena.
— ¡Duerme, mi vida! ¡Vuelvo en un abrir y cerrar de ojos!

— Aren't you going swimming today? Are you afraid of the sea?

— No, dear. I'm not afraid.
— What's the matter with you, then?
— I feel (am) cold in the water.
— Gosh! The water isn't cold nor hot. You should get into it fast.
— I prefer to sleep on the beach.
— Are you sleepy, darling?
— Quite.
— And I am hungry. You, too?
— Hungry? No. Thirsty. I am hot and very thirsty.
— Good. I'm going for some refreshment for you, and some sandwiches for me.
— I have to sleep here on the sand.
— Sleep, darling. I'll be back in a flash (in the blink of an eye).

NOTES

1. **Tener**—"to have" is used to tell the feelings one has. **tener miedo**—to be afraid, **tener frío**—to be cold, **tener hambre**—to be hungry, **tener sueño**—to be sleepy, **tener sed**—to be thirsty, **tener calor**—to be warm (hot)
2. **Tener que** followed by the infinitive of the next verb—to have to.
3. **Tener** verb forms are in the Information Booklet.
4. Note the continuing omission of subject pronouns, with the exception of the usually consistent use of **usted** and **ustedes**.
5. **Debes**—You should, ought to, indicates a mild obligation.
6. **Tengo que dormir**—I have to sleep, indicates a strong obligation.
7. **Mi amor, mi vida, querido(a)** are common forms of endearment; dear, darling, love.

Preguntas para contestar

(CD 4 TRACK 16)

Spanish Grammar

(CD 4 TRACK 17)

LESSON 9
How to Shop and Bargain Abroad

(CD 4 TRACK 18)

Gerónima and Juan are at Madrid's famous flea market, El Rastro. They are shopping for souvenirs. Juan bargains. Gerónima speaks:

— ¡Tantos turistas! ¡Qué grande es el mercado!
— ¡Vamos a comprar todo rápido! Vinos de Jérez para tu padre y para mi padre. Mantillas y abanicos para las madres y las hermanas.
— ¿Y el pequeño toro para mi hermanito?
— ¡Excelente! Un momento, voy a regatear. Señor, ¿cuánto cuesta todo esto?
— El precio es ciento noventa y cinco euros.
— ¡Hombre! ¡Estos recuerdos no son diamantes! ¡Un descuento, por favor!
— Bueno. Para usted, ciento ochenta.
— Es demasiado. Ciento cincuenta euros, y usted tiene la venta.
— Bueno. Bueno. Ciento cincuenta. Una ganga. Es un rebaje total.
— ¡Vale! Y dos tarjetas postales para mandar una noticia a casa.
— ¿Qué noticia?
— Para ti tengo otro recuerdo de España.
— ¿Cómo?
— Mira, ¡tu anillo de compromiso!

— ¡Juan, amor!
¿Acepta Gerónima el anillo? ¿Viven ellos felices para siempre? ¡Claro!

— So many tourists! How big the market is!
— Let's buy everything fast. Sherry (wine) for your father and my father. Mantillas and fans for the mothers and the sisters.
— And the little bull for my little brother?
— Excellent! One moment, I'm going to bargain. Sir, how much does all this cost?
— The price is one hundred ninety-five euros.
— Man! These souvenirs of Spain aren't diamonds. A discount, please!
— All right. For you, one hundred and eighty.
— It's too much. One hundred and fifty euros and you have the sale.
— All right. All right. One hundred and fifty. A bargain. It's a total price slash.
— Agreed! And two postcards to send some news home.
— What news?
— For you I have another souvenir of Spain.
— How's that?

— Look. . . . your engagement ring!
— Juan, love!
Does Gerónima accept the ring? Do they live happily ever after? Of course!

NOTES

1. **mantilla**—a lace head shawl, usually large enough to cover the shoulders too.
2. **Jérez**—the southwest city, and region that produces a lovely wine we call sherry.
3. **regatear**—to bargain; a very usual custom, especially in flea markets.
4. **euro**—the current unit of currency.
5. **hermanito**—little brother, **hermano**—brother. The suffix **ito(a)** denotes little.

Preguntas para contestar

Spanish Grammar

CD 4 TRACK 19
CD 4 TRACK 20

PART THREE
Verb Reference Charts

A. TYPICAL REGULAR AR, ER, IR INFINITIVES

AR [1ST CONJUGATION]

CANTAR—TO SING

Subject	Present Tense	Command	Preterite Tense
Yo (I)	Canto		Canté
Tú (You, fam. sing.)	Cantas		Cantaste
Él, Ella (He, She)	Canta		Cantó
Usted (You, formal sing.)	Canta	¡Cante Ud.!	Cantó
Nosotros-as (We, masc., fem.)	Cantamos	¡Cantemos!	Cantamos
Vosotros-as (You, fam. pl.)	Cantáis		Cantasteis
Ellos, Ellas (They, masc., fem.)	Cantan		Cantaron
Ustedes (You, formal pl.)	Cantan	¡Canten Uds.!	Cantaron

ER [2ND CONJUGATION]

COMER—TO EAT

Subject			
Yo	Como		Comí
Tú	Comes		Comiste
Él, Ella	Come		Comió
Usted (Ud.)	Come	¡Coma Ud.!	Comió
Nosotros-as	Comemos	¡Comamos!	Comimos
Vosotros-as	Coméis		Comisteis
Ellos-as	Comen		Comieron
Ustedes (Uds.)	Comen	¡Coman Uds.!	Comieron

IR [3RD CONJUGATION]

VIVIR—TO LIVE

Subject	Present Tense	Command	Preterite Tense
Yo	Vivo		Viví
Tú	Vives		Viviste
Él, Ella	Vive		Vivió
Usted (Ud.)	Vive	¡Viva Ud.!	Vivió
Nosotros-as	Vivimos	¡Vivamos!	Vivimos
Vosotros-as	Vivís		Vivisteis
Ellos, Ellas	Viven		Vivieron
Ustedes (Uds.)	Viven	¡Vivan Uds.!	Vivieron

B. COMMON LEVEL ONE IRREGULAR AND SPELLING-CHANGE VERBS: IRREGULAR IN ONE OR MORE TENSES AND FORMS

ANDAR—TO WALK

Subject			
Yo	Ando		**Anduve**
Tú	Andas		**Anduviste**
Él, Ella	Anda		**Anduvo**
Usted (Ud.)	Anda	¡Ande Ud.!	**Anduvo**
Nosotros-as	Andamos	¡Andemos!	**Anduvimos**
Vosotros-as	Andáis		**Anduvisteis**
Ellos, Ellas	Andan		**Anduvieron**
Ustedes (Uds.)	Andan	¡Anden Uds.!	**Anduvieron**

CABER—TO FIT

Subject			
Yo	**Quepo**		**Cupe**
Tú	Cabes		**Cupiste**
Él, Ella	Cabe		**Cupo**
Usted (Ud.)	Cabe	¡Quepa Ud.!	**Cupo**
Nosotros-as	Cabemos	¡Quepamos!	**Cupimos**

Subject	Present Tense	Command	Preterite Tense
Vosotros-as	Cabéis		**Cupisteis**
Ellos, Ellas	Caben		**Cupieron**
Ustedes (Uds.)	Caben	¡Quepan Uds.!	**Cupieron**

CAER—TO FALL

Subject	Present Tense	Command	Preterite Tense
Yo	**Caigo**		Caí
Tú	Caes		Caíste
Él, Ella	Cae		Cayó
Usted (Ud.)	Cae	¡Caiga Ud.!	Cayó
Nosotros-as	Caemos	¡Caigamos!	Caímos
Vosotros-as	Caéis		Caísteis
Ellos, Ellas	Caen		Cayeron
Ustedes (Uds.)	Caen	¡Caigan Uds.!	Cayeron

CONOCER—TO KNOW A PERSON OR PLACE

Subject	Present Tense	Command	Preterite Tense
Yo	**Conozco**		Conocí
Tú	Conoces		Conociste
Él, Ella	Conoce		Conoció
Usted (Ud.)	Conoce	¡Conozca Ud.!	Conoció
Nosotros-as	Conocemos	¡Conozcamos!	Conocimos
Vosotros-as	Conocéis		Conocisteis
Ellos, Ellas	Conocen		Conocieron
Ustedes (Uds.)	Conocen	¡Conozcan Uds.!	Conocieron

CREER—TO BELIEVE

Subject	Present Tense	Command	Preterite Tense
Yo	Creo		**Creí**
Tú	Crees		**Creíste**
Él, Ella	Cree		**Creyó**
Usted (Ud.)	Cree	¡Crea Ud.!	**Creyó**
Nosotros-as	Creemos	¡Creamos!	**Creímos**
Vosotros-as	Creéis		**Creísteis**
Ellos, Ellas	Creen		**Creyeron**
Ustedes (Uds.)	Creen	¡Crean Uds.!	**Creyeron**

DAR—TO GIVE

Subject	Present Tense	Command	Preterite Tense
Yo	**Doy**		**Dí**
Tú	Das		**Diste**
Él, Ella	Da		**Dio**
Usted (Ud.)	Da	¡Dé Ud.!	**Dio**
Nosotros-as	Damos	¡Demos!	**Dimos**
Vosotros-as	Dais		**Disteis**
Ellos, Ellas	Dan		**Dieron**
Ustedes (Uds.)	Dan	¡Den Uds.!	**Dieron**

DECIR—TO SAY, TO TELL

Subject	Present Tense	Command	Preterite Tense
Yo	**Digo**		**Dije**
Tú	**Dices**		**Dijiste**
Él, Ella	**Dice**		**Dijo**
Usted (Ud.)	**Dice**	¡Diga Ud.!	**Dijo**
Nosotros-as	Decimos	¡Digamos!	**Dijimos**
Vosotros-as	Decís		**Dijisteis**
Ellos, Ellas	**Dicen**		**Dijeron**
Ustedes (Uds.)	**Dicen**	¡Digan Uds.!	**Dijeron**

ESTAR—TO BE
(HEALTH, LOCATION, RESULTING CONDITION)

Subject	Present Tense	Command	Preterite Tense
Yo	**Estoy**		**Estuve**
Tú	**Estás**		**Estuviste**
Él, Ella	**Está**		**Estuvo**
Usted (Ud.)	**Está**	¡Esté Ud.!	**Estuvo**
Nosotros-as	Estamos	¡Estemos!	**Estuvimos**
Vosotros-as	Estáis		**Estuvisteis**
Ellos, Ellas	**Están**		**Estuvieron**
Ustedes (Uds.)	**Están**	¡Estén Uds.!	**Estuvieron**

HACER—TO DO, TO MAKE

Subject	Present Tense	Command	Preterite Tense
Yo	**Hago**		**Hice**
Tú	Haces		**Hiciste**
Él, Ella	Hace		**Hizo**
Usted (Ud.)	Hace	¡Haga Ud.!	**Hizo**
Nosotros-as	Hacemos	¡Hagamos!	**Hicimos**
Vosotros-as	Hacéis		**Hicisteis**
Ellos, Ellas	Hacen		**Hicieron**
Ustedes (Uds.)	Hacen	¡Hagan Uds.!	**Hicieron**

IR—TO GO

Subject	Present Tense	Command	Preterite Tense
Yo	**Voy**		**Fui**
Tú	**Vas**		**Fuiste**
Él, Ella	**Va**		**Fue**
Usted (Ud.)	**Va**	¡Vaya Ud.!	**Fue**
Nosotros-as	**Vamos**	¡Vamos!	**Fuimos**
Vosotros-as	**Vais**		**Fuisteis**
Ellos, Ellas	**Van**		**Fueron**
Ustedes (Uds.)	**Van**	¡Vayan Uds.!	**Fueron**

JUGAR(UE)—TO PLAY (A GAME)

Subject	Present Tense	Command	Preterite Tense
Yo	**Juego**		**Jugué**
Tú	**Juegas**		**Jugaste**
Él, Ella	**Juega**		**Jugó**
Usted (Ud.)	**Juega**	¡Juegue Ud.!	**Jugó**
Nosotros-as	**Jugamos**	¡Juguemos!	**Jugamos**
Vosotros-as	**Jugáis**		**Jugasteis**
Ellos, Ellas	**Juegan**		**Jugaron**
Ustedes (Uds.)	**Juegan**	¡Jueguen Uds.!	**Jugaron**

LEER—TO READ

Subject	Present Tense	Command	Preterite Tense
Yo	Leo		Leí
Tú	Lees		Leíste
Él, Ella	Lee		**Leyó**
Usted (Ud.)	Lee	¡Lea Ud.!	**Leyó**
Nosotros-as	Leemos	¡Leamos!	Leímos
Vosotros-as	Leéis		Leísteis
Ellos, Ellas	Leen		**Leyeron**
Ustedes (Uds.)	Leen	¡Lean Uds.!	**Leyeron**

OÍR—TO HEAR

Subject	Present Tense	Command	Preterite Tense
Yo	**Oigo**		Oí
Tú	**Oyes**		Oíste
Él, Ella	**Oye**		**Oyó**
Usted (Ud.)	**Oye**	¡Oiga Ud.!	**Oyó**

Subject	Present Tense	Command	Preterite Tense
Nosotros-as	Oímos	¡Oigamos!	Oímos
Vosotros-as	Oís		Oísteis
Ellos, Ellas	Oyen		Oyeron
Ustedes (Uds.)	Oyen	¡Oigan Uds.!	Oyeron

PODER—TO BE ABLE

Subject	Present Tense	Command	Preterite Tense
Yo	Puedo		Pude
Tú	Puedes		Pudiste
Él, Ella	Puede		Pudo
Usted (Ud.)	Puede	(none)	Pudo
Nosotros-as	Podemos	(none)	Pudimos
Vosotros-as	Podéis		Pudisteis
Ellos, Ellas	Pueden		Pudieron
Ustedes (Uds.)	Pueden	(none)	Pudieron

PONER—TO PUT

Subject	Present Tense	Command	Preterite Tense
Yo	Pongo		Puse
Tú	Pones		Pusiste
Él, Ella	Pone		Puso
Usted (Ud.)	Pone	¡Ponga Ud.!	Puso
Nosotros-as	Ponemos	¡Pongamos!	Pusimos
Vosotros-as	Ponéis		Pusisteis
Ellos, Ellas	Ponen		Pusieron
Ustedes (Uds.)	Ponen	¡Pongan Uds.!	Pusieron

QUERER—TO WANT

Subject	Present Tense	Command	Preterite Tense
Yo	Quiero		Quise
Tú	Quieres		Quisiste
Él, Ella	Quiere		Quiso
Usted (Ud.)	Quiere	¡Quiera Ud.!	Quiso
Nosotros-as	Queremos	¡Queramos!	Quisimos
Vosotros-as	Queréis		Quisisteis
Ellos, Ellas	Quieren		Quisieron
Ustedes (Uds.)	Quieren	¡Quieran Uds.!	Quisieron

SABER—TO KNOW (A FACT)

Subject	Present Tense	Command	Preterite Tense
Yo	Sé		Supe
Tú	Sabes		Supiste
Él, Ella	Sabe		Supo
Usted (Ud.)	Sabe	¡Sepa Ud.!	Supo
Nosotros-as	Sabemos	¡Sepamos!	Supimos
Vosotros-as	Sabéis		Supisteis
Ellos, Ellas	Saben		Supieron
Ustedes (Uds.)	Saben	¡Sepan Uds.!	Supieron

SALIR—TO GO OUT, TO LEAVE

Subject	Present Tense	Command	Preterite Tense
Yo	Salgo		Salí
Tú	Sales		Saliste
Él, Ella	Sale		Salió
Usted (Ud.)	Sale	¡Salga Ud.!	Salió
Nosotros-as	Salimos	¡Salgamos!	Salimos
Vosotros-as	Salís		Salisteis
Ellos, Ellas	Salen		Salieron
Ustedes (Uds.)	Salen	¡Salgan Uds.!	Salieron

SER—TO BE

Subject	Present Tense	Command	Preterite Tense
Yo	Soy		Fui
Tú	Eres		Fuiste
Él, Ella	Es		Fue
Usted (Ud.)	Es	¡Sea Ud.!	Fue
Nosotros-as	Somos	¡Seamos!	Fuimos
Vosotros-as	Sois		Fuisteis
Ellos, Ellas	Son		Fueron
Ustedes (Uds.)	Son	¡Sean Uds.!	Fueron

TENER—TO HAVE

Subject	Present Tense	Command	Preterite Tense
Yo	Tengo		Tuve
Tú	Tienes		Tuviste
Él, Ella	Tiene		Tuvo
Usted (Ud.)	Tiene	¡Tenga Ud.!	Tuvo
Nosotros-as	Tenemos	¡Tengamos!	Tuvimos
Vosotros-as	Tenéis		Tuvisteis
Ellos, Ellas	Tienen		Tuvieron
Ustedes (Uds.)	Tienen	¡Tengan Uds.!	Tuvieron

TRAER—TO BRING, TO CARRY

Subject	Present Tense	Command	Preterite Tense
Yo	Traigo		Traje
Tú	Traes		Trajiste
Él, Ella	Trae		Trajo
Usted (Ud.)	Trae	¡Traiga Ud.!	Trajo
Nosotros-as	Traemos	¡Traigamos!	Trajimos
Vosotros-as	Traéis		Trajisteis
Ellos, Ellas	Traen		Trajeron
Ustedes (Uds.)	Traen	¡Traigan Uds.!	Trajeron

VALER—TO BE WORTH

Subject	Present Tense	Command	Preterite Tense
Yo	Valgo		Valí
Tú	Vales		Valiste
Él, Ella	Vale		Valió
Usted (Ud.)	Vale	¡Valga Ud.!	Valió
Nosotros-as	Valemos	¡Valgamos!	Valimos
Vosotros-as	Valéis		Valisteis
Ellos, Ellas	Valen		Valieron
Ustedes (Uds.)	Valen	¡Valgan Uds.!	Valieron

VENIR—TO COME

Subject	Present Tense	Command	Preterite Tense
Yo	Vengo		Vine
Tú	Vienes		Viniste
Él, Ella	Viene		Vino
Usted (Ud.)	Viene	¡Venga Ud.!	Vino
Nosotros-as	Venimos	¡Vengamos!	Vinimos
Vosotros-as	Venís		Vinisteis
Ellos, Ellas	Vienen		Vinieron
Ustedes (Uds.)	Vienen	¡Vengan!	Vinieron

VER—TO SEE

Subject	Present Tense	Command	Preterite Tense
Yo	Veo		Vi
Tú	Ves		Viste
Él, Ella	Ve		Vio
Usted (Ud.)	Ve	¡Vea Ud.!	Vio
Nosotros-as	Vemos	¡Veamos!	Vimos
Vosotros-as	Veis		Visteis
Ellos, Ellas	Ven		Vieron
Ustedes (Uds.)	Ven	¡Vean Uds.!	Vieron

C. VOWEL-CHANGING VERBS: CLASS I, AR AND ER INFINITIVES

CONTAR (O→UE)—TO COUNT, TO RELATE

Subject	Present Tense	Command	Preterite Tense
Yo	**Cuento**		Conté
Tú	**Cuentas**		Contaste
Él, Ella	**Cuenta**		Contó
Usted (Ud.)	**Cuenta**	¡Cuente Ud.!	Contó
Nosotros-as	Contamos	¡Contemos!	Contamos
Vosotros-as	Contáis		Contasteis
Ellos, Ellas	**Cuentan**		Contaron
Ustedes (Uds.)	**Cuentan**	¡Cuenten Uds.!	Contaron

Like Contar: Encontrar—to meet, to find: Mostrar—to show: Recordar—to remember.

PENSAR (E→IE)—TO THINK, TO INTEND

Yo	**Pienso**		Pensé
Tú	**Piensas**		Pensaste
Él, Ella	**Piensa**		Pensó
Usted (Ud.)	**Piensa**	¡Piense Ud.!	Pensó
Nosotros-as	Pensamos	¡Pensemos!	Pensamos
Vosotros-as	Pensáis		Pensasteis
Ellos, Ellas	**Piensan**		Pensaron
Ustedes (Uds.)	**Piensan**	¡Piensen Uds.!	Pensaron

Like Pensar: Cerrar—to close.

PERDER (E→IE)—TO LOSE

Yo	**Pierdo**		Perdí
Tú	**Pierdes**		Perdiste
Él, Ella	**Pierde**		Perdió
Usted (Ud.)	**Pierde**	¡Pierda Ud.!	Perdió
Nosotros-as	Perdemos	¡Perdamos!	Perdimos
Vosotros-as	Perdéis		Perdisteis
Ellos, Ellas	**Pierden**		Perdieron
Ustedes (Uds.)	**Pierden**	¡Pierdan!	Perdieron

Like Perder: Defender—to defend: Entender—to understand.

VOLVER (O→UE)—TO RETURN

Yo	**Vuelvo**		Volví
Tú	**Vuelves**		Volviste
Él, Ella	**Vuelve**		Volvió
Usted (Ud.)	**Vuelve**	¡Vuelva Ud.!	Volvió
Nosotros-as	Volvemos	¡Volvamos!	Volvimos
Vosotros-as	Volvéis		Volvisteis
Ellos, Ellas	**Vuelven**		Volvieron
Ustedes (Uds.)	**Vuelven**	¡Vuelvan Uds.!	Volvieron

Like Volver: Mover—to move.

D. VOWEL-CHANGING VERBS: CLASS II, IR INFINITIVES

DORMIR (O→UE)—TO SLEEP

Subject	Present Tense	Command	Preterite Tense
Yo	Duermo		Dormí
Tú	Duermes		Dormiste
Él, Ella	Duerme		**Durmió**
Usted (Ud.)	Duerme	¡Duerma Ud.!	**Durmió**
Nosotros-as	Dormimos	¡Durmamos!	Dormimos
Vosotros-as	Dormís		Dormisteis
Ellos, Ellas	**Duermen**		Durmieron
Ustedes (Uds.)	**Duermen**	¡Duerman Uds.!	Durmieron

Like Dormir: Morir—to die.

SENTIR (E→IE)—TO FEEL (+ NOUN), TO REGRET

Yo	**Siento**		Sentí
Tú	**Sientes**		Sentiste
Él, Ella	**Siente**		**Sintió**
Usted (Ud.)	**Siente**	¡Sienta Ud.!	**Sintió**
Nosotros-as	Sentimos	¡Sintamos!	Sentimos
Vosotros-as	Sentís		Sentisteis
Ellos, Ellas	**Sienten**		**Sintieron**
Ustedes (Uds.)	**Sienten**	¡Sientan Uds.!	**Sintieron**

Like Sentir: Divertir—to amuse; Mentir—to tell a lie; Preferir—to prefer.

E. VOWEL-CHANGING VERBS: CLASS III, IR INFINITIVES

PEDIR (E→I)—TO REQUEST, TO ASK FOR

Yo	**Pido**		Pedí
Tú	**Pides**		Pediste
Él, Ella	**Pide**		**Pidió**
Usted (Ud.)	**Pide**	¡Pida Ud.!	**Pidió**
Nosotros-as	Pedimos	¡Pidamos!	Pedimos
Vosotros-as	Pedís		Pedisteis
Ellos, Ellas	**Piden**		**Pidieron**
Ustedes (Uds.)	**Piden**	¡Pidan Uds.!	**Pidieron**

Like Pedir: Repetir—to repeat; Seguir—to follow; Servir—to serve; Vestir—to dress.

F. REFLEXIVE VERB

LAVARSE—TO WASH ONESELF, TO GET WASHED

Yo	**me** lavo		**me** lavé
Tú	**te** lavas		**te** lavaste
Él, Ella	**se** lava		**se** lavó
Usted (Ud.)	**se** lava	¡Lávese Ud.!	**se** lavó
Nosotros-as	**nos** lavamos	¡Lavémonos!	**nos** lavamos
Vosotros-as	**os** laváis		**os** lavasteis
Ellos, Ellas	**se** lavan		**se** lavaron
Ustedes (Uds.)	**se** lavan	¡Lávense Uds.!	**se** lavaron

Like Lavarse: Llamarse—to be named, to be called.